Büttgen
Marktorientiertes Informationsmanagement in Dienstleistungsunternehmen

D1723605

GABLER EDITION WISSENSCHAFT

Marion Büttgen

Marktorientiertes Informationsmanagement in Dienstleistungs- unternehmen

Mit einem Geleitwort
von Prof. Dr. Richard Köhler

Deutscher Universitäts-Verlag

Die Deutsche Bibliothek - CIP-Einheitsaufnahme

Büttgen, Marion:
Marktorientiertes Informationsmanagement in Dienstleistungsunternehmen
/ Marion Büttgen. Mit einem Geleitw. von Richard Köhler.
- Wiesbaden : Dt. Univ.-Verl. ; Wiesbaden : Gabler, 2000
(Gabler Edition Wissenschaft)
Zugl.: Köln, Univ., Diss., 1999
ISBN 3-8244-7231-7

© Betriebswirtschaftlicher Verlag Dr. Th. Gabler GmbH, Wiesbaden, und
  Deutscher Universitäts-Verlag GmbH, Wiesbaden, 2000
Lektorat: Ute Wrasmann / Gereon Roeseling

Der Gabler Verlag und der Deutsche Universitäts-Verlag sind Unternehmen der
Fachverlagsgruppe BertelsmannSpringer.

http://www.gabler.de
http://www.duv.de

Höchste inhaltliche und technische Qualität unserer Produkte ist unser Ziel. Bei der Produktion und
Verbreitung unserer Werke wollen wir die Umwelt schonen. Dieses Buch ist deshalb auf säure-
freiem und chlorfrei gebleichtem Papier gedruckt. Die Einschweißfolie besteht aus Polyethylen
und damit aus organischen Grundstoffen, die weder bei der Herstellung noch bei der Verbren-
nung Schadstoffe freisetzen.

Die Wiedergabe von Gebrauchsnamen, Handelsnamen, Warenbezeichnungen usw. in diesem
Werk berechtigt auch ohne besondere Kennzeichnung nicht zu der Annahme, dass solche Na-
men im Sinne der Warenzeichen- und Markenschutz-Gesetzgebung als frei zu betrachten wären
und daher von jedermann benutzt werden dürften.

Druck und Buchbinder: Rosch-Buch, Scheßlitz
Printed in Germany

ISBN 3-8244-7231-7

Meinen Eltern

Geleitwort

Systematisch gewonnene und aufbereitete Marktinformationen sind eine wesentliche Grundlage für die Sicherung des Unternehmenserfolgs. Dienstleistungsunternehmen weisen dabei Besonderheiten des Informationsbedarfs auf, die sich vor allem aus der Einbeziehung der Nachfrager in den Prozess der Leistungserstellung ergeben. Diese Mitwirkung des sog. externen Faktors stellt im Vergleich zur stärker autonomen Herstellung fertiger, lagerfähiger Erzeugnisse andere Anforderungen an das kunden- und wettbewerbsbezogene Informationsmanagement.

Frau Dr. Büttgen entwickelt in ihrer Arbeit „eine Konzeption für ein ganzheitliches, marktorientiertes Informationsmanagement ...", welches den spezifischen Informationserfordernissen, -gewinnungsmöglichkeiten und -einsatzfeldern im Dienstleistungsbereich gerecht wird" (S. 2). Sie geht diese Aufgabe in einer außerordentlich umfassenden Weise an, die sehr vielfältige betriebswirtschaftliche Gesichtspunkte – nicht nur auf dem Gebiet des Marketing – beinhaltet. Das Buch ist ein grundlegender Beitrag zur wissenschaftlichen Analyse des Dienstleistungssektors. Es greift eine Thematik auf, die mit diesem informationswirtschaftlichen Schwerpunkt bisher nicht eingehend behandelt worden ist.

Einleitend beschäftigt sich die Verfasserin zunächst mit dem Informationsbegriff und dem Informationsmanagement als Unternehmensfunktion. Im Anschluss an die Charakterisierung von Dienstleistungen werden sodann im Kapitel 3 verschiedene theoretische Ansätze herangezogen, um die Bedeutung eines marktorientierten Informationsmanagements für Dienstleistungsunternehmen institutionenökonomisch, unter Wertkettenaspekten und wettbewerbsstrategisch zu begründen. Im Abschnitt 4 („Informationsbedarf und -probleme bei der Planung und Kontrolle von Dienstleistungsunternehmen") knüpft die Verfasserin konsequent an eine phasenbezogene Betrachtung von Dienstleistungen an. Bewusst wird dabei zuerst auf den Informationsbedarf im Rahmen der *Ergebnisphase* und dann erst auf Informationserfordernisse der *Prozess-* sowie der *Potenzialphase* eingegangen. Die Begründung lautet, dass die kundenbezogene Bedürfnisbefriedigung vorrangig im Leistungsergebnis zum Ausdruck kommt, auf dessen Gestaltung sich deshalb die Informationsversorgung in erster Linie zu beziehen hat. Die Leistungsprozesse sowie die vorzuhaltenden Potenziale sind an den Ergebnisanforderungen auszurichten. Es wird allerdings im Verlauf der weiteren Ausführungen nicht verkannt, dass auch Prozess- und Potenzialmerkmale durchaus Einfluss auf die Kundenzufriedenheit haben können.

Im Kapitel 4.2 wird gut herausgearbeitet, wie die Dienstleistungsmerkmale der Interaktivität und Individualisierung (sofern sie hoch ausgeprägt sind) dazu beitragen, dass das *Leistungsergebnis* nicht allein vom Anbieter beeinflusst werden kann und dass die benötigten Informationen jeweils kundenspezifischer Art sind. Der im Abschnitt 4.3 behandelte Informationsbedarf für die *Prozessphase* hängt davon ab, inwieweit der Dienstleistungsprozess autonom oder integrativ, entscheidungsintensiv oder entscheidungsarm, standardisiert oder individualisiert sowie automatisiert oder persönlich geprägt ist. Im Kapitel 4.4, das sich mit dem Informationsbedarf für die Bereitstellung von *Dienstleistungspotenzialen* befasst, wird erneut auf die Bedeutung des Interaktions- und Individualisierungsgrades hingewiesen.

Den Abschluss des Teils 4 der Arbeit bildet eine Darstellung und themaspezifische Abwandlung des auf Parasuraman/Zeithaml/Berry zurückgehenden GAP-Modells, das sich ursprünglich mit Qualitätsdefiziten befasst. Frau Dr. Büttgen entwickelt hieraus ein Modell der Informationsdefizite, die einer kundengerechten Leistungserstellung entgegenstehen können. Die Darlegungen zum GAP-Modell sind für die folgenden Ausführungen wichtig, da immer wieder konsequent darauf zurückgegriffen wird.

Das Kapitel 5 („Partialansätze eines marktorientierten Informationsmanagements") ist inhaltlich und vom Umfang her der Hauptabschnitt der Dissertation. Hier wird sehr klar und folgerichtig auf die Phasenbetrachtung der Dienstleistungserstellung und auf die vorangegangene Analyse des Informationsbedarfs zurückgegriffen. Die Autorin untersucht in breit gefächerter Weise, welche Methoden der Informationsgewinnung und -verarbeitung geeignet sind, dienstleistungsspezifisch Informationserfordernisse zu erfüllen. Des Weiteren wird in diesem Teil der Arbeit durchgängig auf Kosten- und Nutzengesichtspunkte des Informationsmanagements geachtet. Außerdem wird die Deckung des Informationsbedarfs nach den Kriterien der Relevanz, der Qualität, der zeitlichen Richtigkeit und des Subjektbezugs (Verfügbarkeit für die Bedarfsträger) bewertet.

Im abschließenden Teil 6 des Buches widmet sich Frau Dr. Büttgen den Möglichkeiten für ein integratives Informationsmanagement, das die zuvor eingehend dargestellten Bausteine („Partialansätze") verknüpft. Einen Einstiegsraster bietet dafür die Abb. 35, die in Matrixform Beziehungen zwischen verschiedenen Komponenten eines marktorientierten Informationsmanagements verdeutlicht. Systemanalytisch wird die Verflechtung der Dienstleistungsphasen und der diesbezüglichen Informationsmodule angedeutet. Das Kapitel 6.2.2 geht sodann auf neuere informationstechnische Entwicklungen eines integrierten Informationsmanagements ein. Angedeutet werden das Konzept des Data Warehouse sowie die darauf basierenden Möglichkeiten der OLAP-Datenkombination (Online Analytical Processing) sowie des Data Mining als Analysehilfe zur Aufdeckung bisher nicht erkannter Zusammenhänge.

Insgesamt liegt die Stärke des Buches in seiner überzeugenden Systematik, die eine eigenständige Konzeption der Verfasserin erkennen lässt. Beeindruckend ist außerdem die umfassende Behandlung des Themas, die einen sehr vielseitigen betriebswirtschaftlichen Kenntnisstand der Autorin verdeutlicht. Für die Betriebswirtschaftslehre der Dienstleistungsunternehmen ist die Studie ein weiterführender Beitrag, der die Rahmenbedingungen und Gestaltungsmöglichkeiten eines marktorientierten Informationsmanagements klar herausarbeitet.

Ich wünsche der Veröffentlichung viel Aufmerksamkeit und eine gute Resonanz.

Prof. Dr. Richard Köhler

Vorwort

Die Ausrichtung der Unternehmensaktivitäten an den Erfordernissen des Marktes stellt prinzipiell für jedes Unternehmen ein zentrales Anliegen dar. Für Dienstleistungsunternehmen erweist sich diese Aufgabe jedoch als besondere Herausforderung, da durch die Integrativität und oft ausgeprägte Individualität der Leistungserstellung eine direkte Abhängigkeit der Unternehmensaktivitäten vom Kunden - seinen Anforderungen, spezifischen Merkmalen, seiner Wahrnehmung und Beeinflussung der Leistungserstellung - besteht. Der daraus resultierenden Unsicherheit bei der Planung und Steuerung der einzusetzenden Leistungspotenziale und -prozesse sowie der angestrebten Ergebnisse muss mit einem umfassend angelegten marktorientierten Informationsmanagement begegnet werden, welches hergeleitet aus den spezifischen Informationsbedarfen eines Dienstleistungsunternehmens die Gewinnung und den zweckgerechten Einsatz sämtlicher relevanter Informationen sicherstellt. Die Entwicklung eines solchen Informationsmanagements ist das Ziel der vorliegenden Arbeit.

Meinen herzlichen Dank möchte ich an dieser Stelle all denjenigen aussprechen, die durch ihre vielfältige Unterstützung zum Gelingen dieser Arbeit beigetragen haben. Zuerst bedanke ich mich bei meinem Doktorvater, Herrn Prof. Dr. Richard Köhler, der das Dissertationsprojekt interessiert begleitete und durch seine fachliche Unterstützung wie auch die Gewährung der erforderlichen Freiräume stets förderte. Weiterhin möchte ich Herrn Prof. Dr. Dr. h.c. Günter Beuermann für die freundliche Übernahme des Korreferats danken.

Einen erheblichen Anteil an der erfolgreichen Realisierung der Dissertation hatte Frau Dipl.-Kff. Beatrix Esser, die sich vom Umfang der Arbeit nicht abschrecken ließ und das gesamte Manuskript mit großer Sorgfalt gelesen und es durch dezent formulierte Kritik in die richtigen Bahnen gelenkt hat. Dafür, wie auch für die mentale Unterstützung in der oft Nerven aufreibenden und durch manchen Selbstzweifel geprägten Endphase möchte ich ihr besonders herzlich danken. Für die stetige Diskussionsbereitschaft und die kompetenten Ratschläge während der gesamten Entstehungszeit der Arbeit gebührt Herrn Dr. Axel Faix besonderer Dank. Weiterhin möchte ich Frau Dipl.-Kff. Julia Schössler für die Erstellung zahlreicher Abbildungen und die unermüdliche Aufmunterung danken. An der erfolgreichen Abwicklung der meist unter erheblichem Druck vorzunehmenden Abschlussarbeiten waren Frau Dipl.-Kff. Anne Christin Kemper, Herr Dr. Marc Ludwig sowie insbesondere Herr Dipl.-Kfm. Oliver Zeisberger maßgeblich beteiligt. Auch ihnen möchte ich meinen aufrichtigen Dank aussprechen.

Die vielleicht schwierigste, in jedem Fall aber wichtigste Unterstützungsleistung ist aus meiner Sicht dem privaten Umfeld zuzurechnen. Hier möchte ich allen Freunden und Bekannten dafür danken, dass sie mich auch in meinen unerträglichsten Phasen noch ertragen haben, mir stets Zuspruch gegeben und mich immer wieder daran erinnert haben, dass es ein Leben neben und nach der Diss. gibt! Den größten Dank haben in dem Zusammenhang aber meine Eltern verdient, die nicht nur meine gesamte Ausbildung ermöglicht haben, sondern mir auch stets mit Rat und Tat zur Seite standen, obwohl sie sicher mehr als jeder andere unter meinen Stimmungstiefs zu leiden hatten.

Marion Büttgen

Inhaltsverzeichnis

Abbildungsverzeichnis   XIX

Abkürzungsverzeichnis   XXI

1 Einführung   1

  1.1 Problemstellung   1

  1.2 Zielsetzung und Vorgehensweise   2

2 Grundlagen eines marktorientierten Informationsmanagements in
Dienstleistungsunternehmen   3

  2.1 Information und Informationsmanagement   3

    2.1.1 Der Informationsbegriff   3

    2.1.2 Informationsbedarf und Informationsverhalten   5

    2.1.3 Information als Produktionsfaktor   7

    2.1.4 Informationsmanagement als Unternehmensfunktion   9

      2.1.4.1 Ziele und Aufgaben des Informationsmanagements   10

      2.1.4.2 Kennzeichnung eines marktorientierten Informationsmanagements   13

  2.2 Kennzeichnung von Dienstleistungen   15

    2.2.1 Zentrale Dienstleistungseigenschaften   16

      2.2.1.1 Angebot von Leistungspotentialen   17

      2.2.1.2 Immaterialität   18

      2.2.1.3 Integration eines externen Faktors   19

    2.2.2 Typologisierung von Dienstleistungen anhand der Kriterien
Interaktionsgrad und Individualisierungsgrad   20

    2.2.3 Die phasenbezogene Betrachtung der Dienstleistung als Analysegrundlage   23

      2.2.3.1 Potentialphase   24

      2.2.3.2 Prozeßphase   24

      2.2.3.3 Ergebnisphase   25

      2.2.3.4 Umkehrung der Phasenbetrachtung zur Verankerung der
Marktorientierung   25

  2.3 Systemstrukturelle Grundlagen eines dienstleistungsspezifischen
Informationsmanagements   26

    2.3.1 Elemente des Informationssystems   27

    2.3.2 Informationssystem-Beziehungen   30

**3 Die Bedeutung marktorientierter Informationen und Informations-
technologien für Dienstleistungsunternehmen**   **33**

3.1 Erklärungsansätze für die Bedeutung marktorientierter Informationen   33
    3.1.1 Transaktionskostentheorie   33
    3.1.2 Principal-Agent-Theorie   38
    3.1.3 Informationsökonomik   40
    3.1.4 Wertkette   43

3.2 Beitrag des Informationsmanagements zur Erlangung von Wettbewerbsvorteilen
    im Dienstleistungsbereich   47
    3.2.1 Informationsmanagement als erfolgspotentialgenerierende Ressource   48
    3.2.2 Informationsmanagement und Wettbewerbsstrategie   50
        3.2.2.1 Kostenvorteile durch Informationsmanagement   51
        3.2.2.2 Differenzierungsvorteile durch Informationsmanagement   55
        3.2.2.3 Informationsmanagement im Rahmen hybrider
            Wettbewerbsstrategien   58
    3.2.3 Zeitvorteile durch Informationsmanagement   65

**4 Informationsbedarf und -probleme bei der Planung, Steuerung und Kontrolle
von Dienstleistungsunternehmen**   **70**

4.1 Bestimmungsfaktoren des Informationsbedarfs   70

4.2 Informationsbedarf im Rahmen der Ergebnisphase   72
    4.2.1 Dienstleistungsspezifische Determinanten und Problemaspekte des
        ergebnisbezogenen Informationsbedarfs   73
        4.2.1.1 Unvollkommene Beeinflußbarkeit des Leistungsergebnisses
            aufgrund von Interaktivität   73
        4.2.1.2 Informationskomplexität und -spezifität durch Individualisierung   74
        4.2.1.3 Erfassungsprobleme der Ergebnisqualität und Ansatzpunkte zur
            Informationsbedarfskonkretisierung   75
        4.2.1.4 Vielfalt von Informationsbedarfsträgern   77
    4.2.2 Informationsbedarf im Rahmen der Ergebnisplanung   78
    4.2.3 Informationsbedarf für die Ergebnissteuerung und -kontrolle   84

4.3 Informationsbedarf im Rahmen der Prozeßphase   88
    4.3.1 Grundlegende Bestimmungsfaktoren des prozeßbezogenen
        Informationsbedarfs   88
    4.3.2 Systematisierung von Dienstleistungsprozessen im Hinblick auf die
        Informationsbedarfsbestimmung   89
        4.3.2.1 Autonome Prozesse   91
        4.3.2.2 Integrative Prozesse   92

4.3.3 Informationsbedarf für die Prozeßplanung und -koordination 95

4.3.4 Informationsaspekte einer flexiblen Prozeßsteuerung 99

4.3.5 Kontrollinformationen der Prozeßabläufe, -qualität und -wirtschaftlichkeit 101

4.4 Informationsbedarf im Rahmen der Potentialphase 103

    4.4.1 Determinanten des potentialbezogenen Informationsbedarfs 104

    4.4.2 Dimensionen des Leistungspotentials und deren Nutzungsmöglichkeiten
zur nachfragegerechten Kapazitätsanpassung 105

        4.4.2.1 Qualitative Dimension 105

        4.4.2.2 Quantitative Dimension 107

        4.4.2.3 Zeitliche Dimension 109

        4.4.2.4 Räumliche Dimension 110

        4.4.2.5 Intensitätsmäßige Dimension 111

        4.4.2.6 Substitutive Dimension 112

    4.4.3 Nachfragegerichtete Maßnahmen zur Optimierung der Kapazitätsauslastung 113

    4.4.4 Informationsbedarf im Rahmen der Potentialplanung 114

    4.4.5 Informationsaspekte der Kapazitätssteuerung 117

    4.4.6 Kontrolle der Leistungsfähigkeit und -bereitschaft 119

4.5 Das „Information-GAP-Modell" zur Strukturierung von Informationsdefiziten 121

5 Partialansätze eines marktorientierten Informationsmanagements 127

5.1 Beurteilungskriterien für den Erfolgsbeitrag der Informationsmanagementkonzepte 127

    5.1.1 Informationsbedarfsorientierung 128

    5.1.2 Kostenaspekte 130

        5.1.2.1 Kostenverursachung 130

        5.1.2.2 Kostensenkungspotentiale 131

    5.1.3 Nutzenaspekte 132

        5.1.3.1 Nutzenstiftung im Unternehmen 132

        5.1.3.2 Nutzenstiftung auf Kundenseite 134

5.2 Informationsmanagementkonzepte zur Ergebnisverbesserung 136

    5.2.1 Database Marketing als Grundlage einer kundengerechten
Leistungsgestaltung 136

        5.2.1.1 Allgemeine Konzeption des Database Marketing 136

        5.2.1.2 Gestaltung und Nutzung eines dienstleistungsspezifischen
Database Marketing 139

            5.2.1.2.1 Aufbau und Pflege der Database 140

            5.2.1.2.2 Datenbankanalysen 142

            5.2.1.2.3 Nutzung der Kundendaten zur Leistungsverbesserung 145

5.2.1.3 Kritische Beurteilung 147

5.2.2 Informationsgewinnung und -einsatz im Rahmen des Qualitätsmanagements 152

    5.2.2.1 Konzeptionelle Grundlagen eines Qualitätsmanagements bei
Dienstleistungsunternehmen 153

    5.2.2.2 Informationsaspekte eines dienstleistungsspezifischen
Qualitätsmanagements 155

        5.2.2.2.1 Informationsgewinnung und -einsatz im Rahmen der
Qualitätsplanung und -steuerung 156

        5.2.2.2.2 Marktbezogene Qualitätskontrollen als Leistungsfeedback 159

        5.2.2.2.3 Problemanalysen und Ursachenforschung bei
Qualitätsdefiziten 161

        5.2.2.2.4 Beschwerdemanagement zur Erfassung und Behebung
kundenspezifischer Unzufriedenheitsursachen 164

        5.2.2.2.5 Qualitätsüberwachung im Zeitablauf 167

    5.2.2.3 Kritische Beurteilung 168

5.2.3 Benchmarking als wettbewerbsorientierter Informationsansatz 173

    5.2.3.1 Allgemeine Kennzeichnung des Konzepts 173

    5.2.3.2 Bestimmung und Messung von Benchmarking-Objekten im
Dienstleistungsbereich 175

    5.2.3.3 Identifikation geeigneter Benchmarking-Partner 177

    5.2.3.4 Besonderheiten der Informationsgewinnung im
Dienstleistungsbereich 179

    5.2.3.5 Analyse der Benchmarking-Informationen und Übertragung der
Erkenntnisse auf das eigene Unternehmen 181

    5.2.3.6 Kritische Beurteilung 183

5.2.4 Informationsaspekte eines marktorientierten Kostenmanagements 188

    5.2.4.1 Einsatz des Target Costing zur marktorientierten Kostensteuerung 188

    5.2.4.2 Informationsbeitrag eines dienstleistungsspezifischen
Target Costing 191

        5.2.4.2.1 Einfluß der Immaterialität und Individualität auf die
Zielkostenermittlung und -spaltung 192

        5.2.4.2.2 Konsequenzen der Dienstleistungsspezifika für die
Bestimmung der Standardkosten 193

    5.2.4.3 Kritische Beurteilung 196

5.3 Informationsmanagementkonzepte im Rahmen des Prozeßmanagements 200

    5.3.1 Prozeßstruktur- und Problemanalysen zur Erhöhung der Transparenz
von Dienstleistungsprozessen 201

        5.3.1.1 Kundenbezogene Prozeßanalyse 202

        5.3.1.2 Interne Prozeßanalyse 205

5.3.2 Prozeßwert- und -zufriedenheitsanalyse 209

5.3.3 Prozeßkostenrechnung 213

    5.3.3.1 Allgemeiner Aufbau der Prozeßkostenrechnung 214

    5.3.3.2 Aussagekraft und spezifische Gestaltungsaspekte der
Prozeßkostenrechnung im Dienstleistungsbereich 217

        5.3.3.2.1 Aussagekraft der Prozeßkostenrechnung 217

        5.3.3.2.2 Einfluß der Integrativität und Interaktivität auf die
Prozeßkostenermittlung 218

        5.3.3.2.3 Kostenbestimmungsprobleme bei individualisierten
Dienstleistungen 220

5.3.4 Prozeßbenchmarking 221

5.3.5 Kritische Beurteilung 223

5.4 Informationsmanagementkonzepte eines marktorientierten Potentialmanagements 229

    5.4.1 Personalmanagement 230

        5.4.1.1 Dienstleistungsspezifische Mitarbeiteranforderungen 230

        5.4.1.2 Personalbestands- und -bedarfsbestimmung 233

        5.4.1.3 Aufbau einer Personaldatenbank 236

        5.4.1.4 Personal-Controlling 238

        5.4.1.5 Personalbenchmarking 241

        5.4.1.6 Kritische Beurteilung 242

    5.4.2 Informationsaspekte des Sachpotentialeinsatzes 245

        5.4.2.1 Informationsgewinnung für eine kunden- und mitarbeitergerechte
Potentialgestaltung 245

        5.4.2.2 Marktorientiertes Potentialkostenmanagement 250

        5.4.2.3 Yield Management als dienstleistungsspezifischer Ansatz zur
ertragsoptimalen Kapazitätsauslastung 251

            5.4.2.3.1 Konzeptionelle Grundlagen 251

            5.4.2.3.2 Steuerungsinstrumente für eine ertragsoptimale
Kapazitätsauslastung 253

            5.4.2.3.3 Relevante Informationen und IS-Module des Yield
Management 254

        5.4.2.4 Kritische Beurteilung 255

6 Konzipierung eines integrativen marktorientierten Informations-
managementsystems   **260**

6.1 Erfordernis und Ansatzpunkte zur Integration von Partialansätzen eines
marktorientierten Informationsmanagements   260

    6.1.1 Zusammenhänge zwischen den Partialansätzen   260

       6.1.1.1 Überschneidungen und Abhängigkeiten bei den Informationsbasen   260

       6.1.1.2 Zusammenhänge des Informationseinsatzes   264

    6.1.2 Modularisierung von Dienstleistungsunternehmen   265

    6.1.3 Unternehmensexterne Informationsvernetzung   267

       6.1.3.1 Kundeneinbindung in das Informationssystem   267

       6.1.3.2 Trend zu vernetzten Unternehmensstrukturen   269

6.2 Systemtheoriebasierter Gestaltungsansatz für ein ganzheitliches
Informationsmanagement   273

    6.2.1 Analyse des Systems 'Dienstleistungsunternehmen'   274

       6.2.1.1 Allgemeine Kennzeichnung des Systems   274

       6.2.1.2 Erfassung der Systemstruktur auf Basis der phasenorientierten
Dienstleistungsbetrachtung   275

       6.2.1.3 Möglichkeiten zur Regulierung des Systemverhaltens   278

    6.2.2 Gestaltungsdimensionen eines integrierten marktorientierten
Informationsmanagements   282

       6.2.2.1 Informationspotential - Das Data Warehouse als integrierter
Datenpool   282

       6.2.2.2 Informationsfähigkeit   285

          6.2.2.2.1 Intranet und Extranet als Kommunikationsbasis   285

          6.2.2.2.2 Online Analytical Processing als technische Grundlage
multidimensionaler Datenanalysen   288

          6.2.2.2.3 Data Mining als Analysetechnik zur Erfassung
verborgener Zusammenhänge   290

       6.2.2.3 Informationsbereitschaft   292

    6.2.3 Zusammenfassende kritische Beurteilung des ganzheitlichen
Informationsmanagementansatzes   294

7 Ausblick   **299**

Literaturverzeichnis   **301**

Abbildungsverzeichnis

Abbildung 1: Betrachtungsebenen der Semiotik 4

Abbildung 2: Die Information innerhalb des Produktionsfaktorsystems 8

Abbildung 3: Lebenszyklusmodell der Informationsproduktion 9

Abbildung 4: Wirkungsgefüge im Rahmen der Konzipierung eines ganzheitlichen IM 13

Abbildung 5: Dienstleistungstypologie 22

Abbildung 6: Verknüpfung von phasenorientierter Betrachtung und
Typologisierungsdimensionen der Dienstleistung 26

Abbildung 7: Wesentliche Informationsquellen für Dienstleistungsunternehmen 28

Abbildung 8: Kategorisierung von Informationsbeziehungen 32

Abbildung 9: Informationsbeziehungen eines marktorientierten IS im
Dienstleistungsbereich 32

Abbildung 10: Einflußfaktoren der Transaktionskosten in Verbindung mit den
dienstleistungstypologisierenden Merkmalen 34

Abbildung 11: Bedeutung marktorientierter Informationen und deren Management
aus transaktionskostentheoretischer Sicht 37

Abbildung 12: Modell einer Wertkette im Dienstleistungsbereich 45

Abbildung 13: IT- und Informations-Durchdringung der Dienstleistungswertkette 46

Abbildung 14: Zusammenhänge zwischen Kosten- und Differenzierungsvorteilen im
Sachgüter- und Dienstleistungsbereich 59

Abbildung 15: Potentialbezogene Maßnahmen zur Erlangung von Zeitvorteilen 69

Abbildung 16: Zeitvorteile im Dienstleistungswettbewerb und deren Zusammenhang
zur Erzielung von Kosten- und Differenzierungsvorteilen 69

Abbildung 17: Beziehungsgeflecht im Kontext der Informationsbedarfsbestimmung 71

Abbildung 18: Marktbezogener Informationsbedarf für die Ergebnisplanung 82

Abbildung 19: Unternehmensbezogener Informationsbedarf für die Ergebnisplanung 83

Abbildung 20: Informationsbedarf im Rahmen von Ergebniskontrollen 87

Abbildung 21: Informationsbedarf für die Prozeßplanung 98

Abbildung 22: Externer Informationsbedarf für die Potentialplanung 116

Abbildung 23: Interner Informationsbedarf für die Potentialplanung 117

Abbildung 24: GAP-Modell der Dienstleistungsqualität 122

Abbildung 25: Information-GAP-Modell einer kundengerechten
Dienstleistungserstellung 123

Abbildung 26: Systematik unternehmensinterner Nutzenwirkungen 134

Abbildung 27: Beurteilungskriterien/-dimensionen der IM-Konzepte im Überblick 135

Abbildung 28: Auswirkungen der Dienstleistungsbesonderheiten auf das
Qualitätsmanagement 155

Abbildung 29: Informationsaspekte eines Qualitätsmanagement-Regelkreises für
Dienstleistungsunternehmen 156

Abbildung 30: Beispiel für die Doppelskala bei SERVQUAL (Item 5, Dimension
'Zuverlässigkeit') 157

Abbildung 31: Prozeß des Benchmarking 175

Abbildung 32: Service Map am Beispiel einer Hotelübernachtung 206

Abbildung 33: Vorgehen im Rahmen der Prozeßkostenrechnung 214

Abbildung 34: Inhalte und Verwendungszwecke einer Personaldatenbank im
Dienstleistungsbereich 237

Abbildung 35: Informationsbeziehungen zwischen verschiedenen Komponenten eines
marktorientierten IM im Dienstleistungsbereich 263

Abbildung 36: Modell einer virtuellen Unternehmung 272

Abbildung 37: Zusammenhang zwischen systemtheoretischer und phasenorientierter
Betrachtung der Dienstleistung 277

Abbildung 38: Dienstleistungsunternehmen als Regelkreis 279

Abbildung 39: Informationsbasis des Regelkreises 281

Abbildung 40: Systemhierarchie des Dienstleistungs-IM 282

Abbildung 41: Datenwürfel innerhalb des OLAP 289

Abkürzungsverzeichnis

Abb.	Abbildung
Abschn.	Abschnitt
ACSI	American Customer Satisfaction Index
AG	Aktiengesellschaft
a.L.	am Lech
a.M.	am Main
asw	Absatzwirtschaft
Aufl.	Aufl.
Bd.	Band
BFuP	Betriebswirtschaftliche Forschung und Praxis
BM	Benchmarking
BOM	Back-Office-Mitarbeiter
bspw.	beispielsweise
bzgl.	bezüglich
bzw.	beziehungsweise
ca.	circa
CAD	Computer Aided Design
CAS	Computer Aided Selling
CD	Compact Disc
CEMS	Community of European Management Schools
DBW	Die Betriebswirtschaft
DGfP	Deutsche Gesellschaft für Personalführung
d.h.	das heißt
DIN	Deutsche Industrienorm
Diss.	Dissertation
DL	Dienstleistung
DM	Database Marketing
DSS	Decision Support System
DV	Datenverarbeitung
E-Commerce	Electronic Commerce
EDI	Electronic Data Interchange
ed.	edition

Edt./Edts.	Editor/Editors
EDV	Elektronische Datenverarbeitung
EIS	Executive Information System
EN	Europa Norm
ESS	Executive Support System
et al.	et alii
etc.	et cetera
evtl.	eventuell
e.V.	eingetragener Verein
f.	folgende
FAZ	Frankfurter Allgemeine Zeitung
ff.	fortfolgende
FK	Führungskräfte
FMEA	Failure Mode and Effects Analysis
FRAB	Frequenz-Relevanz-Analyse für Beschwerden
FRAP	Frequenz-Relevanz-Analyse für Probleme
ggf.	gegebenenfalls
GmbH	Gesellschaft mit beschränkter Haftung
H.	Heft
HRM	Human Resource Management
Hrsg.	Herausgeber
HWB	Handwörterbuch der Betriebswirtschaft
HWFü	Handwörterbuch der Führung
HWM	Handwörterbuch des Marketing
HWO	Handwörterbuch der Organisation
HWProd	Handwörterbuch der Produktion
IAO	Institut Arbeitswirtschaft und Organisation
i.Br.	im Breisgau
i.d.R.	in der Regel
i.e.S.	im engeren Sinne
I+K	Informations- und Kommunikations-
IM	Informationsmanagement
inkl.	inklusive
ISAC	Information Systems Work and Analysis of Changes

ISDN	Integrated Services Digital Network
IS	Informationssystem
ISO	International Standard Organization
IT	Informationstechnologie
IV	Informationsverarbeitung
Jg.	Jahrgang
Kap.	Kapitel
Kfz	Kraftfahrzeug
KKP	Kundenkontaktpersonal
LAN	Local Area Network
lmi	leistungsmengeninduziert
lmn	leistungsmengenneutral
MIS	Management Information System
M&M	Marktforschung und Management
No.	Number
Nr.	Nummer
o.J.	ohne Jahr
o.Jg.	ohne Jahrgang
OLAP	Online Analytical Processing
QP&P	Quality, Productivity & Profitability
o.V.	ohne Verfasser
PC	Personal Computer
PIMS	Profit Impact of Market Strategies
PKR	Prozeßkostenrechnung
PM	Personalmanagement
PSA	Prozeßstrukturanalyse
PWA	Prozeßwertanalyse
QM	Qualitätsmanagement
RFMR	Recency - Frequency - Monetary Ratio
RKW	Rationalisierungskuratorium der deutschen Wirtschaft e.V.
ROQ	Return on Quality
S.	Seite
SISP	Strategische langfristige Informationssystemplanung
SM	Sachpotentialmanagement

SMART	System for Manipulation and Retrieval of Text
Sp.	Spalte
Tab.	Tabelle
TC	Target Costing
TQM	Total Quality Management
u.a.	und andere/unter anderem
US	United States
usw.	und so weiter
u.U.	unter Umständen
v.a.	vor allem
VDI	Verein Deutscher Ingenieure
vgl.	vergleiche
Vol.	Volume
WAN	Wide Area Network
WHU	Wissenschaftliche Hochschule für Unternehmensführung
WiSt	Wirtschaftswissenschaftliches Studium
WISU	Das Wirtschaftsstudium
YM	Yield Management
z.B.	zum Beispiel
ZFB	Zeitschrift für Betriebswirtschaft
ZfbF	Schmalenbachs Zeitschrift für betriebswirtschaftliche Forschung
ZfO	Zeitschrift für Organisation
ZFP	Zeitschrift für Forschung und Praxis
z.T.	zum Teil

1 Einführung

1.1 Problemstellung

„In einer Modellwelt, in der jedes Wirtschaftssubjekt gleiche Informationsstände besitzt, bestünde kein Platz für unternehmerisches Suchen nach Vorteilen."[1]

Eine der wesentlichen Grundlagen wirtschaftlichen Handelns ist die Information. Im Rahmen einer marktorientierten Unternehmensführung, die dem originären Zweck wirtschaftlichen Handelns - der Befriedigung von Bedürfnissen[2] - dient, ist eine Entscheidungsunterstützung durch bedarfsgerechte, verläßliche Informationen unabdingbar.[3] Nur wenn ein Unternehmen umfassende Kenntnis über die Bedürfnisse, die Wünsche und Erwartungen seiner aktuellen und potentiellen Kunden hat, kann es seine Leistungsangebote zu deren Zufriedenheit gestalten und zum eigenen wirtschaftlichen Erfolg im Wettbewerb mit konkurrierenden Anbietern realisieren. Marktorientierte Informationen stellen somit die Basis für die Planung und Steuerung sämtlicher auf eine kundengerechte Leistungserstellung ausgerichteten Unternehmensaktivitäten dar.[4] Zur zielgerichteten Entscheidungsfindung sind sie mit unternehmensbezogenen Informationen zu verknüpfen, welche Auskunft über die Realisierbarkeit der Marktanforderungen auf Basis der verfügbaren Leistungspotentiale sowie über die Wirtschaftlichkeit des Ressourceneinsatzes geben.[5] Grundsätzlich gilt dies zwar für jedes Unternehmen, jedoch können sich Art und Ausmaß der entscheidungsbezogenen Informationsbedarfe in Abhängigkeit des Leistungsangebots eines Unternehmens erheblich unterscheiden.

Dienstleistungsunternehmen weisen diesbezüglich Besonderheiten auf, die sowohl das generelle Erfordernis marktorientierter Informationen als auch die spezifischen Informationsbedarfsinhalte beeinflussen: Da Dienstleistungen nicht als „fertige" Produkte am Markt angeboten werden, sondern erst unter Einbeziehung des Nachfragers bzw. eines von ihm eingebrachten Objekts entstehen,[6] entzieht sich die Planung und Steuerung der Leistungserstellung in stärkerem Maße der Autonomie des Anbieters als dies bei Sachgütern i.d.R. der Fall ist. Kundenbezogene Informationen vielfältiger Art stellen daher eine zentrale Voraussetzung für den bedarfsgerechten Einsatz der Unternehmensaktivitäten dar. Die Teilnahme des Kunden an der Dienstleistungsproduktion bewirkt zudem, daß seine Erwartungen sowie seine Qualitätsbeurteilung sich nicht wie bei Sachgütern auf das Ergebnis der Leistungserstellung beschränken, sondern ebenso die zur Leistungserstellung eingesetzten Prozesse und Potentiale betref-

---

1 Picot/Reichwald/Wigand (1996), S. 28.
2 Vgl. Balderjahn (1995), Sp. 184.
3 Vgl. Meyer/Ertl (1998), S. 204.
4 Vgl. Kotler/Bliemel (1999), S. 179.
5 Zur Relevanz interner Daten für marktorientierte Unternehmensentscheidungen siehe Köhler (1993), S. 328 ff. und (1998a), S. 11 f. sowie Tietz (1993), S. 20 f.
6 Vgl. Meffert/Bruhn (1997), S. 25; Corsten (1997), S. 22; Bruhn (1997), S. 12 und Meyer (1998), S. 10.

fen.[7] Somit weist ein deutlich größerer Teil der unternehmerischen Planungsobjekte einen expliziten Marktbezug auf, wodurch sich auch das Spektrum erforderlicher Marktinformationen ausdehnt. Zur Bewältigung der dienstleistungsimmanenten Planungsunsicherheit und Informationsbedarfskomplexität ist ein systematisch angelegtes, marktorientiertes Informationsmanagement erforderlich, das eine umfassende Unterstützung der vielfältigen Entscheidungsprobleme im Rahmen des Dienstleistungsmanagements gewährleistet. Die Informationsgewinnung, -verarbeitung und -verteilung sollte dabei an den Informationsbedarfen der verschiedenen Entscheidungsträger ausgerichtet sein. Neuere konzeptionelle und technische Entwicklungen im Bereich des Informationsmanagements können diesbezüglich zu einer zielorientierten und gleichzeitig wirtschaftlichen Informationsbereitstellung beitragen.

1.2 Zielsetzung und Vorgehensweise

Das Ziel dieser Arbeit ist es, eine Konzeption für ein ganzheitliches, marktorientiertes Informationsmanagement (IM) zu entwickeln, welches den spezifischen Informationserfordernissen, -gewinnungsmöglichkeiten und -einsatzfeldern im Dienstleistungsbereich gerecht wird. Hierzu werden zunächst die zentralen Gestaltungsdimensionen eines IM sowie die für die Problemstellung bedeutsamen Dienstleistungsmerkmale herausgearbeitet. Da die heterogenen Erscheinungsformen von Dienstleistungen z.T. sehr unterschiedliche Anforderungen an die IM-Gestaltung stellen, wird der weiteren Analyse eine Typologisierung zugrundegelegt. Zur Systematisierung der vielfältigen Entscheidungsprobleme im Rahmen des Dienstleistungsmanagements, welche durch ein marktorientiertes IM Unterstützung finden sollen, erfolgt zudem eine Unterteilung der Dienstleistungserstellung in unterschiedliche Phasen.

Nach der Aufstellung dieses grundlegenden Bezugsrahmens wird die besondere Bedeutung marktorientierter Informationen im Dienstleistungsbereich theoretisch sowie wettbewerbsstrategisch begründet. Die daran anschließende phasenbezogene Analyse des Informationsbedarfs stellt die Grundlage für die Auswahl, Gestaltung und - in Verbindung mit wirtschaftlichkeitsbezogenen Kriterien - auch für die Beurteilung der im folgenden behandelten IM-Ansätze dar. Da die verschiedenen Ansätze jeweils nur Teile des aufgezeigten dienstleistungsspezifischen Informationsbedarfs decken können, besteht die abschließende Aufgabe der Arbeit darin, eine Integration der Teilkonzepte zu einem ganzheitlichen IM-Ansatz vorzunehmen. Hierbei werden auf systemtheoretischer Basis neuere informationstechnologische Instrumente dargestellt, die zur Realisierung einer integrativen IM-Konzeption für Dienstleistungsunternehmen beitragen.

---

7   Vgl. Donabedian (1980), S. 81 ff.; Meyer/Mattmüller (1987), S. 191 ff. sowie Parasuraman/Zeithaml/Berry (1985), S. 42 f.

2 Grundlagen eines marktorientierten Informationsmanagements in Dienstleistungsunternehmen

2.1 Information und Informationsmanagement

2.1.1 Der Informationsbegriff

Vielfältig sind die in der Literatur zu findenden Definitionen des Informationsbegriffs, was zum einen auf die Bedeutung der Information in den unterschiedlichsten Wissenschaftsdisziplinen zurückzuführen ist,[8] zum anderen aber auch in der Schwierigkeit einer eindeutigen, allgemeingültigen Begriffsklärung begründet liegt.[9]

Betriebswirtschaftliche Ansätze greifen zur Explikation häufig auf die Sprachtheorie (Semiotik) zurück, die zur Analyse von Informationen drei Ebenen unterscheidet[10] (vgl. Abb. 1)[11].

- die *Syntax* betrachtet die physikalische Erscheinungsform einer Information, d.h. die Signale (Zeichen, Symbole) sowie deren formale Beziehungen zueinander;
- die *Semantik* beschäftigt sich mit der Bedeutung (Inhalt, Sinn) von Signalen bzw. Signalfolgen;
- die *Prag matik* behandelt die zweckgerichtete Interpretation durch die Benutzer und damit die Handlungsorientierung der Information.

Von entscheidender Bedeutung für die meisten betriebswirtschaftlichen Problemstellungen - so auch für diese Arbeit - ist die pragmatische Ebene, die jedoch die Untersuchungsobjekte der beiden anderen Ebenen impliziert.[12] Auch die das heutige Begriffsverständnis stark prägende Definition von *Wittmann*, der Information als **zweckorientiertes Wissen** begreift,[13] ist dieser Ebene zuzuordnen. Trotz vielfältiger Kritik, die den Aussagegehalt und die Gültigkeit dieser Definition betrifft,[14] soll ein Aspekt hier nochmals aufgegriffen und aufgrund seiner Bedeutung für die vorliegende Arbeit intensiver beleuchtet werden. *Wittmann* versteht unter

---

8 Vgl. Bode (1993a), S. 275; Bode (1993b), S. 8; Rüttler (1991), S. 27; zur zunehmenden Bedeutung des Informationsbegriffs in der Betriebswirtschaftslehre vgl. Wittmann (1980), Sp. 894.

9 Siehe hierzu Bode (1993a), S. 275, der die definitorische Schwierigkeit mit der des Begriffs *Welt* vergleicht. Kirsch (1971), S. 79 bezweifelt sogar grundsätzlich die Definierbarkeit.

10 Vgl. Seiffert, (1971), S. 79 ff.; Mag (1977), S. 5; Hauke (1984), S. 13 ff.; Dworatschek/Donike (1972), S. 17 ff.; Müller (1992), S. 20 ff.; Biethahn/Muksch/Ruf (1996), S. 3 f.; Bode (1993b), S. 15 f.; Klutmann (1992), S. 7 f.; Vetschera (1995), S. 4 und Rüttler (1991), S. 28.

11 Abb.1 dient neben der Verdeutlichung der semiotischen Ebenen insbesondere auch der Abgrenzung verwandter Begriffe wie *Daten* und *Nachrichten* von dem der *Information*.

12 Vgl. Bode (1993b), S. 15; Klutmann (1992), S. 8; Dworatschek/Donike (1972), S. 19, die darauf hinweisen, daß jede semiotische Ebene die jeweils vorgenannten einschließt.

13 Vgl. Wittmann (1959), S. 14.

14 Vgl. Kirsch (1971), S. 79, der sie für widersprüchlich hält, oder Rüttler (1991), S. 29; Antweiler (1995), S. 15 f.; Biethahn/Muksch/Ruf (1996), S. 6; Neumann (1992), S. 19, die Wittmanns Informationsverständnis insbesondere vor dem Hintergrund moderner IuK-Technologien und deren Erzeugnissen als unzureichend ansehen. Auch Bode (1993a), S. 275 f. und (1993b), S. 10 zeigt eine Reihe von Fällen auf, in denen Wissen, das gemeinhin dem Informationsbegriff zugeordnet wird, nach Wittmann keine Information darstellen würde. Dennoch weist er die mangelnde Berechtigung der am häufigsten vorgebrachten Kritikpunkte überzeugend nach; vgl. hierzu Bode (1993b), S. 9.

4

zweckorientiertem Wissen solches Wissen, das der Vorbereitung des Handelns dient.[15] Spezifiziert man das Handeln nunmehr im Sinne wirtschaftlichen Handelns, so kann als Information jedes Wissen aufgefaßt werden, das Wirtschaftssubjekte dabei unterstützt, ihr Handeln auf die Befriedigung von Bedürfnissen auszurichten. Aus Unternehmenssicht ist damit schwerpunktmäßig die Blickrichtung nach außen angesprochen. Aufgrund der Mehrstufigkeit der Leistungserstellung im Unternehmen kann jedoch auch die Bedürfnisbefriedigung Unternehmensinterner mittelbar dem Unternehmenszweck dienen, und somit ist auch jenes Wissen, das diesbezüglich handlungsvorbereitend wirkt, als Information zu bezeichnen.

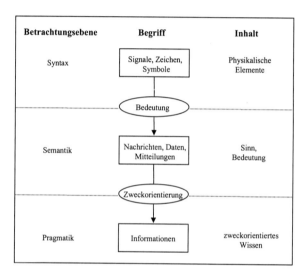

Abbildung 1: Betrachtungsebenen der Semiotik
(Quelle: Biethahn/Muksch/Ruf (1996), S. 3.)

In Anlehnung an *Wittmanns* Begriffsverständnis von Wissen[16] und unter Berücksichtigung der mehrfach zu Recht formulierten ergänzenden Forderung nach Subjektbezogenheit der Information,[17] kann den weiteren Ausführungen folgende, auf den betriebswirtschaftlichen Anwendungskontext beschränkte Definition zugrundegelegt werden:
Information ist durch Wahrnehmung gewonnene Kenntnis oder auf dem Wege des Schließens erworbene Erkenntnis, die Wirtschaftssubjekte bei der Ausrichtung ihrer Handlungen auf die Bedürfnisbefriedigung bzw. auf die Erfüllung des Unternehmenszwecks unterstützt.

---

15 Vgl. Wittmann (1980), Sp. 894.
16 Vgl. Wittmann (1979), Sp. 2263.
17 Vgl. Wild (1971), S. 318, der zu bedenken gibt, daß "...Informationen nicht per se zweckorientiert sind, sondern lediglich zweckbezogene Verwendung finden können." Die damit verbundene Forderung nach Subjektbezogenheit der Information greifen u.a. Niggemann (1973), S. 17; Szyperski (1980), Sp. 904; Schneider (1981), S. 201; Rüttler (1991), S. 31 und Klutmann (1992), S. 12 explizit in ihren Definitionen auf.

5

Implizit wird damit auch den in der Literatur zu findenden Informationsanforderungen der *Relevanz*[18] und *Neuheit*[19] Rechnung getragen. Denn nur relevante Informationen können handlungs*unterstützend* wirken und nur neue Informationen sind dem *Erwerb* von Kenntnis bzw. Erkenntnis gleichzusetzen.

2.1.2 Informationsbedarf und Informationsverhalten

Die Handlungsorientierung im oben beschriebenen Sinne manifestiert sich in Form betrieblicher *Aufgaben*, zu deren Erfüllung in Abhängigkeit von den damit betrauten *Personen*, dem *Informationskontext*[20] und der *angestrebten Lösungsqualität* Informationen bestimmter Art, Menge und Güte erforderlich sind. Der so gekennzeichnete Informationsbedarf[21] läßt sich kaum eindeutig und objektiv bestimmen, da die ihn determinierenden Faktoren durch Unsicherheiten und Unvollkommenheiten gekennzeichnet sind und sich zudem noch wechselseitig beeinflussen. Unsicherheit besteht zunächst grundsätzlich auf alle Faktoren bezogen, aus der Tatsache heraus, daß die Aufgabenerfüllung zukunftsbezogen ist.[22] Zudem ist sie im speziellen Untersuchungskontext der Arbeit, dem Dienstleistungsbereich, großenteils interaktionsabhängig, was zusätzlich unsicherheitserhöhend wirkt.[23] Diese Interaktionsabhängigkeit äußert sich unmittelbar bei der Erfüllung marktgerichteter Leistungserstellungsaufgaben, aber auch mittelbar z.B. bei den auf sie gerichteten Planungsaufgaben.

Der aufgabenbezogene Informationsbedarf, in der Literatur auch als **objektiver Informationsbedarf** bezeichnet,[24] bezieht sich somit stark auf nicht oder nur bedingt determinierbare Größen und Sachverhalte. Ihm gegenübergestellt werden kann der **subjekive Informationsbedarf**. Er repräsentiert diejenigen Informationen, die eine Person zur Erfüllung einer Aufga-

5

18 Vgl. Köhler (1971), S. 27 f.; Schüler (1987), S. 61; Klutmann (1992), S. 11; Sauer (1990), S. 77 sowie Antweiler (1995), S. 15.
19 Vgl. Rehberg (1973), S. 15; Witte (1976), Sp. 1915; Klutmann (1992), S. 11 und Gazdar (1989), S. 18.
20 Unter Informationskontext soll die jeweilige Entscheidungs- bzw. Handlungssituation verstanden werden, die durch die Organisations- und Informationsstruktur sowie durch den Führungs- und Kommunikationsstil gekennzeichnet ist. Vgl. hierzu Szyperski (1980), Sp. 905; Rüttler (1991), S. 40.
21 Zur definitorischen Abgrenzung des Informationsbedarfs vgl. Szyperski (1980), Sp. 904; Berthel (1992), Sp. 873; Gemünden (1993), Sp. 1726 ff.; Neumann (1992), S. 141; Rüttler (1991), S. 40 sowie Koreimann (1976), S. 65.
22 Vgl. Wittmann (1980), Sp. 897; Wittmann (1986), S. 522 sowie Müller (1992), S. 47.
23 Auf die Interaktionsabhängigkeit der Dienstleistungserstellung wird in Abschn. 2.2 näher eingegangen.
24 Vgl. Szyperski (1980), Sp. 905; Koreimann (1976), S. 66; Picot/Franck (1988b), S. 609; Müller (1992), S. 46 sowie Neumann (1992), S. 141 f. Im Rahmen klassischer Informationsverarbeitungsansätze galt der Informationsbedarf als rein aus der Arbeitsaufgabe ableitbar sowie durch den Führungs- und somit objektiv bestimmbar. Aufgrund der Ignoranz von Subjekt-, Kontext- und Zeitfaktoren als Einflußgrößen des Informationsbedarfs kann dieser Ansicht nicht gefolgt werden. Vgl. hierzu Rüttler (1991), S. 40 f. Dennoch kann der objektive Informationsbedarf als normatives Konstrukt aufgefaßt werden, das als Soll-Größe durch Gegenüberstellung realer subjektbezogener Informationsbedarfe - rational gesehen - deren Defizite und irrelevante Überschüsse aufzeigen kann. Eine ähnliche Auffassung vertreten Szyperski (1980), Sp. 905 f. und Heilmann/Gassert/Horváth (1990), S. 109.

6

be zu benötigen glaubt bzw. verwenden will,[25] und ist somit im Gegensatz zum objektiven Informationsbedarf real existent. Die Problematik seiner Bestimmung liegt in der Unvollkommenheit der Informationssubjekte, die nicht der klassischen Vorstellung des "homo informaticus"[26] entsprechen, sondern durch variierenden Wissensstand, kognitive Fähigkeiten, Risikoneigungen und informationsbezogene Präferenzen individuell geprägt sind. Verhaltenswirksam wird der subjektive Informationsbedarf in dem Maße, in dem er artikuliert wird und somit **Informationsnachfrage** entsteht.[27] Nur dieser Teil des Informationsbedarfs trifft auf das **Informationsangebot** als die Menge verfügbarer und übertragbarer Informationen.[28]

Um eine wirtschaftliche Informationsversorgung zu erreichen, ist die Kongruenz von objektivem Informationsbedarf, Informationsnachfrage und -angebot anzustreben. Dies sollte in der Weise erfolgen, daß sich der subjektive Informationsbedarf - möglichst vollständig artikuliert - an den objektiven annähert und daraufhin das Informationsangebot ausgerichtet wird.[29] Gründe für die in der Praxis häufig vorzufindenden Informationsdefizite einerseits und irrelevanten Datenüberschüsse andererseits sind in Systemschwächen wie mangelnder Problemadäquanz und Bedürfnisberücksichtigung der Informationssysteme, im hohen Kosten- und Zeitbedarf der Informationsbeschaffung sowie einer Reihe anderer informationspathologischer Ursachen[30] zu sehen.[31]

Zur Überwindung dieser strukurellen und verhaltensbezogenen Schwächen gilt es zunächst, trotz der beschriebenen interaktionsinduzierten Unsicherheitsprobleme im Dienstleistungskontext, den Informationsbedarf näher zu analysieren, um das Informationsangebot darauf abstimmen zu können. Einen wichtigen Untersuchungsaspekt stellt dabei die Erkennbarkeit des Informationsbedarfs dar. *Szyperski* differenziert diesen Aspekt in zeitlicher Hinsicht (apriorisches, prozessuales und aposteriorisches Erkennen) sowie in personenbezogener Hin-

---

25 Vgl. Koreimann (1976), S. 66; Berthel (1992), Sp. 873; Rüttler (1991), S. 41; Neumann (1992), S. 142 sowie Szyperski (1980), Sp. 905, der den subjektiven Informationsbedarf als Informationsbedürfnis bezeichnet.

26 Der homo informaticus wird als Mensch beschrieben, "der seinen Informationsbedarf kennt, ihn als Informationsnachfrage äußert, die daraufhin gelieferten Informationen ohne Vorbehalte und Präferenzen entgegennimmt, um sie effizient für einen Entschluß zu verarbeiten." Witte (1972), S. 1.

27 Vgl. Rüttler (1991), S. 41 f.; Picot/Franck (1988b); S. 609; Szyperski (1980), Sp. 905; Weber-Schäfer (1995), S. 25 f. sowie Koreimann (1976), S. 66 und Berthel (1992), Sp. 875, die jedoch Informationsnachfrage und subjektiven Informationsbedarf gleichsetzen.

28 Mit der Übertragbarkeitsforderung wird die Bedeutung der Kommunikation hervorgehoben, denn effiziente Informationsbedarfsdeckung ist nur mittels Kommunikation möglich.Vgl. Antweiler (1995), S. 17. Zum Begriff der Kommunikation vgl. Dworatschek/Donike (1972), S. 13 ff. und Klutmann (1992), S. 13 ff.

29 Vgl. Koreimann (1976), S. 68; Szyperski (1980), Sp. 876 sowie zur Annäherung von objektivem und subjektivem Informationsbedarf Günter/Fließ (1990), S. 31.

30 Unter Informationspathologien können "...Dysfunktionen bei der Gewinnung, Weitergabe und Anwendung von Informationen..." verstanden werden. Scholl (1992), Sp. 901. Zu den vielfältigen Ursachen von Informationspathologien vgl. Wilensky (1967), S. 41 und Rüttler (1991), S. 46 f. sowie allgemein Picot/Reichwald/Wigand (1996), S. 99 ff.

31 Vgl. Rüttler (1991), S. 42 f., 45 ff. sowie zu resultierenden Anforderungen an das Informationssystem Koreimann (1976), S. 68 f. und Gemünden (1993), Sp. 1729.

sicht (Selbstermittlung, partizipative und Fremdermittlung).[32] Während bei strategischen, schlecht strukturierten Problemstellungen in sämtlichen Wirtschaftsbereichen eine vollkommene apriorische Erkennbarkeit des Informationsbedarfs kaum denkbar ist, gilt dies im Dienstleistungsbereich darüber hinaus auch für einen Großteil der operativen Aufgaben. Sofern sie nämlich interaktionsabhängig sind, erfolgen Konkretisierungen und Modifizierungen erst im Zuge der Aufgabenerfüllung, was bestenfalls ein prozessuales Erkennen möglich macht.[33] Aus der gleichen Begründung heraus ist auch eine reine Fremdermittlung des Informationsbedarfs, d.h. durch nicht mit der Aufgabenerfüllung betraute Personen wie z.B. Informationssystementwickler, schwer vorstellbar. Methoden zur Analyse des Informationsbedarfs, die hier Anwendung finden sollen, müssen diesen Besonderheiten gerecht werden. Auf sie wird im entsprechenden Anwendungskontext (Kap. 4) noch näher eingegangen.

2.1.3 Information als Produktionsfaktor

Mit der Deckung des Informationsbedarfs wird ein wesentlicher Beitrag zur Erfüllung der betrieblichen Aufgaben geleistet. Bedarfsgerechte Informationen dienen der Entscheidungsfindung und sind integraler Bestandteil des Leistungserstellungsprozesses. Sie können somit den Produktionsfaktoren zugerechnet werden, was in der jüngeren Literatur zu Produktionsfaktorsystemen auch zunehmend Berücksichtigung findet. So zeigt z.B. *Bode*, aufbauend auf dem Faktorsystem von *Kern/Fallaschinski*, sehr differenziert Informationsaspekte innerhalb der verschiedenen Faktorkategorien auf.[34] Auch *Wittmann* und *Corsten* weisen explizit auf die Bedeutung und Einbeziehungsnotwendigkeit der Information hin.[35]

Dem hier verfolgten Untersuchungszweck wird am besten eine Verknüpfung der Sichtweise von *Klutmann* mit der von *Picot/Franck* gerecht, wonach Information als Bindeglied zwischen den von *Gutenberg* unterschiedenen Elementar- und dipositiven Faktoren fungiert[36] und einen zentralen Beitrag zur Entstehung und Umsetzung unternehmerischer Ideen im Sinne "neuer Möglichkeiten zur Befriedigung von Kundenproblemen oder effizienterer Formen der Ressourcennutzung"[37] leistet. Unternehmerische Ideen stellen für *Picot/Franck* einen kreativen Brückenschlag zwischen den beiden Informationssphären Absatz- und Beschaffungsmarkt dar.

---

32 Vgl. Szyperski (1980), Sp. 907 ff.; Wetzel (1997), S. 47 und Picot/Franck (1992),Sp. 893.
33 Zu den Erkennbarkeitsbedingungen in zeitlicher Hinsicht vgl. auch Rüttler (1991), S. 44. Picot/Franck systematisieren betriebliche Aufgaben im Hinblick auf die Planbarkeit des Informationsbedarfs nach den Kriterien 'Strukturiertheit' und 'Veränderlichkeit'. Vgl. Picot/Franck (1988a), S. 548.
34 Vgl. Bode (1993b), S. 79 ff. Zum zugrundegelegten Produktionsfaktorsystem vgl. auch Kern/Fallaschinski (1979), S. 17 f. sowie die Modifikation von Kern, die - jedoch auf die industrielle Produktion beschränkt - Information als Produktionsfaktor *sui generis* ergänzend einbezieht; siehe hierzu Kern (1992), S. 17.
35 Vgl. Wittmann (1986), S. 521; Corsten (1986b), S. 277 und (1988a), S. 102 sowie Maleri (1994), S. 164.
36 Vgl. Klutmann (1992), S. 29. Zur klassischen Unterscheidung von Elementar - und dipositiven Faktoren siehe Gutenberg (1983), S. 3.
37 Picot/Franck (1988a), S. 544. Vgl. auch Picot (1989), S. 4; Picot/Reichwald/Wigand (1996), S. 33 sowie Trott zu Solz (1992), S. 2.

8

So verstanden werden neben der allgemeinen Begriffsauffassung von Produktionsfaktoren[38] zwei weitere, für die Arbeit zentrale Faktoreigenschaften bzw. -funktionen der Information in den Vordergrund gestellt:

- die **Steuerungsfunktion** im Rahmen der Leistungserstellung[39] (als Bindeglied zwischen dipositiven und Elementarfaktoren dienen Informationen der Unterstützung und Koordination sämtlicher Unternehmensprozesse) sowie insbesondere

- der **Marktbezug** (als Bindeglied zwischen der unternehmensinternen und -externen Sphäre ermöglicht sie die Ausrichtung der Leistungserstellung auf die Markterfordernisse).

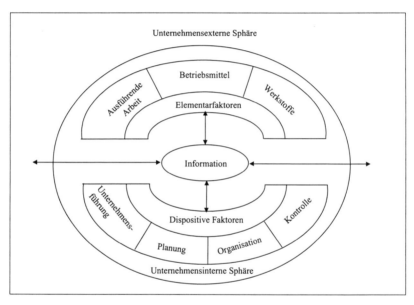

Abbildung 2: Die Information innerhalb des Produktionsfaktorsystems

Informationen sind jedoch nicht nur als Input der betrieblichen Leistungserstellung aufzufassen, sondern müssen ihrerseits auch produziert werden. Die dem Informationseinsatz vorausgehenden Entstehungs-, Aufnahme- Be- und Verarbeitungsprozesse stellt *Levitan* in seinem Lebenszyklusmodell der Informationsproduktion dar, das die informationsbezogenen Aktivitäten im Unternehmen bezüglich ihrer Relevanz für die Informationsbedarfsdeckung erklärt (vgl. Abb. 3).[40]

---

38 Gemeinhin werden unter Produktionsfaktoren Güter verstanden, die kombiniert werden, um andere Güter hervorzubringen. Vgl. Corsten (1993), S. 708.
39 Vgl. hierzu auch Wild (1970), S. 51.

Da das Modell jedoch mit der Verteilung der Informationen an die Informationsbenutzer endet, weist es für den Untersuchungszweck dieser Arbeit einen zu eingeschränkten Gültigkeitsbereich auf. Hier sollen insbesondere auch die Auswirkungen des Informationseinsatzes auf die Leistungserstellungsprozesse und Unterstützungspotentiale für deren konsequente Marktorientierung untersucht werden, weshalb neben der bedarfsorientierten Erstellung von Informationen auch deren weitere Verwendung betrachtet wird.

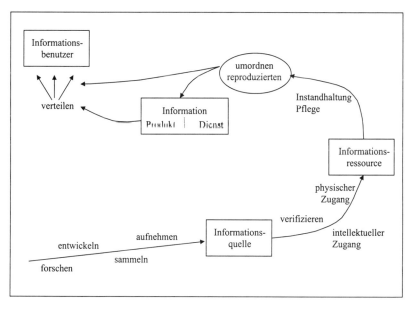

Abbildung 3: Lebenszyklusmodell der Informationsproduktion
(Quelle: Picot/Franck (1988a), S. 546.)

2.1.4 Informationsmanagement als Unternehmensfunktion

Der aufgezeigte Untersuchungskontext verlangt ein relativ weit gefaßtes Begriffsverständnis von Informationsmanagement (IM). Aus der Fülle der Definitionsansätze, die die nach wie vor uneinheitliche Sichtweise des Konzepts widerspiegelt,[41] wird die Auffassung von *Zahn/Rüttler* der hier zu entwickelnden Konzeption am besten gerecht. Demnach "beinhaltet Informationsmanagement eine ganzheitliche und umfassende Managementphilosophie unter Mitwirkung der Unternehmensleitung und anderen hierarchischen Ebenen sowie die syste-

---

40 Vgl. Levitan (1982), S. 44 ff. sowie Picot/Franck (1992), Sp. 893 f. und Picot/Reichwald/Wigand (1996), S. 107 f.
41 Vgl. Picot/Franck (1992), Sp. 886; Klutmann (1992), S. 20, Hildebrand (1995), S. 62; Heinrich (1993), Sp. 1749; Gazdar (1989), S. 16 ff. sowie insbesondere Rüttler (1991), S. 110 ff., der einen sehr umfassenden Überblick in der Literatur zu findenden Definitionsansätze gibt.

matische Planung, Gestaltung, Organisation, Koordination und Kontrolle aller Informationsaktivitäten mit dem Ziel, den Unternehmenserfolg nachhaltig zu steigern."[42]

Damit wird zum einen die in der neueren Literatur häufiger formulierte Kritik an einer zu
technologiefokussierten Sichtweise des IM berücksichtigt.[43] Nicht die Rationalisierungspotentiale und damit rein effizienzbezogene Zielsetzungen sollen im Vordergrund der Betrachtung stehen, sondern die stärker **effektivitätsbezogene Nutzung** der Ressource Information
zur Erlangung von Wettbewerbsvorteilen, d.h. zur dauerhaften Sicherung des Unterneh-
menserfolges. Zum anderen wird der **Ganzheitlichkeitsanspruch** des Konzepts zum Ausdruck gebracht. Die Einbeziehung verschiedener Hierarchieebenen sowie des gesamten
Spektrums klassischer Managementaufgabenbereiche betont den Status des IM als Unternehmensfunktion von außergewöhnlicher Bedeutung. Da die Informationsfunktion sämtliche
Tätigkeitsbereiche im Unternehmen durchdringt, bezeichnet *Heinrich* sie auch als "besondere
Querschnittsfunktion"[44], die die Grundfunktionen (z.b. Beschaffung, Produktion und Ver-
trieb) ebenso wie die klassischen Querschnittsfunktionen (z.b. Personal, Finanzierung und
Logistik) überdeckt.

Es ist leicht nachvollziehbar, daß die Gestaltung eines so verstandenen IM nicht der DV-
Abteilung obliegen kann, sondern eine Führungsaufgabe darstellt. Dies bedingt nicht nur die
Komplexität der Problemstellung, sondern auch ihre strategische Bedeutung, insbesondere für
die hier betrachtete Branche.[45]

2.1.4.1 Ziele und Aufgaben des Informationsmanagements

Als Erfolgsfaktor wirksam werden kann das IM nur, wenn seine Gestaltung an den Zielen und
Strategien des Unternehmens ausgerichtet ist. Dabei bestimmt sich sein **Leistungspotential**
nicht nur aus der Umsetzungskonsequenz der Unternehmensstrategien im Rahmen des IM
sowie aus der oben erwähnten Branchenzugehörigkeit des Unternehmens, sondern teilweise
bereits aus der Art der verfolgten Wettbewerbsstrategie.[46] Vom Leistungspotential wiederum

---

42 Zahn/Rüttler (1989), S. 36.
43 Vgl. z.b. Schuhmann (1991), S. 13; Rüttler (1991), S. 110; Zahn/Rüttler (1989), S. 42; Szyperski/Eschen-
    röder (1983), S. 25 sowie Trott zu Solz (1992), S. 4.
44 Heinrich (1992), S. 8 wie auch Heinrich (1993), Sp. 1750.
45 In einer empirischen Untersuchung wiesen *Krüger/Pfeiffer* einen starken Zusammenhang zwischen dem
    Unternehmenserfolg und dem Einsatz der "Ressource Information" nach, wobei der ausgeprägteste Infor-
    mationseinsatz bei Unternehmen des Dienstleistungsbereichs (Banken und Versicherungen) festgestellt
    wurde. Vgl. Krüger/Pfeiffer (1991), S. 27. Nach *Sokolovsky* ist das „gesamte Bankgeschäft [...] letzten En-
    des eine Form des Umgangs mit Information." Sokolovsky (1993), S. 414.
46 Vgl. Krüger/Pfeiffer (1991), S. 29 ff. So erweist sich das Leistungspotential des IT-Einsatzes im Rahmen
    einer Differenzierungsstrategie als bedeutsamer in Relation zu kostenorientierten Strategien, da letztere den
    traditionellen Anwendungsschwerpunkt der IT darstellen und somit die Leistungspotentiale hier bereits
    weitgehend ausgeschöpft sind. Auf die Bedeutung des IM in der Dienstleistungsbranche sowie auf dessen
    Leistungspotential bei verschiedenen Wettbewerbsstrategien wird in Kap. 3 näher eingegangen.

hängt die Ausgestaltung der Ziele und Aufgaben[47] des IM ab, so daß dessen unternehmensindividuelle Bestimmung eine der grundsätzlichsten IM-Aufgaben darstellt.[48]

Die **Ziele des IM** sind wie die allgemeinen Unternehmensziele, aus denen sie abzuleiten sind, in Sach- und Formalziele unterscheidbar.[49] Als oberstes Sachziel kann die Nutzung des informationsbezogenen Leistungspotentials zur Sicherung und Verbesserung der Wettbewerbsfähigkeit bzw. des Unternehmenserfolgs angesehen werden.[50] Diese sehr abstrakte Zielsetzung, die bereits in der zugrundegelegten IM-Definition zum Ausdruck kommt[51], bedarf jedoch einer Konkretisierung. Hierzu dienen instrumentaler geprägte Ziele wie

* die Bedarfsgerechtigkeit der Informationsversorgung,
* die Ganzheitlichkeit des Informationssystems[52] und
* die Marktorientierung des IM.

Diesen zweck- bzw. effektivitätsbezogenen Zielen können die effizienzorientierten Formalziele des IM gegenübergestellt werden, welche Wirtschaftlichkeitsaspekte wie Kosten-/Nutzenaspekte, zeit- oder flexibilitätsbezogene Aspekte beinhalten.[53] Aus solchen i.d.R. quantitativ meßbaren Zielgrößen lassen sich Effizienzkriterien ableiten, die für eine ökonomische Beurteilung des IM herangezogen werden können.

Zur Erreichung dieser Ziele ist es zunächst erforderlich, die an dem Leistungspotential ausgerichteten **IM-Aufgaben** zu spezifizieren. Diese entsprechen grundsätzlich den klassischen Managementaufgaben Planung, Organisation, Steuerung und Kontrolle, bezogen auf die Dimensionen[54]

* *Informationspotential* (Ressource Information und Informationsquellen),
* *Informationsfähigkeit* (Informationstechnologie und -infrastruktur, Methoden der Informationsverarbeitung) und
* *Informationsbereitschaft* (Fähigkeit und Motivation der Mitarbeiter).

---

47 Nach *Heinrich* ist z.B. nur bei großem gegenwärtigen und zukünftigen Leistungspotential des IM ein umfassendes strategisches und operatives Aufgabenspektrum von Interesse. Vgl. Heinrich (1993), Sp. 1752.
48 Vgl. Biethahn/Muksch/Ruf (1996), S. 21 f., Hildebrand (1995), S. 79; Zahn/Rüttler (1989), S. 37; Heinrich/Burgholzer (1990), S. 22.
49 Vgl. Bromann (1987), S. 24 ff.; Neumann (1992), S. 137; Heinrich (1992), S. 19 f. und Hildebrand (1995), S. 70 ff.
50 Vgl. Heinrich (1993), Sp. 1751; Hildebrand (1995), S. 70; Fickenscher/Hanke/Kollmann (1991), S. 14; Biethahn/Muksch/Ruf (1996), S. 18 sowie Neumann (1992), S. 74.
51 Siehe hierzu den einführenden Teil in Abschnitt 2.1.4.
52 Vgl. Zahn/Rüttler (1990), S. 7.
53 Vgl. Vetschera (1995), S. 16 f.; Bromann (1987), S. 24 f.; Hildebrand (1995), S. 72 f.
54 Die Dimensionen wurden in Anlehnung an Zahn/Rüttler (1989), S. 36 f. und (1990), S. 10 gewählt. In ähnlicher Form spalten auch *Bromann* sowie *Österle/Brenner/Hilbers* ihre IS-Beziehungsfelder auf. Vgl. Bromann (1987), S. 36; Österle/Brenner/Hilbers (1991), S. 28 ff.

Ausgangspunkt ist dabei die Entwicklung der **Informationsstrategie**,[55] in der die grundlegende Ausgestaltung dieser Dimensionen vorgenommen wird und damit auch die Aufgaben bzw. Funktionen, die das Informationssystem im Rahmen der Unternehmenstätigkeit erfüllen soll, umrissen werden. Hierzu zählen die Entscheidungsunterstützung der Unternehmensführung und sonstiger Mitarbeiter sowie Steuerungs- und Kontrollaufgaben im Hinblick auf die Unternehmensaktivitäten. Grundlage für die Festlegung der Informationsstrategie sind die **Wettbewerbsstrategie** des Unternehmens[56] sowie der **Informationsbedarf**, und zwar sowohl der subjektive, real existierende, als auch der objektive, aus der jeweiligen Aufgabenstellung ableitbare. Die Analyse des Informationsbedarfs stellt somit nach der Bestimmung des Leistungspotentials die zweite wesentliche Aufgabe für eine zielorientierte Konzipierung des IM dar.[57]

Möglichkeiten der Deckung des aufgezeigten Informationsbedarfs werden dann mit der Informationsstrategie anhand der vier Gestaltungsdimensionen bestimmt. Als Kernproblem in diesem Zusammenhang erweist sich die durch zahlreiche (Inter-)Dependenzen bestimmte Komplexität der Informationsbedarfsstruktur,[58] die einen ganzheitlichen Gestaltungsansatz kompliziert, aber gleichzeitig auch erforderlich macht. Erschwerend hinzu kommt für den Objektbereich dieser Arbeit die bereits erwähnte interaktionsbedingte Indeterminiertheit vieler Aufgabenstellungen. Zur Bewältigung des Komplexitätsproblems ist eine Zerlegung des Informationsbedarfsgefüges mittels geeigneter Kriterien erforderlich,[59] so daß zunächst Komponentenlösungen für die Informationsbedarfsdeckung gefunden werden können. Die Planung dieser **Informationssubsysteme** stellt ein weiteres Element des konzeptionellen Aufgabenbereichs dar. Da auf diese Weise jedoch Informationsschnittstellen entstehen, die der Vernetztheit der Informationsbasen sowie der Verwendungskontexte möglicherweise nur unzureichend gerecht werden, ist die Integration der Komponenten zu einem ganzheitlichen Informationssystem i.d.R. erforderlich.[60] Das Beziehungsgeflecht der Determinanten, Ziele, Gestaltungsdimensionen und Aufgaben eines marktorientierten IM wird in Abb. 4 veranschaulicht.

---

55 Die Notwendigkeit der Entwicklung einer Informationsstrategie (bzw. IM-Strategie, Informatik-Strategie o.ä. in der Literatur zu findende Bezeichnungen) ist relativ unumstritten. Über die Inhalte bestehen jedoch unterschiedliche Auffassungen. Bei Heinrich (1992), S. 33 bezieht sie sich z.B. auf die Informationsinfrastruktur; bei Biethahn/Muksch/Ruf (1996), S. 20 auf die Informationen selbst und deren Bedeutung für das Unternehmen. Ähnlich weit gefaßt wie hier sind die Strategieinhalte bei Sauer (1990), S. 94 ff.; Hansen/Riedl (1990), S. 676 ff. und Zahn/Rüttler (1989), S. 37 ff.

56 Vgl. Zahn/Rüttler (1989), S. 38; Heinrich (1992), S. 135 f.; Biethahn/Muksch/Ruf (1996), S. 18 ff.

57 Nach Picot/Franck muß ein am Unternehmenserfolg orientiertes IM am Informationsbedarf der Aufgabenträger ansetzen, da hier die Information auf die Wertschöpfung wirkt. Vgl. Picot/Franck (1992), Sp. 890.

58 Vgl. Hildebrand (1995), S. 74 sowie allgemein zur Komplexitätsbewältigung als Managementaufgabe Schuhmann (1991), S. 24 ff.

59 Vgl. Biethahn/Muksch/Ruf (1996), S. 12.

60 Vgl. Heinrich (1992), S. 22.

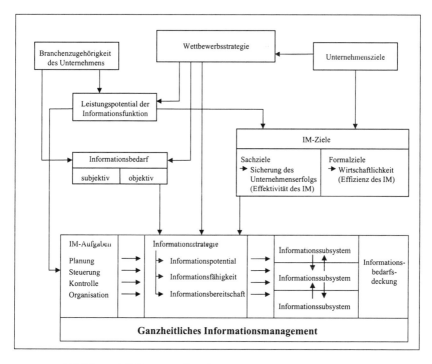

Abbildung 4: Wirkungsgefüge im Rahmen der Konzipierung eines ganzheitlichen IM

Mit der inhaltlichen Gestaltung eines solchen Informationssystems geht dessen organisatorische Verankerung[61] sowie die DV-technisch infrastrukturelle Umsetzung einher, wobei letztere in den Aufgabenbereich der Wirtschaftsinformatik fällt und im Rahmen dieser Arbeit daher nur am Rande behandelt wird.

Näher eingegangen werden soll dagegen auf zwei weitere Managementaufgaben im Kontext der Informationsfunktion im Unternehmen: die Koordination bzw. Steuerung und die Kontrolle. Inhalt der Betrachtung ist dabei nicht nur die Steuerung und Kontrolle des Informationssystems, sondern insbesondere auch dessen Einsetzbarkeit zur Koordination und Kontrolle der Unternehmensaktivitäten.[62]

2.1.4.2 Kennzeichnung eines marktorientierten Informationsmanagements

Mit zunehmender Ausschöpfung der Rationalisierungspotentiale muß sich das Streben nach Wettbewerbsvorteilen im Rahmen des IM von einer innerbetrieblich fokussierten Sichtweise

---

61 Vgl. Klutmann (1992), S. 135 ff.; Hildebrand (1995), S. 111 ff.; Biethahn/Muksch/Ruf (1996), S. 133 ff.; Fickenscher/Hanke/Kollmann (1991), S. 17 f.
62 Siehe hierzu Kap. 5.

hin zu einer stärkeren Berücksichtigung informationsbezogener Erfolgspotentiale außerhalb des Unternehmens wandeln.[63] Die Leistungsfähigkeit der Informationsfunktion liegt nicht mehr schwerpunktmäßig in der effizienteren Bewerkstelligung repetitiver Prozesse, sondern in der Gewinnung und Umsetzung marktbezogenen Wissens, wobei in dieser Arbeit vor allem eine Ausrichtung am Absatzmarkt und die damit verbundenen Erfolgspotentiale thematisiert wird.[64]

Ein **marktorientiertes IM** in diesem Sinne läßt sich anhand der im vorigen Abschnitt aufgezeigten Dimensionen der Informationsstrategie folgendermaßen kennzeichnen:

- **Informationspotential:** Die Ressource Information basiert in hohem Maße auf quantitativen und qualitativen marktbezogenen Daten, die in die Unternehmensplanung, -steuerung und -kontrolle einfließen. Sämtliche erfolgsrelevanten Informationen über aktuelle und potentielle Nachfrager und Wettbewerber müssen somit verfügbar gemacht werden. Hierzu sind verstärkt externe Informationsquellen auszuschöpfen.[65]

- **Informationsfähigkeit:** Das Informationssystem muß von der Technologie, der Struktur und den darin Anwendung findenden Methoden her geeignet sein, Marktinformationen unterschiedlichster Art und Aufbereitungsform aufzunehmen und zu verarbeiten, untereinander sowie mit internen Daten zu verknüpfen und bedarfsorientiert zu kommunizieren.

- **Informationsbereitschaft:** Die Mitarbeiter des Unternehmens müssen in ihren Fähigkeiten und ihrer Motivation auf die Gewinnung, Aufnahme, Verarbeitung und Weitergabe relevanter Marktinformationen ausgerichtet sein. Informationsgewinnungspotentiale durch kundennahe Mitarbeiter müssen ausgeschöpft, Informationsbedarfe möglichst klar und vollständig artikuliert und die Bereitschaft zur Weitergabe erfolgswirksamer Informationen gefördert werden.

Für eine konsequent marktorientierte Ausgestaltung dieser Dimensionen stellt die Wettbewerbsstrategie den konzeptionellen Ausgangspunkt dar, da das IM der Unterstützung des dort festgelegten Weges zur Zielerreichung dient. Dies muß sich in dessen Konzeption widerspiegeln: in der Datenbasis, der Architektur wie auch im Umgang damit.

Die dargelegten Grundgedanken eines marktorientierten IM sind im wesentlichen allgemeingültiger Natur. Da jedoch der Objektbereich dieser Arbeit - der Dienstleistungsbereich - Besonderheiten aufweist, die einerseits Restriktionen, andererseits aber auch besondere Mög-

---

63 Vgl. Heinrich (1993), Sp. 1751; Krüger/Pfeiffer (1991), S. 28.
64 Das Erfordernis und die erfolgsbezogene Bedeutung eines absatzmarktorientierten IM werden verschiedentlich in der Literatur hervorgehoben. Vgl. z.B. Kmuche (1996), S. 15; Fuhrmann/Pietsch (1990), S. 31 und Klutmann (1992), S. 76.
65 Die Nutzung externer Informationsquellen stellte sich in einer breit angelegten Untersuchung mittelständischer Unternehmen zur Praxis des IM als deutlich defizitär heraus. Vgl. Fridrich (1988), S. 1 ff.

lichkeiten für die Gestaltung des IM implizieren, wird im folgenden zunächst eine Charakterisierung dieser Leistungsart vorgenommen.

2.2 Kennzeichnung von Dienstleistungen

Nach langanhaltender und intensiv geführter wissenschaftlicher Diskussion besteht immer noch keine Einigkeit darüber, wie sich Dienstleistungen definieren und von Sachgütern abgrenzen lassen.[66] Unstrittig ist inzwischen lediglich die Erkenntnis, daß enumerative[67] und Negativdefinitionen[68] für diesen Zweck ungeeignet sind.[69] Zur Bestimmung des Objektbereichs dieser Arbeit ist es dennoch erforderlich, Dienstleistungen so präzise wie möglich zu erfassen. Diesem Zweck dienen die folgenden Abschnitte.

Vorab soll aber bereits eine Einschränkung des Gültigkeitsbereiches gemäß der Themenstellung vorgenommen werden. Durch die thematisch explizite Bezugnahme auf Dienstleistungsunternehmen[70] als Leistungsersteller werden zunächst solche Dienstleistungen ausgeschlossen, die von Sachgüterherstellern lediglich produktbegleitend oder -ergänzend angeboten werden (sog. value-added-services[71]). Weiterhin soll eine Beschränkung auf marktgerichtete Dienstleistungen vorgenommen werden, d.h. auch interne Dienstleistungen werden ausgegrenzt, was sich zumindest implizit ebenfalls aus der Themenstellung ergibt.[72] Die ausgegrenzten Dienstleistungsbereiche weisen Besonderheiten auf, die eine eigenständige Behandlung der vorliegenden Problemstellung erforderlich machen würden. Sie können daher hier nicht adäquat berücksichtigt werden. Selbst für den verbleibenden Bereich sind allgemeingültige Aussagen angesichts seiner Heterogenität kaum zu treffen, so daß eine zusätzliche Differenzierung erforderlich ist. Diese erfolgt im Anschluß an die grundsätzliche Dienstleistungskennzeichnung im Rahmen einer Typologie.

---

66 Vgl. zur Abgrenzungsproblematik Engelhardt/Kleinaltenkamp/Reckenfelderbäumer (1992), S.19 und (1993), S. 397; Meffert/Bruhn (1997), S. 30; Corsten (1990), S. 18 sowie zu einem Überblick über diesbezügliche englischsprachige Literatur Brown/Fisk/Bitner (1994), S. 26 f.
67 Zu Versuchen einer begrifflichen Klärung über die Aufzählung von Beispielen siehe z.B. Langeard (1981), S. 233; Falk (1980), S. 13 ff.; oder Pepels (1995), S. 11 ff.
68 Vgl. Maleri (1973), S. 5; Altenburger (1980), S. 12 f.
69 Vgl. z.B. Meyer (1991), S. 197 und (1990), S. 176; Corsten (1990), S. 17; Meffert/Bruhn (1997), S. 23 und Mengen (1993), S. 12.
70 *Meyer* folgend soll von einem Dienstleistungsunternehmen bzw. - in seiner Terminologie - einem „institutionalen Dienstleister" gesprochen werden, wenn sich das Absatzprogramm des Unternehmens dominant (d.h. zu mehr als 50% gemessen am Umsatz) aus Versorgungsobjekten in der Ausprägung „Dienstleistungen" zusammensetzt. Vgl. Meyer (1992a), S. 60.
71 Vgl. Meffert/Bruhn (1997), S. 9 und S. 21 f.; Pepels (1995), S. 11.
72 Die Untersuchung eines *marktorientierten Informationsmanagements* steht in enger inhaltlicher Verbindung mit *marktgerichteten* Dienstleistungen, wenn auch manchmal der Begriff des *internen Marktes* im Hinblick auf innerbetriebliche Leistungsaustausche verwendet wird. Zum Begriff der internen Dienstleistung siehe Engelhardt (1990), S. 273 ff.; Gerhardt (1987), S. 78 f.

2.2.1 Zentrale Dienstleistungseigenschaften

Aus der eingangs erwähnten dienstleistungsbezogenen Abgrenzungsdiskussion lassen sich zwei wesentliche kontroverse Auffassungen herauskristallisieren: Eine Position, die von zahlreichen Autoren vertreten wird, ist die, daß Dienstleistungen anhand konstitutiver Merkmale (einem oder mehrerer) eindeutig definiert und von Sachleistungen abgegrenzt werden können.[73] Die Gegenposition, federführend vertreten durch *Engelhardt/Kleinaltenkamp/Reckenfelderbäumer*, besagt, daß eine eindeutige Abgrenzung weder auf diese Weise noch auf eine andere bisher bekannte möglich ist,[74] so daß der begrifflichen Trennung von Sach- und Dienstleistungen die theoretische Basis fehlt und diese zugunsten der allgemeingültigen Bezeichnung „Leistungsbündel" aufgegeben werden muß.[75]

Um sich einer dieser Auffassungen anschließen zu können, müssen zunächst die Anforderungen an **konstitutive Merkmale** erörtert werden. Ein Merkmal kann als konstitutiv für eine Dienstleistung angesehen werden, wenn

*   einerseits *jede* Dienstleistung dieses Merkmal aufweist und
*   andererseits bei *keiner* Sachleistung diese Eigenschaft vorhanden ist,

so daß das (Nicht-)Vorhandensein des Merkmals bei einem Absatzobjekt jenes eindeutig der Dienstleistungs-(Sachleistungs-)Kategorie zuordnet.[76]

Diese Anforderungen zugrundelegend wird im folgenden gezeigt, daß keines der in der Literatur als potentiell konstitutiv erachteten Merkmale tatsächlich konstitutiv im Sinne vollkommener Trennschärfe ist und somit *Engelhardt/Kleinaltenkamp/Reckenfelderbäumer* tendenziell zugestimmt werden muß. Da jedoch ebenfalls gezeigt werden kann, daß je nach Begriffsverständnis der Merkmale für jedes der hier behandelten zumindest die erste der beiden Anforderungen erfüllt ist, kommt diesen Merkmalen doch eine charakterisierende, wenn auch nicht trennscharf abgrenzende Fähigkeit zu. Die Aussagefähigkeit bzw. der Nutzen kennzeichnender Merkmale ergibt sich außerdem nicht nur aus ihrem Beitrag zu einer trennscharfen Definition, sondern auch aus ihrem Beitrag zur Ableitung von Implikationen bezüglich einer bestimmten Themenstellung.[77] Daraufhin gilt es die folgenden Merkmale gemäß der hier zugrundeliegenden Problemstellung also ebenfalls zu prüfen.

---

73 Siehe hierzu z.B. Meyer (1990), S. 180 und (1991), S. 198; Corsten (1989), S. 24; Hilke (1989), S. 10; Mengen (1993), S. 14 ff.
74 Vgl. Engelhardt/Kleinaltenkamp/Reckenfelderbäumer (1993), S. 404.
75 Vgl. Engelhardt/Kleinaltenkamp/Reckenfelderbäumer (1992), S. 34 f. und (1995), S. 676.
76 Siehe hierzu auch Meffert (1994), S. 521.
77 Vgl. Meyer (1991), S. 199; Bruhn (1997), S. 15. Selbst *Engelhardt et al.* gestehen dies den im folgenden zu behandelnden Merkmalen z.B. hinsichtlich ihrer Marketing-Bedeutung z.T. zu. Vgl. Engelhardt/Kleinaltenkamp/Reckenfelderbäumer (1992), S. 19.

2.2.1.1 Angebot von Leistungspotentialen

Das Leistungspotential eines Dienstleistungsanbieters bestimmt sich aus der Kombination leistungsfähiger und leistungsbereiter Faktoren (Menschen, Maschinen, Gebäude, Informationen etc.).[78] Die **Leistungsfähigkeit** (z.B. in Form von Know-how oder bestimmten körperlichen Fähigkeiten)[79] ist ebenso wie die **Leistungsbereitschaft** (zeitliche, räumliche, quantitative und qualitative Verfügbarkeit der Faktoren)[80] Grundvoraussetzung jeder Dienstleistungserstellung. Da dies aber grundsätzlich auch für Sachgüter gilt, läßt sich hieraus zunächst kein Differenzierungsmerkmal ableiten.[81]

Entscheidend ist jedoch nicht die grundsätzliche Notwendigkeit von Leistungspotentialen, sondern die Tatsache, daß dieses Potential bei Dienstleistungen dem Angebot selbst entspricht.[82] Während im Sachgüterbereich ein Transferobjekt existiert, in dem das Angebot Konkretisierung findet, besteht das Dienstleistungsangebot in einem bloßen **Leistungsversprechen**[83] Hierin ist ein wesentliches Kennzeichen zu sehen, das für jede Dienstleistung gilt[84] und somit die erste Anforderung an ein konstitutives Merkmal erfüllt. Daß es dennoch keine exakte Abgrenzung ermöglicht, liegt darin begründet, daß einige spezielle Sachgüter ebenfalls nur in Form von Leistungsversprechen angeboten werden, wie z.B. im Bereich der Auftragsfertigung, wo individuelle Problemlösungen (z.B. maßgeschneiderte Anzüge oder speziell zugeschnittene Einbauküchen) zum Zeitpunkt des Angebots auch nicht als fertige Produkte vorliegen. Obgleich somit nicht von einem konstitutiven Merkmal im strengen Sinn gesprochen werden kann, stellt das **Angebot von Leistungspotentialen** doch ein wesentliches Dienstleistungscharakteristikum dar, insbesondere hinsichtlich seiner Konsequenzen für das Thema dieser Arbeit.

Die Notwendigkeit der Bereithaltung von Leistungspotentialen für eine potentiell auftretende Nachfrage und die damit verbundene Entstehung von Leerkosten bei Nicht-Inanspruchnahme der Leistungskapazitäten lassen die Potentialplanung zu einer bedeutenden Aufgabe werden.

---

78 Vgl. Meyer (1991), S. 198; Niemand (1996), S. 8; Mengen (1993), S. 14 sowie Bieberstein (1995), S. 29. Dieser Sachverhalt wird in der Literatur als Vorkombination bezeichnet. Vgl. hierzu auch Abschn. 2.2.3.1.
79 Vgl. Meffert/Bruhn (1997), S. 63.
80 Vgl. Meyer (1991), S. 199.
81 Vgl. Engelhardt (1990), S. 279; Mengen (1993), S. 16.
82 Siehe hierzu z.B. Corsten (1989), S. 25 und (1988b), S. 81; Bieberstein (1995), S. 29 f. sowie Mengen (1993), S. 17.
83 Da die konkrete Dienstleistung zum Angebotszeitpunkt noch nicht existiert (z.B. eine Reise oder eine Theateraufführung), kann sie nur als Leistungsversprechen angeboten werden.
84 Vgl. Rück (1995), S. 10. Von dem Sonderfall veredelter Dienstleistungen (wie z.B. Software, Videocassetten oder CDs), die durch ihre Koppelung an ein Trägermedium durchaus ein physisches Transferobjekt aufweisen und zum Kaufzeitpunkt auch bereits vorhanden sind, soll hier wie auch im folgenden abgesehen werden, da ihre Einordnung in den Dienstleistungsbereich zum einen umstritten ist und sie zum anderen durch die beschriebenen Besonderheiten einer losgelösten, eigenständigen Behandlung im Hinblick auf das Thema dieser Arbeit unterzogen werden müßten. Vgl. zur Gültigkeitsproblematik des Dienstleistungskennzeichens „Angebot von Leistungspotentialen" bei veredelten Dienstleistungen Engelhardt/Kleinaltenkamp/Reckenfelderbäumer (1992), S. 11 sowie Niemand (1996), S. 8 f. Allgemein zu ver-

Aufgrund der Nachfrageabhängigkeit des Potentialeinsatzes basiert die Planung in wesentlichem Maße auf marktbezogenen Informationen, insbesondere auf solchen über Ausmaß und zeitlichen Anfall der Nachfrage. Vor dem Hintergrund zeitlicher Nachfrageschwankungen sowie der allgemeinen Ungewißheit des Nachfrageanfalls stellt sich das Dienstleistungskennzeichen Angebot von Leistungspotentialen als kritischer Aspekt dar, der von Dienstleistungsunternehmen in ihr marktorientiertes IM einzubeziehen ist.

2.2.1.2 Immaterialität

Die Immaterialität, bezogen auf das *Ergebnis* einer Leistungserstellung, ist das in der Literatur am längsten und häufigsten diskutierte Dienstleistungsmerkmal.[85] Dennoch ist seine Abgrenzungsfähigkeit mittlerweile hinreichend widerlegt.[86] Bezogen auf die bereitgehaltene Leistungsfähigkeit (Leistungspotential) aber, die im letzten Abschnitt als das eigentliche Dienstleistungsangebot (im Sinne eines Leistungsversprechens) identifiziert wurde, hat die Immaterialität durchaus Allgemeingültigkeit und erfüllt somit die erste Anforderung an ein konstitutives Merkmal.[87] Die oben beschriebenen Sonderfälle von Sachgütern (Auftragsfertigung) verhindern zwar auch hier wieder eine trennscharfe Abgrenzung, aber wie das Merkmal Angebot von Leistungspotentialen stellt auch die **Immaterialität** ein für diese Arbeit wesentliches Kennzeichen des Absatzobjekts Dienstleistung dar. Dies wird v.a. anhand der akzessorischen, aus der Immaterialität ableitbaren Merkmale Nichtlagerfähigkeit und Nichttransportfähigkeit deutlich.

Die **Nichtlagerfähigkeit** des Dienstleistungsangebots, teilweise auch mit der Bezeichnung „verderbliches Produkt" zum Ausdruck gebracht,[88] bewirkt erhebliche Koordinationsbedarfe hinsichtlich der Dienstleistungsnachfrage, insbesondere dann, wenn diese vergänglich, d.h. nur zu einem bestimmten Zeitpunkt zu befriedigen ist (wie z.B. oft bei Transport-, Beherbergungs- oder Telekommunikationsleistungen). Hieraus ergeben sich Anforderungen an das betriebliche IM hinsichtlich der Erfassung der Nachfrage und ihrer Beeinflußbarkeit sowie der resultierenden Potentialanpassung.

---

edelten Dienstleistungen siehe Meyer (1992a), S. 119 ff.; Maleri (1994), S. 45 ff.; Mengen (1993), S. 33 f. und Corsten (1988a), S. 113.

85 Die Kennzeichnung von Dienstleistungen anhand der Immaterialität geht bis auf *Jean-Baptiste Say* zurück; vgl. Say (1852), S. 87. Zu aktuelleren Erörterungen dieses Merkmals siehe Corsten (1986a), S. 17 ff.; Maleri (1994), S. 79 ff. und Rück (1995), S. 11 ff. sowie die besonders differenzierten Ausführungen von Flipo (1988), S. 286 ff. Eine Literaturübersicht gibt Rosada (1990), S. 17 f.

86 Das Vorhandensein materieller Ergebnisbestandteile bei vielen Dienstleistungen (z.B. Ersatzteile bei einer Reparatur oder Speisen bei einem Flug) macht die Immaterialität des Ergebnisses für eine eindeutige Kennzeichnung von Dienstleistungen unbrauchbar. Vgl. Engelhardt (1990), S. 279; Rück (1995), S. 14; Meffert (1994), S. 522; Gerhardt (1987), S. 86.

87 „Leistungspotentiale sind ihrer Natur nach stets immateriell." Meyer (1990), S. 183. Vgl. hierzu auch Meffert/Bruhn (1997), S. 59 sowie Mengen (1993), S. 17.

88 Hierdurch wird verdeutlicht, daß bereitgehaltene, aber nicht nachgefragte Kapazitäten verfallen. Vgl. Krüger (1990), S. 241 und Zehle (1991), S. 487.

Themenspezifische Implikationen aus der **Nichttransportfähigkeit** ergeben sich dahinge-
hend, daß im Rahmen der Potentialplanung die Leistungsstandorte nachfragegerecht, also
marktorientiert bestimmt werden müssen. Die Entwicklungen im Bereich der Informations-
und Kommunikationstechnologien bewirken allerdings bei einigen Dienstleistungen räumliche Entkopplungsmöglichkeiten von Angebot und Nachfrage,[89] so daß hier die Standortfrage
zunehmend nachfrageunabhängig wird. Dafür ergeben sich dann IM-Implikationen anderer
Art, wie z.B. hinsichtlich der Nutzung medialer Informationsgewinnungsmöglichkeiten.

2.2.1.3 Integration eines externen Faktors

Die Einbindung eines externen Faktors ist eine Grundvoraussetzung jeder Dienstleistungserstellung.[90] Externe Faktoren können in der Gestalt von Menschen, Objekten, Rechten, No-
minalgütern und/oder Informationen auftreten, die zeitlich begrenzt in den Verfügungsbereich
des Dienstleistungsanbieters gebracht und mit dessen internen Produktionsfaktoren kombiniert werden.[91] Diesem Kennzeichen wird in der Literatur am ehesten die Abgrenzungsfähigkeit gegenüber Sachgütern zugesprochen.[92] Doch auch hier werden z.T. Einwände erhoben,
so z.B. der, daß die Integration externer Faktoren ausschließlich in Form von Informationen
kein Dienstleistungsspezifikum sei, da auch bei einigen Sachgütern Informationen des Nachfragers für die Erstellung benötigt werden.[93] Dem ist zuzustimmen, soweit dieses Merkmal in
dem relativ weiten Begriffsverständnis einer bloßen Einbringung externer Faktoren aufgefaßt
wird. Versteht es sich jedoch in einem engeren, aber dennoch für alle Dienstleistungen gültigen Sinne als Leistungserbringung *am* externen Faktor[94], so werden damit Nicht-
Dienstleistungen weitgehend vollständig ausgeschlossen.[95]
Aber nicht nur die definitorische Aussagekraft des Merkmals ist bedeutend, sondern auch seine Implikationen für die vorliegende Arbeit. Das Erfordernis der Integration externer Faktoren reduziert die Autonomie der Leistungserstellung für den Dienstleistungsanbieter. Im Gegensatz zu den internen Produktionsfaktoren sind externe Faktoren nicht frei disponierbar und

---

89 Dies gilt z.b. für Finanz- und Beratungsleistungen, also Dienstleistungen mit geringen oder gar keinen materiellen Ergebnisbestandteilen.
90 Vgl. Lehmann (1989), S. 102.
91 Vgl. Engelhardt/Kleinaltenkamp/Reckenfelderbäumer (1993), S. 401.
92 Siehe hierzu z.b. Hilke (1989), S. 12; Engelhardt (1990), S. 281; Meyer (1992a); S. 21 f. Mengen (1993), S.
19 oder Meffert (1994), S. 521.
93 Dies ist z.B. bei Automobilen, Küchen oder im Investitionsgüterbereich bei Spezialmaschinen, also sämtlichen kundenindividuell erstellten Leistungen, der Fall. Vgl. Rück (1995), S. 16 sowie Engelhardt/Klein-
altenkamp/Reckenfelderbäumer (1993), S. 402 f.; Zum Sonderfall der Information als externem Faktor vgl.
ausführlich Altenburger (1980), S. 84 f.
94 Dieses engere Begriffsverständnis verdeutlicht *Rück* dadurch, daß er von einer *Integration und Transformation* des externen Faktors spricht. Vgl. Rück (1995), S. 16. Eine Leistungserbringung *am* externen Faktor Information läge dann z.B. bei fremdbrachten Buchhaltungs- und Wirtschaftsprüfungsleistungen sowie bei
Auswertungen eigener Erhebungen durch externe Institute vor.
95 Allerdings lassen sich einige Spezialfälle des investiven Sachgüterbereichs wie z.B. Maschinen, die in eine
vorhandene Produktionsanlage des Abnehmers integriert werden, dadurch nicht ausschließen. Ein konstitutives Merkmal liegt somit strenggenommen auch hier nicht vor.

nur bedingt in ihrem Integrationsverhalten beeinflußbar.[96] Eine wirtschaftliche Bewerkstelligung der Dienstleistungsproduktion hängt somit in erheblichem Maße von der Fähigkeit des Anbieters ab, die Unsicherheit hinsichtlich der externen Faktoren zu reduzieren. Diese Unsicherheitsreduktion ist eine wichtige Aufgabe des marktorientierten IM.

Zusammenfassend kann gesagt werden, daß jedes der drei diskutierten Merkmale Gültigkeit für sämtliche Dienstleistungen aufweist und diese hinsichtlich der hier behandelten Problemstellung auch in aussagekräftiger Weise charakterisiert. Eine vollkommen trennscharfe Abgrenzung gegenüber dem Sachgüterbereich gewährleisten die Merkmale allerdings nicht, weshalb Dienstleistungen als Objektbereich strenggenommen auch nicht eindeutig definiert werden können. Dem in Wissenschaft und Praxis bewährten Sprachgebrauch folgend sollen dennoch Absatzobjekte, die alle drei Merkmale aufweisen, im folgenden als Dienstleistungen bezeichnet werden. Damit verbindet sich eine absatzobjektbezogene Spezifikation, die neutraleren, aus dem Dilemma der mangelnden Abgrenzbarkeit geborenen Bezeichnungen wie "Leistungsbündel" fehlt. Es wird daher der realwissenschaftlich praktikableren Begriffsverwendung der Vorzug gegeben.[97]

2.2.2 Typologisierung von Dienstleistungen anhand der Kriterien Interaktionsgrad und Individualisierungsgrad

Nachdem nun der relevante Absatzobjektbereich eingegrenzt und anhand zentraler Merkmale gekennzeichnet ist, soll er im folgenden einer Systematisierung unterzogen werden.[98] Ziel der Systematisierung ist die Identifikation von Dienstleistungstypen, die typenübergreifend differenzierte, innerhalb eines Typs aber einheitliche Implikationen für ein marktorientiertes IM aufweisen.[99] Aus der großen Fülle der in der Literatur zu findenden (Dienst)Leistungstypologien[100] können einige wenige herauskristallisiert werden, die für diesen Zweck geeignet erscheinen. Sie lassen sich zunächst danach unterscheiden, ob sie informationsbezogene Aspekte *explizit* als Typologisierungsdimensionen einbeziehen oder nicht.

---

96 Vgl. Engelhardt (1990), S. 280 f.; Maleri (1994), S. 130 ff.; Corsten (1984a), S. 259.
97 Siehe hierzu auch Knoblich/Oppermann (1996), S. 13 sowie Meffert (1995b), S. 681, die trotz der dargelegten Schwächen auch für die Beibehaltung des Dienstleistungsbegriffs plädieren.
98 Systematisierungen lassen sich grundsätzlich danach unterscheiden, ob sie unter Verwendung eines Merkmals (Klassifikationen) oder mehrerer Merkmale (Typologien) gebildet werden. Vgl. Corsten (1988a), S. 23 sowie Bieberstein (1995), S. 38.
99 Zur Zielsetzung von Typologien allgemein siehe Meffert/Bruhn (1997), S. 30.
100 Vgl. z.B. Knoblich/Oppermann (1996), S. 15 ff.; Stauss (1994), S. 11 ff.; Wohlgemuth (1989), S. 339; Corsten (1986a), S. 33; Fodness/Pitegoff/Sautter (1993), S. 20; Staffelbach (1988), S. 280. Überblicke über verschiedene in der Literatur zu findende Typologisierungen geben Scheuch (1982), S. 32 ff.; Lovelock (1983), S. 11 ff.; Corsten (1988a), S. 27 ff.; Meyer (1992a), S. 37 ff.

Zur ersten Kategorie zählen die auf *Porter/Millar* zurückgehende Informationsintensitäts-Matrix[101] sowie die dienstleistungsspezifischen, auf informationsökonomischen Überlegungen basierenden Typologien von *Mengen* und *Henkens*. Letztere berücksichtigen jedoch in erster Linie die Informationssituation und -aktivitäten der Nachfragerseite und sind daher für diese Arbeit weniger geeignet.[102] Bei der Informationsintensitäts-Matrix steht zwar die Informationssphäre des Anbieters im Mittelpunkt, doch weist dieser Ansatz andere Schwächen hinsichtlich der hier verfolgten Zwecksetzung auf. So zielt eine der verwendeten Dimensionen (Informationsgehalt des Produktes) vorrangig auf eine differenzierte Ausgestaltung der Informationsflüsse zum Markt hin ab, also auf das *Kommunikationsmanagement*, welches kein wesentlicher Bestandteil dieser Arbeit ist. Mit der anderen Dimension (Informationsdurchdringung der Wertschöpfungskette) wird zwar ein für das *Informationsmanagement* bedeutendes Merkmal zugrundegelegt, doch ist dieses eher symptomatischer Natur. Das Ausmaß der Informationsdurchdringung von Wertschöpfungsprozessen ist nämlich seinerseits abhängig von Merkmalen des jeweiligen Absatzobjekts wie dem Individualisierungs- und Interaktionsgrad, die den Informationsbedarf im Rahmen des Leistungserstellungsprozesses determinieren.

Diese originären Leistungsmerkmale, die auch *Meffert* einer Typologie zugrundelegt (vgl. Abb. 5)[103], sind für die vorliegende Problemstellung von besonderer Aussagekraft und sollen daher im weiteren Verlauf zur Systematisierung von Dienstleistungen herangezogen werden.

---

101 Vgl. Porter/Millar (1985), S. 153 sowie auch Krüger/Pfeiffer (1991), S. 22 f., Rüttler (1991), S. 218 ff. und Picot/Reichwald/Wigand (1996), S. 181 ff. Sie ist von den Verfassern an sich als Portfoliodarstellung ausgelegt, kann aber ebenso zur Typologisierung von Absatzobjekten hinsichtlich ihrer Informationsintensität verwendet werden.
102 Zur ausführlichen Darstellung siehe Mengen (1993), S. 128 ff. und Henkens (1992), S. 67 ff.
103 Vgl. Meffert (1995a), Sp. 456 ff. Diese zweidimensionale Typologie stellt an sich nur einen Ausschnitt der zusätzlich noch den Immaterialitätsgrad umfassenden dreidimensionalen Typlogie von *Meffert* dar, welche wiederum eine Weiterentwicklung der grundlegenden, für alle Arten von Absatzobjekten gültigen Systematisierung von *Engelhardt/Kleinaltenkamp/Reckenfelderbäumer* ist. Vgl. zu diesen Ansätzen Meffert (1994), S. 522 ff. und Engelhardt/Kleinaltenkamp/Reckenfelderbäumer (1993), S. 416 f. Der dort zusätzlich berücksichtigte Immaterialitätsgrad ist für die vorliegende Problemstellung von untergeordneter Bedeutung, da er weniger die Informationsgewinnung des Unternehmens als die der Nachfrager beeinflußt (aufgrund der immaterialitätsbedingten Qualitätsunsicherheit des Leistungsangebots), welche hier nicht näher untersucht wird.

22

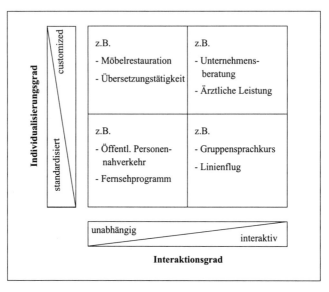

Abbildung 5: Dienstleistungstypologie
(Quelle: In Anlehnung an Meffert (1995a), Sp. 457 f.)

Der **Interaktionsgrad**, bezogen auf „eine Form der Einbindung des externen Faktors, die eine Interaktion mit diesem erforderlich macht"[104], ist für ein marktorientiertes IM von Bedeutung, da er in erheblichem Maße die Planungsunsicherheit des Anbieters determiniert. Die Einflußnahme des externen Faktors auf den Leistungserstellungsprozeß schränkt die Autonomie des Anbieters und damit auch die Planbarkeit der Leistungserstellung ein, weil relevante Informationen über den externen Faktor oft erst während der interaktiven Leistungserstellung deutlich werden. Solche Informationen betreffen insbesondere die für die Dienstleistungsproduktion relevanten Eigenschaften des externen Faktors sowie dessen Integrationsverhalten.[105] In informationsökonomischer Terminologie werden sie als 'hidden characteristics' bzw. 'hidden action' bezeichnet, da sie ex ante, also zum Zeitpunkt des Geschäftsab-

---

104 Meffert (1995b), S. 681. In leicht abgewandelter Begriffsverwendung zu Engelhardt/ Freiling (1995), S. 40 f. und Engelhardt/Kleinaltenkamp/Reckenfelderbäumer (1993), S. 412 ff., die die *Integration* des externen Faktors anhand der Eingriffstiefe und -intensität konkretisieren, soll der *Interaktionsgrad* hier anhand des Interaktionsausmaßes (welcher Anteil der Leistungserstellungsprozesse erfolgt interaktiv?) und der Interaktionsintensität (wie stark werden die Prozesse durch die Einwirkung des externen Faktors beeinflußt?) gekennzeichnet werden.
105 *Woratschek* bezieht die Verhaltensunsicherheit als dritte Dimension (neben der Integrativität und dem Individualisierungsgrad) in seine ebenfalls auf den Überlegungen von *Engelhardt* et al. und *Meffert* aufbauenden Typologie ein. Da die Verhaltensunsicherheit jedoch in erster Linie durch die beiden anderen Dimensionen verursacht wird, ist ihr ergänzender Aussagegehalt gering, weshalb sie in dieser Arbeit zugrundegelegten Typologie nicht aufgegriffen wird. Vgl. Woratschek (1996), S. 64 ff.

schlusses, nicht erkennbar sind.[106] Implikationen des Interaktionsgrades für das IM ergeben sich somit v.a. hinsichtlich des zeitlichen Anfalls bzw. der (mangelnden) Vorabverfügbarkeit wesentlicher Informationen. Sie betreffen also v.a. die **Informationsunsicherheit**.

Der **Individualisierungsgrad**, der die „Ausrichtung von Wertaktivitäten auf die Kundenbedürfnisse"[107] beschreibt, hat dagegen schwerpunktmäßig Auswirkungen auf das Ausmaß und die Spezifität zu berücksichtigender Informationen. Er betrifft also stärker die **Informationskomplexität** als die -unsicherheit. Für die Gestaltung eines marktorientierten IM stellt die effiziente Bewältigung dieser Komplexität ebenfalls eine wichtige Aufgabe dar. *Engelhardt/ Kleinaltenkamp/Reckenfelderbäumer* geben hinsichtlich des Individualisierungsgrades kritisch zu bedenken, daß dieser in einem Abhängigkeitsverhältnis zum Interaktionsgrad stehe und somit als zusätzliche Typologisierungsdimension entbehrlich sei.[108] Dem kann jedoch entgegengehalten werden, daß sehr wohl kundenindividuelle Leistungen „ohne eine Einbeziehung des externen Faktors i.S. einer Interaktion mit diesem"[109] erstellt werden können. So verfügen z.B. Hotels zunehmend über umfassende Kundendatenbanken, die bei wiederholten Besuchen eines Gastes ein Eingehen auf dessen individuelle Bedürfnisse ermöglichen, ohne daß erneute Interaktionen erforderlich sind.[110]
Inwieweit die hier verwendeten Typologisierungsdimensionen auf die Dienstleistungsproduktion Einfluß nehmen, soll im folgenden anhand einer phasenorientierten Betrachtung der Dienstleistung verdeutlicht werden.

2.2.3 Die phasenbezogene Betrachtung der Dienstleistung als Analysegrundlage

Die informationsbezogene Untersuchung von Dienstleistungen bereitet nicht nur wegen der Heterogenität des Untersuchungsbereichs (Dienstleistungsvielfalt) Probleme, denen mit der übernommenen Typologie begegnet werden soll. Auch die Erstellung einer konkreten Dienstleistung, die aufgrund des uno-actu-Prinzips[111] über den gesamten Produktionsprozeß hinweg zu einer Marketing-Aufgabe wird, bedarf einer komplexitätsreduzierenden Zerlegung, um die dienstleistungsspezifischen Informationsbedarfe und -probleme systematisch heraus-

---

106 Zu Informationsasymmetrien und Unsicherheit im informationsökonomischen Sinn, auf die in Abschn. 3.1.3 noch näher eingegangen wird, siehe Kaas (1995), Sp. 972 f.; Henkens (1992), S. 50 ff. und Woratschek (1996), S. 62 ff. In diesen Quellen wie auch in der sonstigen informationsökonomisch basierten, dienstleistungsspezifischen Literatur wird jedoch schwerpunktmäßig auf Informationsdefizite bzw. -unsicherheiten der Nachfragerseite eingegangen.
107 Meffert/Bruhn (1997), S. 32.
108 Vgl. Engelhardt/Kleinaltenkamp/Reckenfelderbäumer (1995), S. 675 f.
109 Meffert (1995b), S. 681. Auch *Wohlgemuth* zieht für seine Dienstleistungstypologie ähnliche Dimensionen heran (Interaktionsintensität und Produktionsstandardisierung) und gibt zahlreiche Produktbeispiele, die die Unabhängigkeit der Dimensionen belegen. Vgl. Wohlgemuth (1989), S. 340.
110 Vgl. Zeithaml/Bitner (1996), S. 188.
111 Zum uno-actu-Prinzip, mit dem die Simultanität von Produktion und Konsumtion bezeichnet wird, vgl. Hilke (1989), S. 13; Corsten (1990), S. 19; Meyer (1991), S. 198; Henkens (1992), S. 20 f.; Meffert/Bruhn (1997), S. 60 und Bruhn (1997), S. 11.

zuarbeiten. Zu diesem Zweck wird die in der Literatur gängige gedankliche Dreiteilung der Dienstleistungserstellung in Potential-, Prozeß- und Ergebnisphase vorgenommen.[112]

2.2.3.1 Potentialphase

Die Potentialphase beinhaltet die für eine potentielle Leistungserstellung bereitgehaltenen Leistungsfähigkeiten des Dienstleistungsanbieters.[113] Auf diese sogenannte Vorkombination interner Produktionsfaktoren wurde bereits im Kontext der dienstleistungskennzeichnenden Merkmale eingegangen, da sie mit dem dort dargestellten Merkmal **Angebot von Leistungspotentialen** einhergeht.[114] Sie erfolgt zwar autonom durch den Leistungsanbieter, d.h. ohne Einbindung externer Faktoren, doch ist ihre Planung und Steuerung aus den genannten Gründen von marktbezogenen Informationen abhängig. Dies ist um so ausgeprägter der Fall, je individueller die Leistungserstellung ist. Bei einem hohen *Individualisierungsgrad* sind die menschlichen und maschinellen Leistungsfähigkeiten nicht nur in quantitativer, räumlicher und zeitlicher Hinsicht der Nachfrage anzupassen, sondern müssen auch bezüglich ihrer Qualität und Flexibilität auf die variierenden Nachfragerbedürfnisse abgestimmt werden.[115] Der *Interaktionsgrad* nimmt ebenfalls, wenn auch in geringerem Maße, Einfluß auf die Potentialgestaltung, da mögliche Interaktionserfordernisse im Rahmen der Leistungserstellung bereits bei der Planung und Koordination des Leistungspotentials (insbesondere des Personals) berücksichtigt werden müssen.

2.2.3.2 Prozeßphase

Mit der Prozeßphase wird gemeinhin die Leistungserstellung im engeren Sinne, d.h. die **Endkombination unter Einbeziehung des externen Faktors**, bezeichnet.[116] Grundsätzlich lassen sich dabei autonome und integrative Prozesse unterscheiden,[117] denn auch wenn jede Dienstleistungserstellung der Integration eines externen Faktors bedarf, werden doch nicht alle ihr dienenden Prozesse interaktiv mit diesem vollzogen. Hinsichtlich des marktbezogenen Informationsbedarfs stehen jedoch die integrativen Prozesse im Vordergrund der Betrachtung. Je nach *Interaktionsgrad* einer Dienstleistung, der durch sein Ausmaß und seine Intensität beschrieben werden kann,[118] bestimmt sich die Determiniertheit der Prozeßphase. Bei hochgra-

---

112 Vgl. z.B. Meffert/Bruhn (1997), S. 24 ff.; Niemand (1996), S., 6 ff.; Rück (1995), S. 6 f.; Corsten (1990), S. 18 ff. sowie Hilke (1989), S. 11 ff.
113 Vgl. Corsten (1990), S. 18; Maleri (1994), S. 80.
114 Vgl. Abschn. 2.2.1.1.
115 Zu den Dimensionen der Potentialanpassung siehe Corsten (1990), S. 107. Auf sie wird noch ausführlich im Kontext der potentialbezogenen Informationsbedarfe (Abschn. 4.4.2) eingegangen.
116 Vgl. Mengen (1993), S. 17 f. Da jedoch auch die in den indirekten Leistungsbereichen (z.B. Rechnungswesen, Personalbereich) vollzogenen Prozesse bei der IS-Gestaltung zu berücksichtigen sind, soll im weiteren Verlauf der Arbeit ein weiter gefaßtes Verständnis der Prozeßphase zugrundegelegt werden, welches sämtliche Leistungsprozesse in einem Dienstleistungsunternehmen umfaßt.
117 Vgl. Engelhardt/Kleinaltenkamp/Reckenfelderbäumer (1993), S. 412.
118 Vgl. Abschn. 2.2.2.

dig interaktiven Dienstleistungen ist die genaue Festlegung der Prozeßabläufe vorab nur sehr begrenzt möglich. Sie ergibt sich vielmehr erst während der Leistungserstellung und wird in wesentlichem Maße von dem externen Faktor mitbestimmt. Somit hängen Informationsbedarf und -deckungsmöglichkeiten im Rahmen der Prozeßphase erheblich vom jeweiligen Interaktionsgrad der Dienstleistung ab. Aber auch der *Individualisierungsgrad* weist Implikationen für die Prozeßgestaltung auf, da individuelle Leistungen i.d.R. eine größere Vielfalt und Flexibilität der Prozesse erfordern als standardisierte. Für das IM wirkt sich dies komplexitätserhöhend aus.[119]

2.2.3.3 Ergebnisphase

Als Ergebnis einer Dienstleistung kann die **Veränderungsleistung am externen Faktor** auf gefaßt werden, die - wie bei der Immaterialitätsdiskussion bereits ausgeführt wurde - sowohl materielle als auch immaterielle Bestandteile aufweisen kann.[120] Dieses an den externen Faktor gebundene und unter dessen Beteiligung entstandene Leistungsergebnis ist durch den Anbieter nicht vollkommen vorherbestimmbar, da die Beschaffenheit des externen Faktors sowie sein „Verhalten" während der Leistungserstellung darauf Einfluß nehmen.[121] Die mangelnde Vorherbestimmbarkeit ist besonders ausgeprägt bei Dienstleistungen, die einen hohen *Interaktionsgrad* aufweisen. Hier sind Informationen über die Integrationsqualität des externen Faktors, die das Leistungsergebnis kontrollierbarer machen, dementsprechend von großer Bedeutung. Zur Erzeugung eines bedarfsgerechten Dienstleistungsergebnisses muß aber zunächst v.a. genaue Kenntnis über die diesbezüglichen Vorstellungen der Nachfrager bestehen. Der erforderliche Informationsbedarf wird dabei entscheidend durch den *Individualisierungsgrad* der zu erstellenden Leistung beeinflußt.

Zusammenfassend kann festgehalten werden, daß beide Typologisierungsdimensionen sich grundsätzlich auf sämtliche Phasen der Dienstleistungserstellung auswirken, wobei der Interaktionsgrad hauptsächlich Bezüge zur Prozeßphase aufweist und der Individualisierungsgrad sich schwerpunktmäßig in der Ergebnisphase widerspiegelt.

2.2.3.4 Umkehrung der Phasenbetrachtung zur Verankerung der Marktorientierung

Dem zentralen Grundgedanken des Marketing-Managements als „Konzeption der marktorientierten Unternehmenssteuerung"[122] Rechnung tragend erscheint es nunmehr konsequent, die zuvor dargestellte phasenorientierte Betrachtung der Dienstleistungserstellung für die Analyse der damit verbundenen Informationsaspekte umzukehren. Da die Bedürfnisbefriedi-

---

119 Vgl. Meffert (1995b), S. 681.
120 Vgl. Engelhardt/Kleinaltenkamp/Reckenfelderbäumer (1993), S. 400; Meyer (1992a), S. 21 sowie Mengen (1993), S. 20 f., der jedoch zur Ergebnisphase noch die Nutzenphase ergänzt
121 Zur Unsicherheit bzgl. der Integrationseignung des externen Faktors siehe auch Woratschek (1996), S. 62.
122 Köhler (1995a), Sp. 1599.

26

gung des Nachfragers als Hauptanliegen unternehmerischer Tätigkeit letztlich im Leistungsergebnis zum Ausdruck kommt, auch wenn die Dienstleistung einen ausgeprägten Prozeß-
(z.b. bei einer Theateraufführung) oder Potentialbezug (z.b. bei Autovermietungen) aufweist,
sollte dieses der Ausgangspunkt eines marktorientierten IM sein. Die Leistungsprozesse sowie das dafür erforderliche Potential müssen an ihm ausgerichtet werden. Dies soll jedoch
nicht als strikte Abfolge verstanden werden. Interdependenzen und Rückkopplungsbeziehun-
gen zwischen den verschiedenen Phasen müssen bei der informationsbezogenen Analyse berücksichtigt werden.

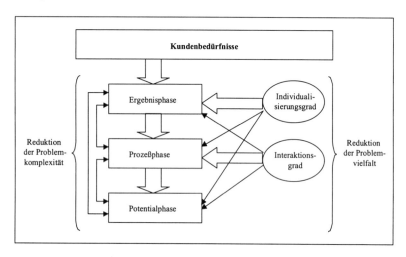

**Abbildung 6: Verknüpfung von phasenorientierter Betrachtung und Typologisierungs-
dimensionen der Dienstleistung**

Abb. 6 zeigt diese Zusammenhänge auf und verdeutlicht überblickartig die Analysestruktur
für das weitere Vorgehen unter Einbeziehung der zentralen Strukturierungsparameter:

- Die **Phasenbetrachtung** dient der Dekomposition des Leistungserstellungskomplexes *jeder* Dienstleistung (Reduktion der Problemkomplexität).
- Die **Typologisierungsdimensionen** ermöglichen eine differenzierte, systematische Betrachtung *verschiedener* Dienstleistungsarten (Reduktion der Problemvielfalt).

2.3 Systemstrukturelle Grundlagen eines dienstleistungsspezifischen Informations-
managements

Nach der separaten Kennzeichnung der für die vorliegende Problemstellung zentralen Komponenten IM und Dienstleistungen soll im folgenden nun eine grundlegende Verknüpfung
dieser Komponenten im Rahmen einer Systembetrachtung vorgenommen werden.

Unter einem **System** werden allgemein eine Menge von Elementen (Objekten, Subsystemen) und die zwischen ihnen bestehenden Beziehungen verstanden.[123] So läßt sich auch das betriebliche Informationssystem (IS) als strukturelle Grundlage des Informationsmanagements durch seine Elemente und die Beziehungen innerhalb des Systems kennzeichnen. Bei einer marktorientierten Ausrichtung des IS muß zudem den Beziehungen zur Systemumwelt im Rahmen einer Systemanalyse besondere Beachtung geschenkt werden.

2.3.1 Elemente des Informationssystems

Zu den Elementen eines IS lassen sich alle Unternehmensbestandteile zählen, die eine Funktion im Rahmen der betrieblichen Informationsversorgung wahrnehmen. Sie können unterschieden werden in

- Informationsquellen
- Informationsverarbeitungs, -speicherungs- und -übermittlungselemente sowie
- Informationsempfänger bzw. -verwender.

Als **Informationsquellen** zur Deckung eines dienstleistungsspezifischen, marktorientierten Informationsbedarfs sind unternehmensinterne wie auch -externe Quellen von Bedeutung. Letztere können zwar in systemtheoretischer Sicht[124] dem IS strenggenommen nicht direkt zugeordnet werden, da dieses als unternehmensbezogenes Subsystem ausschließlich Unternehmensbestandteile beinhalten kann. Sie sind aber hinsichtlich ihrer (Informations-)Beziehungen zum System 'Dienstleistungsunternehmen' als relevante Elemente des Umsystems in die Betrachtung einzubeziehen. Neben der Aufteilung in interne und externe Quellen ist vor dem thematischen Hintergrund dieser Arbeit eine weitergehende Systematisierung der Informationsquellen nach dem Informationsbezug (unternehmensbezogene versus marktbezogene Informationen) sinnvoll. Abb. 7 gibt einen Überblick über die wesentlichen Informationsquellen eines marktorientierten IM im Dienstleistungsbereich.[125]

Auf die Nutzungsmöglichkeiten der verschiedenen Quellen für spezifische Dienstleistungsproblemstellungen wird in den Kapiteln 4 und 5 näher eingegangen.

123 Vgl. Franken/Fuchs (1974), S. 27; Bertalanffy (1968), S. 38; Köhler (1971), S. 36 f.; Fuchs (1973), S. 35; Schiemenz (1993), Sp. 4128 und Biethahn/Muksch/Ruf (1996), S. 88.
124 Eine umfassendere systemtheoretisch basierte Betrachtung des IM wird in Kapitel 6 vorgenommen.
125 Vgl. allgemein zu betrieblichen Informationsquellen Köhler (1993), S. 13 ff., 328 ff; Becker (1994a), S. 205 ff.; Wilde/Schweiger (1995), Sp. 1559 f.; Hofstetter (1993), S. 172 ff.; Gazdar (1989), S. 37 ff.; Zentes (1987), S. 78 ff., 94 f.; Schmidt (1997), S. 10 ff; Rüttler (1991), S. 238 f.; Heinzelbecker (1991), S. 250 f.; Drucker (1995),S. 61 f.; Löbbe (1995), S. 86 ff.; Weber-Schäfer (1995), S. 31 ff., 257 ff.; Kreutzer (1992), S. 331 sowie speziell für Dienstleistungsunternehmen Aanestad (1985), S. 63 ff; Domegan (1996), S. 60 ff; Meffert/Bruhn (1997), S. 500 ff.; Herbig/Milewicz (1994), S. 19 ff.; Lettl-Schröder (1991), 204 ff.; Wolf (1991), S. 230 ff. und Wilde/Hippner (1998), S. 332 ff.

Informationsquellen	interne	externe
für unternehmens-bezogene Informationen	• Rechnungswesen/Controlling • Bilanzen • Absatzwirtschaftliche Statistik • Berichtssysteme (bzgl. Personal, Leistungsqualität etc.) • Mitarbeiter • Kundenkontaktpunkte, Interaktionsmomente	• Kunden (aktuelle und potentielle) • Marktforschungsinstitute • Berater oder sonstige Experten
für marktbezogene Informationen	• Rechnungswesen/Controlling • Absatzwirtschaftliche Statistik • Marktforschung (Primär- und Sekundärforschung) • Prognose- und Früherkennungssysteme • Mitarbeiter im Kundenkontakt • ehemalige Mitarbeiter von Konkurrenzunternehmen • Kundendatenbank • Kundenkontaktpunkte, Interaktionsmomente • Konkurrentendatenbank • sonstige Marktdatenbasen	• Kunden (aktuelle und potentielle) • Konkurrenten • (Online-)Datenbanken, Informationsdienste • Marktforschungsinstitute • Messen, Kongresse, Fachtagungen • Fachverbände • amtliche Statistiken • Fachmedien (Fachzeitschriften, Wirtschaftspresse) • Forschungseinrichtungen • Berater oder sonstige Experten • Banken

Abbildung 7: Wesentliche Informationsquellen für Dienstleistungsunternehmen

Unter die zweite Kategorie von Elementen eines IS lassen sich sämtliche personellen und technischen Komponenten des Unternehmens subsumieren, die Funktionen im Bereich der **Verarbeitung, Speicherung** und **Übermittlung** von Informationen erfüllen. Hierzu zählen

• Mitarbeiter, die mit der Informationsbeschaffung, -verarbeitung etc. betraut sind,[126]

• Netze (WAN (z.B. Telefonnetze), LAN (z.B. Intranet) etc.),[127]

• Hardware (Zentraleinheit (Prozessor und Hauptspeicher) und Peripheriegeräte (Speicher, Ein- und Ausgabegeräte); auch Telefon, Telefax, Scanner, Video etc.[128]) und

• Software (Systemsoftware (v.a. Betriebssystem) und Anwendungssoftware (z.B. Kalkulationsprogramme); Daten-/Textbanken, Methodenbanken, Tool-/Sprachsystem).[129]

---

126 In der oft technikfokussierten Literatur zu IS werden die Mitarbeiter selten explizit als Bestandteile des Systems betrachtet. Unter Bezugnahme auf die in Abschn. 2.1.4.1 dargelegten IM-Dimensionen, in die Fähigkeiten und Motivation der Mitarbeiter (Informationsbereitschaft) als eigenständige Dimension aufgenommen wurden, sollen sie hier jedoch ihrer Bedeutung entsprechend als Systemelemente explizit berücksichtigt werden.

127 Bei den Netzen gilt ähnlich wie bei den Informationsquellen, daß zwar nur die unternehmensinternen Kommunikationskanäle (interne PC-Vernetzung, Intranet, Telefonnetz etc.) zum IS im engeren Sinne gezählt werden können, für ein marktorientiertes IM aber auch unternehmensübergreifende Netze (z.B. öffentliche Telekommunikationsnetze, ISDN, Internet) in die Betrachtung einbezogen werden müssen, da erst durch sie eine Verbindung zum Umsystem, so z.B. zu externen Informationsquellen, hergestellt wird.

128 Speziell zu Kommunikationshilfsmitteln vgl. Fickenscher/Hanke/Kollmann (1991), S. 80 ff.

129 Zu den technischen Komponenten von Informationssystemen insgesamt siehe Biethahn/Muksch/Ruf (1996), S. 56 ff.; Scheer/Trumpold (1996), S. 73 ff.; Schmidt (1996), S. 9 ff.; Brenner (1994), S. 28 ff.; Jaspersen (1994), S. 200; Segars/Grover (1996), S. 383; Rüttler (1991), S. 51; Becker (1994b), S. 187 ff.; Klotz/ Strauch (1990); S. 69 und VDI (1990), S. 38 ff.

Auf sie wird innerhalb der vorliegenden Arbeit v.a. unter funktionellen Gesichtspunkten eingegangen, d.h. hinsichtlich ihrer Aufgabenerfüllung im Rahmen eines marktorientierten IM.[130] Die technische Seite dieses Elementbereichs wird dagegen weitestgehend vernachlässigt. Eine exakte Abgrenzung bestimmter Elemente dieses Bereichs gegenüber den internen Informationsquellen ist jedoch in funktioneller Hinsicht nicht unproblematisch. So können z.b. interne Datenbanken einerseits als Speicher- oder auch Verarbeitungselemente aufgefaßt werden, andererseits stellen sie aber auch Informationsquellen dar. Solche zuordnungsproblematischen Elemente sind in Abhängigkeit der jeweiligen Fragestellung variabel einzugliedern.

Die dritte Gruppe von Systemelementen bilden die **Informationsempfänger bzw. -verwender**, d.h. diejenigen Personen, deren Informationsbedarf durch den Einsatz der vorab dargestellten Systemelemente gedeckt werden soll und die die Informationen für ihre Aufgabenerfüllung im Unternehmen verwenden.[131] In manchen Fällen wird die Rolle der Informationsverwender auch durch Maschinen wahrgenommen wie z.b. bei automatisierter informationsabhängiger Dienstleistungserstellung (z.b. Online-banking oder automatisierte Flugreservierungen). Die Informationsverwendung im Rahmen der Unternehmenstätigkeit verdeutlicht die intensive Verflechtung des IS mit den übrigen Bereichen des Unternehmenssystems wie auch mit der gesamtsystembezogenen Umwelt (Unternehmensumsystem), welche bereits bei den Ausführungen zu den Informationsquellen und Netzen thematisiert wurde. Der Darstellung dieser internen und externen IS-Beziehungen widmet sich der folgende Abschnitt.

Vorab soll aber noch darauf hingewiesen werden, daß die dargestellten Systemelementkategorien im Zusammenhang mit den in Abschn. 2.1.4.1 zugrundegelegten Dimensionen des IM zu verstehen sind:

- Die *Informationsquellen* sind dabei neben den Informationen selbst ein wesentlicher Bestandteil des *Informationspotentials*.[132]
- Die *Informationsverarbeitungs-, -speicherungs- und –übertragungselemente* des IS sind der Dimension der *Informationsfähigkeit* zuzurechnen und
- Sofern die Elemente der verschiedenen Kategorien durch Personen verkörpert werden, läßt sich zudem eine Verbindung zur Dimension der *Informationsbereitschaft* herstellen, da dann stets auch Kompetenz- und/oder Motivationsaspekte eine Rolle spielen.[133]

130 Vgl. hierzu beispielhaft den konkreten Anwendungskontext bei Vollmar (1994), S. 14 ff.
131 Vgl. VDI (1990), S. 34 ff. Die Informationsverwender innerhalb des IS werden häufiger im Zusammenhang mit Executive Information Systems (EIS), Decision Support Systems (DSS) oder deren Verbindung (Executive Support Systems (ESS)) thematisiert. Vgl. Schmidt (1996), S. 20 ff.; Becker (1994a), S. 72 ff. und Rüttler (1991), S. 54 ff.
132 Vgl. Zahn/Rüttler (1990), S. 10 und Rüttler (1991), S. 238 f.
133 Auf die dienstleistungsspezifische IS-Gestaltung unter Berücksichtigung der IM-Dimensionen wird in Abschn. 6.2.2 ausführlich eingegangen.

2.3.2 Informationssystem-Beziehungen

Wie in der grundlegenden System-Definition deutlich wurde, sind neben den Elementen insbesondere die zwischen ihnen bestehenden Beziehungen konstituierend für ein System sowie im Falle offener Systeme auch die zwischen System und Umwelt bestehenden Beziehungen. Die im vorliegenden Kontext zu betrachtenden Beziehungen betreffen einen Austausch von Informationen, die zweckorientiert hinsichtlich einer dienstleistungsspezifischen, am Markt ausgerichteten Unternehmenstätigkeit sind. Da es sich bei dem IS im hier verstandenen Sinne[134] um ein offenes System handelt, lassen sie sich unterscheiden in

- IS-interne Informationsbeziehungen und

- marktbezogene Informationsbeziehungen (Informationsbeziehungen zwischen IS und Unternehmensumsystem).

Die **IS-internen Informationsbeziehungen** umfassen sämtliche Informationsflüsse innerhalb des Unternehmens, ausgehend von den internen Informationsquellen über die Verarbeitungselemente bis hin zu den letztlichen Informationsverwendern. Es handelt sich hierbei um ein hochkomplexes Netzwerk,[135] denn nahezu jede Unternehmensaktivität benötigt einerseits Informationen und erzeugt andererseits auch wieder Informationen.[136] Nicht nur bei Planungs- und Kontrollaufgaben werden Informationen benötigt, sondern ebenso bei der eigentlichen Leistungserstellung. Zur Steuerung des Erstellungsprozesses von Dienstleistungen sind aus internen Quellen z.B. Informationen über die verfügbaren Kapazitäten sowie über Kundenbesonderheiten (aus Datenbanken) einzubeziehen. Auf der anderen Seite werden bei der Leistungserstellung aber auch Informationen erzeugt (z.B. über aufgetretene Problemsituationen), welche an Verarbeitungs- oder Speicherelemente des IS weitergeleitet werden. Die für die Leistungserstellung zuständigen Systemelemente (Menschen oder Maschinen[137]) sind demnach sowohl Informationsverwender als auch Informationsquellen innerhalb des Beziehungsgeflechts.

Zur Kategorie der **marktbezogenen Informationsbeziehungen** gemäß der oben vorgenommenen Unterteilung zählen die Beziehungen, bei denen zumindest ein Element nicht der Unternehmenssphäre bzw. dem IS zuzurechnen ist, d.h. im Prinzip jeder Austausch von Informationen zwischen Unternehmenssystem und Umsystem. Wie jedoch in früheren Abschnitten bereits angemerkt, ist dieser weitgefaßte Betrachtungsbereich in zweifacher Hinsicht einzuschränken. Zum einen werden aus der Vielzahl möglicher Marktbeziehungen schwerpunktmäßig diejenigen zum Absatzmarkt in die Untersuchung einbezogen, und zum anderen wird

---

134 Siehe hierzu auch Abschn. 2.1.4.2.
135 Einen beispielhaften, ausschnittsweisen Modellierungsansatz für Büroprozesse eines Dienstleistungsunternehmens, der die Komplexität der damit verbundenen Informationsbeziehungen zumindest andeutungsweise zum Ausdruck bringt, präsentieren Bullinger/Rathgeb (1994), S. 22 ff.
136 Vgl. Porter/Millar (o.J.), S. 94 f. sowie Rüttler (1991), S. 217 f.
137 Vgl. Grönroos (1982), S. 56.

eine Einschränkung hinsichtlich der Beziehungsrichtung vorgenommen. Von den grundsätzlich in beide Richtungen verlaufenden Informationsflüssen werden die *zum Markt hingehenden* Informationsflüsse (z.B. im Rahmen kommunikationspolitischer Maßnahmen) nicht näher betrachtet. Die zu analysierenden und zu gestaltenden Beziehungen verlaufen zwischen den vielfältigen externen Informationsquellen eines Dienstleistungsunternehmens und dem IS. Von besonderer Bedeutung und auch von besonderer Gestalt sind dabei die Beziehungen zu den Kunden. Durch die Art der Leistungserstellung sind sie - v.a. bei personenbezogenen Dienstleistungen - interaktiv und bieten daher ein ausgeprägtes Informationsgewinnungspotential[138] ergänzend zu den auch in anderen Branchen vorhandenen vor- und nachkaufbezogenen Möglichkeiten des Informationserwerbs (z.B. in Verkaufsgesprächen, durch Zufriedenheitsforschung oder Beschwerdeanalysen). Hinsichtlich der Informationsgewinnungsmöglichkeiten bzw. des Informationsgewinnungserfordernisses im Rahmen der interaktiven Leistungserstellung wird auch bereits die enge Verknüpfung interner und externer Informationsbeziehungen deutlich, denn für die Erstellung einer Dienstleistung sind i.d.R. sowohl interne als auch externe Informationsquellen zu nutzen; letztere zumindest für die Konkretisierung des Leistungsergebnisses. Neben diesen spezifischen Informationsbeziehungen zu Kunden sind aber auch Verbindungen zu anderen externen Informationsquellen[139] (wie z.B. Wirtschaftsdatenbanken als neutrale Quellen oder Konkurrenten) für eine marktorientierte Unternehmenstätigkeit wichtig.

Für eine systematische Analyse des komplexen Gefüges bestehender Informationsbeziehungen in einem Dienstleistungsunternehmen[140] sowie v.a. auch als strukturelle Gestaltungshilfe bei der (Neu-)Konzipierung eines marktorientierten IS wird im folgenden eine Kategorisierung von Informationsbeziehungen nach unterschiedlichen Kriterien vorgenommen.

---

138 Vgl. Plymire (1990), S. 50; File/Prince (1993), S. 49 ff.; Tansik (1985), S. 149 ff.; Bruhn (1997), S. 41 und Johnson/Scheuing/Gaida (1986), S. 212.
139 Vgl. Abb. 7, Abschn. 2.3.1.
140 Einen Überblick über die Beziehungsvielfalt eines Dienstleistungsunternehmens, der sich jedoch nicht ausschließlich auf Informationsbeziehungen bezieht und dem auch keine explizite Systematik zugrundeliegt, gibt Gummesson (1994b), S. 12 ff.

Beziehungsmerkmal	Merkmalsausprägungen	
Informationsüber-mittlungsrichtung	einseitig	wechselseitig
beteiligte Elemente	interne Informations-beziehung	marktbezogene Informations-beziehung
Initiierung des Informationsflusses	aktive Informations-anforderung	automatische Informationszu-teilung
strukturelle Vorgaben	Informationsform und -inhalte standardisiert	Informationsform und -inhalte frei
Kommunikationsform	persönlich	über Kommunikationsmedien
Beteiligung technischer Systemelemente	Mensch-Mensch-Kommunikation	Mensch-Maschine-/ Maschi-ne-Maschine-Kommunikation
zeitlicher Bezug	permanent	temporär

Abbildung 8: Kategorisierung von Informationsbeziehungen

Art und Ausmaß der Informationsbeziehungen eines IS im Dienstleistungsbereich hängen unter anderem von den jeweils zu bewältigenden Aufgabenstellungen und dem daraus bedingt ableitbaren Informationsbedarf ab. Abschließend soll ein Überblick über das für diese Arbeit als relevant erachtete Informationsbeziehungsgefüge gegeben werden.

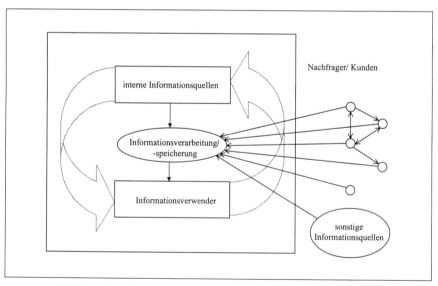

Abbildung 9: Informationsbeziehungen eines marktorientierten IS im Dienstleistungsbereich

3 Die Bedeutung marktorientierter Informationen und Informationstechnologien für Dienstleistungsunternehmen

„Informationsvorsprünge bedeuten Wettbewerbsvorsprünge; sie zu schaffen und strategisch zu nutzen, ist Aufgabe jeder erfolgreichen Unternehmensführung."[141] Aus der Vielfalt der in einem Unternehmen verwendbaren Informationen wird im Rahmen dieser Arbeit der Fokus auf die marktbezogenen Informationen gelegt, welche nicht nur im Dienstleistungsbereich, aber dort in besonderem Maße, eine immer größere wettbewerbsstrategische Bedeutung erlangen.[142] Die besondere Relevanz marktbezogener und dabei insbesondere kundenbezogener Informationen für die Unsicherheitsreduktion im Kontext von Dienstleistungs-Transaktionen wird in den folgenden Abschnitten unter Rückgriff auf verschiedene theoretische und konzeptionelle Erklärungsansätze näher beleuchtet. Wettbewerbsbezogene Informationen sind für die Gestaltung der Unternehmensaktivitäten zwar ebenfalls von Bedeutung und werden im weiteren Verlauf der Arbeit auch Berücksichtigung finden, doch bestehen diesbezüglich keine generellen Unterschiede in der *Relevanz* für Dienstleistungsunternehmen, so daß sie bei den folgenden Ausführungen vorerst weitgehend vernachlässigt werden können.

3.1 Erklärungsansätze für die Bedeutung marktorientierter Informationen

3.1.1 Transaktionskostentheorie

Die auf *Coase*[143] zurückgehende und von *Williamson*[144] in entscheidender Form weiterentwickelte Transaktionskostentheorie beschäftigt sich mit der Koordination von Leistungsaustauschen und deren effizienter Gestaltung auf Basis alternativer institutioneller Arrangements.[145] Eine wesentliche Zwecksetzung des Ansatzes besteht darin, für unterschiedliche Transaktionsbedingungen jeweils diejenige Koordinationsform[146] zu bestimmen, bei der die Transaktionskosten eines effektiven Leistungsaustausches minimal sind.[147]

Für das Zustandekommen und die erfolgreiche Verwirklichung von Transaktionen sind vielfältige informations- und kommunikationsbezogene Aktivitäten erforderlich. Deren Bedeutung besteht vor dem thematischen Hintergrund dieser Arbeit einerseits in ihrem Beitrag für eine effiziente Koordination absatzmarktbezogener Leistungsaustausche und andererseits in

141 Rüttler (1991), S. 192.
142 Siehe allgemein zur wettbewerbsstrategischen Relevanz marktbezogener Informationen Hoch (1997), S. 10 ff.
143 Vgl. Coase (1937).
144 Vgl. Williamson (1975), (1985) und (1991).
145 Siehe hierzu auch Picot (1982), S. 269; Picot/Dietl (1990), S. 178; Henkens (1992), S. 46 und Schwamborn (1994), S. 47 f.
146 Als alternative Koordinationsformen wurden ursprünglich nur die beiden Extremformen Markt und Hierarchie unterschieden. Vgl. Coase (1937), S. 388 f. In der weiteren Entwicklung des Ansatzes wurde jedoch ein breites Spektrum von Zwischenformen identifiziert. Vgl. Picot/Reichwald/Wigand (1996), S. 45 f.
147 Vgl. Picot (1982), S. 271; Williamson (1990), S. 19; Picot/Reichwald/Wigand (1996), S. 44 f.

den durch sie hervorgerufenen Kosten. Denn wie in empirischen Untersuchungen nachgewiesen wurde[148], stellen die Transaktionskosten, die sich aufteilen lassen in Anbahnungs-, Vereinbarungs-, Abwicklungs-, Kontroll- und Anpassungskosten[149], einen sehr hohen Anteil an den Gesamtkosten wirtschaftlicher Leistungsprozesse dar und damit einen entscheidenden wettbewerbsstrategischen Faktor. Bezogen auf eine einzelne Transaktion sind diese Kosten dann besonders hoch, wenn

• die zu erbringende Leistung durch **Spezifität** und **Unsicherheit** gekennzeichnet ist sowie
• die Akteure im Rahmen der Transaktion **opportunistisch** handeln und mit **beschränkter Rationalität** ausgestattet sind.[150]

Als Haupteinflußfaktoren können also einerseits Merkmale der zu erbringenden Leistung und andererseits der Transaktionsbeteiligten identifiziert werden, wobei sich bei ersteren eine bemerkenswerte Verbindung zu der dieser Arbeit zugrundegelegten Dienstleistungstypologie[151] herstellen läßt (vgl. Abb. 10).

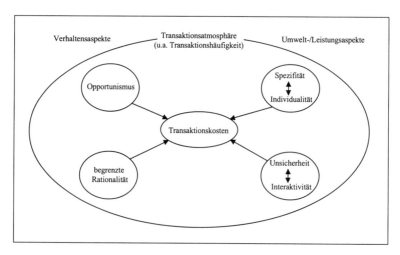

Abbildung 10: Einflußfaktoren der Transaktionskosten in Verbindung mit den dienstleistungstypologisierenden Merkmalen
(Quelle: In Anlehnung an Picot/Reichwald/Wigand (1996), S. 42.)

---

148 Vgl. Wallis /North (1986), S. 104 ff. Die Untersuchung, die sich auf den Zeitraum von 1870 - 1970 bezieht, ergab ein kontinuierliches Wachstum des Anteils der Transaktionskosten am amerikanischen Bruttosozialprodukt. 1970 betrug dieser Anteil bereits 54,71% (für den privaten und öffentlichen Sektor zusammen). Vgl. Wallis/North (1986), S. 121.
149 Vgl. Picot (1993), Sp. 4195 f.; Schwamborn (1994), S. 50 und Picot/Reichwald/Wigand (1996), S. 41.
150 Vgl. Williamson (1990), S. 49 ff.; Picot/Dietl (1990), S. 179 f.; Henkens (1992), S. 46 ff. und Schwamborn (1994), S. 51. Der Begriff der 'beschränkten Rationalität' geht auf *Simon* zurück und beschreibt den Tatbestand, daß Menschen, auch wenn sie rational zu handeln beabsichtigen, dies aufgrund ihres limitierten Informationsverarbeitungspotentials nur in beschränktem Maße realisieren können. Vgl. Simon (1976), S. XXVIII.

Der **Spezifitätsgrad** einer Leistung ergibt sich aus dem Erfordernis, transaktionsspezifische Investitionen materieller oder immaterieller Art zu tätigen wie z.b. Know-how zu erwerben oder sich in sonstiger Weise auf die spezielle Leistungserstellung ausrichten zu müssen.[152] In vergleichbarer Form kann auch der **Individualisierungsgrad** einer Dienstleistung gekennzeichnet werden. Für eine kundenindividuelle Dienstleistungserstellung wie z.b. eine Unternehmensberatung oder eine Werbekampagne sind ebenfalls spezifisches Know-how zu erwerben (z.b. unternehmens- und produktbezogenes Wissen) und sonstige Investitionen zu tätigen (z.B. Erstellung eines Konzeptvorschlags). Sind die Transaktionskosten also allgemein bei vorliegender Spezifität ceteris paribus hoch, so gilt dies im speziellen Fall der Dienstleistung für einen ausgeprägten Individualisierungsgrad entsprechend.

Eine weitere Verbindung läßt sich zwischen dem transaktionskostenbeeinflussenden Merkmal der **Unsicherheit** und dem zweiten Typologisierungsmerkmal, dem **Interaktionsgrad**, feststellen. Wie die Unsicherheit als Umweltfaktor in Anzahl und Ausmaß nicht vorherschbarer Aufgabenänderungen zum Ausdruck kommt,[153] sind auch für einen ausgeprägten Interaktionsgrad nicht oder nur bedingt antizipierbare Variationen im Verlauf der Dienstleistungserstellung kennzeichnend.

Durch Übertragung transaktionskostentheoretischer Erkenntnisse auf den Untersuchungskontext dieser Arbeit lassen sich also diejenigen Dienstleistungstypen identifizieren, bei denen die Transaktionskosten, d.h. die Informations- und Kommunikationskosten im Rahmen der Leistungskoordination, besonders hoch sind.[154] Gerade in diesen Fällen sind **bedarfsgerechte** marktbezogene[155] Informationen und deren **effizientes** Management von strategischer Bedeutung.

Auch lassen sich hieraus zumindest tendenziell bereits weitergehende Schlußfolgerungen hinsichtlich der Gestaltung der Leistungsaustausche ziehen. Im Rahmen der Transaktionskostentheorie werden für solche Transaktionen, die durch Spezifität und Unsicherheit gekennzeichnet sind, Koordinationsformen mit einer starken Einbindung der Transaktionspartner empfohlen.[156] Bezogen auf das Transaktionsobjekt Dienstleistung wäre also dementsprechend bei sehr individuellen und interaktiven Leistungsaustauschen eine enge Kundenbin-

---

151 Vgl. Abschn. 2.2.2.
152 Siehe hierzu Williamson (1991), S. 281 f., der in diesem Kontext den Begriff „asset specificity" verwendet: „Asset specificity has reference to the degree to which an asset can be redeployed to alternative uses and by alternative users without sacrifice of productive value." Williamson (1991), S. 281. Vgl. auch Picot/Dietl (1990), S. 179 und Picot/Reichwald/Wigand (1996), S. 43.
153 Vgl. Picot/Reichwald/Wigand (1996), S. 43.
154 Eine Übersicht über die Höhe der verschiedenen Transaktionskostenarten bei unterschiedlichen investiven Dienstleistungen gibt Radtke (1996), S. 51 ff.
155 Bei den im Rahmen des Transaktionskostenansatzes beleuchteten Informationen handelt es sich aus Unternehmenssicht im hier vorliegenden Untersuchungskontext ausschließlich um marktbezogene Informationen, da sie sich stets auf den (potentiellen) Transaktionspartner, in diesem Fall den Kunden des Unternehmens, beziehen.
156 Vgl. Picot/Dietl (1990), S. 181 und Picot (1993), Sp. 4200 f.

dung besonders zu empfehlen.[157] Unter Berücksichtigung des informationsbezogenen Betrachtungsfokus könnte dies z.b. durch einen intensiven Informationsaustausch und den unternehmensseitigen Aufbau eines umfassenden kundenbezogenen Informationspools unterstützt werden. Insbesondere in Verbindung mit einem Vorliegen der weiteren transaktionskostenrelevanten Merkmale **Opportunismus** und **begrenzte Rationalität** (vgl. Abb. 10) bei den Akteuren des Leistungsaustauschs wirkt ein hoher Informationsstand effizienzfördernd, da beidseitiges Wissen über den Transaktionspartner eine wesentliche Grundlage für den Aufbau von Vertrauen ist und die Gefahr opportunistischen Verhaltens verringert. Den potentiellen Negativfolgen der begrenzten Rationalität wie Effizienzverlust durch Mißverständnisse kann durch ein funktionsfähiges IM ebenfalls vorgebeugt werden.

In den obigen Ausführungen wird bereits deutlich, daß die Transaktionskostentheorie im Hinblick auf Informationen und deren Management nicht nur Erkenntnisse bezüglich der Kostenverursachung liefert, sondern auch Hinweise auf Kostensenkungspotentiale gibt.[158] Diese kommen besonders im Zusammenhang mit der Transaktionsatmosphäre zum Ausdruck, die gemeinsam mit der Transaktionshäufigkeit und der Verfügbarkeit von Kapital und Know-how als weitere Einflußgröße in transaktionskostentheoretischen Beiträgen diskutiert wird.[159] Die **Transaktionsatmosphäre** oder -infrastruktur umfaßt „alle für die Koordination einer Leistungsbeziehung relevanten sozialen, rechtlichen und technologischen Rahmenbedingungen"[160], also auch die Informations- und Kommunikationssysteme des Unternehmens. Diese vermögen bei bedarfsorientierter Gestaltung und Nutzung die Grenzen der menschlichen Informationsverarbeitungsfähigkeit (begrenzte Rationalität) zu erweitern, die Leistungsspezifität und -unsicherheit zu verringern oder zumindest besser handhabbar zu machen und insgesamt die Informationskosten in sämtlichen Transaktionsphasen zu reduzieren.[161] In besonderem Maße gilt dies bei einer ausgeprägten **Transaktionshäufigkeit**, da das IM kostensenkende Lernprozesse unterstützen kann. Außerdem können moderne Informationssysteme die Effektivität und Wirtschaftlichkeit der Koordinationsform Markt gegenüber der Hierarchie grundsätzlich verbessern, so daß es zu einer Verschiebung der Grenzen zwischen diesen alternativen institutionellen Arrangements kommen kann.

---

157 Aus dem breiten Spektrum möglicher Koordinationsformen, die die Transaktionskostentheorie einbezieht, ist hinsichtlich des Objektbereichs dieser Arbeit lediglich ein sehr begrenzter Ausschnitt zwischen dem Extrempol „spontaner Einkauf am Markt" und bestimmten Hybridformen der Leistungsaustauschgestaltung relevant, nicht jedoch eine vollkommen hierarchische Koordination. Da hier ausschließlich Markttransaktionen betrachtet werden, bedeutet eine enge Einbindung der Transaktionspartner lediglich eine stärkere Verankerung des Austauschverhältnisses, z.B. in Form langfristiger Verträge.
158 Speziell zur transaktionskostensenkenden Wirkung von I+K-Technologien bei investiven Dienstleistungen siehe Radtke (1996), S. 86 ff.
159 Vgl. Picot/Reichwald/Wigand (1996), S. 44 und Picot (1982), S. 271 f.
160 Picot/Reichwald/Wigand (1996), S. 44.
161 Vgl. Clemons/Row (1991), S. 282 ff. Hier wird die Fähigkeit des IT-Einsatzes zur Senkung der Transaktionskosten nicht nur für Transaktionen mit der Unternehmensumwelt konstatiert, sondern auch für solche innerhalb des Unternehmens.

Die Erklärungsleistung der Transaktionskostentheorie hinsichtlich der Bedeutung marktorientierter Informationen im Dienstleistungsbereich und deren Management ist, wie gezeigt wurde, vielschichtig (vgl. Abb. 11).

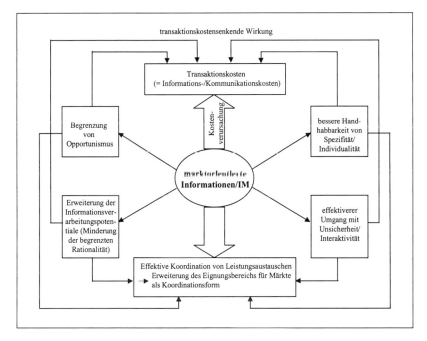

Abbildung 11: Bedeutung marktorientierter Informationen und deren Management aus transaktionskostentheoretischer Sicht

Dennoch dürfen in dieser Betrachtung die Schwächen des Ansatzes nicht unberücksichtigt bleiben, da sie die Grenzen seiner Aussagefähigkeit verdeutlichen. Zum einen sind die betrachteten Parameter nur schwer quantifizierbar, und zwar sowohl auf seiten der Einflußgrößen als auch auf der Kostenseite. Informationskosten sind i.d.R. kaum exakt zu ermitteln und bereiten somit bei einem direkten Effizienzvergleich unterschiedlicher Koordinationsformen Schwierigkeiten. Zum anderen liegt der Betrachtungsfokus der Theorie sehr stark bei den Kosten.[162] Etwaige Erlöswirkungsunterschiede der Gestaltungsformen bleiben im Prinzip unberücksichtigt, obgleich sie unter wettbewerbsstrategischen Gesichtspunkten bedeutsam sind. Die Transaktionskostentheorie reicht also als alleinige theoretische Fundierung nicht aus.[163] Da sie im hier vorliegenden Anwendungskontext jedoch weniger normativ gestaltungsorientiert eingesetzt wird, sondern v.a. als Erklärungsansatz, ist ihre Einbeziehung, insbesondere in

---

162 Vgl. Windsperger (1987), S. 65; Picot/Dietl (1990), S. 183; Schwamborn (1994), S. 58.
163 Siehe hierzu die ausführliche Kritik von Schneider (1985), S. 1241 ff.

38

Verbindung mit dem in Abschn. 3.1.3 dargestellten informationsökonomischen Ansatz sinnvoll.

3.1.2 Principal-Agent-Theorie

Die Principal-Agent-Theorie zählt ebenso wie die vorab dargestellte Transaktionskostentheorie zu den Ansätzen der *Neuen Institutionenlehre*, die sich in interdisziplinärer Weise mit der Entstehung und Gestaltung, den Problemen und Auswirkungen von Institutionen[164] im Kontext wirtschaftlicher Austauschprozesse beschäftigt. Von besonderer Bedeutung sind dabei die durch begrenzte Rationalität und Opportunismus der beteiligten Akteure induzierte Unsicherheit und die bestehenden Informationsasymmetrien.[165] In der Principal-Agent-Theorie liegt der Betrachtungsfokus auf Beziehungen zwischen Auftraggeber (Principal) und Auftragnehmer (Agent), wobei i.d.R. ein Informationsvorteil auf seiten des Agenten besteht, den dieser zu seinen Gunsten auszunutzen vermag. Untersuchungsobjekt sind daher neben den Bestimmungsfaktoren der Informationsasymmetrie v.a. Maßnahmen und Vertragsgestaltungsoptionen, die eine faire Leistungsbeziehung gewährleisten können.[166]

In dienstleistungsspezifischen Problemstellungen, die die Interaktion zwischen Anbieter und Nachfrager betreffen, wird häufig auf den Principal-Agent-Ansatz zurückgegriffen, da die Rahmenbedingungen von Dienstleistungstransaktionen der typischen Konstellation einer Principal-Agent-Beziehung entsprechen:[167]

- Es besteht ein gegenseitiges vertragliches Abhängigkeitsverhältnis.
- Der Nachfrager beauftragt den Anbieter zur Erbringung einer Dienstleistung.
- Die Ausführung der Leistung obliegt dem Anbieter, wenn auch unter Einbeziehung eines externen Faktors des Nachfragers.
- Der Nachfrager kann die Leistungserstellung i.d.R. nur in begrenztem Maße überwachen und aufgrund unzureichenden Wissens auch nur bedingt beurteilen.

Obgleich in einer Leistungsbeziehung grundsätzlich jede Partei sowohl die Principal- als auch die Agentenrolle einnehmen kann[168] und die Rollenverteilung auch durchaus im Verlauf einer solchen Beziehung wechseln kann, wird in der dienstleistungsspezifischen Literatur fast ausschließlich der Fall thematisiert, daß der Nachfrager dem Principal entspricht und der An-

164 Unter Institutionen sind evolutorisch gewachsene oder bewußt geschaffene Einrichtungen wie z.B. Märkte, Unternehmen, Sprache oder Geld zu verstehen. Vgl. Henkens (1992), S. 34 und Picot/Dietl (1990), S. 178.
165 Vgl. Richter (1991), S. 401 und Kaas (1991), S. 359.
166 Vgl. Picot/Reichwald/Wigand (1996), S. 47.
167 Siehe hierzu Henkens (1992), S. 44 f.
168 Vgl. Spremann (1988), S. 623. Hier wird darauf hingewiesen, daß eine Kooperation meist mehrere Aspekte aufweist und die Rollenverteilung hinsichtlich unterschiedlicher Aspekte variieren kann.

bieter dem Agenten.[169] Gemäß der obigen Beschreibung des Leistungsverhältnisses ist diese Sichtweise auch durchaus naheliegend, da sich Informationsasymmetrien zugunsten des Anbieters und die resultierende Möglichkeit zu opportunistischem Verhalten unmittelbar daraus ableiten lassen. Demnach wäre die Bedeutung von Informationen zur Risikoreduktion schwerpunktmäßig auf der Nachfragerseite hoch einzuschätzen.

Bei eingehender Betrachtung der Dienstleistungsanbahnung und -erstellung wird jedoch ersichtlich, daß auch auf der Anbieterseite in mehrfacher Hinsicht Informationsdefizite existieren können, die den typischen Informationsproblemen eines Principals entsprechen. Hierzu zählen nicht oder zumindest ex ante nicht beobachtbare Eigenschaften (hidden characteristics), Verhaltensweisen (hidden action) und Absichten (hidden intention) des Nachfragers,[170] die sich im Kontext der Leistungsbeziehung nachteilig für den Anbieter auswirken können und daher besonderer Überwachungs- und Kontrollaktivitäten bedürfen.[171] Gerade im Dienstleistungsbereich sind solche verborgenen Nachfrageraspekte von Relevanz, da durch das Integrationserfordernis eines externen Faktors die Leistungserstellung und das Leistungsergebnis in gewissem Maße stets von dessen Integrationsqualität[172] abhängig sind.

So können **hidden characteristics**[173], d.h. Eigenschaften des Nachfragers bzw. allgemeiner des externen Faktors, die dem Anbieter vor Vertragsabschluß nicht bekannt sind, massive Auswirkungen auf die Wirtschaftlichkeit des Leistungsaustauschs haben. Dies ist z.B. bei Bankleistungen (Kreditvergabe), Versicherungsleistungen (Krankenversicherung oder Haftpflicht) sowie Schulungsleistungen (prüfungsvorbereitende Kurse, v.a. wenn Erfolgsgarantie gewährt wird) der Fall, wenn der potentielle Kunde relevante Informationen über seine Fähigkeiten, Qualifikationen, Neigungen, seinen Lebensstil etc. verschweigt; diese jedoch die Leistungserstellung und/oder das Leistungsergebnis negativ beeinflussen können.

In ähnlicher Form kann sich auch **hidden action**[174] auf Nachfragerseite zu Ungunsten des Anbieters auswirken. Solche leistungserstellungsrelevanten, für den Anbieter aber nicht beob-

---

169 Vgl. z.B. Henkens (1992), S. 44 f.; Mishra (1995), S. 267 f. und Mills/Moberg (1990), S. 102 f. Auch *Woratschek* stellt die Unsicherheit des Dienstleistungsnachfragers aufgrund von Informationsdefiziten in den Vordergrund seiner Betrachtung. Vgl. Woratschek (1996), S. 62. *Kaas* hingegen zeigt für den vergleichbaren Bereich der Kontraktgüter in differenzierter Form auf, wie die Rollenverteilung sich im Verlauf des Leistungsverhältnisses verändern kann und daß insbesondere in der Akquisitionsphase der Anbieter ein hohes informationsbezogenes Risiko trägt. Vgl. dazu Kaas (1992), S. 889 f.

170 Vgl. allgemein zu diesen drei Unsicherheitsaspekten Picot/Reichwald/Wigand (1996), S. 49. Sie werden in der Literatur z.T. auch unter dem Begriff der *Verhaltensunsicherheit* zusammengefaßt. Vgl. Spremann (1990), S. 565 ff.

171 Vgl. Spremann (1988), S. 614 f. und Picot/Reichwald/Wigand (1996), S. 48.

172 Integrationsqualität soll hier als umfassender Begriff für Integrationsfähigkeit und -bereitschaft aufgefaßt werden.

173 Vgl. Picot/Reichwald/Wigand (1996), S. 49 sowie Spremann (1990), S. 567 f., der den Problemtyp der hidden characteristics als Qualitätsunsicherheit bezeichnet

174 Der Sachverhalt der hidden action wird häufig im Zusammenhang mit dem *Moral Hazard-Problem* diskutiert, das eine opportunistische Ausnutzung der nicht beobachtbaren Handlungsspielräume kennzeichnet

achtbaren Handlungen, wie z.b. fahrlässiges oder betrügerisches Verhalten im Zusammenhang mit Versicherungs- oder Kreditleistungen, stellen somit ebenfalls einen Unsicherheits-
faktor vieler Dienstleistungsanbieter dar.

Das dritte typische Informationsproblem im Rahmen der Principal-Agent-Theorie - **hidden
intention** - kennzeichnet ex ante verborgen bleibende Absichten des Nachfragers und weist
insbesondere dann ein Risikopotential für den Anbieter auf, wenn dieser für eine mögliche
Transaktionsbeziehung vorab Investitionen tätigen oder zumindest Kapazitäten bereithalten
muß. Dadurch entsteht die Gefahr von *sunk costs* für den Fall, daß der Leistungsaustausch
nicht zustande kommt, und ansonsten zumindest eine gewisse Abhängigkeit vom Transaktionspartner.[175] Für den Dienstleistungsbereich ist dieser Sachverhalt von besonderer Relevanz,
da hier das Leistungsangebot gerade durch die Bereithaltung von Kapazitäten geprägt ist und,
je nach Individualisierungsgrad der Leistung, ebenfalls nicht selten transaktions- bzw. kundenspezifische Investitionen zu tätigen sind.[176] So stellt sich z.b. für Reise- und Konzertveranstalter, Fluggesellschaften und Hotels das Problem, daß sie Kapazitäten i.d.r. auf Basis
getätigter Reservierungen bereithalten. Besteht für die Kunden nun die Möglichkeit, weitgehend eigenverlustfreie Stornierungen vorzunehmen, so kann die Unkenntnis über diesbezügliche Absichten dem Anbieter erhebliche Kosten aufgrund von Leerkapazitäten verursachen.

Jeder der drei dargestellten Problembereiche verdeutlicht, daß Informationen zur Unsicherheitsreduktion für einen Dienstleistungsanbieter von erfolgsentscheidender Bedeutung sind.
Es gilt daher, die bestehenden Informationsdefizite, die sich ohne geeignete Gegensteuerungsmaßnahmen z.T. selbst ex post, d.h. nach Zustandekommen der Leistungsbeziehung,
nicht aufheben, soweit wie möglich unter Berücksichtigung von Wirtschaftlichkeitsaspekten
zu beseitigen. Die Maßnahmen, die einem Dienstleistungsanbieter dabei zur Verfügung stehen, werden im folgenden Abschnitt im Kontext informationsökonomischer Überlegungen
vorgestellt.

3.1.3 Informationsökonomik

Neben den bisher behandelten Ansätzen der Neuen Institutionenlehre stellt die Informationsökonomik einen Hauptforschungszweig hinsichtlich der Analyse von Märkten bei Unsicherheit und asymmetrischer Information unter den Marktteilnehmern dar.[177] Sie untersucht die

---

und seine Ursprünge in der Versicherungstheorie hat. Vgl. hierzu Pauly (1974), S. 44 ff. sowie Arrow
(1985), S. 38 ff.

175 Vgl. Picot/Reichwald/Wigand (1996), S. 49.

176 Zur Bereithaltung von Kapazitäten vgl. Abschn. 2.2.1.1 sowie zu transaktionsspezifischen Investitionen
Abschn. 3.1.1. Hier zeigt sich eine Verbindung zur Transaktionskostentheorie, da leistungsaustauschspezi-
fische Investitionen auch unter Transaktionskostengesichtspunkten bedeutsam sind.

177 Der informationsökonomische Ansatz geht zurück auf Marschak (1954) und Stigler (1961). Seine Anwendung auf marketingbezogene Fragestellungen wurde zunächst von Nelson (1970), (1974) vorgenommen
und in der deutschsprachigen Literatur später v.a. durch Kaas (1990), (1991) und (1995) vertreten.

Rahmenbedingungen für Art und Ausmaß möglicher Informationsprobleme, deren Konsequenzen für das Marktgeschehen sowie Möglichkeiten ihrer Überwindung.[178] Ihre Aussagekraft für die vorliegende Problemstellung liegt neben der Erklärung und Strukturierung realer Informationsdefizite v.a. in der Aufstellung grundsätzlicher Handlungsempfehlungen für deren Abbau. Stärker noch als bei den vorher behandelten Ansätzen wird in der Informationsökonomik die Beschaffung von (marktbezogenen) Informationen selbst zum Gegenstand von Entscheidungen erhoben,[179] weshalb sie dem Anliegen dieses Kapitels, die Bedeutung marktorientierter Informationen für Dienstleistungsunternehmen theoretisch fundiert herauszustellen, in besonderer Weise gerecht wird.

Im Vordergrund der Betrachtung stehen hier Maßnahmen zur Beseitigung von Informationsdefiziten und weniger die Erklärung und Systematisierung dieser Defizite, auf die in den vorherigen Abschnitten bereits intensiv eingegangen wurde. Die Informationsökonomik unterscheidet im wesentlichen zwei Arten von Informationstransfers zur Überwindung von Informationsasymmetrien zwischen Anbietern und Nachfragern: *Screening* und *Signaling*.[180] Während **Screening** die aktive Informationsbeschaffung der schlechter informierten Seite kennzeichnet,[181] ergreift beim **Signaling** der besser informierte Marktteilnehmer die Initiative und übermittelt dem (potentiellen) Transaktionspartner Informationen, die dessen Unsicherheit reduzieren sollen.[182] So kann z.B. der Anbieter, der einen Informationsvorteil bezüglich seines eigenen Leistungsangebots hat, durch Werbung, den Preis, das Produkt selbst, Garantien oder allgemein seine Reputation versuchen, den Nachfrager von der Überlegenheit seines Angebots in Relation zu Konkurrenzangeboten zu überzeugen.[183] Der für die hier zugrundeliegende Problemstellung relevantere Fall der Informationsübertragung ist jedoch das Screening, das dem Anbieter bei der Lösung der im letzten Abschnitt aufgezeigten Informationsprobleme helfen kann.

Hierbei stehen ihm zwei Varianten der Informationsgewinnung zur Verfügung, die beide für den Dienstleistungsbereich geeignet sind. Zum einen kann er durch die Vorgabe von **Selbstselektionsschemata** den Nachfrager dazu bringen, mittels einer Wahlentscheidung bestimmte Informationen offenzulegen (self selection).[184] Dies kann z.B. durch die Wahl bestimmter Vertragsmodalitäten im Versicherungs- oder Bankbereich geschehen, die direkt an leistungsrelevante Eigenschaften gekoppelt sind (z.B. Fahrzeugnutzungsverhalten bei Kfz-Versicherungen, Einkommen/Bonität bei Krediten) oder zumindest mittelbar auf bestimmte

---

178 Vgl. Kaas (1995), Sp. 972 f.
179 Vgl. Kiener (1990), S. 7.
180 Vgl. Kaas (1990), S. 541 und (1995), Sp. 974.
181 Vgl. grundsätzlich zum Screening-Konzept Stiglitz (1975), S. 283 ff.
182 Vgl. Spence (1976), S. 592 ff., der das Signaling-Konzept entwickelt hat.
183 Vgl. Kaas (1990), S. 544 ff. und (1991), S. 361.
184 Vgl. Kaas (1995), Sp. 974 sowie Stiglitz (1975), S. 293 f., der die Selbstselektionsmechanismen am Beispiel des Bildungssystems verdeutlicht.

hidden characteristics schließen lassen (z.b. die Entscheidung eines Nachfragers für eine Vollkaskoversicherung ohne Selbstbeteiligung als Hinweis auf riskante oder unsichere Fahrweise[185]). Allgemein basiert eine differenzierte Marktbearbeitung im Rahmen der Marktsegmentierung oft auf dem Prinzip der self selection[186] (z.b. verschiedene Leistungsvarianten oder Preisdifferenzierung[187]). Informationen über das darauf folgende Kaufverhalten können dann wiederum in den Segmentierungsprozeß einbezogen werden und zu einer Optimierung der Angebotsgestaltung beitragen.

Zum anderen steht dem Anbieter bei seinen Screeningaktivitäten aber auch das Instrument der **Prüfung** (examination) zur Verfügung, dessen Geeignetheit zur Erlangung wesentlicher Informationen unter Berücksichtigung von Kostenaspekten jedoch stark von der Prüfbarkeit des Betrachtungsobjekts, d.h. hier des Nachfragers oder allgemeiner des externen Faktors, abhängt.[188] Die Prüfbarkeit bzw. der Prüfaufwand bestimmt sich gemäß *Nelson* nach dem Ausmaß vorhandener Such- und Erfahrungseigenschaften,[189] welche von *Darby/Karni* noch um die Kategorie der Vertrauenseigenschaften[190] ergänzt wurden. Sucheigenschaften (z.b. Form, Material und Preis im Falle von Kaufobjekten) lassen sich durch Inspektion des Betrachtungsobjekts ex ante überprüfen. Der Prüfaufwand bzw. die -kosten sind hier geringer als bei Erfahrungseigenschaften (z.b. Lebensdauer und Zuverlässigkeit von technischen Gebrauchsgütern), die erst durch die Objektverwendung erfaßt werden können. Nicht einmal ex post überprüfbar, oder nur zu prohibitiv hohen Kosten, sind dagegen Vertrauenseigenschaften (z.b. Herkunft und Züchtungsart von Lebensmitteln).[191] In der Literatur wird diese Systematisierung üblicherweise auf Güter als Betrachtungsobjekte und somit auf die Screeningaktivitäten der Nachfrager angewendet. Sie ist jedoch durchaus auch auf den hier vorliegenden Untersuchungskontext zu übertragen, denn im Dienstleistungsbereich kann, wie in Abschn. 3.1.2 gezeigt wurde, auch der Nachfrager bzw. der externe Faktor Eigenschaften und verhaltensbezogene Aspekte aufweisen, die sich bezüglich ihrer Prüfbarkeit durch den Anbieter ähnlich der obigen Kategorisierung unterscheiden lassen.

So entsprechen sowohl die beschriebenen hidden characteristics als auch die hidden intention weitestgehend den Erfahrungseigenschaften, da sie ex ante kaum überprüfbar sind, im Verlauf der Leistungsbeziehung jedoch i.d.R. sichtbar werden. Hidden action des Dienstleistungsnachfragers ist dagegen auch ex post oft nicht nachzuweisen. Ihr Vorhandensein oder viel-

---

185 Vgl. Rothschild/Stiglitz (1976), S. 629 ff.
186 Vgl. Kaas (1995), Sp. 975.
187 Vgl. Spremann (1990), S. 578 f.
188 Vgl. Kaas (1995), Sp. 974 f.
189 Vgl. Nelson (1970), S. 312. Hier wird jedoch direkt zwischen Such- und Erfahrungs*gütern* unterschieden; die zugrundeliegenden Eigenschaften fließen lediglich implizit in die Betrachtung ein. Die eindeutige Zuordnung eines Gutes in eine bestimmte Güterkategorie ist aber i.d.R. nicht möglich, da fast jedes Gut Eigenschaften beider Kategorien aufweist. Vgl. hierzu auch Woratschek (1996), S. 62.
190 Darby/Karni (1973), S. 69.

mehr die Zusage des Nichtvorhandenseins, denn es handelt sich hierbei meist um Negativ-aspekte, entspricht somit dem Sachverhalt von Vertrauenseigenschaften. Auch Sucheigen-schaften sind bei Nachfragern (externen Faktoren) denkbar. Sie finden jedoch in der Princi-pal-Agent-bezogenen Systematisierung von Informationsproblemen kein entsprechendes Ge-genstück, da sie aufgrund ihrer leichten Prüfbarkeit kein kritisches Informationsdefizit für den Anbieter bewirken. Solche Eigenschaften sind z.b. Geschlecht, Alter oder Größe bei externen Faktoren in Gestalt von Personen sowie z.b. materielle Beschaffenheit bei Objekten, die es zu transportieren, lagern oder reparieren gilt.

Screeningaktivitäten des Anbieters sollten nun insbesondere auf diejenigen nachfragerbezo-genen Unsicherheitsaspekte ausgerichtet werden, bei denen die Prüfkosten in einem angemes-senen Verhältnis zum Nutzen der zusätzlichen Information steht. Der Nutzen kann sowohl darin zum Ausdruck kommen, daß sich der Anbieter mit seinem Leistungsangebot besser auf die Eigenschaften des Nachfragers einstellen kann (z.B. bei Schulungsleistungen auf lern-schwache Personen) oder die Preisgestaltung sowie die Vertragsmodalitäten daran anpassen kann (z.b. differenzierte Preise für unterschiedlich risikobehaftete Nachfrager bzw. alternati-ve Rücktrittsbedingungen bei Reservierungen), als auch im Extremfall von einem Zustande-kommen einer Leistungsbeziehung Abstand nehmen kann (wenn z.b. betrügerische Absichten aufgedeckt werden).

Die Informationsökonomik leistet hier also nicht nur einen erklärenden und strukturierenden Beitrag, sondern gibt bereits grundlegende Empfehlungen für die Ausrichtung eines marktori-entierten IM. Als Defizit dieses Ansatzes, wie auch der vorab behandelten institutionenöko-nomischen Ansätze, ist jedoch anzusehen, daß der Anwendungskontext relativ einseitig auf die Informationsaustausche von (potentiellen) Transaktionspartnern ausgerichtet ist, also bei der vorliegenden Problemstellung v.a. die auf den Nachfrager bezogenen Informationspro-bleme und -aktivitäten des Dienstleisters thematisiert. Konkurrenzbezogene Informationsas-pekte, die ebenfalls einen wesentlichen Bereich marktorientierter Informationen ausmachen, werden dagegen nur marginal einbezogen. Ansatzweise findet man in informationsökono-misch fundierten Arbeiten jedoch auch Ausführungen zu marktseiten-internen Informations-transfers. *Kaas* z.B. stellt eine recht umfassende Systematik von Marktinformationsbeziehun-gen auf, die auch die Signaling- und Screeningaktivitäten zwischen Konkurrenten sowie zwi-schen Nachfragern aufgreift. [192]

3.1.4 Wertkette

Während bei den bisher dargestellten Theorieansätzen der Fokus auf die Markttransaktionen gerichtet ist und die Informationsbedeutung sich aus der Austauschbeziehung zwischen An-

---

191 Vgl. Kaas (1995), Sp. 974 f. sowie speziell für den Dienstleistungsbereich Friedman/Smith (1993), S. 48 ff.
192 Vgl. Kaas (1991), S. 359 ff.

bieter und Nachfrager unter den dienstleistungsspezifischen Unsicherheitsbedingungen erklären läßt, widmet sich die Wertkettenbetrachtung verstärkt den innerhalb des Unternehmens
stattfindenden wertschöpfenden Aktivitäten. Dennoch bietet auch dieser Ansatz Erklärungs-
potentiale hinsichtlich der Bedeutung *marktorientierter* Informationen, da aufgrund der Integrativität der Dienstleistungserstellung bei vielen Aktivitäten per se ein Marktbezug durch
den externen Faktor gegeben ist. Zum anderen dient die Wertkettenbetrachtung nicht zuletzt
der Bestimmung von wettbewerbsvorteilsrelevanten Aktivitäten, deren erfolgsgenerierende
Wirkung sich erst am Markt zeigt, nämlich durch das Entgelt, das ein Kunde für die Leistung
des Unternehmens zu zahlen bereit ist.[193]

Welchen Beitrag die verschiedenen Aktivitäten zur Wertschöpfung leisten, welches Differenzierungspotential sie aufweisen und in welchem Umfang sie dabei Kosten verursachen, kann
durch eine Wertkettenanalyse aufgezeigt werden. Dabei ist zu berücksichtigen, daß die allgemeine, von *Porter*[194] entwickelte Wertkette den Besonderheiten der Dienstleistungsunternehmen anzupassen ist.[195] Aufgrund der Dienstleistungsbesonderheiten der Integration eines
externen Faktors,[196] der Immaterialität und der daraus abgeleiteten Nichtlagerbarkeit[197], des
uno-actu-Prinzips[198] sowie der Tatsache, daß der Verkauf einer Dienstleistung i.d.R. vor deren Erstellung erfolgt,[199] entspricht die Abfolge der primären Aktivitäten nicht den in der
Wertkette zugrundegelegten, stärker industriell geprägten Kategorien[200] und sollte daher, wie
in Abb. 12 aufgezeigt, modifiziert werden. Um für ein einzelnes Unternehmen als Analyseinstrument Aussagekraft zu gewinnen, ist sie darüber hinaus jedoch noch dessen Spezifika entsprechend zu definieren.

---

193 Vgl. Porter (1999), S. 64 f. und Porter/Millar (o.J.), S. 93.
194 Vgl. Porter (1999), S. 63 ff.
195 Vgl. Meffert/Bruhn (1997), S. 136 ff. und Fantapié Altobelli/Bouncken (1998), S. 287 ff.
196 Durch das Erfordernis der Integration eines externen Faktors ergibt sich eine Zweiteilung der Aktivitäten-
   kategorie „Operationen" in autonome interne Operationen, die Vorleistungen für die eigentliche Leistungserstellung darstellen, und integrative Operationen, die erst bei konkret vorliegendem Kundenauftrag unter
   Einbeziehung des externen Faktors vollzogen werden können.
197 Diese bewirken einen Bedeutungsverlust der Eingangs- und v.a. der Ausgangslogistik, da Lagerungs- und
   Transportaktivitäten in geringerem Maße erforderlich sind. Porter selbst weist darauf hin, daß die Ausgangslogistik für ein Dienstleistungsunternehmen so gut wie nicht existiert, weshalb sie in der modifizierten Wertketten-Darstellung auch ausgeklammert wird. Vgl. Porter (1999), S. 71. Die Eingangslogistik hingegen müßte an sich an zwei verschiedenen Stellen eingeordnet werden, da sie zum einen, bezüglich der
   Lagerung und des Transportes allgemeiner Leistungsfaktoren (z.B. Büromaterial, Ausstattungsgegenstände
   etc.), zu Beginn der Wertschöpfungskette anfällt und zum anderen, hinsichtlich auftragsspezifischer Inputs
   (z.B. Speisen und Getränke bei einem Partyservice), erst unmittelbar vor der konkreten Leistungserstellung
   zum Einsatz gelangt. Aus Vereinfachungsgründen und weil der zuletzt beschriebene Sachverhalt nicht für
   alle Dienstleistungen zutrifft, wird sie hier jedoch nur an den Anfang gestellt.
198 Vgl. Hilke (1989), S. 13 und Corsten (1990), S. 19. Durch das Zusammenfallen von Produktions- und Kon-
   sumtionsphase wird der klassische Kundendienst als unterstützende Stelle in der Produktnutzungsphase
   weitgehend überflüssig.
199 Dies bewirkt eine Verschiebung der Marketing- und Vertriebsaufgaben vor die eigentliche Leistungserstellung (integrative Operationen).
200 Nach *Porter* werden die primären Aktivitäten in die Bereiche Eingangslogistik, Operationen, Marketing &
   Vertrieb, Ausgangslogistik und Kundendienst unterteilt. Vgl. Porter (1999), S. 66.

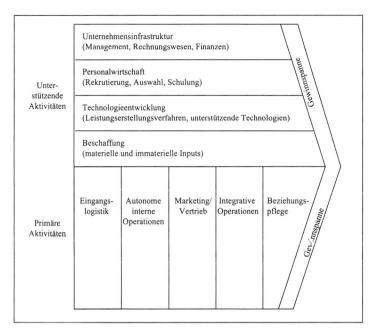

Abbildung 12: Modell einer Wertkette im Dienstleistungsbereich
(Quellen: In Anlehnung an Meffert/Bruhn (1997), S. 171 und
Fantapié Altobelli/Bouncken (1998), S. 289.)

Die Bedeutung von Informationen bzw. des IM kann unter Rückgriff auf diese Darstellung in mehrfacher Hinsicht verdeutlicht werden. Zum einen kommt sie darin zum Ausdruck, daß sämtliche der dargestellten Aktivitäten Informationen sowohl verwenden als auch erzeugen.[201] Als Querschnittsfunktion besonderer Art[202] durchdringt das IM nicht nur die primären Wertaktivitäten, sondern auch die unterstützenden Aktivitäten, die ihrerseits bereits einen Querschnittscharakter aufweisen.[203] An diesem weitreichenden Einfluß, ob er sich nun lediglich auf die konkrete Ausgestaltung der Aktivitäten bezieht (z.B. IS-gestützte Auftragsabwicklung[204]) oder sogar eine gänzliche Einsparung von Prozessen für das Unternehmen er-

---

201 Vgl. Porter (1999), S. 69; Porter/Millar (o.J.), S. 94 und Bromann (1987), S. 14. In Abschn. 2.3.2 wurde bereits darauf hingewiesen, daß die Dienstleistungserstellungsprozesse Informationen einerseits benötigen und andererseits auch erzeugen, wenngleich dies auch kein dienstleistungsspezifisches Phänomen ist.
202 Vgl. Heinrich (1992), S. 8 sowie Abschnitt 2.1.4 dieser Arbeit.
203 Siehe hierzu auch Klutmann (1992), S. 40; Porter/Millar (1985) S. 153; Picot (1990), S. 11 und Trott zu Solz (1991), S. 159.
204 Vgl. Porter/Millar (o.J.), S. 95 sowie Mertens (1992), S. 67 f., der in einem sogenannten „Customer Resource Life Cycle" auch für den Kunden vielfältige IT-Unterstützungsmöglichkeiten innerhalb des Auftrags- und Lieferverhältnisses aufzeigt. Diese sind jedoch nicht durchweg auf den konsumtiven (Dienstleistungs-)Bereich anwendbar.

möglicht (z.B. Externalisierung von Reservierungs-/Buchungsaktivitäten an den Kunden auf Basis entsprechender IT[205]), wird die Informationsbedeutung bereits erkennbar.

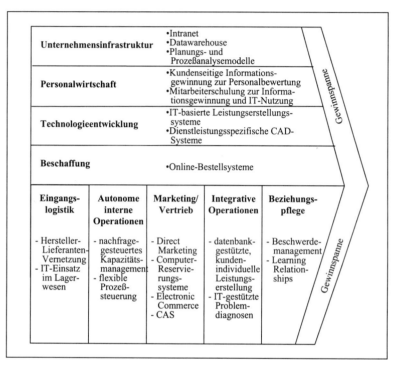

Abbildung 13: IT- und Informations-Durchdringung der Dienstleistungswertkette

Darüber hinaus können aber auch die Verkettungen der Aktivitäten durch das IM beeinflußt werden. Dies ist besonders dann von wettbewerbsstrategischer Relevanz, wenn dadurch ein Zusatznutzen für den Kunden bewirkt werden kann (z.B. ein Zeitvorteil durch Beschleunigung der Leistungserstellung) oder ein Kostenvorteil zu generieren ist. Erst die effiziente Koordination der zahlreichen Unternehmensaktivitäten kann eine erfolgversprechende Leistungserstellung gewährleisten.[206] Eine bessere Synchronisierung der Prozesse ist dabei nicht nur bei unternehmensinternen Schnittstellen denkbar, sondern auch im Kontakt mit der Unternehmensumwelt,[207] was gerade im Dienstleistungsbereich bei interaktiven Leistungsprozessen mit den Kunden bedeutsam ist.

205 Vgl. Mertens (1992), S. 63 f.; o.V. (1994a), S. 20 und o.V. (1994b), S. 139 ff.
206 Vgl. Klutmann (1992), S. 41 f.; Klotz/Strauch (1990), S. 37 und Porter/Millar (o.J.), S. 94.
207 Vgl. Clemons/Row (1991), S. 283f. und Picot (1990), S. 11, der diesen Sachverhalt jedoch hauptsächlich auf die Interaktion mit Unternehmen vor- und nachgelagerter Wertschöpfungsstufen bezieht.

Der Wertkettenansatz vermag ausgehend von den bestehenden Aktivitäten eines Unternehmens und deren Verknüpfungen Ansatzpunkte für den unterstützenden Einsatz von Informationen aufzuzeigen. Er kann somit einer leistungsprozeßorientierten Gestaltung des IM dienen, bei der den Erfolgspotentialen eines aktivitätenspezifischen Informationseinsatzes Rechnung getragen wird; d.h. er unterstützt die *Anpassung des IS an die Unternehmensprozesse.*
Umgekehrt kann die Wertkettenanalyse aber auch aufzeigen, wo durch das IM Aktivitäten
oder deren Verknüpfungen verbessert werden könnten,[208] d.h. sie dient auch der *Prozeßgestaltung unter Berücksichtigung der IS-Einflüsse.* Bezogen auf die phasenorientierte Betrachtung der Dienstleistung wird die Informationsbedeutung hier also aus der Prozeßphase
heraus begründet, wohingegen die vorherigen Ansätze durch deren Fokus auf den Leistungsaustausch stärker an der Ergebnisphase ansetzen.

Insgesamt kann festgehalten werden, daß die besondere Bedeutung marktorientierter Informationen im Dienstleistungsbereich mittels der herangezogenen Theorieansätze in viel-
schichtiger Weise verdeutlicht und theoretisch fundiert erklärt werden kann.

3.2 Beitrag des Informationsmanagements zur Erlangung von Wettbewerbsvorteilen im Dienstleistungsbereich

In den vorangegangenen Abschnitten wurde die Bedeutung marktorientierter Informationen
für Dienstleistungsunternehmen schwerpunktmäßig dadurch verdeutlicht, daß die Probleme
und negativen Konsequenzen fehlender, unzureichender oder unzuverlässiger Informationen
herausgestellt wurden; d.h. es standen Informationsasymmetrien zu Lasten des Anbieters und
die Notwendigkeit ihrer Beseitigung im Vordergrund.[209] In den folgenden Abschnitten soll
nunmehr verstärkt der Betrachtungsfokus auf die Nutzenpotentiale, also die positiven Wirkungen einer adäquaten Informationsausstattung gelegt werden. Es wird dabei untersucht, inwiefern Informationen und deren Management bei alternativen Wettbewerbsstrategien Erfolgspotentiale für Dienstleistungsunternehmen aufweisen können.

Zu diesem Zweck muß zunächst der Begriff des Erfolgspotentials eingehender geklärt werden, um darauf aufbauend allgemeine Bedingungen für eine Generierung von Erfolgspotentialen zu bestimmen und deren Erfüllung durch den Faktor Information bzw. durch das IM zu
überprüfen.

---

208 Vgl. Klutmann (1991), S. 41.
209 Lediglich in den Ausführungen zur Wertkette und im Rahmen der transaktionskostentheoretischen Überlegungen wurden mit dem Hinweis auf das Kostensenkungspotential eines funktionsfähigen IM bereits erste
Ansätze für die Erzielung von Wettbewerbsvorteilen aufgezeigt.

3.2.1 Informationsmanagement als erfolgspotentialgenerierende Ressource

Ein Erfolgspotential bezeichnet eine spezifische, vorteilhafte Ausprägung einer wettbewerbsrelevanten Dimension oder Variablen (Erfolgsfaktor), welche den Unternehmenserfolg langfristig maßgeblich zu beeinflussen vermag.[210] Man geht davon aus, daß für jedes Unternehmen grundsätzlich eine begrenzte Zahl von Einflußgrößen existiert, die erfolgsentscheidend sind[211] und an denen sich der unternehmensspezifische Informationsbedarf schwerpunktmäßig orientieren sollte, um eine Informationsüberflutung zu vermeiden.[212] Die wettbewerbsstrategische Bedeutung eines Informationssystems kann somit einerseits in seiner Leistungsfähigkeit gesehen werden, relevante Informationen hinsichtlich der kritischen Erfolgsfaktoren zur Verfügung zu stellen.[213] Ob darüber hinaus Informationen oder das IM eines Unternehmens selbst Erfolgsfaktoren bzw. erfolgspotentialgenerierende Ressourcen darstellen können, bedarf einer genaueren Prüfung.

Hierzu kann auf den *Resource Based View*[214] zurückgegriffen werden, der bestimmte Anforderungen für erfolgspotentialgenerierende Ressourcen formuliert. Nach *Rasche* sind dies:[215]

- Nicht-Imitierbarkeit
- Unternehmensspezifität
- Nicht-Substituierbarkeit und
- Fähigkeit zur Nutzenstiftung am Markt.

Die **Nicht-Imitierbarkeit** und die **Unternehmensspezifität** einer Ressource stehen in enger inhaltlicher Beziehung zueinander, denn spezifische Ressourcen wie z.B. eine bestimmte Unternehmenskultur oder ein besonderes Prozeß-Know-How, die ihr positives Wirkungspotential erst in einem speziellen Unternehmenskontext vollständig entfalten,[216] sind i.d.R. auch schwer durch Wettbewerber zu imitieren. Die Komplexität eines solchen unternehmensindividuellen Wirkungsgefüges, das sich meist im Verlauf einer langfristigen Unternehmensentwicklung gebildet hat, ist in seinen Kausalzusammenhängen schwer zu analysieren und noch

---

210 Vgl. Grünig/Heckner/Zeus (1996), S. 4 f. In der Literatur wird der Begriff des Erfolgspotentials wie auch der des strategischen/kritischen Erfolgsfaktors nicht einheitlich verwendet. So werden bei *Klotz/Strauch* Erfolgsfaktoren als unternehmensspezifisch angesehen, während *Grünig/Heckner/Zeus* diese als branchenweit oder sogar branchenübergreifend geltende Schlüsselgrößen verstehen. Vgl. Klotz/Strauch (1990), S. 38 und Grünig/Heckner/Zeus (1996), S. 4 f. Grundsätzlich geht das Konzept der kritischen Erfolgsfaktoren auf Daniel (1961) und Rockart (1979) zurück.

211 Vgl. Daniel (1961), S. 116 sowie Hoffmann (1986), S. 832 und Rüttler (1991), S. 211.

212 Vgl. Rockart (1979), S. 82; Klotz/Strauch (1990), S. 38 und Grünig/Heckner/Zeus (1996), S. 4.

213 Vgl. z.B. Klotz/Strauch (1990), S. 43 und Rüttler (1991), S. 217.

214 Siehe allgemein zum Resource Based View Barney (1991); Tallman (1991) und Mahoney/Pandian (1992).

215 Vgl. Rasche (1994), S. 69 ff. Vergleichbare Anforderungskriterien werden auch von *Bharadwaj/Varadarajan/Fahy* für die Erreichbarkeit strategischer Wettbewerbsvorteile im Dienstleistungsbereich sowie von *Ciborra* und *Picot/Reichwald/Wigand* speziell für IS als potentielle strategische Ressourcen angeführt. Vgl. Bharadwaj/Varadarajan/Fahy (1993), S. 84; Ciborra (1994), S. 13 f. und Picot/Reichwald/Wigand (1996), S. 184.

216 Vgl. Rasche (1994), S. 82 f.

schwerer gezielt nachzuahmen.[217] Nicht-Imitierbarkeit wird oft auch im Zusammenhang mit Faktormarktinsuffizienzen gesehen, d.h. es existieren keine oder nur sehr unvollkommene Märkte für eine bestimmte Ressource.[218] Dadurch wird ihre Integration in Konkurrenzunternehmen und damit die Imitierbarkeit erheblich erschwert.

Für einzelne Informationen, die in die Unternehmensaktivitäten Eingang finden, kann dies selten als gegeben angesehen werden, da sie zum einen meist nicht nur für ein bestimmtes Unternehmen von Nutzen sind und zum anderen durch ihre immanente Diffusionsneigung schnell in den Besitz von Konkurrenten gelangen können.[219] Anders stellt sich die Situation jedoch hinsichtlich des gesamten Informationspools eines Unternehmens oder des IM als Ganzheit dar. Selbst bei einer technikfokussierten Sichtweise des IM wird diesem von manchen Autoren ein Potential zur Generierung von Wettbewerbsvorteilen zugesprochen.[220] Versteht man IM aber noch weiter, so wie in dieser Arbeit zugrundegelegt, als Gefüge von Informationspotential, -bereitschaft und -fähigkeit,[221] gilt dies in verstärkter Weise. Als hoch-komplexe Ressource ist das so verstandene IM mit nahezu sämtlichen Unternehmensaktivitäten verwoben und demzufolge ausgesprochen unternehmensspezifisch und schwer zu imitieren.[222] Funktionsfähige Faktormärkte existieren lediglich für Teildimensionen des IM wie die DV-Ausstattung[223] oder bestimmte Marktdaten, nicht jedoch für das Gesamtsystem aus technischer Infrastruktur, unternehmensspezifischem Informationspool, Mitarbeiterfähigkeiten und etablierten Kommunikationsverhaltensschemata.

Ebenfalls kann eine grundsätzliche **Substituierbarkeit** des IM nicht angenommen werden, was als weitere Bedingung für strategische Ressourcen gilt. Zwar ist im Bereich der Informationsfähigkeit vor dem Hintergrund der dynamischen Entwicklung der I+K-Technologien durchaus eine Substitutionsgefahr zu sehen, d.h. bestehende Vorteile bei der Informationsübertragung und -verarbeitung können durch modernere, gegebenenfalls auch völlig andersartige Techniken von Konkurrenten aufgehoben werden.[224] Auch die verfügbaren Informa-

---

217 Vgl. Rasche (1994), S. 70 ff.
218 Vgl. Rasche (1994), S. 68 f.
219 Picot weist explizit auf die Entspezifizierung und damit strategische Entwertung neuartiger Informationen und spezifischen Know-Hows durch moderne I+K-Technik hin. Vgl. Picot (1997), S. 187 f.
220 Vgl. Hoffmann (1986), S. 841; Bromann (1987), S. 14; Neumann (1992), S. 13 und Bharadwaj/Varadarajan/Fahy (1993), S. 93
221 Siehe hierzu Abschn. 2.1.4.1.
222 „The sources of systems' imperfect imitability are numerous and varied". Ciborra (1994), S. 4. Als Gründe nennt er z.B. eine einzigartige informationsbezogene Problemlösung, eine patentierte Technologie oder die spezielle Organisationskultur des Unternehmens. Siehe hierzu auch Powell/Dent-Micallef (1997), S. 379 ff.
223 Vgl. Powell/Dent-Micallef (1997), S. 378 und Clemons/Row (1991), S. 289. Daher sprechen sie der Informationstechnologie an sich auch kein ausgeprägtes Potential zur strategischen Ressource zu.
224 Barney unterscheidet zwei Formen der Substituierbarkeit: Zum einen können ähnliche Ressourcen sich gegenseitig ersetzen, wenn Konkurrenten im Grundsatz die gleiche Strategie verfolgen, und zum anderen kann eine Ressource durch eine völlig andersartige substituiert werden. Vgl. Barney (1991), S. 111 f. Zum Beispiel können klassische Formen der Kommunikation durch gänzlich anders konfigurierte multimediale Kommunikationsformen ersetzt werden, um dadurch einen Wettbewerbsvorteil zu erlangen.

tionen können in ihren Inhalten wie auch in ihrer Struktur ersetzbar sein, z.B. durch die Einbeziehung anderer oder zusätzlicher Informationsquellen bzw. durch neukonzipierte Datenbanken. Aber das IM als Ganzes ist in seiner unterstützenden und koordinierenden Funktionserfüllung nicht grundsätzlich durch eine alternative Ressource substituierbar.[225] Insbesondere bei solchen Dienstleistungen, wo ein relativ hohes Maß an Informationsaustausch zwischen Nachfragern und Anbietern zwingende Voraussetzung für die Leistungserstellung ist, ist ein funktionsfähiges marktorientiertes IM unersetzbar.

Neben den bisher diskutierten, hauptsächlich faktormarktbezogenen Anforderungen an eine strategische Ressource wird auch die **Fähigkeit zur Nutzenstiftung am Markt** verlangt, d.h. die Ressource muß zur Erzeugung eines aus Kundensicht wahrgenommenen Mehrwertes beitragen können.[226] Inwieweit und welche Art von Zusatznutzen Informationen oder das IM eines Unternehmens für den Kunden erzeugen können, wird in differenzierter Weise in den folgenden Abschnitten untersucht. Die grundsätzliche Fähigkeit ist jedoch gerade im Dienstleistungsbereich kaum bestreitbar, da hier die Qualität des Leistungsergebnisses - zumindest bei Leistungen mit ausgeprägtem Individualisierungs- und/oder Interaktionsgrad - sehr stark von den zur Verfügung stehenden kundenbezogenen Informationen abhängt, so daß eine gute Informationsausstattung auch eine kundengerechtere Problemlösung bewirken kann. Hierbei ist jedoch stets auch die Anforderung einer adäquaten Zweck-Mittel-Relation zu berücksichtigen, denn die Kosten einer besseren Informationsversorgung müssen langfristig entweder durch höhere erzielbare Leistungsentgelte oder durch bewirkte Kosteneinsparungen an anderen Stellen überkompensiert werden, um einen Wettbewerbsvorteil zu erzielen.[227]

Zusammenfassend läßt sich festhalten, daß das IM als komplexes, unternehmensspezifisches System die wesentlichen Anforderungen an eine erfolgspotentialgenerierende Ressource erfüllt und somit prinzipiell geeignet ist, die Erzielung von Wettbewerbsvorteilen zu unterstützen. Worin der konkrete Beitrag des IM bei alternativen Wettbewerbsstrategien besteht, soll im folgenden näher untersucht werden.

3.2.2 Informationsmanagement und Wettbewerbsstrategie

Das Verhältnis zwischen der Wettbewerbsstrategie und dem IM eines Unternehmens sollte zur vollen Entfaltung der erfolgspotentialgenerierenden Wirkung möglichst interdependent

---

225 Die Nicht-Substituierbarkeit ist jedoch als absolute Bedingung für die Ressource IM schwer zu beurteilen, da sie für Teilaspekte nicht gelten kann und für den Gesamtkomplex nahezu zwangsläufig gilt.
226 Vgl. Rasche (1994), S. 88 f. sowie speziell zum erzielbaren Mehrwert durch Information Picot/Reichwald/Wigand (1996), S. 185 ff.
227 Einige Autoren sehen die Möglichkeit, durch IT-Einsatz echte Wettbewerbsvorteile zu erzielen, als begrenzt an. Sie vertreten die „strategic necessity hypothesis", nach der die IT-Verwendung für viele Unternehmen zwar keine dauerhaften Wettbewerbsvorteile bewirken kann, aber dennoch erforderlich ist, um Wettbewerbs*nachteile* zu vermeiden. Vgl. Clemons/Row (1991), S. 289 f.; Kettinger/Grover/Guha et al. (1994), S. 45 ff.; Powell/ Dent-Micallef (1997), S. 378 und Ciborra (1994), S. 14.

gestaltet werden. „Es geht also nicht nur um die Anpassung der Informationskonzepte an die Unternehmensstrategie im herkömmlichen Sinne, sondern um die Neugestaltung von Unternehmensstrategien durch Nutzung informationstechnischer Möglichkeiten."[228] In diesem Sinne soll im folgenden der Beitrag des IM zur Erzielung von Kosten- oder/und Differenzierungsvorteilen im Dienstleistungsbereich untersucht werden.

3.2.2.1 Kostenvorteile durch Informationsmanagement

Auf die Erlangung eines Kostenvorsprungs - eine der beiden grundsätzlichen Arten von Wettbewerbsvorteilen nach *Porter*[229] - waren bereits die frühen Informationssysteme ausgerichtet, deren vorrangiges Einsatzfeld die Rationalisierung[230] repetitiver, leicht formalisierbarer Leistungserstellungs- und Verwaltungsaufgaben darstellte.[231] Wenn auch dieser sehr technikfokussierte, auf Effizienzverbesserung ausgelegte Einsatz inzwischen nicht mehr die vorrangige Zielsetzung von IT-Investitionen ist, so werden einer zweckgerechten Gestaltung des IM doch nach wie vor erhebliche Potentiale zur Produktivitätssteigerung und Kostensenkung zuerkannt.[232] Unter Rückgriff auf die phasenorientierte Betrachtung der Dienstleistung können verschiedene Bereiche identifiziert werden, in denen Dienstleistungsunternehmen IM-induzierte Kostenvorteile erlangen können.

Ergebnisbezogene Kostenvorteile

Wie im weiteren Verlauf der Arbeit soll auch hier das Dienstleistungsergebnis der Ausgangspunkt der Betrachtungen sein, da es den zentralen Bezugspunkt einer marktorientierten Unternehmenssteuerung darstellt.[233] Potential- und prozeßbezogene Kostenaspekte sind daher stets vor dem Hintergrund des angestrebten Leistungsergebnisses zu analysieren, durch das sie entscheidend mitbestimmt werden.

Ansatzpunkte für ergebnisbezogene Kostensenkungen[234] ergeben sich einerseits bei den angebotenen Leistungen selbst sowie deren Vielfalt und andererseits bei den Kunden, für die die

---

228 Eisenhofer (1988), S. 25.

229 Vgl. Porter (1999), S. 97 ff. Die Überlegenheit eines Unternehmens gegenüber den relevanten Wettbewerbern basiert nach *Porter* entweder auf niedrigeren Kosten oder einer Differenzierung bezüglich kaufentscheidungsrelevanter Merkmale. Vgl. Porter (1999), S. 37.

230 Zu einer Erörterung alternativer Rationalisierungsverständnisse vgl. Corsten (1998), S. 608 ff. Im vorliegenden Zusammenhang ist von besonderer Bedeutung: „Die Rationalisierungspolitik einer Unternehmung zielt [...] auf eine Optimierung der Wirtschaftlichkeit durch Veränderung von Prozeß und/oder Struktur der Leistungserstellung". Corsten (1998), S. 608.

231 Vgl. Klotz/Strauch (1990), S. 3; Rock/Ulrich/Witt (1990), S. 176; Davenport (1993), S. 37 f. und Porter/Millar (1985), S. 156.

232 Vgl. Corsten (1998), S. 615 f.; Picot/Gründler (1995), S. 11; Sethi/King (1994), S. 1616 ff.; Quinn/Baily (1994), S. 31; Klotz/Strauch (1990), S. 1; Sauer (1990), S. 31 ff.; Lehmann (1989), S. 132 und Baumol (1986), S. 187.

233 Vgl. hierzu Abschn. 2.2.3.4.

234 Mit ergebnisbezogenen Kostensenkungen ist gemeint, daß durch Entscheidungen, die sich unmittelbar auf den Leistungsaustausch zwischen Anbieter und Nachfrager beziehen, positive Konsequenzen für die Ko-

Leistungen erbracht werden. Bei den **Leistungen** selbst besteht die Möglichkeit, durch Standardisierung oder Reduktion der Programmvielfalt Größendegressions- und Erfahrungskurveneffekte zu erzielen,[235] welche als Hauptgrundlagen für Kostenvorteile erachtet werden.[236] Der Beitrag des IM liegt hier vorrangig in der Bereitstellung von Informationen über die qualitativen, quantitativen und zeitlichen Bedarfsstrukturen aktueller und potentieller Kunden, um Standardisierungspotentiale aufzudecken. Diese können aufgrund des oft modularen Charakters von Dienstleistungen auch in einer Teilestandardisierung gemäß dem Baukastenprinzip bestehen[237] (z.b. individuelle Zusammenstellung von Versicherungspaketen aus standardisierten Einzelleistungen). Daß jedoch durch den IM-Einsatz auch bei kundenindividuellen Dienstleistungen Kostenvorteile bewirkt werden können, läßt sich z.b. für den Bereich der Transaktionskosten verdeutlichen.[238] Diese durch Unsicherheit, Komplexität und den Abstimmungsbedarf im Kontext des Leistungsaustauschs bewirkten Kosten lassen sich zumindest teilweise durch kundenbezogene Informationsgewinnung und -verarbeitung (z.b. mit einer Kundendatenbank) vermeiden.

Eine weitere, **kundenbezogene Kostensenkungsmöglichkeit** besteht in der Selektion und bevorzugten Bedienung von Abnehmern, die besonders geringe Kosten verursachen. Dies kann einerseits antizipativ durch self selection im informationsökonomischen Verständnis erfolgen,[239] wobei jedoch i.d.R. ein gewisses Risiko opportunistischen Verhaltens bestehen bleibt. Zum anderen können bei entsprechend ausgelegtem Kostenrechnungssystem bestehende Kunden auf ihre Kostenverursachung hin untersucht werden.[240] Eine differenzierte Absatzsegmentrechnung kann diesbezüglich wie auch im Hinblick auf die verschiedenen Leistungsangebote Selektionsentscheidungen unterstützen.[241]

Prozeßbezogene Kostenvorteile

In engem sachlichen Zusammenhang mit der vorab aufgezeigten Ergebnisstandardisierung steht die Standardisierung von Prozessen bei der Realisierung von Kostensenkungen.[242] Die Eignung der Leistungsprozesse für eine **Standardisierung** hängt dabei stark von deren auto-

---

stenentstehung im Unternehmen resultieren. Zwar kommt die Kostensenkung letztlich auf der Prozeß- bzw. Potentialebene zur Geltung, doch liegen innerhalb der Ergebnisdimension eigenständige Entscheidungstatbestände vor, die eine differenzierte Betrachtung rechtfertigen.

235 Vgl. Corsten (1998), S. 613 f.; Homburg/Faßnacht (1998), S. 534 und Jugel/Zerr (1989), S. 167 f.
236 Vgl. Porter (1999), S. 107 ff. sowie Stalk/Hout (1990), S. 19.
237 Vgl. Corsten (1998), S. 615 und (1988a), S. 182; Jugel/Zerr (1989), S. 167 und Reckenfelderbäumer (1995), S. 110.
238 Vgl. Clemons/Row (1991), S. 282 ff. Hier wird ausführlich, jedoch nicht dienstleistungsspezifisch auf die transaktionskostensenkende Wirkung des IT-Einsatzes eingegangen.
239 Zur self selection siehe Abschn. 3.1.3.
240 *Heskett* spricht in diesem Zusammenhang von „seeking out low-cost customers". Heskett (1986), S. 48. Die Kostenverursachung ist jedoch stets in Relation zu den kundenspezifisch erzielten bzw. erzielbaren Erlösen zu sehen.
241 Zur Absatzsegmentrechnung als Instrument für kundenbezogene Wirtschaftlichkeitsanalysen siehe Köhler (1993), S. 303 ff.
242 Zur Interdependenz von Prozeß- und Ergebnisstandardisierung vgl. Lehmann (1989), S. 137 sowie Corsten (1985b), S. 125.

nomer Plan- und Ausführbarkeit ab.[243] Interaktive Prozesse, die unter Beteiligung des externen Faktors vollzogen werden, unterliegen stets einer gewissen Planungsunsicherheit und entziehen sich somit stärker einer Standardisierung und effizienten Gestaltung als die sogenannten Back-Office-Aktivitäten[244] (z.B. ist im Finanzdienstleistungsbereich die Kundenberatung weniger geeignet für eine Standardisierung als die interne Abwicklung der Zahlungsströme).[245] Eine Unterstützung der prozeßbezogenen Standardisierungsbestrebungen durch das IM kann in mehrfacher Hinsicht erfolgen. Zum einen tragen differenzierte Prozeßanalysen im Rahmen des IM zur Aufdeckung von Standardisierungspotentialen bei. So können z.B. auch bei individuellen Beratungsleistungen Einsatzmöglichkeiten standardisierter Analyse-, Diagnose- und Präsentationsverfahren identifiziert werden. Zum anderen geht eine Standardisierung oft unmittelbar mit dem Einsatz moderner IT einher[246] wie z.B. bei Bankautomaten oder IT-basierter Leistungserstellung durch Direktbanken.

Kostenvorteile im Rahmen der Leistungserstellung können jedoch nicht nur durch Standardisierung einzelner Prozesse erzielt werden, sondern ebenfalls durch eine **effizientere Verknüpfung** der verschiedenen Aktivitäten.[247] Der z.T. sehr hohe Zeitaufwand und damit auch die Kosten für Tätigkeiten, die nicht der eigentlichen Leistungserstellung dienen, sondern lediglich vorbereitende, überbrückende, koordinierende oder dokumentierende Funktionen erfüllen, können durch den Einsatz integrierter I+K-Systeme erheblich gesenkt werden[248] (z.B. durch Workflow-Systeme[249]).

Um die beschriebenen Kostensenkungspotentiale im Prozeßbereich realisieren zu können, sind allerdings oft erhebliche Investitionen innerhalb des Potentialbereichs zu tätigen, v.a. im Zuge einer Dienstleistungsautomatisierung. Die dadurch entstehenden Kosten sind den prozeßbezogenen Kostenersparnissen gegenüberzustellen, um die „Nettokostenwirkung" zu ermitteln.

Potentialbezogene Kostenvorteile

Aufgrund des dienstleistungsspezifischen Erfordernisses zur Bereithaltung von Leistungspotentialen bei ungewisser Nachfrage und der damit einhergehenden Gefahr von Leerkosten bei

---

243 Vgl. Büttgen/Ludwig (1997), S. 33; Jugel/Zerr (1989), S. 167
244 Vgl. Homburg/Faßnacht (1998), S. 534 und Corsten (1998), S. 618. Zu den Back-Office-Aktivitäten zählen alle Wertschöpfungsprozesse, die von den Kunden nicht beobachtbar sind, sich also jenseits der „line of visibility" vollziehen.
245 Folglich stellt die Typologisierungsdimension Interaktionsgrad einen entscheidenden Einflußfaktor für das prozeßbezogene Standardisierungs- und Kostensenkungspotential einer Dienstleistung dar. Vgl. Meffert (1994), S. 529. Dies gilt insbesondere, wenn die Standardisierungsbestrebungen auf einer Automatisierung der Dienstleistungserstellung beruhen. Zum Begriff der Automatisierung im Dienstleistungsbereich vgl. Corsten (1998), S. 615. Grundsätzliche Überlegungen zur Dienstleistungsautomatisierung gehen auf Levitt zurück. Vgl. Levitt (1972), S. 47 und (1976), S. 63 ff.
246 Vgl. Corsten (1998), S. 615 f. und Johnson/Scheuing/Gaida (1986), S. 43. Eine differenzierte Übersicht über IT-basierte Automatisierungsmöglichkeiten in unterschiedlichen Dienstleistungsbereichen findet sich bei Collier (1985), S. 22 f.
247 Vgl. Clemons/Row (1991), S. 283.
248 Siehe hierzu Bullinger/Rathgeb (1994), S. 11 f.; Berry (1996), S. 163 f. sowie Krüger/Pfeiffer (1988), S. 5.
249 Vgl. Bullinger/Rathgeb (1994), S. 14 ff.

Nichtinanspruchnahme kommt Maßnahmen zur **Verbesserung der Kapazitätsauslastung**
unter Kostengesichtspunkten große Bedeutung zu. Existieren im Unternehmen Informationen
über Ausmaß und zeitlichen Anfall der Nachfrage, so können die personellen und materiellen
Leistungspotentiale besser darauf abgestimmt und Leerkosten vermieden werden. Problematisch ist hierbei jedoch stets die kurzfristig begrenzte Variierbarkeit des insgesamt verfügbaren Potentials, so daß selbst bei genauen Informationen über Nachfrageschwankungen i.d.r.
keine vollkommene Kapazitätsanpassung erfolgen kann. Ein adäquates IM kann aber zumindest eine effizientere, bedarfsorientierte Einsatzsteuerung der vorhandenen Kapazitäten bewirken (z.b. Flugzeuge oder LKW im Logistikbereich[250] sowie Mitarbeiter für unterschiedliche Aufgaben in Banken oder Hotels).

Kostensenkungsmöglichkeiten können sich darüber hinaus auch durch **Potentialsubstitution
und -zentralisierung** ergeben. So bergen sowohl der Austausch von Mitarbeitern durch Maschinen[251] - in der Literatur auch Objektivation genannt - als auch die Aufgabe vieler, kun-
dennaher Standorte zugunsten einer zentralisierten Leistungserstellung (wie z.b. bei Direktbanken oder -versicherungen) ein erhebliches Kostensenkungspotential, wobei die zuletzt ge-
nannte Option nur für grundsätzlich auch medial zu erstellende Dienstleistungen in Frage
kommt.

Die Vielfalt der aufgezeigten Kostensenkungspotentiale verdeutlicht, daß eine Kostenführer-
schaft für Dienstleistungen eine durchaus erfolgversprechende wettbewerbsstrategische Option darstellt.[252] Dies belegen auch Praxisbeispiele aus verschiedenen Dienstleistungsbereichen
wie Luftverkehr (z.b. Southwest Airlines[253]), Finanzdienstleistungen (z.b. Citibank[254]), Ga-
stronomie (z.b. McDonalds) und sogar dem medizinischen Bereich (z.b. das kanadische
Shouldice Hospital[255]), wo mit einer konsequenten Kostenorientierung (und preisgerichteten
Weitergabe der erzielten Vorteile an die Kunden) beachtliche Erfolge erzielt werden konnten.
Dies kann jedoch nur gelingen, wenn die kostensenkenden Maßnahmen, v.a. die Standardisierung und Automatisierung, den Kundenbedürfnissen nicht entgegenstehen und als Qualität-
seinbuße wahrgenommen werden. Zudem müssen die erzielbaren Kostenvorteile auf ihre
Dauerhaftigkeit hin überprüft werden, da sie erst dadurch wettbewerbsstrategische Relevanz

---

250 So kann durch Flottenmanagementsysteme auf Basis von Satellitensystemen im Transportgewerbe der hohe
    Anteil von Leerfahrten (1992: 46-59% im LKW-Fernverkehr) deutlich gesenkt werden. Vgl. Broß (1997),
    S. 57. Auch Aden verweist auf die positiven Konsequenzen eines adäquaten Kommunikationsmanagements
    in dem Zusammenhang. Vgl. Aden (1997), S. 92 ff.
251 Vgl. Lehmann (1989), S. 134 sowie (1993), S. 43; *Corsten* weist auch auf Substitutionsmöglichkeiten in-
    nerhalb des personellen Potentials hin. Vgl. Corsten (1998), S. 616 sowie Abschn. 4.4.2.6 dieser Arbeit.
252 Dies wird in der Literatur jedoch kontrovers diskutiert. Vgl. hierzu Meffert/Bruhn (1997), S. 173 und die
    dort angegebene Literatur.
253 Vgl. Meyer/Blümelhuber (1998a), S. 747 ff.; Heskett/Jones/Loveman et al. (1994), S. 54 und Berry/Para-
    suraman (1992), S. 123 f.
254 Vgl. Heskett (1988), S. 51.
255 Vgl. Meyer/Blümelhuber (1998a), S. 744.

erlangen.[256] Dies kann insbesondere bei Kostenvorteilen, die auf einer allgemein zugänglichen Informationstechnologie basieren, ein kritischer Aspekt sein.

3.2.2.2 Differenzierungsvorteile durch Informationsmanagement

Differenzierungsvorteile, die darin bestehen, daß ein Unternehmen in einem für die Abnehmer bedeutsamen Aspekt Einmaligkeit erreicht,[257] können ebenso wie die Kostenvorteile aus sämtlichen Phasen der Dienstleistungserstellung hervorgehen.

Ergebnisbezogene Differenzierungsvorteile

Das Leistungsangebot eines Unternehmens ist aus Kundensicht dann besonders attraktiv, wenn es die spezifischen Bedürfnisse möglichst vollkommen befriedigt. Dies ist im Dienstleistungsbereich vor allem durch eine Leistungsindividualisierung, aber auch ganz grundsätzlich durch Qualitätsverbesserung[258] oder durch eine Ausdehnung des Angebotsspektrums zu erreichen.

Auf die spezifischen Kundenanforderungen abgestimmte, **individualisierte Dienstleistungen** bedürfen jedoch einer genauen Kenntnis der Kundenwünsche und -erwartungen.[259] Hierin besteht eines der wesentlichen Aufgabengebiete eines marktorientierten IM: die Beschaffung, Verarbeitung und der Einsatz aller für eine kundengerechte Leistungserstellung relevanten Informationen, die einen entscheidenden Beitrag zur erfolgreichen Differenzierung leisten können.[260] Als zentrale Informationsgrundlage kann dabei eine Kundendatabase fungieren, die neben allgemeinen Kundendaten auch Informationen über leistungsspezifische Eigenschaften des Nachfragers bzw. des externen Faktors, sein Integrationsverhalten, seine konkreten Ansprüche an die Leistungserstellung und eventuelle Ursachen für Unzufriedenheit in der Vergangenheit enthält.[261] Die Informationsgewinnung und der Einsatz sollten dabei sowohl einer bedürfnisgerechten Leistungsgestaltung dienen als auch der Fehlervermeidung und Identifikation kundenspezifisch geeigneter Kompensationsmaßnahmen im Falle auftretender Problemsituationen. Solche Maßnahmen haben eine ausgeprägte, empirisch nachgewiesene Zufriedenheitswirkung und weisen somit Differenzierungsmöglichkeiten auf, insbesondere vor dem Hintergrund, daß hier in der Praxis noch erhebliche Defizite festzustellen sind.[262]

Eine IM-Unterstützung **qualitätsbezogener Maßnahmen** kann z.B. in Form von modernen Problemdiagnosetechniken (z.B. im medizinischen oder Beratungs-Bereich) und Qualitäts-

256 Vgl. Porter (1999), S. 159 ff. sowie Simon (1988), S. 464 f.
257 Vgl. Porter (1999), S. 168.
258 Vgl. Meffert (1994), S. 527; und Klotz/Strauch (1990), S. 12.
259 Vgl. Link/Hildebrand (1995), S. 47; Heskett/Sasser/Hart (1991), S. 57 und Porter (1999), S. 194 ff.
260 Vgl. McQuaid (1992), S. 77; Sisodia (1992), S. 54; Porter/Millar (1985), S. 157; Kreutzer (1992), S. 330 und Klotz/Strauch (1990), S. 12 und 111.
261 Vgl. Heskett/Sasser/Hart (1991), S. 217 ff. und Sisodia (1992), S. 54.
262 Vgl. Heskett/Sasser/Hart (1991), S. 130 ff.; Hart/Heskett/Sasser (1990), S. 148 ff. und Hoffman/Kelley/Rotalsky (1995), S. 58 ff.

kontrollsystemen (z.b. Ansätze zur Erfassung des Kundenfeedbacks) geboten werden. Zudem können Zugriffsmöglichkeiten auf interne und externe Datenbanken[263] (z.B. Wirtschaftsdatenbanken im Finanzdienstleistungsbereich) und Informationssysteme (z.b. Navigations- und Tourenplanungssysteme im Logistikbereich) die Leistungsqualität aus Kundensicht verbessern.

Hinsichtlich des **Leistungsspektrums** bietet eine umfassende Informationsbasis gegebenenfalls Synergiepotentiale für Cross-Selling-Aktivitäten,[264] wenn die vorhandenen Informationen oder auch die verwendete IT eine wesentliche Grundlage für das Angebot verschiedenartiger Dienstleistungen darstellen (z.b. umfassende Kundendaten oder flächendeckende Netzwerke).[265] Cross-Selling oder generell Leistungsprogrammerweiterungen können einen Differenzierungsvorteil bewirken, wenn für den Nachfrager die Leistungserbringung 'aus einer Hand' bedeutsam ist, z.b. weil für ihn dadurch das Interaktionserfordernis und die Unsicherheit abnehmen.

Prozeßbezogene Differenzierungsvorteile

Die Untersuchung prozeßbezogener Differenzierungspotentiale knüpft ähnlich wie die Analyse der Kostensenkungspotentiale direkt an die ergebnisbezogenen Überlegungen an. Insbesondere die beschriebene Differenzierungsoption der **Leistungsindividualisierung** hat erhebliche Auswirkungen auf die Prozeßgestaltung und bietet diverse Möglichkeiten für eine IM-Unterstützung, da im Rahmen einer kundenindividuellen Leistungserstellung vielfältige Informationen benötigt werden. Sind diese weitgehend aus einer vorhandenen Kundendatenbank zu entnehmen, läßt sich dadurch die erforderliche informationsbezogene **Interaktionsintensität** während der Leistungserstellung senken, was für den Kunden eine Aufwandsreduktion bedeutet.[266] Die Qualität einer Kundendatenbank kann somit einen wesentlichen Einfluß darauf haben, ob durch eine Individualisierungsstrategie, gegebenenfalls bis hin zur Segment-of-one-Strategie,[267] Differenzierungsvorteile realisiert werden können.[268]
Ein weiteres Differenzierungspotential besteht in den Bereichen **IT-gestützter Dienstleistungserstellung und -distribution**. Durch zunehmende Mobilität und Dezentralisierungsmöglichkeiten von IS-Bestandteilen können z.b. manche Dienstleistungen auch bei den Kunden vor Ort erstellt[269] (z.B. Bank- oder Versicherungsleistungen) oder in Teilaspekten durch

---

263 Vgl. Sisodia (1992), S. 54.
264 Vgl. Klutmann (1992), S. 42 f.; Porter/Millar (1985), S. 158f.; Benölken/Greipel (1990), S. 90 ff. und Hoch (1997), S. 25.
265 Vgl. Heskett (1988), S. 123 f. und Quinn/Gagnon (1987), S. 50.
266 Oft wird die gewünschte Individualität einer Dienstleistung durch einen hohen Interaktionsgrad „erkauft". Ist dieser nicht explizit vom Kunden gewünscht (wie z.b. bei Sprachkursen oder psychologischen Therapieleistungen), sondern dient lediglich der Leistungsspezifizierung, kann er zumindest bei langfristigen Kundenbeziehungen reduziert werden. Siehe hierzu auch die Diskussion bzgl. der Unabhängigkeit der Typologisierungsdimensionen Interaktions- und Individualisierungsgrad in Abschn. 2.2.2.
267 Zum Erfordernis und Nutzen einer Kundendatenbank bzgl. eines Segment-of-one-Marketing vgl. McQuaid (1992), S. 75 f. und Peppers/Rogers (1997), S. 14 ff.
268 Vgl. Link/Hildebrand (1995), S. 47.
269 Vgl. Sauer (1990), S. 37 und Klotz/Strauch (1990), S. 13.

die Kunden selbst vorgenommen werden (z.b. Nutzung von Reservierungssystemen oder On-line-Banking), was zumindest für einige Nachfrager aus Bequemlichkeitsgründen einen Vorteil bedeutet. Auch die direkten Analyse-, Auswertungs- und Visualisierungsmöglichkeiten in der Kundenkontaktsituation[270], die moderne I+K-Systeme bieten, können von den Abnehmern als wertsteigernd empfunden werden, da sie die Leistungserstellung nachvollziehbarer machen und somit unsicherheitsreduzierend wirken.[271] Gerade bei Dienstleistungen mit einem hohen Anteil an Vertrauenseigenschaften kann dies ein wettbewerbsstrategischer Vorteil sein. Allerdings nimmt das Differenzierungspotential mit zunehmender Verbreitung solcher Systeme ab.[272]

Potentialbezogene Differenzierungsvorteile

Während für die Erlangung potentialbezogener Kostenvorteile die Substitution und möglichst hohe Nutzungsintensität der vorhandenen Leistungspotentiale eine zentrale Stellung einnehmen, ergeben sich Differenzierungsvorteile vorwiegend durch **Qualifikationsmaßnahmen**. Besser geschulte und informierte Mitarbeiter können - insbesondere wenn sie mit relativ weitreichenden Entscheidungskompetenzen ausgestattet sind - mehr zur Problemlösung der Kunden beitragen und heben sich daher gerade bei **interaktionsintensiven** Dienstleistungen im Wettbewerb positiv ab. Der Beitrag des IM besteht dabei nicht nur in der Informationsbereitstellung für die Mitarbeiter, sondern auch in der direkten Entscheidungsunterstützung (z.b. durch Expertensysteme[273]) während der Leistungserstellung. Hierdurch erlangt das vorhandene Mitarbeiterpotential erhöhte Beratungs- und Problemlösungsfähigkeiten[274] und wird vielfältiger einsetzbar, so daß man auch variierenden Leistungsansprüchen gerecht werden kann. Außerdem wird durch einen erweiterten Kompetenzbereich des Kundenkontaktpersonals eine Allround-Betreuung des Kunden durch *einen* Ansprechpartner ermöglicht.[275] Insbesondere bei komplexen Dienstleistungen oder einem breitgefächerten Leistungsangebot kann dies von den Nachfragern als Zusatznutzen empfunden werden.

Die IM-induzierte Aufwertung des Leistungspotentials betrifft aber nicht nur die Humanressourcen eines Dienstleistungsunternehmens. Moderne Informationstechnologien finden auch bei automatisierter Leistungserstellung einen qualitätsfördernden Einsatz. Vor allem können sie hier zu einer Stabilisierung der Leistungsqualität beitragen und dienen damit der Lösung

270 Vgl. Link/Hildebrand (1995), S. 48.
271 Vgl. Sauer (1990), S. 37. Der Unsicherheitsreduktion speziell im Logistikbereich dienen z.b. auch die inzwischen relativ verbreitete Sendungsverfolgungssysteme, mit deren Hilfe der Kunde den Verbleib seiner Ware online überprüfen kann. Vgl. Aden (1997), S. 96 ff. sowie Rittersberger (1998), S. 351 ff.
272 Vgl. Pradervand (1995), S. 74.
273 Vgl. Sisodia (1992), S. 56.
274 Vgl. Link/Hildebrand (1995), S. 49 und McFarlan (1984), S. 99.
275 Vgl. Sauer (1990), S. 37 f. *Sauer* spricht in diesem Zusammenhang bezogen auf den Bankbereich von einer „Renaissance des Allround Bankers".

eines dienstleistungstypischen Problems.[276] Neben der unterstützenden Funktion bei der Problemdiagnose, der Leistungserstellung an sich und der Ergebniskontrolle können Informationen oder die verwendete IT bei bestimmten Dienstleistungen aber auch selbst eine Differenzierungsgrundlage darstellen. Bei Telekommunikationsleistungen kann z.b. eine überlegene Übertragungstechnologie kaufentscheidungsrelevant sein, so wie bei Datenbankanbietern oder sonstigen Informationsdiensten die verfügbare Datenbasis, gegebenenfalls auch die Nutzungsfreundlichkeit des Informationssystems für den Kunden zentrale Kriterien darstellen können.

Bei der Vielfalt der dargestellten Optionen, sich als Unternehmen durch den IM-Einsatz gegenüber Wettbewerbern zu differenzieren, darf jedoch ein entscheidender Aspekt nicht unbeachtet bleiben: Gerade im informationstechnologischen Bereich bedingt eine Differenzierung oft Abweichungen von Branchenstandards und damit Inkompatibilitäten. Die Nachfrager kann das daraus resultierende Risiko einer Isolierung und Anbieterabhängigkeit abschrecken, so daß ein Wettbewerbsnachteil für den entsprechenden Anbieter entsteht.[277] Auch ist gerade bei IT-basierten Differenzierungsvorteilen deren Nachhaltigkeit stets kritisch zu prüfen, da sich durch die dynamische technologische Entwicklung in diesem Bereich Vorsprünge schnell nivellieren können. Gelingt es dem Dienstleister jedoch, ein kundenintegrierendes Informationssystem aufzubauen, dessen Nutzen für den Nachfrager ausgeprägt ist, so kann hieraus eine langfristige Stärkung der eigenen Wettbewerbsposition resultieren.[278]

3.2.2.3 Informationsmanagement im Rahmen hybrider Wettbewerbsstrategien

Bei der bisherigen Analyse von Wettbewerbsvorteilen im Dienstleistungsbereich wurden Kosten- und Differenzierungsvorteile weitgehend isoliert betrachtet. Von einer Unabhängigkeit der Vorteilsarten kann in der Realität jedoch nicht ausgegangen werden. Zwar wird in der wettbewerbsstrategischen Literatur oft eine vereinfachende Trennung anhand des jeweiligen Betrachtungsfokus vorgenommen, wonach Kostenvorteile durch ihren Bezug zu den Unternehmensprozessen innenfokussiert sind, während Differenzierungsvorteile erst bei den Kunden wirksam werden und damit außenfokussiert sind.[279] Jedoch verliert diese Trennung, die

---

276 Durch die Integration eines externen Faktors und dessen Einfluß auf das Leistungsergebnis ist die Ergebnisqualität meist nur unvollkommen durch den Anbieter beeinflußbar und unterliegt daher oft Schwankungen.
277 Vgl. Klotz/Strauch (1990), S. 12 f.
278 Eine Kundenintegration kann z.B. durch Zurverfügungstellung von Soft- oder ggf. sogar Hardware erfolgen, mittels der die Transaktionen abgewickelt werden. Vgl. hierzu Antweiler (1995), S. 95; Pradervand (1995), S. 74 ff. und Trott zu Solz (1992), S. 163. Bei Logistikleistungen, die sich über mehrere Stufen der Wertschöpfungskette erstrecken, kann es sogar zu einer weitgehenden Wertkettenintegration der beteiligten Marktpartner kommen. Vgl. Aden (1997), S. 92 ff.
279 Vgl. z.B. Fleck (1995), S. 98 f.

im Sachgüterbereich zumindest als annähernd erfüllt angesehen werden kann,[280] im Dienstleistungsbereich ihre Gültigkeit (vgl. Abb. 14).

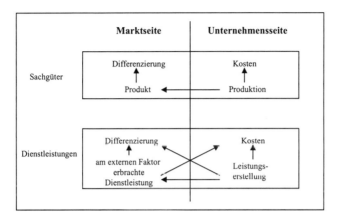

Abbildung 14: Zusammenhänge zwischen Kosten- und Differenzierungsvorteilen im Sachgüter- und Dienstleistungsbereich

Der Grund hierfür liegt v.a. in der Interaktivität der Leistungserstellung, die einerseits bewirkt, daß ein Großteil der Leistungsprozesse und -potentiale durch den Kunden wahrnehmbar, oft sogar unmittelbar nutzenstiftend ist, und somit neben einer Kosten- auch eine direkte Differenzierungsrelevanz aufweist. Auf der anderen Seite wird der Kunde, oder allgemeiner der externe Faktor, durch seine Teilnahme an der Leistungserstellung zu einem wesentlichen Kosteneinflußfaktor. Er ist nicht nur Empfänger der nutzenstiftenden Wirkung und damit Zielobjekt der Differenzierung, sondern bestimmt durch seine Integrationsfähigkeit und -bereitschaft auch in erheblichem Maße die Kosten der Leistungserstellung.[281] Die beiden grundlegenden Arten von Wettbewerbsvorteilen weisen demnach im Dienstleistungsbereich ausgeprägte Interdependenzen auf.

Auch *Porter* geht von Zusammenhängen zwischen Kosten- und Differenzierungsvorteilen im Hinblick auf den Unternehmenserfolg aus. Seiner Ansicht nach sind diese fast ausnahmslos[282] negativer Art, was bedeutet, daß ein gleichzeitiges Verfolgen von Kostenführerschafts- und Differenzierungsstrategie zu einer geringen Rentabilität führt, von ihm auch als „stuck in the middle" (zwischen den Stühlen) bezeichnet.[283] Eine Vielzahl von theoretischen und empirischen Untersuchungen hat sich mit dieser Behauptung auseinandergesetzt, ist aber überwie-

---

280 Dies bedeutet jedoch nicht, daß die Vorteilsarten bei Sachgütern unabhängig voneinander sind, sondern lediglich, daß eine Differenzierung hier schwerpunktmäßig über das „fertige" Produkt erfolgt und die Kostenverursachung auf interne Prozesse zurückzuführen ist (vgl. Abb. 14).
281 Die stärkere Vernetztheit der Erfolgsgrundlagen im Dienstleistungs- gegenüber dem Sachgüterbereich stellt auch *Grönroos* heraus. Seine Argumentation ist jedoch nicht explizit wettbewerbsvorteilgerichtet. Vgl. Grönroos (1990), S. 108 ff.
282 Zu den Ausnahmen, die er explizit einräumt, siehe Porter (1999), S. 45 ff.

gend zu dem Ergebnis gelangt, daß durchaus eine erfolgsträchtige Vereinbarkeit der Vorteils-arten möglich ist.[284]

Die in diesem Zusammenhang entwickleten Strategieansätze werden als **hybride Wettbe-werbsstrategien** bezeichnet, welche sich im wesentlichen unterscheiden lassen in[285]

- Sequentielle hybride Strategien,[286]

- Multilokale hybride Strategien[287] und

- Simultane hybride Strategien.

Während die ersten beiden Strategietypen auf einer zeitlichen bzw. räumlichen Entkopplung der Vorteilsarten basieren, werden bei den Strategien der dritten Kategorie die unterschiedli-chen Vorteilsarten gleichzeitig verfolgt. Der Erfolg dieses Bestrebens ist davon abhängig, ob eine komplementäre Beziehung zwischen den Vorteilen hergestellt werden kann und sich die-se nicht, wie von *Porter* angenommen, gegenseitig negativ beeinflussen. Ist dies gegeben, so kann eine hybride Wettbewerbsstrategie als den generischen Strategiealternativen überlegen angesehen werden.[288]

Die folgende Untersuchung hybrider Wettbewerbsstrategien wird sich aus zwei Gründen schwerpunktmäßig auf den zuletzt beschriebenen Typ beziehen: Zum einen stellen Internatio-nalisierungsfragen, für die multilokale hybride Strategien in erster Linie von Bedeutung sind, keinen zentralen Untersuchungstatbestand dieser Arbeit dar. Zum anderen wird sowohl bei den sequentiellen als auch den multilokalen hybriden Strategien kritisch angemerkt, daß der erhöhte Koordinationsbedarf der zeitlichen bzw. räumlichen Strategieanpassung transaktions-kostensteigernd wirkt.[289] Wie in Abschn. 3.1.1 aufgezeigt, nimmt aber gerade diese Kostenart im Dienstleistungsbereich einen sehr bedeutenden Anteil ein, was die Erfolgsaussichten die-ser Strategien dort beeinträchtigen dürfte.

Bezüglich der Geeignetheit **simultaner hybrider Wettbewerbsstrategien** im Dienstlei-stungsbereich gilt es nun zu untersuchen, ob die Besonderheiten dieser Leistungsart eine komplementäre Wirkung von Kosten- und Differenzierungsvorteilen grundsätzlich begünsti-gen. In der Literatur lassen sich zwar vielfältige Hinweise auf eine prinzipielle Vereinbarkeit

---

283 Vgl. Porter (1999), S. 44 f. sowie (1997), S. 71 ff.

284 Siehe hierzu z.B. Miller/Friesen (1986a) und (1986b); Wright (1987); Murray (1988); Wright/Nazemza-deh/Parnell et al. (1991); Miller (1992) und Fleck (1995).

285 Zu der folgenden Unterscheidung vgl. Kaluza (1996), S. 6 ff.

286 Als Hauptvertreter dieses Strategietyps wird der *Outpacing-Strategies*-Ansatz von *Gilbert/Strebel* angese-hen. Kern dieses Ansatzes ist ein Wechsel von der Kostenführerschafts- zur Differenzierungsstrategie (oder umgekehrt) in bestimmten Wettbewerbsphasen, ohne daß dabei der vorher erlangte Vorteil verloren geht. Siehe hierzu ausführlich Gilbert/Strebel (1987), (1989) und (1991).

287 Hierunter werden Stragien wie die *Duale Internationalisierungsstrategie* gefaßt, die vorwiegend im inter-nationalen Kontext auf eine gleichzeitige Verfolgung von Globalisierungs- (Kosten-) und Lokalisierungs-(Differenzierungs-)vorteilen ausgerichtet sind. Dies soll durch eine räumliche Entflechtung von Wertschöp-fungsaktivitäten gewährleistet werden. Vgl. hierzu Carl (1989), S. 197 f. und Kogut (1989), S. 383 ff.

288 Vgl. Fleck (1995), S. 84.

289 Vgl. Fleck (1995), S. 83.

der Vorteilsarten bei Dienstleistungen finden,[290] jedoch werden diese meist lediglich anhand von Fallbeispielen aus der Praxis gegeben und stellen keine systematische Erarbeitung von komplementaritätsfördernden Bedingungen dar. Dies soll nunmehr erfolgen. Darüber hinaus wird im Hinblick auf die zugrundeliegende Problemstellung auch der Beitrag eines marktorientierten IM untersucht, wobei zur Systematisierung wiederum der phasenorientierte Ansatz herangezogen wird.

Ergebnisbezogene Ansatzpunkte zur Erlangung hybrider Wettbewerbsvorteile
Kosten- und Differenzierungsvorteile werden oft als unvereinbar angesehen, weil sie gegensätzliche Anforderungen an das Leistungsergebnis stellen, nämlich im ersten Fall ein hohes Maß an Standardisierung und im zweiten Fall eine möglichst weitgehende Anpassung an die individuellen Kundenbedürfnisse.[291] Gelingt es jedoch, diesen scheinbaren Gegensatz aufzulösen, so wäre damit eine wesentliche Grundlage für die Erlangung hybrider Wettbewerbsvorteile geschaffen. Ein Ansatzpunkt, dem in diesem Zusammenhang erhebliche Bedeutung beigemessen wird, ist die **Modularisierung** von Produkten, die es ermöglicht, bei den unterschiedlichen Bestandteilen Standardisierungsvorteile geltend zu machen und dennoch ein individuelles Gesamtergebnis anzubieten.[292] Nun sind gerade Dienstleistungen i.d.R. ohnehin durch einen modularen Aufbau gekennzeichnet, d.h. die verschiedenen Leistungsbestandteile sind nicht wie bei den meisten Sachgütern als Einheit fest vorgegeben.[293] Zum Beispiel kann der Nachfrager bei Touristikleistungen meist zwischen verschiedenen Reiseklassen, Unterbringungs- und Verpflegungsvarianten wählen ebenso wie bei Finanzdienstleistungen unterschiedliche Geldanlageformen miteinander kombiniert werden können. Obwohl bei einem solchen Baukastenprinzip Standardmodule zugrundeliegen, bei denen Größen- und Erfahrungseffekte geltend gemacht werden können, ist das Ergebnis als Leistungsbündel auf die Kundenbedürfnisse individuell abgestimmt.[294] Die erzielbaren Vorteile stehen hier also in komplementärer Beziehung zueinander.

Diese Komplementarität kann durch ein entsprechend ausgestaltetes IM noch verstärkt werden, indem zum einen Informationen über die Bedürfnisstrukturen in die grundsätzliche Auswahl und Gestaltung der Leistungsmodule einfließen sowie auf den einzelnen Kunden bezo-

---

290 Siehe hierzu z.B. Heskett (1986), S. 59 ff.; Pine/Peppers/Rogers (1995), S. 105 f.; Benölken (1990), S. 82 f.; Lovelock (o.J.), S. 94 ff.; Grönroos (1990), S. 104 ff.; Lehmann (1993), S. 59 ff.; Heskett/Jones/Loveman et al (1994), S. 53 f. und Zeithaml/Bitner (1996), S. 188.

291 Vgl. hierzu die Abschnitte 3.2.2.1 und 3.2.2.2.

292 Die Leistungsmodularisierung stellt einen zentralen Aspekt im Rahmen des Mass-Customization-Ansatzes dar, der auf *Pine* zurückgeht und im deutschsprachigen Raum v.a. durch Reiß/Beck vertreten wird. Siehe hierzu Pine (1993) und Pine/Bart/Boynton (1993); Reiß/Beck (1995a) und (1995b) sowie auch Piller (1998), S. 175 ff. und Hart (1995), S. 36 ff. Zum Teil wird er, ähnlich begründet wie bei den Outpacing-Strategien, den sequentiellen Hybridstrategien zugerechnet. Vgl. Kaluza (1996), S. 9 und Reiß/Beck (1994), S. 29. Dieser Auffassung wird hier jedoch nicht gefolgt, da bei diesem Ansatz nicht unbedingt von dem ursprünglichen Vorhandensein einer singulären Vorteilsart auszugehen ist, die dann erst später um die andere ergänzt wird.

293 Vgl. Jugel/Zerr (1989), S. 167 und Büttgen/Ludwig (1997), S. 50.

294 Vgl. Büttgen/Ludwig (1997), S. 51.

gen für die Zusammenstellung des Leistungsbündels genutzt werden.[295] Zum anderen kann es gleichzeitig auch die Kostenposition verbessern, da aufgrund der kundenbezogenen Informationen eine effizientere, bedarfsgerechte Koordination der Leistungsmodule erfolgen kann. Darüber hinaus können bei Fremdbeschaffung von Leistungskomponenten (z.b. Hotel- oder Flugkontingente im Touristikbereich oder die Nutzung von Übertragungsnetzen im Telekommunikationsbereich) die Bedarfsplanung optimiert und gegebenenfalls aggregierte Bestellungen zu günstigeren Konditionen vorgenommen werden.

Ein weiteres die Vereinbarkeit von Kosten- und Differenzierungsvorteilen förderndes Merkmal ist der oft langfristige Charakter der **Kundenbeziehung** bei Dienstleistungen, wie er z.b. im Finanzdienstleistungs- und medizinischen Versorgungsbereich üblich ist, aber auch bei Flugleistungen oder in der Hotellerie zunehmend gefördert wird. Eine entsprechende Informationsunterstützung kann in einer solchen Beziehung einerseits eine zunehmende Anpassung der Leistung an die Bedürfnisse des Kunden bewirken[296] und andererseits eine Kostensenkung durch Lerneffekte sowie durch eine Reduktion aufwendiger Abstimmungsaktivitäten zwischen Unternehmen und Kunde ermöglichen.[297]

Prozeßbezogene Ansatzpunkte zur Erlangung hybrider Wettbewerbsvorteile

Die eigentliche Leistungserstellung bietet im Dienstleistungsbereich die ausgeprägtesten Potentiale zur simultanen Erzielung hybrider Vorteile. Dies ist darauf zurückzuführen, daß der Kunde bzw. der externe Faktor, wie bereits dargelegt, einen wesentlichen Einflußfaktor sowohl für die Leistungsqualität als auch für die Kostenverursachung darstellt, wobei die entscheidende Frage im vorliegenden Untersuchungskontext darin besteht, ob dieser Einfluß gleichgerichtet oder gegensätzlicher Art ist.

Allgemeingültig läßt sich diese Frage zwar nicht beantworten, aber unter Rückgriff auf die von *Fleck* zur Begründung hybrider Wettbewerbsvorteile dargelegten **Economies of Quality**[298] können zwei wesentliche Aspekte aufgezeigt werden, die eine Komplementarität der Wettbewerbsvorteile begünstigen.

1. Wird eine qualitativ hochwertige und kundengerechte Leistungserstellung (Differenzierungsvorteil) durch den Anbieter praktiziert, so wird dies tendenziell, zumindest bei personenbezogenen Dienstleistungen, auch die Integrationsqualität des externen Faktors verbessern. Der Kunde ist zufriedener und steuert dementsprechend einen positiven Beitrag zur Leistungserstellung bei.[299] Dies hat i.d.R. wiederum kostensenkende Effekte.

---

295 *Pine/Peppers/Rogers* weisen in dem Zusammenhang auf die günstigen Informationsgewinnungsmöglichkeiten im Rahmen individueller Kundendialoge hin. Vgl. Pine/Peppers/Rogers (1995), S. 105
296 Vgl. Zeithaml/Bitner (1996), S. 188 und Pine/Peppers/Rogers (1995), S. 105 f.
297 Vgl. Benölken (1990), S. 83.
298 Hierunter wird die kostensenkende Wirkung qualitätsgerichteter Maßnahmen verstanden, die v.a. dadurch entsteht, daß eine verbesserte Leistungsqualität die Fehlerkosten reduziert. Diese für Nachbesserungen, Garantieleistungen und Preisnachlässe bei minderwertiger Leistung anfallenden Kosten sowie die schwerer zu quantifizierenden Opportunitätskosten verlorener Kunden können einen erheblichen Umfang annehmen. Vgl. Fleck (1995), S. 123.
299 Vgl. Grönroos (1990), S. 105.

2. Der zweite Aspekt steht in engem sachlichen Zusammenhang mit dem ersten, setzt jedoch bei der kostenbezogenen Argumentation an einer anderen Stelle an. Qualitätsbewußtsein in der Leistungserstellung kann nämlich nicht nur direkte Kostenersparnisse bewirken, sondern auch das Erfordernis teurer Korrektur- und Kompensationsmaßnahmen reduzieren, die bei auftretenden Problemsituationen zur Schadensbegrenzung eingesetzt werden müssen.[300]

Auf den Beitrag des IM zur Gewährleistung einer adäquaten Qualität wurde bereits in Abschn. 3.2.2.2 eingegangen. Die Komplementarität zwischen Qualitäts- und Kostenvorteilen kann in manchen Fällen auch direkt durch eine IT-gestützte Leistungserstellung bewirkt werden, wenn durch eine partielle oder vollständige Substitution menschlicher Arbeitskraft eine konstante Qualität und geringere Fehlerquote bei gleichzeitiger Personalkostenersparnis erzielt wird.

Die Integration eines externen Faktors impliziert jedoch noch einen weiteren Aspekt, der für die Erzielung hybrider Wettbewerbsvorteile von Relevanz ist. Dadurch, daß der Kunde sich selbst oder ein Objekt aus seiner Verfügungsgewalt in den Leistungserstellungsprozeß einbringen muß, besteht in erhöhtem Maße die Möglichkeit, Leistungsaktivitäten auf ihn zu übertragen (**Externalisierung**). Bewirkt dies für den Kunden eine Qualitätsverbesserung, Zeitersparnis oder einen zusätzlichen Erlebnisaspekt, so können auf diese Weise nicht nur Kosten- sondern auch Differenzierungsvorteile generiert werden.[301] Zu berücksichtigen ist hierbei jedoch, daß eine solche Externalisierung von Leistungsaktivitäten für den Kunden leicht als Kostensenkungsmaßnahme erkennbar ist und somit auch negativ bewertet werden kann.[302] Grundsätzlich gilt für kostenbezogene, insbesondere Standardisierungsmaßnahmen im Dienstleistungsbereich, daß sie aufgrund der unmittelbaren Wahrnehmbarkeit durch den Kunden nicht auf alle Maßnahmen und auch nicht auf alle Kunden bezogen werden dürfen, um nicht zu Lasten von Differenzierungsvorteilen zu gehen.[303] Auch hier besteht ein Einsatzfeld eines marktorientierten IM, das z.B. geeignete Kundensegmente identifizieren kann, so daß gegebenenfalls auch durch Segmentdifferenzierung hybride Wettbewerbsvorteile erzielt werden können.

---

300 *Heskett/Sasser/Hart* geben eine differenzierte Aufstellung über mögliche Kosten, die durch Qualitätsmängel entstehen. Vgl. Heskett/Sasser/Hart (1991), S. 99. Siehe hierzu auch Zeithaml/Parasuraman/Berry (1992), S. 26; Collier (1995), S. 4 sowie Fleck (1995), S. 123 ff., dessen Ausführungen jedoch nicht direkt auf den Dienstleistungsbereich bezogen sind. Nach *Grönroos* verursachen im Dienstleistungsbereich alleine die Korrekturen entstandener Fehler 35% der Leistungserstellungskosten. Vgl. Grönroos (1990), S. 102. Empirische Studien im Bankbereich ergaben, daß die Bearbeitungszeit bzw. -kosten für inkorrekte Transaktionen das 100fache einer regulären Transaktion betragen können. Vgl. Ernst & Young and the American Quality Foundation (1992), S. 13.
301 Vgl. Heskett (1986), S. 59 f. und (1988), S. 111 f.; Benölken (1990), S. 82 f. und Lehmann (1993), S. 60. In diesem Zusammenhang sei nochmals auf die Einsatzpotentiale moderner IT verwiesen, die ebenfalls bereits in den vorangegangenen Abschnitten aufgezeigt wurden.
302 Vgl. Grönroos (1990), S. 107.
303 Vgl. Büttgen/Ludwig (1997), S. 53.

Potentialbezogene Ansatzpunkte zur Erlangung hybrider Wettbewerbsvorteile

Eine weitere Grundlage hybrider Wettbewerbsvorteile stellen nach *Fleck* **Economies of Scope** dar, die durch eine erhöhte Varietät des Leistungsspektrums unter Nutzung von Verbundvorteilen bei der Ressourceninanspruchnahme entstehen.[304] Im Dienstleistungsbereich können solche varietätsbezogenen Kostenvorteile insbesondere bei den Humanressourcen geltend gemacht werden, da die Leistungserstellung i.d.r. relativ personalintensiv erfolgt und aufgrund von Nachfrageschwankungen häufig Leerkapazitäten bei den Mitarbeitern entstehen. Eine Erweiterung des Leistungsspektrums, z.b. durch Cross-Selling-Aktivitäten,[305] würde sich v.a. dann vorteilhaft auf die Kostenstruktur auswirken, wenn bei den ergänzenden Leistungen komplementäre Nachfragezyklen gelten. Simultane Differenzierungsvorteile können sich dadurch ergeben, daß für die Nachfrager bei einem Kaufverbund Synergieeffekte z.b. durch ein verringertes Interaktionserfordernis entstehen. Hierbei ist wiederum ein marktorientiertes IM von Bedeutung, da der Austausch von Informationen zwischen Anbieter und Nachfrager meist einen großen Teil der Interaktionen ausmacht. Im IS des Unternehmens gespeichert, können diese dann für verschiedene Leistungen genutzt werden, wodurch wiederum zusätzliche Kostenvorteile für den Anbieter (Transaktionskostenersparnisse) entstehen.

Unter informationstechnologischen Aspekten sind schließlich auch Fragen der räumlichen Aggregation des Leistungspotentials für die Erzielung hybrider Wettbewerbsvorteile von Bedeutung. Eine **Zentralisierung** des Leistungspotentials, die jedoch nur bei medial erstellbaren Dienstleistungen problemlos zu verwirklichen ist, bietet v.a. Kostensenkungspotentiale, kann jedoch durch die Standortunabhängigkeit bei Mediennutzung auch für den Nachfrager Vorteile in Form größerer räumlich-zeitlicher Flexibilität bewirken. Umgekehrt sind hybride Vorteile aber auch durch **Dezentralisierung** der Potentialfaktoren möglich. Moderne IuK-Technologien ermöglichen eine arbeitsteilige Leistungserstellung, die, zumindest bei hochgradig immateriellen Dienstleistungen, auf eine räumliche, z.T. sogar institutionale Zusammengehörigkeit der Leistungspotentiale verzichten kann. Durch Telearbeit[306], Videokonferenzen und ähnliche Formen vernetzter, interaktiv-medialer Arbeit lassen sich flexiblere Leistungsverbünde realisieren bis hin zur Extremform virtueller Unternehmen.[307] Auf diese Weise können v.a. wertvolle Humanressourcen mit besonderem Wissen oder Fähigkeiten gezielter zur Leistungsdifferenzierung eingesetzt werden, aber auch Einsparungen bei Raumkosten und Reise- bzw. Anfahrtszeiten der Mitarbeiter bewirkt werden.

Zusammenfassend kann festgehalten werden, daß die charakteristischen Merkmale von Dienstleistungen eine komplementäre Wirkung von Kosten- und Differenzierungsvorteilen in vielfältiger Hinsicht begünstigen. Aufgrund der prinzipiellen Überlegenheit der simultanen

---

304 Siehe hierzu ausführlich Fleck (1995), S. 106 ff.
305 Vgl. hierzu Abschn. 3.2.2.2.
306 Vgl. Picot/Reichwald/Wigand (1996), S. 370 ff.
307 Siehe hierzu Szyperski/Klein (1993), S. 195 ff. und Picot/Reichwald/Wigand (1996), S. 391 ff. sowie auch Abschn. 6.1.2. und 6.1.3.2. dieser Arbeit.

Hybridstrategie gegenüber den generischen Wettbewerbsstrategien soll diese im weiteren Verlauf der Arbeit den vorrangigen strategischen Ankerpunkt für die Analyse des dienstleistungsspezifischen Informationsbedarfs (Kap. 4) sowie die darauf ausgerichtete Gestaltung eines marktorientierten IM (Kap. 5 und Kap. 6) darstellen.[308] Vorab soll jedoch noch auf eine weitere, bisher nicht berücksichtigte Profilierungsmöglichkeit im Wettbewerb eingegangen werden.

3.2.3 Zeitvorteile durch Informationsmanagement

Zeitvorteile stehen zwar in sachlichem Zusammenhang zu den vorab beschriebenen Wettbewerbsvorteilsarten, beinhalten aber darüber hinausgehende Ansatzpunkte für eine Profilierung und werden daher - auch wegen ihrer besonderen Bedeutung im Dienstleistungsbereich - separat betrachtet.

Zum einen können Zeitvorteile als **Pioniervorteile** eines Anbieters, bezogen auf den Branchenwettbewerb im Zeitablauf, auftreten. Ob ein Unternehmen als Pionier am Markt agieren kann, hängt nicht unwesentlich davon ab, inwiefern es über technologie- und/oder marktbezogene Informationsvorsprünge verfügt.[309] Ein marktorientiertes IM kann hier bezüglich der Nachfragerbedürfnisse und Konkurrentenaktivitäten sowie der allgemeinen Marktentwicklung und daraus resultierender Chancen und Risiken für das jeweilige Untermehmen einen Beitrag zur Früherkennung leisten.[310] Als besonderes Problem im Dienstleistungsbereich stellt sich dabei aber die meist hohe Imitationsgeschwindigkeit bei neuen Leistungskonzepten dar, so daß ein Pioniervorteil i.d.R. schwer über einen längeren Zeitraum zu verteidigen ist.[311] Informationstechnologische Entwicklungen, die die Markttransparenz erhöhen, können dieses Problem sogar noch verstärken.

Auf der anderen Seite können sich zeitbezogene Wettbewerbsvorteile aber auch direkt im Kontext der Leistungserstellung ergeben. Diese werden in der folgenden phasenbezogenen Betrachtung näher analysiert.

Ergebnisbezogene Zeitvorteile

Hinsichtlich des Leistungsergebnisses sind zeitbezogene Aspekte im wesentlichen in zweierlei Hinsicht für die Erzeugung von Kundennutzen und damit als Differenzierungspotential bedeutsam. Zum einen ist die Schnelligkeit, mit der das Leistungsergebnis erzeugt wird, für viele Nachtrager kaufentscheidungsrelevant. Zum anderen kann aber auch der Zeitpunkt der Leistungsinanspruchnahme bedeutsam sein.

---

308 Zur grundsätzlichen Bedeutung der Wettbewerbsstrategie für die Konzipierung des IM siehe Abb. 4.
309 Speziell zu technologischen Pioniervorteilen, aber auch -nachteilen vgl. Porter (1999), S. 243 ff. Im Zusammenhang mit solchen Zeitvorteilen bei Neuproduktentwicklungen wird auch von Economies of Speed gesprochen. Vgl. Fleck (1995), S. 170.
310 Vgl. Link/Hildebrand (1995), S. 49.
311 Vgl. Meffert (1994), S. 529. Wesentliche Bestimmungsfaktoren der Dauerhaftigkeit eines Technologievorsprungs zeigt Porter (1999), S. 245 ff. auf.

Eine **schnellere Leistungserstellung** bedeutet bei vielen, insbesondere ergebnisorientierten Dienstleistungen[312] wie z.B. Transport-, Kommunikations- oder Informationsleistungen einen Nutzenzuwachs. Da dies jedoch nicht grundsätzlich der Fall ist,[313] gilt es zur Erlangung von kundenbezogenen Zeitvorteilen den benötigten Zeitaufwand möglichst genau auf die leistungsspezifischen Kundenerwartungen abzustimmen.[314] Hierfür müssen zum einen die diesbezüglichen Nachfragerpräferenzen bekannt sein und zum anderen Potential und Prozesse entsprechend darauf ausgelegt werden. Für beide Zwecke kann ein marktorientiertes IM eingesetzt werden. Informationen über die Zeiterwartungen können z.B. direkt in Kundenkontaktsituationen gewonnen werden. Ergänzt durch Prognosedaten bezüglich des zeitlichen Anfalls der Nachfrage sowie gegebenenfalls durch konkurrenzbezogene Vergleichsdaten ermöglichen sie eine kundenorientierte Potential- und Prozeßplanung.

Daß ergebnisbezogene Zeitvorteile stets im Kontext der ihnen zugrundeliegenden Prozesse und/oder Potentiale zu sehen sind bzw. für deren Gestaltung normativen Charakter haben, wird auch bei der zweiten oben angesprochenen Differenzierungsoption deutlich. Hinsichtlich des **Zeitpunktes der Leistungsinanspruchnahme** kann ein Nutzenzuwachs v.a. durch Ausdehnung und Flexibilisierung der Leistungserstellungszeiten bewirkt werden, was eine entsprechende Potentialbereitstellung voraussetzt. Hier spielen IT-basierte Konzepte wie z.B. Homebanking- oder Homeshopping-Systeme, Bankautomaten oder Telefonhotlines für Beratungs- und Problemdiagnoseleistungen eine gravierende Rolle.[315]

Prozeßbezogene Zeitvorteile

Innerhalb der Prozeßdimension ergeben sich die ausgeprägtesten Möglichkeiten, Zeitvorteile zu erzielen.[316] Sie beziehen sich jedoch nicht in jedem Fall auf eine Minimierung der eigentlichen Leistungserstellungszeit, sondern vor allem auf die sogenannten **Nicht-Transaktionszeiten**. Hierzu zählen Transfer-, Abwicklungs- und Wartezeiten, die für den Kunden nicht selten mehr Zeit als die eigentliche Leistungserstellung in Anspruch nehmen.[317] Sie zu reduzieren, stellt - unabhängig von der Art der Dienstleistung - stets einen Ansatzpunkt für zeitbe-

---

312 Zur Unterscheidung ergebnis- und prozeßorientierter Dienstleistungen siehe Meffert/ Bruhn (1997), S. 28 f. sowie Mengen (1993), S. 36.

313 So ist bei prozeßorientierten Dienstleistungen wie Konzertveranstaltungen oder Pflege- und Betreuungsleistungen der erzielbare Nutzen direkt an den Ablauf der Leistungserstellung gekoppelt und eine gewisse Zeitdauer meist explizit gewünscht. Siehe hierzu Corsten (1997), S. 359 f. sowie auch die Ergebnisse einer empirischen Untersuchung von Hill/Garner/Hanna (1989), S. 63 f.

314 Vgl. Meffert (1994), S. 529. *Stauss* unterscheidet in dem Zusammenhang zwischen Zeitspar- und Zeitvertreibangeboten. Vgl. Stauss (1991), S. 81.

315 Eine 24-Stunden- oder auch 7-Tage-Bereitschaft ist - zumindest in Deutschland - aufgrund der gesetzlichen Ladenschlußregelungen bei vielen Dienstleistungen nur auf Basis automatisierter (medialer) Leistungserstellung erzielbar.

316 Durch das Integrationserfordernis eines externen Faktors sind im Dienstleistungsbereich Zeitpunkt und -dauer der Leistungserstellung für den Kunden meist von relativ großer Bedeutung, denn es entstehen für ihn Opportunitätskosten der Zeit, in der er entweder selbst oder ein in seinem Eigentum befindliches Objekt dem Dienstleister zur Verfügung stehen muß. Vgl. Venkatesan/Anderson (1985), S. 53; Stauss (1991), S. 87 und Corsten/Stuhlmann (1996), S. 8 f.

317 Vgl. Stauss (1991), S. 82.

zogene Profilierungsmaßnahmen dar, denn der Zeitaufwand hierfür wird von den Kunden fast nie als nutzbringend angesehen.[318] Dem IM kommt in diesem Zusammenhang sowohl bei der Analyse als auch bei der Gestaltung und Steuerung der Prozesse Bedeutung zu.[319] So lassen sich Wartezeiten durch realistische, auf Zeitanalysen basierende Terminvergabe reduzieren[320] und Abwicklungszeiten durch gespeicherte, leistungsrelevante Kundeninformationen. Darüber hinaus kann ein IT-Einsatz, der eine mediale Leistungserstellung ermöglicht, Transferzeiten völlig ausschalten. Sofern nur Teilaktivitäten IT-basiert durchgeführt werden (z.B. durch Buchungs-, Reservierungs- oder Check-in-Systeme) ergibt sich für den Kunden zumindest die Möglichkeit einer zeitlichen Flexibilisierung dieser Prozesse gemäß seiner Zeitpräferenzen.

Bisher wurden bei der Analyse potentieller Zeitvorteile ausschließlich solche Aspekte thematisiert, die für den Kunden einen Nutzenzuwachs bewirken, also Differenzierungspotentiale gegenüber den Konkurrenten aufweisen. Zeitersparnisse in den Prozeßverläufen können sich jedoch auch unmittelbar auf Unternehmensseite vorteilhaft auswirken, nämlich in Form von **Kostensenkungen**. Wenn durch eine effizientere Prozeßgestaltung und -koordination die Leistungserstellung beschleunigt werden kann, führt dies zu einer Kostensenkung je Outputeinheit, da ein größerer mengenmäßiger Output bei gleichem Potentialeinsatz produziert werden kann oder aber - zumindest mittelfristig - die Fixkosten durch Kapazitätsabbau reduziert werden können.[321] Dies zeigt, daß bei der Dienstleistungserstellung auch in zeitlicher Hinsicht Ansatzpunkte für die Erzielung hybrider Wettbewerbsvorteile bestehen (vgl. hierzu Abb. 16). Ob die Gestaltung und Koordination der Leistungserstellungsaktivitäten zeitbezogen effizient erfolgt, läßt sich durch Prozeßanalysen ermitteln,[322] die insbesondere in Verbindung mit entsprechend differenzierten Daten zur Kostenverursachung die Prozeßplanung und -kontrolle im Hinblick auf eine Identifikation von Kostensenkungspotentialen unterstützen. Zur Realisierung solcher prozeßbezogenen Zeit- und damit Kostenvorteile werden mitunter umfassende Reengineering-Maßnahmen erforderlich, die Unterstützung in verkürzten Kommunikationswegen und vernetzten Informationsstrukturen finden können.[323] Jedoch sind solche zeitbezo-

---

318 Vgl. Taylor (1995), S. 38, der auch auf verschiedene amerikanische Untersuchungen zu diesem Aspekt hinweist. Siehe auch Corsten (1997), S. 361.

319 Um kundenwertsteigernde Maßnahmen ergreifen zu können, sollte sich die Informationsgewinnung dabei nicht nur auf den real aufgebrachten Zeitaufwand beziehen, sondern insbesondere auch auf den vom Kunden wahrgenommenen, der z.T. erheblich von dem objektiv meßbaren abweicht. Vgl. Haynes (1990), S. 21

320 Vgl. Corsten (1997), S. 361.

321 In der Literatur wird jedoch auch auf einen, zumindest in der industriellen Fertigung, festgestellten Tradeoff zwischen Geschwindigkeit und Produktivität hingewiesen, wonach Zeitvorteile dann eher mit Kostennachteilen einhergehen. Vgl. Wildemann (1992a), S. 53. Allerdings wird diesbezüglich auch auf die positiven Wirkungen moderner Produktions- und Informationstechnologien eingegangen. Siehe hierzu Fleck (1995), S. 51.

322 Vgl. Corsten (1997), S. 158 und S. 162.

323 Vgl. Büttgen/Ludwig (1997), S. 54. Solche auf die Gewinnung von Zeitvorteilen gerichteten Maßnahmen werden unter den Begriff des „Speed-Prozeß-Management" im Rahmen des Mass-Customization-Ansatzes subsumiert. Allgemein zu Economies of Speed siehe auch Fleck (1995), S. 170 ff.

genen Kostensenkungen nur dann erfolgswirksam, wenn sie den Kundenerwartungen bezüglich der Prozeßdauer nicht entgegenstehen. Außerdem ist, gerade bei Dienstleistungen mit hohem **Interaktions-** und **Individualisierungsgrad**, die Dauer der Leistungserstellung meist nur bedingt durch den Anbieter antizipier- und beeinflußbar.[324]

Potentialbezogene Zeitvorteile

Aus den bisherigen Ausführungen wurde bereits deutlich, daß eine Erlangung von Zeitvorteilen nahezu immer Konsequenzen für Art und Ausmaß der Potentialbereitstellung des Dienstleistungsanbieters hat. Erweiterte Leistungserstellungszeiten z.b. erfordern i.d.R. eine Ausdehnung oder Automatisierung des Potentialangebots. Um Wartezeiten oder sonstige Nicht-Transaktionszeiten für den Kunden zu reduzieren, bedarf es ebenfalls eines erhöhten oder zumindest flexibleren personellen bzw. maschinellen Potentialeinsatzes.[325] Somit sind potentialbezogene Zeitvorteile überwiegend mittelbarer Natur. Sie entfalten ihre wettbewerbsrelevante Wirkung erst über die resultierenden Dienstleistungsprozesse und -ergebnisse, die für den Kunden einen Zusatznutzen erzeugen. Abb. 15 zeigt die Zusammenhänge zwischen ergebnis- und prozeßbezogenen Zeitvorteilen und den dazu beitragenden potentialbezogenen Maßnahmen im einzelnen nochmals auf.

Die Hauptaufgabe eines marktorientierten IM besteht hier darin, den Trade-off zwischen kundenbezogenen Zeitvorteilen und unternehmensseitigen Potentialkosten so weit wie möglich aufzulösen, so daß zeitliche Differenzierungsvorteile nicht oder zumindest in geringerem Maße mit zusätzlichen Kosten für den Dienstleistungsanbieter verbunden sind. Hierfür sind differenzierte Informationen über den quantitativen und qualitativen[326] Nachfrageanfall im Zeitablauf, aber auch flexibel einsetzbare Leistungspotentiale, erforderlich.

---

324 Vgl. Corsten/Stuhlmann (1996), S. 23.
325 Vgl. Corsten (1997), S. 361.
326 Mit qualitativem Nachfrageanfall ist die gewünschte oder erforderliche Ausprägung der Dienstleistung, z.B. hinsichtlich des Individualisierungs- und Interaktionsgrades, gemeint.

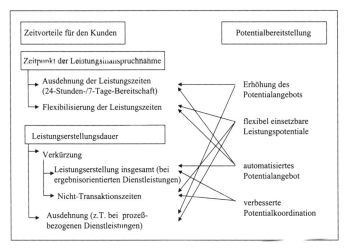

Abbildung 15: Potentialbezogene Maßnahmen zur Erlangung von Zeitvorteilen

Abb. 16 gibt einen zusammenfassenden Überblick über die Zusammenhänge zwischen möglichen Zeit-, Kosten- und Differenzierungsvorteilen im Dienstleistungsbereich.

Die ausgeprägte Bedeutung marktorientierter Informationen in Verbindung mit moderner Informationstechnologie wurde in den vorangegangenen Abschnitten theoretisch begründet und auf die Erzielung von Wettbewerbsvorteilen hin konkretisiert. Für den Aufbau eines dienstleistungsspezifischen leistungsfähigen IS muß aber zunächst der Informationsbedarf des Unternehmens spezifiziert werden. Dieser Aufgabe ist das folgende vierte Kapitel gewidmet.

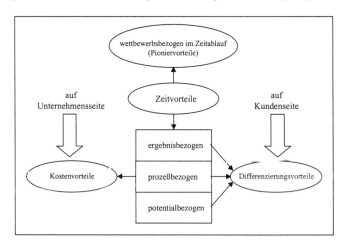

Abbildung 16: Zeitvorteile im Dienstleistungswettbewerb und deren Zusammenhang zur Erzielung von Kosten- und Differenzierungsvorteilen

4 Informationsbedarf und -probleme bei der Planung, Steuerung und Kontrolle von Dienstleistungsunternehmen

4.1 Bestimmungsfaktoren des Informationsbedarfs

Der Informationsbedarf eines Unternehmens ist durch die Art, Menge und Güte der für die Erfüllung betrieblicher Aufgaben erforderlichen Informationen gekennzeichnet.[327] Er wird jedoch nicht nur durch die Aufgaben selbst, sondern auch durch bestimmte Subjekt-, Kontext- und Zeitfaktoren beeinflußt.[328] Auf den hier vorliegenden Untersuchungskontext konkretisiert bedeutet dies, daß

- für die Planung, Steuerung und Kontrolle der Dienstleistungspotentiale, -prozesse und -ergebnisse (**Aufgabenbezug**)
- unter Berücksichtigung der mit diesen Aufgaben betrauten Personen (**Subjektbezug**)
- vor dem Hintergrund des jeweiligen Interaktions- und Individualisierungsgrades der Dienstleistung sowie der verfolgten Wettbewerbsstrategie[329] (**Kontextbezug**)
- nach Möglichkeit vorausschauend, u.U. aber auch aufgabenbegleitend, unter Beachtung gegebener Zeitrestriktionen (**Zeitbezug**)

die benötigte Informationsgrundlage zu bestimmen ist.

Die Berücksichtigung dieser Einflußfaktoren wirft für die Informationsbedarfsbestimmung eines Dienstleistungsunternehmens erhebliche Probleme auf, was v.a. auf die dort vorliegenden Besonderheiten der Leistungserstellung zurückzuführen ist. Insbesondere die **Kontextfaktoren** Interaktions- und Individualisierungsgrad sind hierbei von Bedeutung, da sie die Unsicherheit (Vorabbestimmbarkeit) und Komplexität (Ausmaß und Spezifität) der erforderlichen Informationen wesentlich beeinflussen[330] und damit nicht nur Bestimmungsfaktoren für den Informationsbedarf selbst, sondern auch für die übrigen Einflußgrößen darstellen. So werden z.b. die **Aufgaben** der Planung, Steuerung und Kontrolle, aus denen der objektive Informationsbedarf abzuleiten ist,[331] in ihrer Autonomie durch die Interaktion mit dem externen Faktor und in ihrer Vielfalt durch die Individualität der Leistungserstellung determiniert. Auch die Bestimmung der **Informationssubjekte**, die den Informationsbedarf durch ihre individuellen Bedürfnisse, ihre Risikoneigung, ihr problemspezifisches Vorwissen, ihr Infor-

---

327 Vgl. Abschn. 2.1.2.
328 Siehe hierzu Rüttler (1991), S. 40 f.
329 Zum Einfluß der Wettbewerbsstrategie sowie der Branchenzugehörigkeit (und damit auch der dienstleistungsspezifizierenden Merkmale) auf den Informationsbedarf siehe auch die grundlegende Abb. 4.
330 Siehe hierzu Abschn. 2.2.2.
331 Zur Abgrenzung zwischen objektivem und subjektivem Informationsbedarf siehe Abschn. 2.1.2. Aufgabenbezogene Merkmale, die für die Bestimmung des objektiven Informationsbedarfs von Bedeutung sind, sind z.B. Komplexität, Strukturiertheit, Häufigkeit, Bedeutung etc. Vgl. hierzu Müller (1992), S. 48; Standop (1995), Sp. 964 und Spiegel (1991), S. 4 f.

mations- und Problemlösungsverhalten prägen,[332] erfolgt in Abhängigkeit der Dienstleistungsspezifika, denn bei interaktiver und/oder individueller Leistungserstellung obliegen zumindest Steuerungs- und Kontrollaufgaben hinsichtlich der Leistungsergebnisse und -prozesse auch den zahlreichen unmittelbar im Kundenkontakt tätigen Mitarbeitern und nicht nur dem Managementpersonal. Die Vielzahl der Informationsbedarfsträger wie auch die Varietät der von ihnen zu erfüllenden Aufgaben erschwert dabei die Informationsbedarfsbestimmung. Hinzu kommt, daß eine apriorische Ermittlung kaum möglich ist, wenn der genaue Prozeßverlauf und das Ergebnis sich erst im Verlauf der Leistungserstellung konkretisieren, so daß auch zeitliche Aspekte des Informationsbedarfs unter dem Einfluß von Interaktions- und Individualisierungsgrad der Dienstleistung stehen. **Zeitfaktoren**, die darüber hinaus Relevanz für Art und Ausmaß des Informationsbedarfs haben, sind die Dringlichkeit[333] und Häufigkeit,[334] mit der die zugrundeliegenden Aufgaben erledigt werden müssen.

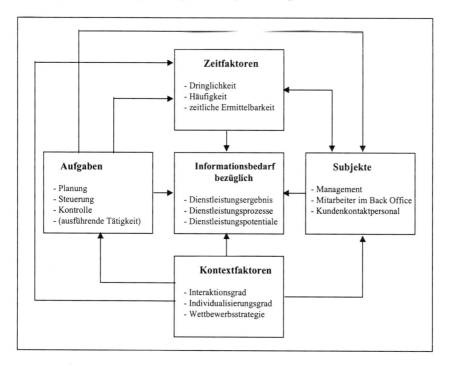

Abbildung 17: Beziehungsgeflecht im Kontext der Informationsbedarfsbestimmung

---

332 Vgl. Koreimann (1976), S. 71 ff.; Müller (1992), S. 47; Berthel (1992), Sp. 879; Beiersdorf (1995), S. 188; Niemeyer (1977), S. 80 f. und S. 138 ff. und Spiegel (1991), S. 4 f.
333 Vgl. Beiersdorf (1995), S. 189.
334 Vgl. Standop (1995), Sp. 964 und Müller (1992), S. 40.

Die Vielfalt und Vernetztheit der Einflußfaktoren machen eine allgemeingültige, antizipative Informationsbedarfsbestimmung für die verschiedenen Aufgabenbereiche einer Dienstleistungsunternehmung unmöglich. Auf der anderen Seite müssen bei einer einzelfallspezifischen Ermittlung jedoch stets Wirtschaftlichkeitsaspekte und Zeitrestriktionen berücksichtigt werden, die den Analyseaufwand begrenzen können. Anstatt einen Bestimmungsversuch der „optimalen" Informationsstruktur für spezifische Aufgaben vorzunehmen, der ohnehin einer empirischen Grundlage bedürfen würde,[335] soll die folgende Untersuchung sich in erster Linie auf die Identifikation relevanter Informationsbedarfskomponenten, auf potentielle Probleme der Bedarfsermittlung und Ansätze zu deren Überwindung beziehen. Den Ausgangspunkt stellen dabei die **Dienstleistungsphasen** als grundsätzliche Informationsbedarfsbereiche dar, die hinsichtlich der auf sie gerichteten **Aufgaben** (Planung, Steuerung und Kontrolle), differenziert nach den Kontextfaktoren **Interaktions- und Individualisierungsgrad** analysiert werden. **Subjektfaktoren** können dabei nur insofern berücksichtigt werden, als daß Mitarbeiter zu Bedarfsträgertypen zusammengefaßt werden, die aus ihrer Position im Unternehmen heraus einen vergleichbaren Informationsbedarf aufweisen.[336] Bezüglich **zeitlicher Aspekte** wird schwerpunktmäßig auf die Vorabbestimmbarkeit erforderlicher Informationen bei den verschiedenen Aufgabenstellungen eingegangen.[337]

4.2 Informationsbedarf im Rahmen der Ergebnisphase

Als Bestimmungsfaktor für die Prozeß- und Potentialgestaltung stellt das aus Kundensicht gewünschte Ergebnis den Ausgangspunkt der Informationsbedarfsanalyse dar. Es muß den **Kundenerwartungen**, die sich aus den Bedürfnissen, Vergangenheitserfahrungen, dem Image des Unternehmens und den von ihm kommunizierten Nutzenversprechen, durch Kommunikation mit Dritten (Mund-zu-Mund-Kommunikation) sowie Vergleiche mit Konkurrenzangeboten ergeben,[338] möglichst umfassend gerecht werden, um Zufriedenheit zu erzeugen und am Markt erfolgreich zu sein.[339] Die dafür erforderliche Informationsgrundlage bezieht sich jedoch nicht nur auf die Kundenerwartungen selbst, sondern, aufgrund der vorab geschilderten Besonderheiten der Leistungserstellung, darüber hinaus auf vielfältige weitere kundenbezogene, aber auch unternehmensinterne und konkurrenzbezogene Sachverhalte. Bevor die wesentlichen Informationsbedarfskomponenten im Kontext der Ergebnisplanung, -steuerung und -kontrolle aufgezeigt werden, soll zunächst der Einfluß dienstleistungsspezifischer As-

---

335 Vgl. Koreimann (1976), S. 6.
336 Siehe hierzu Koreimann (1976), S. 78 ff.
337 Die zeitliche Bestimmbarkeit des Informationsbedarfs läßt sich grundsätzlich unterscheiden in apriorische, prozessuale und aposteriorische Bestimmung. Siehe hierzu Szyperski (1980), Sp. 907 f.; Picot/Franck (1992), Sp. 893 und Wetzel (1997), S. 47. Vgl. auch Abschn. 2.1.2.
338 Vgl. Webster (1991), S. 8 f.; Berry/Parasuraman (1992), S. 76 ff.; Zeithaml/Bitner (1996), S. 91; Meffert/Bruhn (1997), S. 20; Corsten (1997), S. 299; Grönroos (1990), S. 41 und Zeithaml/Parasuraman/Berry (1992), S. 37.
339 Vgl. Meyer/Dullinger (1998a), S. 717 ff. und Berkley/Gupta (1995), S. 20 f.

pekte auf Art, Ausmaß und Bestimmbarkeit des Informationsbedarfs genauer untersucht werden.

4.2.1 Dienstleistungsspezifische Determinanten und Problemaspekte des ergebnisbezogenen Informationsbedarfs

4.2.1.1 Unvollkommene Beeinflußbarkeit des Leistungsergebnisses aufgrund von Interaktivität

Das angestrebte Dienstleistungsergebnis entsteht aus der Endkombination von internen Produktionsfaktoren mit dem externen Faktor und stellt sich als Veränderungsleistung an diesem dar.[340] Seine Planung und Umsetzung unterliegt daher in quantitativer wie auch qualitativer Hinsicht nicht allein dem Einfluß des Anbieters,[341] sondern muß unter Berücksichtigung des mengenmäßigen und zeitlichen Anfalls der Nachfrage (quantitative Bestimmungsfaktoren) sowie des Integrationsausmaßes und der -qualität des externen Faktors (qualitative Bestimmungsfaktoren) erfolgen.[342]

Diese Planungsunsicherheit hat, wie bereits in Abschn. 4.1 angemerkt, für die Informationsbedarfsermittlung in mehrfacher Hinsicht Konsequenzen. Sie betrifft die Art und Ungewißheit der erforderlichen Informationen ebenso wie die relevanten Informationsbedarfsträger; die Art, den Zeitpunkt und die Dringlichkeit der Bedarfsermittlung. Je ausgeprägter der Interaktionsgrad und damit die Einflußmöglichkeiten des Kunden auf das Leistungsergebnis sind, desto stärker ist das Einbeziehungserfordernis von Informationen über das Integrationsverhalten des Kunden bzw. des externen Faktors zur Gewährleistung des gewünschten Leistungsergebnisses.

Anstelle einer vorausschauenden Bestimmung der benötigten Informationen durch die Führungskräfte gewinnt dann eine leistungserstellungsbegleitende Selbstermittlung durch die Mitarbeiter im Kundenkontakt zunehmend an Bedeutung. So sind z.B. die Leistungsergebnisse einer Fahrschule oder einer Rehabilitationsklinik in quantitativer wie qualitativer Hinsicht stark von der Integrationsqualität des Nachfragers abhängig. Welche Kundenmerkmale dabei besonders zu berücksichtigen sind, ist vorab oft nicht bestimmbar. Da die mit dem Interaktionsgrad zusammenhängenden Informationsbedarfe vorrangig bei der Leistungserstellung selbst zum Tragen kommen, wird auf diesen Aspekt im Kontext der Prozeßdimension noch näher eingegangen.

---

340 Zur Unterscheidung von Vor- und Endkombination im Dienstleistungsbereich siehe Corsten (1997), S. 136 ff. und Maleri (1994), S. 207 f.
341 Vgl. Meyer/Mattmüller (1987), S. 189.
342 Vgl. Corsten (1988a), S. 104 und S. 117.

4.2.1.2 Informationskomplexität und -spezifität durch Individualisierung

Während der Interaktionsgrad in erster Linie die Vorherbestimmbarkeit des Leistungsergeb-nisses betrifft, kommt der Individualisierungsgrad in dessen Abgestimmtheit auf die Kunden-bedürfnisse zum Ausdruck.[343] Für die Informationsbedarfsbestimmung ist er insofern von Relevanz, als daß durch ihn v.a. Ausmaß und Spezifität der benötigten Informationen be-stimmt werden. Da die Leistungsergebnisse bei ausgeprägtem Individualisierungsgrad von Kunde zu Kunde, gegebenenfalls sogar innerhalb einer Kundenbeziehung variieren, ist der diesbezügliche Informationsbedarf kaum standardisierbar. Es ist eine differenzierte Kenntnis der spezifischen Kundenwünsche erforderlich, an denen dann auch der Potentialeinsatz und die Prozeßgestaltung auszurichten sind.[344]

Eine aggregierte Ergebnisplanung ist aufgrund dieser Spezifität entweder nur in sehr grundle-gender Weise möglich (z.B. hinsichtlich des prinzipiellen Leistungsspektrums sowie allge-meiner Qualitätsvorgaben) oder stellt sich als äußerst komplexes Problem dar, dessen Infor-mationsgrundlage nicht nur sehr umfangreich ist, sondern, ähnlich wie im Falle des Interakti-onsgrades, auch nur bedingt a priori ermittelt werden kann. Auch hier ist daher die prozes-suale Selbstermittlung des Informationsbedarfs durch das Kundenkontaktpersonal eine geeig-nete Form der Bedarfsbestimmung,[345] die jedoch vorrangig für die operative einzelfallbezo-gene Ergebnissteuerung und v.a. in Bezug auf aktuelle Kunden geeignet ist.

Diesbezüglich sei noch auf eine weitere zeitbezogene Konsequenz des Individualisierungs-grades hingewiesen: die fehlende Regelmäßigkeit gleichartiger Entscheidungssituationen, die eine erfahrungsbedingte Reduktion des Informationsbedarfs weitgehend verhindert. Während sich bei repetitiven Aufgaben der Informationsbedarf im Laufe der Zeit üblicherweise verrin-gert, ist dies bei ausgeprägter Variation der Problemstellungen kaum möglich.[346] Jedoch kön-nen zumindest bei langfristigen Kundenbeziehungen die im Rahmen der Interaktionen ge-wonnenen Erkenntnisse über die Kunden, deren Erwartungen, Bedürfnisse sowie evtl. Umset-zungsprobleme eine stärkere Routinisierung bewirken und den Informationsbedarf auf jeweils leistungsspezifische Aspekte beschränken.

Der Individualisierungsgrad hat aber nicht nur Konsequenzen für den kundenbezogenen In-formationsbedarf, sondern betrifft auch die relevanten Konkurrenzinformationen. Da mit zu-nehmender Individualität der Leistungsergebnisse deren Vergleichbarkeit sinkt, lassen sich kaum objektive konkurrenzbezogene Maßstäbe bestimmen, anhand derer die eigene Ergeb-nisqualität und -quantität verglichen werden kann.

---

343 Vgl. Meffert/Bruhn (1997), S. 32.
344 Vgl. Hoch (1996), S. 48.
345 Auch *Zeithaml/Bitner* weisen auf die Bedeutung des Kundenkontaktpersonals für die Ermittlung von Kun-denerwartungen und der dabei relevanten Dimensionen hin. Vgl. Zeithaml/Bitner (1996), S. 39
346 Vgl. Müller (1992), S. 48.

4.2.1.3 Erfassungsprobleme der Ergebnisqualität und Ansatzpunkte zur Informations-bedarfskonkretisierung

Die Ergebnisqualität, bzw. allgemeiner formuliert die Dienstleistungsqualität, und insbesondere deren Wahrnehmung durch die Nachfrager stellt eine zentrale Dimension des marktorientierten Informationsbedarfs dar.[347] Sie ist definiert als „die Fähigkeit eines Anbieters, die Beschaffenheit einer primär intangiblen und der Kundenbeteiligung bedürfenden Leistung gemäß den Kundenerwartungen auf einem bestimmten Anforderungsniveau zu erstellen...".[348] Demnach bezieht sich der Informationsbedarf eines Dienstleisters einerseits auf die qualitätsbezogenen Erwartungen der Kunden und andererseits darauf, inwieweit diese Erwartungen durch sein eigenes Leistungsangebot erfüllt werden.

Zur **Konkretisierung** dieses Informationsbedarfs ist zunächst eine Operationalisierung der Dienstleistungsqualität erforderlich, die sich jedoch aus folgenden Gründen als problematisch erweist:

- Dienstleistungen weisen aufgrund des meist hohen Anteils immaterieller Leistungsbestandteile sowie aus der Tatsache heraus, daß sie lediglich als Leistungsversprechen angeboten werden, überwiegend Erfahrungs- und Vertrauenseigenschaften auf, die nur selten an objektiven Qualitätsmerkmalen festzumachen sind.[349]
- Dienstleistungen sind in ihrer Qualitätswirkung sehr vielschichtig und damit schwer faßbar. Das Leistungsergebnis an sich setzt sich i.d.R. schon aus mehreren Teilleistungen zusammen, die auf die Qualitätswahrnehmung des Kunden Einfluß nehmen.[350] Darüber hinaus bezieht sich eine Qualitätsbeurteilung auch auf die ihm zugrundeliegenden Prozesse und Potentiale.[351]
- Aufgrund des meist hohen Anteils menschlicher Arbeitsleistung (zumindest bei persönlich erbrachten Dienstleistungen) ist die Ergebnisqualität relativ instabil,[352] so daß keine einheitliche Beurteilungsgrundlage vorliegt. Verschärft wird dieses Problem noch bei individualisierten Dienstleistungen, die, wie im vorangegangenen Abschnitt bereits angeführt, ohnehin wenig Vergleichsmöglichkeiten bieten. Allgemeingültige und zugleich konkrete Beurteilungsdimensionen lassen sich somit kaum identifizieren.

Trotz oder gerade wegen dieser Operationalisierungsprobleme zählt die Analyse der Dienstleistungsqualität zu den Hauptbetätigungsfeldern der wissenschaftlichen und praktischen For-

---

347 Die Bedeutung der Dienstleistungsqualität ist zwar in Abhängigkeit der verfolgten Wettbewerbsstrategie zu sehen, da jedoch in Abschn. 3.2.2.3 die prinzipielle Überlegenheit des hybriden Strategietyps herausgestellt wurde, wird der Betrachtungsfokus im weiteren Verlauf schwerpunktmäßig auf diesen Typ ausgerichtet sein. Qualitätsaspekte sind somit von erheblicher Bedeutung.
348 Bruhn (1997), S. 27.
349 Vgl. Corsten (1997), S. 294 f.; Woratschek (1996), S. 64 und Parasuraman/Zeithaml/Berry (1985), S. 42.
350 Vgl. Scharitzer (1995), S. 175 ff.
351 Vgl. Donabedian (1980), S. 81 ff.; Meyer/Mattmüller (1987), S. 191 ff. sowie Parasuraman/Zeithaml/Berry (1985), S. 42 f.
352 Vgl. Meyer/Mattmüller (1987), S. 189.

schung im Dienstleistungsbereich. Eine Vielzahl unterschiedlicher Modellierungs-[353] und Meßansätze sind in diesem Bereich entstanden, wobei sich letztere

- nach ihrer Ausrichtung (unternehmens-, mitarbeiter- oder kundenbezogen),
- nach der Differenziertheit der Beurteilung (globale versus differenzierte Qualitätsurteile),
- nach der Objektivität der erfaßten Bewertung (objektive versus subjektive Qualitätsbeurteilung) und
- nach den zugrundegelegten Beurteilungsdimensionen (ereignis- oder merkmalsorientierte Verfahren)

unterscheiden lassen.[354]

Zwar dienen diese Meßansätze vorrangig der Informationsbedarfsdeckung hinsichtlich der Dienstleistungsqualität (insbesondere bezüglich der Kundenerwartungen und –wahrnehmung);[355] doch können sie auch bereits zur Bestimmung bzw. Konkretisierung des Informationsbedarfs für die Dienstleistungsplanung, -steuerung und -kontrolle einen Beitrag leisten. Dieser besteht in der Identifikation der aus Kundensicht wesentlichen Merkmale bzw. Ereignisse einer Dienstleistung (Qualitätsoperationalisierung), welche dann den eigentlichen Qualitätsmessungen (zur Deckung des spezifizierten Informationsbedarfs) zugrundegelegt werden können.[356] Zudem können sie auch Bezugsgrößen weiterführender intern gerichteter Informationsgewinnungen (z.B. bezüglich der Ursachen eventueller Qualitätsdefizite) sein. Bedingung für eine marktorientierte Dienstleistungsplanung und -steuerung ist, daß die relevanten Qualitätsdimensionen unter Einbeziehung der Kunden bestimmt werden,[357] so daß hier von einer partizipativen Bedarfsermittlung gesprochen werden kann, „d.h. der Planungsträger versucht mit externer Unterstützung den Informationsbedarf zu ermitteln."[358]

Bei den **ereignisorientierten Verfahren** ist dies überwiegend durch die Messung selbst gegeben, da sie i.d.R. in Form einer offenen Befragung erfolgt, bei der die Kunden den Ablauf oder besonders kritische Ereignisse aus ihrer eigenen Sicht beschreiben und somit ohne Vor-

---

353 Siehe hierzu z.B. Donabedian (1980), S. 81 ff., der als erster eine Dreiteilung der Dienstleistungsqualität in die Bestandteile „structure", „process" und „outcome" vornahm; Grönroos (1982), S. 60 ff. und (1990), S. 37 ff., der „a technical or outcome dimension and a functional or process-related dimension" (Hervorhebung im Original) unterscheidet, Meyer/Mattmüller (1987), S. 191 ff., die die vorab genannten Modelle integriert und weiterentwickelt haben sowie insbesondere Parasuraman/Zeithaml/Berry (1985), S. 44 ff., deren GAP-Modell in Abschn. 4.5 noch vertiefter behandelt wird. Dynamische Qualitätsmodelle wurden u.a. von Boulding/ Kalra/Staelin et al. (1993), S. 7 ff. und Liljander/Strandvik (1995), S. 141 ff. entwickelt.
354 Zu einem Überblick dienstleistungsspezifischer Qualitätsmeßverfahren siehe Meffert/ Bruhn (1997), S. 205 ff.; Corsten (1997), S. 309 ff.; Zollner (1995), S. 98 ff.; Bruhn (1997), S. 60 ff.; Bruhn/Hennig (1993a), S. 217 ff. und Stauss/Hentschel (1993), S. 116 f.
355 Dementsprechend werden sie in Kap. 5 einer ausführlichen Analyse unterzogen.
356 Insofern handelt es sich hier quasi um einen zweistufigen Informationsbedarf, wobei die Deckung des grundlegenden Informationsbedarfs (Bestimmung relevanter Qualitätsmerkmale) zur Spezifizierung des eigentlichen Informationsbedarfs (über die Kundenerwartungen und -beurteilung der Dienstleistung bezüglich dieser Qualitätsmerkmale) führt.
357 Vgl. zur grundsätzlichen Erfassung qualitäts- bzw. zufriedenheitsrelevanter Leistungsdimensionen beim Kunden und deren Systematisierung Rust/Zahorik/Keiningham (1998), S. 873 ff.
358 Beiersdorf (1995), S. 71.

gaben diejenigen Aspekte der Leistungserstellung herausstellen, die in ihrer Wahrnehmung bedeutsam sind.[359] Bei den **merkmalsorientierten Verfahren**[360] hingegen sind es nicht die eigentlichen Meßergebnisse, die der Informationsbedarfskonkretisierung dienen, da sie sich auf vorgegebene Merkmale beziehen, bezüglich derer der Kunde eine Bewertung vornimmt. Statt dessen liefern hier bereits die erforderlichen Voruntersuchungen, in die idealtypisch auch (potentielle) Kunden einbezogen werden (z.B. in Form von qualitativen Interviews oder Gruppendiskussionen), wesentliche Erkenntnisse.

4.2.1.4 Vielfalt von Informationsbedarfsträgern

Zwar ist in gewisser Weise jeder Mitarbeiter eines Unternehmens Informationsbedarfsträger, da keine wertschöpfende Tätigkeit gänzlich ohne Informationsbereitstellung auszuführen ist, jedoch beschränken sich die hier vorrangig betrachteten Aufgaben der Planung, Steuerung und Kontrolle üblicherweise auf einen begrenzten Mitarbeiterkreis. Dies gilt im Dienstleistungsbereich allerdings nur für die Planungsaufgaben. Die Steuerung und Kontrolle der Leistungsergebnisse obliegen in Dienstleistungsunternehmen jedoch in erheblichem Maße den Mitarbeitern im direkten Kundenkontakt, sofern die Leistungserstellung nicht vollständig automatisiert erfolgt. Bedingt durch die Interaktiviät sowie z.T. auch durch die Individualität der Leistungsprozesse ergeben sich hierbei vielfältige Entscheidungssituationen, die einen sowohl intern als auch extern gerichteten Informationsbedarf entstehen lassen. Einerseits erschwert die Aufgabenvielfalt dabei eine Ermittlung allgemeingültiger objektiver Informationsbedarfe, andererseits gestaltet sich durch die große Zahl an Informationsbedarfsträgern eine individuelle subjektbezogene Bedarfsbestimmung als sehr aufwendig.

Als Lösungsansatz bietet sich eine **Typologisierung von Bedarfsträgern** an, bei der Mitarbeiter mit vergleichbaren Informationsbedürfnissen zu Gruppen zusammengefaßt werden.[361] Durch das Aufdecken von Gemeinsamkeiten im Informationsbedarf wird versucht, ein generelles Informationsangebot für bestimmte „Benutzertypen" zu definieren.[362] Für den Dienstleistungsbereich ließen sich zunächst anhand der jeweiligen Positionen im Unternehmen drei

---

359 Gemäß der obigen Systematik handelt es sich hierbei (wie auch bei den merkmalsorientierten Verfahren) um kundenbezogene, differenzierte, subjektive Verfahren. Vgl. zu den ereignisorientierten Ansätzen im einzelnen die Sequentielle Ereignismethode bei Stauss/Weinlich (1996), S. 50 ff. und Stauss/Hentschel (1990), S. 244 ff.; die Critical Incident Technique bei Bitner/Nyquist/Booms (1985), S. 49 f. und Bitner/Booms/Tetreault (1990), S. 71 ff.; die Beschwerdeanalyse und die Problem Detecting Methodology bei Brandt/Reffett (1989), S. 7 ff. sowie die Frequenz-Relevanz-Analyse bei Stauss (1995), S. 392 ff. und Stauss/Weinlich (1996), S. 51 f. Auf die einzelnen Verfahren wird in Kap. 5 noch ausführlich eingegangen.

360 Zu den merkmalsorientierten Ansätzen zählen multiattributive Verfahren wie der SERVQUAL-Ansatz, dekompositionelle Verfahren wie die Conjoint-Analyse und die darauf basierende Vignette-Methode sowie der wertorientierte Willingness-to-pay-Ansatz. Einen Überblick über diese Verfahren geben Bruhn (1997), S. 65 ff. und Meffert/Bruhn (1997), S. 209 ff.

361 Siehe hierzu Koreimann (1976), S. 78. Zur Unterscheidung von Informationsbedarfsträgern speziell im Marketing siehe auch Köhler (1998a), S. 11.

362 Vgl. Berthel (1992), Sp. 883.

Grobkategorien bilden,[363] in denen zumindest ähnliche Voraussetzungen hinsichtlich informationsbedarfsrelevanter Merkmale wie vorhandene Kenntnisse, typische Kommunikationsverhaltensschemata, nutzbare und genutzte Informationsquellen vorliegen:

- Führungskräfte, die grundsätzlich sämtliche Managementaufgaben wahrnehmen, im Gegensatz zu den anderen Mitarbeiterkategorien aber insbesondere auch einen strategisch ausgerichteten Informationsbedarf aufweisen. Sie benötigen Informationen über alle planungsrelevanten Informationsobjekte (markt- und unternehmensbezogen), auf die im folgenden Abschnitt noch näher eingegangen wird. Der Informationsbedarf weist i.d.R. einen hohen Aggregationsgrad auf und ist häufig zukunftsbezogen.

- Mitarbeiter im Kundenkontakt, die im Rahmen der Leistungserstellung einzelfallbezogene Steuerungs- und Kontrollaufgaben erfüllen.[364] Ihr Informationsbedarf ist entsprechend spezifisch und oft von hoher Dringlichkeit. Er bezieht sich marktseitig v.a. auf die Kunden und deren Erwartungen und unternehmensseitig auf die Verfügbarkeit von Leistungspotentialen zur Erfüllung der Nachfrage.

- Mitarbeiter des Back-Office-Bereichs, deren Informationsbedarf ebenfalls auf Steuerungs- und Kontrollaufgaben bezogen ist, jedoch weniger kundenbezogene Detailinformationen impliziert. Zur effizienten Abwicklung und Koordination sowie für die Kontrolle der Unternehmensaktivitäten sind vorwiegend quantitative Marktinformationen (z.B. über den Nachfrageanfall) mit internen Informationen (z.B. über den Ressourceneinsatz und die entstehenden Kosten) zu verknüpfen.

4.2.2 Informationsbedarf im Rahmen der Ergebnisplanung

„Marketing-Planung hat die Aufgabe, als systematischer Prozeß zu einer klaren Konzeption im Hinblick auf Zielmärkte, Marktbearbeitung und angestrebte Ergebnisse zu führen."[365] Zentrale Informationsbedarfsbereiche sind demnach einerseits die Zielmärkte und deren Teilnehmer und andererseits die darauf ausgerichteten unternehmensseitigen Aktivitäten und deren Wirkung, bezüglich derer Zielvorgaben und Handlungskonzepte zu formulieren sind. Dabei beinhaltet die Ergebnisplanung im Dienstleistungsbereich einerseits die Festlegung des Leistungsprogramms insgesamt, d.h. des qualitativen und möglichst auch quantitativen Gesamtoutput der Unternehmung, und andererseits die Bestimmung der beabsichtigten Einzelleistungen, d.h. die konkreten Veränderungsleistungen an bestimmten externen Faktoren, die jedoch bei ausgeprägtem Interaktions- und Individualisierungsgrad nur bedingt planbar sind. Zur Konkretisierung des erforderlichen markt- und unternehmensbezogenen Informationsbedarfs ist die Eignung der vielfältigen, in der Literatur diskutierten Methoden zur Informati-

---

363 Bei *Behme/Kruppa* läßt sich eine ähnliche Gruppenbildung von Informationsbenutzern finden, die jedoch nicht auf Dienstleistungsunternehmen ausgelegt ist. Dort werden „Executives", „Knowledge-Worker" und „Case-Worker" unterschieden. Vgl. Behme/ Kruppa (1998), S. 142.

364 *Wood* weist z.B. explizit darauf hin, daß im Dienstleistungsbereich die leistungserstellenden Mitarbeiter Analyse- und Entscheidungsaufgaben eigenverantwortlich übernehmen sollten. Vgl. Wood (1994), S. 56

365 Köhler (1993), S. 5.

onsbedarfsermittlung als sehr begrenzt anzusehen.[366] Die Gründe hierfür liegen in den vorab beschriebenen dienstleistungsspezifischen Bestimmungsproblemen (v.a. der ausgeprägten Planungsunsicherheit und -spezifität sowie der Vielzahl an Informationsbedarfsträgern), die eine Anwendung der Verfahren z.T. unmöglich oder zumindest unwirtschaftlich machen.

Die *Critical Success Factor Method* von *Rockart*[367] liefert aber zumindest geeignete Anhaltspunkte für eine Eruierung grundlegender erfolgsbedeutsamer Informationsbereiche im Rahmen strategischer Planungsaufgaben. Ihr liegt die Annahme zugrunde, daß jede Branche eine begrenzte Anzahl von erfolgsrelevanten Faktoren[368] aufweist, an denen sich der Informationsbedarf orientieren sollte. Diese Methode weist für den vorliegenden Problemkontext auch den Vorteil auf, daß sie durch eine ausgeprägte Außenorientierung gekennzeichnet ist.[369] Da die kritischen Erfolgsfaktoren anhand von Interviews mit Führungskräften durch deren persönliche Einschätzung identifiziert werden,[370] dient die Methode jedoch vorrangig der Ermittlung personenspezifischer (subjektiver) Informationsbedarfe. Dennoch können die Grundüberlegungen auch für die hier beabsichtigte mitarbeitertypenbezogene Systematisierung relevanter Informationsbereiche nützlich sein, zumal auch innerhalb des Ansatzes auf eine Differenzierung der kritischen Erfolgsfaktoren nach hierarchischen und ggf. funktionalen Gesichtspunkten hingewiesen wird.[371]

Die im Rahmen des Ansatzes herausgestellten Ursprungskategorien kritischer Erfolgsfaktoren stellen zumindest teilweise geeignete Suchbereiche für eine ergebnisbezogene Informationsbedarfsanalyse im Dienstleistungsbereich dar.[372]

- **Branchenspezifische Erfolgsfaktoren** entstehen aus den Besonderheiten des jeweiligen Wirtschaftszweiges und sind für alle dort tätigen Unternehmen gleichermaßen gültig. In der hier vorzunehmenden Analyse finden sie über die bereits thematisierten Dienstleistungsspezifika Berücksichtigung, die in vielfältiger Weise auf den Informationsbedarf Einfluß nehmen.

- **Wettbewerbsstrategische Erfolgsfaktoren** betreffen die Marktstellung eines Unternehmens in Relation zu seinen Wettbewerbern. Sie werden im wesentlichen durch konkurrentenbezogene Informationsbedarfe repräsentiert, die sich sowohl auf aktuelle als auch auf

---

366 Zu den Methoden siehe im einzelnen Beiersdorf (1995), S. 71 ff.; Spiegel (1991), S. 11 ff. und Koreimann (1976), S. 61 ff.

367 Siehe hierzu ausführlich Rockart (1980), S. 49 ff. und Bullen/Rockart (1981), S. 7 ff. Die Methode geht auf das Erfolgsfaktorenkonzept von *Daniel* zurück. Vgl. dazu Daniel (1961), S. 111 ff.

368 „Critical Success Factors (CSFs) - CSFs are the limited number of areas in which satisfactory results will ensure successful competitive performance for the individual, department or organization." Bullen/Rockart (1981), S. 7. Vgl. auch Rockart (1979), S. 85.

369 *Rockart* weist darauf hin, daß ein Großteil der relevanten Erfolgsfaktoren externe Informationen (z.B. die Marktstruktur und die Kundschaft betreffend) erfordert. Vgl. Rockart (1980), S. 58.

370 Vgl. Rockart (1980), S. 49.

371 Vgl. Bullen/Rockart (1981), S. 20. Die hierbei betrachteten Erfolgsfaktorn werden als „sub-organizational CSFs" bezeichnet.

372 Zu den Grundlagen kritischer Erfolgsfaktoren vgl. Rockart (1980), S. 51 sowie Bullen/Rockart (1981), S. 14 ff.

potentielle Wettbewerber beziehen. Zum Teil sind hier aber auch noch andere die Wettbewerbsstruktur beeinflussende Faktoren zu berücksichtigen wie z.b. Leistungen, die ein Substitutionspotential für das eigene Angebot aufweisen oder staatliche Eingriffe wie z.b. geplante Deregulierungsmaßnahmen, die gerade im Dienstleistungsbereich von großer Relevanz sind.[373]

- **Umweltbezogene Erfolgsfaktoren** kennzeichnen Ausprägungen und Entwicklungen der Unternehmensumwelt, die es zum eigenen Vorteil zu nutzen gilt. Hierbei kann es sich zum einen um für den Dienstleistungssektor bedeutsame Gegebenheiten und Entwicklungstendenzen des gesamten Wirtschafts- und Gesellschaftssystems handeln, zum anderen aber v.a. auch um nachfragerbezogene Aspekte, welche die für die vorliegende Arbeit hauptsächlich relevante Umwelt - den Absatzmarkt - kennzeichnen.

- **Temporäre Erfolgsfaktoren** kennzeichnen meist unvorhergesehene Ereignisse, die eine schnelle Reaktion erforderlich machen. Sie lassen sich aber kaum als feste Kategorie in einer Informationsbedarfssystematik verankern, da sie im Prinzip jeden der im folgenden unterschiedenen Bereiche betreffen können.

- **Positionsspezifische Erfolgsfaktoren** (bzgl. der Manager/Mitarbeiter) beziehen sich auf den konkreten Tätigkeitsbereich einer bestimmten Person und haben daher stärkere Relevanz für die Prozeß- und Potentialdimension als für den hier behandelten ergebnisbezogenen Informationsbedarf.

Der auf die dargestellten Erfolgsfaktoren ausgerichtete Informationsbedarf bezieht sich schwerpunktmäßig auf marktbezogene Aspekte. Wenngleich diesen auch vorrangige Bedeutung bei der zugrundeliegenden Problemstellung zukommt, bedarf die Erfüllung von Managementaufgaben doch ebenfalls vielfältiger unternehmensbezogener Informationen, denn erst die Verknüpfung beider Bereiche kann Auskunft über die Umsetzbarkeit von Erfolgspotentialen geben. In den folgenden Abbildungen wird ein Überblick zentraler externer (Abb. 18) und interner (Abb. 19) Informationsbedarfsbereiche für die Ergebnisplanung im Dienstleistungsbereich gegeben, wobei eine nähere Kennzeichnung anhand der zu Beginn dieses Kapitels herausgestellten Einflußfaktoren und Analysedimensionen erfolgt.[374] Die grundsätzlichen Bereiche des marktbezogenen Informationsbedarfs sind dabei hauptsächlich aus den Überlegungen der Critical Success Factor Method gebildet. Eine Konkretisierung innerhalb dieser Bereiche erfolgt in Anlehnung an die **Katalog-Methode**, welche zur Bestimmung des subjektiven Informationsbedarfs die Erstellung einer Liste potentieller Informationen empfiehlt, welche den Bedarfsträgern unterbreitet wird.[375] Solche Informationskataloge lösen ei-

---

373 Grundsätzlich sind hier alle Triebkräfte des Branchenwettbewerbs nach *Porter* von Bedeutung. Vgl. hierzu Porter (1997), S. 27 ff.

374 Die Dimensionen *zeitliche Ermittelbarkeit des Informationsbedarfs* (a priori, prozessual, a posteriori) sowie *Art der Bedarfsermittlung* (Selbst-, partizipative -, Fremdermittlung) finden hier keine Berücksichtigung, da sich bei einer antizipativen Vorgabe potentieller Bedarfe diese Fragestellungen erübrigen.

375 Siehe hierzu Koreimann (1976), S. 93 ff. und Spiegel (1991), S. 16 f.

nerseits Selektionsprozesse gemäß dem tatsächlich empfundenen Informationsbedarf aus, können andererseits aber auch neue Informationsbedarfe induzieren. Wichtig ist dabei, daß die Kataloge nicht als unabänderliche, strikte Vorgabe interpretiert werden, sondern auch Erweiterungs- und Modifikationsvorschläge hervorrufen.

Eine solche Übersicht kann hier (ohne direkten Unternehmensbezug) jedoch nur ein relativ allgemein gehaltenes Suchraster darstellen und nicht die für eine bestimmte Entscheidung konkret benötigten Informationen benennen, da diese unternehmensspezifisch und subjektbezogen zu bestimmen sind.[376] Dennoch kann es zu einer strukturierten Bedarfsbestimmung beitragen (vgl. Abb. 18 und 19).[377]

Die aufgeführten Informationen können sich auf die Vergangenheit, Gegenwart oder Zukunft beziehen, da für die Ergebnisplanung sowohl faktische als auch prognostische Informationen von Relevanz sind. Unter den aufgezeigten Informationsbereichen weist der kunden- bzw. nachfragerbezogene Informationsbedarf den explizitesten Dienstleistungsbezug auf.[378] Eine Gewichtung der darin enthaltenen Informationen nach ihrer Planungsbedeutsamkeit wäre darüber hinaus in Abhängigkeit der Merkmale Individualisierungs- und Interaktionsgrad vornehmbar. Je stärker diese ausgeprägt sind, desto wichtiger werden Informationen über einzelne Nachfrager (z.B. ihre spezifischen Erwartungen und Bedürfnisse) in Relation zu aggregierteren Informationen (z.B. zeitlich/mengenmäßiger Nachfrageanfall), die bei standardisierten Leistungen im Vordergrund stehen.

---

376 Vgl. Rockart (1980), S. 50.
377 Zu der Aufstellung relevanter Informationen in Abb. 18 vgl. in Teilbereichen Hofstetter (1993), S. 133 ff.; Meyer/Ertl (1998), S. 242; Buzzell/Gale (1989), S. 25 ff.; Bharadwaj/Menon (1993), S. 20 ff.; Fritz (1995), Sp. 600; Hildebrandt (1992), S. 1069 ff.; Brezski (1993), S. 70 ff.; Köhler (1998c), S. 27 ff. und Grunert (1995), Sp. 1230 ff. Zu den in Abb. 19 aufgezeigten Informationsbereichen siehe auch Meyer/Dullinger (1998a), S. 722 ff.; Kleinaltenkamp/Ginter (1998), S. 753 ff.; Meyer/Dullinger (1998b), S. 767 ff. und Meyer/Blümelhuber (1998b), S. 916 ff.
378 Es wurde jedoch auch bei den anderen Informationsbereichen auf besondere Dienstleistungsrelevanz geachtet; so ist z.B. die Entwicklung der Alters- und Gesundheitsversorgung für Finanzdienst- und Versicherungsleistungen besonders wichtig und die IT-Trends für den Telekommunikations- und Mediensektor.

Informationsbereiche	Relevante Informationen	Bedarfsträger	Aggregationsniveau	Informationsquellen
Allgemeines Wirtschafts- und Gesellschaftssystem	• Konjunkturentwicklung • Demograph. u. sozioök. Entw. • Volkseink.- u. Kaufkraftentw. • Sektorale Verteilung der Haushaltsausgaben • Entw. von Alters- und Gesundheitsversorgung • Rechtliche und politische Entw. (z.B. Deregulierung, Förderung) • Technologietrends (insb. I+K) • Konsum- und Freizeittrends • Wertewandel	Führungskräfte (FK)	insgesamt hoch (Gesamtwirtschaft betreffend) mitunter branchen- o. unternehm.-spezifisch	Veröffentl. des statistischen Bundesamtes Datenbanken Tages- und Fachpresse Experten Markt- und Meinungsforsch.institute
Absatzmarkt insgesamt	• Marktvolumen/-potential • Marktwachstum/Lebenszyklus • externe Markt-/Angebotsbegrenz. (z.B. begrenzte Lizenzvergabe) • Wettbewerbsstruktur • Marktanteile	FK	hoch (gesamter Absatzmarkt)	Marktforschungsinst. Datenbanken branchenspez. Veröffentl.
Konkurrenten	• aktuelle Konkurrenten • potentielle Konkurrenten (Deregulierung, verwandte Branchen, Internationalisierung etc.) • Ziele, Annahmen, Strategien • Leistungsprofile (Programm) • Kundenprofile • Umsatz-/Kostenstruktur • Wettbewerbsposition, Stärken/Schwächen, Unternehmensentw. • Leistungsprozesse, -technologien • Vertriebswege, Standorte • Ressourcen, Finanzstärke	FK	spezifisch auf einzelne Konkurrenten bezogen	Konkurrenten (Beob., Koop.) eigene Kunden Publikationen d. Unternehm./ Verbände Presseberichte Datenbanken Messen Mitarbeiter (v.a. ehem. Konk.-mitarbeiter)
Nachfrager/ Kunden	• Bedarfsstruktur/Nachfragepotential (Cross Selling-Potential) • Ergebniserwartungen (Qualität, Zeit, Individualität) • Zufriedenheit (auch bzgl. Konk.) • Markentreue/Wechselverhalten	FK, Kundenkontaktpersonal (KKP)	jeweils aggregiert für FK u. ggf. BOM, kundenspez. für KKP	Nachfrager/ Kunden (Marktforschung) Kundendatenbank
	• Nachfrageanfall (zeitl., räuml., mengenmäßig, Häufigkeit) u. dessen Steuerbarkeit • Kostenverursachung/Zeitbedarf für die Leistungserstellung • Preisbereitschaft /-sensibilität (auch bzgl. Leist.komponenten) • Kundenwert/Kundentreue	zusätzl. auch Back-Office-Mitarbeiter (BOM)		Mitarbeiter im Kundenkontakt Absatzstatistik Absatzsegmentrechnung Marktforsch.-institute
	• Besonderheiten des externen Faktors (Integrationsqualität) • Problemsensibilität / Beschwerdeverhalten	v.a. KKP		

Abbildung 18: Marktbezogener Informationsbedarf für die Ergebnisplanung

Informationsbe-reiche/-objekte	Relevante Informationen	Bedarfs-träger	Aggregati-onsniveau	Informati-onsquellen
Leistungs-programm	• Programmstruktur (Breite und Tiefe) • Verbundeffekte/Synergien • Absatzmengen • Umsatzstruktur • Kostenstruktur • Stärken-Schwächen-Profil • Lebens-/Entwicklungszyklen	FK KKP BOM _____ vorrangig FK	gesamtunter-nehmens-bezogen	interne u. externe Ana-lysten Absatz-statistik Kosten-rechnung
Leistungen im ein-zelnen	• Individualisierung/ Standardi-sierung • Leistungsmodule, materielle Bestandteile • Qualität (Beeinflußbarkeit) • Absatzmengen, -preise und -zeiten • Kostenverursachung (Einfluß-größen) • Deckungsbeitrag • Ressourceneinsatz/-bedarf • zugrundeliegende Leistungs-prozesse • Zeitbedarf	FK KKP BOM	leistungs-spezifisch; bei hohem Individual.-grad z.T. auch auf-trags-spezifisch	interne u. externe Ana-lysten Mitarbeiter im Bereich Leistungserst. Arbeits-checklisten Absatz statistik Kosten-rechnung

Abbildung 19: Unternehmensbezogener Informationsbedarf für die Ergebnisplanung

Ebenso wie die marktbezogene Informationsbedarfsbestimmung unterliegt auch die unternehmensbezogene den Einflüssen der Dienstleistungsbesonderheiten, so daß auch hier Bestimmungsprobleme entstehen. Bereits die grundlegende Erfassung der Leistungsprogrammbreite und -tiefe[379] kann sich als problematisch erweisen, da durch den modularen Charakter vieler Dienstleistungen und die mehr oder minder ausgeprägte Individualität eine klare Trennung und Zuordnung der Leistungsergebnisse kaum vorzunehmen ist.[380] Des weiteren wirft auch die für die quantitative Ergebnisplanung erforderliche Bestimmung der Outputmengen Probleme auf, da sie eine klare Definition von zähl- oder meßbaren Mengeneinheiten voraussetzt, was im Dienstleistungsbereich aufgrund der Immaterialität meist nicht gegeben ist.[381] Auch die Konkretisierung kostenbezogener Informationsbedarfe bezüglich der Leistungsergebnisse erweist sich als problematisch, weil im Dienstleistungsbereich zu einem sehr hohen Teil Fixkosten anfallen, deren Entscheidungsrelevanz in Abhängigkeit des Planungsproblems, insbesondere des zeitlichen Horizonts, zu ermitteln ist.

---

379 Unter Programmbreite versteht man im Dienstleistungsbereich die Anzahl *unterschiedlicher* Leistungskategorien im Sinne einer additiven Auswahl für den Kunden zur Lösung *unterschiedlicher* Anwendungsprobleme, während mit Programmtiefe die Ausdifferenzierung *einer* Leistungskategorie in unterschiedliche Qualitäten, Preise etc. im Sinne alternativer Lösungen für das *gleiche* Anwendungsproblem gemeint ist. Vgl. Meyer/Dullinger (1998a), S. 722.
380 Vgl. Meyer/Dullinger (1998a), S. 714 f.
381 Vgl. Corsten (1988a), S. 112 f. und Maleri (1994), S. 102 f.

Zudem zeigt sich bei den Informationsbedarfen für die Ergebnisplanung auch wieder die wechselseitige Abhängigkeit der Dienstleistungsphasen. Sollvorgaben für den Dienstleistungsoutput, die ihrerseits nur in Abhängigkeit des Nachfrageanfalls formuliert werden können, stellen zum einen Determinanten für die Potential- und Prozeßplanung dar und betreffen somit den diesbezüglichen Informationsbedarf. Zum anderen erfordert die Ergebnisplanung selbst aber auch Kenntnisse über die jeweils zugrundeliegenden Prozesse und Potentiale sowie bei der kurzfristigen einzelfallbezogenen Planung auch über deren akute Verfügbarkeit.

4.2.3 Informationsbedarf für die Ergebnissteuerung und -kontrolle

Die Ergebnissteuerung basiert auf den Zielvorgaben der Planung und soll deren Umsetzung im Rahmen der Leistungserstellung gewährleisten. Ihre Bedeutung im Dienstleistungsbereich resultiert v.a. aus der Planungsunsicherheit und dem damit einhergehenden Erfordernis einer flexiblen Anpassung der Unternehmensaktivitäten an die situativen Bedingungen der Leistungserstellung, insbesondere die Spezifika des externen Faktors. Sie beinhaltet eine qualitative und eine quantitative Dimension, welche sich auch in dem erforderlichen Informationsbedarf widerspiegeln. Während die qualitative Ergebnissteuerung auf die Gewährleistung der vom Kunden erwarteten und durch die Planung vorgegebenen Dienstleistungsqualität ausgerichtet ist,[382] betrifft die quantitative Steuerung v.a. die nachfragegerechte mengenmäßige und zeitliche Koordination der Unternehmensaktivitäten.

Die dafür erforderliche **Informationsgrundlage** weist z.T. Parallelen zu der der Ergebnisplanung auf, nämlich im Bereich der kundenbezogenen Informationen, von denen für die quantitative Steuerung v.a. Aspekte des Nachfrageanfalls in zeitlicher und mengenmäßiger Hinsicht sowie dessen Steuerbarkeit von Interesse sind. Unterschiede ergeben sich dabei jedoch im zeitlichen Bezug, denn die Steuerung erfolgt leistungserstellungsbegleitend und benötigt daher Ist-Daten, während die Planung auf Prognoseinformationen basiert. Für die qualitative Steuerung sind je nach Interaktions- und Individualisierungsgrad sehr differenzierte, kundenspezifische Informationen über die jeweiligen Bedürfnisse und Erwartungen, die Integrationsqualität sowie die Sensibilität im Hinblick auf potentiell auftretende Probleme bedeutsam. Diese marktbezogenen Informationsbedarfe sind zu verknüpfen mit unternehmensbezogenen wie z.B. bezüglich der akuten Ressourcenverfügbarkeit.

Da der steuerungsrelevante Informationsbedarf großenteils stark kundenspezifisch und situativ geprägt ist, läßt er sich kaum a priori konkretisieren. Da er gleichzeitig aber meist auch von ausgeprägter Dringlichkeit ist, bedarf es hier dennoch einer Bestimmungshilfe für die Bedarfsträger. Diese kann z.B. auf Basis einer *Aufgaben- und Problemanalyse*[383] erstellt werden, bei der die Leistungserstellung in Tätigkeitsschritte gegliedert wird, um darauf aufbauend ein Datenflußdiagramm zu erstellen. Sinnvoll einsetzbar ist dieses Verfahren jedoch nur

---

382 Vgl. hierzu Benkenstein (1998), S. 445 ff.
383 Siehe hierzu ausführlich Manecke/Rückl/Tänzer (1985), S. 67 ff.

bei einem gewissen Standardisierungsgrad der Leistungserstellung, weil ansonsten keine einheitlichen Tätigkeitsschritte identifizierbar sind.

Als **Informationsbedarfsträger** sind bei der Ergebnissteuerung vorrangig das Kundenkontaktpersonal sowie die mit der Abwicklung und Koordination der Aufträge beschäftigten Mitarbeiter im Back-Office-Bereich zu nennen, wobei Art und Ausmaß des Informationsbedarfs zumindest bei den Mitarbeitern im Kundenkontakt nicht zuletzt von dem im Unternehmen verfolgten Steuerungskonzept abhängen. Liegt der Leistungserstellung ein eher **technokratisch ausgerichteter Steuerungsansatz** zugrunde, bei dem die ergebnisbezogenen Ziele in strikte Qualitätsnormen und Verhaltensstandards umgesetzt werden,[384] ist der Handlungsfreiraum der Mitarbeiter äußerst begrenzt und der Informationsbedarf für die Aufgabenerfüllung entsprechend auf die konkreten Verhaltensvorgaben beschränkt.[385] Dieser Steuerungsansatz birgt jedoch das Problem, daß für die Fromulierung der Standards eine eindeutige, meist quantitative Operationalisierung der Ziele sowie eine weitgehende Entkopplung der Leistungserstellung von interaktionsbedingten Einflüssen erforderlich ist. Wird dagegen ein **struktur- oder kulturorientierter Steuerungsansatz** verfolgt, bei dem die Umsetzung der angestrebten Ergebnisse stärker in den Kompetenzbereich der leistungserstellenden Mitarbeiter fällt,[386] kann kundenspezifischen Gesichtspunkten besser Rechnung getragen werden. Hierbei enstehen allerdings auch umfassendere Informationsbedarfe, da eigenständige Entscheidungen zu treffen sind. Dies betrifft auch den Fall, daß unvorhergesehene Probleme im Verlauf der Leistungserstellung auftreten, die das angestrebte Leistungsergebnis in qualitativer oder zeitlicher Hinsicht beeinträchtigen. Zunächst ist dann der Informationsbedarf auf potentielle Korrekturmaßnahmen ausgerichtet. Falls dennoch das erwartete Leistungsergebnis nicht mehr zu realisieren ist, ergibt sich für die Steuerung ein Informationsbedarf bezüglich der konkreten Kompensationserwartungen des Kunden und der diesbezüglichen Erfüllungsmöglichkeit durch den Anbieter.

Wie in den Ausführungen deutlich wurde, impliziert die Steuerung von Dienstleistungsergebnissen zwangsläufig auch die Steuerung der dafür erforderlichen Prozesse und Potentiale. Der diesbezügliche Informationsbedarf wird Analysegegenstand der Abschnitte 4.3 und 4.4 sein.

Bei **Kontrollen** im Marketing-Bereich wird allgemein zwischen Ergebnis- und Ablaufkontrollen unterschieden, wobei Ergebniskontrollen die Soll-Ist-Gegenüberstellung von Hand-

---

384 Vgl. Benkenstein (1998), S. 447 ff.

385 Solche Verhaltensvorgaben können z.B. die Klingelanzahl bis zum Annehmen eines Telefongesprächs, die Wartezeit eines Kunden im Restaurant oder die Länge einer Schlange vor einem Schalter oder einer Kasse betreffen.

386 Bei strukturorientierten Ansätzen findet eine organisatorische Verankerung der Steuerungsaufgaben statt, z.B. in Form von Qualitätszirkeln, bei denen nach *Benkenstein* im Dienstleistungsbereich v.a.auf Mitarbeiter im direkten Kundenkontakt zurückgegriffen wird. Kulturorientierte Ansätze basieren dagegen auf einer Etablierung der Ergebnisziele in den Unternehmensgrundsätzen, welche sich idealtypisch auf die Wertvorstellungen und Verhaltensstrukturen der Mitarbeiter übertragen. Vgl. Benkenstein (1998), S. 450 f. Siehe hierzu auch Meffert/Bruhn (1997), S. 259 ff. und Bruhn (1997), S. 175 ff.

lungsresultaten betreffen, während sich Ablaufkontrollen auf die zeitliche, mengenmäßige und qualitative Durchführung bestimmter Marketing-Aktivitäten beziehen.[387] Daneben erlangt im Dienstleistungsbereich aufgrund der meist ausgeprägten Interaktionen zwischen Mitarbeitern und Kunden eine weitere Kontrollart Bedeutsamkeit: die Verhaltenskontrolle bezogen auf das Kundenkontaktpersonal.[388] Somit erstrecken sich Kontrollen hier über sämtliche Phasen bzw. Dimensionen der Dienstleistung, auf die im einzelnen noch eingegangen wird.[389] Nicht nur das erweiterte Kontrollspektrum stellt eine Besonderheit des Dienstleistungsbereichs dar, sondern auch die Kontrollgrößen bzw. -variablen im einzelnen. Zum einen erzeugen hier nämlich monetäre oder allgemeiner quantitative Ergebnisgrößen wie z.B. Kosten, Deckungsbeiträge oder Absatzmengen, die im allgemeinen relativ unproblematisch zu erfassen sind, ausgeprägtere Erhebungsprobleme.[390] Zum anderen wird durch die Tatsache, daß sich das Leistungsergebnis am externen Faktor konkretisiert, das Erfordernis kundenspezifischer Ergebniskontrollen verstärkt. Allgemeine unternehmensinterne Ergebniskontrollen anhand objektiver Kriterien sind - zumindest bezüglich der Ergebnisqualität - kaum durchzuführen.

Die geschilderten Besonderheiten und Probleme beeinflussen auch den für die Ergebniskontrollen erforderlichen Informationsbedarf. Dieser wird, wie in Abb. 20 dargestellt, zunächst nach den grundsätzlichen Arten von Ergebniskontrollen systematisiert und dann anhand der Merkmale, die auch dem planungsbezogenen Informationsbedarf zugrundegelegt wurden, weiter konkretisiert. Eine marktorientierte Ausrichtung der Ergebniskontrollen kann dabei in zweifacher Weise erreicht werden. Zum einen können Soll-Ist-Vergleiche im Hinblick auf die Ergebniserwartungen der Kunden in Relation zu deren Wahrnehmung der tatsächlichen Ergebnisse durchgeführt werden, zum anderen können aber auch konkurrenzorientierte Kontrollen vollzogen werden, bei denen die verschiedenen Kontrollgrößen mit entsprechenden Werten relevanter Wettbewerber verglichen werden.[391] Hinsichtlich der Ergebnisqualität würden solche Analysen idealtypisch aus Kundensicht durchgeführt, was wiederum Konsequenzen für den Informationsbedarf hat.

---

387 Vgl. Köhler (1993), S. 392 ff. Im vorliegenden Kontext beziehen sich Ergebniskontrollen jedoch ausschließlich auf den Dienstleistungsoutput und nicht auf sämtliche Arten von Handlungsresultaten im Marketing wie z.B. auch Werbewirkungen oder Produktinnovationen.
388 Vgl. Zeithaml/Parasuraman/Berry (1992), S. 119 f.
389 Die prozeßbezogenen Ablaufkontrollen werden in Abschn. 4.3.5 und die potentialbezogenen Verhaltenskontrollen u.a. in Abschn. 4.4.6 behandelt.
390 Dies ist u.a. auf die stärkere Individualität, den hohen Anteil an Fixkosten sowie die schwierige Quantifizierbarkeit der Leistungsergebnisse zurückzuführen.
391 Vgl. Köhler (1993), S. 393.

Kontrollarten	Relevante Informationen	Bedarfs-träger	Aggregati-onsniveau	Informati-onsquellen
Monetäre Ergebnis-kontrollen	• Erlöse • Kosten • Deckungsbeiträge/Gewinne (jeweils bezogen auf untersch. Zurechnungsobjekte wie Leistungsart, Kunden, Regionen etc.) • entgangene Erlöse nicht bedienter Nachfrager (aufgrund begrenzten Leistungspotentials) • Zahlungsverhalten der Kunden • Vergleichsdaten relevanter Konkurrenten	FK BOM (KKP)	gesamtunter-nehmensbe-zogen (ggf. kunden-spez.)	Absatz-statistik Kosten-/Absatzsegment-rechnung Publikationen von/über Konkurrenten Finanzwesen
Mengenbezogene Ergebniskontrollen	• Ausbringungsmengen • Zeitliche Verteilung • Räumliche Verteilung (bei dezentraler Leistungserstellung) • Inputmengen (Potentialeinsatz) • Vergleichsdaten relevanter Konkurrenten	FK BOM	gesamtunter-nehmensbe-zogen sowie differenziert nach Leist.-erstellungs-orten, -perso-nen, -maschi-nen etc.	Absatz-statistik Kosten-rechnung Mitarbeiter d. Leistungserst. Publikationen von/über Konkurrenten
Qualitative Ergeb-niskontrollen	• Kundenzufriedenheit (Leistungsqualität aus Kundensicht; operationalisiert anhand von Merkmalen/Ereignissen) • Beschwerden • Kunden-/Nachfragerzufrieden-heit mit Konkurrenzangebot	FK KKP	aggregiert für FK (außer in gravierenden Fällen) kundenspezi-fisch für KKP	Kunden KKP dokument. Beschwerden Kundenda-tenbank

Abbildung 20: Informationsbedarf im Rahmen von Ergebniskontrollen

Der aufgezeigte Informationsbedarf für Ergebniskontrollen ist im Gegensatz zu dem steuerungsbezogenen Informationsbedarf weitgehend a priori ermittelbar, da er sich im Prinzip unmittelbar aus den Vorgaben der Planung ableiten läßt. Aus diesem Grund kommt hier auch eine Fremdbestimmung des Informationsbedarfs[392] in Frage, sofern Kontrollaufgaben von anderen Personen wahrgenommen werden als die Planungsaufgaben. Eine eigenständige Methodik zur Bedarfsbestimmung ist hier ebenfalls nicht erforderlich, weil die Orientierung des planungsbezogenen Informationsbedarfs an der *Critical Success Factor Method* die Ableitung von Indikatoren zur Erfassung der kritischen Erfolgsfaktoren impliziert.[393] Diese können dann auch der Kontrolle zugrundegelegt werden, zumindest sofern sie in Form von Soll- und Ist-Größen bestimmbar sind. Eine Verknüpfung der Informationsbasen ist auch deshalb wichtig, weil die aus der Kontrolle gewonnenen Erkenntnisse über Defizite bei den Leistungsergebnissen oder auch unrealistische Sollvorgaben in die zukünftige Planung einbezogen werden sollen.

---

392 Vgl. hierzu Beiersdorf (1995), S. 71 f. sowie Picot/Franck (1992), Sp. 893.

4.3 Informationsbedarf im Rahmen der Prozeßphase

Die Erstellung kundengerechter und wettbewerbsfähiger Dienstleistungen ist nicht nur abhängig von einer sorgfältigen Ergebnisplanung, sondern benötigt auch ein darauf abgestimmtes Prozeßmanagement. Wie bereits erwähnt fungieren die an den Kundenbedürfnissen ausgerichteten Zielvorgaben aus der Ergebnisplanung dabei als Determinanten der Prozeßgestaltung. Jedoch besteht im Dienstleistungsbereich auch ein direkter Zusammenhang zwischen Leistungsprozessen und Kundenerwartungen bzw. Kundenzufriedenheit, der darin begründet liegt, daß der Kunde aufgrund der Integrativität einen mehr oder minder großen Teil der Leistungsaktivitäten unmittelbar miterlebt und sie somit zu seiner Qualitätswahrnehmung beitragen. Die Prozeßbedeutsamkeit für den Kunden richtet sich dabei zum einen nach dem Ausmaß der durch den Kunden wahrnehmbaren Prozesse[394] (Integrationsgrad des Kunden) und zum anderen nach der Art der Nutzenstiftung der Dienstleistung[395] (Prozeß- versus Ergebnisorientierung). Sie betrifft somit nicht sämtliche Unternehmensprozesse, sondern nur die unmittelbar der Leistungserstellung dienenden. Daher erscheint es für die Konkretisierung des prozeßbezogenen Informationsbedarfs sinnvoll, eine Systematisierung der Dienstleistungsprozesse vorzunehmen, auf der aufbauend die wesentlichen Bestimmungsfaktoren und Informationsbedarfsdimensionen untersucht werden können.

Vorab soll aber nochmals kurz auf die zu Beginn dieses Kapitels herausgestellten grundsätzlichen Einflußgrößen des dienstleistungsbezogenen Informationsbedarfs eingegangen werden, insbesondere den Interaktions- und Individualisierungsgrad.

4.3.1 Grundlegende Bestimmungsfaktoren des prozeßbezogenen Informationsbedarfs

Ähnlich wie bei der Ergebnisplanung sind die Auswirkungen der Typologisierungsdimensionen Interaktions- und Individualisierungsgrad auch bei der Prozeßgestaltung hauptsächlich in der Unsicherheit, Komplexität und Spezifität der benötigten Informationen zu sehen.

Die Unsicherheit des Informationsbedarfs entsteht dadurch, daß die genauen Prozeßabläufe wegen der Integrativität der Leistungserstellung nur sehr bedingt im vorhinein festzulegen sind. Je ausgeprägter der **Interaktionsgrad** ist, desto mehr Leistungsaktivitäten sind i.d.R. von den Einflüssen des externen Faktors betroffen.[396] Dies bedeutet für den prozeßbezogenen Informationsbedarf grundsätzlich eine stark kundenorientierte Ausrichtung, sowohl in aggregierter Form hinsichtlich des zeitlichen, räumlichen und mengenmäßigen Nachfrageanfalls, als auch auf den einzelnen Kunden bzw. externen Faktor bezogen hinsichtlich seines Integra-

---

393 Vgl. Spiegel (1991), S. 13 und Neumann (1992), S. 143 f.
394 Zur Unterscheidung von Dienstleistungen nach dem Wahrnehmungsausmaß der Prozesse bzw. nach der Zeitdauer der Anwesenheit des Dienstleistungsnachfragers vgl. Müller (1993), S. 41 f.
395 Siehe hierzu auch Abschn. 3.2.3.
396 *Meister/Meister* beschreiben verschiedene Dienstleistungen und Teilprozesse, bei denen der Nachfrager in unterschiedlichem Maße Einfluß auf den Verlauf nehmen kann. Vgl. Meister/Meister (1996), S. 39 ff.

tionsverhaltens.[397] Ziel ist es dabei, die Prozesse so zu gestalten, daß sie möglichst anpassungsfähig an die unterschiedlichen Interaktionserfordernisse sind.

Die Konsequenzen des **Individualisierungsgrades** bestehen dagegen nicht nur in der mangelnden Vorhersehbarkeit bzw. Planbarkeit der Prozesse, sondern vor allem in deren erforderlicher Varietät und der damit einhergehenden Informationsbedarfskomplexität.[398] Da der Informationsbedarf bei individualisierten Dienstleistungen mit jeder Leistungserstellung wechseln kann, ist eine (Fremd-)Ermittlung des objektiven Informationsbedarfs wenig sinnvoll. Aus wirtschaftlichen und Zweckmäßigkeitsgründen empfiehlt sich hier eher eine partizipative oder Selbstermittlung des subjektiv empfundenen Informationsbedarfs durch die Prozeßverantwortlichen. Dieser bezieht sich bei den eigentlichen Leistungserstellungsprozessen v.a. auf die spezifischen Kundenbedürfnisse und -erwartungen, auf die die Prozeßabläufe auszurichten sind.[399] So sind z.B. die vorzunehmenden Analysen bei einer Unternehmensberatung auf die konkrete Problemsituation des Kunden abzustimmen. Oft gilt dies nicht nur für die unter Einbeziehung des externen Faktors stattfindenden Prozesse, sondern auch für viele der sogenannten Back-Office-Aktivitäten, da bei individualisierten Dienstleistungen auch Verwaltungs- und Koordinationsprozesse spezifischere und umfangreichere Informationen benötigen.

Hinsichtlich der Informationsbedarfsträger, die für den prozeßbezogenen Informationsbedarf ebenfalls einen relevanten Einflußfaktor darstellen, kann weitgehend auf die Ausführungen im Rahmen der Ergebnisdimension verwiesen werden, wobei die im folgenden vorgenommene Prozeßdifferenzierung auch eine relativ eindeutige Zuordnung von Informationsbedarfsträgern ermöglicht.

4.3.2 Systematisierung von Dienstleistungsprozessen im Hinblick auf die Informationsbedarfsbestimmung

Allgemein soll unter einem Prozeß „eine Zusammenfassung von Tätigkeiten zur Erreichung einer definierten Zielsetzung"[400] verstanden werden, wobei jeder Prozeß aus einem Input, einem Output und der dazwischenliegenden Transformation besteht.[401] Von den vielfältigen in der Literatur zu findenden Möglichkeiten zur Systematisierung von Unternehmensprozessen[402] sind für den Dienstleistungsbereich und die zugrundeliegende Problemstellung folgende Kategorisierungen von besonderer Relevanz:

---

397 Vgl. Bitran/Lojo (1993), S. 272.
398 Vgl. Davenport (1993), S. 77.
399 *Davenport* spricht in dem Zusammenhang von „Process Customization". Vgl. Davenport (1993), S. 76 f.
400 Niemand (1996), S. 71.
401 Vgl. Gerhardt (1987), S. 72. Zum Teil wird in der Literatur auch gefordert, daß Tätigkeiten repetitiver Art sein müssen, um als Prozesse bezeichnet zu werden. Siehe hierzu z.B. Striening (1988), S. 17; Fischer (1993), S. 77 und Niemand (1996), S. 71. Dieser Forderung soll hier jedoch nicht gefolgt werden, da bei individualisierten Dienstleistungen ein Großteil der Leistungsaktivitäten einmalig oder zumindest ausgesprochen variabel ist und somit aus der Betrachtung ausgeschlossen würde.
402 Vgl. hierzu Niemand (1996), S. 72 f. und die dort angegebene Literatur.

- autonome versus integrative Prozesse[403]
- entscheidungsintensive versus entscheidungsarme Prozesse[404]
- standardisierte versus individualisierte Prozesse[405] sowie
- automatisierte versus persönlich erbrachte Prozesse.

Diese Systematisierungen sind zwar nicht überschneidungsfrei, aber der Betrachtungsfokus der Kategorien im Hinblick auf den Informationsbedarf ist jeweils ein anderer, so daß eine solche mehrdimensionale Systematisierung sinnvoll ist. Besondere Bedeutung kommt dabei der Unterscheidung von **autonomen und integrativen Prozessen** zu, auf die im weiteren Verlauf noch ausführlich eingegangen wird.

Die Differenzierung **entscheidungsintensiver und entscheidungsarmer Prozesse** betrifft v.a. das Ausmaß des Informationsbedarfs, aber auch dessen zeitliche Ermittelbarkeit. Entscheidungsintensive Prozesse im Kontext der Leistungserstellung treten in erster Linie bei individualisierten und interaktionsintensiven Dienstleistungen auf, bei denen sich durch die Einflußnahme des Kunden vielfältige Entscheidungspunkte im Prozeßverlauf ergeben. Daher ist eine Bestimmung des Informationsbedarfs ex ante hier auch nur begrenzt möglich.

Bei **standardisierten versus individualisierten Prozessen** unterscheidet sich der Informationsbedarf bezüglich der Häufigkeit des Anfalls und der Art der Ermittlung. Für standardisierte Prozesse wie z.B. 'Überweisung tätigen' oder 'Check-in vornehmen' besteht ein gleichbleibender Informationsbedarf, der weitgehend personenunabhängig durch objektive Aufgaben- und Problemanalysen[406] (fremd)ermittelbar ist. Bezogen auf eine einzelne Prozeßdurchführung ist er a priori bestimmbar. Bei individualisierten Prozessen ergibt sich der Informationsbedarf dagegen meist erst im Prozeßverlauf und ist daher, auch unter Wirtschaftlichkeitsgesichtspunkten, eher durch die Prozeßausführenden selbst zu ermitteln. Einer Planung solcher Prozesse würde dies allerdings entgegenstehen.

Die Unterscheidung **automatisierter und persönlich erbrachter Prozesse** ist zum einen für die Prozeßplanung und den dabei erforderlichen Informationsbedarf und zum anderen hinsichtlich der prozeßbegleitenden Informationsgewinnungsmöglichkeiten von Bedeutung. Die Planung automatisierter Prozesse erfordert eine genaue Kenntnis sämtlicher Prozeßbestandteile, d.h. aller Inputfaktoren, alternativen Prozeßverläufe und Outputfaktoren in sämtlichen

---

403 Vgl. Engelhardt/Kleinaltenkamp/Reckenfelderbäumer (1993), S. 412; Reckenfelderbäumer (1995), S. 19 ff.
404 Vgl. Niemand (1996), S. 72 und Paul/Reckenfelderbäumer (1995), S. 251.
405 Vgl. Reckenfelderbäumer (1995), S. 108 ff. Auch *Niemand* nimmt diese Unterscheidung prinzipiell vor, zählt die individualisierten, mitunter kreativen Aktivitäten jedoch nicht zu den Prozessen. Vgl. Niemand (1996), S. 71.
406 Vgl. Beiersdorf (1995), S. 76. Siehe hierzu auch die Activity Studies im Rahmen der ISAC-Methode (Information Systems Work and Analysis of Changes) bei Spiegel (1991), S. 20 f. sowie die Prozeßanalyse zur Informationsbedarfsbestimmung bei Koreimann (1976), S. 85 ff., die jedoch stark quantitativ ausgelegt ist.

Merkmalsausprägungen,[407] so daß hier auch ein gewisser Standardisierungsgrad zwingend erforderlich ist.[408] Sofern für die Konkretisierung des Prozeßverlaufs während der Leistungserstellung noch Informationsbedarf besteht (z.b. kundenbezogen), muß dieser ebenfalls genau definiert sein und in den Prozeßablauf integriert werden. Bei persönlich erbrachten Leistungsaktivitäten bestehen dagegen größere Anpassungsspielräume, eine geringere Notwendigkeit zur vollständigen apriorische Bedarfsermittlung sowie, gerade bei kundenbezogenen Prozessen, ausgeprägtere marktbezogene Informationsgewinnungsmöglichkeiten.

4.3.2.1 Autonome Prozesse

Die Unterscheidung in autonome und integrative Prozesse hat in der Literatur bislang noch wenig Beachtung gefunden.[409] Wesentlich verbreiteter ist die in eine ähnliche Richtung zielende Differenzierung von Dienstleistungsprozessen nach deren Wahrnehmbarkeit bzw. Sichtbarkeit durch den Kunden,[410] welche jedoch eher für die Informationsgewinnung des Kunden von Relevanz ist als für die des Unternehmens. Der marktbezogene Informationsbedarf des Anbieters hinsichtlich seiner Leistungsprozesse wird dagegen entscheidend durch die Prozeßabhängigkeit von einem externen Faktor determiniert, die der hier vorgenommenen Aufteilung als Unterscheidungskriterium zugrundeliegt.

Demnach sind autonome Prozesse alle Leistungsaktivitäten eines Dienstleistungsunternehmens, die nicht unter Einbeziehung eines externen Faktors vollzogen werden.[411] Hierunter fällt ein breites Spektrum von Tätigkeiten, das von Managementaufgaben[412] über allgemeine, die Funktionsfähigkeit des Unternehmens gewährleistende und überwachende Tätigkeiten (z.b. im Personal-, Finanz- und Rechnungswesenbereich)[413] bis hin zu unmittelbar die Leistungserstellung unterstützenden Aktivitäten (z.b. Leistungspotentiale in Einsatzbereitschaft versetzen oder leistungserstellungsrelevante Informationen beschaffen) reicht.

Da diese Prozesse nicht unter dem direkten Einfluß des Kunden stehen, können sie stärker nach internen Vorgaben gestaltet werden, was sich auch auf den Informationsbedarf auswirkt.

---

407 Siehe hierzu auch Gerhardt (1987), S. 93 ff., der jedoch mit diesen Merkmalen determinierte Prozesse in Abgrenzung zu indeterminierten Prozessen kennzeichnet. Da Prozesse für eine Automatisierung aber determiniert sein müssen, läßt sich die Kennzeichnung im Prinzip übertragen.

408 Bei der Konzipierung automatisierter Leistungsprozesse (z.b. Bankleistungen durch Automaten) müssen alle denkbaren Bedarfsausprägungen sowie potentiellen Benutzerprobleme antizipiert und berücksichtigt werden, was einen erheblichen, a priori zu bestimmenden Informationsbedarf bedeutet. Vgl. hierzu Shostack (1985), S. 249.

409 Siehe hierzu Reckenfelderbäumer (1995), S. 119.

410 Vgl. z.b. Müller (1993), S. 41 f.; Eversheim (1997), S. 95 und Zeithaml/Bitner (1996), S. 279 f. Eine Trennung wird hier anhand der „line of visibility" vorgenommen.

411 Vgl. Reckenfelderbäumer (1995), S. 119 und Paul/Reckenfelderbäumer (1995), S. 240 f.

412 Da die Managementaufgaben jedoch expliziter Untersuchungsgegenstand innerhalb der phasenbezogenen Informationsbedarfsanalysen sind, sollen sie hier aus der Prozeßbetrachtung ausgeklammert werden. In der Literatur werden sie ohnehin z.T. nicht den Prozessen zugerechnet. Vgl. hierzu z.b. Niemand (1996), S. 76.

Insbesondere stehen hier Effizienzgesichtspunkte im Vordergrund,[414] die in einer optimalen Prozeßabstimmung, einem kostensparenden Potentialeinsatz und der Minimierung von Unproduktivzeiten[415] zum Ausdruck kommen. Dabei sind nicht zuletzt eine adäquate Informationsversorgung und reibungslose Informationsflüsse von Bedeutung, v.a. bei Dienstleistungen mit hoher Informationsintensität wie z.b. Finanz- oder Logistikdienstleistungen.

Jedoch sind auch autonome Prozesse nicht völlig unabhängig von externen Einflüssen, wofür verschiedene Gründe zu nennen sind:

Zum einen dienen autonome Prozesse nicht selten unmittelbar der Vorbereitung, Koordination, Unterstützung und Überwachung integrativer Prozesse und sind somit zumindest mittelbar ebenfalls von den Kundenwünschen abhängig und können sich auch auf deren Beurteilung der Dienstleistung auswirken.[416] Sind z.b. Zeitaspekte vorrangig kaufentscheidungsrelevant, müssen die unterstützenden Aktivitäten einen möglichst reibungslosen Ablauf der eigentlichen Leistungserstellung ohne Wartezeiten für den Kunden gewährleisten. Zum anderen werden autonome Prozesse teilweise sogar direkt durch den Kunden ausgelöst (z.b. Auftragsbestätigung oder Reklamationsbearbeitung), so daß sie ähnlich nachfrage- bzw. kundenabhängig sind wie integrative Prozesse. Ein weiterer Marktbezug besteht darüber hinaus auch in wettbewerbsbezogener Sicht, da durch effiziente Prozeßstrukturen Kostenvorteile oder gegebenenfalls auch zeitliche Differenzierungsvorteile gegenüber Konkurrenzunternehmen erzielt werden können. Hierfür ist eine möglichst genaue Kenntnis der Prozeß- und Kostenstrukturen leistungsstarker Wettbewerber erforderlich.

Die relevanten Informationsbedarfsträger bei der Planung autonomer Prozesse sind vorrangig dem Management zuzuordnen, während der bei der eigentlichen Prozeßausübung entstehende Informationsbedarf auf Seiten der Back-office-Mitarbeiter anfällt. Abschließend sei noch angemerkt, daß eine saubere Trennung autonomer und integrativer Prozesse nicht immer problemlos ist, da umfassender definierte Aufgaben (z.b. Beschwerdebearbeitung oder Angebotserstellung) häufig beide Prozeßarten implizieren.[417]

4.3.2.2 Integrative Prozesse

Unter integrativen Prozessen versteht man alle Dienstleistungsaktivitäten, die unter Einbeziehung des externen Faktors vollzogen werden.[418] Dies bedeutet, daß der Informationsbedarf

---

413 Die allgemeinen Prozesse werden der Themenstellung entsprechend nur insofern berücksichtigt, als sie einen Absatzmarktbezug aufweisen bzw. aufweisen sollten (z.b. im Bereich des Rechnungs- und Personalwesens)
414 Vgl. Bitran/Lojo (1993), S. 271 f.
415 Solche Unproduktivzeiten treten z.b. in Form von Wartezeiten aufgrund mangelhafter Koordination sowie durch überflüssige Recherche-, Abstimmungs- und Dokumentationsaktivitäten auf. Vgl. Bullinger/Rathgeb (1994), S. 12 sowie Antweiler (1995), S. 88.
416 Vgl. Shostack (1984), S. 95.
417 Vgl. Reckenfelderbäumer (1995), S. 120.
418 Vgl. Reckenfelderbäumer (1995), S. 119.

für die grundsätzliche Gestaltung und konkrete Umsetzung dieser Prozesse stark außenorientiert ist, wobei es für die Untersuchung sinnvoll ist, zunächst nach der Art des externen Faktors zu unterscheiden.[419]

Bei personenbezogenen Dienstleistungen, d.h. der Kunde selbst ist der externe Faktor, ergeben sich i.d.R. umfangreichere Interaktionen als bei objektorientierten Dienstleistungen und damit auch ausgeprägtere Einflußmöglichkeiten des Nachfragers auf den Prozeßablauf. Zudem ist ein größerer Teil der Leistungsaktivitäten durch den Kunden einsehbar und wirkt sich auf dessen Leistungsbeurteilung aus. Somit müssen bei der Gestaltung dieser Prozesse in besonderem Maße die **Kundenerwartungen und -wahrnehmungen**[420] sowie das **Integrationsverhalten** des Kunden berücksichtigt werden. Bei objektbezogenen Dienstleistungen hingegen erfolgt ein Kontakt zum Kunden selbst meist nur bei der Annahme und Abgabe des externen Faktors[421], ansonsten werden die Prozesse lediglich durch das Objekt und dessen Besonderheiten beeinflußt, welche i.d.R. vor Beginn der Leistungserstellung bereits feststehen und im Prinzip durch den Anbieter erfaßbar sind.[422]

Integrative Prozesse sind jedoch nicht nur von den Eigenarten des externen Faktors und der Prozeßwahrnehmung des Kunden abhängig, sondern ganz grundsätzlich von der anfallenden Nachfrage. Ohne das Vorhandensein eines externen Faktors sind diese Prozesse nicht ausführbar, so daß hier auch Informationen über die **zeitliche und mengenmäßige Verteilung der Nachfrage** hinsichtlich der verschiedenen Leistungsangebote erforderlich sind.

In enger Verbindung dazu ist die **zeitliche Einbindung des externen Faktors** als weiterer Informationsbedarfsbereich zu sehen.[423] Zeitaspekte der integrativen Prozesse sind sowohl für das Unternehmen (aus Effizienzgesichtspunkten) als auch für den Kunden (aus Opportunitätskostengesichtspunkten) von besonderer Relevanz und müssen daher in der Planung Berücksichtigung finden. Der Informationsbedarf richtet sich hier einerseits auf die tatsächliche Zeitinanspruchnahme der integrativen Prozesse sowie auf anfallende Unproduktivzeiten (insbesondere Wartezeiten) für das Unternehmen wie auch für den Kunden und andererseits auf deren Wahrnehmung durch den Kunden, die erhebliche (Un)Zufriedenheitswirkungen haben kann.[424]

Über die marktbezogenen Informationen hinaus bedingen integrative Prozesse schließlich auch **intern gerichtete Informationsbedarfe**. Diese resultieren zum einen aus den im vori-

---

419 Eine ausführliche Darstellung verschiedener Arten externer Faktoren gibt Maleri (1994), S. 130 ff.
420 Vgl. Bitran/Lojo (1993), S. 272.
421 Vgl. Müller (1993), S. 43.
422 Unter Rückgriff auf die Informationsökonomik könnte man hier von Sucheigenschaften des externen Faktors sprechen, da sie durch Inspektion durch den Anbieter beurteilt werden können. Siehe hierzu auch Abschn. 3.1.3.
423 Siehe hierzu Ernenputsch (1986), S. 143 f.

gen Abschnitt bereits geschilderten Interdependenzen mit autonomen Prozessen, die eine Abstimmung der verschiedenen Teilprozesse im Zuge der Leistungserstellung erforderlich machen, sowie aus Wirtschaftlichkeitsanforderungen heraus, die um so stärker in den Vordergrund rücken, je standardisierter und interaktionsärmer die Dienstleistung ist. Der diesbezügliche Informationsbedarf betrifft v.a. den Ressourceneinsatz und die Kostenverursachung.

Hinsichtlich der anfallenden Kosten sollte bei marktorientierter Betrachtung der Leistungsprozesse den **Integrationskosten** besondere Beachtung geschenkt werden, d.h. denjenigen Kosten, die in variierendem Ausmaß durch spezifische Merkmale des externen Faktors - v.a. seine Integrationsqualität - hervorgerufen werden. Insbesondere ist es hier von Nutzen, die Bestimmungsfaktoren der integrationsbezogenen Kostenintensität zu ermitteln, um damit nach Möglichkeit externe Faktoren bereits vor der Leistungserstellung nach ihrer Kostenverursachung zu segmentieren.[425]

Das Ausmaß der integrationsbedingten Kostenverursachung hängt u.a. auch davon ab, ob Teile der Leistungserstellung von dem Kunden selbst übernommen, d.h. externalisiert werden. Unter **Externalisierung** versteht man im Dienstleistungsbereich „die Erhöhung des Aktivitätsgrades des Kunden bzw. die Erstellung von Teilleistungen durch den Kunden."[426] Gründe hierfür sind v.a. in den resultierenden Kostenvorteilen für den Anbieter zu sehen;[427] mitunter kann die Übernahme bestimmter Leistungsprozesse aber auch einen Nutzenvorteil für den Kunden bewirken, wenn dadurch eine individuellere, auf seine Bedürfnisse genau zugeschnittene Leistung entsteht.[428] Für die Entscheidung über Art und Umfang der zu externalisierenden Leistungsprozesse werden v.a. Informationen über die Bereitschaft des Kunden zur Leistungsübernahme benötigt, welche im wesentlichen durch

- die realisierbaren Preisvorteile,[429]
- die erhöhte Leistungstransparenz,
- den persönlichen Aufwand,
- die Einschätzung der eigenen Fähigkeiten in Verbindung mit der empfundenen Ergebnisverantwortung und
- die Interaktionsreduktion zwischen Anbieter und Nachfrager (Präferenzen für Anonymität versus soziale Kontakte zum Anbieter)

beeinflußt wird.[430]

---

424 Vgl. Davis/Vollmann (1990), S. 65 ff.; Stauss (1991), S. 84 ff. und Corsten (1997), S. 359 ff. Bezüglich der Wartezeiten sind auch Fragen einer gegebenenfalls erforderlichen Lagerung des externen Faktors von Bedeutung.
425 Von Bedeutung sind dabei insbesondere die „Sucheigenschaften" des externen Faktors. Siehe hierzu Abschn. 3.1.3.
426 Meyer/Blümelhuber (1998a), S. 743 f.
427 Vgl. Lehmann (1998), S. 833 und Meyer/Blümelhuber (1998a), S. 744.
428 Vgl. Heskett (1988), S. 62 f. Als Beispiele werden hier Selbstbedienungsbuffets in Hotels und Restaurants genannt sowie Informationsdienste, bei denen der Kunde selbständig eine Selektion vornimmt.
429 Vgl. Blumberg (1994), S. 265.
430 Siehe hierzu Corsten (1988a), S. 177; (1989), S. 31 f. und (1997), S. 343 f.

Um tatsächlich Effizienzvorteile generieren zu können, ist - in Abhängigkeit der zu übernehmenden Prozeßart - jedoch auch eine Einschätzung der objektiven Leistungsfähigkeit des Kunden vorzunehmen,[431] da ansonsten eventuell erforderliche Nachbesserungen sogar eine Aufwandserhöhung bewirken können. Die nachfragerbezogenen Informationsbedarfe sind im Rahmen der Externalisierungsentscheidung mit internen Informationen, v.a. über die erzielbaren Kosteneinsparungen,[432] zu verknüpfen. Das Ziel ist dabei die Identifikation derjenigen Leistungsaktivitäten, deren Übertragung an den Kunden für beide Seiten Vorteile bewirken kann. Zu berücksichtigen ist in diesem Zusammenhang aber auch ein möglicherweise erhöhter Koordinationsaufwand, da durch die Externalisierung zusätzliche Unsicherheit bei der zeitlichen und qualitativen Prozeßabstimmung entsteht.

Informationsbedarfsträger sind im Hinblick auf die konkrete Ausführung integrativer Prozesse jene Mitarbeiter, die die Dienstleistung unmittelbar am Kunden bzw. am externen Faktor erbringen (Kundenkontaktpersonal). Diese sollten aufgrund ihrer Erfahrung mit den Kunden, den Leistungsabläufen und dabei potentiell auftretenden Problemen auch an der Prozeßplanung beteiligt werden,[433] bei der jedoch vorrangig Mitarbeiter des Managements Informationsbedarfsträger sind. Die Möglichkeit zur Vorabbestimmung der erforderlichen Informationen ist hier, ebenso wie innerhalb der Ergebnisdimension, schwerpunktmäßig von der interaktionsinduzierten Unsicherheit des Prozeßverlaufs abhängig. Um diese zu reduzieren, gilt es den Leistungserstellungsprozeß systematisch auf seine Interaktionspunkte und die dort zu treffenden Entscheidungen hin zu analysieren.

Die in den vorangegangenen Abschnitten aufgezeigten Besonderheiten der Dienstleistungserstellung müssen bei der Planung, Steuerung und Kontrolle von Dienstleistungsprozessen Berücksichtigung finden, auf die im folgenden näher eingegangen wird.

4.3.3 Informationsbedarf für die Prozeßplanung und -koordination

Den Ausgangspunkt einer marktorientierten Prozeßplanung im Dienstleistungsbereich stellen die Vorgaben der Ergebnisplanung dar. Um sicherzustellen, daß mit den Leistungsprozessen die angestrebten Ergebnisse in qualitativer, quantitativer und zeitlicher Hinsicht erreicht werden können, ist eine genaue Kenntnis der Input-Output-Relationen in Verbindung mit den dazwischenliegenden Transformationsvorgängen erforderlich.[434] Problematisch kann sich dabei v.a. die mangelnde Quantifizierbarkeit von Tätigkeiten,[435] Inputfaktoren und Prozeßergebnis-

---

431 Vgl. Meffert/Bruhn (1997), S. 303.
432 Diese basieren v.a. auf einer Reduktion des Potentialeinsatzes für die Leistungserstellung. Darüber hinaus sind aber auch Transaktionskostenersparnisse durch einen verminderten Abstimmungsbedarf zwischen Anbieter und Nachfrager (z.B. zur Leistungsspezifizierung) denkbar.
433 Vgl. Heskett (1988), S. 26.
434 Siehe hierzu ausführlich Gerhardt (1987), S. 72 ff.
435 Vgl. Paul/Reckenfelderbäumer (1995), S. 251 und Franz (1994), S. 226.

sen[436] erweisen, die eine präzise Darstellung der Zusammenhänge im Sinne einer Produktionsfunktion für viele Prozesse unmöglich macht.[437] Zudem ist der Gesamtverlauf der Leistungserstellung oft nicht deterministisch vorgegeben, sondern kann durch den Einfluß des Kunden vielfältige Ausprägungen annehmen. Auch die Vernetztheit der leistungserstellenden und unterstützenden Aktivitäten sowie deren direkte oder indirekte Abhängigkeit vom Vorhandensein eines externen Faktors erschweren die Prozeßplanung, so daß sich diese als komplexes, schlecht strukturiertes und stochastisches Problem darstellt.[438]

Zur Komplexitätsreduktion und Erhöhung der Transparenz empfiehlt sich ein stufenweises Vorgehen bei der Informationsbedarfsbestimmung (vgl. Abb. 21). Der erste Schritt stellt hierbei eine grundlegende **Prozeßstrukturanalyse** dar, die der Identifikation, Abgrenzung[439] und sachlich-zeitlichen Systematisierung der für die verschiedenen Leistungsangebote jeweils erforderlichen Prozesse dient. Informationsbedarf besteht dabei hinsichtlich der genauen Prozeßfolge,[440] personeller Zuständigkeiten,[441] bestehender Schnittstellen[442] und Abhängigkeiten (zeitlicher, sachlicher und informationeller Art) zwischen den Teilprozessen sowie bezüglich relevanter Entscheidungspunkte, die den Prozeßverlauf bestimmen. Des weiteren sollte im Rahmen der Strukturanalyse auch eine Kennzeichnung der Prozesse anhand der vorab vorgestellten Prozeßdimensionen vorgenommen werden. Insbesondere sollte zwischen autonomen und integrativen Prozessen unterschieden werden, aber auch der Automatisierungsgrad, die Entscheidungsintensität und der Grad der Repetitivität bestimmen, wie in Abschn. 4.3.2 gezeigt wurde, Art und Ausmaß der benötigten Informationen sowie das Erfordernis und die Möglichkeiten zur apriorischen Bedarfsbestimmung. Als Analyseinstrument ist für diese grundlegende Ermittlung der Prozeßstruktur v.a. das Blueprinting[443] einsetzbar.[444]

Aufgrund der Vielfalt und Varietät der Leistungsprozesse würde sich eine umfassende Informationsbedarfsbestimmung und -deckung als sehr aufwendig erweisen, wenn alle Aktivitäten gleichermaßen berücksichtigt würden. Als zweiter Schritt im Rahmen der Informationsbedarfsanalyse soll daher eine **Prozeßbewertung** mit dem Ziel der Aufdeckung besonders erfolgsrelevanter Prozesse (Schlüsselprozesse) vorgenommen werden,[445] so daß sich der Bestimmungsaufwand an der Prozeßbedeutsamkeit orientieren kann. Sinnvolle Kriterien für die

---

436 Siehe hierzu Maleri (1994), S. 102 ff.
437 Überlegungen zu einer Produktionstheorie für den Versicherungsbereich wurden jedoch bereits früh von Farny angestellt. Vgl. Farny (1965).
438 Vgl. Shostack (1987), S. 35. Sie kennzeichnet Dienstleistungsprozesse anhand der Merkmale „Complexity and Divergence".
439 Vgl. Österle/Saxer/Hüttenhain (1994), S. 471.
440 Vgl. Sutrich (1994), S. 123.
441 Vgl. Mikeska (1994), S. 67.
442 Vgl. Franz (1994), S. 239 und Holst (1992), S. 263.
443 Vgl. hierzu Shostack (1984), S. 94 ff. und (1987), S. 35 ff. sowie Zeithaml/Bitner (1996), S. 285 f.
444 Dieses wird im Rahmen der prozeßbezogenen IM-Ansätze (Kap. 5.3) näher betrachtet.
445 Vgl. Bullinger/Rathgeb (1994), S. 16 ff.; Fischer (1993), S. 81 ff. und Hoch (1996), S. 9.

Prozeßbedeutsamkeit sind dabei einerseits der Beitrag zur Erzeugung von Kundennutzen,[446] d.h. der Wertschöpfungsbeitrag, und andererseits der erforderliche Ressourceneinsatz bzw. das Ausmaß der Kostenverursachung in Verbindung mit den dabei vorhandenen Kostensenkungspotentialen. Idealtypisch sollten die kosten- und nutzenbezogenen Informationen mit entsprechenden Konkurrenzdaten verglichen werden. Als methodische Hilfsmittel kommen dabei die Critical Success Factor Method[447], die Prozeßwertanalyse[448] sowie die Prozeßkostenrechnung[449] in Frage.[450]

Nach der Bestimmung der erfolgsrelevanten Prozesse gilt es im nächsten Schritt deren **zentrale Einflußgrößen** zu identifizieren, da der dienstleistungsimmanenten Planungsunsicherheit nur durch eine möglichst vollständige Erfassung und Berücksichtigung der Prozeßdeterminanten begegnet werden kann. Hierbei ist insbesondere wieder zwischen integrativen und autonomen Prozessen zu unterscheiden, um dem unterschiedlichen Ausmaß externer Einflüsse Rechnung zu tragen.

Der letzte Schritt der prozeßbezogenen Informationsbedarfsbestimmung dient schließlich der eigentlichen **Prozeßgestaltung und -koordination**. Dabei sind die aus den bisherigen Analyseschritten gewonnenen Erkenntnisse um weitere planungsrelevante Informationen zu ergänzen, z.B. hinsichtlich der Prozeßwahrnehmung und -beurteilung der Kunden, der Problemanfälligkeit von Leistungsaktivitäten und deren Ursachen, der Unterstützungsmöglichkeiten durch IT[451] oder sonstige Automatisierung sowie eventueller Engpässe oder Abstimmungsprobleme bei der Leistungserstellung.

---

446 Vgl. Rust/Zahorik/Keiningham (1998), S. 876 ff. Hier wird die Bedeutung von Prozessen und Teilprozessen anhand deren Beitrag zur Kundenzufriedenheit ermittelt.

447 Zur Einsetzbarkeit der Methode in diesem konkreten Anwendungskontext vgl. Bullinger/Rathgeb (1994), S. 16f. Allgemein zur Critical Success Factor Method siehe Bullen/Rockart (1981), S. 45 ff. sowie Abschn. 4.2.2.

448 Vgl. Fischer (1993), S. 85 ff. und Drucker (1995), S. 59.

449 Vgl. zur dienstleistungsspezifischen Ausgestaltung der Prozeßkostenrechnung Reckenfelderbäumer (1995), S. 78 ff. und Niemand (1996), S. 93 ff.

450 Auf diese Verfahren wird ebenfalls an späterer Stelle noch näher eingegangen. Siehe hierzu Abschn. 5.3.2 und Abschn. 5.3.3.

451 Siehe hierzu ausführlich Teng/Grover/Fiedler (1994a), S. 10 ff.; Hoch (1996), S. 57 ff. und Davenport (1993), S. 44 ff.

Ermittlungs-schritte	Relevante Informationen	Bedarfs-träger	Aggregati-onsniveau	Informati-onsquellen
grundlegende Prozeßstruktur-analyse	• Gesamtprozeßverlauf je Leistungsan-gebot • enthaltene Teilprozesse (integrative Prozesse, unterstützende autonome Prozesse) • Prozeßschnittstellen • Abhängigkeiten (zeitl., sachl., infor-mationeller Art) • personelle Zuständigkeiten • Entscheidungspunkte (den Verlauf der Leistungserstellung betreffend) • Prozeßcharakteristika (Standar-disierungs-, Automatisierungsgrad, Entscheidungsintensität)	FK (BOM) (KKP)	gesamtunter-nehmensbe-zogen teilprozeß-spezifisch	Mitarbeiter (Befragung, Beobachtung) Beobachtung der Gesamt-leistungserst. dokument. Ablaufbe-schreibungen Datenzugriffe im IS
Identifikation erfolgsrelevanter Prozesse	• Beitrag zum Kundennutzen/Wert-schöpfungsbeitrag • Differenzierungspotential • erforderlicher Potentialeinsatz • Kostenverursachung • Kostensenkungspotential • Vergleichsdaten der Konkurrenz	FK (BOM) (KKP)	gesamt- und teilprozeß-bezogen	Kunden Mitarbeiter Kostenrechn. Dokumentat. u. ehem. Mit-arb. d. Konk.
Bestimmung wesentlicher Prozeßdeter-minanten	• Prozeßinput/ggf. externer Un-terstützungsbedarf (Infos etc.) • beabsichtigter Output (Vorgaben der Ergebnisplanung) • Prozeßkunden (externe oder interne)	FK BOM KKP	teilprozeß-spezifisch	Mitarbeiter (als Prozeß-verantwortl. u. interne Pro-zeßkunden)
	speziell für integrative Prozesse: • Nachfrageanfall • Steuerungsmöglichkeit d. Nachfrage • Kundenerwartungen (Ablauf, Quali-tät, Flexibilität, Individualität) • Wahrnehmbarkeit für Kunden • Integrationsqualität des externen Faktors • räuml./zeitl. Entkopplungsmög-lichkeiten durch Medieneinsatz • Externalisierungsmöglichkeiten (Nachfr.bereitschaft, -fähigkeit)	FK KKP (BOM)	bezogen auf Gesamtlei-stungserstel-lungsprozeß teilprozeß-spezifisch	Kunden Absatzstatistik (sofern mit genauen Zeit-angaben) dokumentierte Vorgaben der Ergebnis-planung
Prozeß-gestaltung und -koordination	• Prozeßqualität: Kundenwahr-nehmung/-beurteilung der Prozesse (qualitativ, zeitlich) • Prozeßeffizienz: Input/Output-Rela-tion, Prozeßzeiten, Unproduktiv-zeiten, Prozeßkosten • Unterstützungsmöglichkeit durch IT • Abgestimmtheit der Prozesse • Engpässe • Fehleranfälligkeit, -ursachen • alternative Prozeßverläufe	FK (BOM) (KKP)	gesamtunter-nehmensbe-zogen sowie teilprozeß-spezifisch	Kunden Controlling (Kennzahlen-systeme) Kostenrechn. Mitarbeiter DV-Experten Ergebnisse vorgelagerter Anal.stufen

Abbildung 21: Informationsbedarf für die Prozeßplanung

Für die Konkretisierung des Informationsbedarfs empfiehlt sich eine partizipative Ermittlung,[452] bei der neben dem Managementpersonal als den eigentlichen Bedarfsträgern auch die
mit den Prozessen unmittelbar vertrauten Mitarbeiter einbezogen werden sollten.[453] Da zum
Aufgabenfeld der Prozeßplanung neben der Verbesserung bestehender Prozeßstrukturen und
-abläufe auch die Neukonzipierung von Leistungsprozessen, z.b. für Dienstleistungsinnovationen, gehört, bezieht sich der Informationsbedarf darüber hinaus auf die Geeignetheit alternativer Prozeßverläufe zur Befriedigung der Kundenbedürfnisse, deren Integrationsfähigkeit
in und Auswirkungen auf die bestehenden Strukturen sowie auf deren Potentialbedarf und
Produktivität.

4.3.4 Informationsaspekte einer flexiblen Prozeßsteuerung

Da die Prozeßabläufe im Dienstleistungsbereich in erheblichem Maße extern beeinflußt und
daher nur bedingt planbar sind, kommt einer flexiblen Prozeßsteuerung zur Gewährleistung
der angestrebten Leistungsergebnisse besondere Bedeutung zu.[454] Dies ist um so stärker der
Fall, je ausgeprägter der Interaktions- und Individualisierungsgrad der Dienstleistung ist. Um
im Einzelfall die von externen oder auch internen Kunden gewünschte Prozeßqualität sicherzustellen, einen reibungslosen Ablauf ohne Prozeßbrüche zu gewährleisten, Fehler zu vermeiden und bei gegebenenfalls auftretenden Problemen unmittelbar Maßnahmen zu deren Behebung oder Kompensation ergreifen zu können, müssen die Prozeßverantwortlichen einerseits
mit entsprechenden Kompetenzen und andererseits mit den erforderlichen internen und externen Informationen ausgestattet sein. „Abläufe, also Prozesse, sind nur steuerbar, wenn die
richtigen Informationen zum richtigen Zeitpunkt in der erforderlichen Qualität am richtigen
Ort sind."[455]

Unabhängig von der Art des Prozesses besteht dabei zunächst ein grundsätzlicher Informationsbedarf bezüglich des konkret angestrebten Prozeßergebnisses, das durch den direkten
(Teil-)Prozeßkunden (leistungsfortführender Mitarbeiter) sowie durch den Endkunden der
Gesamtleistung (Dienstleistungsnachfrager) bestimmt wird.[456] Zur Ermittlung der dafür erforderlichen Leistungsaktivitäten muß darüber hinaus Kenntnis über den bisherigen Stand der
Leistungserstellung (Prozeßinput), über die Ausprägungen der wesentlichen Prozeßdeterminanten und die diesbezügliche Eignung alternativer, zur Verfügung stehender Methoden zur
Prozeßausübung erlangt werden. Bei integrativen Prozessen sind hier in erster Linie Besonderheiten des externen Faktors (z.B. die Krankengeschichte und der Behandlungsstand eines

---

452 Vgl. Szyperski (1980), Sp. 908 und Beiersdorf (1995), S. 71.
453 Vgl. Heskett (1988), S. 26 und Eversheim (1997), S. 87 sowie speziell zur Einbindung des Kundenkontakt-
    personals und der Back-Office-Mitarbeiter bei der Erstellung von Service-Blueprints Zeithaml/Bitner
    (1996), S. 286. *Bullinger/Rathgeb* weisen zudem auf das Einbeziehungserfordernis der betroffenen Aufga-
    benträger bei der prozeßbezogenen Schwachstellenanalyse hin. Vgl. Bullinger/Rathgeb (1994), S. 24.
454 Vgl. Bateson (1985), S. 74.
455 Franz (1994), S. 239. Siehe hierzu auch Hässig/Arnold (1996), S. 104.

100

Patienten oder der Kenntnisstand eines Finanzdienstleistungsnachfragers), seine Integrations-qualität und - im Falle personenbezogener Dienstleistungen - sein Interaktionsverhalten[457] von Relevanz. Diese externen Rahmenbedingungen der Prozeßsteuerung, die i.d.R. erst un-mittelbar vor oder während der Leistungserstellung zu erfassen sind, müssen mit den ergeb-nis- und prozeßbezogenen Erwartungen der Kunden hinsichtlich deren Realisierbarkeit abge-stimmt werden.

Das Kernanliegen dieser qualitätsbezogenen Informationsbedarfsermittlung besteht darin, die Leistungserstellung jeweils bestmöglich an die externen Gegebenheiten und Anforderungen anzupassen, um somit einen prozeßbezogenen Differenzierungsvorteil aus Kundensicht gene-rieren zu können. Dabei sollte sich die Erfassung der Kundenanforderungen v.a. auf die be-sonders zufriedenheitsrelevanten Prozeßmerkmale und -ereignisse konzentrieren.

Über die qualitätsorientierten Informationen hinaus besteht jedoch auch ein Bedarf an pro-duktivitätsbezogenen[458] Informationen. Um einen reibungslosen Prozeßfluß und einen effizi-enten Potentialeinsatz zu erreichen, sollte zunächst eine differenzierte Bestimmung der erfor-derlichen Teilprozesse in ihrer Reihenfolge und gegenseitigen Abhängigkeit vorgenommen werden, um dann den zu erwartenden Zeit- und Potentialbedarf der Teilprozesse sowie gege-benfalls benötigte externe Unterstützung in Form von Teilleistungen (z.B. extern durchzufüh-rende Marktanalysen), Materialien (z.B. Implantate für Operationen) oder Informationen (z.B. Finanzmarktdaten für die Anlageberatung) bestimmen zu können. Je nach Nachfrageanfall[459] und zur Verfügung stehenden Leistungspotentialen gilt es auch einzelfallbezogene Rationalisierungsmöglichkeiten, z.B. durch Externalisierung oder Mediali-sierung von Leistungsaktivitäten, zu prüfen. Auch die zeitliche Beeinflußbarkeit der Nachfra-ge[460] (z.B. durch Terminvereinbarung oder Preisanreize) und die Möglichkeiten zur Verbes-serung der Integrationsqualität[461] (z.B. durch Kundenschulung und -information) stellen wichtige Informationsbereiche bzgl. der Wirtschaftlichkeit der Leistungserstellung dar.

456 Vgl. Adam (1995), S. 104 ff.
457 Zur Interaktion zwischen Anbieter und Nachfrager vgl. Lehmann (1989), S. 147 ff. Bei kollektiv erbrachten Dienstleistungen sind nicht nur Interaktionen mit dem Anbieter sondern auch solche der Nachfrager unter-einander von Bedeutung, da z.B. die Artikulation von Unzufriedenheit einzelner Kunden auch die Zufrie-denheit anderer Kunden und damit den Prozeßverlauf insgesamt negativ beeinflussen kann. Vgl. zu ver-schiedenen Formen der Interaktion Shostack (1985), S. 249 ff. sowie zu deren Auswirkungen auf Produkti-vität und Qualität Gummesson (1995a), S. 31 ff. und (1995b), S. 43 ff.
458 Im Dienstleistungsbereich stellt sich die Erfassung der Produktivität, die allgemein als „Ergiebigkeit der betrieblichen Faktorkombination" (Gutenberg (1975), S. 28) verstanden wird, problematisch dar, da sie i.d.R. über das mengenmäßige Input/Output-Verhältnis bestimmt wird. Dieses unterliegt bei Dienstleistun-gen jedoch erheblichen Quantifizierungsproblemen. Vgl. hierzu Corsten (1997), S. 147 ff.; Drucker (o.J.), S. 75 und Lehmann (1989), S. 120 ff.
459 Der Nachfrageanfall in seiner zeitlichen und mengenmäßigen Ausprägung stellt für die Prozeßsteuerung ebenfalls eine wichtige Information dar.
460 Vgl. Bitran/Lojo (1993), S. 280 f. und Heskett (1988), S. 66.
461 Vgl. Lovelock (1990), S. 348 f.

Die Möglichkeiten und das Erfordernis zur apriorischen Ermittlung dieser steuerungsrelevanten Informationen variieren in Abhängigkeit der Dienstleistungs- und Prozeßart. Bei standardisierter, insbesondere automatisierter Leistungserstellung werden die Steuerungsmechanismen bereits bei der grundsätzlichen Prozeßkonzipierung festgelegt, so daß hier der Informationsbedarf für die eigentliche Leistungserstellung vorab zu konkretisieren ist, während bei stärker individualisierten, in persönlicher Interaktion mit dem Kunden erstellten Leistungen mehr Flexibilität der Prozeßabläufe erforderlich ist[462] und sich dadurch auch häufig der relevante Informationsbedarf erst während der Leistungserstellung ermitteln läßt. Eine effizienzorientierte Prozeßsteuerung ist hier aufgrund der Unsicherheit und des einzelfallbezogenen Koordinationsaufwandes meist nur begrenzt möglich. Die Bestimmung erforderlicher Informationen sollte durch die Aufgabenträger selbst vorgenommen werden.[463]

4.3.5 Kontrollinformationen der Prozeßabläufe, -qualität und -wirtschaftlichkeit

Eine zentrale Zielsetzung von Prozeßkontrollen im Dienstleistungsbereich läßt sich durch folgende Aussage zum Ausdruck bringen: „*The aim should be the prevention of problems bevore they occur, rather than just diagnosing them after they have occurred; to improve the future rather than simply measuring the past.*"[464] Sie verdeutlicht einerseits die vorbeugende und qualitätssichernde Funktion der Kontrollen während der Leistungserstellung und andererseits deren Informationsbeitrag für die zukünftige Prozeßgestaltung. Um diesen Anforderungen gerecht zu werden, dürfen sich prozeßbezogene Kontrollen nicht auf den jeweiligen Prozeßoutput beschränken, sondern sollten bereits an den Stellen ansetzen, wo diagnostizierte Abweichungen bzw. Defizite noch nicht zu einer Beeinträchtigung des Ergebnisses und zu Kundenunzufriedenheit geführt haben. Somit kommt hier den ablauf- und mitarbeiterbezogenen Verhaltenskontrollen vorrangige Bedeutung zu.[465]

Sofern es sich um integrative Prozesse handelt, sollten diese Kontrollen auch aus Kundensicht durchgeführt werden. Der Informationsbedarf betrifft dabei v.a. die zufriedenheitsrelevanten Prozeßmerkmale bzw. -ereignisse, welche sich im wesentlichen aus den planungsbezogenen Analyseergebnissen ableiten lassen, sowie deren Beurteilung durch die Nachfrager. Ergänzt werden sollten diese subjektiven, kundenbezogenen Kontrollen um objektive Messungen,[466] zumindest soweit es sich um quantifizierbare Sachverhalte handelt (z.B. Zeitaspekte), da hierdurch Diskrepanzen zwischen Kundenwahrnehmung und Realität erfaßt werden können. Solche Diskrepanzen implizieren häufig einen prozeßbezogenen Handlungsbedarf. Bei autonomen Prozessen können zwar prinzipiell auch die Prozeßkunden (in dem Fall interne Kun-

---

462 Vgl. Wohlgemuth (1989), S. 341.
463 Vgl. auch Wood (1994), S. 56, der die Analyse und Überwachung von Dienstleistungsprozessen dem Verantwortungsbereich der prozeßausübenden Mitarbeiter zuordnet.
464 Wood (1994), S. 55 (Kursivdruck im Original).
465 Zu den unterschiedlichen dienstleistungsrelevanten Kontrollarten vgl. Abschn. 4.2.3.
466 Vgl. Franz (1994), S. 239, der auf die Bedeutung von Kennzahlen für eine neutrale, objektive Prozeßkontrolle hinweist. Zu geeigneten Kennzahlen für Dienstleistungsprozesse siehe auch Abschn. 5.3.1.2.

den) als Kontrollorgane für die Prozeßqualität genutzt werden, jedoch beschränken sich die Kontrollmöglichkeiten hier i.d.R. auf die Prozeßergebnisse, da interne Kunden nicht wie die externen Kunden an den (vorgelagerten) Leistungsprozessen partizipieren. Die konkreten Prozeßabläufe entziehen sich somit ihrer Wahrnehmung.

Neben der Prozeßqualität gilt es - v.a. bei den autonomen Prozessen - auch die Effizienz bzw. Wirtschaftlichkeit der Aktivitäten zu überprüfen, wobei der Informationsbedarf hier ebenfalls aus den Planungs- und Steuerungsvorgaben hervorgeht. Er bezieht sich auf die benötigten Prozeßzeiten, den Mitarbeiter- und sonstigen Potentialeinsatz, die Prozeßabstimmung und Bewältigung von Schnittstellen (einschließlich ggf. entstandener Leerlaufzeiten), die Prozeß-beschleunigung durch technologische und informationelle Unterstützung[467] sowie nicht zu-letzt auch auf gegebenenfalls aufgetretene Probleme oder Fehler, die die Prozeßeffizienz durch zusätzlichen Arbeitsaufwand oder Ergebniseinbußen beeinträchtigen.[468]

Zur Wirtschaftlichkeitsbeurteilung gilt es dann unter Berücksichtigung der aufgeführten Be-stimmungsfaktoren die durch den Prozeß verursachten Kosten zu ermitteln und diese mit dem Erlösbeitrag des Prozesses zu vergleichen. Solche monetären Prozeßkontrollen stellen erheb-liche Anforderungen an das betriebliche Rechnungswesen,[469] da sie eine differenzierte Zu-rechnung der Kosten und Erlöse zu den einzelnen Prozessen voraussetzen. Da sie jedoch eine wesentliche Informationsgrundlage für die Erfolgsermittlung sowie für die zukünftige Pro-zeßgestaltung und -steuerung darstellen, müssen sie in einem marktorientierten IS Berück-sichtigung finden.

Die Informationsbedarfsträger bei der Erfüllung von Kontrollaufgaben sind einerseits die Mitarbeiter im Kundenkontakt, wenn es um prozeßbegleitende Qualitätskontrollen geht,[470] und andererseits die Back-Office-Mitarbeiter im Hinblick auf die monetäre Prozeßüberwa-chung. Für die Kontrolle der gesamtunternehmerischen Prozeßkoordination und Ressourcen-allokation tragen dagegen i.d.R. Führungskräfte die Verantwortung. Die dabei gewonnenen Erkenntnisse über den erforderlichen Ressourceneinsatz der Leistungsprozesse stellen eine wesentliche Bestimmungsgröße der im folgenden behandelten Potentialplanung und -steuerung dar.

---

467 Vgl. Franz (1994), S. 239. Er weist auch explizit auf den Zusammenhang zwischen einer adäquaten Infor-mationsversorgung und der erforderlichen Prozeßdauer hin.
468 Vgl. Shostack (1984), S. 95 sowie Becker (1994a), S. 42 f., der in dem Zusammenhang eine Schwachstel-len-Effizienzanalyse empfiehlt.
469 Vgl. Franz (1994), S. 240.
470 Der Informationsbedarf ist hierbei spezifisch auf den einzelnen Kunden bzw. sogar die einzelne Leistungs-erstellung bezogen.

4.4 Informationsbedarf im Rahmen der Potentialphase

Die Leistungspotentiale (Mitarbeiter, Maschinen etc.) stellen das eigentliche Marktangebot eines Dienstleistungsunternehmens dar.[471] Sie müssen in der richtigen Menge und Güte vorgehalten werden, um die anfallende Nachfrage bedienen zu können und bilden häufig die Hauptentscheidungsgrundlage für den Nachfrager bei der Wahl des für sein Problem geeigneten Anbieters.[472] Ihr direkter Einfluß auf die Qualitätswahrnehmung des Kunden erfordert eine Berücksichtigung der qualitativen, quantitativen und zeitlichen Kundenerwartungen bei der Planung der Leistungsfähigkeit und -bereitschaft.[473] Gleichzeitig ist ein produktiver Einsatz der vorgehaltenen Leistungspotentiale aber auch unmittelbar von dem Vorhandensein eines externen Faktors, d.h. von der anfallenden Nachfrage, abhängig.[474] Da diese i.d.R. nicht konstant ist, Dienstleistungen aber auch nicht auf Vorrat produziert werden können,[475] besteht je nach Ausrichtung der verfügbaren Kapazitäten[476] entweder das Problem kostenintensiver Leerkapazitäten (bei Ausrichtung an den Nachfragespitzen)[477] oder die Notwendigkeit, zu bestimmten Zeiten Nachfrage abzulehnen (bei Ausrichtung an der durchschnittlichen Nachfrage).[478] Beide Alternativen wirken sich negativ auf die erzielbaren Erträge aus, so daß eine wesentliche Zielsetzung der Potentialplanung in der **Flexibilisierung des Kapazitätsangebots** besteht. Hierfür stehen im Prinzip sämtliche potentialbezogenen Gestaltungsdimensionen (qualitative, quantitative, zeitliche, räumliche, intensitätsmäßige und substitutive Dimension[479]) zur Verfügung, auf die im weiteren Verlauf noch näher eingegangen wird. Vorab wird jedoch wiederum kurz der Einfluß von Interaktions- und Individualisierungsgrad auf den potentialbezogenen Informationsbedarf verdeutlicht.

---

471 Vgl. hierzu Abschn. 2.2.1.1 sowie Kleinaltenkamp/Ginter (1998), S. 762.
472 Vgl. Eversheim (1997), S. 81 und Corsten (1997), S. 167 und S. 340. Dies ist dadurch begründet, daß Dienstleistungen zum Zeitpunkt der Kaufentscheidung noch nicht existieren und somit informationsökonomisch gesehen überwiegend Erfahrungs- oder Vertrauenseigenschaften aufweisen. Eine Vorabbeurteilung kann daher nur anhand von Qualitätssurrogaten wie den Leistungspotentialen erfolgen (derivative Qualitätsbeurteilung). Vgl. Corsten (1997), S. 167.
473 Vgl. Schnittka (1996), S. 10 f.
474 Vgl. Corsten (1997), S. 169. Die Nachfrageabhängigkeit des Potentialeinsatzes gilt, wie in den prozeßbezogenen Ausführungen bereits deutlich wurde, jedoch vorrangig für solche Potentiale, die direkt der Dienstleistungserstellung dienen.
475 Vgl. Armistead/Clark (1994), S. 6; Bitran/Lojo (1993), S. 279 f. und Maleri (1994), S. 168.
476 Der Begriff Kapazität wird hier in Anlehnung an *Pack* synonym zum Leistungspotential verwendet, d.h. er subsumiert Leistungsfähigkeit und -bereitschaft eines Dienstleistungsunternehmens. Nach *Pack* ist mit Dienstleistungskapazität „die Möglichkeit und Bereitschaft, produktive Leistungen zu erstellen" gemeint. *Pack* (1993), S. 58.
477 Vgl. Förderreuther (1976), S. 29 f. und Corsten/Stuhlmann (1996), S. 8.
478 Vgl. Heskett/Sasser/Hart (1991), S. 171.
479 Vgl. hierzu grundsätzlich Corsten (1988a), S. 107 ff. und Maleri (1994), S. 172 ff., wobei die dort aufgeführten Anpassungsdimensionen nicht deckungsgleich sind und in beiden Fällen nicht die substitutive Dimension beinhalten.

4.4.1 Determinanten des potentialbezogenen Informationsbedarfs

Die aufgezeigten Besonderheiten und Probleme des Potentialangebots verdeutlichen den ausˑ geprägten Marktbezug der Kapazitätsplanung im Dienstleistungsbereich. Eine kundengeˑ rechte und gleichzeitig wirtschaftliche Bereitstellung von Leistungspotentialen kann daher nur auf Basis entsprechender Marktinformationen gewährleistet werden,[480] wobei das zentrale Problem in deren Unsicherheit liegt. Die Unsicherheit wird zum einen ganz allgemein durch den Zukunftsbezug der erforderlichen Informationen, v.a. der zu erwartenden Nachfrage in ihrer quantitativen und zeitlichen Ausprägung sowie ihrer Verteilung auf die Dienstleistungsangebote, bewirkt.[481] Zum anderen stellen hier aber auch wieder die Dienstleistungsmerkmale Interaktions- und Individualisierungsgrad relevante Einflußgrößen dar.

Die Interaktivität ist insofern von Relevanz, als daß sie die Art und Einsatzdauer der erforderlichen Kapazitäten beeinflußt. Bei hohem **Interaktionsgrad** müssen die Leistungspotentiale eine entsprechende Anpassungsfähigkeit an die situativen Anforderungen aufweisen und sind zudem nur bedingt im voraus zu koordinieren, da der Zeitbedarf der Leistungserstellung mit dem Kundeneinfluß variiert.[482] Dadurch ist eine exakte Einsatzplanung der Kapazitäten, wie sie in der Sachgüterproduktion üblich ist, nur schwer möglich. Andererseits ist eine vorausschauende Disposition aber erforderlich, um Wartezeiten für den Kunden oder unproduktiv bereitstehende Leistungskapazitäten für den Anbieter zu vermeiden. Daher gilt es, die interaktionsbedingten Konsequenzen für den Potentialeinsatz soweit wie möglich a priori zu erfassen und das Potentialangebot darauf abzustimmen.

Auch der **Individualisierungsgrad** einer Dienstleistung beeinflußt die erforderliche Potentialausstattung. Während bei standardisierter Leistungserstellung konstante Anforderungen an die Leistungspotentiale gestellt werden und somit Effizienzvorteile durch den Einsatz spezialisierter, leistungsintensiver Produktionsfaktoren für weitgehend identisch wiederkehrende Teilaufgaben erzielt werden können, ist der Fokus bei kundenindividuell erstellten Leistungen v.a. auf die Flexibilität der Leistungspotentiale gerichtet. Hier werden überwiegend universell einsetzbare Mitarbeiter und Aggregate benötigt,[483] die sich an die variierenden Aufgabeninhalte anpassen können, so daß die qualitativen Anforderungen im Zentrum der Potentialplanung und des dabei auftretenden Informationsbedarfs stehen.

Durch die bestehende Planungsunsicherheit kommt den kurzfristigen Anpassungsmöglichkeiten der Leistungspotentiale im Dienstleistungsbereich große Bedeutung zu. Auf diese wird nun im Rahmen der grundsätzlichen Betrachtung dienstleistungsrelevanter Potentialdimensionen näher eingegangen, wobei auch der dabei entstehende Informationsbedarf aufgezeigt werden soll.

---

480 Vgl. Corsten/Stuhlmann (1996), S. 16.
481 Vgl. Maleri (1994), S. 166; Shemwell/Cronin (1994), S. 16 f.; Förderreuther (1976), S. 35 ff.
482 Vgl. Corsten (1997), S. 166.
483 Vgl. Corsten (1997), S. 339.

4.4.2 Dimensionen des Leistungspotentials und deren Nutzungsmöglichkeiten zur nachfragegerechten Kapazitätsanpassung

4.4.2.1 Qualitative Dimension

Die qualitative Dimension der Leistungspotentiale kennzeichnet die grundsätzliche Fähigkeit und konkrete Bereitschaft, angebotene Dienstleistungen in der angestrebten Art und Güte zu erstellen.[484] In der produktionstheoretischen Literatur wird diesbezüglich zwischen einer präzisionalen, einer dimensionalen und einer variationalen Dimension unterschieden,[485] welche jedoch vorrangig eine interne Qualitätsorientierung widerspiegeln und somit den Gegebenheiten im Dienstleistungsbereich nicht vollständig gerecht werden.[486] Hier bemißt sich die Potentialqualität nämlich nicht nur aus einer Input-Output-Betrachtung heraus an der Fähigkeit der verfügbaren Mitarbeiter und Aggregate, möglichst präzise, fehlerfrei und variabel einsetzbar die gewünschten Ergebnisse zu produzieren,[487] sondern sie ist auch der direkten Beurteilung durch die Nachfrager ausgesetzt.

Während der Kunde im Sachgüterbereich die Potentialqualität nur indirekt anhand der Produktionsergebnisse, d.h. der von ihm gekauften Güter, beurteilen kann, ist sie im Dienstleistungsbereich für ihn direkt wahrnehmbar und stellt häufig einen zentralen Bestimmungsfaktor der Kaufentscheidung dar. Somit gilt es hier, die **Kundenerwartungen** bei der qualitativen Gestaltung der Leistungspotentiale zu berücksichtigen und mögliche Diskrepanzen zwischen Erwartung und tatsächlicher Wahrnehmung zu ermitteln.

Zur Vermeidung oder Behebung solcher Diskrepanzen bedarf es v.a. einer genauen Erfassung der Erwartungen, wofür jedoch zunächst wiederum eine Operationalisierung der Potentialqualität Vorraussetzung ist. *Turley/Fugate* haben diesbezüglich fünf Dimensionen herausgearbeitet,[488] die je nach Art der Dienstleistung in unterschiedlicher Gewichtung zur Qualitätswahrnehmung beitragen:[489]

• **Leistungsbereitschaftsdimension:** In ihr kommt zum Ausdruck, inwiefern die materielle und informationelle Ausstattung geeignet ist, einen reibungslosen, für Mitarbeiter und

---

484 Vgl. Benkenstein (1997), S. 156.
485 Vgl. Kern (1992), S. 22 f. Hiermit wird die Leistungsgüte (präzisional), die möglichen Ausmaße bzw. Ausprägungen bearbeitbarer Objekte (dimensional) sowie die Fähigkeit, verschiedenartige Aufgaben auszuführen (variational) gekennzeichnet.
486 Lediglich bei Potentialen, die ausschließlich im Rahmen autonomer Prozesse Einsatz finden, sind die qualitativen Anforderungen mit denen des Sachgüterbereichs vergleichbar.
487 Vgl. Corsten (1992), S. 231 und Kern (1992), S. 22 f.
488 Vgl. Turley/Fugate (1992), S. 39 ff. Zum Teil finden sich Aspekte der hier unterschiedenen Dimensionen auch in den folgenden Abschnitten wieder. Dadurch wird deutlich, daß Qualitätswirkungen aus einer Vielfalt von Potentialgesichtspunkten entstehen können und eine exakte Abgrenzung der Qualitätsdimension gegenüber den übrigen hier behandelten Dimensionen kaum möglich ist.
489 Während bei persönlich erbrachten Dienstleistungen (insbesondere bei bilateral personenbezogenen) die Mitarbeiterqualität im Vordergrund steht, nimmt bei den sogenannten „facility-driven services" die materielle Ausstattung des Dienstleisters eine bedeutendere Stellung ein. Vgl. zu letzteren Turley/Fugate (1992), S. 38.

Kunden gleichermaßen verständlichen und kontrollierbaren Ablauf der Leistungserstellung zu gewährleisten.

- **Räumliche Dimension:** Sie betrifft die Geeignetheit der Standortwahl, v.a. im Hinblick auf Bequemlichkeitsaspekte für den Nachfrager[490] sowie die Anordnung der Potentialelemente in den Kundenkontaktbereichen.[491]

- **Atmosphärische Dimension:** Hierunter sind sämtliche Potentialmerkmale subsumiert, die geeignet sind, das emotionale oder physische Befinden des Nachfragers zu beeinflussen (z.b. Raumausstattung, Erscheinungsbild der Mitarbeiter, Farben, Beleuchtung, Musik oder sonstige akustische Reize, Luftqualität, Düfte etc.).[492]

- **Dimension der Nutzungsfreundlichkeit:** Sie erfaßt die Ausrichtung des Potentials an den Fähigkeiten und Nutzungsgewohnheiten des Nachfragers, wobei die Vermeidung von Unsicherheit beim Durchlaufen des Leistungsprozesses ein zentraler Gesichtspunkt ist.[493]

- **Kontaktpersonaldimension:** Hierin kommt die Fähigkeit und Bereitschaft der Mitarbeiter zum Ausdruck, ihre Funktion im Rahmen der Dienstleistungsproduktion adäquat zu erfüllen, unabhängig davon, ob sie aktiv an der Leistungserstellung beteiligt sind oder lediglich eine überwachende oder steuernde Funktion wahrnehmen.

Diese Dimensionen ermöglichen eine Konkretisierung des potentialorientierten Informationsbedarfs, ähnlich wie auch die im Rahmen merkmalsorientierter Qualitätsmeßansätze berücksichtigten ausstattungs- und mitarbeiterbezogenen Aspekte eine Operationalisierung der Potentialqualität darstellen.[494]

Für eine **Potentialanpassung** an auftretende Nachfrageschwankungen bietet die qualitative Dimension ingesamt eher begrenzte Möglichkeiten, denn auch bei Nachfrageüberschuß kann die Inkaufnahme von Qualitätseinbußen zugunsten einer vollständigen Abwicklung der anfallenden Nachfrage keine für sämtliche Kunden geeignete Alternative sein.[495] Ausnahmen können jedoch darin bestehen, daß der Kunde eine Minderqualität ausdrücklich in Kauf nimmt, um die Dienstleistung zum gewünschten Zeitpunkt zu erhalten (z.b. bei Zusatzbetten im Hotel, Stehplätzen im Zug oder einem Beratungsverzicht im Textilhandel). In diesen Fällen ist der Informationsbedarf bezüglich der Qualitätserwartungen an die situativen Gegeben-

---

490 Hierauf wird in Abschn. 4.4.2.4 noch ausführlich eingegangen.
491 Zum letztgenannten Aspekt, der bei *Turley/Fugate* nicht explizit berücksichtigt wird, vgl. Zeithaml/Bitner (1996), S. 535 f.
492 Siehe hierzu auch Zeithaml/Bitner (1996), S. 535 und Treis/Oppermann (1998), S. 794 ff. Letztere zeigen in differenzierter Form sensorische Gestaltungsoptionen auf und konkretisieren diese am Beispiel des ICE der Deutschen Bahn AG.
493 Wegen des engen Zusammenhangs zur Leistungsbereitschaftsdimension lassen sich diese beiden Dimensionen ggf. auch zusammenfassen.
494 Siehe hierzu z.B. den SERVQUAL-Ansatz von *Parasuraman/Zeithaml/Berry*, auf den in Abschn. 5.2.2.2.1 noch näher eingegangen wird. Vgl. Parasuraman/Zeithaml/Berry (1985), S. 41 ff. und Zeithaml/Parasuraman/Berry (1992), S. 38 ff.
495 So weist z.B. *Lovelock* darauf hin, daß sich Anpassungsmaßnahmen zur Bedienung zusätzlicher Nachfrage negativ auf die Qualitätswahrnehmung der regulären Kunden auswirken können. Vgl. Lovelock (1990), S. 357.

heiten anzupassen, um gegebenfalls veränderten Merkmalsprioritäten der Kunden Rechnung zu tragen. Eine Sonderform der qualitativen Potentialanpassung stellt das sogenannte Upgrading dar, das für Überkapazitäten bei hochwertigen Leistungsangeboten (z.B. First-Class-Bereiche in Flugzeugen oder Suiten in Hotels) eingesetzt werden kann. Hierbei wird das gehobene Leistungsangebot auch an Kunden mit geringerer Zahlungsbereitschaft vergeben, um Leerkapazitäten zu vermeiden.[496]

Grundsätzliche Anpassungsmöglichkeiten bestehen jedoch im Personalbereich hinsichtlich der Spezialisierung und Qualifikation der Mitarbeiter. So können durch interdisziplinäre Personalschulungen (Cross-Training) Nachfrageschwankungen bei unterschiedlichen Dienstleistungsangeboten ausgeglichen werden.[497] Allgemeine Nachfragespitzen können in begrenztem Maße auch durch den unterstützenden Einsatz von niedrigqualifiziertem Personal bewältigt werden, wenn dieses die Fachkräfte von zeitintensiven, aber qualitätsunkritischen Tätigkeiten entlastet.[498] Der Informationsbedarf hierfür richtet sich marktbezogen v.a. auf den leistungsspezifischen Nachfrageanfall[499] und die dabei bestehenden Qualitätsansprüche sowie unternehmensintern auf die aufgabenbezogenen Qualifikationsanforderungen, die genaue personelle Zuordnung sowie das Qualifikations- und Spezialisierungsniveau des Personalbestandes.

4.4.2.2 Quantitative Dimension

Die quantitative Dimension des Leistungspotentials beschreibt das maximale mengenmäßige Leistungsvermögen innerhalb eines Zeitabschnitts.[500] Dieses läßt sich entweder über den erzielbaren Output bestimmen, wobei sich jedoch die bereits mehrfach thematisierten Quantifizierungsprobleme[501] der Dienstleistungsergebnisse als Problem erweisen, oder indirekt über den Leistungsinput, der sich allerdings ebenfalls meist nicht unmittelbar mengenmäßig bestimmen läßt, sondern lediglich über Hilfsgrößen wie z.B. Potentialeinsatzzeiten quantifizierbar ist.[502] Somit setzt der Informationsbedarf hier bereits bei der Identifikation geeigneter Erfassungsgrößen für die quantitative Kapazität an und bezieht sich des weiteren auf die aktuell verfügbaren Potentiale bzw. deren Leistungsvermögen sowie die Anpassungsmöglichkeiten an variierende Kapazitätsbedarfe.

---

496 Vgl. Bitran/Mondschein (1997), S. 528 f. und Deutsche Lufthansa AG (1997), S. 14.
497 Vgl. Heskett/Sasser/Hart (1991), S. 188 f.; Shemwell/Cronin (1994), S. 17; Corsten (1988a), S. 109 und Bitran/Lojo (1993), S. 280.
498 Vgl. Johnson/Scheuing/Gaida (1986), S. 127.
499 Dieser Informationsbedarf besteht für sämtliche der im folgenden behandelten Potentialdimensionen gleichermaßen.
500 Vgl. Corsten (1997), S. 166. Sie entspricht somit weitgehend dem klassischen Verständnis der technischen Maximalkapazität nach *Kern*, das die Kapazität als Produkt aus Kapazitätsquerschnitt, Leistungsintensität und verfügbaren Zeiteinheiten definiert. Vgl. Kern (1962), S. 135.
501 Vgl. hierzu die Abschnitte 4.2.2 und 4.2.3 sowie Maleri (1994), S. 102 f.
502 Vgl. Corsten (1997), S. 166.

Da die verschiedenen Einsatzfaktoren im Dienstleistungsbereich häufig in limitationaler Beziehung zueinander stehen,[503] d.h. der Mehreinsatz eines Faktors (z.b. zusätzliche Zimmerkapazitäten in einem Hotel/Tischkapazitäten in einem Restaurant) erfordert auch einen Mehreinsatz anderer Faktoren (z.b. Reinigungs-/Bedienungspersonal), wird das maximale Leistungsvermögen in einem bestimmten Zeitraum oft durch vorhandene **Engpaßfaktoren** bestimmt. Eine Ausdehnung des Leistungspotentials in nachfragestarken Zeiten sollte demnach zunächst bei diesen Faktoren ansetzen, so daß deren Ermittlung einen vorrangigen Informationsbedarf für die Planung von Anpassungsmaßnahmen darstellt.[504]

Die Bedingungen für eine quantitative Kapazitätsanpassung sind im Dienstleistungsbereich grundsätzlich günstig, da eine gewisse Teilbarkeit des Potentialfaktorbestandes, v.a. durch die meist vorliegende Personalintensität, gegeben ist.[505] Eine Variation des Personalbestandes in Abhängigkeit des Nachfrageanfalls erfordert jedoch entsprechend flexible Mitarbeiter und Arbeitsverträge. Im Bereich materieller Potentialfaktoren besteht darüber hinaus - insbesondere bei sehr kostspieligen Leistungsaggregaten - die Möglichkeit einer partiellen Nutzung in Kooperation mit anderen Anbietern[506] (z.B. bei medizinischen Geräten, Transportmitteln oder Computerterminals am point-of-sale), um eine möglichst vollständige Auslastung zu erreichen. Mitunter können in nachfragestarken Zeiten auch Geräte und Personal angemietet werden.[507] Hinsichtlich der umfassenden Auslastung vorhandener Kapazitäten soll noch auf eine weitere Option hingewiesen werden: die Überbuchung, d.h. es werden mehr Aufträge angenommen als Kapazitäten zur Verfügung stehen (z.B. bei Fluggesellschaften oder Hotels).[508] Dieser Maßnahme liegt die Erwartung zugrunde, daß nicht alle gebuchten Leistungen auch tatsächlich in Anspruch genommen werden. Zur Bestimmung der ertragsoptimalen Überbuchungsrate[509] sind differenzierte Erfahrungswerte über nicht realisierte Buchungen erforderlich.

---

503 Vgl. Maleri (1994), S. 178.
504 Vgl. Armistead/Clark (1994), S. 6 f. und Corsten (1992), S. 243.
505 Vgl. Corsten (1988), S. 107.
506 Vgl. Johnson/Scheuing/Gaida (1986), S. 127; Lovelock (1990), S. 357 und Bitran/Mondschein (1997), S. 527.
507 Vgl. Heskett/Sasser/Hart (1991), S. 188. Als Praxisbeispiele werden hier Fluggesellschaften und Speditionen genannt. Vgl. auch Pack (1993), S. 65 und Shemwell/Cronin (1994), S. 16. Entsprechend kann in nachfrageschwachen Zeiten eine Vermietung von Leistungspotentialen erfolgen.
508 Vgl. Krüger (1990), S. 246 und Smith/Leimkuhler/Darrow (1992), S. 11 ff.
509 Ertragsoptimal ist eine möglichst exakte Übereinstimmung von Leistungsinanspruchnahmen und verfügbaren Kapazitäten, da Überschußkapazitäten Leerkosten erzeugen und für nicht bedienbare Nachfrage Alternativangebote (z.B. von Konkurrenten) gefunden werden müssen, die für den Anbieter i.d.R. Mehrkosten und einen Goodwill-Verlust beim Kunden bedeuten.

4.4.2.3 Zeitliche Dimension

In der zeitlichen Dimension kommt die effektiv mögliche Einsatzdauer der Potentialfaktoren (Leistungsdauer) innerhalb eines betrachteten Referenzzeitraums zum Ausdruck.[510] Für den Dienstleistungsbereich entsteht diesbezüglich neben dem **internen Informationsbedarf**, der sich auf die

- zeitliche Verfügbarkeit der Mitarbeiter und materiellen Potentialfaktoren,[511]
- die leistungsspezifischen Potentialeinsatzzeiten[512] sowie auf
- die zeitliche Flexibilität der Produktionsfaktoren

bezieht, auch ein externer, **kundenbezogener Informationsbedarf**. Dieser ist zum einen auf die bestehende Nachfrageverteilung innerhalb der verfügbaren Nutzungszeiten gerichtet und zum anderen auf die Zeitpräferenzen bzw. -erwartungen der Nachfrager hinsichtlich

- des Zeitpunktes der Leistungsinanspruchnahme,
- der Zeitdauer der Leistungserstellung,
- des Zeitspektrums, in dem die Leistung angeboten wird (ggf. differenziert nach alternativen Formen der Leistungserstellung wie z.B. Bankleistungen in der Filiale, durch Kundenbesuche oder per Telefon bzw. PC),
- auftretender Wartezeiten (mit oder ohne Terminvereinbarung) oder sonstiger für den Kunden anfallender Nichtproduktivzeiten während der Leistungserstellung sowie
- eines zeitlichen Vorlaufs für Reservierungen oder Terminabsprachen.

Für eine **Anpassung des Kapazitätsangebots an die Kapazitätsnachfrage** bietet die zeitliche unter den hier dargestellten Dimensionen die ausgeprägtesten Möglichkeiten. Vor allem im Bereich der personellen Leistungspotentiale können durch Teilzeitkräfte, Arbeitszeitverkürzung bzw. Überstunden,[513] durch grundsätzlich flexiblere Arbeitszeitregelungen[514] oder partielles Vor- und Nacharbeiten Nachfrageschwankungen ausgeglichen werden.[515] Auf den gesamten Potentialeinsatz bezogen bestehen Anpassungspotentiale im Rahmen einer Ausdehnung bzw. Reduktion oder Verlagerung der Geschäftszeiten[516] (z.B. in die Abendstunden bei überwiegend berufstätigen Kunden), wenn dem nicht gesetzliche Bestimmungen entgegenstehen.[517] Restriktiven Ladenschlußgesetzen kann jedoch bei einigen Dienstleistungen durch

510 Vgl. Köhler (1993), S. 86. Hier wird explizit zwischen der Kalenderzeit als betrachteter Gesamtzeitraum und der effektiv möglichen Leistungsdauer unterschieden.
511 Hierbei sind auch personelle und materielle Verlustzeiten (z.B. durch Krankheit oder erforderliche Wartungen und Reparaturen) zu berücksichtigen. Vgl. Corsten (1992), S. 231.
512 Im Dienstleistungsbereich ergibt sich diesbezüglich nicht nur das Problem inkonstanter Leistungsfähigkeit und -bereitschaft der Mitarbeiter, sondern zusätzlich noch das des Kundeneinflusses auf die Leistungserstellungszeit. Vgl. Corsten/Stuhlmann (1996), S. 4.
513 Vgl. Schneeweiß (1992), S. 18; Pack (1993), S. 65 und Shemwell/Cronin (1994), S. 16.
514 Vgl. Förderreuther (1976), S. 107 ff.
515 Vgl. Corsten (1992), S. 243; Johnson/Scheuing/Gaida (1986), S. 127; Bitran/Mondschein (1997), S. 528 und Lovelock (1990), S. 357.
516 Vgl. Förderreuther (1976), S. 99 ff. und Bitran/Lojo (1993), S. 280.
517 Vgl. Corsten (1988a), S. 108.

eine automatisierte, geschäftszeitunabhängige Leistungserstellung begegnet werden. So ermöglichen z.b. Bank- oder Flugticketautomaten sowie über Internet oder Telefon erbrachte
Dienstleistungen einen 24-Stunden-Service, für den i.d.R. sogar nur eine Ausdehnung der
materiellen Leistungsbereitschaft erforderlich ist.

4.4.2.4 Räumliche Dimension

Die räumliche Dimension betrifft zum einen die Anzahl und geographische Anordnung der
Potentialstandorte und zum anderen die Frage nach dem Ort der eigentlichen Leistungserstellung. Bestimmungsfaktoren der **Standortwahl** sind im Dienstleistungsbereich oft nach-
frageseitig dominiert, da durch das Integrationserfordernis eines externen Faktors i.d.R. eine
räumliche Nähe zwischen Angebot und Nachfrage bestehen muß. Gerade bei Dienstleistungen mit hoher Bedarfshäufigkeit stellt die schnelle Erreichbarkeit ein bedeutsames Merkmal
der Dienstleistungsqualität dar.[518] Eine Ausnahme sind dabei medial erstellte Dienstleistungen, für die lediglich eine Telefon- oder Internet-Verbindung erforderlich ist. Hier kann eine
Zentralisierung der Leistungspotentiale unter vorrangiger Berücksichtigung von Kostengesichtspunkten erfolgen.[519] Bei präsenzabhängigen Dienstleistungen dagegen findet die **Leistungserstellung** entweder bei dem Anbieter[520] oder dem Nachfrager vor Ort statt. Entscheidungsrelevant sind dabei die Präferenzen der Nachfrager sowie die gegebene Mobilität des
externen Faktors und die der erforderlichen Leistungspotentiale.[521]

Eine räumliche Kapazitätsanpassung kann z.B. durch die Eröffnung zusätzlicher bzw. Schließung bestehender Filialen vorgenommen werden, wobei diese Möglichkeit nur für langfristige
räumliche Nachfrageveränderungen in Frage kommt. Temporäre Nachfrageschwankungen
sind dagegen in gewissem Rahmen durch flexiblen Einsatz der geschilderten Leistungser-
stellungsalternativen ausgleichbar, sofern diese für die konkrete Dienstleistung gleichermaßen
in Frage kommen. So könnte z.B. bei Kapazitätsengpässen des Anbieters vor Ort eine partielle Verlagerung der Leistungserstellung auf mediale Basis oder zum Nachfrager hin vorgenommen werden. Mitunter sind bei räumlich wechselnder bzw. kurzfristig an bestimmten
Orten anfallender Nachfrage (z.B. im Rahmen sportlicher oder kultureller Ereignisse) auch
mobile Produktionsstätten einsetzbar.[522]

---

518 Vgl. Meffert/Bruhn (1997), S. 93.
519 Mitunter ist dies auch für Teilleistungen wie z.b. Buchungen oder Reservierungen möglich. So ist z.B. bei
     der Deutschen Lufthansa AG eine Reduktion der Telefonreservierungszentren von weltweit 143 auf 9 glo-
     bale Zentren geplant. Vgl. o.V. (1998), S. 25.
520 Hierunter sollen auch Leistungserstellungen an Drittorten durch den Anbieter (z.B. Reisen, Transportlei-
     stungen oder Sportunterricht wie Segel- oder Skikurse) gefaßt werden.
521 Vgl. Corsten (1988), S. 111 f.
522 Für gastronomische Dienstleistungen, Transportleistungen (z.B. Shuttle-Verkehr) sowie Informations- oder
     Betreuungsdienste (z.B. Kinderbetreuung) ist dies eine bereits etablierte Alternative. Denkbar wären dies-
     bezüglich aber noch weitere Dienstleistungen wie z.b. ereignisadäquate Vermietungsgeschäfte. Vgl. auch
     Bitran/Mondschein (1997), S. 527, die als weiteres Beispiel für räumlich flexible Dienstleistungen mobile
     Bibliotheken anführen.

Der Informationsbedarf bezieht sich hierbei v.a. auf die räumlich-zeitliche Nachfrageverteilung (bzw. Bedarfsdichte[523]), die Standorte von Konkurrenz- und Komplementäranbietern, die allgemeinen infrastrukturellen Gegebenheiten (z.B. Verkehrsanbindung),[524] die interne und externe Faktormobilität,[525] die Nachfragerpräferenzen im Hinblick auf Ort und Art der Leistungserstellung sowie auf die Medienausstattung und -affinität der Kunden.

4.4.2.5 Intensitätsmäßige Dimension

In der intensitätsmäßigen Dimension kommt die Arbeitsgeschwindigkeit der personellen und materiellen Leistungspotentiale zum Ausdruck,[526] deren Variation eine Erhöhung bzw. Reduktion des Outputs bei konstanten mengenmäßigen und zeitlichen Kapazitäten bewirken kann. Intensitätsmäßige Anpassungen sind prinzipiell sowohl bei den Mitarbeitern als auch bei den eingesetzten Maschinen möglich,[527] wobei in beiden Fällen restriktive Faktoren zu berücksichtigen sind. Im Personalbereich kann eine Erhöhung der Leistungsintensität zu Streßempfinden oder gar gesundheitlichen Schäden, zu einer Minderung der Leistungsqualität und Erhöhung der Fehlerwahrscheinlichkeit führen.[528] Ähnliche Probleme können bei materiellen Leistungsaggregaten auftreten,[529] und durch den häufig limitationalen Zusammenhang zwischen den Faktorarten Maschine und Mitarbeiter kann sogar eine Kumulation der Probleme entstehen.

Unabhängig von der Art der eingesetzten Leistungspotentiale kann eine Erhöhung der Leistungsintensität, die mit einer Prozeßbeschleunigung bzw. -verkürzung einhergeht, auch negative Auswirkungen auf die Kundenzufriedenheit haben.[530] Dies ist v.a. dann zu erwarten, wenn es sich um eine prozeßorientierte, am Kunden selbst erbrachte Dienstleistung handelt. Somit kommt diese Anpassungsform nur zur Überbrückung kurzfristiger Kapazitätsdefizite in Frage und auch nur dann, wenn die Qualitätswahrnehmung der Kunden dadurch nicht erheblich beeinträchtigt wird.

Der Informationsbedarf einer intensitätsmäßigen Anpassung betrifft v.a. diese Negativkonsequenzen, die den zusätzlich erzielbaren Erlösen gegenüberzustellen sind. Abgesehen davon bedarf eine Leistungsintensivierung jedoch nicht unbedingt einer grundlegenden Planung,

---

523 Vgl. Meyer/Dullinger (1998b), S. 771.
524 Vgl. Meffert/Bruhn (1997), S. 93 und Meyer/Ertl (1998), S. 221.
525 Vgl. Corsten (1997), S. 347.
526 Vgl. Corsten (1988), S. 107.
527 Siehe hierzu Maleri (1994), S. 175 f. Als typische Anwendungsbeispiele werden hier die Hotellerie und das Gaststättengewerbe bezüglich des Personaleinsatzes und das Transportgewerbe für den Betriebsmitteleinsatz angeführt.
528 Vgl. Förderreuther (1976), S. 116. Von großer Bedeutung sind daher motivationsfördernde Maßnahmen. Vgl. hierzu Förderreuther (1976), S. 118 ff. und Heskett/Sasser/Hart (1991), S. 191.
529 Hier kann es zu verstärktem Verschleiß oder erhöhten Ausfallrisiken durch Überlastung der eingesetzten Maschinen kommen. Denkbar wäre dies z.B. bei Überschreitung empfohlener Geschwindigkeiten oder Überladung von LKW.
530 Vgl. Corsten (1988), S. 108 und Förderreuther (1976), S. 116.

sondern kann bei auftretendem Bedarf ad hoc vorgenommen werden. Sie weist demnach im Vergleich zu den übrigen Anpassungformen, für die i.d.R. tiefgreifendere Potentialanpassungen erforderlich sind, eine geringe Notwendigkeit zur apriorischen Bedarfsermittlung auf.

4.4.2.6 Substitutive Dimension

Die substitutive Dimension, verstanden als Maß für die gegenseitige Austauschbarkeit von Einsatzfaktoren, wird in der Literatur nicht explizit als Potentialdimension aufgegriffen. Sie weist jedoch gerade im Dienstleistungsbereich für den Ausgleich von Nachfrageschwankungen erhebliche praktische Relevanz auf und soll daher hier als zusätzliche Anpassungsform Berücksichtigung finden.

Grundsätzliche Möglichkeiten zur Substitution von Leistungspotentialen ergeben sich sowohl zwischen den Potentialarten Mensch und Maschine als auch innerhalb dieser Faktorbereiche. So können manche Dienstleistungen insgesamt (z.b. bestimmte Finanzdienstleistungen,[531] Gebäudeüberwachung, Telefonauskünfte[532]) oder zumindest in Teilbereichen (z.b. Ticketverkauf für den Personentransport, Kassieren im Rahmen von Handelsleistungen,[533] Lernhilfen an Schulen und Universitäten[534]) alternativ durch Mitarbeiter oder automatisiert erbracht werden. Je nach Potentialverfügbarkeit und Nachfrageanfall können die Leistungserstellungsformen sich dann gegenseitig ergänzen oder ersetzen. Auch innerhalb des Personalbereichs bestehen Substitutionsmöglichkeiten (z.b. zwischen Back-Office und Front-Office oder zwischen verschiedenen Dienstleistungsarten), wenn die Mitarbeiter durch funktions- und leistungsübergreifende Ausbildungen flexibel einsetzbar sind[535] oder die Aufgaben nur geringe Qualifikationsanforderungen stellen. In ähnlicher Weise bieten multifunktional ausgelegte Betriebsmittel die Option, nach Bedarf zwischen unterschiedlichen Dienstleistungsarten ausgetauscht zu werden. Dies gilt z.b. für Flugzeuge, die sowohl für den Gütertransport als auch für den Personenverkehr einsetzbar sind.[536] Sofern der Kunde unmittelbar mit den Leistungspotentialen in Kontakt kommt, ist bei solchen Substitutionsüberlegungen neben internen Gesichtspunkten wie z.b. der Kostenverursachung der alternativen Potentialeinsätze stets auch deren Akzeptanz durch die Nachfrager zu berücksichtigen.

Es fällt auf, daß die beispielhaft dargestellten Maßnahmen zum Ausgleich von Kapazitätsbedarf und -angebot selten nur eine Potentialdimension betreffen. So impliziert z.b. die Potenti-

531 Vgl. Biervert/Monse/Gatzke et al. (1994), S. 28 ff. und 108 ff. Hier wird der Anwendungsfall einer „automatisierten Schalterhalle" zur umfassenden Abwicklung von Bankgeschäften mit den Kunden beschrieben.
532 Vgl. Bitran/Mondschein (1997), S. 527.
533 Im Einzelhandel (z.b. bei Karstadt) sind bereits erste Scannersysteme im Einsatz, bei denen der Kunde die gekauften Waren selbständig einscannen und mit einer Chipkarte bezahlen kann.
534 Im Rahmen der computerbasierten interaktiven Lehre werden an Universitäten zunehmend veranstaltungsbegleitende Lernhilfen per Internet angeboten, die das reguläre Lehrangebot unterstützen sollen.
535 Vgl. Bitran/Mondschein (1997), S. 528; Bitran/Lojo (1993), S. 280 und Johnson/Scheuing/Gaida (1986), S. 127. Als Praxisbeispiele werden hier die Fluggesellschaft People Express sowie der Pizza-Service Domino's Pizza genannt. Ebenso kommen hierfür aber auch Banken, Hotels, Einzelhandelsbetriebe etc. in Frage.

alsubstitution häufig auch zeitliche Gesichtspunkte, ebenso wie die intensitätsmäßige Anpassung Verbindungen zur qualitativen Dimension aufweist. Diese Interdependenzen sind bei der Potentialplanung und -einsatzsteuerung zu berücksichtigen. Des weiteren ist bei dem Bestreben, eine möglichst durchgängig hohe Kapazitätsauslastung zu erreichen, auch zu berücksichtigen, daß gewisse Leerlaufzeiten des Potentials für Maßnahmen zur Erhaltung der Leistungsfähigkeit wie z.b. Training der Mitarbeiter sowie Pflege und Wartung der Aggregate benötigt werden.

4.4.3 Nachfragegerichtete Maßnahmen zur Optimierung der Kapazitätsauslastung

Eine Angleichung von Kapazitätsbedarf und -angebot kann nicht nur über potentialbezogene Anpassungsmaßnahmen erreicht werden, sondern ebenfalls über eine **Beeinflussung der Nachfrage**.[537] Durch preis- oder produktpolitische Anreize (z.b. günstige Tarife oder Zusatzleistungen zu nachfrageschwachen Tages-, Wochen- oder Jahreszeiten),[538] durch Reservierungen, Terminvergabe[539] oder gezielte Kommunikationspolitik sowie durch eine segmentspezifische Leistungsdifferenzierung[540] (z.b. Sondervorstellungen für Kinder im Kino oder „Mutter-und-Kind-Schwimmen" mit reduzierter Wassertiefe in Hallenbädern) können Nachfragespitzen und -täler in begrenztem Maße geglättet werden und somit eine gleichmäßigere Kapazitätsauslastung bewirkt werden.

Des weiteren bestehen im Fall eines Nachfrageüberhangs auch die Möglichkeiten der Lagerung externer Faktoren sowie der Externalisierung von Teilleistungen. Bei der **Lagerung externer Faktoren** ist jedoch zu berücksichtigen, daß für die Nachfrager Opportunitätskosten entstehen, sei es in Form alternativer Zeitverwendungsmöglichkeiten für den Kunden selbst (bei personenbezogenen Dienstleistungen) oder in Form des Nutzungsausfalls eingebrachter Objekte (bei objektbezogenen Dienstleistungen). Diese Opportunitätskosten sind den Vorteilen des Anbieters gegenüberzustellen, welche aus der erleichterten Synchronisation seiner internen Leistungspotentiale mit dem externen Faktor entstehen, weil dieser einsatzbereit zur Verfügung steht.[541] Auf die Möglichkeit der **Externalisierung von Leistungsaktivitäten** an den Kunden zur Entlastung der internen Leistungspotentiale wurde bereits im Rahmen der Prozeßdimension eingegangen.[542]

---

536 Vgl. Maleri (1994), S. 177.
537 Vgl. Heskett/Sasser/Hart (1991), S. 180 ff. Als Bedingungen für die Steuerung der Nachfrage werden hier deren Prognostizierbarkeit und die Bereitschaft des Kunden, auf Anreize einzugehen, genannt.
538 Vgl. Bitran/Lojo (1993), S. 280 f.; Shemwell/Cronin (1994), S. 16; Corsten (1992), S. 247 und Johnson/Scheuing/Gaida (1986), S. 126 f.
539 Vgl. Corsten (1997), S. 180.
540 Vgl. Shemwell/Cronin (1994), S. 16.
541 Vgl. Schnittka (1996), S. 25 f. So können z.B. bei objektbezogenen Dienstleistungen Rüstkosten vermieden werden, wenn die verfügbaren externen Faktoren nach den an ihnen zu erbringenden Leistungen sortiert und im Verbund bearbeitet werden.
542 Siehe hierzu Abschn. 4.3.2.2.

4.4.4 Informationsbedarf im Rahmen der Potentialplanung

Die grundlegende Zielsetzung der Potentialplanung besteht in der bedarfsgerechten Bereitstellung von Aggregaten und Personal,[543] wobei Bedarfsgerechtigkeit im Dienstleistungsbereich nicht nur auf die internen Leistungsprogrammvorgaben und den konkreten mengenmäßigen Nachfrageanfall abzielt, sondern auch die direkten Potentialanforderungen der Nachfrager impliziert,[544] die sich auf sämtliche der vorab dargestellten Potentialdimensionen beziehen können.

Im Rahmen der **strategischen** Potentialplanung ist zunächst die grundsätzlich angestrebte Leistungsfähigkeit des Unternehmens gemäß der verfolgten Wettbewerbsstrategie festzulegen. Den Ausgangspunkt stellt dabei die Leistungsprogrammplanung dar, die in Verbindung mit langfristigen Nachfrageprognosen[545] die erforderliche Potentialausstattung determiniert.[546] Unter Berücksichtigung dieser Vorgaben gilt es ein Anforderungsprofil für das Leistungspotential zu entwickeln, das den Kundenerwartungen ebenso wie den Wettbewerbsanforderungen Rechnung trägt.[547] Hieraus lassen sich dann - ausgehend von den vorhandenen Potentialbeständen - Strategien für den Ressourcenaufbau in den verschiedenen Potentialbereichen sowie externe Beschaffungsbedarfe ableiten.[548] Zu berücksichtigen sind dabei auch gegebenenfalls bestehende externe Restriktionen, die in Form von rechtlichen Vorgaben oder Sicherheitsaspekten (z.B. Maximalgrößenvorgaben für Sport- und Kulturveranstaltungen sowie Verkehrsmittel), regionalen Marktbeschränkungen (z.B. bei Taxiunternehmen) oder Auslastungshöchstwerten bei netzbasierten Dienstleistungen (z.B. im Schienenverkehr und in der Telekommunikation) das Potentialangebot begrenzen können.

Aufgabe der **operativen** Potentialplanung ist die Umsetzung des konzeptionellen Rahmens in konkrete Ausstattungsentscheidungen, d.h. das für die Leistungserstellung erforderliche Potentialangebot ist in Art, Umfang, Struktur und Zusammenwirken festzulegen.[549] Es erfolgt eine Zuordnung von Mitarbeitern und Aggregaten zu spezifischen Aufgaben bzw. Leistungsaktivitäten, bei der die Sollvorgaben der Ergebnis- und Prozeßplanung, differenziert nach den verschiedenen Dienstleistungsangeboten, zu berücksichtigen sind. Die marktorientierten Informationsbedarfe bezüglich der Front-Office-Mitarbeiter sind dabei v.a. auf die Kundener-

---

543 Vgl. Corsten/Stuhlmann (1996), S. 6.
544 Vgl. Schnittka (1996), S. 64.
545 Vgl. Heskett/Sasser/Hart (1991), S. 169 f. sowie insbesondere Lüking (1993), S. 11 ff., der einen Literaturüberblick zu Nachfrage- und Angebotsprognosen im Luftverkehrsbereich gibt.
546 Vgl. Corsten (1997), S. 168.
547 Der Fokus ist hierbei v.a. auf die qualitative Dimension gelegt, da hierin die wettbewerbsstrategische Ausrichtung in grundlegender Form zum Ausdruck kommt und sie einen konstitutiven Charakter für die übrigen Dimensionen aufweist.
548 Vgl. Pack (1993), S. 63 f.
549 Vgl. Corsten/Stuhlmann (1996), S. 7. Dort sind diese Aspekte jedoch der taktischen Kapazitätsgestaltung zugeordnet, die hier nicht explizit unterschieden wird. *Corsten/Stuhlmann* ordnen der operativen Kapazitätsgestaltung Entscheidungen über die konkrete Kapazitätsbelegung bei gegebenem Leistungspotential zu, die hier im Rahmen der Potentialsteuerung behandelt werden. Mit dem hier verwendeten Begriffsverständnis weitgehend übereinstimmend ist dagegen die von *Pack* vorgenommene Unterscheidung in „Planung der Leistungsbereitschaft" und „dispositive Auslastungssteuerung". Vgl. Pack (1993), S. 64 ff.

wartungen gerichtet.[550] In ähnlicher Form gilt dies auch für Leistungsaggregate, mit denen der Kunde in Kontakt kommt. Deren Gestaltung ist v.a. unter Gesichtspunkten der Anwendungsfreundlichkeit, Bedienungssicherheit und Fehlerfreiheit vorzunehmen.[551] Neben Qualitätsgesichtspunkten widmet sich die operative Potentialplanung aber auch verstärkt den übrigen Gestaltungsdimensionen.[552] Informationsbedarfe bestehen hierbei hinsichtlich der zielgruppen- und leistungsspezifischen Nachfrage (des quantitativen Anfalls und der räumlich-zeitlichen Verteilung, insbesondere zu erwartender Nachfrageschwankungen[553]), auf deren Basis das Kapazitätsangebot bezüglich der verschiedenen Dimensionen konkretisiert werden sollte und auch bereits Anpassungsoptionen auszuarbeiten sind, die im Rahmen der Kapazitätssteuerung situationsspezifisch genutzt werden können. Zu berücksichtigen sind bei den Anpassungsmaßnahmen auch die Auswirkungen auf die Kundenwahrnehmung bzw. -zufriedenheit sowie die internen Konsequenzen, z.B. bezüglich des Koordinationsbedarfs und der Kostenverursachung bzw. -einsparung.[554] Des weiteren sollte im Rahmen der operativen Potentialplanung auch eine Prioritätenplanung vorgenommen werden[555], bei der Vorgaben darüber zu formulieren sind, welche Kunden oder Aufträge im Fall von Kapazitätsengpässen bevorzugt zu bedienen sind. Hierfür ist der Kundenwert bzw. der erwartete Erfolgsbeitrag eines spezifischen Auftrags von besonderer Bedeutung.

Der Informationsbedarf für die Potentialplanung, auf den in den Abbildungen 22 und 23 im einzelnen eingegangen wird, entsteht in erster Linie bei der Geschäftsführung, die die grundsätzlichen Entscheidungen über die Potentialausstattung zu treffen hat. Bezüglich der konkreten einsatzbezogenen Anforderungen sollten jedoch auch Mitarbeiter der betroffenen Bereiche in die Planung einbezogen werden. Eine Informationsbedarfskonkretisierung muß innerhalb der Potentialdimension stärker als bei den übrigen Dienstleistungsdimensionen a priori erfolgen,[556] da zumindest die grundsätzliche Ausstattung nicht kurzfristig variabel ist und lediglich begrenzte situative Anpassungspotentiale bestehen. Bei stark individualisierten Leistungen kann dies mitunter ein Problem darstellen, da hier nur schwer allgemeine Anforderungen zu definieren sind.

---

550 Diese sollten aus Ergebnissen der qualitätsbezogenen Potentialanalysen (Abschn. 4.4.2.1) entnehmbar sein.
551 Vgl. Turley/Fugate (1992), S. 42.
552 Bei der quantitativen Kapazitätsplanung unterscheidet *Schroeder* zwischen „Facilities decision", „Aggregate Planning" und „Scheduling", wobei das „Aggregate Planning" dem hier zugrundeliegenden Verständnis der operativen Potentialplanung weitgehend entspricht, allerdings ausschließlich bezogen auf materielle Leistungspotentiale. Vgl. Schroeder (1993), S. 306 ff.
553 Zu den unterschiedlichen Arten von Nachfrageschwankungen und deren Ursachen speziell für den Bankenbereich siehe die ausführliche Untersuchung von Förderreuther (1976), S. 35 ff. Vgl. auch Heskett/Sasser/Hart (1991), S. 171 f.
554 Siehe hierzu Schoenfeld (1992), S. 200 ff. Hier werden verschiedene Ansätze zur Bewältigung der Zurechnungsproblematik fixer Kapazitätskosten dargestellt. Diese Problematik läßt sich z.T. auch bereits durch eine Flexibilisierung des Potentialangebotes (z.B. nachfrageabhängiger Personaleinsatz) reduzieren, da dadurch Kapazitätskosten in stärkerem Maße als variable Kosten anfallen.
555 Vgl. Schnittka (1996), S. 35.
556 Vgl. Kleinaltenkamp/Ginter (1998), S. 762.

Planungs-horizont	Relevante Informationen	Bedarfs-träger	Aggregati-onsniveau	Informati-onsquellen
Strategische Planung	• langfristige Nachfrageentwicklung (bezogen auf die versch. Zielgruppen, Regionen u. Leistungsarten) • grundsätzliche Nachfragererwartungen an d. Leistungsfähigkeit (Anforderungen an Mitarbeiter, Ausstattung d. Geschäftsräume etc.) • Mobilität der externen Faktoren • Lagerbarkeit d. externen Faktoren • Wirkung abgelehnter Nachfrage (Qual.wahrnehm., Kundentreue) • Potentialbez. Kundenbindungsmöglichkeiten durch Transaktionskosten- u. Unsicherheitsreduktion (Systemanbindung, Potentialvertrautheit) • Externe Restriktionen (z.B. durch gesetzliche Bestimmungen) • Konkurrenzstandorte und grundsätzliche Potentialqualität • potentielle Kooperationspartner für Potentialangebote	FK (KKP)	überwiegend höher aggregiert (gesamtpotentialbez.) z.T. differenziert nach Zielgruppen (bzw. Arten externer Faktoren), Regionen u. Leistungsarten	Kunden Kundendatenbank Markt- und Wirtschaftsforschungsinstitute eigene Untersuchungen Konkurrenzbeobachtung Anbieterverzeichnisse relevante Gesetze
Operative Planung	• mengenmäßige und räuml./zeitl. Verteilung der Nachfrage (Nachfrageschwankungen) • Bestimmungsfaktoren der Nachfrageschwankungen • Steuerbarkeit der Nachfrage • nicht in Anspruch genommene Buchungen/Reservierungen • Zufriedenheitswirkung von Wartezeiten • Faktorspezifische Nachfragererwartungen (qual., quant., räuml., zeitl., intensitätsmäßig) • Fremdbeschaffungs- u. Vermietungsmöglichkeiten von Faktoren bzw. Faktorkontingenten • Kundenwahrnehmung d. Mitarbeiter u. Aggregate (dimensionsbez.) • Konkrete Potentialausstattung der Konkurrenz (bzgl. der verschiedenen Potentialdimensionen) • Kundenbeurt. d. Konk.ausstattung	FK KKP (BOM)	spezifisch für verschiedene Dienstleistungen auf best. Potentialfaktoren bezogen	Kunden Mitarbeiter im Kundenkontakt Absatzstatistik (bzw. Buchungs-/Reservierungssyst.) Nachfrageprognosesysteme qualitätsbez. Untersuch. Konkurrenzbeobachtung Anbieterverzeichnisse

Abbildung 22: Externer Informationsbedarf für die Potentialplanung

Planungs-horizont	Relevante Informationen	Bedarfs-träger	Aggregati-onsniveau	Informati-onsquellen
Strategische Planung	• Leistungsprogramm • Potentialanforderungen aus Ergeb-nis- u. Prozeßplanung • Potentialbestand (qual., quant., räuml./zeitl. Verteilung) • zukünftiger Potentialbedarf • Fremdbeschaffungsbedarf (Zukauf, Anmietung) • Einsatzverhältnis der Potentialfak-toren (limitational/substitutional) • Kostenverursachung des Potential-einsatzes (Fixkosten, var. Kosten) • Kapazitätsauslastung • Leerkosten • Fehlmengenkosten (entgangene Er-löse durch unzureich. Kapazitäten)	FK (KKP)	gesamtpoten-tialbezogen	Ergebnis- und Prozeßplanung Personaldaten-bank Bestands- und Auslastungs-analysen Kostenrech-nung Anfragen-/ Auftragsbear-beitung
Operative Planung	• Einsatzflexibilität d. Mitarbeiter u. Aggregate (bzgl. versch. Dienstlei-stungsarten u. Aufgaben) • Faktoranpassungsspielräume (bzgl. d. verschiedenen Dimensionen) • Faktordefizite (Engpaßfaktoren) und -überschüsse • Zuverlässigkeit/Fehleranfälligkeit der Faktoren insgesamt • Leistungskonstanz und Ausfallzeiten der Mitarbeiter • Einsatzzeiten der Faktoren je DL • Einfluß des externen Faktors auf Leistungsdauer und -intensität • faktorspezifische Auslastung • faktorspez. Kostenverursachung	FK (BOM) (KKP)	spezifisch für die versch. Leistungs-potentiale	Mitarbeiter Personaldaten-bank Faktoreinsatz-pläne/-berichte Ablauf-/Pro-zeßkontrollen Wartungs-/Re-paraturberichte Kostenrech-nung

Abbildung 23: Interner Informationsbedarf für die Potentialplanung

4.4.5 Informationsaspekte der Kapazitätssteuerung

Die Kapazitätssteuerung geht von den vorhandenen, durch die Potentialplanung festgelegten Leistungspotentialen aus und soll deren bedarfsgerechten und wirtschaftlichen Einsatz im Rahmen der Dienstleistungsproduktion gewährleisten. Während die Potentialplanung also der Gestaltung der grundsätzlichen Leistungsfähigkeit entspricht, wird hier die konkrete **Leistungsbereitschaft** festgelegt. Den situativen Gegebenheiten (Nachfrageanfall, Potentialver-fügbarkeit und aufgabenspezifische Eignung) entsprechend sind dabei die Mitarbeiter und Aggregate so zu koordinieren, daß eine möglichst hohe und kontinuierliche Kapazitätsausla-stung bewirkt wird.[557]

Besondere Bedeutung kommt der situativen Potentialanpassung bei Dienstleistungen mit ho-hem Individualisierungsgrad zu, da hier der erforderliche Potentialeinsatz in seiner Art und

---

[557] Vgl. Corsten/Stuhlmann (1996), S. 7 und Pack (1993), S. 66.

seinem zeitlichem Ausmaß nur sehr bedingt vorab bestimmbar ist. Gewissen Einschränkungen unterliegen die Anpassungsoptionen dagegen bei **kollektiven Dienstleistungen** wie z.B. Passagierflügen oder Kinovorstellungen. Zum einen werden diese aufgrund des Erfordernisses einer Nachfrageraggregation oft nach fest vorgegebenen Zeitplänen angeboten, so daß sowohl zeitliche als auch intensitätsmäßige Anpassungsmaßnahmen zumindest kurzfristig kaum zur Verfügung stehen.[558] Zum anderen sind die eingesetzten Leistungspotentiale häufig nicht beliebig teilbar, wodurch eine quantitative Anpassung auch nur in fest definiertem Umfang erfolgen kann (z.B. durch zusätzliche Bahnwaggons, größere Flugzeuge oder Kinosäle). Insgesamt erweist sich die Kapazitätssteuerung bei solchen Dienstleistungen als weniger flexibel und besonders koordinationsintensiv, v.a. wenn es sich um netzbasierte Leistungen wie den Luft- oder Bahnverkehr handelt, bei denen Anpassungsmaßnahmen i.d.R. die gesamte Netzstruktur mit ihren vielfältigen Potentialinterdependenzen berücksichtigen müssen.[559] Der steuerungsrelevante Informationsbedarf entspricht inhaltlich in wesentlichen Teilen dem der operativen Potentialplanung (vgl. Abb. 22 und 23), jedoch mit dem Unterschied, daß die Steuerung in erster Linie auf Istdaten zurückgreift. Bei den **externen Informationen** liegt der Schwerpunkt auf dem tatsächlichen Nachfrageanfall in seiner räumlich-zeitlichen Verteilung, da dieser Hauptbestimmungsfaktor des Potentialbedarfs ist.[560] In dem Zusammenhang stellt die Kenntnis der wesentlichen Einflußfaktoren des Nachfrageanfalls und deren aktuelle Ausprägung eine wichtige Entscheidungshilfe dar.[561] Darüber hinaus kann die Kapazitätssteuerung aber auch durch Kundenspezifika wie z.B. die Sensibilität im Hinblick auf Wartezeiten oder eine ausgeprägte Präferenz für einen bestimmten Mitarbeiter beeinflußt werden. Auch Merkmale des externen Faktors, die besondere Anforderungen an den Potentialeinsatz stellen (z.B. extreme Körpergröße oder Fettleibigkeit eines Fluggastes) sind zu berücksichtigen.

Der **interne Informationsbedarf** richtet sich v.a. auf die verfügbaren Leistungspotentiale und deren potentielles Einsatzspektrum bzw. deren Flexibilität, die die Geeignetheit für unterschiedliche Aufgabenstellungen bestimmt und insbesondere bei kurzfristigem Anpassungsbedarf bedeutsam ist.[562] Da die Kapazitätssteuerung eine Gesamtkoordination der verfügbaren Potentialfaktoren darstellt, sind auch bestehende Interdependenzen (z.B. durch limitationale Faktoreinsatzbeziehungen) zu berücksichtigen. Des weiteren gilt es auch Kosteninformationen bei der Einsatzsteuerung zu beachten. Im Fall unvollständiger Kapazitätsauslastung ist dies erforderlich, weil dann sowohl die möglichen Potentialanpassungsmaßnahmen (temporä-

---

558 In zeitlicher Hinsicht können hier jedoch z.B. außerplanmäßige Sondervorstellungen oder Zusatzflüge Ausnahmen darstellen.
559 Vgl. zu alternativen Netzstrukturen im Flugverkehrsbereich Meyer/Blümelhuber (1998b), S. 921. Die dort dargestellten Netzmodelle weisen erhebliche Unterschiede im Hinblick auf Potentialinterdependenzen und Anpassungsflexibilität auf.
560 Vgl. Corsten/Stuhlmann (1996), S. 8.
561 Zum Beispiel steht die Nachfrage nach Hotelübernachtungen oft in Verbindung zu lokalen Großveranstaltungen wie Messen oder Kongressen.
562 Vgl. Bitran/Mondschein (1997), S. 528.

rer Kapazitätsabbau) als auch die Auswahl der einzusetzenden Faktoren verstärkt unter Wirtschaftlichkeitsgesichtspunkten getroffen werden können. Bei Nachfrageüberschuß hingegen sollten Selektionsentscheidungen gemäß der Prioritätenplanung[563] nach Möglichkeit durch Informationen über die zu erwartenden auftragsspezifischen Faktoreinsatzkosten unterstützt werden.

Die konkrete Einsatzsteuerung und Anpassung der Leistungspotentiale obliegt aufgrund des flexiblen Handlungsbedarfs meist nicht der Geschäftsführung, sondern Mitarbeitern mit direkterem Bezug zur Leistungserstellung wie z.b. Filialleitern oder, bei zentralisierter Koordination und entsprechender Unternehmensgröße, speziellen Optimierungsteams.[564] Diese Mitarbeiter sind entsprechend auch Hauptinformationsbedarfsträger. Mitunter werden Anpassungsmaßnahmen aber auch von den leistungserstellenden Mitarbeitern selbst vorgenommen (z.b. intensitätsmäßige oder räumliche), so daß hier ebenfalls Informationsbedarfe entstehen.[565] In beiden Fällen sind die erforderlichen Informationen überwiegend a priori konkretisierbar. Eine Ausnahme können hier jedoch hochgradig individualisierte oder interaktive Dienstleistungen darstellen, bei denen die Kundenspezifika und -anforderungen Hauptbestimmungsfaktoren der Potentialeignung darstellen, und diese lassen sich nicht immer ex ante konkretisieren.

4.4.6 Kontrolle der Leistungsfähigkeit und -bereitschaft

Potentialkontrollen können sich korrespondierend zu den Bezugsbereichen der Potentialplanung und -steuerung sowohl auf die Leistungsfähigkeit als auch auf die Leistungsbereitschaft eines Dienstleistungsunternehmens beziehen. Dabei erscheint die in Abschn. 4.2.3 vorgenommene Unterscheidung in Ergebnis- und Ablaufkontrollen für den Potentialbereich allerdings weniger sinnvoll, da hier lediglich die Inputseite der Leistungserstellung betrachtet wird. Diese ist zum einen bezüglich ihrer grundsätzlichen qualitativen und quantitativen Ausprägung auf die Erfüllung der Vorgaben durch die strategische Potentialplanung zu überprüfen. Zum anderen sollte aber auch eine Überwachung des konkreten Faktoreinsatzes für die Dienstleistungserstellungen vorgenommen werden, welche sich im Personalbereich, v.a. bei den Mitarbeitern im Kundenkontakt, auch auf das Verhalten bezieht.

Zur Kontrolle der grundsätzlichen Leistungsfähigkeit sollten regelmäßige Bestandsanalysen durchgeführt werden, für die im Personalbereich die Anzahl und Qualifikation der Mitarbei-

---

563 Siehe hierzu Abschn. 4.4.4.
564 Vgl. Deutsche Lufthansa AG (1997), S. 13 ff.
565 *Tansik* betont z.B. unter Rückgriff auf diverse Literaturquellen, daß den Mitarbeitern im Kundenkontakt eine ausgeprägtere Steuerungsautonomie und mehr Entscheidungskompetenzen gewährt werden sollten, da dadurch den Kundenwünschen besser entsprochen werden kann. Vgl. Tansik (1990), S. 166 ff. sowie die dort angegebene Literatur.

ter,[566] ihr Einsatzspektrum, die aggregierten Einsatzzeiten[567] sowie die Fluktuation[568] sinnvolle Kontrollgrößen darstellen. Bei den materiellen Leistungspotentialen beziehen sich regelmäßige Kontrollen der Leistungsfähigkeit vorrangig auf technische Gesichtspunkte, die für die Sicherheit und Zuverlässigkeit der Leistungserstellung bedeutsam sind. Aggregate, deren Einsatz im Kundenkontakt erfolgt, sind ebenso wie die personellen Leistungspotentiale stets auch an den Kundenerwartungen zu messen, die in die qualitativen und quantitativen Sollvorgaben der Potentialplanung einfließen sollten.[569] Als Vergleichsmaßstab können zusätzlich auch Informationen über die Potentialausstattung der Konkurrenz einbezogen werden. Über diese extern ausgerichteten Kontrollen hinaus sind auch interne, insbesondere kostenbezogene Kontrollen durchzuführen, die sich im Hinblick auf die grundsätzliche Leistungsfähigkeit allerdings ausschließlich auf Fixkosten beziehen.

Demgegenüber beinhalten Kostenkontrollen der **Leistungsbereitschaft** die Faktorkosten der im Hinblick auf die erwartete Nachfrage konkret bereitgehaltenen Leistungspotentiale. Diese Bereitschaftskosten können in Abhängigkeit der Potentialanpassungsflexibilität mehr oder weniger stark mit der erwarteten Nachfrage variieren und stellen in diesem Umfang intervallfixe[570] bzw. mit zunehmender Teilbarkeit und Anpassungsgenauigkeit nahezu variable Kosten dar. Sie betreffen in erster Linie flexibel einsetzbare Mitarbeiter (z.B. Aushilfskräfte) und bedarfsbezogen genutzte Aggregate (z.B. temporär angemietete oder durch mehrere Anbieter gemeinsam genutzte Maschinen). Da in der Praxis jedoch sowohl die Anpassungsflexibilität als auch die Prognosegenauigkeit der Nachfrage meist begrenzt sind,[571] fallen die Bereitschaftskosten nur zum Teil als Produktivkosten (bzw. Nutzkosten), z.T. aber auch als Leerkosten an.[572] Diese Kostenrelation gilt es im Rahmen von Wirtschaftlichkeitskontrollen ebenso zu erfassen[573] wie die entgangenen Erlöse aufgrund temporär unzureichender Kapazitäten.[574]

Darüber hinaus sollten sich interne Kontrollen auch auf die dienstleistungsspezifische Ressourcenallokation und die entsprechende Kostenverursachung, auf Personal- und Maschinenausfallzeiten (z.B. durch Krankheit oder Wartung) sowie faktorspezifische Fehlerhäufigkeiten bei der Leistungserstellung beziehen. Aufgedeckte Schwachstellen oder Soll-Ist-Abweichungen gilt es dann durch Ursachenanalysen vertiefter zu untersuchen.

---

566 Vgl. Eversheim (1997), S. 71 und Meffert/Bruhn (1997), S. 456 ff.

567 Die verfügbare Arbeitszeit ist zumindest dann ergänzend zur Mitarbeiterzahl zu erfassen, wenn Teilzeitkräfte beschäftigt werden oder allgemein flexible Arbeitszeiten vorliegen.

568 Fluktuationsdaten sind insbesondere für die Erstellung von Personalbedarfsprognosen von Relevanz.

569 Vgl. Corsten/Stuhlmann (1996), S. 12 sowie Schnittka (1996), S. 55.

570 Als intervallfixe bzw. Sprungkosten werden solche Kosten bezeichnet, die nicht kontinuierlich, also mit jeder Änderung des Beschäftigungsgrades schwanken, sondern in gewissen Sprüngen. Siehe hierzu Wöhe (1996), S. 506 f. und Corsten (1997), S. 251 ff.

571 Siehe hierzu Hesket/Sasser/Hart (1991), S. 184, die eine Dienstleistungsdifferenzierung nach der Teilbarkeit der Einsatzfaktoren und der Variabilität der Kostenstruktur vornehmen.

572 Zur Unterscheidung von Nutz- und Leerkosten vgl. Gutenberg (1983), S. 348 ff. Leerkosten stellen den Teil der Kosten dar, dem keine produktive Ressourcennutzung zugrundeliegt. Siehe hierzu auch Förderreuther (1976), S. 30.

573 Hierfür sind zunächst jedoch faktorspezifische Auslastungsdaten erforderlich.

574 Dies setzt voraus, daß die anfallende Nachfrage vollständig registriert wird, auch wenn sie nicht bedient werden kann.

Externe Kontrollen der Leistungsbereitschaft betreffen die Kundenzufriedenheit mit den eingesetzten Leistungspotentialen. Insbesondere für den Bereich des Kundenkontaktpersonals sind externe Beurteilungen bedeutsam, da sie nicht nur eine wesentliche Informationsgrundlage für die qualitative Potentialplanung darstellen (z.b. zur Identifikation von Schulungsbedarf), sondern darüber hinaus auch als Motivationsbasis bzw. als Grundlage für monetäre und nichtmonetäre Anreize (z.b. kundenzufriedenheitsbezogene Prämien oder Gehaltskomponenten, Kompetenzerweiterungen sowie Auszeichnungen[575]) fungieren können.

Personalbezogene Kontrollen sollten aber nicht nur im Sinne einer Überwachung der Mitarbeiter verstanden werden, sondern auch auf deren Ansprüche gerichtet sein. Da die externe wie auch die interne Servicequalität in erheblichem Maße von der Zufriedenheit der Mitarbeiter abhängig ist,[576] sollten Potentialkontrollen bereits hier ansetzen und dabei auch die wesentlichen Bestimmungsfaktoren der Mitarbeiterzufriedenheit[577] (wie z.b. Aufgabenspektrum, Arbeitsplatzgestaltung, Vergütung, technische und persönliche Unterstützung sowie Führungskompetenz der Vorgesetzten) einbeziehen.

Die aufgezeigten Informationsbedarfe im Kontext der Potentialkontrollen lassen sich im wesentlichen direkt aus den Planungs- und Steuerungstatbeständen ableiten und sind daher a priori ermittelbar. Aus der dabei zugrundeliegenden Aufteilung in Leistungsfähigkeit und -bereitschaft bestimmen sich auch die zentralen Informationsbedarfsträger, die im Fall der Leistungsfähigkeitskontrollen vorrangig dem Management zuzuordnen sind, während für die konkreten Bereitschaftskontrollen hinsichtlich der nachfragegerechten Ressourcenzuteilung sowie technischer (bei Maschinen) oder verhaltensbezogener (bei Mitarbeitern) Gesichtspunkte die jeweiligen Fachbereiche oder übergeordnete Koordinationskräfte verantwortlich sind. Potentialkontrollen monetärer Art obliegen dem Rechnungswesen, das jedoch seinerseits differenzierte Daten über den leistungsspezifischen Potentialeinsatz und die -auslastung von Seiten der leistungserstellenden Mitarbeiter benötigt.

Insgesamt stehen die planungs-, steuerungs- und kontrollbezogenen Informationsbedarfe der drei Dienstleistungsdimensionen in einem sachlogischen Zusammenhang, der im folgenden anhand eines modellhaften Überblicks veranschaulicht wird.

4.5 Das „Information-GAP-Modell" zur Strukturierung von Informationsdefiziten

Die Berücksichtigung sämtlicher der in den vorangegangenen Abschnitten aufgezeigten Informationsbedarfe in einem Gesamtmodell würde dieses sehr komplex und unübersichtlich machen, so daß hier eine Beschränkung auf zentrale Informationsbereiche erfolgt, anhand de-

---

575 Vgl. Bruhn (1997), S. 172 f. Hier wird ein qualitätsorientiertes Anreizsystem dargestellt, in dem auch die Kundensicht Berücksichtigung findet.

576 Vgl. Heskett/Jones/Loveman et al. (1994), S. 51 ff.; Zeithaml/Bitner (1996), S. 304 f. sowie insbesondere die empirische Untersuchung von Schneider/Bowen (1993), S. 41 ff.

577 Vgl. hierzu beispielhaft Heskett/Jones/Loveman et al. (1994), S. 51.

rer sich die wesentlichen Verbindungen aufzeigen lassen. Hierzu wird in Anlehnung an das von *Parasuraman/Zeithaml/Berry* entwickelte GAP-Modell,[578] welches der systematischen Analyse potentieller *Qualitätsdefizite* dient (vgl. Abb. 24), ein „**Information-GAP-Modell**" konstruiert, das potentielle *Informationsdefizite* im Rahmen der Dienstleistungsplanung und konkreten Leistungserstellung unter besonderer Berücksichtigung kundenbezogener Informationsbedarfe aufzeigen soll.

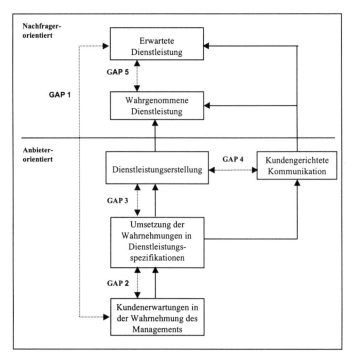

Abbildung 24: GAP-Modell der Dienstleistungsqualität
(Quelle: Parasuraman/Zeithaml/Berry (1985), S. 44; in deutscher Übersetzung entnommen aus Benkenstein (1998), S. 446.)

Um dabei der phasenorientierten Betrachtung dieser Arbeit Rechnung zu tragen, werden sowohl die Kundenanforderungen als auch die Unternehmensaktivitäten und deren Wirkung auf die Wahrnehmung der Nachfrager differenziert nach der Potential-, Prozeß- und Ergebnisdimension erfaßt. Die diesbezüglich herausgestellten Informationsbedarfe bzw. potentiellen Defizite (Information-GAPs) stimmen jedoch nur partiell mit den GAPs des Originalmodells überein (vgl. Abb. 25).

---

578 Vgl. Parasuraman/Zeithaml/Berry (1985), S. 41 ff.

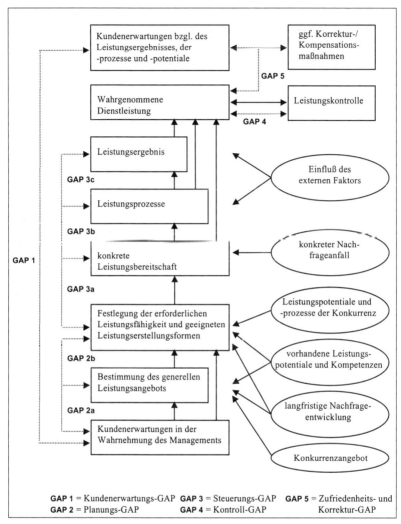

Abbildung 25: Information-GAP-Modell einer kundengerechten Dienstleistungserstellung

Das Ursprungsmodell enthält - aus empirischen Untersuchungen hergeleitet[579] - im wesentlichen vier Arten von Diskrepanzen, die als Ursachen für die fünfte, letztlich erfolgsentscheidende Diskrepanz zwischen Qualitätserwartung und –wahrnehmung verantwortlich gemacht werden. Durch die phasenspezifische Betrachtung entsteht zum einen eine Aufsplit-

---

579 Es wurden Expertengespräche mit Führungskräften sowie Fokusgruppeninterviews in den Bereichen Privatkundengeschäft von Banken, Kreditkartengeschäft, Wertpapierhandel sowie Reparatur- und Wartungsleistungen geführt. Vgl. Parasuraman/Zeithaml/Berry (1985), S. 43 f.

tung mancher Lücken in mehrere Dimensionen (GAP 2 und 3), zum anderen entfällt die ursprüngliche GAP 4 hier ganz, da sie sich auf die nach außen gerichtete Kommunikation des Unternehmens bezieht,[580] welche nicht zum eigentlichen Untersuchungsbereich dieser Arbeit zählt. GAP 4 und 5 des modifizierten Modells beinhalten dagegen ergänzende Aspekte gegenüber dem Ursprungsmodell, auf die im weiteren Verlauf dieses Abschnitts noch konkret eingegangen wird.

Ausgangspunkt der Modellbetrachtung sind die Kundenerwartungen an die zu erstellende Dienstleistung. In weitgehender Übereinstimmung mit dem Originalmodell ergibt sich hieraus die erste Lücke (**GAP 1**) als Diskrepanz zwischen den tatsächlichen Kundenerwartungen und deren Wahrnehmung durch das Management. Bestehen im Unternehmen unzureichende, nicht zielgruppenspezifische oder gar falsche Vorstellungen über die Nachfragererwartungen bezüglich des Leistungsergebnisses sowie der durch den Kunden wahrnehmbaren Prozesse und Potentiale, ist eine marktgerechte Dienstleistungserstellung per se nahezu ausgeschlossen. Informationsdefizite in diesem Bereich determinieren auch in erheblichem Maße die übrigen GAPs;[581] ihre Behebung stellt somit eine der grundsätzlichsten Aufgaben eines marktorientierten IM dar.[582] Als Ansatzpunkte für ihre Behebung werden in erster Linie die Marktforschung und die Informationsgewinnung des Kundenkontaktpersonals, aber auch die interne Kommunikation (zwischen marktnahen Mitarbeitern und dem Management) sowie die grundsätzliche Hierarchiestruktur im Unternehmen angesehen.[583]

GAP 2 beschreibt Informationsmängel bei der Umsetzung der durch das Management wahrgenommenen Kundenerwartungen im Rahmen der Dienstleistungsplanung. Für die Bestimmung des grundsätzlichen Leistungsangebots sowie der dafür erforderlichen Leistungsfähigkeit und geeigneter Leistungserstellungsformen gilt es das erworbene Wissen über die Kundenerwartungen mit zusätzlichen externen und internen Informationen (insbesondere über die langfristige Nachfrageentwicklung, die Wettbewerbssituation, die vorhandenen Kompetenzen und Leistungspotentiale) zu verknüpfen. Probleme können hierbei sowohl aus Fehlprognosen der Marktentwicklung als auch aus Fehleinschätzungen der eigenen Leistungsfähigkeit entstehen, die dazu führen, daß die Verwirklichung der Kundenerwartungen unter Zugrundelegung falscher Prämissen angestrebt wird. GAP 2 stellt eine zweigeteilte Lücke dar, da auf Informationsmängel zurückzuführende Diskrepanzen sowohl zwischen den Erwartungen und deren Umsetzung in der Angebotsgestaltung bestehen können (GAP 2a) als auch zwischen der Angebotsgestaltung und den dafür als adäquat angesehenen Leistungspotentialen und

---

580 Vgl. hierzu Parasuraman/Zeithaml/Berry (1985), S. 45 f.; Zeithaml/Bitner (1996), S. 45 f. und Bruhn (1997), S. 46 f.
581 Vgl. Bruhn (1997), S. 39.
582 Die Erfassung der Kundenerwartungen als allgemeine Planungsgrundlage erweist sich im Dienstleistungsbereich jedoch, gerade bei individualisierten Dienstleistungen, aufgrund der begrenzten Generalisierbarkeit als relativ problematisch. Vgl. hierzu Smith/Houston (1983), S. 60.
583 Vgl. Zeithaml/Berry/Parasuraman (1995), S. 137 ff. und Bruhn (1997), S. 41 f.

-prozessen (GAP 2b). Die potentiellen Konsequenzen dieser als Planungs-GAP zu bezeichnenden Lücke sind in einem nicht nachfragegerechten Leistungsangebot oder auch in Fehlinvestitionen bezüglich des Auf- und Ausbaus von Leistungspotentialen zu sehen.

Auf der Grundlage des vorgegebenen Leistungsprogramms und der grundsätzlich verfügbaren Ressourcen vollzieht sich dann die eigentliche Leistungserstellung gemäß der konkret anfallenden Nachfrage unter dem Einfluß der Kunden bzw. externen Faktoren. Die dabei vorzunehmenden Steuerungsaktivitäten des Dienstleisters können ebenfalls durch Informationsdefizite beeinträchtigt werden (**GAP 3**), indem z.B. eine für den konkreten Nachfrageanfall unzureichende oder überdimensionierte Leistungsbereitschaft hergestellt wird (GAP 3a), die Leistungsprozesse den Besonderheiten des externen Faktors nicht genügend Rechnung tragen oder schlecht koordiniert sind (GAP 3b) sowie das angestrebte Leistungsergebnis unter den situativen Rahmenbedingungen (v.a. dem konkret vorliegenden externen Faktor) nicht realisierbar ist oder bei den leistungserstellenden Mitarbeitern keine ausreichend konkrete Kenntnis darüber besteht (GAP 3c). Gründe für die Entstehung einer solchen Steuerungslücke können vielfältiger Natur sein, wie z.B. Defizite in der Interaktion mit dem Kunden und der Kundendatenermittlung, eine zu undifferenzierte Erfassung des Nachfrageanfalls, eine mangelhafte Abstimmung und Zusammenarbeit der Mitarbeiter,[584] ungeeignete Koordinations- und Überwachungssysteme[585] sowie Schwächen bei der Analyse flexibler Anpassungsmöglichkeiten der Potentiale und Prozesse einerseits und der Nachfrage andererseits. GAP 3 ist in Abweichung zum Originalmodell hier wiederum nach den verschiedenen Dienstleistungsdimensionen aufgeteilt, da so eine genauere Spezifizierung der Informationsbedarfe bzw. potentieller Defizite erfolgen kann und Informationsbedarfsabhängigkeiten deutlicher herausgestellt werden können.

Auch hinsichtlich der Kundenwahrnehmung der Dienstleistung, auf die sich **GAP 4** bezieht, sollten alle drei Dienstleistungsdimensionen berücksichtigt werden, da nicht nur das Leistungsergebnis, sondern auch die ihm zugrundeliegenden Prozesse und Potentiale, zumindest soweit sie in Interaktion mit dem Kunden Einsatz finden, durch diesen wahrnehmbar sind.[586] Die differenzierte Erfassung der Kundenwahrnehmung stellt einen zentralen Bereich der Dienstleistungskontrollen dar, durch den das Unternehmen Erkenntnisse über die tatsächliche externe Wirkung seiner Aktivitäten gewinnt, die mit der beabsichtigten Wirkung verglichen werden können. Da die Kundenwahrnehmung oft jedoch gar nicht, unvollständig oder unter

---

584 Siehe hierzu auch Zeithaml/Berry/Parasuraman (1995), S. 145 f. Eine schlechte Zusammenarbeit wird dort auch als wesentlicher Grund für Qualitätsdefizite bei der Leistungserstellung thematisiert.
585 Vgl. Zeithaml/Parasuraman/Berry (1992), S. 108 f.
586 Siehe hierzu auch die Abschn. 4.3.5 und 4.4.6 Aus einem vergleichbaren Begründungskontext heraus wird auch von *Corsten/Stuhlmann* bei deren kapazitätsbezogenem GAP-Modell eine Differenzierung der kundenwahrnehmungsbezogenen Lücke vorgenommen. Vgl. Corsten/Stuhlmann (1996), S. 14.

Verwendung ungeeigneter Meßinstrumente erfaßt wird, bestehen hier häufig Informationsdefizite, die im Rahmen dieses Modells als Kontroll-GAP (GAP 4) bezeichnet werden.

Die Kontroll-GAP steht in engem sachlichen Zusammenhang zu der letzten Kategorie von
Informationsdefiziten (GAP 5), welche sich auf die zufriedenheitsbezogene Diskrepanz zwischen der Dienstleistungswahrnehmung und den zugrundegelegten Erwartungen sowie auf
den daraus resultierenden Bedarf an Korrektur- bzw. Kompensationsmaßnahmen bezieht. Die
letztgenannten Aspekte, für die im Dienstleistungsbereich aufgrund des direkten Kunden-
kontakts besondere Möglichkeiten bestehen und die für die endgültige Zufriedenheitswirkung
oft von großer Relevanz sind,[587] finden in dem Ursprungsmodell von *Parasuraman/Zeit-
haml/Berry* überhaupt keine Berücksichtigung,[588] obwohl sie dem dort untersuchten Bereich
der Dienstleistungsqualität zugeordnet werden können. Aus informationsbezogener Sicht
können sich hier zunächst Defizite bei der Überprüfung der Abweichungen zwischen erwarteter und wahrgenommener Dienstleistung ergeben, für die neben den oben bereits aufgeführten Gründen auch eine bewußte Unterdrückung von negativen Kundenurteilen oder zumindest eine fehlende Ermunterung zu deren Artikulation verantwortlich sein können.[589]
Darüber hinaus ergeben sich bei diagnostizierter Unzufriedenheit jedoch weitere Informationsbedarfe bezüglich aus Kundensicht geeigneter Kompensationsmaßnahmen.[590] Die Nicht-
berücksichtigung dieses Gesichtspunktes im Ursprungsmodell deutet bereits darauf hin, daß
dem Problemfeld bislang relativ geringe Beachtung geschenkt wurde und demnach hier häufig ein Informationsdefizit besteht.[591]

Die Vielfalt dienstleistungsspezifischer Informationsbedarfe und -probleme, die in Kapitel 4
insgesamt und in dem Information-GAP-Modell nochmals zusammenfassend verdeutlicht
wurde, erfordert entsprechend vielschichtige IM-Konzepte zu ihrer Bewältigung, auf die im
Rahmen des folgenden Kapitels ausführlich eingegangen wird.

---

587 Vgl. Stauss (1993), S. 41; Hart/Heskett/Sasser (1990), S. 148.
588 GAP 5 als letztlich aus den anderen Lücken resultierende Zufriedenheitslücke bezieht sich hier nur auf das
   wahrgenommene Ergebnis der eigentlichen Leistungserstellung, ohne daß denkbare Nachbesserungsmaß-
   nahmen einbezogen werden. Vgl. Parasuraman/Zeithaml/ Berry (1985), S. 46; Zeithaml/Berry/Parasuraman
   (1995), S. 154 f. und Zeithaml/Bitner (1996), S. 37 f.
589 Vgl. Plymire (1991), S. 62 f.
590 Vgl. hierzu Hoffman/Kelley/Rotalsky (1995), S. 49 ff., die mittels einer empirischen Studie im Restaurant-
   bereich die Angemessenheit potentieller Korrektur- und Kompensationsmaßnahmen für unterschiedliche
   aufgetretene Problemsituationen untersuchen. Siehe auch Goodwin/Ross (1990), S. 54 ff.; Bolfing (1989),
   S. 7 und Halstead/Dröge/Cooper (1993), S. 35 f.
591 Auch in der Literatur wird immer wieder hervorgehoben, daß in der Praxis wie auch in der Forschung diesbezüglich Nachholbedarf besteht. Vgl. hierzu Berry/Parasuraman (1992), S. 48 ff.; Hoffman/Kelley/Ro-
   talsky (1995), S. 49 und Fulmer/Goodwin (1994), S. 26.

5 Partialansätze eines marktorientierten Informationsmanagements

Zur Deckung seiner Informationsbedarfe stehen einem Dienstleistungsunternehmen vielfältige Informationsquellen und -verarbeitungsansätze zur Verfügung, wie im vorangegangenen Kapitel bereits erkennbar wurde. Überwiegend kommen dabei Konzepte zum Einsatz, die auf bestimmte Problemstellungen oder Zielgrößen begrenzt sind und somit als Partialansätze des IM zu verstehen sind. Um der gesamten Bandbreite der aufgezeigten marketingrelevanten Informationserfordernisse Rechnung zu tragen, bedarf es einer komplementären Verwendung verschiedener Konzeptionen. So sind Qualitätsinformationssysteme durch marktorientierte Kostenrechnungsverfahren zu ergänzen; Kunden- und Konkurrenzanalysesysteme müssen mit intern gerichteten, prozeß- und potentialbezogenen Ansätzen abgestimmt werden.

Aufgabe dieses Kapitels ist die Darstellung solcher Konzeptionen und deren Beurteilung im Hinblick auf ihren Beitrag zur Befriedigung der in Kapitel 4 aufgezeigten Informationsbedarfe sowie unter Wirtschaftlichkeitsgesichtspunkten. Entscheidend für die Auswahl und Beurteilung ist dabei auch, inwiefern sie den Besonderheiten des Dienstleistungsbereichs Rechnung tragen, weshalb mitunter entsprechende Modifikationen der Ansätze vorzunehmen sind. Auf eine umfassende allgemeine Darstellung der Konzepte wird im Rahmen der Analyse weitgehend verzichtet, insbesondere wenn es sich um Ansätze handelt, deren Verwendungszweck nicht auf die Informationsversorgung des Unternehmens beschränkt ist. Eine Systematisierung der Ansätze erfolgt dabei entsprechend dem vorangegangenen Kapitel anhand der phasenbezogenen Dienstleistungsdimensionen. Bei umfassenderen Ansätzen, die nicht eindeutig bzw. nicht aussschließlich einer bestimmten Phase zuzuordnen sind (z.B. Qualitätsmanagement oder Target Costing), erfolgt die Zuordnung zu derjenigen Phase, wo der Anwendungsschwerpunkt liegt. In den überwiegenden Fällen ist dies die Ergebnisphase, da sie zum einen die primäre Schnittstelle zwischen Unternehmen und Markt darstellt und zum anderen die Gestaltung der übrigen Phasen in wesentlichem Maße determiniert.[592] Im Fall des Benchmarking als wettbewerbsorientierter Ansatz erfolgt eine differenzierte Betrachtung nach den verschiedenen phasenspezifischen Anwendungsbereichen.

Bevor jedoch auf die Konzepte im einzelnen eingegangen wird, gilt es zunächst eine Konkretisierung geeigneter Beurteilungskriterien vorzunehmen.

5.1 Beurteilungskriterien für den Erfolgsbeitrag der Informationsmanagementkonzepte

Die Gestaltung des IM ist wie alle betrieblichen Aktivitäten an den Unternehmenszielen auszurichten,[593] so daß Entscheidungen über konkrete IM-Konzepte stets nach deren Beitrag zur Zielerreichung zu treffen sind. Im Sinne einer Zielhierarchie sind aus den allgemeinen Unternehmenszielen zunächst spezifische IM-Ziele abzuleiten, die Instrumentalzielcharakter hin-

---

592 Siehe hierzu Abschn. 2.2.3.4.
593 Vgl. Heinrich (1993), S. 19 und Bromann (1987), S. 24.

sichtlich der fundamentalen Unternehmensziele aufweisen.[594] Wie in Abschnitt 2.1.4.1 bereits aufgezeigt, lassen sich aus dem grundlegenden Oberziel 'Sicherung und Verbesserung der Wettbewerbsfähigkeit' die stärker operationalisierten Sachziele

- Bedarfsgerechtigkeit der Informationsversorgung,
- Ganzheitlichkeit des Informationssystems und
- Marktorientierung des Informationsmanagements

sowie die für die Wettbewerbsposition unmittelbar bedeutsamen Wirtschaftlichkeitsziele

- Kostensenkung und
- Nutzenstiftung

ableiten.

Diese Ziele stellen die wesentlichen Vorgaben für die zu bestimmenden Beurteilungskriterien dar; je nach Konkretisierungsgrad können sie auch unmittelbar als Kriterien Verwendung finden.[595] Eine vollständige Berücksichtigung der genannten Ziele ist für die im weiteren Verlauf vorzunehmende Beurteilung der verschiedenen IM-Konzepte jedoch nicht sinnvoll bzw. erforderlich, da es sich zum einen erklärtermaßen ausschließlich um Partialansätze handelt, so daß die Zielvorgabe der Ganzheitlichkeit per se nicht erfüllt sein kann.[596] Zum anderen ist die Marktorientierung als Beurteilungskriterium überflüssig, da entsprechend der Themenstellung nur solche Ansätze ausgewählt wurden, die dieser Vorgabe ohnehin gerecht werden. Somit verbleiben als Zielgrößen, die für die Bewertung herangezogen werden können, die Informationsbedarfsorientierung, die Kostenwirkungen und die Nutzenstiftung, welche im folgenden eine weitergehende Explikation erfahren.

5.1.1 Informationsbedarfsorientierung

Als erstes Kriterium soll die Informationsbedarfsorientierung in die Bewertung einbezogen werden, die zum einen ganz grundsätzlich auf eine Verbesserung der Entscheidungsqualität ausgerichtet ist und zum anderen das häufig auftretende Problem des Information-Overload bei den Entscheidungsträgern vermeiden soll, indem nur die für eine bestimmte Aufgabenstellung tatsächlich relevanten Informationen in einem angemessenen Verdichtungsgrad zur Verfügung gestellt werden.[597] Sie stellt demnach sowohl auf die Effektivität als auch auf die Effizienz eines zu beurteilenden IM-Konzeptes ab, welche nach *Vetschera* darin zum Ausdruck kommen, daß einerseits 'bessere Entscheidungen' und andererseits die gleichen Entscheidungen kostengünstiger und/oder schneller getroffen werden.[598]

---

594 Zum Verhältnis zwischen Unternehmens- und IM-Zielen siehe auch Antweiler (1995), S. 42 sowie zum Aufbau eines IM-spezifischen Zielsystems Biethahn/Muksch/Ruf (1996), S. 235.
595 Vgl. Biethahn/Muksch/Ruf (1996), S. 349, die in dem Zusammenhang von Zielkriterien sprechen und an sie die Anforderung der Operationalität stellen.
596 Auf den Ganzheitlichkeitsanspruch wird im 6. Kapitel näher eingegangen, in dem Ansatzpunkte zur Integration der Partialansätze zu einem ganzheitlichen IM-Konzept aufzeigt werden.
597 Vgl. Hauke (1984), S. 186 ff. und Fickenscher/Hanke/Kollmann (1991), S. 113 ff.
598 Vgl. Vetschera (1995), S. 19.

Ein hohes Maß an Bedarfsorientierung liegt vereinfacht gesprochen dann vor, wenn die *richtigen* Informationen in der *richtigen* Qualität zur *richtigen* Zeit am *richtigen* Ort verfügbar sind.[599] Dabei bedeuten:

- die **richtigen Informationen**, daß für die jeweilige Aufgabenstellung eine hohe Relevanz der Daten in Art und Umfang gegeben ist.[600] Die Informationsrelevanz bemißt sich im Rahmen der vorliegenden Problemstellung nach dem Bezug der Informationen zu den im Information-GAP-Modell[601] aufgezeigten Informationslücken;

- in der **richtigen Qualität**, daß die Genauigkeit, die Gültigkeit und der Aggregationsgrad der Informationen ein für die Problemstellung geeignetes Maß aufweisen;[602]

- zur **richtigen Zeit**, daß die benötigten Informationen aktuell sind, für eine zu treffende Entscheidung oder auszuführende Handlung mit adäquatem zeitlichen Vorlauf verfügbar sind[603] und bei regelmäßig benötigten Informationen die Erfassungsintervalle aufgabengerecht sind;[604]

- am **richtigen Ort**, daß den mit einer Aufgabenstellung tatsächlich betrauten Personen die Informationen zugänglich gemacht werden, entweder indem sie ihnen aktiv zugeteilt werden (Information-Push) oder die Mitarbeiter von sich aus darauf zugreifen können (Information-Pull).[605] Hierin kommt also der **Subjektbezug** des IM zum Ausdruck.

Die vorgenommene Kennzeichnung deutet bereits an, daß das Kriterium der Informationsbedarfsorientierung sich nicht unbedingt nur auf die Informationen selbst (Informationspotential) bezieht, sondern auch die weiteren in Abschnitt 2.1.4.1 aufgezeigten IM-Dimensionen berücksichtigen sollte: Die informationstechnologische Infrastruktur (Informationsfähigkeit), die eine bedarfsgerechte Aufbereitung, Verarbeitung und Verteilung der Informationen gewährleistet, sowie die Mitarbeiterfähigkeit und -motivation zur Informationsgewinnung und -verarbeitung (Informationsbereitschaft).[606]

---

599 Vgl. Hässig/Arnold (1996), S. 104.

600 Vgl. Augustin (1990), S. 58. Hiermit wird v.a. dem Aufgabenbezug als zentrale Informationsbedarfsdeterminante Rechnung getragen. Siehe hierzu auch Abschn. 4.1.

601 Siehe hierzu Abschn. 4.5.

602 Siehe hierzu Vetschera (1995), S. 18 f.; Wetzel (1997), S. 45; Antweiler (1995), S. 78 sowie Augustin (1990), 59 ff. Mit *Genauigkeit* ist hierbei die Exaktheit der Informationen oder rechnerische Präzision der ermittelten Ergebnisse gemeint; die *Gültigkeit* betrifft den Wahrheitsgehalt, d.h. die Übereinstimmung einer Information mit der Realität, sowohl bezogen auf die Vergangenheit und Gegenwart, als auch auf die Zukunft. Vgl. Augustin (1990), S. 60 f.

603 Vgl. Antweiler (1995), S. 78.

604 Vgl. Augustin (1990), S. 58 f.

605 Ob eine Information-Push- oder -Pull-Strategie für die Informationsbedarfsdeckung geeigneter ist, hängt u.a. von dem Informations- und Kommunikationsverhalten der Mitarbeiter sowie von der Objektivität und Fremdbestimmbarkeit des Informationsbedarfs ab.

606 Zu den IM-Dimensionen vgl. Abschn. 2.1.4.1 sowie Zahn/Rüttler (1990), S. 10.

5.1.2 Kostenaspekte

Unter Wettbewerbsgesichtspunkten ist neben der Informationsbedarfsorientierung einer IM-Konzeption v.a. auch deren Wirtschaftlichkeit für die Beurteilung bedeutsam, d.h. die Kosten- und Nutzenwirkungen müssen in einem möglichst positiven Verhältnis zueinander stehen, um einen Beitrag zum Unternehmenserfolg leisten zu können. Auch wenn in der Praxis z.t. die Meinung vertreten wird, daß „die Geschäftsleitung den IT-Einsatz im eigenen Unternehmen nicht als Kostenfaktor betrachten darf, sondern als eine *„Investition in die Zukunft"*...behandeln muß"[607], können Kostengesichtspunkte - sowohl die Kostenverursachung (Abschn. 5.1.2.1) als auch die Kostensenkungspotentiale (Abschn. 5.1.2.2) betreffend - bei einer rationalen Entscheidung nicht außer acht gelassen werden. Problematisch erweisen sich dabei allerdings Quantifizierungs- und Zurechnungsschwierigkeiten, die insbesondere bei den mittelbaren Kostenwirkungen (z.B. Kostenersparnisse durch IM-induzierte Prozeßrestrukturierungen) auftreten. Daher wird sich die Wirtschaftlichkeitsanalyse und -beurteilung in erster Linie auf die Identifikation und Systematisierung relevanter Kosten- und Nutzenaspekte der jeweiligen IM-Ansätze beziehen statt auf deren konkrete Quantifizierung, die ohnehin unternehmensspezifisch erfolgen muß.

5.1.2.1 Kostenverursachung

Die Kostenbestimmung im Rahmen einer IM-Konzeption wird nicht selten als vergleichsweise unproblematischer Bereich der Wirtschaftlichkeitsanalyse angesehen.[608] Dieser Ansicht kann gefolgt werden, soweit es sich um direkt durch das Projekt verursachte Kosten wie z.B. Anschaffungskosten für Hardware und Software oder Gehälter für ausschließlich mit der Konzeptanwendung beauftragte Mitarbeiter handelt. Solche in der Kostenrechnung explizit ausgewiesenen und einer bestimmten IM-Entscheidung unmittelbar zurechenbaren Kosten stellen jedoch nicht die einzigen relevanten Kostengrößen dar. I.d.R. sind von IM-Maßnahmen vielfältige Kostenstellen und Kostenarten zumindest indirekt betroffen, da die Erfassung, die Verarbeitung und der Einsatz von Informationen in den unterschiedlichsten Unternehmensbereichen erfolgt, wo dementsprechend Kosten für Personal, Sachmittel etc. entstehen. Zusätzlich werden durch den IM-Einsatz oftmals Restrukturierungen der Aufbau- und Ablauforganisation hervorgerufen, die neben den angestrebten Kostensenkungs- und Nutzenvorteilen auch Umstellungskosten verursachen. Diese Kosten werden jedoch selten explizit erfaßt und sind auch meist schwieriger bestimmten IM-Maßnahmen oder -Entscheidungen zurechenbar.[609]

---

607 Pradervand (1995), S. 229 (Hervorhebung im Original).

608 Vgl. z.B. Biethahn/Muksch/Ruf (1996), S. 332; Antweiler (1995), S. 104; Schumann (1992a), S. 66 und Nagel (1990), S. 29. Problematischer wird die Kostenerfassung hingegen bei Augustin (1990), S. 65 ff. und Hauke (1984), S. 72 f. gesehen.

609 Vgl. allgemein zur Zurechenbarkeit unterschiedlicher Kostenarten zu bestimmten Bezugsobjekten Köhler (1993), S. 384 ff. sowie zum Erfordernis einer problemsprechenden Nutzung des Rechnungswesens Köhler (1996), S. 522.

Somit wirft bei einer umfassenden Wirkungsanalyse auch die Ermittlung relevanter Kosten erhebliche Probleme auf, für die u.a. eine unzureichende Verankerung der Informationsfunktion im Rahmen der Kostenrechnung verantwortlich gemacht wird.[610] Zwar lassen sich z.T. Ansätze finden, die dieses Defizit zu überwinden versuchen,[611] doch vermögen diese entweder auch nicht alle Kosten - inklusive der indirekt verursachten - zu erfassen, oder sie beziehen sich auf das Gesamtunternehmens-IS und nehmen keine gezielte Kostenzurechnung zu partiellen IM-Ansätzen vor. Daher soll hier der Schwerpunkt auf eine systematische Bestimmung der Kosten gelegt werden, die in eine Wirtschaftlichkeitsbeurteilung einzubeziehen sind.

Als Systematisierungsgrundlage können hierbei die **Häufigkeit des Kostenanfalls** (einmalig[612] versus regelmäßig/wiederholt anfallende Kosten[613]) sowie die **Kostenentstehungsbereiche**[614] im Unternehmen herangezogen werden. Bezüglich der Kostenentstehung sind zum einen solche Stellen zu identifizieren, die unmittelbar bestimmte Aufgaben im Rahmen der IM-Konzepte zu erfüllen haben (z.B. das Rechnungswesen, die Auftragsabwicklung, das Datenbankmanagement sowie die Kundenkontaktbereiche), zum anderen aber auch diejenigen Unternehmensbereiche, für deren Kostenstruktur die Entscheidungen und Maßnahmen der IM-Ansätze lediglich mittelbare Konsequenzen aufweisen. Dies kann im Prinzip auf sämtliche Unternehmensbereiche zutreffen, da Erkenntnisse aus der Anwendung der IM-Konzepte, z.B. über erforderliche Reengineering-Maßnahmen, die Kostenstruktur in allen Unternehmensbereichen verändern kann.[615]

5.1.2.2 Kostensenkungspotentiale

Ein wesentlicher Aspekt des IM-Einsatzes ist trotz des ständigen Bedeutungszuwachses effektivitätsorientierter Ziele immer noch im Effizienzziel der Kostensenkung zu sehen.[616] In der Literatur werden die Kostensenkungspotentiale einer IM-Konzeption zwar häufig den Nutzenwirkungen zugerechnet;[617] unter Bezugnahme auf die Wettbewerbsvorteilsdiskussion

---

610 Vgl. z.B. Augustin (1990), S. 65 ff.
611 Siehe hierzu z.B. den auf die Erfassung der Informationsprozeßkosten ausgerichteten Ansatz bei Augustin (1990), S. 68 ff., die Kosten-Nutzen-Analyse bei Liebstückel (1989), S. 655 ff. oder das auf Wirtschaftlichkeitsprofilen basierende Verfahren von Antweiler (1995), S. 157 ff.
612 Einmalig anfallende Kosten sind z.B. Anschaffungs-, Implementierungs- und Umstellungskosten der Systeminfrastruktur, Kosten für die Beschaffung/Erstellung einer Ausgangsdatenbasis sowie Personalschulungskosten.
613 Zu den regelmäßig anfallenden Kosten zählen z.B. Betriebs- und Instandhaltungskosten der Systeminfrastruktur, Kosten für eine regelmäßige externe Datenbeschaffung sowie laufende Personalkosten.
614 Siehe hierzu auch Hauke (1984), S. 136 ff. und Biethahn/Muksch/Ruf (1996), S. 357.
615 IM-bedingte Kostenstrukturveränderungen bedeuten zwar nicht unbedingt absolute Kostenerhöhungen, aber häufig entstehen durch Kostenverschiebungen (z.B. zwischen Personal- und Sachmitteln) zusätzliche langfristig fixe Kosten (Kapitalbindungskosten für IT). Vgl. Antweiler (1995), S. 80 und Schumann (1992a), S. 73 f.
616 Vgl. Schumann (1992b), S. 162 f.; Klotz/Strauch (1990), S. 1 f.; Antweiler (1995), S. 78; Vetschera (1995), S. 19 und Porter/Millar (o.J.), S. 98;
617 Vgl. z.B. Antweiler (1995), S. 78 ff.; Fickenscher/Hanke/Kollmann (1991), S.112 f.; Schumann (1992a), S. 72 f. und (1992b), S. 162 f.

in Abschn. 3.2 sollen sie hier jedoch in die Kostenbetrachtung einbezogen werden.[618] Eine Systematisierung erfolgt dabei wiederum nach den **betroffenen Unternehmensbereichen**. Wie die Kostenverursachung kann auch eine IM-bedingte Kostensenkung zumindest mittelbar alle Bereiche eines Dienstleistungsunternehmens betreffen. Unmittelbare Kostenreduktionen sind jedoch vorrangig in den eigentlichen IV-Bereichen zu erwarten. Hier ist eine Kostensenkung zum einen durch einen verstärkten Technikeinsatz möglich, wenn dieser z.b. Personaleinsparungen bewirkt, zum anderen aber auch durch eine zielorientiertere und effizientere Informationsbeschaffung, -verarbeitung und -verteilung, durch die überflüssige Informationsfluten vermieden werden können.[619] In den sonstigen Unternehmensbereichen können Kostensenkungen durch besser abgestimmte, nachfragegerechtere Prozeßabläufe und einen effizienteren, ressourcensparenden Potentialeinsatz sowie durch Fehlervermeidung aufgrund besserer Informationsunterstützung bewirkt werden.[620] Speziell in den Kundenkontaktbereichen bestehen darüber hinaus bei den Transaktionskosten Senkungspotentiale, die insbesondere bei wiederholten Kundenkontakten genutzt werden können.

5.1.3 Nutzenaspekte

Als zweite wesentliche Komponente einer Wirtschaftlichkeitsbeurteilung von IM-Konzepten ist deren Nutzen für das Unternehmen zu berücksichtigen, wobei die Nutzenstiftung im hier vorliegenden Untersuchungskontext eines marktorientierten IM nicht auf das Unternehmen selbst beschränkt sein muß, sondern auch als Zusatznutzen des Kunden wirksam werden kann, was für das Unternehmen einen Differenzierungsvorteil bedeutet.[621] Problematisch bei der Beurteilung der Nutzenwirkungen ist v.a., daß diese zu einem großen Teil nicht oder nur schwer quantifizierbar sind und somit ein direkter Vergleich mit den Kostenwirkungen kaum möglich ist.[622]

5.1.3.1 Nutzenstiftung im Unternehmen

Bei der Bestimmung und Beurteilung des Nutzens von IM-Konzepten stellen zum einen der bereits thematisierte Aspekt der Quantifizierbarkeit und zum anderen die bei der Kostenbetrachtung vorgenommene Unterscheidung nach den betroffenen Unternehmensbereichen wesentliche Systematisierungsansätze dar. Bezüglich der **Quantifizierbarkeit** sind Nutzenwirkungen, die monetär, mengenmäßig oder zeitlich meßbar sind (z.B. Erlössteigerung, Erhö-

---

618 Entscheidend bezüglich der Zuordnung ist nach Antweiler v.a. die sorgfältige Abgrenzung von positiven Kostenwirkungen und „sonstigen" Nutzeffekten, um eine Doppelberücksichtigung in der Bewertung zu vermeiden. Vgl. Antweiler (1995), S. 154.
619 Vgl. Fickenscher/Hanke/Kollmann (1991), S. 112 f.
620 Siehe hierzu auch Antweiler (1995), S. 96.
621 Zur ausführlichen Darstellung IM-induzierter Differenzierungsvorteile siehe Abschn. 3.2.2.2.
622 Vgl. Antweiler (1995), S. 60 f. sowie grundsätzlich zur Unterscheidung quantifizierbarer und nicht quantifizierbarer Nutzenwirkungen auch Biethahn/Muksch/Ruf (1996), S. 333; Trott zu Solz (1992), S. 163; Fickenscher/Hanke/Kollmann (1991), S.112 ff. und Nagel (1990), S. 28 ff.

hung der Kapazitätsauslastung oder Prozeßbeschleunigung), von solchen zu unterscheiden, bei denen dies nicht oder nur schwer möglich ist (z.B. Erhöhung der Entscheidungsqualität oder Mitarbeiterzufriedenheit).[623] Hinsichtlich der **relevanten Unternehmensbereiche** soll in erster Linie - wie bei den kostenbezogenen Ausführungen - zwischen IV-Bereich und Leistungserstellungsbereichen i.e.S. unterschieden werden, wobei hier ergänzend noch der Geschäftsführungsbereich aufgenommen wird, der bei seiner Aufgabenerfüllung ebenfalls erheblichen Nutzen aus marktorientierten IM-Konzepten ziehen kann.

Um eine Bewertung der Nutzenwirkungen vorzunehmen, insbesondere der nicht oder zumindest schwer quantifizierbaren, ist jedoch eine weitergehende Konkretisierung erforderlich, für die folgende Dimensionen herangezogen werden sollen:

- Qualität
- Zeit
- Flexibilität und
- Mitarbeiterbezogene Aspekte.[624]

In der Literatur werden z.T. darüber hinaus noch Integrations- und Wettbewerbsaspekte als Nutzendimensionen aufgegriffen.[625] Da hier jedoch zunächst nur Partialansätze betrachtet werden, sind Integrationsaspekte weniger relevant; Wettbewerbsaspekte hingegen werden ein zentraler Beurteilungsgesichtspunkt des nächsten Abschnitts (5.1.3.2) sein, da sie in der Nutzenstiftung beim Kunden zum Ausdruck kommen.

Abb. 26 gibt einen beispielhaften Überblick potentieller Nutzenwirkungen[626] gemäß der hier gebildeten Nutzensystematik.

---

623 Zur Unterscheidung der Nutzenwirkungen in quantifizierbare und nicht quantifizierbare vgl. Antweiler (1995), S. 102 f.; Fickenscher/Hanke/Kollmann (1991), S. 112 ff.; Nagel (1990), S. 24 und Trott zu Solz (1992), S. 163.

624 Zwar handelt es sich hierbei nicht um direkte Beurteilungskriterien wie im Fall der Kostenanalyse, doch ermöglichen die Dimensionen eine gezielte Bestimmung der Wirkungen und erhöhen deren Vergleichbarkeit.

625 Vgl. Schumann (1992a), S. 94 ff. und (1992b), S. 165; Antweiler (1995), S. 89 ff. und S. 93 ff. sowie Nagel (1990), S. 25 ff. Auch wird die Produktivität oft als Nutzendimension in die Bewertung einbezogen. Da diese jedoch eine Input/Output-Betrachtung darstellt (d.h. gemäß eines erweiterten Begriffsverständnisses auch Kosten impliziert), läßt sie sich nicht eindeutig den Nutzenwirkungen zuordnen.

626 Siehe hierzu auch Antweiler (1995), S. 80 ff.; Fickenscher/Hanke/Kollmann (1991), S. 112 ff. sowie Klotz/Strauch (1990), S. 53. Grundsätzlich besteht auch die Möglichkeit, daß IM-Konzepte negative Auswirkungen bezüglich einzelner Nutzendimensionen aufweisen. Diese sind ebenfalls in die Bewertung einzubeziehen.

	IS-Bereich	Geschäftsführungs-Bereich	Leistungserstellungs-bereiche i.e.S.
Quantifizierbarer Nutzen	Zeit: Beschleunigung der Informationsverarbeitung und -bereitstellung sowie der Entscheidungsprozesse	Zeit: Beschleunigung der Entscheidungsprozesse, Entlastung d. Führungskräfte Mitarbeiterbez. Aspekte: Kommunikationsintensität zwischen Führungskräften und Mitarbeitern	Zeit: Beschleunigung der Leistungserstellung Flexibilität: Einsatzspektrum von Mitarbeitern
Nicht oder nur schwer quantifizierbarer Nutzen	Flexibilität: Anpassungsfähigkeit an veränderte Informationsbedarfe Mitarbeiterbez. Aspekte: Mitarbeiterakzeptanz des IM-Konzeptes	Qualität: Entscheidungsqualität Mitarbeiterbez. Aspekte: bessere Kontrollmöglichkeiten gegenüber den Mitarbeitern (insbesondere dem Kundenkontaktpersonal)	Qualität: Leistungs-/Prozeßqualität, Kundenberatungskompetenz Flexibilität: Anpassungsfähigkeit bzgl. Kundenanforderungen und Konkurrenzsituation Mitarbeiterbez. Aspekte: Entscheidungsautonomie/ Kompetenzerweiterung d. Mitarbeiter, Motivation

Abbildung 26: Systematik unternehmensinterner Nutzenwirkungen

5.1.3.2 Nutzenstiftung auf Kundenseite

Wie bereits bei den Kostensenkungspotentialen kann auch bei der Kundennutzengenerierung auf die Wettbewerbsvorteilsdiskussion in Abschn. 3.2 verwiesen werden, da der durch IM-Einsatz erzielbare Kundennutzen die Grundlage zur Erlangung diesbezüglicher Differenzierungsvorteile (vgl. Abschn. 3.2.2.2) darstellt.[627] Ein solcher Zusatznutzen für den Kunden kann z.B. in Form einer bedarfsgerechteren Leistungsgestaltung (Leistungsspektrum, -qualität und -individualität, Angebotszeiten etc.), kundenfreundlicherer Prozeßabläufe (Reduktion von Nicht-Transaktionszeiten, insbesondere Wartezeiten), einer Transaktionskostensenkung auf Kundenseite (Verringerung des Abstimmungsaufwands) sowie indirekt auch durch Preisreduktionen bewirkt werden.[628] Zur Systematisierung dieser Nutzenwirkungen können ähnliche Dimensionen wie bei der unternehmensinternen Nutzenstiftung herangezogen werden, nämlich:

- Qualität/Bedarfsorientierung
- Zeitaspekte und
- Kostensenkung für den Nachfrager.

---

627 Zum Zusammenhang zwischen IM-bedingtem Kundennutzen und der Wettbewerbsposition eines Unternehmens vgl. Notowidigdo (1984), S. 24 f.
628 Vgl. zu kundenbezogenen IM- (und IT-)Wirkungen auch Martiny/Klotz (1990), S. 86; Antweiler (1995), S. 95; Schumann (1992a), S. 101 ff.; Porter/Millar (o.J.), S. 98.

Quantifizierbar ist der Kundennutzen in grundsätzlicher Form über die erzielten Mehrerlöse nach Einführung eines IM-Konzeptes,[629] wobei jedoch erhebliche Zurechnungsprobleme bestehen können, da die Erlöse eines Unternehmens stets auf ein umfassendes Bündel marktgerichteter, nutzenstiftender Maßnahmen zurückzuführen sind. Eine Alternative, die auch a priori anwendbar ist, stellt die direkte Erfassung der Preisbereitschaften bzw. Teilnutzenwerte der Nachfrager bezüglich unterschiedlicher Leistungskomponenten dar, anhand derer mitunter auch der Nutzenbeitrag marktgerichteter IM-Maßnahmen gemessen werden kann.[630] Jedoch sind die kundenbezogenen Auswirkungen bestimmter IM-Konzepte nicht immer so weit konkretisierbar, daß sie dem Kunden explizit zur Nutzenbewertung vorgestellt werden können. Zudem besteht auch das Problem, daß nutzenstiftende Maßnahmen wie z.B. Prozeß- oder Leistungsverbesserungen i.d.R. nicht ausschließlich auf die Anwendung eines einzelnen IM-Konzeptes zurückzuführen sind und somit eine weitere Zurechnungsschwierigkeit entsteht.

Insgesamt zeigt die Darstellung der Beurteilungskriterien (zu einem zusammenfassenden Überblick siehe Abb. 27), daß eine Effektivitäts- und Effizienzbewertung von IM-Konzepten eine sehr differenzierte Kenntnis der Wirkungszusammenhänge zwischen IM-Einsatz und Kosten-/Nutzen-Konsequenzen für das gesamte Unternehmen erfordert.

Kriterien-kategorien	Informationsbe-darfsorientierung	Kostenaspekte	Nutzenaspekte

Beurteilungs-dimensionen innerhalb der Kategorien	Informationsrelevanz
	– Information-GAP-Bezug
	
	Informationsqualität
	– Genauigkeit
	– Gültigkeit
	– Aggregationsgrad
	
	Zeitaspekte
	– Aktualität
	– rechtzeitige Verfügbarkeit
	– Erfassungsintervalle
	
	Subjektbezug
	– Verfügbarkeit für die Bedarfsträger
		Kostenverursachung
		– Häufigkeit des Kostenanfalls
		– Kostenentstehungsbereiche
		
		Kostensenkungspotentiale
		– betroffene Unternehmensbereiche
			Nutzenstiftung im Unternehmen
			– betroffene Unternehmensbereiche
			– Nutzendimensionen
			  – Qualität
			  – Zeit
			  – Flexibilität
			  – mitarbeiterbezogene Aspekte
			
			Nutzenstiftung auf Kundenseite
			– Qualität/Bedarfsorientierung
			– Zeitaspekte
			– Kostensenkung für den Nachfrager

Abbildung 27: Beurteilungskriterien/-dimensionen der IM-Konzepte im Überblick

Im weiteren Verlauf werden die verschiedenen Konzepte zunächst jeweils kurz in allgemeiner Form vorgestellt, wobei sich die Darstellung weitgehend auf Informationsgewinnungs- und

---

629 Lediglich die unmittelbare Kostensenkung für den Nachfrager durch Preisreduktionen sowie objektive Zeitersparnisse bedürfen keiner expliziten Quantifizierung, da sie ohnehin in quantitativer Form vorliegt.

630 Hierbei kann z.B. die im Rahmen der Informationsbedarfsanalyse bereits erwähnte Conjoint-Analyse Einsatz finden. Vgl. hierzu Green/Srinivasan (1978), S. 103 ff.; Theuerkauf (1989), S. 1179 ff.; Mengen

-nutzungsaspekte im Hinblick auf ein marktorientiertes IM beschränken wird. Im Anschluß daran werden die Besonderheiten einer Anwendung im Dienstleistungsbereich herausgearbeitet und abschließend eine kritische Beurteilung unter Verwendung der vorab dargestellten Beurteilungskriterien vorgenommen.

5.2 Informationsmanagementkonzepte zur Ergebnisverbesserung

Bei der nun folgenden Darstellung ergebnisbezogener IM-Konzepte werden gemäß den wettbewerbsstrategischen Ausführungen (Abschn. 3.2) verschiedene Ansätze zur Erzielung von Differenzierungs- und Kostenvorteilen aufgegriffen. Zunächst werden dabei primär kundennutzenorientierte Ansätze untersucht, die zur Realisierung möglichst bedarfs- und erwartungsgerechter Dienstleistungen beitragen sollen (Database Marketing und Qualitätsmanagement). Da zur Erzielung von Differenzierungsvorteilen der Kundennutzen aber stets in Relation zu anderen Anbietern zu sehen ist, werden sie um einen wettbewerborientierten Ansatz ergänzt (Benchmarking). Der Kostenseite eines marktorientierten IM wird schließlich durch das Target Costing-Konzept Rechnung getragen.

5.2.1 Database Marketing als Grundlage einer kundengerechten Leistungsgestaltung

5.2.1.1 Allgemeine Konzeption des Database Marketing

Der Grundgedanke des Database Marketing liegt in der kundenindividuellen, dialogorientierten Marktbearbeitung.[631] Durch die Sammlung und Speicherung von Informationen über aktuelle und potentielle Kunden soll eine Ausrichtung sämtlicher Marketingaktivitäten des Unternehmens auf die spezifischen Bedürfnisse der Kunden ermöglicht werden. Zum Teil wird der Fokus in der Literatur dabei sehr stark auf Kommunikationsmaßnahmen gelegt;[632] hier soll jedoch ein weiter gefaßtes Begriffsverständnis zugrundegelegt werden, nach dem Database Marketing verstanden wird als „information-driven marketing process managed by database technology, that enables marketers to develop and implement customized marketing programs and strategies."[633] Besondere Bedeutung kommt im vorliegenden Kontext der Nutzung des Database Marketing zum Zwecke einer kundengerechten Leistungsgestaltung und -erstellung zu.

(1993), S. 70 ff.; Simon (1994a), S. 74 ff.; Büschken (1994), S. 72 ff. und Schubert (1995), Sp. 376 ff. sowie Abschn. 5.2.2.2.2 dieser Arbeit.

631 Vgl. Kreutzer (1992), S. 329; Schweiger/Wilde (1993), S. 93; Link/Hildebrand (1993), S. 29 f. und (1997a), S. 23 und Wilde/Hippner (1998), S. 321.

632 Vgl. Wilde (1989), S. 1 f.; Huldi (1992), S. 31; Schüring (1992), S. 101 f. und Link/Hildebrand (1997a), S. 23. Insbesondere die häufig vorzufindende Verknüpfung von Database- und Direct Marketing rückt die kommunikative Kundenansprache in den Vordergrund der Betrachtung. Im Rahmen dieser Arbeit ist die kommunikationspolitische Nutzung des Database Marketing jedoch von untergeordneter Bedeutung.

633 Shepard (1990), S. 8.

Basierend auf dem Prinzip des **Regelkreises**[634] erfolgt die Database-Anwendung als mehrstufiger, dynamischer Prozeß, der durch Lerneffekte aufgrund kontinuierlicher Kundeninformations- und Marktreaktionserfassung sowie systematischer Analyse der Datenbestände eine stetige Verbesserung des Leistungsangebots im Hinblick auf die kundenindividuellen Anforderungen gewährleisten soll. Den Ausgangspunkt stellen dabei die in die Database aufzunehmenden Kundendaten dar, die sich allgemein unterscheiden lassen in

- Identifikationsdaten (Name, Adresse, Telefonnumer, E-Mail-Adresse etc.)
- Deskriptionsdaten (alle Daten, die die bisherige Geschäftsbeziehung mit dem Unternehmen widerspiegeln, z.B. gekaufte Produkte, Kaufzeitpunkte und -mengen, Konditionen, Zahlungsverhalten, Reklamationen sowie sonstige Daten, die auf das (zukünftige) Kaufverhalten schließen lassen, z.B. demographische, sozioökonomische und psychographische Daten, aktuelle und zukünftig zu erwartende Bedarfsstruktur, Preis- und Servicesensibilität, Markentreue) und
- Kommunikationsdaten (Daten über bisher realisierte Kontakte mit der Zielperson und hervorgerufene Reaktionen (z.B. über den Kommunikationsgegenstand, die -medien, -zeitpunkte und den Initiator des Kontaktes).[635]

Für die Ermittlung dieser Daten können verschiedene **interne und externe Informationsquellen** herangezogen werden wie z.B. der Außen- und Kundendienst, die Marktforschung, das Rechnungs-, Finanz- und Mahnwesen, andere Unternehmen, mit denen Kooperationen (z.B. Informationspartnerschaften[636]) bestehen, externe Listbroker, Adreßverlage, Informationsagenten sowie Online- und Offline-Datenbanken (insb. Verbraucher- und Unternehmensdatenbanken), amtliche Statistiken und Studien von Marktforschungsinstituten.[637] Darüber hinaus besteht die Möglichkeit, durch den Einsatz von Response-Instrumenten[638] (Mailings, Coupon-Anzeigen oder Response-Spots in Rundfunk und Fernsehen) und sogenannte „Vorteil gegen Information"-Kontakte[639] (z.B. in Form von Kundenkarten oder Kundenclubs) wichtige Kundeninformationen zu erhalten. Da die primäre Informationsquelle immer der Kunde selbst ist, sollten sämtliche Kontakte mit ihm zur Informationsgewinnung genutzt werden, d.h. alle Unternehmensbereiche, die im Kundenkontakt stehen, müssen in die Datenerfassung integriert werden.[640]

---

634 Siehe hierzu Link/Hildebrand (1997a), S. 19 ff.; Wilde/Hippner (1998), S. 327 f.; Schober (1997), S. 15; Huldi (1997), S. 605 und Zimmermann (1997), S. 707.

635 Vgl. Wilde/Hippner (1998), S. 330 f. und Schweiger/Wilde (1993), S. 101 ff. Die Bezeichnung und Systematisierung der Datenarten sind in der Literatur nicht einheitlich. So wird z.B. von *Kreutzer* eine Unterscheidung in Adreß-, Profil-, Aktions- und Reaktionsdaten vorgenommen (vgl. Kreutzer (1991), S. 627 ff.) während Link/Hildebrand zwischen Grund-, Potential-, Aktions- und Reaktionsdaten (vgl. Link/Hildebrand (1993), S. 34 ff.) differenzieren.

636 Vgl. Walter (1996), S. 49.

637 Vgl. Böhler/Riedl (1997), S. 65 ff.; Huldi (1997), S. 612; Wilde/Hippner (1998), S. 332 ff.; Kreutzer (1992), S. 331; Kaiser (1997), S. 261; Schüring (1992), S. 381 ff. und Schaller (1988), S. 51 f. Siehe auch Abschn. 2.3.1 dieser Arbeit.

638 Vgl. Kreutzer (1992), S. 331.

639 Vgl. Schweiger/Wilde (1993), S. 105.

640 Vgl. Wilde/Hippner (1998), S. 324 und S. 341 sowie Schulze/Vieler (1997), S. 802.

Die gewonnenen und in der Datenbank gespeicherten Informationen dienen dann als Grundlage für systematische Kundenanalysen. Gemäß der grundlegenden Zielsetzung einer kundenindividuellen, gleichzeitig aber auch wirtschaftlichen Gestaltung der Marketing-Maßnahmen stellt die **Kundenwertermittlung** einen der primären Analysebereiche dar. Anhand des Kundenwertes, der je nach Begriffsverständnis nicht nur monetäre, sondern auch qualitative Aspekte beinhaltet,[641] kann eine Selektion aktueller und potentieller Kunden bezüglich ihrer Investitionswürdigkeit für das Unternehmen vorgenommen werden.[642] Demnach läßt sich der Aufwand, der zur Gewinnung bzw. Bindung des Kunden und zur Befriedigung seiner Bedürfnisse geleistet wird, differenzierter danach bemessen, welchen Erfolgsbeitrag der Kunde für das Unternehmen bisher geleistet hat bzw. in Zukunft leisten kann. Zur Kundenbewertung und -einstufung kann eine Vielzahl von Konzepten und Analysemethoden herangezogen worden (z.B. die ABC-Analyse und Kundendeckungsbeitragsrechnung, das Konzept der Loyalitätsleiter, verschiedene Scoring-Modelle und Kunden-Portfolio-Ansätze, das Konzept des Customer-Lifetime-Value, der Cube-Ansatz sowie Kunden-Klassifikationsansätze wie z.B. die Bildung von Life-Style- oder Regio-Typen),[643] auf die hier jedoch in allgemeiner Form nicht näher eingegangen werden soll. Einzelne Ansätze werden aber im Kontext der dienstleistungsspezifischen Behandlung des Database Marketing noch einer näheren Analyse unterzogen und - soweit erforderlich bzw. sinnvoll - den dort vorliegenden Besonderheiten entsprechend modifiziert.

Neben der Kundenwertermittlung stellen die Marktsegmentierung, die Wirtschaftlichkeitsanalyse konkreter Marketing-Maßnahmen (auf Basis der erfaßten Aktions- und Reaktionsdaten), die Analyse von Cross-Selling-Potentialen, Lost-Order-Analysen sowie grundsätzliche Schwächen-Analysen (auf Basis erfaßter Beschwerden, Reklamationen und allgemeinen Kunden-Feedbacks) weitere typische Untersuchungsfelder im Rahmen des Database-Marketing dar.[644]

Für die erfaßten Kundendaten und die darauf bezogenen Analyseergebnisse bestehen vielfältige **Einsatzmöglichkeiten** im Rahmen marktgerichteter Unternehmensaktivitäten und Entscheidungsprobleme. Einer umfassenden empirischen Erhebung von *Link/Hildebrand* zufolge wird dabei in der Praxis der Kundenselektion und Direktkommunikation (insbesondere Di-

---

641 Bedeutsam für die zugrundeliegende Problemstellung ist in diesem Kontext v.a. die von *Schleuning* vorgenommene Unterteilung des Kundenwertes in den informatorischen Wert (Informationsgewinnungspotential des Unternehmens durch den Kunden), den kommunikativen/akquisitorischen Wert (positive Multiplikatoreffekte durch (zufriedene) Kunden) und den monetären Kundenwert (derzeitige und zukünftig zu erwartende Deckungsbeiträge des Kunden). Vgl. Schleuning (1997), S. 146 ff.
642 Vgl. Link/Hildebrand (1993), S. 46 f.
643 Zu einer ausführlichen Darstellung der Ansätze siehe Link/Hildebrand (1993), S. 47 ff. und (1997b), S. 161 ff.; Köhler (1998b), S. 335 ff.; Kreutzer (1991), S. 632 ff.; Schleuning (1997), S. 145 ff.; Gierl/Kurbel (1997), S. 176 ff.; Hartmann (1997), S. 193 ff.; Huldi (1997), S. 608 ff. und (1992), S. 110 ff.; Hüppin (1995), S. 29 ff. sowie Schweiger/Wilde (1993), S. 109 ff.
644 Vgl. Huldi (1992), S. 223 ff.; Schweiger/Wilde (1993), S. 109; Schulze/Vieler (1997), S. 801; Link/Hildebrand (1997c), S. 388; Kreutzer (1991), S. 635 und (1992), S. 330; Steinke (1997), S. 124; Ruhland (1997), S. 633 ff. und Zimmermann (1997), S. 708 f.

rekt-Werbung und Außendienststeuerung) die höchste Bedeutung beigemessen.[645] Über diese traditionellen Anwendungsbereiche hinaus kann der Database-Einsatz jedoch auch für die kunden- und konkurrentenorientierte Früherkennung, die Produkt- und Preisgestaltung sowie die Distributionsplanung und -steuerung von Nutzen sein.[646] Ein Beitrag zur Kostensenkung wird dem Database Marketing ebenfalls zuerkannt; allerdings wird die Bedeutung hier wie auch bei den anderen nicht kommunikationsbezogenen Bereichen deutlich geringer eingeschätzt. Ein Branchenvergleich der Untersuchungsergebnisse verdeutlicht, daß dem Database-Einsatz im Dienstleistungsbereich über nahezu alle Anwendungsbereiche hinweg eine überdurchschnittlich hohe Bedeutung beigemessen wird.[647] Dies liegt in erster Linie an den dort bestehenden Besonderheiten der Leistungserstellung: der meist höheren Kontaktintensität und damit geringeren Anonymität des Nachfragers sowie dem i.d.R. ohnehin bestehenden Erfordernis für den Kunden, Informationen über sich und die gewünschte Leistung in den Erstellungsprozeß einzubringen.[648] Unter Berücksichtigung dieser Besonderheiten wird im folgenden eine dienstleistungsspezifische Analyse der Database-Nutzungspotentiale vorgenommen, wobei der klassische Einsatz im Rahmen der Kommunikationspolitik hier nicht näher betrachtet wird und statt dessen der Betrachtungsschwerpunkt auf die Unterstützung einer kundengerechten Leistungsgestaltung (Ergebnisdimension) gelegt wird.[649]

5.2.1.2 Gestaltung und Nutzung eines dienstleistungsspezifischen Database Marketing

Trotz der weiten Verbreitung des Database Marketing im Dienstleistungsbereich[650] und der Tatsache, daß dort - gemeinsam mit dem Investitionsgüterbereich - dessen Ursprünge liegen,[651] lassen sich in der Literatur kaum Hinweise auf eine dienstleistungsspezifische Ausgestaltung des Ansatzes finden. Zum Teil wird ein branchen- bzw. sektorenbezogenes Differenzierungserfordernis sogar gänzlich angezweifelt.[652] Im folgenden wird jedoch deutlich gemacht, daß in sämtlichen Aufgabenbereichen des Database Marketing (Datenbankaufbau und -pflege, Informationsbeschaffung, Datenanalyse und -einsatz) Besonderheiten für den Dienst-

---

645 Vgl. Link/Hildebrand (1994), S. 31 und S. 37. Auf einer Skala von 1 (höchste Bedeutung) bis 7 (keine Bedeutung) werden für Kundenselektion und Direkt-Werbung Punktwerte von 2,2 erreicht.
646 Vgl. Link/Hildebrand (1994), S. 31 ff. und (1993), S. 77 ff.; Kreutzer (1991), S. 635 und Ruhland (1997), S. 624 f.
647 Vgl. Link/Hildebrand (1994), S. 104 ff.
648 Vgl. Zimmermann (1997), S. 705, Hier wird z.B. als Vorteil des Bankgewerbes herausgestellt, daß dort ohnehin fast alle soziodemographischen sowie einnahmen-/ausgaben- und vermögensbezogenen Daten des Kunden bekannt sind.
649 Prozeß- und potentialbezogene Erkenntnisse des Database-Einsatzes sollen jedoch nicht gänzlich außer acht gelassen werden.
650 Vgl. Link/Hildebrand (1997d), S. 697 ff. Demnach wurde bereits 1994/95 von 66% der Handelsbetriebe und 61% der sonstigen Dienstleister Database Marketing angewendet und von weiteren 11% bzw. 18% die Einführung geplant. In Relation dazu war die Verbreitung in der Industrie mit 39% (und 25% geplantem Einsatz) deutlich geringer.
651 Vgl. Wilde/Hippner (1998), S. 328 und Link/Hildebrand (1997d), S. 697.
652 Vgl. Wilde/Hippner (1998), S. 321.

140

leistungsbereich festzustellen sind, die spezifische Anforderungen, Möglichkeiten und gegebenenfalls auch Probleme bedingen.

5.2.1.2.1 Aufbau und Pflege der Database

Aufgrund der Integrativität der Leistungserstellung sollten bei dem Aufbau einer dienstleistungsspezifischen Kundendatenbank über die allgemeinen, in Abschn. 5.2.1.1 aufgeführten Informationsbereiche hinaus auch für das Leistungsangebot und die Leistungserstellung relevante Aspekte des externen Faktors (bzw. des Kunden)[653] Berücksichtigung finden. Hierzu zählen z.b. sein Integrationsverhalten (Integrationsfähigkeit und -bereitschaft), seine personellen und zeitlichen Präferenzen (Zeitpunkt und Dauer der Leistungserstellung), seine Qualitätserwartungen, spezielle Wünsche bezüglich der Art der Leistungserstellung sowie seine Betreuungs- und Problemsensibilität.[654] So sind z.b. im Hotelleriebereich Informationen über die Nutzungsgewohnheiten des Serviceangebots inklusive der zeitlichen Präferenzen sowie über eventuelle Sonderwünsche relevante Gesichtspunkte für eine Kunden-Database.[655] Bei Fluggesellschaften ist es sinnvoll, die Präferenzen der Fluggäste für bestimmte Sitzplätze, Speisen und Getränke sowie gegebenenfalls plazierungs- oder betreuungsrelevante Besonderheiten der Passagiere (z.b. Flugangst oder extreme Körpergröße) zu erfassen,[656] und bei Friseurbetrieben sind Informationen über die Haarbeschaffenheit und die Wirkung verwendeter Präparate, aber auch über den präferierten Mitarbeiter von Relevanz für ein zufriedenstellendes Leistungsergebnis. Auch quantitative Kenngrößen des Leistungsaustausches wie z.b. der benötigte Zeit- und Personalaufwand, die Kostenverursachung sowie idealtypisch auch die spezifischen Preisbereitschaften für alternative Leistungsbestandteile und -zeiten sollten zumindest bei individualisierten Dienstleistungen erfaßt werden.

Der besondere Vorteil eines Dienstleistungsanbieters besteht dabei in den ohnehin gegebenen Kontaktsituationen mit dem Kunden. Abgesehen von vollständig automatisierten (z.b. Münz-Autowaschanlage) oder in hohem Maße kollektiven Dienstleistungen (z.b. öffentlicher Personennahverkehr) ergeben sich bei der Leistungserstellung immer direkte Interaktionen zwischen den Mitarbeitern des Anbieters und dem Kunden, welche zur Informationsgewinnung, z.b. durch Befragung oder Beobachtung, genutzt werden können.[657] Damit diese Informationen auch vollständig erfaßt und in die Datenbank aufgenommen werden, ist es erforderlich,

653 Bei personenbezogenen Dienstleistungen sind diese ohnehin identisch; bei ojektbezogenen Dienstleistungen können jedoch sowohl Kunden- als auch Objektmerkmale für das Database Marketing von Relevanz sein.
654 Siehe hierzu auch die in Kap. 4 aufgezeigten Informationsbedarfe; vgl. insb. Abb. 18.
655 Siehe hierzu das Beispiel der Ritz-Carlton-Hotelkette bei Zeithaml/Bitner (1996), S. 188 und Pine/Peppers/Rogers (1995), S. 112. Ritz-Carlton gewann u.a. aufgrund ihrer umfassenden Database-Nutzung 1992 den „Malcolm Baldrige National Quality Award".
656 Nach Berkley/Gupta (1995), S. 21 können für eine einzige Flugreservierung bis zu 100 Kundendaten erfassungsrelevant sein.
657 Vgl. Hentschel (1992), S. 79 und Pine/Peppers/Rogers (1995), S. 111 f.

sämtliche Mitarbeiter mit Kundenkontakt in die Database-Anwendung (Dateneingabe und -abruf) einzubeziehen und im Hinblick auf ihre Informationsgewinnungsfunktion zu trainieren und motivieren.[658]

Bei dezentraler Leistungserstellung (z.B. in Filialen oder bei den Kunden zu Hause) muß eine Datenübertragung in die zentrale Kundendatenbank gewährleistet werden. Entscheidend ist dabei, daß sämtliche Informationen in *eine* Datenbank aufgenommen werden, um einerseits Redundanzen und Doppelarbeiten zu vermeiden und andererseits sicherzustellen, daß mit dem Ausscheiden von Mitarbeitern kein kundenbezogenes Know how für das Unternehmen verloren geht. Persönliche Kundendatenbanken der Mitarbeiter, die z.B. im Außendienst gängige Praxis sind, sollten also zugunsten einer Gesamtdatenbank aufgegeben werden, was mitunter erhebliche Überzeugungsarbeit gegenüber den betroffenen Mitarbeitern erforderlich macht. Diese geben „ihre" Kundeninformationen meist ungern zur allgemeinen Verwendung preis, da sie zumindest teilweise auf subjektiven Einschätzungen beruhen und zudem einen nicht unerheblichen Machtfaktor gegenüber dem Unternehmen darstellen.[659]

Ist die umfassende, bereichsübergreifende Aufnahme der Kundendaten in die Database gewährleistet, gilt es bei deren Eingabe weiterhin zu beachten, daß die vielfältigen Informationen, die sich in Inhalt, Form und Qualität erheblich unterscheiden können und zudem oft einem Wandel im Laufe der Zeit unterliegen, in eine konsistente Struktur gebracht und (antizipativ) so mit Erfassungskriterien (Deskriptoren[660]) versehen werden, daß möglichst vielfältige Auswertungsmöglichkeiten bestehen.[661] Die Datenstruktur sollte dabei jedoch nicht als statisches Gebilde aufgefaßt werden, sondern möglichst anpassungsfähig an sich verändernde Anforderungen sein, da zum Zeitpunkt des Datenbankaufbaus i.d.R. noch nicht sämtliche zukünftige Nutzungsbereiche abzusehen sind.[662] Ein Anpassungserfordernis innerhalb der Datenbankstruktur kann sich z.B. durch eine Veränderung des Angebotsspektrums ergeben, wodurch bisher nicht berücksichtigte Kundenmerkmale oder -anforderungen nunmehr erfassungsrelevant werden. Die Vielfalt und der Umfang der zu erfassenden Kundendaten lassen eine sorgfältige Datenbankpflege (Aktualisierung, Erweiterung, Fehlerbeseitigung und Bereinigung[663]) besonders bedeutsam werden, um ein Information-Overload für die betroffenen Datenbankanwender - insbesondere das Kundenkontaktpersonal - zu vermeiden und keine veralteten Informationen in die Entscheidungsfindung einzubeziehen.[664]

---

658 Vgl. Berkley/Gupta (1995), S. 22 und Gutsche/Kreutzer (1991), S. 750.
659 Vgl. Wilde/Hippner (1998), S. 342 und Haas (1997), S. 767 f.
660 Siehe hierzu auch Köhler (1998b), S. 333, der die Bedeutung von Deskriptoren für eine vielfältige Auswertbarkeit von Rechnungswesendaten hervorhebt. Die dabei zugrundeliegende Zwecksetzung ist im Prinzip auch auf das Database Marketing übertragbar.
661 Siehe hierzu Kaiser (1997), S. 259; Berry/Linoff (1997), S. 4 und Walter (1996), S. 47 f.
662 Vgl. Huldi (1992), S. 93.
663 Vgl. Huldi (1992), S. 93.
664 Vgl. Zimmermann (1997), S. 708 sowie Gutsche/Kreutzer (1991), S. 750 f., die als Möglichkeit zur Begrenzung der Informationsfülle auch eine aggregierende Klassifikation von Einzelmerkmalen vorschlagen.

Insgesamt zeigt sich, daß der Datenbankaufbau und die -anwendung im Dienstleistungsbereich besondere Anforderungen aufweisen, ihnen aber auch besonders gute Möglichkeiten zur Informationsgewinnung zugrundeliegen.

5.2.1.2.2 Datenbankanalysen

Entsprechend den erweiterten Datenbankinhalten ergeben sich auch Modifikationsmöglichkeiten bzw. -erfordernisse bei der Auswertung der Kundendaten. Die zur **Bewertung und Selektion** von Kunden und Interessenten einzusetzenden Verfahren können schwerpunktmäßig in monetäre und Punktbewertungs-Ansätze unterschieden werden.[665] Bei den monetären Bewertungsverfahren, zu denen z.b. die ABC-Analyse, deckungsbeitragsbezogene Analysen sowie der Customer Lifetime Value-Ansatz zählen, werden Umsatz- sowie z.t. auch Kostendaten nach ihrem zeitlichen Anfall (vergangenheits- und/oder zukunftsbezogen) je Kunde herangezogen.

Während sich für rein umsatzbezogene Bewertungsansätze (z.b. ABC-Analyse) kein dienstleistungsspezifischer Gestaltungsbedarf ergibt, ist dies bei den kostenintegrierenden Verfahren (z.b. Kundendeckungsbeitragsrechnung) durchaus der Fall. Als relevante Kosten werden hier im allgemeinen sämtliche dem Kunden direkt zurechenbaren Kosten einbezogen, d.h. die variablen Stückkosten der an ihn abgesetzten Produkte sowie die sonstigen, von ihm unmittelbar verursachten Kosten wie Marketing-, Verkaufs- und Logistikkosten (z.b. Direct-Mailings, Außendienstbesuche und Versandkosten).[666] Aufgrund der Integrativität ergeben sich im Dienstleistungsbereich die Kosten der Leistungserstellung jedoch i.d.R. nicht einheitlich für bestimmte Leistungsarten (Standard-Herstellkosten[667]), sondern können - je nach Interaktions- und Individualisierungsgrad - erheblich durch den Kunden beeinflußt werden.[668] Somit müßten zur Kundenwertermittlung auch diese Kosten kundenindividuell bestimmt werden (z.b. unter Einsatz der Prozeßkostenrechnung[669]), um Unterschieden in der Betreuungsintensität, der Problem- bzw. Fehlerverursachung, eventuellen Sonderwünschen, der Externalisierbarkeit von Teilleistungen etc. Rechnung zu tragen. Lediglich bei Dienstleistungen, die aufwandsbezogen vergütet werden (z.b. anhand von Stundensätzen), erfolgt eine Berücksichtigung der kundenindividuellen Unterschiede ohnehin auf der Erlösseite, welche der kundenspezifischen Kostenverursachung gegenübergestellt wird.

Bei der Anwendung zukunftsorientierter Bewertungsverfahren (z.B. Customer Lifetime Value),[670] die den monetären Erfolgsbeitrag des Kunden über die gesamte Dauer der Kundenbe-

---

665 Vgl. Link/Hildebrand (1997b), S. 162 ff.
666 Vgl. Köhler (1993), S. 303 f. und (1998b), S. 337 f.; Schmidt (1997), S. 103 ff.; Diller/Cornelsen/Ambrosius (1997), S. 14; Palloks (1997), S. 408 ff. und Link/Hildebrand (1997b), S. 163.
667 Vgl. Diller/Cornelsen/Ambrosius (1997), S. 14 und Link (1995), S. 109.
668 Zur Kostenbeeinflussung durch den Kunden bzw. den externen Faktor siehe Reckenfelderbäumer (1995), S. 44 f. sowie Abschn. 5.3.3.2 dieser Arbeit.
669 Siehe allgemein zur kundenbezogenen Prozeßkostenrechnung Köhler (1998b), S. 339 ff. und Diller/Cornelsen/Ambrosius (1997), S. 15 ff.
670 Siehe hierzu Link/Hildebrand (1993), S. 54 ff. und (1997b), S. 164 ff.; Zeithaml/Bitner (1996), S. 76 ff.

ziehung hinweg zu ermitteln versuchen, sollten darüber hinaus auch kostensenkende Lerneffekte auf Unternehmens- *und* Kundenseite einbezogen werden. Durch die interaktive Leistungserstellung im Dienstleistungsbereich können diese doppelt wirksam werden, sind jedoch relativ schwer genau zu beziffern. Erfahrungswerte können hierbei aber zumindest als Hilfsgrößen dienen.

In ähnlicher Form wie bei den monetären Ansätzen sind die Besonderheiten der Dienstleistung auch bei den Punktbewertungsverfahren (z.B. Scoring-Modelle und Kundenportfolio-Ansätze) einzubeziehen. Diese basieren auf einer Mehrzahl von Kriterien, welche nach ihrer Bedeutung gewichtet den Kundenwert determinieren bzw. eine graphische Einordnung der Kunden in einen zweidimensionalen Betrachtungsraum ermöglichen.[671] Bei den Bewertungskriterien, welche neben monetären Aspekten i.d.R. weitere quantitative sowie qualitative Aspekte umfassen, können prinzipiell auch die in Abschn. 5.2.1.2.1 herausgestellten dienstleistungsrelevanten Kundenmerkmale einbezogen werden. Ein weit verbreiteter, aus dem Versandhandel stammender Ansatz ist die RFMR-Methode, welche ursprünglich z.B. nur drei Kriterien umfaßte,[672] in der Anwendungspraxis aber bereits vielfältige Erweiterungen auf bis zu 1000 Merkmale erfahren hat.[673] Für die Anwendung im Dienstleistungsbereich wäre es sinnvoll, zum einen die bereits erwähnten integrationsbezogenen Kundenmerkmale einzubeziehen, zum anderen aber auch Informations- und Kommunikationswertaspekte. Hiermit ist der Informationsgewinn, den das Unternehmen aus der Kundenbeziehung ziehen kann (z.B. Anregungen, Kritik oder Marktinformationen) sowie der Beitrag, den ein Kunde zur Neukundengewinnung leistet, gemeint.[674] Gerade im Dienstleistungsbereich werden Kaufentscheidungen oft auf Basis von Mund-zu-Mund-Kommunikation getroffen, so daß die Multiplikatoreffekte zufriedener Kunden einen erheblichen Wert für das Unternehmen darstellen können.[675] Die kaufentscheidende Informationsquelle ist zudem im persönlichen Kontakt mit dem Kunden leicht zu erfragen. Im Gegensatz zu diesen ergänzenden Kriterien stellt die in der RFMR-Methode enthaltene Kaufhäufigkeit zumindest für einige Dienstleistungen, bei denen weniger die Anzahl von Einzeltransaktionen als die Dauerhaftigkeit einer vertraglichen Bindung im Vordergrund stehen (z.B. Versicherungen sowie bestimmte Bank- und Telekommunikationsleistungen), kein aussagekräftiges Bewertungskriterium dar.[676]

---

671 Vgl. Hartmann (1997), S. 193 ff.; Kreutzer (1992), S. 335 f. und (1991), S. 634; Walter (1996), S. 18 ff.; Huldi (1997), S. 609 ff. und Link/Hildebrand (1997), S. 166 ff.
672 Als Kriterien, nach denen die Methode auch benannt wurde, wurden der Zeitpunkt des letzten Kaufes (Recency), die Kaufhäufigkeit (Frequency) und der durchschnittliche Umsatz bzw. Deckungsbeitrag pro Bestellung (Monetary Ratio) der Kundenbewertung zugrundegelegt. Je nach Bedeutungsgewicht und Ausprägung der Kriterien werden den Kunden dann Punkte zugeordnet, die aufsummiert den Gesamtkundenwert ergeben. Vgl. Walter (1996), S. 18 f.; Link/Hildebrand (1993), S. 48 f. und Schaller (1988), S. 122 f.
673 Vgl. Link/Hildebrand (1997b), S. 166.
674 Vgl. Schleuning (1997), S. 146 f.
675 Neben den positiven Kommunikationswirkungen müßte an sich jedoch auch die Negativ-Werbung unzufriedener Kunden als wertmindernder Aspekt einbezogen werden.
676 Siehe hierzu speziell für den Bankbereich Drewes (1996), S. 187.

Ein weiterer wichtiger Analysebereich des Database Marketing ergibt sich innerhalb der **Marktsegmentierung.**[677] Auf Basis der gespeicherten Kundendaten lassen sich Nachfrager identifizieren, die hinsichtlich ihres Kaufverhaltens, ihrer sonstigen Reaktionen auf die Marketing-Maßnahmen des Unternehmens sowie bezüglich ihrer leistungsspezifischen Ansprüche und ihres Integrationsverhaltens vergleichbar sind und somit für eine segmentspezifische Marktbearbeitung zusammengefaßt werden können. Der Kundenwert kann hierbei ebenfalls als Segmentierungskriterium herangezogen werden, da sich nach ihm zumindest die Intensität der Marktbearbeitung richten sollte. Die Identifikation der Kundensegmente kann entweder durch eine gezielte, auf vermutete Zusammenhänge zwischen bestimmten erfaßten Merkmalen ausgerichtete Analyse (hypothesis testing) erfolgen oder durch ungerichtete Analysemethoden (undirected knowledge discovery), wie sie im Rahmen des **Data Mining** Anwendung finden.[678] Letztere sind auf die Entdeckung verborgener Zusammenhänge ausgelegt und „durchgraben" zu diesem Zweck die gesamten bzw. selbständig ausgewählte Testmengen der vorhandenen Datenbestände, um Trends, Muster, Korrelationen und Gemeinsamkeiten aufzudecken.[679] Als Analyseinstrumente finden dabei statistische Modelle in Verbindung mit Verfahren der künstlichen Intelligenz (z.B. künstliche Neuronale Netze, Kohonen-Netze oder genetische Algorithmen) Anwendung, welche jedoch erhebliche Anforderungen an die DV-technische Ausstattung, das Know how der Anwender sowie die Struktur der Datenbestände stellen.[680] Speziell im Versicherungsbereich, oder allgemeiner gesagt bei Dienstleistungen, für die die Principal-Agent-Problematik aus Anbietersicht bedeutsam ist,[681] lassen sich durch den Einsatz von Data Mining-Techniken z.B. auch Datenkonstellationen identifizieren, die auf Risikofaktoren (Hidden Characteristics) hindeuten[682] oder auch die Betrugsaufdeckung[683] (Hidden Intention und -Action) unterstützen.

Über die Kundenwertbestimmung und Marktsegmentierung hinaus wirken sich die Dienstleistungsspezifika noch auf andere Analysebereiche aus. So sind z.B. kundenspezifische Erfolgskontrollen von Marketing-Aktivitäten, was die eigentliche Kaufhandlung betrifft, besser durchzuführen, da bei Dienstleistungen im Gegensatz zu (konsumtiven) Sachgütern die Ver-

---

677 Vgl. allgemein zur Marktsegmentierung Freter (1983) sowie speziell zur Marktsegmentierung im Dienstleistungsbereich Meffert/Bruhn (1997), S. 102 ff.; Bieberstein (1995), S. 147 ff.; Heskett (1986), S. 9 ff.; Friedrich/Görgen (1993), S. 29 ff.; Garmissen (1997), S. 837 ff.; Mühlbacher/Botschen (1990), S. 161 ff. und Botschen/Mühlbacher (1998), S. 685 ff.
678 Siehe hierzu Berry/Linoff (1997), S. 65 ff. und 81 ff. Die unterschiedlichen Analysearten lassen sich auch als *verifikationsorientierte* versus *entdeckungsorientierte* Untersuchungen kennzeichnen. Vgl. Wietzorek/Henkel (1997), S. 237 f.
679 Vgl. Chamoni/Budde (1997), S. 9; Wietzorek/Henkel (1997), S. 238; Dastani (1997), S. 255 und Düsing (1998), S. 295. Siehe hierzu auch die Definition bei Berry/Linoff (1997), S. 96: „Data mining is the process of discovering meaningful new correlations, patterns, and trends by sifting through large amounts of data stored in repositories and by using pattern recognition techniques as well as statistical and mathematical techniques."
680 Vgl. Dastani (1997), S. 256 und S. 267.
681 Siehe hierzu ausführlich Abschn. 3.1.2.
682 Zum Zusammenhang zwischen bestimmten Kundenmerkmalen und der Schadensanfälligkeit im Kfz-Versicherungsbereich vgl. Haas (1997), S. 761 f.
683 Vgl. Wietzorek/Henkel (1997), S. 245.

käufe fast immer konkreten Personen zuzuordnen sind. Auch Schwächenanalysen weisen hier günstigere Voraussetzungen auf, da durch die Interaktivität eine systematische Kundenfeed-back-Erfassung unterstützt wird.[684]

5.2.1.2.3 Nutzung der Kundendaten zur Leistungsverbesserung

Die in der Datenbank gespeicherten Kundendaten sowie die Ergebnisse der darauf angewendeten Analysen dienen letztlich dazu, eine kundenindividuelle Marktbearbeitung zu gewährleisten.[685] Sie können bei der Planung wie auch bei der konkreten Umsetzung kundengerechter Dienstleistungen von Nutzen sein, da sie einen wesentlichen Teil der in Abschn. 4.2 aufgezeigten Informationsbedarfe abdecken.[686]

Für die Leistungsprogrammplanung z.B. stellen Informationen über die Bedarfsstruktur und das daraus resultierende Nachfragepotential bei den aktuellen und potentiellen Kunden eine wichtige Entscheidungsgrundlage dar. Diese entweder unmittelbar im Kundenkontakt gewonnenen oder mitunter auch aus den vorhandenen demographischen und sozioökonomischen Kundendaten ableitbaren Bedarfsinformationen[687] können für die qualitative und quantitative Planung des Leistungsangebots eingesetzt werden. Besondere Bedeutung kommt hierbei den Cross Selling-Potentialen zu, deren Ausschöpfung sich nicht nur auf die Erträge, sondern auch auf die Kundenbindung positiv auswirken kann.[688] Einer Ausrichtung des Leistungsangebots an der konkreten Bedarfslage der Kunden dienen zudem Informationen über den räumlich-/zeitlichen Nachfrageanfall (inkl. der aufgrund unzureichender Kapazitäten abgelehnten Nachfrage) sowie die Präferenzen und Preisbereitschaften für bestimmte Leistungsbestandteile, -zeiten und -orte. Auch aufgenommene Beschwerden und Reklamationen können durch systematische Auswertung zur Leistungsverbesserung beitragen. Speziell für die Distributionsplanung (insbesondere die räumliche Verteilung von Filialen) kann die Anwendung der mikrogeographischen Segmentierung[689] auf die vorhande-

684 Vgl. Garmissen (1997), S. 835. Das von ihm beschriebene Database System der Firma Avis (Autovermietung) beinhaltet z.B. u.a. ein Customer Response Information-, ein Customer Satisfaction Tracking- und Customer Complaint Tracking-System.
685 Vgl. Kreutzer (1992); S. 329; Schweiger/Wilde (1993), S. 93; Link/Hildebrand (1993), S. 29 f. und (1997a), S. 23 und Wilde/Hippner (1998), S. 321.
686 Vgl. hierzu insbesondere die Abschn. 4.2.2 und 4.2.3.
687 So werden z.B. bei Banken anhand der dort verfügbaren Kundendaten Vermögensschätzungen vorgenommen, die Hinweise darauf geben, welchen Anteil ihrer Finanzgeschäfte die Kunden bei der entsprechenden Bank tätigen und wie groß das Gesamtpotential bei diesen Kunden ist. Vgl. Hüppin (1995), S. 30 f. und Thiele (1998), S. 105 ff. Zur Bedarfsbestimmung im Versandhandel siehe Hermanns/Flegel (1993), S. 102.
688 Zur Bedeutung und zum Vorgehen bei der Bestimmung von Cross-Selling-Potentialen im Dienstleistungsbereich siehe Wilde/Hippner (1998), S. 340; Ruhland (1997), S. 633 ff. und Zimmermann (1997), S. 709.
689 Die mikrogeographische Segmentierung stellt eine von spezialisierten Dienstleistern angebotene Typologisierung dar, die auf der Basis von geographischen Mikroparzellen sogenannte „Regio-Typen" generiert, die sich durch ein jeweils typenspezifisches Konsumverhalten auszeichnen. Die Typenbildung basiert auf der Annahme des „Neighbourhood-Effekts", der unterstellt, daß Personen mit vergleichbarem Status, Lebensstil und entsprechend ähnlichem Konsumverhalten sich in räumlicher Nähe zueinander ansiedeln. Zu den bekanntesten Systemen zählen in Deutschland „regio select" der AZ Direct Marketing Bertelsmann GmbH

nen Kundendaten entscheidungsunterstützend wirken, da diese eine Lokalisierung besonders erfolgversprechender Standorte gemäß der räumlichen Verteilung aktueller oder angestrebter Kundengruppen ermöglicht.

Bedeutender noch als für die Gesamtleistungsplanung ist der Einsatz der Database aber für die Gestaltung des kundenindividuellen Angebots. Der ermittelte Kundenwert kann dabei zunächst als Bestimmungsgrundlage des wirtschaftlich angemessenen Aufwands dienen, der zur Befriedigung der Kundenbedürfnisse geleistet werden soll.[690] Gemäß der bisherigen, v.a. aber auch der zukünftig zu erwartenden Bedeutung des Kunden kann z.b. der Individualisierungsgrad der Leistungserstellung bzw. das Ausmaß, in dem spezielle Wünsche des Kunden erfüllt werden, variiert werden. Auch ist bei knappen Kapazitäten eine Priorisierung der Nachfrage besonders wichtiger Kunden denkbar, die für diese einen Zeitvorteil in Form verkürzter Wartezeiten bewirken kann.

Insgesamt können die Erfahrungen, die im Rahmen der Leistungserstellung mit den Kunden gesammelt werden (z.b. bezüglich deren Integrationsqualität und der damit verbundenen (positiven oder negativen) Einflußnahme auf das Leistungsergebnis), eine wichtige Hilfestellung für die kundenindividuelle Bedürfnisbefriedigung, die Fehlervermeidung sowie die Erhöhung der Wirtschaftlichkeit im Rahmen der Leistungserstellung sein. Sie stellen zudem eine wesentliche Grundlage für den Aufbau einer sogenannten „Learning Relationship" dar, welche *Peppers/Rogers* in plakativer Form wie folgt beschreiben: „*Give your customer the opportunity to teach you what he wants. Remember it, give it back to him, and keep his business forever.*"[691] Wenn jede Interaktion mit dem Kunden zur Informationsgewinnung genutzt wird, kann das Leistungsangebot nach und nach immer genauer auf seine Bedürfnisse ausgerichtet[692] und dadurch ein Differenzierungsvorteil gegenüber der Konkurrenz erlangt werden.[693] Gleichzeitig vermag die vorhandene Informationsbasis das Interaktions-, z.T. auch das Integrationserfordernis für den Kunden zu senken[694] und auf der anderen Seite die Wechselkosten bzw. -barrieren für den Nachfrager zu erhöhen, da dieser einem Konkurrenzanbieter erst die gesamten Informationen erneut übermitteln müßte, um eine vergleichbare Leistung zu erhalten.[695]

---

und „Local" des infas Instituts für angewandte Sozialwissenschaft GmbH. Vgl. hierzu ausführlich Meinert (1997), S. 453 ff.; Link/Hildebrand (1997b), S. 170 f.; Nitsche (1997), S. 360 ff.; Meyer (1989), S. 342 ff.

690 Vgl. Wilde/Hippner (1998), S. 335 und Link/Hildebrand (1997a), S. 25.

691 Peppers/Rogers (1997), S. 169. (Kursivdruck im Original)

692 Vgl. hierzu das Beispiel des Informationsdienstleisters Individual Inc., der seinen Kunden täglich Zeitungsartikel und Nachrichten auf deren Bedürfnisse zugeschnitten zusammenstellt. Durch anfänglich regelmäßiges Feedback bzgl. der Relevanz der Artikel erzielt das eingesetzte Computersystem SMART (System for Manipulation and Retrieval of Text) bereits nach 4-5 Wochen eine „Trefferquote" von 80-90%. Vgl. Pine/ Peppers/Rogers (1995), S. 104 f.

693 Vgl. Shani/Chalasani (1992), S. 47 f.

694 So speichert die amerikanische Schuhhandelskette Custom Foot z.B. die genauen Fußmaße des Kunden sowie seine Stil- und Materialpräferenzen, wodurch ihm bei allen Schuhkäufen in einer Custom Foot-Filiale aufwendiges Suchen und Anprobieren erspart wird. Vgl. Peppers/Rogers (1997), S. 170 f.

695 Vgl. Peppers/Rogers (1997), S. 16 und S. 171 sowie Monasco (1999), o.S.

Neben der entscheidungsunterstützenden Funktion im Rahmen einer individuellen Leistungserstellung können die Kundendaten auch eine individualisierte Preisbildung unterstützen.[696] Als Differenzierungskriterien können hier über die in Anspruch genommenen (Teil-)Leistungen und die durch den Kunden verursachten Kosten hinaus auch seine Bedeutung für das Unternehmen, sein Zahlungsverhalten und seine Preissensibilität herangezogen werden.

Auch wenn der Betrachtungsfokus hier auf die Einsatzmöglichkeiten des Database Marketing zur Ergebnisverbesserung gerichtet ist, soll doch abschließend noch kurz auf dessen potential- und prozeßbezogene Nutzungsbereiche eingegangen werden. Liegen dem Dienstleistungsanbieter genaue Informationen über den zeitlichen und mengenmäßigen Nachfrageanfall bzw. die diesbezüglichen Präferenzen der Kunden vor, so läßt sich der (integrationsabhängige) Kapazitätsbedarf besser prognostizieren, wodurch Über- und Fehlkapazitäten vermeidbar werden.[697] Auch die Prozeßverläufe und Leistungserstellungsverfahren lassen sich anhand von Kundendaten (insbesondere integrationsbezogene) besser auf die individuellen Anforderungen abstimmen. Die dienstleistungsspezifische Unsicherheit bei der Potential- und Prozeßplanung kann somit durch den Database-Einsatz reduziert werden, und auch während der Leistungserstellung kann er eine entscheidungsunterstützende Funktion wahrnehmen (z.B. im medizinischen Bereich oder bei Finanzdienstleistungen).

Die Vielfalt der aufgezeigten Einsatzmöglichkeiten im Dienstleistungsbereich läßt in Verbindung mit den günstigen Informationserfassungsbedingungen den Eindruck entstehen, daß in jedem Fall so viele Kundeninformationen wie möglich gespeichert werden sollten. Dies kann jedoch zu einer erheblichen Kostenverursachung führen, der eine entsprechende Nutzenstiftung gegenüberstehen muß. Inwiefern dies hier der Fall ist, wird im Rahmen der folgenden kritischen Beurteilung überprüft.

5.2.1.3 Kritische Beurteilung

Gemäß den in Abschn. 5.1 aufgestellten Beurteilungskriterien soll zunächst die **Informationsbedarfsorientierung** des Database Marketing überprüft werden, die in den Dimensionen Informationsrelevanz, Informationsqualität, Zeitaspekte und Subjektbezug Konkretisierung findet.[698]

Zur Überprüfung der **Informationsrelevanz** dient das in Abschn. 4.5 entworfene Information-GAP-Modell. Hinsichtlich der darin aufgezeigten Informationsbedarfe kann das Database Marketing in der geschilderten dienstleistungsspezifischen Form zur Schließung sämtlicher Lücken einen Beitrag leisten, da es idealtypisch Informationen über

- die Kundenerwartungen (GAP 1),
- die (zukünftige) Bedarfsstruktur (GAP 2),

---

696 Vgl. Link/Hildebrand (1997a), S. 25.
697 Vgl. Link/Hildebrand (1997c), S. 390 und (1993), S. 87.
698 Vgl. hierzu Abb. 27.

- den kundenspezifischen, zeitlich und mengenmäßig konkretisierten Nachfrageanfall sowie den Einfluß des externen Faktors auf die Leistungserstellung (GAP 3),
- die Kundenwahrnehmung der erhaltenen Leistung (GAP 4) sowie
- die Zufriedenheit mit der Leistung inklusive eventueller Korrektur- bzw. Kompensationsmaßnahmen, in der letztlich die Diskrepanz zwischen Kundenerwartungen und tatsächlicher Wahrnehmung zum Ausdruck kommt (GAP 5),

bereitstellt.[699]

Neben der Informationsrelevanz stellt die **Informationsqualität** eine weitere Beurteilungsdimension für die Bedarfsorientierung des IM-Ansatzes dar. Von den hierbei zur Operationalisierung herangezogenen Kriterien kann jedoch lediglich der Aggregationsgrad in grundsätzlicher Form beurteilt werden. Dieser ist gering, da das Database Marketing gerade auf eine kundenindividuelle Datenerfassung ausgelegt ist, d.h. es können bei Bedarf sehr spezifische, einzelfallbezogene Informationen abgerufen werden. Die Genauigkeit und Gültigkeit der verfügbaren Informationen hängen hingegen stets von der Sorgfalt der Datenerfassung und Datenbankpflege ab. Da im Dienstleistungsbereich ein erheblicher Teil der Kundeninformationen durch die Mitarbeiter im Kundenkontakt sozusagen nebenbei erhoben wird,[700] besteht hier stets die Gefahr von Ungenauigkeiten und subjektiven Verzerrungen. Auch ist ein bewußtes Zurückhalten von Informationen seitens der Mitarbeiter denkbar, wenn diese nachteilige Konsequenzen durch die Informationsweitergabe befürchten (z.B. bei negativem Kundenfeedback)[701] oder sie die Informationen als persönliches Eigentum ansehen (z.B. private Kundendateien von Außendienstmitarbeitern[702]). In gewissem Maße können Erfassungsstandards, spezifische Mitarbeiterschulungen und Anreizsysteme zu einer Intensivierung und Objektivierung der Informationsgewinnung und -weitergabe und damit auch zur Qualitätsverbesserung beitragen.

In **zeitlicher Hinsicht** sind die Database Marketing-Informationen bei konsequenter Nutzung aller Informationsgewinnungssituationen und sorgfältiger Datenbankpflege durch eine ausgeprägte Aktualität gekennzeichnet und können für die jeweiligen Entscheidungsprobleme jederzeit abgerufen oder den erforderlichen Analysen zugrundegelegt werden. Konkrete Erfassungsintervalle sind dabei meist nicht definiert, da die Datengewinnung überwiegend im Zuge der Kundenkontaktsituationen vollzogen wird.[703]

---

699 Zu den verschiedenen Information-GAPs siehe auch Abb. 25.
700 Vgl. Berkley/Gupta (1995), S. 22.
701 Vgl. Plymire (1991), S. 62.
702 Vgl. Wilde/Hippner (1998), S. 342 und Haas (1997), S. 767 f.
703 Ausnahmen stellen diesbezüglich anonyme oder sehr interaktionsarme Dienstleistungen dar, die ungünstigere Informationserfassungsbedingungen aufweisen. Zudem bedarf die Informationsaufnahme über potentielle Kunden oder für gezielte Maßnahmen (z.B. Dienstleistungsinnovationen) eigenständiger Untersuchungen, für die ein adäquater zeitlicher Vorlauf zu bestimmen ist.

Als letzter Gesichtspunkt der Informationsbedarfsorientierung ist die Eignung des Database Marketing zur Befriedigung der **subjektiven Informationsbedürfnisse** der jeweiligen Aufgabenträger zu überprüfen. Diese hängt zum einen von den Datenbankinhalten und zum anderen von den Zugriffsmöglichkeiten und -bedingungen für die Mitarbeiter ab. Bei vollständiger Berücksichtigung der aufgezeigten dienstleistungsspezifischen Informationsbereiche ist davon auszugehen, daß für die Management- und Back Office-Mitarbeiter, vor allem aber auch für das Kundenkontaktpersonal die kundenbezogenen Informationsbedarfe im wesentlichen abgedeckt werden, zumal die Mitarbeiter in die Informationsgewinnung integriert werden und somit ihre spezifischen Bedürfnisse geltend machen können. Von Bedeutung ist jedoch auch, daß die IS-Gestaltung Zugriffsmöglichkeiten für alle relevanten Mitarbeiter an allen relevanten Stellen (möglichst auch außerhalb des Unternehmens) vorsieht und daß die Datenbanknutzung deren unterschiedlichen Kenntnissen und Fähigkeiten Rechnung trägt.[704] Wenn zudem erreicht wird, daß die Mitarbeiter keine separaten, privaten Dateien mehr führen, sondern ihr Kunden-Know how vollständig in die Unternehmens-Datenbank einbringen, ist ein hohes Maß an Subjektorientierung gewährleistet.

Als weitere wichtige Beurteilungsdimension sind **Kostenaspekte** - sowohl hinsichtlich der Verursachung als auch bezüglich der Senkungspotentiale - zu betrachten. Die **Kostenverursachung** des Database Marketing bezieht sich zum einen - einmalig - auf den Aufbau der Datenbank, der die Anschaffung von Hard- und Software sowie gegebenenfalls deren Anpassung oder Weiterentwicklung, die Realisierung einer „Grundausstattung" mit Kundendaten (Einkauf von Datenbeständen und/oder Konvertierung bereits gespeicherter Daten), Anwendungsschulungen für die betroffenen Mitarbeiter sowie eventuelle externe Beratung umfaßt.[705] Zum anderen entstehen aber auch laufende Kosten, die vor allem die Informationsgewinnung und -bereitstellung, die Datenpflege sowie die Wartung und Instandhaltung der Datenbank betreffen. Eine konkrete Quantifizierung der Kostenentstehung läßt sich nur unternehmensspezifisch vornehmen; allerdings sind in der Literatur empirische Erfahrungswerte bezüglich der Kostenverteilung zu finden. Demnach betragen die Kosten für das System lediglich 5-10% der Gesamtkosten, die laufenden Verwaltungskosten ca. 15-20%, und den Kostenschwerpunkt bilden die Datenbeschaffung und -aktualisierung mit 70-80%.[706] Zu diesen unmittelbar verursachten Kosten sind des weiteren die mittelbar entstehenden Kosten für datenbankbasierte Direktmarketingaktivitäten[707] sowie eventuelle Reengineeringmaßnahmen und Änderungen des Leistungsangebots aufgrund von Databaseanalysen zu berücksichtigen. Als Kostenentstehungsbereiche sind dabei zum einen die Back Office-Bereiche zu nennen, die unmittelbar mit der Datenbankerstellung und -pflege (in technischer wie auch inhaltlicher

704 Vgl. Berkley/Gupta (1995), S. 22 f. und Wilde/Hippner (1998), S. 344.
705 Vgl. Schüring (1992), S. 273 und Huldi (1992), S. 239.
706 Vgl. Wilde/Hippner (1998), S. 330. Siehe hierzu auch Hamm (1997), S. 106, der bei einer Data Warehouse-Implementierung ca. 80% des Gesamtbudgets der Datenbereitstellung zuordnet.
707 Vgl. Schüring (1992), S. 274.

Hinsicht) sowie mit der Datenanalyse und der Durchführung daraus abgeleiteter Marketing-Maßnahmen betraut sind, zum anderen aber auch sämtliche Kundenkontaktbereiche, die in die Informationsgewinnung und -erfassung integriert sind. Eine genaue Bestimmung der databaseinduzierten Kosten kann sich jedoch - zumindest personalbezogen - als problematisch erweisen, da die Mitarbeiter (v.a. das für die Informationsgewinnung verantwortliche Kundenkontaktpersonal) i.d.R. nicht ausschließlich mit Aufgaben des Database Marketing beschäftigt sind und somit Personalkosten lediglich anteilig zurechenbar sind. In Anbetracht des hohen Gesamtkostenanteils der Informationsbeschaffung kann dies die Aussagekraft einer Wirtschaftlichkeitsbeurteilung erheblich beeinträchtigen. Tendenziell hängt im Dienstleistungsbereich das erforderliche Ausmaß kundenbezogener Informationsgewinnung vom Individualisierungsgrad der Leistung ab, wohingegen der Beschaffungsaufwand primär durch den Interaktionsgrad determiniert wird.

Ebenfalls schwer zu quantifizieren sind die **Kostensenkungspotentiale** des Database Marketing, welche sich überwiegend auf die Interaktion mit den Kunden beziehen. Ersparnisse lassen sich dabei in nahezu allen Phasen des Kundenkontaktes realisieren:

- bei der Kundenansprache (Reduktion von Mediakosten und Streuverlusten durch gezielte, kundenwertdifferenzierende Marktbearbeitung),[708]
- bei der Konkretisierung der Leistungsinhalte (Transaktionskostensenkung durch besseren Informationsstand über Präferenzen und Bedarfe)
- bei der eigentlichen Leistungserstellung (Prozeßbeschleunigung und Fehlervermeidung durch Kenntnisse über das Integrationsverhalten des externen Faktors, Differenzierung der Betreuungsintensität nach dem Kundenwert, Vermeidung von Leer- und Fehlmengenkosten durch genauere Prognose zu erwartender Aufträge)[709] sowie

bezüglich erforderlicher Kontrollaktivitäten (Reduktion opportunistischer Verhaltensmöglichkeiten des Kunden[710] und Verminderung von Zahlungsausfällen durch differenzierte Bestimmung der Zahlungsmodalitäten[711]).

Mit zunehmender Dauer der Kundenbeziehung kommen diese Kostensenkungspotentiale immer stärker zur Geltung. Neben den interaktionsbezogenen kann eine umfassende, zentrale Kundendatenbank aber auch im administrativen Bereich Kostenersparnisse bewirken, indem Doppelarbeiten (z.B. mehrmalige Erfassung von Kundendaten zu unterschiedlichen Zwecken) vermieden und Routineprozesse stärker automatisiert werden.[712] Eine konkrete Bestimmung

708 Vgl. Link/Hildebrand (1993), S. 89; Schweiger/Wilde (1993), S. 123 und Schüring (1992), S. 270.
709 Vgl. Link/Hildebrand (1997c), S. 388 ff. und (1993), S. 87 ff.; Berkley/Gupta (1995), S. 22.
710 Siehe hierzu die Ausführungen zur Principal Agent-Theorie in Abschn. 3.1.2.
711 So werden z.B. im Versandhandel Zahlungsausfälle dadurch reduziert, daß bestimmte Geo-Typen mit schlechter Zahlungsmoral (gemäß mikrogeographischer Segmentierung) ausschließlich per Nachnahme beliefert werden. Vgl. Wilde/Hippner (1998), S. 339.
712 Vgl. Schüring (1992), S. 270 und Link/Hildebrand (1993), S. 89.

151

der positiven Kostenwirkungen erweist sich in der Praxis jedoch als sehr aufwendig und auch nur teilweise - bei entsprechend ausgelegtem Kostenrechnungssystem[713] - realisierbar.

Als letzte Beurteilungskategorie ist schließlich die **Nutzenstiftung** des Database Marketing - einerseits für das Unternehmen und andererseits für den Kunden - zu überprüfen. Der **unternehmensseitige Nutzen**, der sich sowohl auf den IV-Bereich und die daran anknüpfenden Entscheidungsbereiche (inklusive der Geschäftsführung) als auch auf die Leistungserstellungsbereiche beziehen kann, erweist sich als überwiegend schwer oder gar nicht quantifizierbar.[714] Lediglich der Nutzen der aus der Database-Anwendung resultierenden Kommunikationsmaßnahmen, welche hier jedoch nicht im Zentrum der Betrachtung stehen, läßt sich anhand der Reaktionsdaten in kunden- oder maßnahmenbezogenen Erfolgsrechnungen (z.B. Gewinnbeitrag je 1000 Kontakte) monetär quantifizieren.[715] Die für das Unternehmen erzielbaren Nutzenwirkungen lassen sich, wie in Abschn. 5.1.3.1 aufgezeigt, in die Nutzendimensionen

- Qualität (bessere Informationsbasis und Entscheidungsqualität im IV- und Management-Bereich; höhere Leistungs- und Prozeßqualität sowie Kundenberatungskompetenz im Rahmen der Leistungserstellung),

- Zeit (schnellere Bereitstellung entscheidungsrelevanter Informationen und dadurch Beschleunigung der Entscheidungsprozesse;[716] Pioniervorteile durch frühzeitige Identifikation von Nachfragetrends und Bedarfsentwicklungen[717]),

- Flexibilität (erhöhte Anpassungsfähigkeit an Markt- bzw. Bedarfsveränderungen[718] sowie bei flexibler Gestaltung der Database-Informationsfelder auch an sich ändernde Informationsbedarfe) und

- soziale Aspekte (Kompetenzerweiterung und Erhöhung der Entscheidungsautonomie des Kundenkontaktpersonals, was zu verstärkter Mitarbeiterzufriedenheit und -motivation führen kann)

untergliedern.

Der durch das Database Marketing realisierbare **Kundennutzen** äußert sich primär in einer bedarfsgerechteren, individuelleren Leistungsgestaltung,[719] sowohl hinsichtlich der Auswahl aus dem Gesamtangebot des Unternehmens als auch bezüglich der konkreten Ausgestaltung

---

713 Die besten Voraussetzungen bietet hierfür eine prozeßorientierte Kostenrechnung; vgl. dazu auch Abschn. 5.3.3.

714 Vgl. Hermanns/Flegel (1993), S. 106. Zwar ließe sich der Nutzen prinzipiell durch die erzielten Mehrerlöse monetär quantifizieren, jedoch gilt dies nur unter der Annahme ansonsten konstanter Unternehmensaktivitäten und setzt außerdem voraus, daß sich sämtliche Nutzenwirkungen in zusätzlichen Erlösen niederschlagen.

715 Vgl. Wilde/Hippner (1998), S. 337 f. und Link/Hildebrand (1997a), S. 26.

716 Vgl. Huldi (1992), S. 240.

717 Vgl. Link/Hildebrand (1997c), S. 386 f., (1995), S. 49 und (1993), S. 86 f.

718 Vgl. Link/Hildebrand (1997a), S. 31 und Huldi (1992), S. 240.

719 Vgl. Kiefer/Winkler (1997), S. 132; Link/Hildebrand (1997c), S. 382 und Schweiger/ Wilde (1993), S. 123.

einer bestimmten Dienstleistung.[720] Ebenso kann die Qualität des Leistungsergebnisses am externen Faktor auf Basis der Informationen über dessen Spezifika und der dadurch bedingten Fehlervermeidung während der Leistungserstellung verbessert werden. Schließlich sind durch den Database-Einsatz auch Zeitvorteile und (Opportunitäts-)Kostenvorteile für den Kunden zu erzielen, denn die vorab beschriebenen Wirkungen der Prozeßbeschleunigung sowie der Senkung des Interaktionserfordernisses betreffen nicht nur die Anbieterseite, sondern ebenso den Kunden. Mitunter können dem Kunden auch gewisse Aufgaben abgenommen werden wie z.b. das Nachhalten von Terminen im Rahmen von Wartungs-, Finanz- oder medizinischen Leistungen. Eine Quantifizierung des Kundennutzens ist zwar prinzipiell möglich (z.b. anhand der nach Einsatz des Database Marketing erzielten Mehrerlöse oder unmittelbar durch eine nutzenbezogene Kundenbefragung), doch ergeben sich dabei insofern Probleme, als daß der wahrgenommene Zusatznutzen von den Kunden nicht unbedingt auf den Database-Einsatz zurückgeführt werden kann. Somit ist die Quantifizierung i.d.R. nur indirekt über die resultierenden Marketing-Maßnahmen und Leistungskonsequenzen möglich,[721] wofür wiederum eine möglichst umfassende Kenntnis der Wirkungsbeziehungen erforderlich ist.

Auch wenn im Rahmen dieser allgemeinen Beurteilung des Database Marketing für Dienstleistungsunternehmen eine eindeutige, quantitativ gestützte Entscheidung nicht getroffen werden kann,[722] machen die aufgezeigten Nutzenaspekte sowie die ausgeprägte Informationsbedarfsorientierung dieses IM-Ansatzes dessen Leistungspotential doch deutlich. Abschließend läßt sich somit festhalten, daß bei entsprechend dienstleistungsgerechter Ausgestaltung der Database diese ein erhebliches Erfolgspotential für Dienstleistungsunternehmen aufweist.

5.2.2 Informationsgewinnung und -einsatz im Rahmen des Qualitätsmanagements

Die ausgeprägte Bedeutung qualitätsbezogener Informationen im Dienstleistungsbereich wurde bereits im Rahmen der Informationsbedarfsanalyse thematisiert. Auch wesentliche der in der Literatur behandelten Meßkonzepte wurden, sofern sie einen Beitrag zur Konkretisierung des qualitätsgerichteten Informationsbedarfs leisten, dort angesprochen. Das Anliegen der folgenden Abschnitte ist es nun, diese und weitere Ansätze auf ihre Leistungsfähigkeit bei der Befriedigung dieses Informationsbedarfs zu überprüfen sowie die Einsatzbereiche und den resultierenden Nutzen zu analysieren. Gemäß der strukturellen Einordnung werden dabei schwerpunktmäßig die Nutzenpotentiale im Kontext kundengerechter Leistungsergebnisse thematisiert. Aufgrund der dimensionsübergreifenden Wirkung des Qualitätsmangements können jedoch prozeß- und potentialbezogene Aspekte nicht unberücksichtigt bleiben.

---

720 Vgl. Kirstges (1997), S. 641.
721 So läßt sich z.B. der Kundennutzen einer aus den Erkenntnissen des Database-Einsatzes hervorgehenden Optimierung des Leistungsangebots sowie einer kundengerechteren Preis- und Kommunikations-Gestaltung durch Befragungen erfassen.
722 Laut *Hermanns/Flegel* existiert ohnehin keine allgemeingültige, leistungsfähige Methode zur Wirtschaftlichkeitsanalyse des Database Marketing. Vgl. Hermanns/Flegel (1993), S. 106.

5.2.2.1 Konzeptionelle Grundlagen eines Qualitätsmanagements bei Dienstleistungsunternehmen

Die Qualität einer Dienstleistung zählt gemeinsam mit Kosten- und Zeitaspekten, auf welche sie zudem auch (positive) Auswirkungen haben kann,[723] zu den entscheidenden Erfolgsfaktoren im Dienstleistungswettbewerb.[724] Daher ist das Qualitätsmanagement, als ganzheitliche, in der Unternehmensphilosophie verankerte Führungskonzeption, darauf ausgerichtet,

- die durch die *Kundenerwartungen* determinierte Dienstleistungsqualität
- in einem *aktiven dynamischen* Prozeß
- bezogen auf *alle Unternehmensbereiche* und unter Einbeziehung *sämtlicher Mitarbeiter*
- *kontinuierlich* sicherzustellen bzw. zu verbessern.[725]

Die Implementierung einer solch umfassenden Qualitätsorientierung soll nicht nur zur Erhöhung der Kundenzufriedenheit und Kundenbindung beitragen, sondern auch Markteintrittsbarrieren gegenüber potentiellen Wettbewerbern aufbauen, um letztlich Marktanteilsgewinne zu erzielen. Neben diesen marktgerichteten Zielen werden auch unternehmensbezogene Ziele wie die Senkung der Qualitätskosten, Effizienzsteigerungen insgesamt sowie die Schaffung eines erhöhten Qualitätsbewußtseins bei den Mitarbeitern angestrebt.[726]

Zurückzuführen ist das Konzept in seinen wesentlichen Grundprinzipien auf den in Japan entstandenen **Total Quality Management-Ansatz** (TQM), der eine möglichst vollständige Orientierung aller Unternehmensbereiche und -aktivitäten an den externen *und* internen Kunden bei gleichzeitiger Effizienzerhöhung anstrebt.[727] Jeder Mitarbeiter soll dabei die Funktion eines „Qualitätsmanagers" übernehmen,[728] was gerade im Dienstleistungsbereich von erheblicher Relevanz ist, da die hier üblichen direkten Kontakte zwischen Kunde und Mitarbeitern einen starken Einfluß auf die Qualitätswahrnehmung des Nachfragers haben. Die Führungskräfte nehmen innerhalb des Konzepts eine Vorbildfunktion wahr,[729] um die Kundenorientierung in der Unternehmenskultur und daraus folgend auch in den Denk- und Verhaltensmustern der Mitarbeiter zu verankern. Für die konkrete, intern und extern gerichtete Umsetzung des TQM lassen sich in der Literatur mitunter „rezeptartige" Handlungsempfehlungen finden (z.B. 14-Punkte-Programm von *Deming*[730] sowie in ähnlicher Form von *Crosby*[731]), die zwar theoretisch oft wenig fundiert sind, aber für die Unternehmen einen unmittelbaren Anwendungsbezug aufweisen und daher in der Praxis weit verbreitet sind.

---

723 Eine hohe Qualität trägt auch dazu bei, Fehler zu vermeiden und verringert somit kosten- und zeitintensive Nachbesserungen. Vgl. hierzu auch Abschn. 3.2.2.3.
724 Vgl. Eversheim (1997), S. 4 ff.; Meffert/Bruhn (1997), S. 199; Corsten (1997), S. 292 Pepels (1996), S. 33 f.; Lehmann (1993), S. 75 und Allen/Faulhaber (1991), S. 289.
725 Siehe zur Kennzeichnung des Qualitätsmanagements in Dienstleistungsunternehmen auch Bruhn (1997), S. 117 ff.; Meffert/Bruhn (1997), S. 248 ff. und Pepels (1996), S. 39 ff.
726 Vgl. Bruhn (1997), S. 130 ff.
727 Ähnliche Begriffsexplikationen des TQM gibt Oess (1993), S. 89.
728 Vgl. Pepels (1996), S. 45.
729 Vgl. Corsten (1997), S. 330 und Pepels (1996), S. 44.
730 Vgl. Deming (1982), S. 16 ff.

Insgesamt ist das Qualitätsmanagement jedoch ein systematisch angelegter Ansatz, der sämtliche Managementaufgaben von der Planung, Steuerung und Kontrolle aller qualitätsbezogenen Unternehmensaktivitäten über die Führung der Mitarbeiter bis hin zur organisatorischen Verankerung der Qualitätsorientierung in den Strukturen und Abläufen der Unternehmung umfaßt.[732] Bei der folgenden Untersuchung wird vor allem die Informationsfunktion im Rahmen dieser Aufgaben näher beleuchtet, wobei den dienstleistungsspezifischen Anforderungen an das Qualitätsmanagement Rechnung zu tragen ist. Diese betreffen sämtliche dienstleistungskennzeichnenden Merkmale, wie Abb. 28 in einem Überblick verdeutlicht.[733]

Dienstleistungs-charakteristika	Konsequenzen für die Dienstleistungsqualität und das Qualitätsmanagement
Immaterialität	⇒ Mangel objektiv meßbarer Qualitätseigenschaften (Leistungen überwiegend geprägt durch Erfahrungs- und Vertrauenseigenschaften)
	⇒ Erfordernis zur Risikoreduktion für den Nachfrager (Garantien, Zertifizierung etc.)
	⇒ Erfassungsprobleme kundenseitiger Qualitätserwartungen und -wahrnehmung (besondere Anforderungen an die Qualitätsmessung)
	⇒ Schwierigkeiten bei der Bestimmung konkreter ergebnisbezogener Qualitätsvorgaben
Integrativität der Leistungserstellung	⇒ begrenzte Beeinflußbarkeit/Instabilität der Leistungsqualität
	⇒ Erfordernis zur Berücksichtigung kundenspezifischer Merkmale und Verhaltensweisen
	⇒ Vielschichtigkeit der Qualitätswahrnehmung durch den Kunden (Beurteilung bezieht sich nicht nur auf Leistungsergebnis), Integrationserfordernis sämtlicher Dienstleistungsdimensionen in das Qualitätsmanagement
	⇒ Erfordernis flexibler Anpassung der Leistungserstellung an Spezifika des externen Faktors, Ausstattung der Mitarbeiter mit entsprechenden Entscheidungskompetenzen
	⇒ besondere Anforderungen an Mitarbeiterverhalten (Verinnerlichung der Kundenorientierung), Schulungs- und Motivationsbedarf
Individualität	⇒ Erfordernis zur Berücksichtigung kundenindividueller Bedürfnisse und Qualitätserwartungen
	⇒ mangelnde Vergleichbarkeit der Ergebnisqualität, begrenzte Möglichkeit zur Formulierung von Qualitätsstandards
Angebot von Leistungspotentialen	⇒ Einfluß der Leistungspotentiale auf die Qualitätseinschätzung (vor dem Kauf) und -beurteilung (nach Leistungsinanspruchnahme) durch die Nachfrager, Leistungspotentiale als tangible Qualitätssurrogate

Abbildung 28: Auswirkungen der Dienstleistungsbesonderheiten auf das Qualitätsmanagement

---

731 Vgl. Crosby (1986), S. 111 ff.
732 Vgl. Bruhn (1997), S. 125 f.; Eversheim (1997), S. 14 f.; Kamiske/Brauer (1996), S. 63 f. und Pepels (1996), S. 45 f.
733 Siehe hierzu auch die Abschn. 4.2.1.1 ff.; insb. Abschn. 4.2.1.3 sowie zu Teilaspekten auch Hentschel (1992), S. 76 ff.; Peters (1995), S. 50; Corsten (1997), S. 292 ff.; Meffert/Bruhn (1997), S. 201 ff. und Kuhnert/Ramme (1998), S. 19 ff.

Aus dieser Übersicht läßt sich unmittelbar ableiten, daß einem Qualitätsmanagement im Dienstleistungsbereich ein vorrangig **kundenbezogener Qualitätsansatz** zugrundegelegt werden sollte, welcher in Abgrenzung zu dem produktorientierten Ansatz die Qualität nicht nach objektiven Meßkriterien bestimmt, sondern nach der subjektiven Wahrnehmung der Leistungseigenschaften durch den Kunden.[734] Allerdings sollten für eine marktorientierte Ausrichtung des Qualitätsmanagements auch konkurrenzbezogene Anforderungen Berücksichtigung finden, welche jedoch aus der folgenden Analyse weitgehend ausgeklammert werden, da sie expliziter Bestandteil des Abschn. 5.2.3 sein werden.

5.2.2.2 Informationsaspekte eines dienstleistungsspezifischen Qualitätsmanagements

Die Konzipierung und Umsetzung eines Qualitätsmanagementsystems im oben beschriebenen Sinne basiert in erheblichem Maße auf der Gewinnung und dem Einsatz marktbezogener Informationen, so daß dieser Ansatz, wenngleich er auch nicht als IM-Ansatz im engeren Sinne zu verstehen ist, für die zugrundeliegende Problemstellung einen wichtigen Beitrag leisten kann. Die dabei relevanten Informationsaspekte lassen sich im wesentlichen aus den geschilderten Zielen und Aufgabenbereichen des Qualitätsmanagements in Verbindung mit dem in Abschn. 4.5 vorgestellten GAP-Modell[735] bzw. dem daraus entwickelten Information-GAP-Modell ableiten. Sie betreffen:

- die marktorientierte Operationalisierung der Dienstleistungsqualität,[736]
- die Erfassung der kundenseitigen Qualitätserwartungen,
- die Einbeziehung etablierter Qualitätsstandards als Orientierungsmaßstab (z.B. Zertifizierungsvorgaben, Kriterien nationaler Quality Awards/Kundenbarometer),
- qualitätsbezogene Konkurrenzvergleiche,
- den Informationseinsatz im Rahmen der Qualitätsplanung und -steuerung (Definition von Qualitätszielen und -normen, Bestimmung und Kommunikation konkreter Handlungsvorgaben für die Umsetzung der Qualitätsziele),
- die Qualitätsmessung im Sinne einer Qualitätskontrolle (v.a. aus Kundensicht),
- Problem- und Ursachenanalysen bei Qualitätsdefiziten,
- den Informationseinsatz zur Qualitätsverbesserung und Fehlervermeidung und
- die Überwachung der Qualitätsentwicklung im Zeitablauf (z.B. anhand von Qualitäts- bzw. Zufriedenheitsindizes).

Diese Informationsaspekte spiegeln die wesentlichen Komponenten bzw. Phasen eines auf dem Prinzip des Regelkreises basierenden Qualitätsmanagements wider, welches die Planung und Steuerung der Leistungsqualität an den erfaßten Marktanforderungen ausrichtet und sy-

---

734 Vgl. Bruhn (1997), S. 24 f.; Meffert/Bruhn (1997), S. 200 und Scharitzer (1994), S. 113.
735 Dieses ist gerade auf die Bestimmung und Beseitigung von Qualitätsmängeln bei der Konzipierung und Erstellung kundenorientierter Dienstleistungen ausgerichtet.
736 Operationalisierungsmöglichkeiten und -probleme der Dienstleistungsqualität wurden bereits im Rahmen der Informationsbedarfsanalyse untersucht. Siehe hierzu Abschn. 4.2.1.3.

stematische Kontroll- und Anpassungsmaßnahmen bezüglich der Kundenreaktionen auf die realisierte Dienstleistungsqualität vornimmt (vgl. Abb. 29).[737] Auf die relevanten Informationsaspekte der verschiedenen Qualitätsmanagementphasen wird im folgenden näher eingegangen.

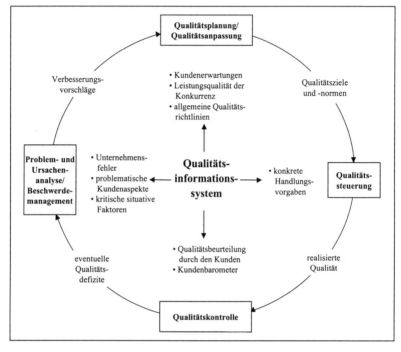

Abbildung 29: Informationsaspekte eines Qualitätsmanagement-Regelkreises für Dienstleistungsunternehmen

5.2.2.2.1 Informationsgewinnung und -einsatz im Rahmen der Qualitätsplanung und -steuerung

Den zentralen Informationsinput eines marktorientierten Qualitätsmanagements stellen die Kundenerwartungen bezüglich der nachgefragten Dienstleistungen dar, deren Erfassung Ausgangspunkt jeder Qualitätsplanung sein sollte. Gemäß der in Abschn. 4.2.1.3 vorgenommenen Unterscheidung dienstleistungsspezifischer Qualitätsmeßansätze in merkmals- und ereignisorientierte Verfahren wird im folgenden der Betrachtungsfokus auf die merkmalsorientierten Verfahren gerichtet, welche häufiger eine explizite Zweiteilung zwischen erwarteter und tat-

---

737 Vom Grundaufbau her ähnliche Regelkreis- bzw. Phasenkonzepte des Qualitätsmanagements sind bei Lehmann (1993), S. 76 ff.; Pepels (1996), S. 43 f.; Corsten (1997), S. 330 ff; Bruhn (1997), S. 143 ff. und Meffert/Bruhn (1997), S. 256 ff. zu finden. Jedoch wird die Informationsseite hier nicht näher beleuchtet.

sächlich wahrgenommener Leistungsqualität bei der kundenbezogenen Qualitäts- bzw. Zufriedenheitsmessung vornehmen.

Als grundlegendes und in der Anwendungspraxis weit verbreitetes Konzept ist in dem Zusammenhang der multiattributive SERVQUAL-Ansatz zu nennen, der auf dem in Abschn. 4.5 vorgestellten GAP-Modell basiert. Aus den Ergebnissen vielfältiger Fokusgruppen-Interviews zu vier verschiedenen Dienstleistungsarten[738] leiteten die Autoren *Parasuraman/Zeithaml/Berry* zunächst zehn Qualitätskriterien ab,[739] welche mittels der anschließend durchgeführten quantitativen Untersuchungen auf die fünf zentralen Dimensionen 'Annehmlichkeit des tangiblen Umfeldes' (tangibles), 'Zuverlässigkeit' (reliability), 'Reagibilität' (responsiveness), 'Leistungskompetenz' (assurance) und 'Einfühlungsvermögen' (empathy) reduziert wurden.[740] Diese Dimensionen werden in dem branchenübergreifenden SERVQUAL-Fragebogen durch 22 Items repräsentiert,[741] wobei mit der dabei verwendeten Doppelskala einerseits die Erwartungen (expectation scale) und andererseits die tatsächlichen Wahrnehmungen (perception scale) der Kunden erhoben werden (vgl. beispielhaft Abb. 30).

	lehne ich vollkommen ab					stimme ich vollkommen zu	
Wenn hervorragende Firmen der Branche ..... versprechen, etwas zu einem bestimmten Termin zu erledigen, wird der Termin eingehalten.	①	②	③	④	⑤	⑥	⑦
Wenn Firma X verspricht, etwas zu einem bestimmten Termin zu erledigen, hält sie den Termin ein.	①	②	③	④	⑤	⑥	⑦

Abbildung 30: Beispiel für die Doppelskala bei SERVQUAL (Item 5, Dimension 'Zuverlässigkeit')
(Quelle: Zeithaml/Parasuraman/Berry (1992), S. 202.)

Zwar wird gerade diese Doppelskala vielfach kritisiert, da die zur Zufriedenheitsbestimmung vorgenommene Differenzbildung zwischen Soll- und Ist-Werten logische Widersprüche und Fehlinterpretationen bewirken kann;[742] die rein erwartungsbezogenen Ergebnisse liefern aber

---

738 Hierzu gehörten das Kreditkartengeschäft, Reparatur- und Wartungsleistungen, Wertpapiergeschäfte sowie das Privatkundengeschäft von Banken

739 Vgl. Parasuraman/Zeithaml/Berry (1985), S. 47.

740 Vgl. Zeithaml/Parasuraman/Berry (1992), S. 38 ff. Diese Dimensionen können auch zur Erfüllung der grundlegendsten unter den aufgezeigten Informationsaufgaben im Rahmen des Qualitätsmanagements, der Operationalisierung der Dienstleistungsqualität, dienen.

741 Vgl. Parasuraman/Zeithaml/Berry (1992), S. 202 ff.

742 So erscheint es z.B. unlogisch, daß eine zufriedenstellende Qualität erst dann erreicht sein soll, wenn die erlebte Leistung mindestens der erwarteten entspricht, wobei die erwartete Qualität als *Idealmaß* definiert ist. Dies würde bedeuten, daß Zufriedenheit nur entsteht, wenn die erbrachte Leistungsqualität *ideal oder gar noch besser* ist. Des weiteren würde gemäß der vorgegeben Ergebnisinterpretationen ein Kunde, der z.B. sehr hohe Ansprüche an die Geschäftsausstattung stellt (expected service 7) und diese auch als erfüllt ansieht (perceived service 7) mit einem Differenzwert von 0 wesentlich weniger zufrieden gelten als ein

158

dennoch wichtige Erkenntnisse für die Qualitätsplanung. Durch Regressionsanalysen, in die die dimensionsspezifischen Zufriedenheitswerte als unabhängige und das globale Zufriedenheitsmaß (Mittelwert über alle Dimensionen) als abhängige Variable eingehen, läßt sich zudem die Relevanz der verschiedenen Dimensionen für die Gesamtzufriedenheit der Kunden ermitteln[743], was für die Qualitätsplanung ebenfalls von erheblicher Bedeutung ist. Neben dem SERVQUAL-Ansatz läßt sich in der Literatur eine Vielzahl weiterer merkmalsorientierter Meßansätze finden (z.b. das Penalty-Reward-Verfahren, die SIMALTO-Technik, die Vignetten-Technik oder der Willingness-to-pay-Ansatz),[744] auf die hier jedoch nicht im einzelnen eingegangen werden soll. Vor dem Hintergrund der zugrundeliegenden Problemstellung ist bei der Anwendung jedes dieser Verfahren besonders zu beachten, daß neben einem Informationsgewinn über die Kundenerwartungen auch die Identifikation der vorrangig kauf- und zufriedenheitsrelevanten Dienstleistungsmerkmale gewährleistet ist.[745]

Ergänzend zu den kundenbezogenen Informationsgewinnungsmöglichkeiten können für die Festlegung der unternehmensspezifischen Qualitätsziele und -normen, wie in Abb. 29 aufgezeigt, auch Konkurrenzvergleiche sowie prinzipiell auch allgemein anerkannte Qualitätsrichtlinien (z.b. Zertifizierungsanforderungen, Kriterien im Rahmen von Quality Awards oder nationalen Kundenbarometern)[746] herangezogen werden. Auf erstere wird in Abschn. 5.2.3 noch näher eingegangen. Letztere hingegen bieten bei näherer Betrachtung, zumindest im Hinblick auf die eigentliche Leistungsqualität, nur einen begrenzten Informationsgewinn, da die im Rahmen von Zertifizierungen und Quality Awards verwendeten Prüfkriterien sich überwiegend auf die im Unternehmen vollzogenen Aktivitäten zur Qualitätssicherung und -kontrolle sowie auf die dabei eingesetzten Potentiale (personeller und technologischer Art) beziehen. Direkte Leistungsmerkmale bzw. -anforderungen werden lediglich bei den Beurteilungen der

---

Kunde, dessen Ansprüche diesbezüglich sehr gering sind (expected service 1), dessen Wahrnehmung jedoch im Mittelfeld (perceived service 4) eingeordnet ist, obwohl für den zweiten Kunden das Merkmal Geschäftausstattung offensichtlich von geringer Bedeutung ist. Zu einer ausführlichen Kritik am SERVQUAL-Ansatz siehe Hentschel (1992), S. 137 ff. und (1995), S. 367 ff.

743 Vgl. Corsten (1997), S. 313.
744 Siehe hierzu ausführlich Bruhn (1997), S. 74 ff.; Corsten (1997), S. 314 ff.; Hoeth/Schwarz (1997), S. 31 ff.; Haller (1995), S. 111 ff.; Scharitzer (1994), S. 155 ff.; Chudy/Sant (1993), S. 156 ff.; Hentschel (1992), S. 111 ff. und Brandt (1987), S. 61 ff. Von den aufgeführten Verfahren sieht lediglich die SIMALTO-Technik (Simultaneous Multi Attribute Level Trade Off) eine explizite Erhebung der Kundenerwartungen vor. Vgl. Chudy/Sant (1993), S. 156.
745 Aufgrund der bereits erläuterten Operationalisierungsproblematik von Dienstleistungsergebnissen ist bei der praktischen Umsetzung der Meßkonzepte häufig eine Übergewichtung von potential- und ablaufbezogenen Merkmalen zu beobachten, da diese meist leichter konkretisierbar sind. Für die Ergebnisplanung und -steuerung ist es jedoch wichtig, daß die aus Kundensicht angestrebte „Zustandsveränderung" des externen Faktors zum Erhebungsobjekt gemacht wird.
746 Zu den wesentlichen Elementen und dem Vorgehen im Rahmen einer Dienstleistungszertifizierung nach den Europanormen DIN EN ISO 9000 bis DIN EN ISO 9004 siehe Bretzke (1995), S. 411 ff.; Münchrath (1995), S. 19 ff.; Pepels (1996), S. 137 ff.; Bruhn (1997), S. 249 ff.; Kuhnert/Ramme (1998), S. 170 ff.; zu den Beurteilungsgrundlagen verschiedener Quality Awards und nationaler Kundenbarometer siehe Meyer/Dornach (1995), S. 437 ff. und (1998a), S. 188 ff.; Bruhn (1997), S. 281 ff. und (1999), S. 387 ff.; Fornell/Bryant (1998), S. 175 ff.; Hansen/Korpiun/Hennig-Thurau (1998), S. 314 ff.; Homburg (1998), S. 252 ff.

nationalen Kundenbarometer explizit zugrundegelegt; in die Bewertungen zur Vergabe von Quality Awards fließen sie i.d.R. nur implizit,[747] in die Zertifizierung gar nicht ein.

Nach erfolgter Bestimmung der Qualitätsanforderungen gilt es dann deren Realisierbarkeit zu untersuchen, die von der Art und dem Ausmaß der Kundenerwartungen in Relation zur unternehmensspezifischen Leistungsfähigkeit bzw. deren Entwicklungsmöglichkeit abhängt. Für den Abgleich von Anforderungen und Fähigkeiten sind zusätzliche unternehmensbezogene Analysen vorzunehmen (z.b. Stärken-Schwächen-Analysen oder Qualitätsportfolio-Analysen[748]), welche eine realistische Zielbildung ermöglichen und den Entwicklungsbedarf für die Leistungsqualität aufzeigen.

Auf Basis der unternehmens- und insbesondere marktbezogenen Erkenntnisse lassen sich dann konkrete Ergebnis- und Verhaltensvorgaben für die Mitarbeiter - insbesondere die im Kundenkontakt tätigen - bestimmen, die einen wesentlichen Beitrag zur Realisierung der gesetzten Qualitätsziele leisten. Inwieweit die Mitarbeiter die festgelegten Qualitätsvorgaben umsetzen können, hängt jedoch auch von der Eignung und den Einflüssen des externen Faktors ab.[749] Um die Einflüsse externer Faktoren auf das Leistungsergebnis systematisch zu analysieren und im Rahmen der Qualitätssteuerung dementsprechend gezielte Maßnahmen zur Gewährleistung des angestrebten Leistungsergebnisses zu ergreifen, können gegebenenfalls auch Simulationen der Leistungserstellung mit variablen Einflußparametern durchgeführt werden.

5.2.2.2.2 Marktbezogene Qualitätskontrollen als Leistungsfeedback

Da Dienstleistungen, sofern sie nicht vollständig automatisiert bzw. standardisiert erstellt werden, eine ausgeprägte, oft sogar zweiseitige Personenabhängigkeit aufweisen, sind die Leistungsergebnisse in ihrer konkreten Ausprägung nur bedingt planbar und können trotz sorgfältig erarbeiteter Qualitätsvorgaben und konsequenter Umsetzung von den Erwartungen der Kunden abweichen. Daher sind regelmäßige marktbezogene Qualitätskontrollen zur rückblickenden Überwachung ein weiterer wichtiger Informationsbaustein des Qualitätsregelkreises.

---

747 Im Malcolm Baldridge National Quality Award z.B. wird berücksichtigt, inwieweit die Kundenerwartungen, die Kundenzufriedenheit sowie deren Einflußfaktoren durch ein Unternehmen erfaßt und mit der Konkurrenz verglichen werden, ohne jedoch diesbezügliche Merkmale näher zu konkretisieren. Vgl. Bruhn (1997), S. 291 f.

748 Siehe hierzu Horváth/Urban (1990), S. 30 ff. Die Autoren stellen in ihrem Qualitäts-Portfolio die 'Qualitätsposition des Unternehmens' der 'Bedeutung der Qualität in der Branche' gegenüber und leiten aus der Positionierung der Geschäftsfelder eines Unternehmens in diesem zweidimensionalen Beurteilungsraum wettbewerbsstrategische Empfehlungen ab. Vgl. Horváth/Urban (1990), S. 33.

749 Mit zunehmendem Interaktionsgrad der Leistung werden demnach ergänzende Informationen über den externen Faktor immer bedeutsamer, welche im Rahmen der Ausführungen zum Database Marketing bereits konkretisiert wurden. Vgl. Abschn. 5.2.1.2.1.

Grundsätzlich kommen zur Qualitätsprüfung zwar auch interne Kontrollen in Frage (z.B. durch Mitarbeiterbefragung, -beobachtung und -bewertung[750] sowie mit Einschränkungen auch in Form statistischer (Prozeß-)Kontrollen[751]), doch ist der Fokus gemäß der zugrunde-liegenden Problemstellung hier auf die externen Qualitätskontrollen, insbesondere die sub-jektive Qualitätsbeurteilung durch die Kunden gerichtet. Diese kann sowohl auf Basis merk-mals- als auch ereignisorientierter Meßansätze erfolgen. Bei interaktionsintensiven, stärker prozeßorientierten Dienstleistungen, bei denen die Kundenbeurteilung in hohem Maße durch die Wahrnehmung der Kontaktsituationen - der sogenannten „moments of truth" - geprägt ist, bieten sich vorrangig **ereignisorientierte Meßansätze** wie die Sequentielle Ereignismetho-de[752] oder die Critical Incident Technique[753] an. Welches dieser Verfahren zum Einsatz ge-langen sollte, richtet sich danach, ob die Qualitätskontrolle systematisch den gesamten Ablauf der Leistungserstellung erfassen soll oder die Identifikation und Analyse einzelner, besonders (un)zufriedenheitsrelevanter Ereignisse im Zentrum der Informationsgewinnung steht. Insge-samt dienen ereignisorientierte Verfahren jedoch stärker prozeß- und verhaltensbezogenen Qualitätskontrollen und bedürfen für einen diesbezüglichen Soll-Ist-Vergleich der Erfassung der ablaufbezogenen Kundenerwartungen.

Bei den **merkmalsorientierten Verfahren**, die in vielfältigen Varianten zur Erfassung der Kundenzufriedenheit entwickelt wurden, sind Soll-Ist-Vergleiche z.T. bereits in den Verfah-ren selbst enthalten, wie z.B. im Fall des vorgestellten multiattributiven SERVQUAL-Ansatzes. Die diesbezüglich angemerkten Kritikpunkte schränken die Aussagekraft des An-satzes jedoch ein. Als Alternative zu den **multiattributiven Verfahren**, welche davon ausge-hen, daß ein globales Qualitätsurteil sich aus der Summe von Einzelurteilen über eine Viel-zahl von Dienstleistungsmerkmalen ergibt[754], können auch **dekompositionelle Meßansätze** wie z.B. das Conjoint Measurement zu Kontrollzwecken eingesetzt werden. Ihr Vorgehen ba-siert auf dem umgekehrten Erhebungsprinzip, d.h. durch die Erfassung von Globalurteilen, die sich auf Variationen von Merkmals- bzw. Merkmalsausprägungskombinationen (z.B. Produktalternativen) beziehen und in eine Präferenzrangfolge gebracht werden, lassen sich

---

750 Vgl. Bruhn (1997), S. 107 ff. und 187 ff. sowie Meffert/Bruhn (1997), S. 233 ff. Mitarbeiterbezogene An-sätze zur Qualitätsmessung dienen nicht nur der Überwachung des Personals und der Erfassung seiner Qualitätseinschätzung, sondern liefern wegen der Interaktivität der Leistungserstellung auch Erkenntnisse über die (artikulierte) Kundenzufriedenheit. Zudem steht die Qualitätsbewertung der Mitarbeiter aus ihrer Sicht als interne Kunden meist in engem Zusammenhang mit der Beurteilung der externen Kunden. Vgl. Bruhn 1997), S. 109.

751 Vgl. Rosander (1989), S. 323 ff.; Horváth/Urban (1990), S. 56 ff.; Haller (1995), S. 130 ff. und Pepels (1996), S. 55 ff.

752 Diese wird im Rahmen der prozeßbezogenen IM-Ansätze ausführlich dargestellt. Siehe hierzu Abschn. 5.3.1.1 sowie Stauss/Weinlich (1996), S. 50 ff. und (1997), S. 37 ff.

753 Siehe hierzu Bitner/Nyquist/Booms (1985), S. 48 ff.; Bitner/Booms/Tetreault (1990), S. 71 ff.; Stauss/Hen-tschel (1990), S. 240 ff.; Hentschel (1992), S. 163 ff. und Stauss (1995), S. 390 f.

754 Vgl. Hentschel (1992), S. 114 und (1995), S. 355; Bruhn (1997), S. 65 und Corsten (1997), S. 309 sowie Abschn. 5.2.2.2.1.

unter Anwendung multivariater Datenanalyseverfahren Teilnutzenwerte[755] für die verschiedenen Merkmale bzw. Merkmalsausprägungen bestimmen.[756] Beide Arten merkmalsorientierter Meßansätze sind für allgemeine Qualitätskontrollen aus Kundensicht geeignet, da sie gezielt auf sämtliche Dienstleistungsmerkmale ausgerichtet werden können, für die in der Qualitätsplanung und -steuerung Zielvorgaben definiert wurden. Beziehen sich solche Vorgaben hingegen primär auf Interaktions- bzw. Mitarbeiterverhaltensaspekte, sind für die kundenbezogene Überprüfung der Qualitätszielerreichung eher ereignisorientierte Verfahren geeignet.

Neben den bisher beschriebenen subjektiven Kontrollansätzen können prinzipiell auch **objektive Verfahren** wie z.B. die Expertenbeobachtung oder das Silent-Shopper-Verfahren angewendet werden,[757] welche ebenfalls eine Beurteilung aus Kundensicht vornehmen, jedoch nicht im Sinne einer individuellen subjektiven Einschätzung „echter" Kunden, sondern durch neutrale Personen anhand intersubjektiv nachprüfbarer Kriterien. Die Dienstleistungsqualität wird dabei entweder mittels nichtteilnehmender Beobachtung durch Experten oder unter Einsatz von Testkäufern, „die für die Mitarbeiter nicht erkennbare „reale" Dienstleistungssituationen simulieren",[758] überprüft. Abgesehen von dem Vorteil, daß diese Verfahren auch für Konkurrenzvergleiche eingesetzt werden können, sind sie im Hinblick auf eine marktorientierte Informationsgewinnung insgesamt jedoch als unterlegen anzusehen, da sie letztlich nur den Versuch einer Objektivierung subjektiven Qualitätsempfindens darstellen und zu Informationsverlusten und -verzerrungen (z.B. durch Beobachtereffekte) führen können. Die Ergebnisse der marktbezogenen Qualitätskontrollen sollten gemäß dem Regelkreisprinzip als Feedbackinformationen in die zukünftige Qualitätsplanung und -steuerung einfließen. Werden bei den Kontrollen Probleme, Fehler oder Qualitätsdefizite hinsichtlich der Kundenerwartungen festgestellt, sollten hier weiterführende Analysen ansetzen.

5.2.2.2.3 Problemanalysen und Ursachenforschung bei Qualitätsdefiziten

Bei der Analyse von Schwachstellen im Rahmen der Dienstleistungserstellung gilt es grundsätzlich zu unterscheiden, ob die Probleme durch aktive Untersuchungen des Unternehmens identifiziert werden oder von Kundenseite (z.B. in Form von Beschwerden) an den Anbieter herangetragen werden, wobei letzterer Fall als eigenständiger Analysetatbestand im nächsten Abschnitt behandelt wird. Unternehmensinitiierte Problemanalysen dienen der *systematischen* Erfassung und Bewertung qualitätsbeeinträchtigender Sachverhalte und Ereignisse im Rah-

---

755 Unter Teilnutzenwerten sind die partiellen Beiträge der einzelnen Merkmalsausprägungen für das Zustandekommen des Gesamtpräferenzurteils zu verstehen.

756 Vgl. Bruhn (1997), S. 74, Meffert/Bruhn (1997), S. 216 sowie speziell zum Conjoint Measurement Mengen (1993), S. 70 ff. und Simon (1994a), S. 74 ff. Eine weitere Variante der dekompositionellen Verfahren ist die Vignetten-Methode. Siehe hierzu auch Abschn. 5.4.2.1 sowie Bruhn (1997), S. 74 ff.; Hoeth/Schwarz (1997), S. 31 ff. und Eversheim (1997), S. 81 ff.

757 Vgl. Pepels (1996), S. 229 ff. und Bruhn (1997), S. 63 f.

men der Dienstleistungserstellung aus Kunden- oder Unternehmenssicht sowie z.T. auch der Ursachenanalyse. Gegenüber der Beschwerdemessung weisen sie den Vorteil auf, nicht von der eigeninitiativ artikulierten Unzufriedenheit der Nachfrager abhängig zu sein, welche ohnehin nur bei einem geringen Prozentsatz unzufriedener Kunden an das Unternehmen gerichtet wird.[759]

Für eine dienstleistungsspezifische Problemanalyse kommen wiederum einerseits kundenbezogene und andererseits unternehmensbezogene Meßansätze in Frage. Unter den **kundenbezogenen Ansätzen** stellen in dem Zusammenhang die Problem Detecting Method[760] sowie die daraus entstandene Frequenz-Relevanz-Analyse für Probleme (FRAP)[761] geeignete Verfahren dar, welche beide eine Beurteilung vorab identifizierter[762] und kategorisierter Probleme anhand der Häufigkeit ihres Auftretens und ihrer Relevanz für den Kunden vornehmen. Ihnen liegt die Annahme zugrunde, daß der Handlungsbedarf eines Unternehmens um so größer ist, je häufiger ein Problem auftritt und je gravierender es aus Kundensicht empfunden wird. Die Erfassung der Kundenurteile erfolgt dabei in der Weise, daß zunächst für jede Problemart erfragt wird, ob diese aufgetreten ist und falls dies der Fall ist, das jeweilige Ausmaß der Verärgerung des Kunden sowie dessen tatsächliche oder beabsichtigte Reaktionen erhoben werden.[763] Anhand der Verfahren lassen sich wesentliche qualitätsbezogene Planungs- und v.a. Umsetzungsdefizite diagnostizieren; allerdings ist die Aussagefähigkeit bezüglich der Problemursachen meist begrenzt.

Hierfür sind ergänzende **unternehmensbezogene** Untersuchungen wie z.B. die Fehlermöglichkeits- und -einflußanalyse (FMEA, d.h. Failure Mode and Effects Analysis)[764] erforderlich, welche darauf ausgerichtet ist, potentielle Fehler in komplexen Systemen frühzeitig zu erkennen und die Fehlerquellen konsequent abzustellen.[765] Zu diesem Zweck wird zunächst eine systematische *Fehlerdiagnose* vorgenommen, die sich auf die Art der potentiellen Fehler, ihre möglichen Ursachen sowie ihre Konsequenzen bezieht, was eine umfassende Beschreibung des gesamten Wirkungsgefüges innerhalb einer Dienstleistungsunternehmung erfor-

---

758 Bruhn (1997), S. 63.
759 Vgl. Plymire (1991), S. 61; Stauss/Seidel (1996), S. 31; Günter (1998), S. 288 f. und Wimmer/Roleff (1998), S. 267 f.
760 Siehe hierzu Brandt/Reffett (1989), S. 7 ff.; Stauss/Hentschel (1990), 240 ff.; Pepels (1996), S. 200 ff. und Bruhn (1997), S. 85 ff.
761 Zur ausführlichen Darstellung siehe Stauss (1995), S. 392 ff.; Stauss/Weinlich (1996), S. 51 f.; Eversheim (1997), S. 194 ff. und Hoeth/Schwarz (1997), S. 99 ff. Konkrete Anwendungen des Verfahrens im Dienstleistungsbereich sind z.B. zu finden bei Biermann (1994) und Lindquist (1987).
762 Zur *Problemidentifikation* kommen prinzipiell sämtliche der im vorherigen Abschnitt dargestellten Kontrollansätze in Frage. Jedoch liefern die ereignisorientierten Meßansätze tendenziell einen höheren Erkenntnisgewinn. Von besonderer Bedeutung ist in dem Zusammenhang die Critical Incident Technique. Siehe hierzu Bitner/Booms/Tetreault (1990), S. 71 ff.; Stauss/Hentschel (1990), S. 240 ff.; Hentschel (1992), S. 163 ff. und Stauss (1995), S. 390 f.
763 Vgl. Stauss (1995), S. 393 und Pepels (1996), S. 165.
764 Siehe hierzu insbesondere die ausführliche Darstellung bei Horváth/Urban (1990), S. 67 ff.
765 Vgl. Horváth/Urban (1990), S. 67; Eversheim (1997), S. 98 und Kamiske/Brauer (1996), S. 27. Entwickelt wurde dieses Verfahren in der Raumfahrtforschung im Rahmen des Apollo-Programms.

dert.[766] Als Grundlage für die Bestimmung angemessener Gegenmaßnahmen werden in einem nächsten Schritt *Risikobeurteilungen* unter Einsatz von Punktbewertungsverfahren vorgenommen, in die die Bedeutung der Fehler für die Betroffenen (insbesondere die Kunden), die Auftretens- sowie die Entdeckungswahrscheinlichkeit im Unternehmen einfließen. Im Sinne eines präventiven Qualitätsmanagements gilt es dann in Abhängigkeit des jeweils ermittelten Risikos *Maßnahmen* zu bestimmen, die in erster Linie auf eine *Fehlervermeidung* durch Elimination der Fehlerursachen ausgerichtet sind.[767] Ergänzend können jedoch auch Maßnahmen zur Beeinflussung der übrigen Problemdeterminanten, d.h. zur Reduktion der Auftretenswahrscheinlichkeit und Erhöhung der Entdeckungswahrscheinlichkeit sowie zur Verminderung der Bedeutung potentieller Fehler(folgen) ergriffen werden.[768] Abgeschlossen wird die Verfahrensanwendung durch eine *Erfolgsbeurteilung*, bei der die ursprünglichen Risikowerte der potentiellen Fehler mit den entsprechenden ex post ermittelten Werten (nach Einsatz der Qualitätsmaßnahmen) verglichen werden. Hierin wird deutlich, daß das für den Qualitätsregelkreis entscheidende Feedback-Prinzip und die daraus resultierenden Lernerfolge bereits innerhalb eines einzelnen Verfahrens umgesetzt werden können.

Für die Informationsgewinnung im Rahmen dieses sehr komplexen Ansatzes bestehen jedoch auch in mehrfacher Hinsicht Unterstützungsmöglichkeiten durch andere problemorientierte Verfahren. So können z.B. die vorab dargestellten kundenbezogenen Verfahren zur Ermittlung der Fehlerbedeutung und -auftretenswahrscheinlichkeit beitragen, um dadurch eine stärkere Marktfokussierung in die Analyse zu bringen. Bei der Untersuchung der Ursache-Wirkungs-Zusammenhänge kann darüber hinaus ein weiteres unternehmensbezogenes Verfahren, die Fishbone-Analyse, zum Einsatz gelangen. Dabei werden alle potentiellen, z.B. durch Brainstorming ermittelten Einflußfaktoren eines identifizierten Problems nach ihren Wirkungszusammenhängen systematisiert und in ein fischgrätenförmiges Strukturdiagramm übertragen.[769] So wird die Einflußstruktur nachvollziehbarer gemacht, und es lassen sich Ansatzpunkte für eine Fehlervermeidung bestimmen.

Insgesamt haben die aufgezeigten Problem- und Ursachenanalyseansätze innerhalb des Qualitätsregelkreises die Funktion, ermittelte Qualitätsdefizite näher zu konkretisieren und in ihrer Entstehung zu ergründen, um dementsprechend eine Anpassung der Qualitätsplanung und -steuerung mit dem Ziel der zukünftigen Fehlervermeidung vorzunehmen.[770] Der gleichen Zwecksetzung dient grundsätzlich auch das im folgenden behandelte Beschwerdemanagement, welches jedoch stärker auf kundenspezifische Problemsituationen als auf eine allgemeine, systematische Fehlersuche ausgerichtet ist.

---

766 Vgl. Horváth/Urban (1990), S. 70 ff.; Pepels (1996), S. 65 und Bruhn (1997), S. 104.
767 Vgl. Pepels (1996), S. 66; Kamiske/Brauer (1996), S. 29 und Bruhn (1997), S. 106.
768 Vgl. Horváth/Urban (1990), S. 76.
769 Vgl. Meffert/Bruhn (1997), S. 227 f. und Bruhn (1997), S. 106 f.
770 Vgl. hierzu Abb. 29.

5.2.2.2.4   Beschwerdemanagement zur Erfassung und Behebung kundenspezifischer Unzufriedenheitsursachen

Als Bestandteil eines umfassenden Qualitätsmanagements setzt das Beschwerdemanagement
dort an, wo bereits Unzufriedenheit auf Kundenseite entstanden ist. Es dient in erster Linie
der Wiederherstellung von Zufriedenheit, um die für das Unternehmen negativen Konsequenzen der Kundenunzufriedenheit (z.b. Anbieterwechsel oder negative Mund-zu-Mund-
Kommunikation) zu minimieren und eine dauerhafte Kundenbindung zu erreichen.[771] Darüber hinaus soll es aber auch Lerneffekte für eine zukünftige Problemvermeidung bewirken[772] und kann als Informationsgrundlage einer marktorientierten Personalbeurteilung und
-steuerung dienen.[773]

Als zentrale Aufgaben des Beschwerdemanagements sehen *Stauss/Seidel* die Beschwerdestimulierung, die -annahme, -bearbeitung und -reaktion sowie als Elemente des indirekten Be-
schwerdemanagementprozesses die Beschwerdeauswertung und das Beschwerdemanage-
ment-Controlling an.[774] Von diesen Aufgaben kommt für die vorliegende Problemstellung
vor allem der Beschwerdestimulierung im Sinne einer Feedback-Intensivierung und der Beschwerdeauswertung zur Erzielung kundenspezifischer wie auch allgemeiner Lerneffekte besondere Bedeutung zu.

Wie bereits im vorherigen Abschnitt erwähnt, wählt i.d.R. nur ein relativ geringer Anteil unzufriedener Kunden von sich aus die Beschwerde als Reaktionsform,[775] so daß ein rein passi-
ves, reaktives Beschwerdemanagement, wie es von vielen Unternehmen praktiziert wird, nur
unzureichende Erkenntnisse über die tatsächlich bestehende Unzufriedenheit und deren Ursachen liefern kann. Statt dessen sollten Unternehmen, die Beschwerden als nützlichen Informationsinput und nicht als „lästiges Übel" ansehen, durch die gezielte Einrichtung und Be-
kanntmachung kundengerechter Feedback-Kanäle bzw. -instrumente eine **Beschwerdestimulierung** bewirken.[776]

Ob ein Kunde seine Unzufriedenheit gegenüber einem Unternehmen artikuliert, ist von verschiedenen Faktoren abhängig,[777] die im wesentlichen das subjektiv empfundene Verhältnis

---

771 Vgl. Stauss (1998a), S. 1256 f. und Wimmer/Roleff (1998), S. 268.
772 Vgl. Berkley/Gupta (1995), S. 30; Halstead (1993), S. 5 und Dolinsky (1994), S. 27.
773 Vgl. Günter (1998), S. 287 f. Der letztgenannte Gesichtspunkt wird im Rahmen der potentialbezogenen IM-
Analyse vertieft. Siehe hierzu Abschn. 5.4.1.4.
774 Siehe hierzu die ausführliche Darstellung bei Stauss/Seidel (1996), S. 61 ff.
775 Vgl. Günter (1998), S. 288 f. und Wimmer/Roleff (1998), S. 267 f. Nichtartikulierte Unzufriedenheit (un-
voiced complaints) hat für den Anbieter Informations- und v.a. Kundenverluste zur Folge. Laut einer empirischen Studie des TARP-Instituts von 1986 beschweren sich nur 4% der unzufriedenen Kunden bei dem
betroffenen Unternehmen; 91% gehen als Kunden endgültig verloren. Vgl. Plymire (1991), S. 61. Eine vergleichbare Untersuchung von Bolfing hingegen ergab eine Beschwerderate von immerhin 48,8% und eine
Abwanderungsrate von 28%. Vgl. Bolfing (1989), S. 8. Siehe auch Dolinsky (1994), S. 28 f.
776 Vgl. Hart/Heskett/Sasser (o.J.), S. 106 f.; Plymire (1991), S. 62 ff.; Halstead (1993), S. 5 f.
777 Siehe hierzu Singh (1988), S. 94 ff.; Bolfing (1989), S. 6 f.; Dolinsky (1994), S. 29; Hansen/Jeschke
(1995), S. 531 ff.; Stauss/Seidel (1996), S. 44 ff. und Stauss (1998a), S. 1263 ff. Neben den hier vertieften

von Beschwerdekosten und -nutzen determinieren und deren Ausprägung nicht zuletzt durch die Dienstleistungsbesonderheiten bestimmt wird. So wirkt sich die Integrativität der Leistungserstellung günstig auf die unmittelbaren (insbesondere finanziellen und zeitlichen) **Kosten** der Beschwerdeführung aus, da die Unzufriedenheit mit der Leistungserstellung oder dem -ergebnis zumindest bei persönlich erbrachten Dienstleistungen ohne zusätzlichen Aufwand direkt dem Kundenkontaktpersonal mitgeteilt werden kann.[778] Andererseits können sich jedoch die psychischen Kosten erhöhen, wenn der Kunde sich gegenüber dem Anbieter machtunterlegen fühlt (wie z.b. häufig bei Ärzten oder Rechtsanwälten, denen der Kunde eine entsprechende Expertenmacht zuordnet)[779] oder wenn die Mitarbeiter selbst bzw. deren Verhalten die Unzufriedenheitsursache darstellen und dadurch eine Hemmschwelle zur Artikulation der Beschwerde aufgebaut wird. Zudem kann auch der erwartete **Nutzen** einer Beschwerde im Sinne des subjektiven Wertes der erzielbaren Problemlösung[780] in Verbindung mit der Erfolgswahrscheinlichkeit der Beschwerde durch die Integrativität (bzw. das hieraus resultierende uno-actu-Prinzip) beeinträchtigt werden. Denn zum einen ist das Leistungsergebnis oftmals nicht mehr zu revidieren und somit sind bestenfalls Kompensationsleistungen zu erwirken,[781] und zum anderen empfindet der Kunde durch seine Beteiligung an der Leistungserstellung mitunter eine Mitverantwortung für das erzielte Leistungsergebnis (interne Ursachenattribuierung),[782] was in seiner Wahrnehmung die Nachweisbarkeit eines Anbieterfehlers schmälert. Der letzte Aspekt wird auch durch die Immaterialität der Dienstleistung noch verstärkt, da ein materieller und damit objektiv leichter überprüfbarer Problemnachweis (z.B. defektes Produkt) hier i.d.R. nicht vorhanden ist.

Um trotz dieser für Beschwerden tendenziell ungünstigen Rahmenbedingungen eine möglichst vollständige Artikulation bestehender Unzufriedenheit zu erreichen, sollte ein Dienstleistungsunternehmen Maßnahmen ergreifen, die das aus Kundensicht wahrgenommene Kosten-Nutzen-Verhältnis verbessern.[783] Hierzu ist v.a. bei den Mitarbeitern im Kundenkontakt anzusetzen, die durch ihr Verhalten gegenüber den Kunden sowie durch eine Kompetenzausstattung, die umittelbare Problemlösungen ermöglicht,[784] die Hemmschwelle für eine Unzufriedenheitsartikulation abbauen und gleichzeitig den aus Kundensicht wahrgenommenen Be-

---

behandelten kosten-/nutzen-bezogenen Determinanten werden in der Literatur v.a. produkt-, problem- und personenbezogene sowie situative Faktoren aufgeführt.

778 Vgl. Wimmer/Roleff (1998), S. 274 f.
779 Vgl. Stauss (1998a), S. 1263.
780 Vgl. Bolfing (1989), S. 6.
781 Vgl. Stauss (1998a), S. 1264.
782 Vgl. Wimmer/Roleff (1998), S. 275.
783 Einen Überblick über feedback-intensivierende Instrumente gibt Günter (1998), S. 295. Vgl. auch Hansen/Jeschke (1995), S. 543 f.
784 In den Unternehmensgrundsätzen der Ritz-Carlton Hotels ist z.B. explizit verankert, daß jeder Mitarbeiter „Eigentümer" an den ihm herangetragenen Beschwerden ist; er muß den Gast unmittelbar beschwichtigen, das Problem augenblicklich beheben und sich innerhalb von 20 Minuten nach dessen Zufriedenheit mit der Problemlösung erkundigen. Vgl. Beckett (1999), S. 167.

schwerdenutzen erhöhen können.[785] Bekommt der Kunde das Gefühl vermittelt, daß sein (auch negatives) Feedback erwünscht ist und daß man um eine zufriedenstellende Problemlösung bemüht ist, wird sich seine Beschwerdebereitschaft erhöhen. Hierfür sind i.d.R. motivationsfördernde Maßnahmen (z.b. feedbackbezogene Anreizsysteme) sowie ein entsprechendes Training der Mitarbeiter erforderlich.[786] Bei Dienstleistungen mit geringer oder ganz ohne persönliche Interaktion (z.b. automatisierte oder hochgradig kollektive Dienstleistungen) sowie für Kunden, die einen stärker anonymisierten Beschwerdeweg vorziehen, sollten darüber hinaus weitere aufwands- und kostenminimale Kontaktmöglichkeiten (wie z.b. gebührenfreie Telefonhotlines, E-Mail- bzw. Internetkontaktadressen, Beschwerdebögen oder Feedbackterminals)[787] geschaffen und wirksam kommuniziert werden.[788]

Bei den Aufgabenbereichen der **Beschwerdeannahme und -bearbeitung** ist unter Informationsgewinnungsgesichtspunkten neben dem kundengerichteten Mitarbeiterverhalten auch zu beachten, daß dienstleistungsbezogene Beschwerden oft mündlich vorgetragen werden[789] und somit eine schriftliche Fixierung (z.b. in einer speziellen Beschwerdedatenbank oder in der allgemeinen Kundendatabase) sichergestellt werden muß, um systematische Auswertungen zu ermöglichen.[790] Problematisch kann sich dies v.a. dann erweisen, wenn die Beschwerden sich auf die Mitarbeiter selbst bzw. deren Verhalten beziehen, so daß für diese ein erheblicher Anreiz zur Unterdrückung des Feedbacks besteht.[791]

Weitere informationsbezogene Aufgaben im Rahmen der Beschwerdeannahme und –bearbeitung betreffen die Erfassung der aus Kundensicht *erwarteten* Fehlerbeseitigungs- bzw. -kompensationsmaßnahmen sowie die Ermittlung der Beschwerdezufriedenheit des Kunden, d.h. seine Beurteilung der *tatsächlichen* Unternehmensreaktion hinsichtlich Art, Ausmaß und

---

785 Siehe hierzu Halstead (1993), S. 10 und Hart/Heskett/Sasser (o.J.), S. 109 f. Eine Delegation der Problemlösungsverantwortung an das Kundenkontaktpersonal bewirkt demnach nicht nur eine höhere Beschwerdezufriedenheit der Kunden durch schnellere Problemlösungen, sondern auch eine Steigerung der Effektivität und Effizienz. Siehe hierzu auch Stauss (1998a), S. 1266.

786 Vgl. Plymire (1990), S. 51 f. und (1991), S. 62 f. Als geeignete Trainingsmethode bietet sich hier z.B. die Durchführung von Rollenspielen an, wie sie die Hotelkette Sonesta mit neuen Mitarbeitern durchführt. Siehe hierzu Hart/Heskett/Sasser (o.J.) S. 109.

787 Siehe hierzu die Praxisbeispiele der Marriott Hotels (24-Stunden-Hotline) und der Fluggesellschaft British Airways (Video-Point-Kabinen an Flughäfen, in denen Passagiere ihre Beschwerden auf Band sprechen können) bei Hart/Heskett/Sasser (o.J.), S. 107. Weitere konkrete Unternehmensbeispiele geben Töpfer (1999b), S. 481 und Stauss (1998a), S. 1267 ff.

788 Eine intensive Kommunikation der bestehenden Beschwerdekontaktstellen und -kanäle ist bei Dienstleistungen insofern besonders wichtig, als hier nicht wie im Sachgüterbereich ein Produkt als Informationsträger (z.b. für Telefonnummern oder Kontaktadressen) dienen kann.

789 Eine empirische Untersuchung im Kfz-Handel ergab z.B., daß 80% der Beschwerden mündlich vorgetragen werden; 10% der Beschwerdeführer wählen den schriftlichen oder telefonischen Weg und 10% mehrere Wege gleichzeitig. Vgl. Hansen/Jeschke (1995), S. 533.

790 So wurden bei der Ritz-Carlton-Hotelkette „Formulare für Gästevorkommnisse" eingeführt, in denen jeder Vorfall, der zu Unzufriedenheit geführt hat, festgehalten und weitergeleitet wird. Vgl. Beckett (1999), S. 167.

791 Vgl. Stauss (1998a), S. 1266 und Günter (1998), S. 288.

Schnelligkeit der Problembeseitigung.[792] Diesbezüglich ergeben sich aus der Interaktivität der Dienstleistungserstellung wiederum Vorteile, nicht nur wegen der günstigeren Informations- gewinnungsmöglichkeiten, sondern auch im Hinblick auf frühzeitige Reaktionsmöglichkeiten des Anbieters bei auftretenden Problemen, da Unzufriedenheit mitunter bereits während der Leistungserstellung erkennbar und durch entsprechende Gegenmaßnahmen unmittelbar zu beheben ist.

Um die erhaltenen Beschwerden nicht nur zur kunden- bzw. problemspezifischen Wieder- gutmachung zu nutzen, sondern aus ihnen grundsätzliche Erkenntnisse für die Qualitätspla- nung und -steuerung (insbesondere zur zukünftigen Fehlervermeidung) zu ziehen, sollten die- se einer systematischen **Auswertung** unterzogen werden. Wesentliche Untersuchungstatbe- stände stellen hierbei die Art und Häufigkeitsverteilung der Beschwerdeanlässe, das Ausmaß, die organisatorische bzw. personelle Zuständigkeit sowie die Ursachen des jeweiligen Pro- blems dar.[793] Als Analysemethoden kommen dafür grundsätzlich - gegebenenfalls in leicht modifizierter Form die im vorangegangenen Abschnitt bereits vorgestellten Problem- und Ursachenanalysen in Frage (z.B. die Frequenz-Relevanz-Analyse, bezogen auf Beschwerde- fälle).[794] Bei sorgfältiger Erfassung der übermittelten Beschwerden sind darüber hinaus ver- tiefende Auswertungen bezüglich des Beschwerdeproblems (z.B. Zeitpunkt und Ort, Erst- oder Folgebeschwerde, Reaktionsdringlichkeit etc.) und des Beschwerdeführers (Identifikati- on und Kennzeichnung des Kunden, Ausmaß der Verärgerung, Reaktionsabsicht des Kunden, Erwartungen an die Unternehmensreaktion, Beschwerdezufriedenheit etc.) vorzunehmen.[795] Somit nimmt die Beschwerdeauswertung innerhalb des Qualitätsregelkreises eine ergänzende Feedback-Funktion wahr, die zu Verbesserungsvorschlägen und damit zu marktorientierten Anpassungen der Qualitätsplanung und -steuerung führen soll.

5.2.2.2.5 Qualitätsüberwachung im Zeitablauf

Als letzte Komponente innerhalb des dargestellten Qualitätsinformationssystems sollte ein Dienstleistungsunternehmen die Überwachung der Qualitätsentwicklung im Zeitablauf eta- blieren. Da sich das Prinzip des Regelkreises nicht durch einmaliges Durchlaufen der Pla- nungs-, Kontroll- und Feedbackimplementierungsaktivitäten verwirklichen läßt, sondern als permanenter Anpassungs- und Überarbeitungsprozeß ausgelegt ist, bedarf es einer regelmäßi-

---

792 Zur Erforschung der Beschwerdezufriedenheit - eine in Wissenschaft und Praxis weitgehend vernachläs- sigte Thematik - siehe Dolinsky (1994), S. 29 ff.; Halstead/Dröge/Cooper (1993), S. 33 ff. und Töpfer (1999b), S. 481 f.
793 Vgl. Berkley/Gupta (1995), S. 31 und Lapidus/Schibrowsky (1994), S. 51 ff.
794 Siehe hierzu ausführlich Stauss/Seidel (1996), S. 190 ff. Das modifizierte Verfahren wird von den Autoren als Frequenz-Relevanz-Analyse für Beschwerden (FRAB) bezeichnet und unterscheidet sich von der klassi- schen Form (FRAP) im wesentlichen dadurch, daß konkret vorliegende Beschwerden auf ihre Häufigkeit und Bedeutsamkeit hin untersucht werden, anstatt den Kunden Problemlisten zur Beurteilung vorzulegen. Wichtig ist hierbei, daß auch mündliche Beschwerden erfaßt und in die Analyse einbezogen werden.

168

gen Überprüfung der realisierten Qualitäts- und Kundenzufriedenheitsveränderungen. Zu diesem Zweck sollte ein sogenanntes „Customer Satisfaction Tracking System"[796] eingerichtet werden, welches Zeitvergleiche bezüglich der als zufriedenheitsrelevant identifizierten Dienstleistungsmerkmale und -ereignisse (Satisfaction Drivers[797]) ermöglicht. Ähnlich den nationalen Kundenbarometern[798] können dabei aggregierte Zufriedenheitsindizes und spezifische Einzelurteile im Zeitablauf verglichen werden sowie, bei entsprechend differenzierter Qualitätserfassung, auch Geschäftsstellen-, Abteilungs- oder sogar Mitarbeitervergleiche vorgenommen werden.[799] Zudem lassen sich durch wiederholte Untersuchungen auch frühzeitig eventuelle Veränderungen der Zufriedenheitsrelevanz der verschiedenen untersuchten Qualitätsaspekte ermitteln.

Eine wesentliche Voraussetzung für solche Zeitvergleiche ist die Erhebungskonstanz bezüglich der eingesetzten Verfahren, der Erhebungsinhalte und -objekte sowie mitunter auch der Erhebungssubjekte.[800] Je nach Ausmaß der durch Qualitätskontrollen ermittelten Anpassungserfordernisse und deren Umsetzung im Rahmen des Qualitätsmanagements kann sich die Erhebungsgrundlage jedoch erheblich verändern (z.B. bei grundlegenden Leistungsprogrammveränderungen oder Prozeß-Reengineering-Maßnahmen), so daß die Ergebnisvergleichbarkeit beeinträchtigt wird.

5.2.2.3 Kritische Beurteilung

Zur abschließenden Beurteilung des Qualitätsmanagements bzw. dessen Beitrag für ein marktorientiertes IM bei Dienstleistungsunternehmen werden im folgenden wieder die Beurteilungskategorien der Informationsbedarfsorientierung sowie der Kosten- und Nutzenwirkungen des Ansatzes herangezogen.[801]

Der Bezug zu den im **Information-GAP-Modell**[802] aufgezeigten dienstleistungsspezifischen Informationslücken als erstes Kriterium innerhalb der Beurteilungskategorie **Informationsbedarfsorientierung** ist in mehrfacher Hinsicht gegeben, was insofern naheliegend ist, als daß das Information-GAP-Modell aus dem explizit auf die Dienstleistungsqualität ausgerich-

---

795 Vgl. Stauss/Seidel (1996), S. 178 ff.
796 Vgl. Bruhn (1997), S. 192.
797 Vgl. Bruhn (1999), S. 399. Die Satisfaction Drivers sollten das Zustandekommen des Zufriedenheitsurteils in möglichst hohem Maße erklären.
798 Siehe hierzu Meyer/Dornach (1995), S. 437 ff. und (1998a), S. 188 ff.; Fornell/Bryant (1998), S. 175 ff.; Hansen/Korpiun/Hennig-Thurau (1998), S. 314 ff. und Bruhn (1999), S. 387 ff.
799 Vgl. Bruhn (1997), S. 192.
800 Zum Beispiel werden Qualitätsuntersuchungen i.d.R. nur bei aktuellen Kunden durchgeführt, wodurch jedoch der wichtige Informationsbeitrag abgewanderter Kunden verloren geht, der bei mehrmaligem Zugriff auf die gleichen Personen (auch nach deren Anbieterwechsel) erfaßbar wäre.
801 Vgl. Abb 27 in Abschn. 5.1.3.2.
802 Vgl. Abschn. 4.5.

teten Original-GAP-Modell von *Parasuraman/Zeithaml/Berry*[803] abgeleitet wurde. Das in den vorangegangenen Abschnitten dargestellte Qualitäts-Informationssystem beinhaltet

- im Rahmen der Qualitätsplanung und -steuerung die Erfassung der Kundenerwartungen in Verbindung mit der gegebenen Leistungsfähigkeit und -bereitschaft des Unternehmens (GAP 1, GAP 2b und GAP 3),

- innerhalb der Qualitätskontrollen die Ermittlung von Kundenurteilen über die tatsächlich gebotene Leistung (GAP 4) und

- im Rahmen der Problem- und Ursachenanalysen bzw. des Beschwerdemanagements die spezifische Erforschung vorhandener Unzufriedenheit(sursachen) sowie die von Kundenseite erwarteten Korrekturmaßnahmen inklusive einer Bewertung der tatsächlich erhaltenen Problemlösungen (GAP 5).

Als weitere Beurteilungsdimension für die Bedarfsorientierung ist die **Qualität** der durch das Qualitätsmanagement gewonnenen Informationen zu betrachten, welche jedoch nicht pauschal bewertet werden kann, da sie von verschiedenen Faktoren wie den angewendeten Erhebungs- und Analyseverfahren, der Bereitschaft der Kunden zur Feedbackabgabe sowie der Motivation der Mitarbeiter zur Informationsgewinnung und Weiterleitung (insbesondere bei negativem Kundenfeedback) abhängt. Grundsätzlich sind die vorgestellten Ansätze jedoch geeignet, differenzierte, gültige und genaue Informationen zu liefern.

Auch die **zeitbezogenen Beurteilungskriterien** wie die Aktualität und rechtzeitige Verfügbarkeit der Qualitätsinformationen sind von dem Verfahrenseinsatz abhängig; in diesem Fall jedoch weniger von der Art des Verfahrens als von den Erfassungsintervallen. Oft werden in der Praxis Qualitätserwartungs- und -zufriedenheitsanalysen allerdings nur einmalig (z.B. bei Dienstleistungs-Neueinführungen) oder sehr selten durchgeführt, so daß für kontinuierliche Qualitätsanpassungen keine ausreichend aktuelle Informationsgrundlage besteht.[804] Andererseits wird ein Teil der Informationen jedoch ohnehin kontinuierlich erhoben (z.B. Beschwerden) und steht somit bei entsprechend systematischer (DV-technischer) Erfassung stets in aktueller Form zur Verfügung.

Als letzter Aspekt der Informationsbedarfsorientierung ist der **Subjektbezug** zu überprüfen, d.h. inwiefern die durch das Qualitätsmanagement bereitgestellten Informationen den Informationsbedürfnissen der verschiedenen Entscheidungsträger Rechnung tragen und für diese auch verfügbar sind. Die relevanten Bedarfsträger für Qualitätsinformationen sind v.a. die

---

803 Vgl. hierzu Parasuraman/Zeithaml/Berry (1985), S. 43 ff. und Zeithaml/Parasuraman/ Berry (1992), S. 28 ff. sowie Abschn. 4.5 dieser Arbeit.

804 Gerade für kleinere Unternehmen wirken die relativ hohen Kosten regelmäßiger Kundenzufriedenheitsuntersuchungen abschreckend. Ein Gegenbeispiel in dem Zusammenhang stellt das umfassende, auf Kundendialog basierende Qualitätssystem der Deutschen Lufthansa AG dar, welches in sämtlichen Phasen der Leistungsplanung und -umsetzung eine Einbeziehung der Kunden vorsieht und neben einer regelmäßigen Erfassung der Kundenerwartungen insbesondere auch jährliche Kundenzufriedenheitsuntersuchungen zur Erstellung von Customer-Satisfaction-Indizes beinhaltet. Siehe hierzu Klein (1998a), S. 432 ff.

Mitglieder des Managements (hinsichtlich der Qualitätsplanung) und das Kundenkontaktpersonal (hinsichtlich der kundenspezifischen Umsetzung der Qualitätsvorgaben). Beiden Bedarfsträgertypen vermag das beschriebene Qualitätsinformationssystem entscheidungsrelevante Informationen zur Verfügung zu stellen, wobei die Führungskräfte vorrangig stärker aggregierte Informationen über die Kundenerwartungen und -urteile sowie über die internen Wirkungszusammenhänge (z.b. bezüglich potentieller Fehlerquellen) benötigen, das Kundenkontaktpersonal hingegen in erster Linie kundenspezifische Einzelinformationen im Rahmen der Leistungserstellung verwendet. Da diese kundenspezifischen Informationen vorrangig durch die Front-Office-Mitarbeiter selbst erhoben werden, können diese ihre subjektiven Bedarfe auch unmittelbar realisieren.

Eine konkrete Bestimmung und Quantifizierung der **Kostenwirkungen** des beschriebenen Qualitätsinformationssystems erweist sich i.d.R. als problematisch, da ein umfassendes Qualitätsmanagement im Sinne des TQM nahezu alle Unternehmensbereiche betrifft und die damit verbundenen Informationsaktivitäten nur schwer vollständig identifizierbar und eindeutig zurechenbar sind. Bei den qualitätsbezogenen Kosten unterscheiden neuere Bewertungsansätze im wesentlichen zwei Kategorien:[805]

- die Kosten der Qualität i.e.S. bzw. Übereinstimmungskosten (Costs of Conformance), welche durch das Bestreben des Unternehmens entstehen, eine den Kundenerwartungen gerechte Leistung zu erstellen, und

- die Kosten von Nichtqualität bzw. Abweichungskosten (Costs of Non-Conformance), welche durch eine Über- und v.a. Untererfüllung der Kundenerwartungen entstehen.[806]

Während die erste Kategorie im Hinblick auf ein Qualitätsinformationssystem v.a. die **Kostenverursachung** betrifft, kommen in der zweiten Kategorie die **Kostensenkungspotentiale** zum Ausdruck. Die Kosten der ersten Kategorie (Übereinstimmungskosten) stellen dabei sowohl einmalig als auch wiederholt anfallende Kosten dar. Zu den einmalig anfallenden Kosten zählen insbesondere solche für die grundlegende Planung des Qualitätsmanagements, für strukturelle, personelle, prozeß- und informationstechnische Vorkehrungen sowie für die Konzipierung von Qualitätsmeßinstrumenten. Sie fallen hauptsächlich als Personalkosten im Management- und Back-Office-Bereich an, z.T. auch in Form externer Berater- und IT-Kosten. Die wiederholt anfallenden Kosten betreffen z.b. sämtliche Informationsgewinnungsmaßnahmen, die der kundengerechten Leistungserstellung und Fehlervermeidung dienen (Erfassung der Kundenerwartungen und -zufriedenheit, Konkurrenzvergleiche, interne

---

805 Vgl. Carr (1992), S. 73; Wildemann (1992b), S. 762 ff. und Werne (1994), S. 130. Frühere Ansätze zur Bestimmung der Qualitätskosten unterscheiden hingegen drei Kategorien (Fehlerverhütungs-, Prüf- und Fehlerkosten). Siehe hierzu z.B. Horváth/Urban (1990), S. 121 ff.; Hentschel (1992), S. 51 ff. sowie Wildemann (1992b), S. 762.

806 Zu den Kosten der Übererfüllung zählen z.B. solche für übertriebenen Service oder nicht durch die Kundenerwartungen gerechtfertigten Ausstattungsluxus (z.B. pompöse Geschäftsbauten); vgl. Carr (1992), S. 73. Kosten der Untererfüllung sind alle aus Qualitätsmängeln resultierenden Kosten.

Wirkungs- und Fehlerursachenanalysen etc.), leistungserstellungsbegleitende Qualitätssteuerungs- und -überwachungsaktivitäten sowie qualitätsorientierte Mitarbeiterschulungen. Für die bereits angesprochene Erfassungsproblematik der Qualitätskosten sind neben der Vielschichtigkeit qualitätsbezogener Aktivitäten auch kostenrechnungstechnische Gründe verantwortlich, da in traditionellen Kostenrechnungssystemen die als relevant identifizierten Kosten überwiegend nicht als eigenständige Kostenarten ausgewiesen werden, was aufwendige Sonderrechnungen erforderlich macht.[807]

Die Kosten der zweiten Kategorie (Abweichungskosten) können durch ein Qualitätsinformationssystem reduziert werden, da dieses der Erfassung und Realisierung der qualitätsbezogenen Kundenerwartungen dient und somit dazu beiträgt, typische Konsequenzen einer erzeugten Minderqualität, wie z.B. Nachbesserungs- oder Kompensationsmaßnahmen (Garantie- und Kulanzleistungen),[808] die Beschwerdenbearbeitung,[809] fehlerbedingte Ausfallzeiten sowie nicht zuletzt die Opportunitätskosten unzufriedener Kunden (entgangene Erlöse durch Abwanderung oder negative Mund-zu-Mund-Kommunikation),[810] zu vermeiden. Demnach spiegeln die Kostenwirkungen eines Qualitätsinformationssystems im Prinzip den trade-off zwischen den beiden Kostenkategorien wider, denn ein besonders ausgeprägter Aufwand im Bereich präventiver Qualitätsmaßnahmen führt i.d.R. zu einer Senkung der Fehler und damit auch der Fehlerfolgekosten.[811] Kostensenkungen (Reduktion der Abweichungskosten) werden somit durch Mehrkosten der Prävention (Übereinstimmungskosten) erkauft.[812]

Innerhalb der **Nutzenbewertung** eines dienstleistungsbezogenen Qualitätsmanagements soll gemäß den in Abschn. 5.1.3 aufgezeigten Beurteilungsdimensionen zwischen unternehmens- und kundenbezogenen Nutzenwirkungen unterschieden werden. Der **unternehmensbezogene Nutzen** einer Verbesserung der Leistungsqualität äußert sich letztlich in einer Erhöhung der Erlöse aufgrund zufriedenerer Kunden und ist auf diese Weise zumindest mittelbar auch quantifizierbar. Jedoch ist die Bestimmung der konkret durch das Qualitätsmanagement erzeugten Erlöszuwächse nicht unproblematisch, da sie zum einen oft erst mit erheblicher zeitlicher Verzögerung realisiert werden und zum anderen für die verursachungsgerechte Zuordnung eine Quantifizierung der komplexen Wirkungsstrukturen hinsichtlich Qualitätsverbesserung, Zufriedenheitserhöhung, Kundenbindung, eventueller Kauffrequenzsteigerungen, Cross-Selling-Zuwächse, ergänzender Preiseffekte und positiver Kommunikationswirkungen

807 Vgl. Bruhn (1997), S. 229 f.
808 Vgl. Horváth/Urban (1990), S. 103 f. sowie Coenenberg/Fischer (1996), S. 179 ff., die bzgl. der Fehlerfolgekosten auch auf Kosten der Produkthaftung inkl. Gutachten-, Anwalts- und Prozeßkosten hinweisen.
809 Hierbei sind auch nachbereitende Maßnahmen der persönlichen Kommunikation und Betreuung zur Wiederherstellung der Kundenzufriedenheit zu berücksichtigen.
810 Vgl. Wildemann (1992b), S. 772 ff. und Carr (1992), S. 73.
811 Vgl. Wildemann (1992b), S. 766.
812 Vgl. Hentschel (1992), S. 51 f.

172

auf andere Kunden erforderlich ist.[813] Verschiedene Ansätze sind in diesem Zusammenhang entwickelt und z.t. auch empirisch überprüft worden, welche sich i.d.r. jedoch nicht auf eine Ermittlung der Nutzen- bzw. Erlöswirkungen beschränken, sondern eine umfassende gewinnorientierte Betrachtung unter zusätzlicher Einbeziehung der vorab beschriebenen Kostenwirkungen vornehmen.[814]

Neben den erlöswirksamen Qualitätswirkungen, die stets auf der im weiteren Verlauf noch thematisierten Erhöhung des Kundennutzens basieren, kann das Qualitätsmanagement noch weitere unternehmensbezogene Nutzenwirkungen erzeugen. So wird durch die intensive Informationsgewinnung im Rahmen des vorgestellten Qualitätsinformationssystems eine Verringerung der Planungsunsicherheit und damit im Normalfall auch eine Verbesserung der **Entscheidungsqualität** bezüglich der kundengerechten Leistungsgestaltung und deren interner Umsetzung bewirkt.[815] Hierdurch können sich auch **Zeit- und Flexibilitätsvorteile** ergeben, sowohl im Hinblick auf eine frühzeitige Anpassung an veränderte Markterfordernisse als auch bezüglich der Leistungserstellung an sich. Letztere entstehen dadurch, daß klare Qualitätsvorgaben für die Mitarbeiter definiert werden, die in Verbindung mit deren erweiterten Entscheidungskompetenzen eine zügige Abwicklung der Leistungserstellung ermöglichen und auch in Problemsituationen lange Entscheidungswege ersparen. Andererseits ist unter zeitlichen Gesichtspunkten jedoch auch zu bedenken, daß umfassende kundenintegrierende Qualitätssteuerungs- und –kontrollmaßnahmen die Leistungserstellung durchaus verlängern können. Ob sich demnach insgesamt ein Zeitvorteil ergibt, ist einzelfallspezifisch zu überprüfen, was durch Prozeßzeiterfassungen relativ leicht möglich ist.

Als letzte unternehmensbezogene Nutzendimension sei hier noch die **Mitarbeiterzufriedenheit und -motivation** (insbesondere in den eigentlichen Leistungserstellungsbereichen) erwähnt, die durch klare Qualitätsvorgaben bei gleichzeitiger Erweiterung der Entscheidungskompetenzen sowie auch durch die kundenorientierte Leistungsbewertung beeinflußt werden kann. Auch hier ist unternehmens- bzw. sogar mitarbeiterspezifisch zu untersuchen, ob die Wirkung des Qualitätsmanagements positiver Art ist.

Abschließend gilt es nun noch die **Kundenseite** und den dort erzielbaren Nutzenzuwachs in die Beurteilung einzubeziehen. Vorrangig liegt dieser natürlich in der verbesserten Leistungsqualität und vollständigeren Befriedigung der Kundenbedürfnisse, welche sich im Kaufver-

---

813 Vgl. Bruhn (1997), S. 233 f. und Hentschel (1992), S. 46 ff.
814 Siehe hierzu z.B. Rust/Zahorik/Keiningham (1995), S. 59 ff. und (1998), S. 868 ff., die einen relativ umfassenden Ansatz zur Bestimmung des „Return on Quality (ROQ)" entwickelt und diesen für die konkrete Anwendung im Unternehmen auch in einer Windows-basierten Computer-Software (nCompass) umgesetzt haben. Zu dem Computerprogramm *nCompass* vgl. auch Keiningham/Clemens (1995). Zu weiteren Ansätzen siehe Hentschel (1992), S. 45 ff. und Bruhn (1997), S. 235 ff. sowie speziell zur Kosten-Nutzen-Analyse des Beschwerdemanagements Stauss/Seidel (1996), S. 253 ff.
815 Diese Nutzenwirkungen sind jedoch nur schwer quantifizierbar.

halten widerspiegeln und durch die getätigten Mehrkäufe (bzw. erzielten Mehrerlöse) quantifizierbar sind. Zusätzlich bewirkt aber auch die Verringerung von Fehlern einen unmittelbaren Nutzenzuwachs. Er entsteht zum einen in Form von Zeitersparnissen für den Kunden, da eventuelle Korrekturarbeiten oder gänzlich neue Leistungserstellungen durch das Integrationserfordernis auch für ihn einen zusätzlichen Zeitaufwand bedeuten. Zum anderen werden Beschwerdekosten sowie Opportunitätskosten einer nicht zur gewünschten Zeit erhaltenen Leistung (insbesondere bei termingebundenen Dienstleistungen) reduziert. Wenn die sich ergebenden Qualitätsvorteile nicht durch entsprechende Preiserhöhungen (über)kompensiert werden, entsteht auf Kundenseite somit ein ausgeprägter Nutzenvorteil.

Ein abschließendes Wirtschaftlichkeitsurteil läßt sich für das Qualitätsmanagement zwar schwer fällen, da die aufgezeigten Kosten- und Nutzenwirkungen im Einzelfall gegeneinander abgewogen werden müssen. Der Informationsbeitrag zur marktorientierten Ausrichtung eines Dienstleistungsunternehmens ist jedoch in jedem Fall positiv zu bewerten.

5.2.3 Benchmarking als wettbewerbsorientierter Informationsansatz

5.2.3.1 Allgemeine Kennzeichnung des Konzepts

Im Rahmen der bisher vorgestellten Informations-Konzepte standen die kundenorientierte Informationsgewinnung und deren Einsatz zur Leistungsverbesserung im Vordergrund. Ein marktorientiertes IM sollte jedoch auch wettbewerbsbezogene Aspekte berücksichtigen, insbesondere wenn andere Unternehmen mit ihren Aktivitäten größere Markterfolge erzielen. Hier setzt das Konzept des Benchmarking an, welches zu verstehen ist als "the continuous process of measuring products, services, and practices against the toughest competitors or those companies recognized as industry leaders."[816] „Benchmarking is an ongoing investigation and learning experience ensuring that best industry practices are uncovered, adopted, and implemented."[817]

Die zentralen Kennzeichen dieses Konzepts, die in der Vielzahl existierender Definitionen[818] mehr oder minder vollständig zum Ausdruck gebracht werden, sind:

- die **Messung** und der **Vergleich** bestimmter betrieblicher Untersuchungsobjekte (v.a. Produkte, Prozesse und Methoden),[819]

---

816 David T. Kearns (CEO Xerox Corporation), zitiert in Camp (1989), S. 10. Die Xerox Corporation gilt als Begründer des Benchmarking-Konzepts innerhalb der westlichen Industrienationen. Bereits 1979 gelangte es dort erstmals zum Einsatz. Vgl. Camp (1994), S. 7 ff.; Pieske (1995), S. 11 f.; Schäfer/Seibt (1998), S. 369 f. und Bendell/Boulter/Goodstadt (1998), S. 8 f. Im Prinzip geht der Ansatz jedoch auf die weltweiten Industrieanalysen und -vergleiche der Japaner nach dem zweiten Weltkrieg zurück. Vgl. Watson (1993), S. 23 ff. und Bendell/Boulter/Goodstadt (1998), S. 66. Das japanische Wort *dantotsu* (der Beste der Besten sein), für das es im westlichen Sprachgebrauch kein Äquivalent gibt, bringt die dort stärker verankerte Grundhaltung zum Ausdruck. Vgl. Camp (1994), S. 3.
817 Camp (1995), S. 1.
818 Vgl. Camp (1994), S. 13 ff.; Watson (1993), S. 20 f.; Leibfried/McNair (1993), S. 13 f.; Wildemann (1995), S. 18; Kairies (1997), S. 119; Kreuz (1997), S. 23; Langner (1997), S. 107; Corsten (1997), S. 285;

- die Berücksichtigung **brancheninterner** („Best in class"), aber auch **branchenfremder** Unternehmen („World-class")[820] sowie die Möglichkeit **innerbetrieblicher** Vergleiche,[821]
- die Erforschung der **Ursachen** identifizierter Leistungsunterschiede[822] sowie
- der resultierende **Lernprozeß** im Unternehmen, der zu einer Übertragung der „best practices" unter Berücksichtigung der unternehmensspezifischen Gegebenheiten führen soll.[823]

Die mit dem Benchmarking verfolgte Zielsetzung einer Adaption der identifizierten „best practices" auf das eigene Unternehmen (bzw. auf bestimmte Unternehmensteile im Falle des internen Benchmarking), um dadurch eine Verbesserung der Wettbewerbsposition und letztlich der Gewinnsituation zu erlangen, wird trotz vielfältiger Kritik an diesem Ansatz[824] von den Befürwortern als realistisch angesehen, da die angestrebten Benchmarks bereits von einzelnen Unternehmen verwirklicht wurden und somit keine fiktiven Idealziele darstellen.[825] Von entscheidender Bedeutung für den Erfolg des Benchmarking-Einsatzes ist dessen systematische Planung und kontinuierliche Durchführung, um einerseits einen ineffizienten Ressourceneinsatz und eine nicht zielgerichtete Informationsflut zu vermeiden[826] und andererseits sicherzustellen, daß die gewonnenen Informationen einen dynamischen Lernprozeß und entsprechende Veränderungen im Unternehmen bewirken.[827] Hierfür ist auch die Motivation und aktive Beteiligung der betroffenen Mitarbeiter erforderlich, da diese oft einen erheblichen Hemmfaktor bei der (internen) Informationsgewinnung sowie bei der Implementierung der Benchmarking-Erkenntnisse darstellen.[828]

Das Vorgehen im Rahmen eines systematischen Benchmarking wird in der Literatur üblicherweise in mehrere Phasen unterteilt, wobei sich Anzahl und konkrete Bezeichnungen der

---

819 Vgl. Schäfer/Seibt (1998), S. 367 und Pieske (1995), S. 15 f.
820 Hierin ist einer der zentralen Unterschiede zur ähnlich ausgerichteten, aber enger gefaßten Konkurrenz- bzw. Wettbewerbsanalyse zu sehen, die ausschließlich direkte Wettbewerber des eigenen Unternehmens betrachtet. Vgl. Pieske (1995), S. 21 und Wildemann (1995), S. 35.
821 Innerbetriebliche Vergleiche können v.a. bei dezentralisierten Unternehmensstrukturen sinnvoll sein, bei denen gleiche oder ähnliche Aufgaben an verschiedenen Stellen des Unternehmens in (sehr) unterschiedlicher Qualität ausgeübt werden.
822 Vgl. Wildemann (1995), S. 18; Sänger (1997), S. 17 f. und Kienbaum/Schröder (1997), S. 3.
823 Vgl. Joas/Prommer (1998), S. 268 f.; Schäfer/Seibt (1998), S. 371 f.; Pieske (1995), S. 17 und S. 26 und Karlöf/Östblom (1994), S. 2
824 Zu den wesentlichen Kritikpunkten am Benchmarking-Konzept bzw. an dem dazu bestehenden Vorstellungsbild und der Umsetzung in der Praxis siehe etwa Pieske (1995), S. 26 ff.; Rau (1996), S. 21 ff.; Camp (1994), S. 10; Reichheld (1996), S. 59 f. und (1997), S. 224 ff.; Kienbaum/Schröder (1997), S. 7; Bendell/Boulter/Goodstadt (1998), S. 205 ff. sowie Schäfer/Seibt (1998), S. 379. Siehe hierzu auch Abschn. 5.2.3.6.
825 Vg. Joas/Prommer (1998), S. 269. Auch die zunehmende Verbreitung des Instruments in der Praxis kann als Indikator für dessen Erfolgsträchtigkeit angesehen werden. Empirischen Studien zufolge wendeten 1995 bereits über 80% der US-amerikanischen und immerhin 55% der Top 100 deutschen Unternehmen Benchmarking an. Vgl. Kienbaum/Schröder (1997), S. 5.
826 Vgl. Rau (1996), S. 21 f. und Schäfer/Seibt (1998), S. 371.
827 Vgl. Pieske (1995), S. 14 ff.
828 Vgl. Joas/Prommer (1998), S. 278 ff.; Kienbaum/Schröder (1997), S. 8; Wildemann (1995), S. 31 und Leibfried/McLair (1993), S. 22 f. und S. 26 ff.

175

Prozeßschritte z.T. erheblich unterscheiden.[829] Für die weitere, dienstleistungsspezifische Betrachtung des Benchmarking wird in Anlehnung an *Karlöf/Östblom* ein 5-Phasen-Schema zugrundegelegt,[830] das die wesentlichen Aufgaben beinhaltet und gleichzeitig die für die vorliegende Arbeit zentrale Informationsgewinnungs- und Analysefunktion in den Vordergrund rückt (vgl. Abb. 31).

Abbildung 31: Prozeß des Benchmarking
(Quelle: In Anlehnung an Karlöf/Östblum (1994), S. 71.)

5.2.3.2 Bestimmung und Messung von Benchmarking-Objekten im Dienstleistungsbereich

Als Benchmarking-Objekte kommen grundsätzlich alle meß- bzw. vergleichbaren Unternehmensaspekte in Frage:[831] die Dienstleistungen selbst (Leistungsergebnisse), die Leistungsprozesse, die eingesetzten Potentiale (insbesondere Mitarbeiterfähigkeiten und -verhalten), die Kostenstruktur, unterstützende Systeme (z.B. das IS), die Managementqualität etc. Zur **Identifikation und Selektion** besonders erfolgsrelevanter und verbesserungsbedürftiger Sachverhalte bedarf es zunächst einer grundlegenden Unternehmensanalyse (z.B. in Form einer Wertkettenanalyse),[832] die potentielle Schwachstellen aufdecken soll. Auf Basis dieser Vorabuntersuchung ist auch die Grundsatzentscheidung zu treffen, ob primär interne (produktivi-

---

829 Vgl. hierzu Camp (1994), S. 20 ff.; Watson (1993), S. 82 ff.; Horváth/Herter (1992), S. 7 ff.; Pieske (1995), S. 49 ff.; Wildemann (1995), S. 44 ff.; Küting/Lorson (1996), S. 131 ff.; Langner (1997), S. 107 und Bendell/Boulter/Goodstadt (1998), S. 79 ff.
830 Vgl. Karlöf/Östblom (1994), S. 71 f.
831 Vgl. Schäfer/Seibt (1998), S. 372; Bendell/Boulter/Goodstadt (1998), S. 80 und Pieske (1995), S. 57.
832 Siehe hierzu Abschn. 3.1.4.

176

tätsorientierte) Untersuchungstatbestände oder ehei die Kundenwahrnehmung der Unternehmensleistung den Betrachtungsfokus des Benchmarking bilden sollen.[833]

Da im Dienstleistungsbereich nicht nur das Leistungsergebnis, sondern auch ein - je nach Integrationsgrad - mehr oder minder großer Anteil der Leistungsprozesse und -potentiale dem Kundenurteil ausgesetzt ist und dessen Zufriedenheit beeinflußt, ist hier für den überwiegenden Teil potentieller Benchmarking-Objekte die Kundensicht von Bedeutung.[834] Dementsprechend sollte für die konkrete Bestimmung der Benchmarking-Objekte auch auf Qualitäts- bzw. Zufriedenheitsuntersuchungen zurückgegriffen werden,[835] die einerseits Informationen über die aus Kundensicht bedeutsamen Leistungsmerkmale liefern und andererseits auch bereits Hinweise auf diesbezügliche Schwachstellen im eigenen Leistungsangebot geben. Somit tragen Zufriedenheitsuntersuchungen nicht nur zu einer marktorientierten *Auswahl* relevanter Benchmarking-Objekte bei, sondern auch bereits zu deren *meßtechnischer Erfassung*, welche für den später vorzunehmenden Unternehmensvergleich unabdingbare Voraussetzung ist.[836]

Im Hinblick auf die Leistungsergebnisse als Benchmarking-Objekte, welche an dieser Stelle vorrangig betrachtet werden,[837] ergibt sich ein weiteres Spezifikum im Dienstleistungsbereich: Die Tatsache, daß Dienstleistungen meist nicht in standardisierter Form vorliegen und zudem nicht losgelöst vom Nachfrager bzw. vom externen Faktor, an dem sie sich konkretisieren, zu betrachten sind, vermindert ihre Vergleichbarkeit mit den Leistungen anderer Unternehmen. Je höher der Individualisierungsgrad der Dienstleistung, desto schwieriger ist es, eindeutige Vergleichsmaßstäbe (Meßmetriken) zu definieren.[838] Diese Problematik, die durch die Immaterialität noch verstärkt wird, steht in direktem Zusammenhang mit den bereits thematisierten Operationalisierungsproblemen der Dienstleistungsqualität. Als Lösungsansatz können hierbei die in den kundenorientierten Qualitätsuntersuchungen herauskristallisierten zufriedenheitsrelevanten Leistungsmerkmale herangezogen werden.[839] Diese liefern vorran-

833 Vgl. Karlöf/Östblom (1994), S. 91 f.
834 Zur Forderung einer kundenorientierten Bestimmung von Benchmarking-Objekten siehe auch Langner (1997), S. 107 f., dessen Ausführungen sich jedoch nicht speziell auf den Dienstleistungsbereich beziehen; daher ist seine Forderung auch nur auf Marketing-Aktivitäten als Benchmarking-Objekte gerichtet, welche in jedem Fall (branchenunabhängig) dem Kundenurteil unterliegen.
835 Vgl. Fassott (1999), S. 118 und Pieske (1995), S. 79 ff. Zu den Qualitäts- und Zufriedenheitsuntersuchungen siehe auch Abschn. 5.2.2.2.
836 Vgl. Herzwurm/Mellis (1998), S. 439 ff. Zur Messung von Benchmarking-Objekten allgemein siehe Pieske (1995), S. 104 ff.; Camp (1994), S. 57 ff. und Karlöf/Östblom (1994), S. 110 ff. Zum Teil werden die auf das eigene Unternehmen bezogenen Messungen auch der Informationsgewinnungsphase zugeordnet, welche sich in der vorliegenden Arbeit jedoch (mit Ausnahme des internen Benchmarking) auschließlich auf die Erfassung der externen Vergleichsdaten bezieht.
837 Auf weitere Bezugsobjekte des Benchmarking wird an den jeweils thematisch zugehörigen Stellen näher eingegangen (Prozeß-Benchmarking in Abschn. 5.3.4 und Personal-Benchmarking in Abschn. 5.4.1.5).
838 Siehe hierzu Schmitz/Greißinger (1998), S. 409; Reckenfelderbäumer (1995), S. 152 sowie auch Joas/Prommer (1998), S. 266 f. Letztere beziehen sich in ihren Ausführungen jedoch in erster Linie auf investive Dienstleistungen.
839 Vgl. hierzu Abschn. 5.2.2.2.1.

gig Informationen über den Erfüllungsgrad der **Benchmarking-Zielkriterien** *Qualität* und *Kundenzufriedenheit*. Darüber hinaus werden in Benchmarking-Untersuchungen üblicherweise noch die Kriterien *Kosten* und *Zeit*, z.T. auch die *Flexibilität* herangezogen,[840] deren Überprüfung jedoch interne Analysen erfordert.[841]

Die umfassenden Untersuchungen, die für die Bestimmung und Messung der Benchmarking-Objekte erforderlich sind, stellen im Hinblick auf das IM nicht nur den Ausgangspunkt für eine konkurrenzbezogene Informationsgewinnung dar, sondern liefern an sich bereits einen erheblichen Informationsbeitrag für das Unternehmen.

5.2.3.3 Identifikation geeigneter Benchmarking-Partner

Wie bereits in der allgemeinen Kennzeichnung des Benchmarking aufgezeigt, können sich die Leistungsvergleiche auf Wettbewerber der eigenen Branche, auf branchenfremde Unternehmen sowie auch auf verschiedene Teilbereiche der eigenen Unternehmung beziehen. Welche Art von Vergleich vorgenommen werden sollte, hängt von den Zielsetzungen,[842] dem Benchmarking-Objekt,[843] den für das Projekt verfügbaren Mitteln[844] sowie den Realisierungschancen des Vorhabens[845] ab. Entscheidend für die Auswahl des Benchmarking-Partners ist jedoch stets, daß dieser bezüglich des jeweiligen Benchmarking-Objekts als führend innerhalb der Branche (Best in class) oder sogar generell (World-class) gilt, wobei dies nicht bedeuten muß, daß das Unternehmen auch den größten Markterfolg bzw. die höchsten Gewinne auf-

---

840 Vgl. Horváth/Herter (1992), S. 7; Wildemann (1995), S. 40; Corsten (1997), S. 286; Reckenfelderbäumer (1995), S. 151; Fassott (1999), S. 113 sowie Karlöf/Östblom (1994), S. 37 ff., die anstelle der Kosten jedoch die Produktivität einbeziehen, und die als einzige zurecht auf die mangelnde Unabhängigkeit der Kriterien hinweisen.

841 Bevor jedoch aufwendige eigenständige Analysen zur Erfassung der Benchmarking-Objekte durchgeführt werden, sollte zunächst die Verfügbarkeit von sekundärstatistischen Daten überprüft werden, da über die definierten Benchmarking-Objekte i.d.R. schon in anderen Untersuchungskontexten Informationen gesammelt wurden (z.B. für die Planung des Leistungsangebots, für Zertifizierungs- oder Quality-Award-Bemühungen, im Rahmen von Prozeß- oder Problemanalysen sowie des allgemeinen Berichts- und Kostenrechnungswesens). Siehe hierzu auch Pieske (1995), S. 121 ff.

842 Wird eine möglichst hohe Relevanz und direkte Übertragbarkeit der Ergebnisse angestrebt, sind unternehmens- oder brancheninterne Vergleiche besser geeignet, während für die Suche nach innovativen, andersartigen Lösungen branchenfremde Unternehmen meist von größerem Nutzen sind. Vgl. Camp (1994), S. 71 und Schäfer/Seibt (1998), S. 377 f.

843 Bei produkt- oder unmittelbar leistungserstellungsprozeßbezogenem Benchmarking kommt i.d.R. nur ein branchenspezifischer Vergleich in Frage. Allgemein unterstützende Aktivitäten oder -systeme (z.B. Auftragsabwicklung oder Personalmanagement) können hingegen prinzipiell mit jedem Unternehmen verglichen werden. Vgl. Horváth/Herter (1992), S. 8.

844 Ein weites Suchfeld, das grundsätzlich alle Unternehmen einschließt, bewirkt i.d.R. einen erheblichen Analyseaufwand zur Bestimmung des geeigneten Benchmarking-Partners.

845 Für die Durchführung eines Benchmarking-Projekts bedarf es im Normalfall der Mitwirkung des Vergleichsunternehmens. Unternehmen, die für bestimmte „best practices" weltweit bekannt sind, bewilligen jedoch meist nur einen geringen Anteil der an sie gerichteten Anfragen (z.B. erhält das Sportartikelversandunternehmen L.L. Bean jährlich über 3.000 Anfragen und akzeptiert davon lediglich ca. 1%). Vgl. Schäfer/Seibt (1998), S. 374. Auch ist die Tatsache zu berücksichtigen, daß direkte Konkurrenten des eigenen Unternehmens aus Geheimhaltungsgründen meist nicht bereit sind, umfassende Einblicke in ihre Betriebsabläufe zu gewähren. Vgl. Bendell/Boulter/Goodstadt (1998), S. 82.

weist, da der Betrachtungsfokus nur auf das ausgewählte Benchmarking-Objekt gerichtet ist.[846]

Die Eignung der verschiedenen Benchmarking-Arten wird ebenso wie die übrigen Entscheidungstatbestände im Benchmarking-Prozeß von den Dienstleistungsbesonderheiten beeinflußt. Insbesondere das **interne Benchmarking**, bei dem verschiedene organisatorische Einheiten des eigenen Unternehmens betrachtet werden, die vergleichbare Aufgaben in unterschiedlicher Art und Weise und mit unterschiedlichem Erfolg wahrnehmen, kann hier zu besseren Ergebnissen führen als z.b. in den meisten Industriebetrieben. Dies liegt daran, daß Dienstleistungen aufgrund ihrer Nicht-Lager- und -Transportfähigkeit i.d.R. dezentral (z.b. in Filialen) produziert werden, so daß die gleiche Leistung an vielen verschiedenen Orten erbracht wird.[847] Somit kann durch Bestimmung des intern besten Dienstleisters und der Ergründung der Ursachen für seine Überlegenheit bereits ein wichtiger Informationsbeitrag zur unternehmensweiten Leistungsverbesserung gegeben werden. Da das interne Benchmarking zudem den Vorteil einer relativ problemlosen Informationsbeschaffung und unmittelbaren Übertragbarkeit der Daten hat,[848] ist sein Einsatz auch unter Wirtschaftlichkeitsgesichtspunkten zu befürworten.

Ein internes Benchmarking zeigt jedoch selten vollkommen anders- und neuartige Problemlösungsansätze auf,[849] so daß auch im Dienstleistungsbereich auf ein **externes Benchmarking** nicht verzichtet werden sollte.[850] Für die Identifikation geeigneter Benchmarking-Partner innerhalb der eigenen Branche oder auch branchenübergreifend können dabei prinzipiell die gleichen Informationsquellen genutzt werden wie von Sachgüterunternehmen. Hierzu zählen v.a. Publikationen von und über Unternehmen, Datenbanken, Messen, Seminare und Kongresse, Preisverleihungen oder Auszeichnungen, Wirtschaftsverbände sowie interne und externe Experten.[851] Als Besonderheit des Dienstleistungssektors läßt sich hierbei lediglich festhalten, daß die Abgrenzung zwischen brancheninternen und -externen Anbietern mitunter weniger eindeutig vorzunehmen ist, da die zunehmende Tendenz zum Cross-Selling bzw. das verstärkte Zusammenwachsen von Märkten und Leistungsangeboten (z.b. im Finanzdienstleistungsbereich, im IT-, Telekommunikations- und Medienbereich sowie im Transport- und Touristikbereich) enggefaßte Branchenabgrenzungen hinfällig werden lassen. Auch ehemals reine Sachgüterunternehmen treten in zunehmendem Maße mit Dienstleistungsangeboten an

---

846 Vgl. Karlöf/Östblom (1994), S. 123 f.
847 Vgl. Fassott(1999), S. 120. So führte z.b. die Ritz-Carlton-Hotelkette umfassende interne Benchmarking-Untersuchungen durch, die an 19 verschiedenen Hotelleistungen ansetzten, und konnte dadurch eine um 95% bessere Gesamtleistung als der Branchendurchschnitt erzielen. Vgl. Fassott (1999), S. 122.
848 Vgl. Schäfer/Seibt (1998), S. 375; Pieske (1995), S. 42 f. und Camp (1994), S. 77.
849 Vgl. Bendell/Boulter/Goodstadt (1998), S. 82 und Schäfer/Seibt (1998), S. 378.
850 Internes und externes Benchmarking stellen keine sich ausschließenden Alternativen dar, sondern können sich mitunter sinnvoll ergänzen. Vgl. Pieske (1995), S. 42.

die Nachfrager heran (z.B. Automobilhersteller mit Versicherungs- und Kreditleistungen), so daß das Suchfeld für „brancheninterne" Benchmarking-Partner sich weiter ausdehnt und gleichzeitig die Chance wächst, auch bei Unternehmen mit vergleichbaren Leistungsangeboten gänzlich andersartige, innovative Praktiken zu entdecken, da die Anbieter sich in ihrer Herkunft z.T. erheblich unterscheiden.

5.2.3.4 Besonderheiten der Informationsgewinnung im Dienstleistungsbereich

Die Beschaffung der gewünschten Informationen über die ausgewählten Unternehmen kann auf unterschiedliche Arten erfolgen, wobei sich deren Informationsbeitrag für Dienstleistungsunternehmen nur z.T. von dem für Sachgüterunternehmen unterscheidet. Grundsätzlich lassen sich die verwendbaren Informationsquellen, von denen einige bereits für die Bestimmung geeigneter Benchmarking-Partner aufgezeigt wurden, in vier Kategorien unterscheiden:[852]

* Interne Quellen (marktnahe Mitarbeiter aus den Bereichen Vertrieb, Marktforschung, Produktmanagement etc., ehemalige Mitarbeiter des betreffenden Konkurrenzunternehmens, frühere selbst durchgeführte Markt- bzw. Konkurrenzstudien etc.),

* externe neutrale Quellen (Datenbanken, Publikationen über die Unternehmen in Zeitungen und Fachzeitschriften, nationale Kundenbarometer und Quality Awards, Wirtschaftsverbände, externe Berater, Forschungsarbeiten wissenschaftlicher Institutionen in Zusammenarbeit mit Unternehmen etc.),

* Kunden und Lieferanten der betreffenden Unternehmen

   sowie natürlich als primäre Informationsquelle

* die Unternehmen selbst.

In Abhängigkeit des Benchmarking-Objekts und des spezifischen Untersuchungsfokus kann die Relevanz der Informationsquellen erheblich variieren. Steht z.B. das Leistungsangebot und dessen Marktakzeptanz im Zentrum der Betrachtung, sollten v.a. Kunden des Konkurrenzanbieters als Informanten genutzt werden. Als weniger aufwendiges Substitut für umfassende Kundenbefragungen können auch die durch nationale Kundenbarometer erfaßten aggregierten Kundenurteile zur Informationsgewinnung genutzt werden.[853] Da die Kundenzufriedenheit hierbei meist differenziert nach verschiedenen Leistungsmerkmalen ermittelt wird, lassen sich auf diese Weise bereits wichtige Hinweise auf die konkrete Ausgestaltung eines aus Kundensicht überlegenen Leistungsangebots identifizieren.[854] Einen ähnlichen Informati-

851 Vgl. Karlöf/Östblom (1994), S. 125 ff. und Pieske (1995), S. 161 ff.
852 Zu möglichen Benchmarking-Informationsquellen vgl. Pieske (1995), S. 190 ff.; Kairies (1997), S. 23 ff.; Willdemann (1995), S. 62; Camp (1994), S. 94 ff.; Karlöf/Östblom (1994), S. 145 ff. und Leibfried/McNair (1993), S. 49 f.
853 Siehe hierzu ausführlich Meyer/Dornach (1998b), S. 251 ff.
854 Die Informationsgewinnung bezieht sich hierbei jedoch ausschließlich auf vorgegebene Kriterien und läßt sich nicht durch das untersuchende Unternehmen beeinflussen. Jedoch können solche nationalen Kunden-

180

onsgehalt weisen auch Quality-Award-Vcrleihungen auf, nur daß hier die verschiedenen Qualitätsaspekte nicht aus Kundensicht, sondern durch eine neutrale Organisation bewertet werden.[855] Dafür beinhalten solche Qualitätsbeurteilungen i.d.r. auch eine Reihe unternehmensinterner Aspekte wie z.b. die Führungsqualität, strategische Planung, Personalentwicklung und unterstützende IS im Fall des Malcom Baldrige Quality Award.[856]

Zur genaueren Analyse und Ergründung interner „best practices" (z.b. besondere Prozeß- und Ressourceneffizienz) kommt letztlich jedoch nur das Vergleichsunternehmen selbst als Informationsquelle in Frage. Um einen Einblick in die Prozesse, die Arbeitsmethoden oder auch die Kostenstruktur zu erlangen, bedarf es im Normalfall direkter Kontakte mit entsprechend fachkundigen Mitarbeitern,[857] so daß das Einverständnis und die (aktive) Beteiligung des betroffenen Unternehmens zentrale Voraussetzungen für die Durchführung eines Benchmarking-Projekts sind. Sofern es sich um einen direkten Konkurrenten handelt, ergeben sich dabei v.a. die im letzten Abschnitt bereits erwähnten Probleme mangelnder Auskunftsbereitschaft zur Bewahrung erzielter Wettbewerbsvorteile.[858] Um diese zu überwinden, ist es entscheidend, daß ein beidseitiger Nutzenvorteil (Informationsgewinn) aus dem Projekt ensteht, der dem Benchmarking-Partner zu kommunizieren ist und dessen Auskunftsbereitschaft und Arbeitsaufwand rechtfertigen sollte.[859]

Im Dienstleistungsbereich ergibt sich für die Informationsgewinnung der besondere Fall, daß durch die Integrativität der Leistungserstellung bereits bei der Inanspruchnahme einer Dienstleistung z.T. relativ weitgehende Einblicke in die betrieblichen Prozeßabläufe ermöglicht werden. Während bei Sachgütern durch einen Produktkauf lediglich das Produkt selbst analysiert werden kann,[860] bieten sich bei Dienstleistungen, insbesondere bei personenbezogenen, weitergehende Informationsgewinnungsmöglichkeiten. Je stärker der Kunde des Vergleichsunternehmens in die Leistungserstellung eingebunden ist, desto mehr unternehmensinterne Aspekte können in Form einer solchen „teilnehmenden Beobachtung" erfaßt werden.

barometer mitunter auch als Vorbild für die Konzipierung eigener Kundenbarometer dienen, mittels derer dann interne Benchmarking-Untersuchungen durchgeführt werden. Dies wurde z.B. von der Firma OBI praktiziert. Vgl. hierzu Fassott (1999), S. 124.

855 Die Kundenorientierung des Leistungsangebots fließt jedoch auch bei Quality Awards üblicherweise in die Bewertung ein.

856 Vgl. Bendell/Boulter/Goodstadt (1998), S. 171 ff. und Schäfer/Seibt (1998), S. 370.

857 Solche Kontakte können auf telefonischem oder schriftlichem Weg erfolgen; idealtypisch sind jedoch persönliche Gespräche bei den Unternehmen vor Ort. Vgl. Karlöf/Östblom (1994), S. 145 ff. und Camp (1994), S. 112 ff.

858 Vgl. Bendell/Boulter/Goodstadt (1998), S. 82; Pieske (1995), S. 45; Camp (1994), S. 78 f.; Schmitz/Greißinger (1998), S. 408 und Joas/Prommer (1998), S. 272.

859 Vgl. Pieske (1995), S. 203 f. und Camp (1994), S. 128 ff. So ist es im Hotelleriebereich z.B. durchaus üblich, Buchungs- und Auslastungsdaten unter Konkurrenten auszutauschen, da diese für alle Beteiligten von Nutzen sind. Vgl. Bendell/Boulter/Goodstadt (1998), S. 163.

860 Der Kauf von Konkurrenzprodukten und deren Analyse in den eigenen Labors sind bei den meisten Unternehmen gängige Praxis. Vgl. Camp (1994), S. 98 ff.

Der Vorteil besteht dabei zum einen in der Anonymität der Analyse und zum anderen darin, daß kein Einverständnis des Konkurrenten erforderlich ist und ihm auch keine Gegenleistung geboten werden muß. Bestimmte Sachverhalte wie z.b. die Kosten- und Finanzstruktur oder auch die unterstützenden Aktivitäten im Back-Office-Bereich (z.b. Personalplanung oder Informationsverarbeitungsprozesse) können jedoch auch im Dienstleistungsbereich auf diese Weise nicht erforscht werden.[861] Zudem sind die doch eher singulären und je nach Interaktions- und Individualisierungsgrad auch recht spezifischen Eindrücke nicht immer generalisierbar.[862] Dennoch stellen sich die Bedingungen zur Gewinnung von Benchmarking-Informationen im Dienstleistungsbereich insgesamt günstiger dar als im Sachgüterbereich.

5.2.3.5 Analyse der Benchmarking-Informationen und Übertragung der Erkenntnisse auf das eigene Unternehmen

Im vierten Schritt des Benchmarking-Prozesses erfolgt dann die Auswertung der gewonnenen Informationen zum Zwecke der Leistungsverbesserung im eigenen Unternehmen. Zunächst gilt es hierbei, die aus den vielfältigen Quellen stammenden Informationen gemäß ihrer Zugehörigkeit zu konkreten Benchmarking-Objekten bzw. Objektdimensionen zu systematisieren sowie ihrer Qualität und Vergleichbarkeit nach zu beurteilen.[863] Auf die Informationsqualität wird im Rahmen der kritischen Beurteilung des Benchmarking (Abschn. 5.2.3.6) noch näher eingegangen.

Die Vergleichbarkeit der Daten, eine zentrale Voraussetzung für die Aufdeckung von Leistungslücken im eigenen Unternehmen, läßt sich anhand der hierfür wesentlichen Einflußfaktoren überprüfen.[864] Im Fall quantitativer Benchmarks sind dabei v.a. die Bezugsbasen und -zeiträume sowie das grundsätzliche Verständnis der verwendeten Kennzahlen zu berücksichtigen.[865] Bei qualitativen Vergleichsdaten ist eine solche Überprüfung meist schwieriger. Es lassen sich jedoch auch hier Bestimmungsfaktoren identifizieren, die aber i.d.R. allgemeinerer Natur sind[866] (wie z.B. die spezifischen Markt- bzw. Wettbewerbsanforderungen, Art und Umfang des Leistungsangebots[867] sowie im internationalen Vergleich auch kulturelle und rechtliche Rahmenbedingungen[868]). Die Datenvergleichbarkeit stellt im Dienstleistungs-

---

861 Vgl. Reckenfelderbäumer (1995), S. 152, der auf die mangelnde Erfaßbarkeit von Kostenpositionen durch eine Inanspruchnahme der Dienstleistung hinweist.
862 Die ergänzende Einbeziehung von Konkurrenzkunden kann hier jedoch ein breitgefächerteres Bild liefern.
863 Vgl. Karlöf/Östblom (1994), S. 163 f.
864 Zur Bestimmung des Ausmaßes der Vergleichbarkeit wird z.T. empfohlen, numerische Ähnlichkeitsschätzungen vorzunehmen (genaue Übereinstimmung = 5, keine Übereinstimmung = 1) oder Ähnlichkeitsrangfolgen zu bilden (höchste Übereinstimmung = 1 etc.). Vgl. hierzu Leibfried/McNair (1993), S. 352.
865 Vgl. Pieske (1995), S. 221.
866 Vgl. Karlöf/Östblom (1994), S. 165 ff.
867 Siehe hierzu auch Schmitz/Greißinger (1998), S. 410 f.
868 Vgl. Gröbel (1998), S. 433.

bereich, wie in Abschn. 5.2.3.2 bereits dargestellt, aufgrund der Integrativität und Individualität allerdings ein grundlegendes Problem dar.[869]

Soweit die Informationen aber in annähernd vergleichbarer Form vorliegen, besteht das Hauptanliegen der **Datenanalyse** nun darin, Leistungslücken gegenüber den „best practices" festzustellen und deren Ursachen zu ergründen.[870] Zu diesem Zweck sollte ein direkter, tabellarisch oder graphisch veranschaulichter Leistungsvergleich über alle betrachteten Objektdimensionen hinweg vorgenommen werden, der die Merkmalsausprägungen innerhalb der eigenen Unternehmung denen der übrigen betrachteten Unternehmen gegenüberstellt.[871] Die dadurch identifizierbaren Benchmarks gilt es im weiteren bezüglich ihrer Ursachen näher zu analysieren.[872] Oft bieten die zur Informationsgewinnung herangezogenen Quellen auch hierzu bereits Hinweise.[873] Insbesondere eigens durchgeführte Untersuchungen können gezielt darauf ausgerichtet werden, die Erfolgsursachen zu ergründen (z.B. im Rahmen von Mitarbeiterbefragungen oder speziell im Dienstleistungsbereich durch die „teilnehmende Beobachtung").

Bei der **Übertragung** der aus den Analysen gewonnenen Erkenntnisse auf das eigene Unternehmen schließlich ist neben einer sorgfältigen Berücksichtigung der unternehmensspezifischen Rahmenbedingungen v.a. auch die Einbeziehung und Motivation der Mitarbeiter wichtig, um Abwehrhaltungen zu vermeiden und die erforderlichen Veränderungen in den Aufgabenfeldern zu etablieren.[874] Die dabei zu vollziehenden Lernprozesse sollten jedoch nicht als einmalige, in sich geschlossene Konzeptübertragung verstanden werden, sondern zu einer auf kontinuierliche Verbesserung ausgerichteten Grundhaltung der Führungskräfte wie auch der sonstigen Mitarbeiter führen. *Karlöf/Östblom* verwenden in dem Zusammenhang auch den Begriff des „Benchlearning"[875]. Gerade im Dienstleistungsbereich, wo die Mitarbeiter meist der entscheidende Produktionsfaktor sind, stellt deren Akzeptanz der Veränderungsprozesse eine zentrale Erfolgsvoraussetzung für das Benchmarking dar.

---

869 Siehe hierzu auch Reckenfelderbäumer (1995), S. 152.
870 Vgl. Horváth/Herter (1992), S. 9.
871 Zu alternativen Veranschaulichungsmöglichkeiten quantitativer und qualitativer Vergleichsdaten siehe Karlöf/Östblom (1994), S. 173 ff.; Pieske (1995), S. 228 ff.; Leibfried/McNair (1993), S. 353 ff. und Horváth/Herter (1992), S. 10. Ein Analyseverfahren, das den Vergleich von Leistungseinheiten auch bei einer großen Zahl relevanter Parameter ermöglicht, ist die „Data Envelopment Analysis (DEA)". Sie basiert auf einem nicht-parametrischen Modell und bewertet Unternehmen oder Unternehmensteile anhand des Input/Output-Verhältnisses. Siehe hierzu Schmitz/Greißinger (1998), S. 412.
872 Speziell zur prozeßbezogenen Ursachenanalyse siehe Wildemann (1995), S. 130.
873 Vgl. Pieske (1995), S. 236 ff.
874 Vgl. Camp (1994), S. 199 ff.; Joas/Prommer (1998), S. 278 und Horváth/Herter (1992), S. 9. Zur Schaffung von Akzeptanz ist auch die systematische Kommunikation der Benchmarking-Ergebnisse von erheblicher Bedeutung.
875 Karlöf/Östblom (1994), S. 193.

5.2.3.6 Kritische Beurteilung

Wie in den vorangegangenen Abschnitten deutlich wurde, ergeben sich bei der Durchführung von Benchmarking-Projekten im Dienstleistungsbereich einige Besonderheiten, welche für die folgende Beurteilung der Informationsbedarfsorientierung wie auch der Wirtschaftlichkeit von Relevanz sind.

Die Eignung des Benchmarking zur **Informationsbedarfsdeckung** wird in mehrfacher Hinsicht durch die Dienstleistungsspezifika beeinflußt: Einerseits - in negativer Weise - bezüglich der Informationsrelevanz, da die geschilderten Vergleichbarkeitsprobleme den Nutzen der Benchmarking-Informationen im Rahmen von Planungs-, Steuerungs- und gegebenenfalls auch Kontrollaufgaben schmälern können, und andererseits - in positiver Weise - bzgl. der Informationsqualität, da die günstigen Bedingungen für eigene Datenerhebungen bei den Benchmarking-Partnern die Informationsgenauigkeit und -gültigkeit erhöhen können oder sie zumindest in stärkerem Maße selbstbestimmbar machen.[876]

Hinsichtlich der **Information-GAPs** leistet das Benchmarking v.a. einen Beitrag zur Schließung der Planungs- und Kontrollücke (GAP 2 und 4), da es die eigene Leistungsqualität mit der der Konkurrenz oder branchenfremder Unternehmen vergleichbar macht, und zwar sowohl aus interner als auch aus Nachfragersicht. Der steuerungsbezogene Informationsbedarf (GAP 3), der in erster Linie auf nachfragerspezifische Daten (konkreter Nachfrageanfall, Besonderheiten des externen Faktors etc.) und die zu einem bestimmten Zeitpunkt konkret verfügbare Leistungsbereitschaft ausgerichtet ist, wird durch das Benchmarking hingegen nicht abgedeckt. Ebenso sind auch die zur Behebung der Erwartungs- sowie der Zufriedenheits- und Korrektur-GAP (GAP 1 und 5) erforderlichen Informationen über die Leistungserwartungen der Kunden i.d.R. nicht Bestandteil von Benchmarking-Untersuchungen, es sei denn, sie fließen in die Zufriedenheitsmessungen ein.[877] Die Bezüge zu den Information-GAPs sind beim Benchmarking somit begrenzter als bei den vorherigen Informationskonzepten, dennoch können solche Wettbewerbsinformationen die Dienstleistungsplanung unterstützen, da sie wichtige Hinweise auf Verbesserungsbedarfe und auch bereits auf diesbezügliche Realisierungsmöglichkeiten geben.[878]

Die **Informationsqualität** als zweite Beurteilungsdimension innerhalb der Bedarfsorientierung bemißt sich in erster Linie nach der Genauigkeit und Gültigkeit der Daten sowie nach deren Vergleichbarkeit mit den über das eigene Unternehmen erhobenen Daten.[879] Soweit der Unternehmensvergleich auf Informationen aus neutralen externen Quellen oder der Benchmarking-Partner selbst basiert, sind die Genauigkeit und Gültigkeit der Daten nur bedingt

---

876 Siehe hierzu Abschn. 5.2.3.2 und 5.2.3.4.

877 Zu erwartungsintegrierenden Zufriedenheitsmessungen siehe v.a. den SERVQUAL-Ansatz in Abschn. 5.2.2.2.1. Zum Teil werden die Kundenerwartungen auch im Rahmen der nationalen Kundenbarometer erfaßt. Siehe hierzu Bruhn (1999), S. 389 und Meyer/ Dornach (1998b), S. 253.

878 Vgl. Watson (1993), S. 52 f.

879 Auf die Vergleichbarkeitsproblematik im Dienstleistungsbereich wurde bereits in Abschn. 5.2.3.5 eingegangen.

überprüfbar[880] und zudem vom jeweiligen Kenntnisstand und der Auskunftsbereitschaft der Informanten abhängig. Durch die Nutzung mehrerer Informationsquellen zu einem bestimmten Unternehmen lassen sich aber Konsistenzprüfungen durchführen und somit Unstimmigkeiten meist identifizieren. Gezielte Rückfragen bei dem jeweiligen Unternehmen, z.T. in Verbindung mit eigenen Beobachtungen, ermöglichen dann i.d.R. eine Verifizierung der Daten.[881] Der Aggregationsgrad als weiteres Qualitätskriterium hängt zwar grundsätzlich von dem jeweiligen Untersuchungsobjekt ab, ist jedoch (zumindest bei quantitativen Daten) tendenziell eher hoch, da zum einen sehr detaillierte Daten gar nicht immer einen Erkenntnisfortschritt bedeuten[882] und zum anderen Unternehmen i.d.R. nicht bereit sind, differenzierte Einzelinformationen über ihre internen Leistungs- und Kostenstrukturen oder ihre genauen Prozeßabläufe zu geben, insbesondere wenn diese ein hohes Imitationspotential aufweisen. Auch die Informationen, die durch Kundenbarometer oder Quality Awards zu erlangen sind, weisen i.d.R. einen vergleichsweise hohen Aggregationsgrad auf.

Dem Aktualitätsanspruch bzw. der adäquaten **zeitlichen Verfügbarkeit** der Informationen ist dadurch gerecht zu werden, daß das Benchmarking als kontinuierliches wettbewerbsbezogenes Informationsinstrument eingesetzt wird[883] und nicht erst dann Anwendung findet, wenn Leistungsdefizite offensichtlich geworden sind (z.B. durch Beschwerden oder massive Kundenverluste).

Als letzte Dimension der Informationsbedarfsorientierung ist schließlich der **Subjektbezug** zu prüfen. Die Hauptadressaten der Benchmarking-Informationen sind zunächst die Mitglieder des Managements, die für die Planung des Leistungsangebots und der dafür erforderlichen Wertschöpfungsprozesse verantwortlich sind. Durch die Festlegung der Benchmarking-Objekte und -Partner sowie durch die Wahl der Informationsquellen können sie die Informationsgewinnung ihren Bedarfen entsprechend steuern. Die Mitarbeiter in den operativen Bereichen sind meist eher mittelbar von den Benchmarking-Informationen betroffen, da sie die Umsetzung der dadurch induzierten Veränderungen mittragen müssen. Idealtypisch sollten sie jedoch - wie bereits erwähnt - ebenfalls bereits in die Planung des Benchmarking-Projekts einbezogen werden, um einerseits die Akzeptanz der resultierenden Maßnahmen zu erhöhen und andererseits den Informationsinput der kundennahen Mitarbeiter bei der Bestimmung des Untersuchungsbedarfs nicht zu vernachlässigen.[884]

Trotz der inzwischen sehr umfangreichen Literatur zum Benchmarking lassen sich kaum Hinweise auf die Wirtschaftlichkeit von Benchmarking-Projekten finden. Zwar wird der Nut-

---

880 Vgl. Pieske (1995), S. 220 ff.
881 Vgl. Karlöf/Östblom (1994), S. 164 f.
882 Sind die Bezugsgrößen bei Detailinformationen nicht exakt gleich, was in der Praxis häufig der Fall ist, führen Vergleiche auf dieser Ebene eher zu Ergebnisverzerrungen. Vgl. Camp (1994), S. 55 ff.
883 Siehe hierzu auch Bendell/Boulter/Goodstadt (1998), S. 215.
884 Vgl. Joas/Prommer (1998), S. 278 ff.

zen in einigen Quellen noch explizit aufgezeigt[885]; eine Kostenbetrachtung bleibt jedoch stets außen vor. Die durch das Benchmarking **verursachten Kosten** lassen sich im wesentlichen unterscheiden in Projektplanungs-, Informationsgewinnungs-, Datenanalyse- und Ergebnisimplementierungskosten. Bezogen auf ein konkretes Benchmarking-Projekt fallen diese Kosten überwiegend einmalig an, es sei denn die Konkurrenzvergleiche werden auch hinsichtlich eines bestimmten Untersuchungsobjekts kontinuierlich durchgeführt, was z.b. bei kundenzufriedenheitsorientierten Vergleichen durchaus sinnvoll ist, um eine laufende Wirkungskontrolle der diesbezüglichen Verbesserungsmaßnahmen zu erhalten.[886]

Eine verursachungsgerechte Quantifizierung der Benchmarking-Kosten ist bezüglich der erstgenannten Kostenbereiche (**Projektplanungs- und Informationskosten**) vergleichsweise leicht vorzunehmen, da für die Planung und Durchführung von Benchmarking-Studien meist spezielle Projektteams gebildet werden, deren Personal-, Sachmittel- und sonstige Kosten relativ problemlos bestimmbar und direkt zurechenbar sind. Auch die Informationskosten, die für vorbereitende interne Analysen, für die Nutzung externer Informationsquellen (z.B. Datenbanken, Publikationen, Workshops etc.),[887] für eigene Untersuchungen bei den Benchmarking-Partnern[888] sowie für die Datenanalyse anfallen, sind überwiegend gut zu ermitteln. Problematischer hingegen ist die Bestimmung der **Ergebnisimplementierungskosten**, d.h. derjenigen Kosten, die durch die Adaption der identifizierten best practices entstehen (z.B. für aufbauorganisatorische oder prozeßbezogene Umstrukturierungen). Da diese lediglich mittelbar durch die Benchmarking-Aktivitäten verursacht werden und zudem, je nach Benchmarking-Objekt, eine Vielzahl von Unternehmensbereichen betreffen können, ist ihre vollständige Erfassung und verursachungsgerechte Zurechung nur schwer möglich. Hier liegen also ähnliche Bedingungen vor wie bei dem Qualitätsmanagement, das ebenfalls weitreichende Konsequenzen für die Unternehmensaktivitäten aufweist.[889]

Der Kostenverursachung gegenüberzustellen sind die **Kostensenkungspotentiale**, welche zumindest bei produktivitätsorientierten Benchmarking-Untersuchungen zu den zentralen Zielsetzungen der Analysen gehören. Inwieweit durch Wettbewerbsvergleiche Kostensenkungen bewirkt werden können, hängt abgesehen von dem konkreten Untersuchungstatbestand auch von der Vergleichbarkeit der identifizierten best practices[890] sowie vom Ausmaß der

---

885 Vgl. z.B. Watson (1993), S. 204 ff., Camp (1994), S. 35 und Schäfer/Seibt (1998), S. 368.
886 Die nationalen Kundenbarometer werden z.B. i.d.R. jährlich veröffentlicht, so daß auf deren Basis ein regelmäßiger Vergleich mit anderen Unternehmen vorgenommen werden kann.
887 Ein allgemeiner, relativ grober Aufwandsvergleich unterschiedlicher Informationsquellen ist bei *Pieske* zu finden. Vgl. Pieske (1995), S. 169.
888 Im Dienstleistungsbereich können sich die günstigen Informationsgewinnungsmöglichkeiten dabei durchaus kostenschmälernd auswirken.
889 Siehe hierzu Abschn. 5.2.2.
890 Hierbei gilt es zu überprüfen, ob die kostengünstigeren Lösungsansätze unter Berücksichtigung der internen Gegebenheiten und der branchenspezifischen Marktanforderungen auf das eigene Unternehmen übertragbar sind.

Überlegenheit des Benchmarking-Partners ab.[891] Grundsätzlich ist jedoch bei den Verbesserungsprozessen an sich schon eine Aufwandsreduktion durch das Benchmarking zu erzielen, da es nicht nur Defizite aufzuzeigen vermag, sondern auch bereits realistische, in anderen Unternehmen erprobte Lösungsansätze liefert, so daß aufwendige Trial-and-Error-Prozesse bei der Konzipierung verbesserter Leistungsangebote oder Leistungserstellungsverfahren vermieden werden.[892]

Auch für die konkrete Quantifizierung der Kostensenkungsmöglichkeiten weist das Benchmarking gegenüber nicht-vergleichsorientierten IM-Konzepten Vorteile auf, da die jeweilige Kostensituation des Benchmarking-Partners einen real existierenden Maßstab darstellt,[893] der in Relation zu der eigenen Kostensituation konkrete, quantitative Hinweise auf die Senkungspotentiale gibt. Im Dienstleistungsbereich ist hierbei jedoch einschränkend zu berücksichtigen, daß die Kostenvergleichbarkeit ebenso wie die Leistungsvergleichbarkeit durch Individualität und Interaktivität der Leistungserstellung eingeschränkt wird, da unterschiedliche Bezugsbasen die Ergebnisse eines Kostenvergleichs verfälschen können.[894] Außerdem ergibt sich bei den Kostensenkungspotentialen das gleiche Bestimmungs- und Zurechnungsproblem wie bei den Ergebnisimplementierungskosten, da auch sie prinzipiell für alle Unternehmensbereiche relevant werden können und ebenfalls lediglich mittelbar auf die Benchmarking-Untersuchungen zurückzuführen sind.

Zur Beurteilung des **Benchmarking-Nutzens** können unmittelbar die in Abschn. 5.2.3.2 aufgezeigten Ziele bzw. der Zielerreichungsgrad konkreter Benchmarking-Projekte herangezogen werden, da sich diese weitgehend mit den in dieser Arbeit zugrundegelegten Nutzendimensionen (Qualität, Zeit, Flexibilität und mitarbeiterbezogene Aspekte[895]) decken.[896] In welchem Maße die Benchmarking-Informationen zur Erhöhung der **Leistungsqualität** und **Anpassungsflexibilität** sowie zur Verminderung des leistungserstellungsbezogenen **Zeitaufwands** beitragen, hängt wiederum vorrangig von dem jeweils gewählten Objekt des Unternehmensvergleichs ab. Da Benchmarking-Untersuchungen i.d.R. auf einen spezifischen Problembereich (z.B. Prozeßeffizienz, Kundenzufriedenheit) oder eine bestimmte Unternehmensfunktion (z.B. Rechnungswesen, interne Logistik) ausgerichtet sind, ergibt sich auch für die Nutzenstiftung eine entsprechende Fokussierung.

---

891 Im Rahmen der Untersuchungen sollte somit auch erfaßt werden, wieviel kostengünstiger die best practices gegenüber den eigenen Praktiken sind.
892 Vgl. Schäfer/Seibt (1998), S. 368.
893 Vgl. Pieske (1995), S. 33.
894 Vgl. Joas/Prommer (1998), S. 267 f.
895 Vgl. hierzu Abschn. 5.1.3.1.
896 Zu den wesentlichen Zielkriterien von Benchmarking-Projekten vgl. Horváth/Herter (1992), S. 7; Wildemann (1995), S. 40; Corsten (1997), S. 286; Reckenfelderbäumer (1995), S. 151 sowie Karlöf/Östblom (1994), S. 37 ff. Neben den oben genannten Kriterien Qualität, Zeit und Flexibilität werden hier v.a. auch Kosten und Kundenzufriedenheit herausgestellt.

Die durch das Benchmarking gewonnenen Erkenntnisse bieten v.a. im Geschäftsführungsbereich einen entscheidungsbezogenen Nutzen, der in Form einer Erhöhung der Entscheidungsqualität wie auch der Entscheidungssicherheit (durch die Orientierung an realen Vorbildern) zum Tragen kommt. Dieser Entscheidungsnutzen resultiert nicht allein aus den Informationen über andere Unternehmen und deren best practices, sondern auch aus den vorab zu tätigenden Analysen bezüglich des eigenen Unternehmens, die bereits wichtige Erkenntnisse über potentielle Schwachstellen liefern können.[897]

Der Benchmarking-Einsatz wird in der Literatur jedoch nicht durchweg als ausgesprochen nutzbringend angesehen. So wird z.B. von *Reichheld* die Ansicht vertreten, daß ein Unternehmen sich stärker mit den eigenen Fehlern und deren Beseitigung als mit den nur bedingt übertragbaren Spitzenleistungen anderer Unternehmen auseinandersetzen sollte, da eine Mißerfolgsanalyse wesentlich größere Lerneffekte und ein besseres Systemverständnis bewirken kann.[898] Setzt das Benchmarking jedoch gerade dort an, wo durch interne Analysen Schwachstellen identifiziert wurden, lassen sich beide Formen des Lernens sinnvoll miteinander verbinden: das Verständnis der eigenen Mißerfolge *und* die Ergründung überlegener Lösungsansätze anderer Unternehmen.

Dennoch ist bei der Nutzenbewertung ein Problembereich nicht zu vernachlässigen, der die letzte der in dieser Arbeit zugrundegelegten Nutzendimensionen, die **mitarbeiterbezogene Sicht**, betrifft. Hier treten oft Probleme auf, da einerseits die Akzeptanz nicht selbst entwickelter Konzepte bei den Mitarbeitern häufig gering ist[899] und andererseits zumindest für einen Teil der Mitarbeiter i.d.R. negative Konsequenzen aus den Benchmarking-Analysen erwachsen.[900] Der Ansatz birgt somit erhebliche Konfliktpotentiale, die sich negativ auf die Leistungsergebnisse und die Mitarbeiterzufriedenheit auswirken können. Eine frühzeitige Einbeziehung der Mitarbeiter aus den betroffenen Bereichen sowie eine grundsätzlich lern- und veränderungsorientierte Unternehmenskultur können hier jedoch bedingt Abhilfe schaffen.

Auch wenn das Benchmarking kein unmittelbar kundengerichteter Informationsansatz ist, kann es dennoch dazu dienen, für den **Kunden einen Nutzenzuwachs** zu erzielen. Dies ist insbesondere dann der Fall, wenn die Kundenzufriedenheit bzw. die Leistungsqualität aus Kundensicht zum Benchmarking-Objekt erhoben wird. Die Adaption von produktivitäts- und zeitorientierten Konzepten kann sich für den Kunden ebenfalls vorteilhaft auswirken, wenn dadurch für ihn der Zeitaufwand, den er aufgrund der Integrativität für die Dienstleistungserstellung aufbringen muß, oder das Leistungsentgelt verringert werden. Eine Quantifizierung des Kundennutzens ist im Falle des zufriedenheitsorientierten Benchmarking über

---

897 Vgl. Schäfer/Seibt (1998), S. 368.
898 Vgl. Reichheld (1997), S. 224 ff.
899 Diese Tatsache wird oft als „not-invented-here-Syndrom" bezeichnet. Vgl. Camp (1994), S. 42 und Schäfer/Seibt (1998), S. 368.
900 Vgl. Joas/Prommer (1998), S. 278.

wiederholt erfaßte Zufriedenheitsindizes (z.b. im Rahmen von Kundenbarometern) möglich, da diese positive, als Nutzenzuwachs interpretierbare Zufriedenheitsveränderungen aufzeigen. Die Zeit- und Preisvorteile für den Kunden liegen, sofern sie systematisch erfaßt werden und auf das Benchmarking zurückzuführen sind, ohnehin in quantitativer Form vor.

Speziell im Dienstleistungsbereich gilt es bei der Beurteilung des Benchmarking-Nutzens in Relation zu den Kosten abzuwägen, ob die Nachteile der eingeschränkten Vergleichbarkeit der Ergebnisse (begrenzte Übertragbarkeit und daher auch begrenzte unmittelbare Verbesserungsmöglichkeiten) stärker zum Tragen kommen als die Vorteile der günstigeren Informationsgewinnungsbedingungen (relativ geringe Kosten und hohe Vielfalt zu erwerbender Informationen). Die Effektivität und Wirtschaftlichkeit hängen dabei zum einen von der Art der Dienstleistung (bezogen auf den Interaktions- und Individualisierungsgrad) und zum anderen von dem jeweiligen Untersuchungsobjekt ab, so daß eine generelle Konzeptbeurteilung kaum möglich ist.

5.2.4 Informationsaspekte eines marktorientierten Kostenmanagements

Wenngleich bei den bisher behandelten IM-Ansätzen z.t. auch bereits kostenbezogene Ziele der Dienstleistungsunternehmen von Relevanz waren, so lag der Hauptfokus doch auf einer Leistungsverbesserung zur Erzielung von Kundenzufriedenheit und Differenzierungsvorteilen. Zum Abschluß der ergebnisorientierten Betrachtung von IM-Ansätzen soll nun die Kostenseite näher analysiert werden, um auch den dort bestehenden Möglichkeiten einer stärkeren Marktorientierung zur Erzielung von Wettbewerbsvorteilen Rechnung zu tragen. Besondere Bedeutung kommt in dem Zusammenhang dem Ansatz des Target Costing zu, der auf eine marktgerechte Leistungsgestaltung und Kostensteuerung abzielt.

5.2.4.1 Einsatz des Target Costing zur marktorientierten Kostensteuerung

Im Gegensatz zu den klassischen, an internen Gegebenheiten ausgerichteten Kostenrechnungssystemen stellen beim Target Costing[901] die Markterfordernisse, d.h. vor allem die Zahlungsbereitschaften der Nachfrager für ein bestimmtes Produkt oder eine Dienstleistung, aber auch die Preis- bzw. Kostenstrukturen der Konkurrenzanbieter die Kalkulationsgrundlage dar.[902] Ausgehend von diesen Informationen werden der Zielpreis[903] und damit auch die

---

901 Anstelle des englischen Begriffs Target Costing wird in der deutschsprachigen Literatur z.t. auch die Bezeichnung „Zielkostenmanagement" verwendet. Vgl. Horváth/Seidenschwarz (1992a) und (1992b); Seidenschwarz (1993a); Rummel (1992) und Buggert/ Weilpütz (1995). In der neueren Literatur hat sich jedoch die englische Bezeichnung durchgesetzt.
902 Vgl. Reckenfelderbäumer (1998), S. 410 und Kucher/Simon (1997), S. 146 ff.
903 Zu den verschiedenen, in der Literatur diskutierten Ansätzen der Zielpreis- bzw. Zielkostenbestimmung, auf die hier im einzelnen nicht eingegangen werden soll, vgl. Seidenschwarz (1991), S. 199 f. und (1993a), S. 115 ff. sowie Horváth/Niemand/Wolbold (1993), S. 10 f.

Zielkosten[904] für ein Produkt festgelegt, welches sich idealtypisch in einem möglichst frühen Entwicklungsstadium befindet, da eine Beeinflussung der Kostenverursachung in frühen Phasen der Produktentwicklung noch vergleichsweise gut möglich ist.[905] Nachträgliche Anpassungen an ein marktgerechtes Kostenniveau sind dagegen meist sehr aufwendig und weniger erfolgversprechend.[906]

Den Zielkosten gegenüberzustellen sind sodann die **Standardkosten** des Produktes (Drifting Costs), d.h. diejenigen Kosten, die unter Beibehaltung der derzeitig eingesetzten Technologien, Potentiale und Prozesse bei der Leistungserstellung entstehen würden.[907] Liegen diese Standardkosten über den Zielkosten, was zumeist der Fall ist, ergibt sich hieraus ein Kostensenkungserfordernis, welches jedoch erst durch eine weitergehende Zielkostenanalyse (Kostenspaltung) näher zu spezifizieren ist.

Als Grundlage der **Kostenspaltung** können die verschiedenen Produktfunktionen (bzw. -merkmale), Produktkomponenten (bzw. -teile) oder speziell im Dienstleistungsbereich auch die Leistungserstellungsprozesse dienen,[908] die in unterschiedlichem Maße zur Nutzenstiftung bei den Kunden beitragen. Welche Bezugsbasis für die Aufteilung der Kosten herangezogen wird, sollte sich v.a. danach richten, woran die Nachfrager ihre Nutzenentstehung festmachen.[909] Durch Kundenbefragungen (z.B. unter Einsatz des Conjoint Measurement) gilt es dann zu analysieren, welchen Anteil die jeweiligen Leistungsaspekte am Gesamtnutzen des Leistungsbündels ausmachen.[910] Gemäß dieser Teilnutzenverteilung werden auch die Zielkosten auf die Leistungselemente (bzw. Leistungsfunktionen) verteilt, da nach dem Grundprinzip des Target Costing jede Teilleistung genau in dem Maße Kosten verursachen sollte, wie sie zur Erzeugung von Kundennutzen beiträgt.[911]

Im nächsten Schritt werden dann die durch die Teilleistungen tatsächlich bzw. voraussichtlich verursachten Kosten bestimmt, um mittels einer Gegenüberstellung der Ziel- und Standardkostenverteilung Abweichungen gegenüber den vom Markt erlaubten Kosten festzustellen. Auf

---

904 Die Zielkosten ergeben sich aus dem vom Markt tolerierbaren Zielpreis abzüglich des angestrebten Produktgewinns sowie unter Berücksichtigung sonstiger Zu- oder Abschläge (z.B. Rabatte, Skonti etc.). Siehe hierzu Seidenschwarz (1993a), S. 122 und Paul/Reckenfelderbäumer (1998), S. 650.

905 Vgl. Seidenschwarz (1991), S. 201; Rummel (1992), S. 222 und Horváth/Niemand/Wolbold (1993), S. 5.

906 Vgl. Reckenfelderbäumer (1998), S. 410 und Paul/Reckenfelderbäumer (1998), S. 650.

907 Vgl. Horváth/Niemand/Wolbold (1993), S. 13 und Niemand (1996), S. 63 f.

908 Zu verschiedenen Arten von Bezugsgrößen siehe Peemöller (1993), S. 378 f.; Seidenschwarz (1993a), S. 157 und Reckenfelderbäumer (1995), S. 174. Im nicht-dienstleistungsbezogenen Literatur werden i.d.R. jedoch nur Funktionen, Komponenten und Teile unterschieden.

909 In der Literatur wird in dem Zusammenhang häufig auch zwischen hard functions (objektiv erfaßbare, psysikalisch-technische Produktmerkmale) und soft functions (Annehmlichkeits- bzw. Gebrauchsnutzen aus Kundensicht) unterschieden. Vgl. hierzu Horváth/Seidenschwarz (1992a), S. 145 f.; Deisenhofer (1993), S. 98 f. und Reckenfelderbäumer (1998), S. 174.

910 Zur Ermittlung der Teilnutzenwerte durch Conjoint Measurement siehe Kucher/Simon (1987), S. 28 ff.; Simon (1994a), S. 74 ff. und (1994b), S. 724 ff.; Büschken (1994), S. 72 ff.; sowie speziell im Zusammenhang mit dem Target Costing auch Seidenschwarz (1993a), S. 199 ff. und (1993b), S. 40 ff.; Kucher/Simon (1997), S. 152 ff. sowie Niemand (1996), S. 54 ff. Vgl. allgemein zum Conjoint Measurement auch Abschn. 5.2.2.2 dieser Arbeit.

911 Vgl. Niemand (1992), S. 121 und Reckenfelderbäumer (1998), S. 411.

diese Weise kann nicht nur ermittelt werden, ob die durch das Produkt verursachten Kosten absolut gesehen zu hoch sind, sondern auch, ob die für die Teilleistungen anfallenden Kosten in angemessenem Verhältnis zum jeweiligen Nutzenbeitrag stehen. *Horváth/Seidenschwarz* schlagen in dem Zusammenhang die Bildung eines **Zielkostenindex** als Quotient aus dem Beitrag zur Funktionserfüllung (prozentualer Anteil) und dem Kostenanteil einer Komponente vor. Nimmt ein solcher Zielkostenindex einen Wert kleiner als 1 an, ist die Komponente zu teuer und bedarf der Kostensenkung. Indexwerte über 1 signalisieren hingegen Kostenerhöhungsspielräume, die zur Qualitätsverbesserung genutzt werden können.[912]

Als Konsequenz aus den Erkenntnissen des Target Costing sind schließlich adäquate **Anpassungsmaßnahmen** vorzunehmen, die der Optimierung der Zielkostenindizes dienen[913] und gegebenenfalls weitere, auf eine Gesamtkostensenkung ausgerichtete Aktivitäten umfassen.[914] Befindet sich das konkrete Produkt noch im Entwicklungsstadium, können solche Maßnahmen schon bei der Konstruktion und den grundsätzlich eingesetzten Technologien ansetzen. Bei bereits etablierten Produkten besteht zumindest die Möglichkeit einer Effizienzuntersuchung der konkreten Prozeßabläufe und des jeweiligen Potentialeinsatzes. Als unterstützende Instrumente können hierbei v.a. Wertanalysen[915] sowie bestimmte Kontrollaktivitäten im Rahmen des Qualitätsmanagements[916] herangezogen werden. Erstere überprüfen sämtliche Unternehmensaktivitäten (im Kontext des konkreten Produktes) auf ihren Beitrag zur Wertschöpfung, auf ihre Notwendigkeit und ihre Kostenverursachung. Letztere unterstützen insbesondere die Identifikation kostenerhöhender Fehlerquellen. Maßnahmen zur Kostensenkung können zudem, unabhängig von dem konkreten Produktkontext, an der im Unternehmen vorherrschenden Kostenkultur[917] sowie an organisatorischen Sachverhalten[918] ansetzen, um insgesamt eine wettbewerbsfähigere Kostenstruktur zu realisieren.

Wie in der allgemeinen Darstellung des Target Costing deutlich wird, stellt dieser Ansatz ein geeignetes Instrument zur marktorientierten Kostenermittlung und -steuerung dar, welches

---

912 Vgl. Horváth/Seidenschwarz (1992a), S. 146 f. sowie auch Reckenfelderbäumer (1995), S. 176 f. und (1998), S. 411.

913 Idealtypisch nehmen die Zielkostenindizes für sämtliche Leistungskomponenten den Wert 1 an. Im Einzelfall kann aus strategischen Überlegungen heraus jedoch auch einmal ein von 1 abweichender Wert angebracht sein. Vgl. Reckenfelderbäumer (1995), S. 177. Dies wäre z.B. bei Komponenten der Fall, die für den Kunden kaum wahrnehmbar sind, jedoch für die Funktionsfähigkeit des Produktes insgesamt von erheblicher Bedeutung sind. In diesem Fall könnte der Zielkostenindex einen Wert kleiner als 1 annehmen.

914 Vgl. Horváth/Seidenschwarz (1992a), S. 149 und Reckenfelderbäumer (1995), S. 178.

915 Vgl. Horváth/Seidenschwarz (1992a), S. 149; Horváth/Niemand/Wolbold (1993), S. 13 und Paul/Reckenfelderbäumer (1998), S. 657 f.

916 Vgl. Reckenfelderbäumer (1995), S. 178.

917 Siehe hierzu Seidenschwarz (1993a), S. 161 f. Eine positive Beeinflussung der Kostenkultur ist jedoch nur langfristig zu erreichen und bedarf umfassender Unterstützungsmaßnahmen wie z.B. Mitarbeiterschulungen und eine systematische kostenbezogene Informationsversorgung.

918 Siehe hierzu Horváth/Niemand/Wolbold (1993), S. 20 f. Organisatorische Ansätze zur Kostenbeeinflussung betreffen nicht nur die unternehmensinternen Strukturen und Abläufe, sondern auch den Kontakt zu Lieferanten und Kunden. Durch eine stärkere Einbindung der Marktpartner können z.B. in erheblichem Maße Transaktionskosten eingespart werden.

auch in der Unternehmenspraxis zunehmende Verbreitung findet.[919] Dennoch können sich bei der Anwendung eine Reihe von Problemen ergeben, welche v.a. die folgenden Bereiche betreffen:

- Bestimmung der einzubeziehenden Kosten: Zwar ist das Target Costing grundsätzlich als Vollkostenrechnung angelegt,[920] jedoch ist eine Ermittlung von Ziel- und Standardkosten für Bereiche ohne jeglichen Produktbezug weder sinnvoll noch realisierbar.[921]

- Bestimmung des geplanten Gewinns: Als relevante Bezugsgröße wird hierbei vorrangig die Umsatzrentabilität angesehen.[922]

- Bestimmung der Teilnutzenwerte und Zielkosten aus Nachfragersicht für sämtliche Leistungsbestandteile: Zum einen stellen die dafür erforderlichen Kundenbefragungen bei einer größeren Zahl von Leistungsaspekten hohe Anforderungen an die Probanden,[923] und zum anderen beziehen sich die Kundenurteile i.d.R. nicht unmittelbar auf Produktkomponenten, sondern auf Produktmerkmale oder -funktionen, welche für die Zielkostenspaltung dann erst in einen quantitativen Zusammenhang zu den Produktkomponenten gebracht werden müssen.[924]

- Verursachungsgerechte Zuordnung sämtlicher relevanten Kosten auf die einzelnen Leistungskomponenten: Dies setzt eine differenzierte, teilleistungsbezogene Kostenerfassung voraus, die am ehesten durch die Prozeßkostenrechnung gewährleistet ist.[925]

Diese Probleme sind nicht nur für den industriellen Bereich, aus dem das Target Costing ursprünglich stammt,[926] von Relevanz, sondern ebenfalls - mitunter noch in verstärkter Form - für den hier zu untersuchenden Dienstleistungsbereich. Die dort vorliegenden Besonderheiten bedingen darüber hinaus weitere Konsequenzen für die Anwendung des Target Costing, auf die im folgenden näher eingegangen wird.

5.2.4.2 Informationsbeitrag eines dienstleistungsspezifischen Target Costing

Zur Untersuchung der Target Costing-Anwendung im Dienstleistungsbereich und der damit verbundenen Informationsgewinnungsmöglichkeiten im Rahmen eines marktorientierten IM wird auf die wesentlichen Ablaufschritte zurückgegriffen, die im letzten Abschnitt aufgezeigt

---

919 Zu konkreten Anwendungsbeispielen aus der Praxis siehe Deisenhofer (1993); Müller/ Wolbold (1993); Jakob (1993); Cibis/Niemand (1993) und Rummel (1992). Allgemein zur Verbreitung siehe auch Horváth/Niemand/Wolbold (1993), S. 23 ff.
920 Vgl. Horváth/Seidenschwarz (1992a), S. 144.
921 Vgl. Reckenfelderbäumer (1995), S. 179.
922 Vgl. Seidenschwarz (1993a), S. 122.
923 Vgl. Seidenschwarz (1993a), S. 206 f.
924 Vgl. Horváth/Seidenschwarz (1992a), S. 145 f. und Deisenhofer (1993), S. 97.
925 Zum Beitrag der Prozeßkostenrechnung für das Target Costing siehe allgemein Seidenschwarz (1991), S. 201; (1993a), S. 191 ff. und (1993b), S. 45 ff. sowie speziell für den Dienstleistungsbereich Reckenfelderbäumer (1995), S. 180 ff. und (1998), S. 412 ff.
926 Vgl. Reckenfelderbäumer (1998), S. 412 und Paul/Reckenfelderbäumer (1998), S. 650.

wurden. Dabei wird insbesondere überprüft, inwieweit die charakteristischen Merkmale einer Dienstleistung die Erfüllung der verschiedenen Teilaufgaben beeinflussen.

5.2.4.2.1 Einfluß der Immaterialität und Individualität auf die Zielkostenermittlung und -spaltung

Die grundlegendste Aufgabe im Rahmen des Target Costing besteht darin, Informationen über ein marktgerechtes Preis- und Kostenniveau der zur Disposition stehenden Leistung zu erhalten. Diese Informationen betreffen, wie bereits ausgeführt, zum einen die Zahlungsbereitschaft der Nachfrager und zum anderen die Marktpreise sowie die dahinter stehenden Kostenstrukturen relevanter Konkurrenten.

Bezüglich der dienstleistungsspezifischen Besonderheiten von **Konkurrenzvergleichen** sei im wesentlichen auf die Ausführungen zum Benchmarking verwiesen,[927] welche prinzipiell auch für Preis- bzw. Kostenvergleiche Gültigkeit besitzen. Vor allem das Problem begrenzter Vergleichbarkeit bei individualisierten Dienstleistungen erschwert eine Ausrichtung der eigenen Preisbildung an der der Konkurrenten.[928] Zudem ist ein Benchmarking bei echten Innovationen (Marktneuheiten) aufgrund fehlender Vergleichsbasis gesamtleistungsbezogen nicht durchführbar,[929] sondern höchstens auf einzelne Teilleistungen oder -prozesse anwendbar, bei denen Parallelen bestehen.[930] Bei bereits im Markt etablierten Dienstleistungen mit einem gewissen Standardisierungsgrad kann ein solcher Konkurrenzvergleich jedoch eine sinnvolle vorbereitende oder ergänzende Informationsfunktion übernehmen,[931] insbesondere wenn das Vergleichsunternehmen als Branchenführer Preisstandards gesetzt hat, die es mindestens zu erreichen gilt, um in dem entsprechenden Marktsegment erfolgreich agieren zu können.[932] Außerdem können die konkurrenzorientierten Informationen bereits Hinweise auf die Realisierbarkeit nachfragerbezogener Preiserwartungen geben, v.a. wenn über die Preisdaten hinaus auch die ihnen zugrundeliegende Kostenstruktur bekannt ist. Gerade im Dienstleistungsbereich, wo die Kostenplanung aufgrund der Einflüsse des externen Faktors auf die Kostenentstehung von besonderer Unsicherheit geprägt ist, können solche Vergleichsdaten bei Überwindung der Übertragbarkeitsprobleme ein wichtiger Orientierungsmaßstab sein. Die Informationsgewinnung auf Kundenseite ist hierdurch jedoch nicht zu ersetzen.

Hinsichtlich der für das Target Costing zentralen **nachfragerbezogenen Zielkostenbestimmung** ergeben sich im Dienstleistungsbereich ebenfalls einige Besonderheiten. Zum einen

927 Vgl. Abschn. 5.2.3.
928 Vgl. Paul/Reckenfelderbäumer (1998), S. 639.
929 Vgl. Seidenschwarz (1993a), S. 128.
930 Diesbezüglich kann auch ein Cost-Benchmarking mit branchenfremden Unternehmen empfehlenswert sein, wenn diese für bestimmte vergleichbare Leistungsprozesse eine vorbildliche Kosteneffizienz aufweisen.
931 Vgl. Corsten (1997), S. 280.
932 Siehe hierzu Seidenschwarz (1993a), S. 221 f., der zudem darauf hinweist, daß bei dem Markführer in einem bestimmten Segment auch die wesentlichen Kundenanforderungen als erfüllt angenommen werden können.

erweist sich auch hier die Individualität der Leistung als Problemaspekt, da es den Nachfragern vermutlich erhebliche Schwierigkeiten bereiten wird, ihre Zahlungsbereitschaft für ein vorab nicht konkret spezifizierbares Leistungsbündel festzulegen[933] (wie z.B. eine komplexe juristische bzw. steuerliche Beratung oder eine individuelle medizinische Therapie). Eine differenzierte Beurteilung der jeweiligen Nutzenbeiträge *einzelner* Leistungsaspekte bzw. -funktionen, die die Grundlage der Zielkostenspaltung darstellt, dürfte hierbei ebenfalls erhebliche Probleme aufwerfen. Angesichts dieser bereits bei einem einzelnen Absatzobjekt bestehenden Probleme erscheint die vorausschauende Bestimmung der Zielkosten für eine gesamte Leistungsart, wie sie im Rahmen des Target Costing-Ansatzes für die Produktentwicklung empfohlen wird, gänzlich ausgeschlossen.[934]

Ähnliche Probleme ergeben sich aus dem Merkmal der Immaterialität, welches bereits die Identifizierung konkreter Leistungsmerkmale bzw. -funktionen erschwert,[935] in stärkerem Maße aber noch die Herstellung eindeutiger Zusammenhänge zwischen diesen Merkmalen bzw. Funktionen als Nutzenstifter und den ihnen zugrundeliegenden Leistungskomponenten bzw. -prozessen beeinträchtigt.[936] Wie die dem SERVQUAL-Ansatz zugrundeliegenden empirischen Untersuchungen ergaben, stellen Merkmale wie das Einfühlungsvermögen und die Reagibilität grundlegende Dimensionen der Dienstleistungsqualität und damit auch der Nutzenstiftung beim Kunden dar.[937] Für solche weichen, unspezifischen Faktoren läßt sich aber kaum klären, durch welche Leistungskomponenten bzw. -prozesse sie im einzelnen hervorgerufen werden bzw. mit welchem Anteil die Leistungskomponenten an der Realisierung dieser Qualitätsmerkmale beteiligt sind. Eine Quantifizierung dieser Zusammenhänge ist jedoch die Voraussetzung einer komponentenbezogenen Zielkostenbestimmung.

Für die Aufgabe der marktorientierten Zielkostenbestimmung läßt sich somit konstatieren, daß die im Dienstleistungsbereich vorliegenden Bedingungen eher ungünstig für die Anwendung des Target Costing sind, was mit zunehmendem Individualisierungs- und Immaterialitätsgrad verstärkt zur Geltung kommt.

5.2.4.2.2 Konsequenzen der Dienstleistungsspezifika für die Bestimmung der Standardkosten

Bei der Ermittlung der Standardkosten der Dienstleistungserstellung, welche den Zielkosten gegenüberzustellen sind,[938] gilt es jeder Teilleistung die durch sie verursachten Kosten zuzuordnen, wobei zunächst die für das Betrachtungsobjekt insgesamt **relevanten Kosten** festge-

---

933 Siehe hierzu Reckenfelderbäumer (1995), S. 183 f.
934 Vgl. Reckenfelderbäumer (1995), S. 183.
935 Siehe hierzu die Ausführungen zur Operationalisierbarkeit der Dienstleistungsqualität in Abschn. 4.2.1.3.
936 Die Zusammenhänge zwischen Funktionserfüllung und zugehörigen Leistungselementen (bzw. speziell im Dienstleistungsbereich auch Leistungsprozessen) werden in der Funktionskostenmatrix zum Ausdruck gebracht. Siehe hierzu Horváth/Seidenschwarz (1992a), S. 145 f.; Cibis/Niemand (1993), S. 214; Reckenfelderbäumer (1998), S. 415 und Paul/ Reckenfelderbäumer (1998), S. 654.
937 Vgl. hierzu Abschn. 5.2.2.2.1.
938 Vgl. Horváth/Niemand/Wolbold (1993), S. 13 und Reckenfelderbäumer (1995), S. 184.

legt werden müssen. Im Dienstleistungsbereich sollte dies aufgrund des prozessualen und immateriellen Charakters der Absatzobjekte unter Rückgriff auf die Prozeßkostenrechnung erfolgen,[939] innerhalb der nach der Nähe zum jeweiligen Kalkulationsobjekt Prozesse unterschiedlichen Grades differenziert werden:[940] Prozesse 1. Grades sind dabei solche Aktivitäten, die direkter Bestandteil des Absatzobjektes sind (z.b. das Einchecken der Passagiere bei einer Flugreise); Prozesse 2. Grades sind unterstützende Aktivitäten mit lediglich mittelbarem Bezug zur eigentlichen Dienstleistung (z.b. das Reinigen des Flugzeuges) und Prozesse 3. Grades sind solche ohne Absatzobjektbezug (z.b. regelmäßige medizinische Untersuchungen des Flugpersonals). Zur Bestimmung der im Rahmen des Target Costing einzubeziehenden Kosten kann auf Basis dieser Prozeßdifferenzierung eine Systematisierung vorgenommen werden, die folgende Kostenblöcke unterscheidet:[941]

• Einzelkosten (hierzu zählen direkt zurechenbare, aber nicht prozeßbezogen erfaßte Kosten wie z.b. im Fall der Flugreise die Beschaffungskosten für die einem Passagier servierten Mahlzeiten),

• Kosten der Prozesse 1. Grades,

• Kosten der Prozesse 2. Grades,

• Kosten der Prozesse 3. Grades sowie

• Rest-Gemeinkosten (d.h. allgemein anfallende, nicht über (repetitive) Prozesse erfaßbare Kosten wie z.B. die Gehälter der Geschäftsführung oder Gebäudekosten).

Obgleich das Target Costing prinzipiell als Vollkostenrechnung angelegt ist, sollte von einer Einbeziehung der letzten beiden Kostenkategorien abgesehen werden, da sie keinen Bezug zu dem betrachteten Kalkulationsobjekt aufweisen und somit eine verursachungsgerechte Zuordnung nicht möglich ist.[942]

Bei der Ermittlung der relevanten Standardkosten, d.h. der tatsächlich bzw. voraussichtlich im Rahmen der ersten drei Kategorien anfallenden Kosten, bewirken die Dienstleistungsspezifika wiederum besondere Erfassungsprobleme. Zum einen unterliegt die tatsächliche Kostenverursachung aufgrund der **Integrativität der Leistungserstellung** in mehr oder minder starkem Maße den Einflüssen des externen Faktors, so daß eine vorausschauende Kostenermittlung für eine bestimmte Dienstleistung, zumindest sofern diese einen hohen Anteil integrativer Prozesse beinhaltet, nur bedingt möglich ist. Zum anderen ist bei **individualisierten** Dienstleistungen der Kostenanfall stets von der kundenspezifischen Zusammensetzung des Leistungs-

---

939 Vgl. Cibis/Niemand (1993), S. 215 und Paul/Reckenfelderbäumer (1998), S. 651. Eine detaillierte Darstellung der Prozeßkostenrechnung wird an dieser Stelle jedoch nicht vorgenommen, da sie gemäß der zugrundegelegten phasenbezogenen Gliederungssystematik vorrangig den prozeßbezogenen IM-Ansätzen zuzuordnen ist. Siehe hierzu Abschn. 5.3.3.
940 Vgl. Paul/Reckenfelderbäumer (1998), S. 653 f. und Reckenfelderbäumer (1998), S. 404 f.
941 Vgl. Reckenfelderbäumer (1995), S. 186.
942 Vgl. Reckenfelderbäumer (1995), S. 187.

bündels abhängig, wodurch eine allgemeingültige Kostenschätzung für die Gesamtleistung erschwert wird. Die apriorische Ermittlung der Standardkosten kann - vergleichbar der Ziel-kostenbestimmung - bei ausgeprägtem Individualisierungsgrad somit höchstens für einzelne Leistungsmodule erfolgen, nicht jedoch bezüglich der Gesamtdienstleistung.[943]

Eine weitere aus der Integrativität der Leistungserstellung resultierende Besonderheit, welche jedoch weniger bei der Ermittlung der grundsätzlich relevanten Kosten als vielmehr bei deren Verteilung auf konkrete Leistungen bzw. Teilleistungen zum Tragen kommt, stellt die direkte **Nachfrageabhängigkeit des Potentialeinsatzes** dar. Die im Dienstleistungsbereich typi-scherweise hohen Bereitstellungskosten der vorgehaltenen Potentiale[944] (Mitarbeiter, Ma-schinen etc.) sind nur soweit anhand der mit ihnen vollzogenen Prozesse den Absatzobjekten zurechenbar, wie sie durch anfallende Nachfrage zum produktiven Einsatz gelangen. Bleiben sie aufgrund fehlender Nachfrage ungenutzt, ist eine verursachungsgerechte Kostenzurech-nung, zumindest bei solchen Potentialen, die durch verschiedene Dienstleistungen in An-spruch genommen werden, kaum möglich. Nachfrageschwankungen und die daraus folgende ungleichmäßige Kapazitätsauslastung sind im Dienstleistungsbereich ein typisches Phäno-men, welches die Kostenplanung bzw. Kostenverteilung erschwert.

Zum Abschluß der Analyseschritte innerhalb des Target Costing sind schließlich die Ziel- und Standardkosten bezogen auf die verschiedenen Teilleistungen bzw. Prozesse einander gegen-überzustellen, um eventuelle Abweichungen von einer marktgerechten Kostenstruktur festzu-stellen. Die Aussagekraft eines solchen Vergleichs hängt im Dienstleistungsbereich v.a. da-von ab, wie stark die vorab beschriebenen Probleme bei der Ziel- und Standardkostenbestim-mung zur Geltung kommen, was mit zunehmendem Immaterialitäts- und Individualisierungs-grad sowie bei ausgeprägter Integrativität in steigendem Maße der Fall ist. Eine marktorien-tierte Kostenplanung im Sinne des Target Costing erweist sich somit am ehesten für weitge-hend standardisierte und autonome Dienstleistungen geeignet. Bei individualisierter Lei-stungserstellung kann sie aber i.d.R. zumindest auf Modulebene nutzbringend eingesetzt wer-den.[945]

Der letzte Aufgabenblock im Rahmen des Target Costing, die Kostenbeeinflussung zur Reali-sierung der Zielkosten bei festgestellten Abweichungen, soll hier nicht weiter vertieft werden, da er eine primär handlungsorientierte und nicht informationsgewinnungsorientierte Aus-richtung aufweist und somit für die Problemstellung dieser Arbeit von untergeordneter Rele-vanz ist.

---

943 Siehe hierzu auch Cibis/Niemand (1993), S. 197.
944 Vgl. Reckenfelderbäumer (1998), S. 398.
945 Vgl. Reckenfelderbäumer (1995), S. 185 und Cibis/Niemand (1993), S. 197.

5.2.4.3 Kritische Beurteilung

Laut *Horváth/Seidenschwarz* dient das Target Costing der Unterstützung eines umfassenden Kostenplanungs-, -steuerungs- und -kontrollprozesses, der bereits in den frühen Phasen der Produktentwicklung ansetzt und über den gesamten Produktlebenszyklus hinweg eine Ausrichtung des Leistungsangebots an den Markterfordernissen gewährleisten soll.[946] Zum einen liefert es durch die Nutzenstiftungs- und Zielkosteninformationen Sollvorgaben für die Dienstleistung selbst wie auch für die erforderlichen Leistungsprozesse und zum anderen wird durch die Ermittlung der Standardkosten auch die Realisierung dieser Vorgaben überprüft. Im Hinblick auf das **Information-GAP-Modell** trägt es auf diese Weise zur Schließung der GAPs 1 bis 4 bei, wobei der kundenbezogene Informationsinput in erster Linie die Erwartungen an das Leistungsangebot (GAP1) in preislicher und funktioneller Hinsicht betrifft, welche für die Leistungsplanung und -steuerung (GAP 2 und 3) von zentraler Bedeutung sind. Werden bei der Zielkostenbestimmung zudem auch Konkurrenzinformationen über die Kostenstrukturen diesbezüglich vorbildhafter Unternehmen einbezogen, so wird dadurch ein weiterer Beitrag zur marktorientierten Informationsbedarfsdeckung geleistet, da solche Kostenbenchmarks realistische Orientierungsmaßstäbe für die Leistungsangebots-, Prozeß- sowie Potentialplanung und -steuerung darstellen. Bezüglich der Kontrollfunktion (GAP 4) liefern zudem die intern ermittelten Kostendaten (Standardkosten) einen wesentlichen Input, da sie, insbesondere durch die Gegenüberstellung mit den Zielkosten, Auskunft darüber geben, inwieweit die kundenseitigen Preiserwartungen aus der derzeitigen Kostenstruktur heraus realisierbar sind.

Die grundsätzliche **Informationsrelevanz** ist somit positiv zu bewerten, wobei der tatsächliche Beitrag des Target Costing zur Informationsbedarfsdeckung allerdings von der **Qualität** der ermittelbaren Informationen abhängt. Hier kommen nun verstärkt die geschilderten dienstleistungsspezifischen Erfassungsprobleme zum Tragen: So ist die Genauigkeit und Gültigkeit der marktbezogenen Preiserwartungs- und der unternehmensbezogenen Kosteninformationen von der Konkretisierbarkeit der Dienstleistungsfunktionen sowie der exakten Zuordenbarkeit der zugrundeliegenden Teilleistungen bzw. Prozesse und der dabei anfallenden Kosten abhängig, welche im oben beschriebenen Sinne durch die dienstleistungskennzeichnenden Merkmale beeinflußt werden. Um eine hohe Qualität der Kostendaten zu erzielen, bedarf es zudem eines geeigneten Kostenrechnungssystems. Bei der Anwendung des Target Costing im Dienstleistungsbereich ist dies, wie bereits dargelegt, durch die Prozeßkostenrechnung weitgehend gewährleistet.[947] Der Aggregationsgrad der verfügbaren Informationen als letzte Dimension der Informationsqualität wird in erster Linie durch die Detailliertheit der Prozeßkostenerfassung bestimmt, d.h. je weiter die Gesamtabläufe auf Teilprozesse heruntergebrochen werden, desto exakter lassen sich die durch eine Dienstleistung verur-

---

946 Vgl. Horváth/Seidenschwarz (1992), S. 143.
947 Siehe hierzu Paul/Reckenfelderbäumer (1998), S. 651 ff. und Reckenfelderbäumer (1995), S. 180 ff. sowie Abschn. 5.2.4.2.2.

sachten Kosten bestimmen und mit den vom Markt erlaubten Kosten vergleichen. Somit hängt die Informationsqualität des Target Costing in erheblichem Maße von der Qualität der Prozeßkostenrechnung ab.

Unter **zeitlichen Gesichtspunkten** ist die Bedarfsorientierung der Target Costing-Informationen insgesamt positiv zu beurteilen, da die externe und interne Informationsgewinnung bereits zu einem Zeitpunkt einsetzt, wo für die Leistungsgestaltung und Kostensteuerung noch erhebliche Entscheidungsspielräume bestehen.[948] Wird die Ziel- und Standardkostenermittlung darüber hinaus im Verlauf des Produktlebenszyklus kontinuierlich fortgesetzt, wie es innerhalb des Konzeptes vorgesehen ist,[949] so ist auch die Aktualität der Daten gewährleistet und Veränderungen der Marktanforderungen von Nachfrager- oder Konkurrentenseite können rechtzeitig erfaßt und bei der Kostenplanung berücksichtigt werden.

Über den **Subjektbezug** des Target Costing, d.h. inwieweit die gewonnenen Informationen für konkrete Bedarfsträger von Relevanz und für diese auch verfügbar sind, kann kein allgemeingültiges Urteil gefällt werden, da dies von den jeweiligen Entscheidungs- und Informationsstrukturen des Unternehmens abhängt. Als primäre Zielgruppe gelten i.d.R. jedoch die Mitarbeiter des Managements, die für die Kostenplanung und -steuerung verantwortlich sind, sowie die im Rechnungswesen tätigen Back-Office-Mitarbeiter. Sofern im Rahmen der Target Costing-Analysen aber Kostensenkungserfordernisse festgestellt werden, sollten die in den entsprechenden Bereichen tätigen Mitarbeiter ebenfalls auf die Kostendaten zugreifen können, um die daraus abgeleiteten Zielvorgaben besser nachzuvollziehen und die kostenbeeinflussenden Maßnahmen zieladäquat umzusetzen.

Die durch den Target Costing-Einsatz **verursachten Kosten** betreffen zum einen sämtliche externen und internen Informationsgewinnungsaktivitäten sowie die damit verbundene Datenverarbeitung. Diese Kosten fallen vorwiegend im IV-Bereich eines Dienstleistungsunternehmens an und lassen sich anhand der dafür eingesetzten Mitarbeiter und sonstigen Leistungspotentiale vergleichsweise leicht unter Einsatz der Prozeßkostenrechnung ermitteln. Die Anwendung der Prozeßkostenrechnung im Unternehmen bewirkt darüber hinaus, daß der Kostenanfall für die interne Datengewinnung im Rahmen des Target Costing (v.a. die Ermittlung der Standardkosten) insgesamt niedriger ausfällt als bei alternativen Kostenrechnungssystemen, da die erforderlichen Kostendaten zumindest bei Leistungen, die bereits am Markt angeboten werden, im Unternehmen ohnehin vorliegen und lediglich den durch Kundenbefragung ermittelten Dienstleistungsfunktionen zuzuordnen sind.[950] Auch bei im Entwicklungsstadium befindlichen Leistungsangeboten wird der Erfassungsaufwand hierdurch

---

948 Vgl. Seidenschwarz (1993a), S. 82 f. und Horváth/Niemand/Wolbold (1993), S. 7.
949 Vgl. Horváth/Seidenschwarz (1992a), S. 143.
950 Die Prozeßkostenrechnung liefert somit sowohl einen unmittelbaren Informationsbeitrag (durch die Bereitstellung der für das Target Costing erforderlichen Kostendaten) als auch einen mittelbaren (zur Quantifizierung der durch das Target Costing verursachten Kosten).

gesenkt, da in den Fällen ebenfalls von der derzeitigen Leistungserstellungsstruktur ausgegangen wird,[951] über die konkrete Kostendaten vorliegen.

Auf der anderen Seite können auch Kosten für erforderliche Anpassungsmaßnahmen bezüglich der Leistungen selbst sowie der Leistungserstellungsprozesse anfallen. Zwar dienen solche Anpassungsmaßnahmen letztlich i.d.R. der Kostensenkung,[952] zunächst verursachen sie jedoch zusätzliche Kosten (z.b. für neue Konzepterstellungen, Prozeßmodifikationen und damit zusammenhängende Mitarbeiterschulungen). Die Häufigkeit des Kostenanfalls richtet sich dabei nach der Kontinuität der Target Costing-Analysen in Verbindung mit der bereits erzielten Marktgerechtigkeit der Kostenstrukturen.

Der Kostenverursachung gegenüberzustellen sind nun die durch den Ansatz erzielbaren **Kostensenkungspotentiale**, wobei sich diese nicht unbedingt direkt aus den Analysen ergeben, da das Target Costing zunächst nur Kostensenkungs*erfordernisse* aufdeckt, nicht jedoch konkrete Möglichkeiten zu deren Realisierung. Allerdings kann die Einbeziehung von Konkurrenzvorbildern dieses Manko teilweise aufheben. Zudem ermöglicht die Zielkostenermittlung eine Differenzierung zwischen aus Kundensicht wesentlichen und unwesentlichen Leistungsbestandteilen und gibt somit Hinweise auf Rationalisierungspotentiale.[953] Speziell im Dienstleistungsbereich können solche Kostensenkungspotentiale auch in der Externalisierung von Teilleistungen an den Kunden bestehen.[954] Das Target Costing kann hierbei durch seine marktbezogene Kosten/Nutzen-Analyse einen Beitrag zur Identifikation geeigneter Teilleistungen liefern. Ein grundsätzlicher Beitrag zur Kostensenkung bzw. zur Kostenvermeidung wird v.a. aber dadurch erbracht, daß nachträgliche Leistungsmodifikationen einschließlich der damit verbundenen Prozeß- und Potentialanpassungen durch die frühzeitige Analyse der Marktanforderungen reduziert werden.

Insgesamt können die aufgedeckten Kostensenkungserfordernisse bzw. -potentiale aber immer nur Leistungsprozesse mit einem zumindest mittelbaren Bezug zu einem konkreten Absatzobjekt betreffen, da in das Target Costing nur verursachungsgerecht zuordenbare Kosten einbezogen werden.[955] Für einen Großteil der indirekten Leistungsbereiche (Back-Office-Bereiche, Führungsbereich) können diesbezüglich somit keine Erkenntnisse aus der Konzeptanwendung gezogen werden.

---

951 Vgl. Horváth/Niemand/Wolbold (1993), S. 13 und Reckenfelderbäumer (1995), S. 172.
952 So wird die Kostensenkung in der Definition von *Sakurai* als primäres Anliegen des Target Costing herausgestellt. Vgl. Sakurai (1989), S. 41. Bei ermittelten Zielkostenindizes von größer als 1 können sich jedoch auch kostensteigernde Anpassungsmaßnahmen als empfehlenswert erweisen, sofern sie einer verbesserten Funktionserfüllung (Qualitätserhöhung) dienen. Siehe hierzu Horváth/Seidenschwarz (1992a), S. 146 f. sowie auch Reckenfelderbäumer (1995), S. 176 f. und (1998), S. 411.
953 Vgl. Horváth/Niemand/Wolbold (1993), S. 5.
954 Vgl. Corsten (1997), S. 278 f. Diese Option kommt bei entsprechender Übernahmebereitschaft des Nachfragers v.a. für Leistungsbestandteile in Frage, deren Nutzenbeitrag in Relation zur Kostenverursachung gering ist und die keine besonderen Fähigkeiten oder Kenntnisse erfordern (z.B. Aktivitäten im Rahmen der Auftragsannahme).
955 Vgl. Reckenfelderbäumer (1995), S. 186 f.

Der **Nutzen** des Target Costing **für das Unternehmen selbst** kommt in erster Linie darin zum Ausdruck, daß das Leistungsangebot und die zugrundeliegende Kostenstruktur in höherem Maße an den Marktanforderungen ausgerichtet werden und dadurch zusätzliche Erlöse bzw. Gewinne erzielbar sind. Eine Quantifizierung des Nutzens ist somit prinzipiell möglich, sofern entweder (bei bereits am Markt angebotenen Dienstleistungen) konkrete Erlös- und Kostendaten bereits vorliegen oder aber (bei Dienstleistungen im Entwicklungsstadium) zumindest annähernd genaue Prognosen über die Kosten- und Erlös-Struktur bei Umsetzung der Target Costing-Erkenntnisse sowie bei deren Nichtbeachtung erstellbar sind.[956] Neben diesem monetären Nutzen, der im Rahmen einer Wirtschaftlichkeitsbeurteilung unmittelbar den durch die Konzeptanwendung verursachten Kosten gegenübergestellt werden kann, ergeben sich jedoch noch weitere, schwieriger zu quantifizierende Nutzenwirkungen.

So kann die regelmäßige Durchführung der markt- und unternehmensbezogenen Analysen in Verbindung mit den daraus resultierenden Kostenbeeinflussungsmaßnahmen eine Erhöhung der **Anpassungsflexibilität** des Unternehmens sowie die Realisierung von Zeitvorteilen bewirken. Durch die frühzeitige Erfassung und kontinuierliche Überwachung der Marktanforderungen an eine bestimmte Leistung ist das Unternehmen in der Lage, Veränderungen im Anspruchsprofil der Nachfrager rechtzeitig zu berücksichtigen und dadurch Wettbewerbsvorteile zu erzielen.[957] Dieser Vorteil basiert im wesentlichen auf einer im Vergleich zu traditionellen Kostenrechnungssystemen verbesserten Informationsgrundlage, die sich v.a. für die Geschäftsführung als planungsrelevanter Nutzenaspekt des Target Costing darstellt. Bei entsprechend offener Kommunikation der marktbezogenen Informationen und gegebenenfalls partizipativer Kostenplanung kann sich daraus auch ein mitarbeiterbezogener Nutzen ergeben, wenn dadurch die Akzeptanz und Umsetzungsbereitschaft kostensenkender Maßnahmen erhöht wird.[958] Andererseits kann eine Kostenbewertung anhand von Marktanforderungen aber auch einen erhöhten, eventuell demotivierenden Druck für die Mitarbeiter erzeugen.

Für die **Kunden** des Unternehmens wirkt sich der Einsatz des Target Costing hingegen uneingeschränkt positiv aus, da dadurch die Leistungsangebote in preislicher wie auch inhaltlicher Hinsicht stärker an ihren Bedürfnissen und Erwartungen ausgerichtet werden.[959] Durch die teilfunktionsbezogene Nutzen- und Kostenermittlung ist das Unternehmen in der Lage, jede Leistungskomponente bezüglich ihrer Wertschöpfung und Kostenverursachung zu optimieren, so daß der Kunde im Idealfall auch bei individualisierten Dienstleistungen für jedes Modul einen aus seiner Sicht angemessenen Preis bezahlt.[960] Die geschilderten dienstlei-

---

956 Die ermittelten Erlös- und Kostenveränderungen müssen hierbei jedoch eindeutig den Target Costing-Erkenntnissen bzw. den daraus abgeleiteten Maßnahmen zurechenbar sein, was nicht immer unproblematisch ist.

957 Vgl. Seidenschwarz (1993a), S. 112.

958 Vgl. Horváth/Niemand/Wolbold (1993), S. 4 und Seidenschwarz (1993b), S. 33. Motivationale Aspekte werden hier als ein wesentliches Target Costing-Ziel herausgestellt.

959 Vgl. Horváth/Seidenschwarz (1992a), S. 143; Cibis/Niemand (1993), S. 206 f. und Niemand (1996), S. 42 ff.

960 Zur Möglichkeit einer Bestimmung von Modulzielpreisen siehe Reckenfelderbäumer (1995), S. 183.

stungsspezifischen Erfassungsprobleme können die Aussagekraft der Analyseergebnisse jedoch erheblich beeinträchtigen.[961]

Zur Quantifizierung der Nutzenstiftung auf Kundenseite können entweder die zusätzlich getätigten Käufe und damit ebenfalls die Erlöse herangezogen werden, welche jedoch in der Gesamtbeurteilung nur einmal Berücksichtigung finden dürfen. Als Alternative, die zudem differenziertere Ergebnisse liefert, bietet sich eine Nutzenbestimmung über den Zielpreiserreichungsgrad an, d.h. die Annäherung der tatsächlichen Preis-Leistungs-Struktur an die ermittelten Kundenerwartungen wird als Maß für den Nutzenzuwachs herangezogen.

Aufgrund der Tatsache, daß es sich bei dem Target Costing um einen quantitativ geprägten IM-Ansatz handelt, sind insgesamt auch die für die Beurteilung relevanten Kosten-/Nutzen-Aspekte leichter quantifizierbar als bei den bisher behandelten IM-Konzepten. Eine konkrete Effektivitäts- und Effizienzbewertung ist hier jedoch ebenfalls unternehmensspezifisch vorzunehmen.

5.3 Informationsmanagementkonzepte im Rahmen des Prozeßmanagements

„Kein Prozeß führt zu einem befriedigenden Ergebnis, wenn die richtigen Informationen fehlen."[962] Dies gilt nicht nur für die konkrete Durchführung von Leistungsprozessen, sondern ebenfalls für deren Planung, Steuerung und Kontrolle, welche im Dienstleistungsbereich aufgrund der Integrativität nur unter Berücksichtigung der Kundenerwartungen, -wahrnehmungen und -einflüsse marktgerecht vollzogen werden können. Prozeßbezogene IM-Konzepte dienen in dem Zusammenhang der Gewinnung und Bereitstellung der für das Prozeßmanagement relevanten internen und externen Informationen. Sie lassen sich im wesentlichen den folgenden Untersuchungsbereichen zuordnen:

- Analyse und Veranschaulichung der bestehenden Prozeßstrukturen und -abläufe unter Berücksichtigung der Beteiligung externer Faktoren inklusive der darin enthaltenen Fehlerpotentiale (Prozeßstruktur- und Problemanalyse)
- Bestimmung der Prozeßbeiträge zur Wertschöpfung bzw. Kundennutzenstiftung (Prozeßwertanalyse)
- Ermittlung der durch die Prozesse verursachten Kosten (Prozeßkostenanalyse)
- Prozeßvergleich mit führenden Unternehmen (Prozeßbenchmarking).

Die Informationsgewinnung im Rahmen des ersten Untersuchungsbereichs ist darauf ausgerichtet, das bestehende Prozeßgefüge hinsichtlich der genauen Prozeßfolgen und –abhängigkeiten, der damit verbundenen Schnittstellen und Abstimmungsbedarfe, der personellen Zuständigkeiten sowie insbesondere auch der Kunden- bzw. Kundenobjektbeteiligungen transparent zu machen.[963] Auf diese Weise lassen sich auch die wesentlichen Bestimmungsfakto-

---

961 Siehe hierzu insbesondere Abschn. 5.2.4.2.1.
962 Franz (1994), S. 226.
963 Zu einzelnen Analysegesichtspunkten vgl. Sutrich (1994), S. 123; Mikeska (1994), S. 67; Franz (1994), S. 239 und Holst (1992), S. 263.

ren für einen reibungslosen Prozeßablauf identifizieren. Durch eine gezielte Analyse aufge-
tretener Probleme und Fehler können zudem vorhandene Schwachstellen bestimmt werden.
Dieser Untersuchungsbereich dient somit primär der **Beschreibung** und **Erklärung** vorhandener Leistungsstrukturen und liefert die grundlegende Informationsbasis für weiterführende
Analysen im Rahmen des Prozeßmanagements.

Darauf aufbauend wird in den beiden folgenden Untersuchungsbereichen eine kosten-/nutzen-
bezogene Prozeßbetrachtung vorgenommen, die Erkenntnisse darüber liefern soll, welchen
Beitrag die jeweiligen Prozesse zum Unternehmenserfolg bzw. zur Erlangung von Wettbewerbsvorteilen leisten und wo diesbezüglich Verbesserungspotentiale bestehen. IM-Ansätze
in diesem Anwendungskontext dienen somit in stärkerem Maße einer **Beurteilung** der Leistungsprozesse, wobei im Fall der Prozeßwertanalyse insbesondere auch der Kundenblick-
winkel Berücksichtigung findet.

Ein zusätzlicher Marktbezug wird durch die Einbeziehung von Prozeßinformationen diesbezüglich überlegener Unternehmen erreicht, die sowohl Prozeßqualitäts- als auch kostenaspekte betreffen können. Die Auswahl von Prozessen für das Benchmarking basiert dabei auf
den Erkenntnissen der vorab dargestellten Analyse- und Bewertungsansätze.

Da die im folgenden vorzustellenden Konzepte unmittelbar aufeinander aufbauen und somit
bezüglich ihrer Informationsbedarfe und –deckungsmöglichkeiten eng miteinander verzahnt
sind, ist eine konzeptspezifische Beurteilung der Wirtschaftlichkeit sowie insbesondere des
jeweiligen Beitrags zur Informationsbedarfsdeckung hier weniger angebracht. Es erfolgt daher eine Gesamtbewertung im Anschluß an die Darstellung der Ansätze.

5.3.1 Prozeßstruktur- und Problemanalysen zur Erhöhung der Transparenz von Dienstleistungsprozessen

Während im Sachgüterbereich eine strukturierte Abbildung der Leistungsprozesse anhand
von Konstruktions- und Produktionsplänen seit langem schon gängige Praxis ist, besteht bei
Dienstleistungsunternehmen bislang oft nur unzureichende Kenntnis über die genauen Prozeßabläufe.[964] Gründe hierfür sind in der Varietät, Vernetztheit und schwierigen Quantifizierbarkeit der Leistungsprozesse sowie in der oft mangelnden Vorhersehbarkeit des Gesamtab-
laufs zu sehen. Aufgrund der Bedeutsamkeit einer systematischen Prozeßanalyse für die kundengerechte und wirtschaftliche Leistungsgestaltung sind jedoch verschiedene Ansätze entwickelt worden, die den Besonderheiten der Dienstleistungserstellung Rechnung tragen.[965]
Grundsätzlich ist es für eine solche Prozeßanalyse von Nutzen, die verschiedenen Leistungsprozesse anhand der in Abschnitt 4.3.2 aufgezeigten Systematisierungsmerkmale zu kennzeichnen, da je nach Art des Prozesses (autonom versus integrativ, standardisiert versus indi-

---

964 Vgl. Zeithaml/Bitner (1996), S. 277.
965 Siehe allgemein zur dienstleistungsbezogenen Prozeßanalyse Shostack (1984), S. 94 ff.; Albrecht/Zemke
     (1987), S. 81 ff.; Heskett (1988), S. 22 ff.; Eversheim (1997), S. 94 ff.; Niemand (1996), S. 78 ff. und Zeit-
     haml/Bitner (1996), S. 277 ff.

vidualisiert, automatisiert versus persönlich erbracht) unterschiedliche Informationserfordernisse und -gewinnungsmöglichkeiten bestehen. Besonders bedeutsam ist in dem Zusammenhang die Unterscheidung integrativer und autonomer Prozesse,[966] die bei den im folgenden
behandelten Analyseansätzen auch hauptsächlich Berücksichtigung findet.

5.3.1.1 Kundenbezogene Prozeßanalyse

Um eine marktorientierte Informationsgewinnung im Rahmen der Prozeßanalyse zu gewährleisten, ist zunächst solchen Ansätzen Beachtung zu schenken, die eine Strukturierung der
Prozesse aus Kundensicht vornehmen (**externe Prozeßanalyse**), da diese zum einen die
Identifikation integrativer Prozesse in ihrer zeitlichen und sachlichen Abfolge ermöglichen
und zum anderen bereits weiterführende Hinweise dazu liefern, welche Merkmale und Ereignisse im Rahmen dieser Prozesse für die Qualitätswahrnehmung des Kunden besonders wichtig sind und entsprechend intensiver Beachtung bei der Prozeßplanung und -steuerung bedürfen. Methodisch gesehen sind sie den subjektiven, kundenbezogenen Verfahren der Qualitätsmessung zuzuordnen, wobei innerhalb dieser Kategorie in erster Linie den ereignisorientierten Ansätzen Bedeutung zukommt.[967]

Zur Bestimmung der integrativen Prozesse anhand von **Kundenkontaktpunkten**[968] - auch
als „moments of truth"[969] bezeichnet - kann v.a. die Sequentielle Ereignismethode[970] eingesetzt werden, die unter Rückgriff auf das Blueprinting-Verfahren[971] bzw. die weiterentwik-
kelte Form des Service-Mapping[972] den Kundenpfad entlang der Leistungserstellung erfaßt
und visualisiert. Idealtypisch sollten dabei nicht nur die Interaktionspunkte des Nachfragers
mit dem Unternehmen festgehalten werden, sondern auch die prozeßbegleitenden sowie vor-
und nachgelagerten Aktivitäten des Kunden.[973] Diese können zusätzliche wertvolle Informa-

---

966 Siehe hierzu auch Abschn. 4.3.2.1 und 4.3.2.2.
967 Zur Systematisierung der Meßansätze vgl. Bruhn (1997), S. 61 sowie Abschn. 4.2.1.3.
968 Allgemein ist hiermit jede Art von Kontakt zwischen Kunde und Dienstleistungsunternehmen gemeint, also
auch der Kontakt mit den Leistungspotentialen (z.B. den Räumlichkeiten des Anbieters). Vgl. Stauss
(1995), S. 382 f. Im vorliegenden Untersuchungskontext stehen jedoch prozessuale Interaktionen im Vordergrund.
969 Albrecht (1988), S. 26.
970 Siehe hierzu Stauss/Weinlich (1996), S. 50 ff. und (1997), S. 37 ff.
971 Dieses von *Shostack* entwickelte Verfahren dient der Aufgliederung des Dienstleistungsprozesses in seine
einzelnen Komponenten inklusive deren graphischer Veranschaulichung in einem Ablaufdiagramm. Vgl.
hierzu Shostack (1984), S. 94 f., (1985), S. 244 ff. und (1987), S. 35 ff.
972 Vgl. Gummesson/Kingman-Brundage (1992), S. 105 ff.; Kingman-Brundage (1993), S. 148 ff.; Stauss/
Weinlich (1997), S. 39 und Stauss/Seidel (1998), S. 211 f. Als Hauptunterschiede zum insgesamt sehr
ähnlichen Blueprinting stellen *Gummesson/Kingman-Brundage* das stärker psychologisch als ablauftech-
nisch-orientierte Paradigma, die explizite Berücksichtigung der Organisationsstruktur und den zumindest
partiellen Bezug zu Qualitätsdimensionen heraus. *Stauss/Seidel* sehen den entscheidenden Unterschied in
dem vorgenommenen Perspektivenwechsel, da das Service Mapping konsequent aus Kundensicht vorgenommen wird, während beim Blueprinting die „inside-out"-Perspektive dominiert. Vgl. Stauss/Seidel
(1998), S. 211.
973 Vgl. Zeithaml/Bitner (1996), S. 278.

tionen liefern, z.B. die inhaltlich-zeitliche Ablaufplanung oder auch eventuelle In- bzw. Externalisierungsentscheidungen betreffend.[974]

Die Erfassung des Kundenpfades erfolgt meist über qualitative Kundeninterviews,[975] in denen die Nachfrager aus ihrer Erinnerung heraus die chronologische Abfolge der Interaktionen wiedergeben sollen. Mit dem daraus erstellbaren Blueprint (bzw. der Service Map) ergibt sich ein Analysegerüst, anhand dessen zeitliche und sachliche Abhängigkeiten der Prozesse untereinander sowie von den Einflüssen des Kunden bestimmbar sind, wobei eine Erhebung in der beschriebenen Form nur bei bereits existenten und von den Kunden wahrgenommenen Leistungsangeboten einsetzbar ist.[976]

Zum Zwecke der Entwicklung neuer Dienstleistungen könnte die Methode jedoch in ähnlicher Form auf Basis von Prozeßsimulationen - gegebenenfalls multimedial gestützt - Anwendung finden. Auch bietet in dem Zusammenhang, sofern es sich nicht um vollkommene Marktneuheiten handelt, der Ansatz von *Smith/Houston* Einsatzmöglichkeiten, der die Erstellung eines service-scripts (Drehbuch der Dienstleistungserstellung) auf Basis der Kundenerwartungen an den Leistungserstellungsprozeß vorsieht.[977] Demnach entwickelt der Nachfrager aufgrund von Informationen anderer Nachfrager, der Anbieterkommunikation sowie v.a. seiner persönlichen Erfahrungen ein Vorstellungsbild (cognitive script[978]) der erwarteten Leistungsprozesse, das es zu erfassen und in ein Ablaufschema zu transferieren gilt. Dieses Nachfragerscript wird einem Anbieterscript gegenübergestellt, das der Dienstleister aus seinen Informationen über die angestrebten Ergebnisse, die erforderlichen Aktivitäten, seinen Erfahrungen mit dem Integrations- und Interaktionsverhalten der Nachfrager sowie sonstigen Nebenbedingungen erstellt. Aus dem Vergleich heraus soll ein kundengerechter, aber auch ökonomisch realisierbarer Leistungsprozeß kreiert werden.[979]

---

974 Externalisierungsentscheidungen bedürfen jedoch einer ergänzenden Analyse der Kundenbereitschaften und -fähigkeiten zur Leistungsübernahme, welche auch als Grundlage für eine Prozeßdifferenzierung fungieren kann, bei der für unterschiedliche Kundentypen alternative Leistungsausmaße angeboten werden. *Corsten* verweist diesbezüglich auf eine Möglichkeit zur Marktsegmentierung. Vgl. Corsten (1988a), S. 178.

975 Die Erfassung kann jedoch auch über Beobachtung oder Gruppendiskussionen erfolgen. Vgl. Stauss/Weinlich (1996), S. 50.

976 In der Literatur wird als Hauptanwendungsfeld zwar überwiegend das „Service Development" bzw. „Service Design" genannt, jedoch werden hinsichtlich der Kundenerhebung keine Hinweise dazu gegeben, wie der Kundenpfad einer noch nicht existierenden Dienstleistung erfaßbar ist. Vgl. z.B. Shostack (1987), S. 36; Kingman-Brundage (1993), S. 148; Gummesson (1994a), S. 85 und Zeithaml/Bitner (1996), S. 277.

977 Vgl. Smith/Houston (1983), S. 59 ff. sowie auch Hubbert/Sehorn/Brown (1995), S. 7 ff.

978 Unter einem „cognitive script" versteht man allgemein „a type of schema, or mental representation of knowledge." Smith/Houston (1983), S. 60, bzw. konkreter auf den Fall der Dienstleistungserstellung bezogen „a predetermined, stereotyped sequence of actions that defines a well-known situation". Schank/Abelson (1977), S. 41.

979 Vgl. Hubbert/Sehorn/Brown (1995), S. 9 f. Hier wird die komplementäre Natur der Nachfrager- und Anbieter-Scripts herausgestellt, die sich rollentheoretisch erklären läßt. Siehe hierzu Hubbert/Sehorn/Brown (1995), S. 8 sowie Solomon/Surprenant/Czepiel et al. (1985), S. 101 ff.

Die Sequentielle Ereignismethode kann über die Kontaktpunktidentifikation hinaus auch der Bestimmung der Ereignisrelevanz für die Qualitätsbeurteilung dienen,[980] die bereits eine erste Prozeßgewichtung ermöglicht. Des weiteren ist das Verfahren auch zur Erfassung der kundenbezogenen Prozeßwahrnehmung in qualitativer, aber auch zeitlicher Hinsicht[981] sowie zur Identifikation besonders problemanfälliger Prozesse einsetzbar. Hierfür wird dem Kunden der visualisierte Prozeßablauf (Blueprint bzw. Service-Map) vorgelegt, anhand dessen er die verschiedenen Sequenzen nochmals gedanklich-emotional durchgehen soll.[982] Für die Planung und Steuerung der zukünftigen Leistungsaktivitäten läßt sich auf diese Weise herausfinden, welche Prozeßmerkmale im einzelnen zur Unzufriedenheit führen und wo mögliche Fehlerquellen bestehen.

Zur gezielten Ermittlung und Analyse besonders **problemanfälliger Prozesse** im Rahmen der interaktiven Dienstleistungserstellung sind jedoch weitere, spezielle Verfahren wie z.B. die Critical Incident Technique,[983] die Problem Detecting Method[984] und die daraus entstandene Frequenz-Relevanz-Analyse für Probleme (FRAP)[985] entwickelt worden. Zu den letztgenannten Verfahren sei auf die Darstellung im Rahmen des Qualitätsmanagements (Abschn. 5.2.2.2.3) verwiesen. Die Critical Incident Technique basiert auf der Annahme, daß die (Un)Zufriedenheit eines Nachfragers und seine spätere Erinnerung an eine Dienstleistung in besonderem Maße durch Ereignisse geprägt wird, die er als außergewöhnlich negativ (oder positiv) empfunden hat (critical incidents).[986] Im Rahmen des Verfahrens werden daher Kunden unter Vorlage standardisierter offener Fragen aufgefordert, sich an solche Ereignisse zu erinnern und über den genauen Hergang sowie die situativen Umstände zu berichten.[987] Durch mehrstufige Auswertungen auf der Basis von Inhaltsanalysen, in denen Problemkategorien gebildet und diesbezügliche Häufigkeiten ermittelt werden,[988] lassen sich nicht nur Prozesse mit ausgeprägtem Fehlerpotential im Rahmen der Kundeninteraktion identifizieren, sondern auch bereits Erkenntnisse über mögliche Problemursachen[989] aus der Wahrnehmung

---

980 Vgl. Stauss/Weinlich (1996), S. 50 f.
981 Hierbei spielen insbesondere auch die Wartezeiten des Kunden eine entscheidende Rolle für die Zufriedenheit. Vgl. Stauss (1991), S. 81 ff.
982 Vgl. Stauss (1995), S. 389.
983 Siehe hierzu Bitner/Nyquist/Booms (1985), S. 48 ff.; Bitner/Booms/Tetreault (1990), S. 71 ff.; Stauss/Hentschel (1990), S. 240 ff.; Hentschel (1992), S. 163 ff. und Stauss (1995), S. 390 f.
984 Vgl. Brandt/Reffett (1989), S. 7 ff.; Stauss/Hentschel (1990), S. 240 ff.; Pepels (1996), S. 200 ff. und Bruhn (1997), S. 85 ff.
985 Vgl. Stauss (1995), S. 392 ff.; Stauss/Weinlich (1996), S. 51 f.; Eversheim (1997), S. 194 ff. und Hoeth/Schwarz (1997), S. 99 ff.
986 Vgl. Bitner/Booms/Tetreault (1990), S. 73 und Stauss/Hentschel (1990), S. 240.
987 Vgl. Bitner/Nyquist/Booms (1985), S. 50; Stauss/Hentschel (1990), S. 241 und Stauss (1995), S. 390
988 Vgl. Stauss/Hentschel (1990), S. 241 f.; Stauss (1995), S. 390 und Töpfer (1999a), S. 304
989 Als Problemursachen kommen grundsätzlich unternehmensseitige Defizite, externe situative Faktoren sowie eine mangelhafte Integrationsqualität des externen Faktors in Frage. Um möglichst kundengerechte, störungsfreie Prozeßabläufe gewährleisten zu können, sollte - zumindest bei interaktionsintensiven Dienstleistungen - die potentielle Integrationsqualität nach Möglichkeit vorab bei den Kunden erhoben werden (z.B. in Vorgesprächen).

des Kunden gewinnen. Auch die für die Prozeßplanung bedeutsame Frage, inwiefern das Unternehmen selbst oder die Besonderheiten des externen Faktors Probleme hervorrufen, läßt sich auf diese Weise näher ergründen. Ergänzend zu den primär prozeßstruktur- und -ablaufgerichteten Analysen können solche Problemanalysen somit auch verstärkt Informationen über Verbesserungsbedarfe bei der konkreten Ausführung integrativer Prozesse (z.B. bezüglich des Mitarbeiterverhaltens bei persönlich erbrachten Prozessen oder der Anwendungsunterstützung bei automatisierten Prozessen) liefern.

Die aufgezeigten Möglichkeiten zur Informationsgewinnung sind jedoch vorrangig bei personenbezogenen Dienstleistungen einsetzbar, weil nur dort der Kunde den gesamten Leistungserstellungsprozeß miterlebt. Bei objektbezogenen Dienstleistungen beschränkt sich die Anwendung im wesentlichen auf Interaktionen bei der Annahme und Abgabe des externen Faktors, während für die eigentlichen Leistungsprozesse am Kundenobjekt interne Analysen erforderlich sind. Die hierbei relevanten externen Informationen, die v.a. für den Prozeßablauf bedeutsame Besonderheiten des externen Faktors betreffen(z.B. Zustand eines defekten Gutes bei Reparaturleistungen), lassen sich am besten über die mit der Leistungserstellung betrauten Mitarbeiter (gegebenenfalls unterstützt durch automatisierte Diagnoseverfahren) erfassen.

5.3.1.2 Interne Prozeßanalyse

Die Grenzen kundenorientierter Prozeßanalysen wurden bei der Betrachtung objektbezogener Dienstleistungen bereits deutlich. Um ein vollständiges, systematisches Abbild sämtlicher für die Dienstleistungserstellung erforderlichen Aktivitäten zu erhalten, sind jedoch auch bei personenbezogenen Dienstleistungen ergänzende interne Prozeßanalysen unentbehrlich, da niemals alle Leistungsaktivitäten durch den Kunden einsehbar sind.[990] Autonome Prozesse, die entweder direkt der Unterstützung integrativer Prozesse dienen oder aber die allgemeine Leistungsfähigkeit des Unternehmens gewährleisten, müssen daher separat erfaßt und in ihrer Vernetzung untereinander sowie zu den kundenintegrierenden Prozessen analysiert werden. In detaillierten Prozeßplänen sollten dabei sämtliche Teilaktivitäten erfaßt werden,[991] um die Gesamtstruktur transparenter zu machen und insbesondere auch Schnittstellen und Abhängigkeiten (zeitlicher, sachlicher und informationeller Art) zu anderen Prozessen aufzudecken. Den Ausgangspunkt stellt hierbei der vorab ermittelte Kundenpfad im Rahmen der Dienstleistungserstellung dar.[992] Zur Abgrenzung des nachfrager- und unternehmensseitigen Aktivitätenraums wird in der visualisierten Prozeßdarstellung (blueprint bzw. service map; vgl. hierzu bsph. Abb. 32) eine horizontale Trennlinie eingefügt, die sämtliche Interaktionen zwischen

---

990 Außerdem kann eine Prozeßdarstellung aus Kundensicht gewissen Wahrnehmungsverzerrungen unterliegen, so daß für eine vollständige, systematische Prozeßerfassung auch die integrativen Prozesse zusätzlich einer objektiven Analyse unterzogen werden sollten.
991 Vgl. Shostack (1984), S. 94 ff. und (1987), S. 35 ff; Zeithaml/Bitner (1996), S. 278 ff.; Eversheim (1997), S. 94 ff. und Stauss/Seidel (1998), S. 210 ff.
992 Vgl. Stauss/Weinlich (1997), S. 39 und Stauss/Seidel (1998), S. 211.

Kunde und Unternehmen verdeutlicht („line of (external) interaction").[993] Eine weitere Trennlinie („line of visibility") unterscheidet die für den Kunden sichtbaren Leistungsprozesse von den nicht sichtbaren,[994] wobei auch letztere z.t. integrativer Art sein können (z.b. bei telefonischen Kontakten).

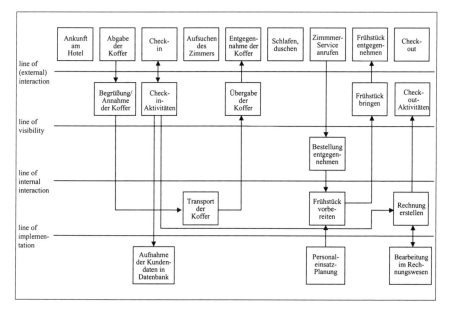

Abbildung 32: Service Map am Beispiel einer Hotelübernachtung
(Quelle: In Anlehnung an Zeithaml/Bitner (1996), S. 282)

Im Rahmen der internen Prozeßanalyse gilt es nun, ausgehend von den durch die Kundenbefragung erfaßten integrativen Leistungsprozessen, die unterstützenden Aktivitäten zu bestimmen, welche ohne Kundenkontakt erbracht werden. Sofern für die Ausführung dieser Back-Office-Aktivitäten andere Mitarbeiter als die im Kundenkontakt tätigen zuständig sind, werden die dadurch entstehenden Personalinteraktionen durch eine weitere Trennlinie („line of internal interaction") kenntlich gemacht.[995] In der Regel beschränken sich die in der Literatur zu findenden Ausführungen zur dienstleistungsspezifischen Prozeßanalyse auf solche Aktivitäten, die zumindest mittelbar mit der konkreten Leistungserstellung in Verbindung stehen.[996]

---

993 Vgl. Gummesson/Kingman-Brundage (1992), S. 106; Zeithaml/Bitner (1996), S. 279 und Stauss/Seidel (1998), S. 212.

994 Vgl. Shostack (1984), S. 95; Bitner (1993), S. 364 ff.; Stauss (1995), S. 387; Zeithaml/ Bitner (1996), S. 279; Eversheim (1997), S. 95 und Bruhn (1997), S. 82 f.

995 Der damit verbundene interne Interaktionsgrad stellt ebenso wie der kundenbezogene Interaktionsgrad einen wesentlichen Bestimmungsfaktor der Prozeßgestaltung dar. Vgl. Müller (1993), S. 41.

996 Vgl. Shostack (1984), S. 94 ff. und (1987), S. 35 ff.; Zeithaml/Bitner (1996), S. 279 ff. und Eversheim (1997), S. 95 f.

Um ein vollständiges Abbild der in einem Dienstleistungsunternehmen vollzogenen Prozesse zu erhalten, müßten an sich jedoch auch die allgemein unterstützenden und unternehmensführenden Aktivitäten (z.B. im Personal- und Rechnungswesen- sowie im Managementbereich) in die Analyse und graphische Erfassung einbezogen werden. Dies ist aber nur insoweit praktikabel, wie die Aufgabenerfüllung sich durch abgrenzbare Teilprozesse operationalisieren läßt. Bei Berücksichtigung dieser Aktivitäten in der service map dient eine zusätzliche Linie („line of implementation") zu deren Abgrenzung von den unmittelbar auf die Dienstleistungserstellung gerichteten Prozessen.[997]

Zur internen Prozeßerfassung bestehen unterschiedliche Möglichkeiten, von denen die Beobachtung[998] und die mündliche Befragung der prozeßausführenden Mitarbeiter i.d.R. zu den besten Ergebnissen führen, aber auch den größten Aufwand bedeuten. Bei Vorliegen personeller, zeitlicher oder finanzieller Restriktionen kann auch auf eine schriftliche Befragung, die Methode der Selbstaufschreibung[999] sowie gegebenenfalls auch auf die Auswertung vorhandener Dokumente zurückgegriffen werden, wobei insbesondere letztere in ihrer Aussagekraft begrenzt ist, da die ihr zugrundeliegenden Untersuchungen i.d.R. anderen Zwecken dienten und somit meist auch andere Analysekriterien verwendet wurden.[1000] Um die für Dienstleistungsprozesse typische Variabilität[1001] in den Analysen zu berücksichtigen und sie letztlich kontrollierbar zu machen, bietet sich zumindest für quantitative Prozeßaspekte (z.B. Prozeßzeiten, Fehler- oder sonstige Häufigkeiten wie die Anzahl des Klingelns, bevor ein Telefongespräch angenommen wird) der Einsatz der „Statistical Process Control" (SPC) an.[1002] Dieser ursprünglich aus der industriellen Fertigung stammende Ansatz dient der systematischen, wiederholten Erfassung qualitätsrelevanter Prozeßmerkmale, welche mittels statistischer Auswertungen in ihrer Varianz analysiert werden können, um daraus konkrete Vorgaben für die Prozeßplanung und -steuerung abzuleiten. Insgesamt richtet sich die Wahl der einzusetzenden Analyseverfahren nach den angestrebten Informationsinhalten der Service Maps, welche sehr vielschichtig sein können.

Der primäre Informationsgehalt solcher Prozeßpläne ist in der Veranschaulichung des strukturellen und ablaufbezogenen Gefüges der verschiedenen Leistungsprozesse zu sehen,[1003] deren

---

997 Vgl. Gummesson/Kingman-Brundage (1992), S. 106; Kingman-Brundage (1993), S. 153 und Stauss/Seidel (1998), S. 211 f.
998 Zur Beobachtung als prozeßbezogene Erhebungsmethode siehe allgemein Koreimann (1976), S. 85 ff. und Spiegel (1991), S. 25 sowie im dienstleistungsspezifischen Kontext Niemand (1996), S. 84. Eine Prozeßbeobachtung sollte nach Möglichkeit mehrmals erfolgen, um situative Einflüsse (insbesondere bei interaktiven Prozessen) weitgehend eliminieren zu können.
999 Vgl. Rau/Rüd (1991), S. 14.
1000 Vgl. Niemand (1996), S. 84 f.
1001 *Shostack* sieht die Variabilität (bzw. Divergenz) von Serviceprozessen gemeinsam mit der Komplexität als zentrale Untersuchungstatbestände der Prozeßanalyse an. Vgl. Shostack (1987), S. 35 ff. Siehe auch Bitran/Lojo (1993), S. 274.
1002 Zur ausführlichen Darstellung siehe Wood (1994), S. 53 ff.
1003 Vgl. Zeithaml/Bitner (1996), S. 284; Niemand (1996), S. 87 und Eversheim (1997), S. 97.

sachlich-zeitliche Abhängigkeiten durch Pfeile gekennzeichnet werden. Eine nähere Konkretisierung der Abhängigkeiten erfolgt durch die eingefügten Trennlinien, welche die Art der erforderlichen Interaktionen (interne/externe Abhängigkeiten) kennzeichnen und zudem die Relevanz der Prozesse für die Qualitätswahrnehmung des Kunden (durch die „line of (external) interaction" und die „line of visibility") erkennbar machen.[1004] Ergänzende Angaben zu Prozeßzeiten[1005] (inklusive eventueller Leerlaufzeiten), zu den erforderlichen Prozeßinputs (materieller und informationeller Art), Ressourcenverbrauchen[1006] und erzeugten Prozeßoutputs sowie zum jeweiligen Standardisierungsgrad der Aktivitäten,[1007] den im Prozeßablauf enthaltenen Entscheidungspunkten[1008] und alternativen Leistungserstellungsverläufen[1009] veranschaulichen weitere wesentliche Bestimmungsgrößen der Prozeßplanung und -steuerung.[1010] Auf diese Weise lassen sich auch bereits potentielle Engpässe und Fehler(ursachen) identifizieren,[1011] denen mit der Bestimmung adäquater Präventions- und Kontrollaktivitäten sowie bei Bedarf einsetzbarer Korrekturmaßnahmen begegnet werden kann.

Des weiteren ermöglicht die Erfassung personeller und organisatorischer Zuständigkeiten für die verschiedenen Prozesse eine konkretere Verantwortungszuweisung und schafft eine wesentliche Grundlage für Erfolgskontrollen. Anhand der personellen Zuständigkeiten lassen sich auch Prozeßschnittstellen identifizieren, die einen besonderen Koordinationsbedarf aufweisen und gegebenenfalls Datenbrüche aufgrund von Kommunikationsschwächen verursachen können.[1012] Dies ist insbesondere zur Sicherstellung durchgängiger Informationsflüsse im Verlauf der Leistungserstellung (information flow) von Bedeutung,[1013] für die auch die aktuelle und potentielle informationstechnische Unterstützung der Leistungsprozesse ermittelt werden sollte.[1014]

Insgesamt stellen solche Ablaufdiagramme eine gute Planungsgrundlage dar, da sie eine große Vielfalt von Informationen in anschaulicher, übersichtlicher Form präsentieren und die er-

---

1004 Zum Teil werden auch die physischen Leistungspotentiale, mit denen der Kunde im Verlauf der Leistungserstellung in Kontakt kommt, als qualitätsrelevante Elemente in die Service Maps integriert. Vgl. Bitner (1993), S. 364.
1005 Zur Prozeßzeitenerfassung siehe Pepels (1996), S. 243 f. und Niemand (1996), S. 108 f.
1006 Vgl. Niemand (1996), S. 87.
1007 Vgl. hierzu die in Abschn. 4.3.2 aufgezeigten Dimensionen zur Systematisierung von Dienstleistungsprozessen. Siehe auch Bullinger/Rathgeb (1994), S. 17 ff., die Büroprozesse zur Überprüfung der informationstechnischen Unterstützung nach ihrem Formalisierungs- und Strukturierungsgrad systematisieren.
1008 Die Art und Anzahl der vorhandenen Entscheidungspunkte ermöglicht eine Differenzierung zwischen entscheidungsintensiven und -armen Prozessen. Siehe hierzu auch Abschn. 4.3.2.
1009 Vgl. Shostack (1987), S. 35 ff.
1010 Zu Teilaspekten siehe auch Shostack (1984), S. 94 f.
1011 Vgl. Zeithaml/Bitner (1996), S. 284 sowie speziell zur Schwachstellenanalyse auch Bullinger/Rathgeb (1994), S. 24 f.
1012 Vgl. Niemand (1996), S. 87.
1013 Siehe hierzu auch die Ausführungen zum Workflow-Management bei Bullinger/Rathgeb (1994), S. 11 ff.
1014 Zur IT-Unterstützung von Leistungsprozessen siehe auch Davenport (1993), S. 50 ff. und Horváth & Partner (1997), S. 161 f.

hebliche Komplexität erfaßbar machen, ohne wesentliche Informationsverluste in Kauf nehmen zu müssen. Sofern zu bestimmten Sachverhalten stärker komprimierte Informationen gewünscht sind, bietet sich die Verwendung prozeßbezogener Kennzahlen an,[1015] die sich z.B. auf zeitliche Aspekte[1016] (z.B. Gesamtdurchlaufzeiten,[1017] Kundenkontaktzeiten, Wartezeiten, interne Bearbeitungs- Transport- und Liegezeiten[1018] oder Beschaffungszeiten für externe Leistungsbestandteile) oder den Ressourcenverbrauch (z.B. Mitarbeiter-[1019] und Maschineneinsatz) beziehen können.

Aus den Ergebnissen der Prozeßanalysen lassen sich dann qualitative und quantitative Sollvorgaben für die Prozeßsteuerung ableiten, deren Einhaltung im Rahmen eines systematischen Feedback-Prozesses[1020] im Verlauf der Leistungserstellung zu überprüfen ist. So können Abweichungen, die für nachgelagerte Teilprozesse von Relevanz sind, frühzeitig erkannt und entsprechende Anpassungsmaßnahmen eingeleitet werden.

Voraussetzung für einen ökonomisch sinnvollen Einsatz solcher Prozeßanalysen ist jedoch ein gewisser Standardisierungsgrad der Dienstleistung, da ansonsten die gewonnenen Erkenntnisse in nur geringem Maße verallgemeinerbar sind. Mitunter können die Analyseergebnisse aber auch dazu beitragen, selbst bei individualisierten Dienstleistungen standardisiert ablaufende oder prinzipiell standardisierbare (gegebenenfalls auch automatisierbare) Teilprozesse zu identifizieren und dadurch die Gesamtvariabilität der Leistungserstellung aus Kosten- bzw. Produktivitätsgründen zu reduzieren.[1021] Somit dienen die beschriebenen Analysen nicht nur einer Veranschaulichung des Status Quo im Prozeßbereich, sondern geben auch bereits Hinweise auf Restrukturierungsmöglichkeiten, über deren Realisierung jedoch nur unter Einbeziehung weiterer, die Prozeßbedeutsamkeit und -kosten betreffender Informationen entschieden werden kann. Der diesbezüglichen Informationsgewinnung widmen sich die folgenden beiden Abschnitte.

5.3.2 Prozeßwert- und -zufriedenheitsanalyse

Für eine zielorientierte Gestaltung und Steuerung der Dienstleistungsprozesse ist neben dem Wissen über deren Struktur und Zusammenwirken auch der jeweilige Wert der Prozesse von Bedeutung. Dieser bemißt sich nach dem Beitrag zur Gesamtwertschöpfung des Unternehmens, d.h. letztlich zur Erzeugung von Kundennutzen. Prozesse mit einem hohen Wertschöpfungsbeitrag sind besonders erfolgskritisch, weshalb ihrer Planung, Steuerung und Kontrolle besondere Aufmerksamkeit geschenkt werden sollte. Aufgrund der Mehrstufigkeit der Dienst-

---

1015 Zu prozeßbezogenen Kenzahlen allgemein vgl. Scholz/Vrohlings (1994), S. 60 ff. und Kaplan/Norton (1997), S. 112 ff.
1016 Vgl. allgemein zu zeitbezogenen Kennzahlen Kaplan/Norton (1997), S. 114.
1017 Vgl. Shostack (1984), S. 95 f.
1018 Vgl. Mikeska (1994), S. 67.
1019 Vgl. Corsten (1997), S. 151.
1020 Vgl. Rienzo (1993), S. 25.
1021 Vgl. Shostack (1987), S. 37 f.

leistungserstellung[1022] und der meist großen Zahl von Prozessen, die nur indirekt auf die Erstellung des eigentlichen Absatzobjekts hinwirken, stellt die Ermittlung dieser Wertschöpfungsbeiträge jedoch ein schwieriges Problem dar.

Als grundlegender Ansatz zur Prozeßbewertung kann diesbezüglich die **Wertkettenanalyse** herangezogen werden, die neben der aktivitätenbezogenen Kostenanalyse auch der Ermittlung von Differenzierungspotentialen der verschiedenen Leistungsprozesse dient.[1023] Differenzierungsvorteile entstehen aber nur, wenn ein aus Kundensicht höherer Nutzen geschaffen wird als durch die Konkurrenzangebote, so daß das Differenzierungspotential einer Aktivität mit deren Nutzenstiftungsbeitrag einhergeht.[1024] Für die **primären Aktivitäten**, welche sich gemäß den Ausführungen in Abschnitt 3.1.4 in die Kategorien Eingangslogistik, autonome interne Operationen, Marketing/Vertrieb, integrative Operationen und Beziehungspflege aufteilen, ist dieser relativ problemlos bestimmbar, da die Prozesse überwiegend einen direkten Bezug zum Absatzobjekt aufweisen. Eine Erfassung der Teilnutzenwerte einzelner Dienstleistungskomponenten, welche im Rahmen der Ausführungen zum Target Costing bereits thematisiert wurde,[1025] ermöglicht bei Leistungsaktivitäten mit direktem Bezug zu den Leistungskomponenten eine eindeutige Bestimmung ihres Nutzenstiftungsbeitrags. Begünstigend kann sich dabei noch die Tatsache erweisen, daß die Nutzenbewertung durch die Kunden bei prozeßorientierten Dienstleistungen oft an den Aktivitäten selbst festgemacht wird.[1026] *Porter* betont jedoch, daß auch innerhalb der primären Leistungsaktivitäten Prozesse vollzogen werden, die lediglich mittelbar der Leistungserstellung i.e.S. dienen, und unterscheidet diese weiter in indirekte und qualitätssichernde Wertaktivitäten.[1027] Bei diesen der Aufrechterhaltung der Leistungsfähigkeit und -qualität dienenden Aktivitäten (z.B. Wartung und Reinigung maschineller Leistungspotentiale) erweist sich die Prozeßwertbestimmung als schwierigere Aufgabe, da der dadurch entstehende Kundennutzen i.d.R. nicht unmittelbar an einem konkreten Absatzobjekt festgemacht werden kann.

Diese Problematik trifft auch auf den größten Teil der **unterstützenden Aktivitäten** zu, welche von *Porter* in die Bereiche Unternehmensinfrastruktur, Personalwirtschaft, Technologieentwicklung und Beschaffung aufgeteilt werden.[1028] Zwar sind die darin enthaltenen Prozesse oft von erheblicher Bedeutung für die Nutzenstiftung beim Kunden, doch wird ihr Beitrag -

---

1022 Vgl. Corsten (1984a), S. 253 ff. und (1990), S. 103 ff.
1023 Zur allgemeinen Darstellung der Wertkette siehe Porter (1999), S. 63 ff. Speziell zur Wertkettenanalyse im Dienstleistungsbereich vgl. Fantapié Altobelli/Bouncken (1998), S. 287 ff. und Meffert/Bruhn (1997), S. 135 ff. Siehe hierzu auch Abschn. 3.1.4 dieser Arbeit.
1024 Vgl. Porter (1999), S. 181 ff.; Meffert/Bruhn (1997), S. 135 und Fantapié Altobelli/ Bouncken (1998), S. 290. Als eine der beiden Grundfunktionen der Wertkette ergibt sich somit die Identifikation von Aktivitäten, welche in besonderem Maße zur Erzielung von Kundennutzen beitragen.
1025 Siehe hierzu Abschn. 5.2.4.2.1.
1026 Vgl. Reckenfelderbäumer (1998), S. 412.
1027 Als indirekte Aktivitäten bezeichnet er Prozesse, „welche die kontinuierliche Ausführung von direkten Aktivitäten ermöglichen" und als qualitätssichernde Aktivitäten solche, „die die Qualität anderer Aktivitäten sichern". Porter (1999), S. 75.

von wenigen Ausnahmen abgesehen[1029] - meist dienstleistungsübergreifend wirksam. Daher läßt sich der marktbezogene Prozeßwert nur über die Summe der betroffenen Dienstleistungen und die dabei jeweils entstehenden Nutzenzuwächse ermitteln. So sind das Mitarbeiterverhalten und die -fähigkeiten, die durch Rekrutierungs-, Auswahl-, und Schulungsaktivitäten im Rahmen der Personalwirtschaft beeinflußt werden, gerade im Dienstleistungsbereich meist sehr bedeutsam für den Kunden;[1030] allerdings sind die Mitarbeiter selten nur für eine einzelne Dienstleistung verantwortlich. Auch die Aktivitäten der Technologieentwicklung, die sich durchaus nutzenerhöhend in der eigentlichen Leistungserstellung niederschlagen können - z.B. in Form von Informationstechnologien, die die Dienstleistungsproduktion unterstützen oder diese sogar gänzlich übernehmen[1031] - haben i.d.R. Auswirkungen auf mehrere Dienstleistungen. Eine Hilfestellung bei der Erfassung dieser mittelbaren Nutzenwirkungen können gegebenenfalls die vorab beschriebenen Prozeßstruktur- und -ablaufdiagramme geben, die idealtypisch auch die Verbindungen zwischen unterstützenden Aktivitäten und der konkreten Dienstleistungserstellung aufzeigen. Für eine kundennutzenorientierte Prozeßwertbestimmung müssen die Auswirkungen der Aktivitäten für den Kunden aber auch wahrnehmbar sein, da ansonsten keine verursachungsgerechte Wertzuweisung erfolgen kann. Diejenigen Leistungsprozesse, für die dies nicht gilt, lassen sich nur nach internen Maßgrößen wie dem grundsätzlichen Prozeßerfordernis im Rahmen der Wertschöpfungskette oder der Nutzenstiftung für interne Prozeßkunden bewerten.

Eine vergleichbare Bewertungssystematik liegt der **Prozeßwertanalyse**[1032] zugrunde, die ebenso wie die Wertkettenanalyse Prozeßnutzen und -kosten zur Bestimmung erfolgskritischer Prozesse heranzieht. Zunächst wird dabei eine grundsätzliche Unterscheidung werterhöhender und nicht-werterhöhender Prozesse vorgenommen,[1033] wobei auch hier der Kunde als Maßstab für die Prozeßzuordnung fungiert. Werterhöhende Prozesse sind demnach Aktivitäten, die einen positiven Beitrag zum Produktnutzen leisten, während nicht werterhöhende Prozesse aus Kundensicht keinen erkennbaren Nutzenzuwachs bewirken.[1034] Eine solche Unterscheidung von Prozessen sollte stets unter Einsatz bereichsübergreifender Teams vorge-

---

1028 Vgl. Porter (1999), S. 66.
1029 Solche Ausnahmen bestehen z.B. in der Beschaffung auftragsspezifischer Inputfaktoren oder der Entwicklung von Verfahrenstechnologien, die nur für eine bestimmte Dienstleistung zum Einsatz gelangen (z.B. bestimmte Diagnoseverfahren oder Operationstechniken im medizinischen Bereich).
1030 Vgl. Fantapié Altobelli/Bouncken (1998), S. 290 f.
1031 Dies ist z.B. bei Bank- oder Ticketautomaten, Online-Banking oder Reservierungssystemen der Fall. Vgl. Porter/Millar (o.J.), S. 95; Mertens (1992), S. 63 f.; o.V. (1994a), S. 20 und o.V. (1994b), S. 139 ff.
1032 Siehe hierzu Beischel (1990), S. 54 ff.; Fischer (1993), S. 85 ff.; Wildemann (1995), S. 84 ff.; Reckenfelderbäumer (1995), S. 141 ff.; Niemand (1996), S. 90 ff.; Hoch (1996), S. 18 und Paul/Reckenfelderbäumer (1998), S. 657 f.
1033 Vgl. Fischer (1993), S. 85 f.; Niemand (1996), S. 90 f. und Paul/Reckenfelderbäumer (1998), S. 657.
1034 Vgl. Beischel (1990), S. 54 f. und Reckenfelderbäumer (1995), S. 143 f. Zur Identifikation (nicht)wertschöpfender Prozesse zeigt *Niemand* eine Reihe von Prüfkriterien wie z.B. die Wahrnehmbarkeit des Prozeßoutputs für den Kunden, die Unmittelbarkeit des Prozeßeinflusses auf die Gesamtleistung sowie die Inputveränderung im Rahmen des Prozesses auf. Vgl. Niemand (1996), S. 91 f.

nommen werden, damit die Durchsetzung abteilungsspezifischer Interessen vermieden wird und eine möglichst objektive Entscheidungsfindung gewährleistet ist.[1035] Um weiterführende Erkenntnisse zur Optimierung der Prozeßabläufe zu gewinnen, werden die nicht werterhöhenden Prozesse zusätzlich auf ihre Notwendigkeit im Rahmen der Leistungserstellung überprüft.[1036] *Wildemann* bezeichnet die nicht notwendigen Tätigkeiten wie z.b. Ausschußproduktionen, Nacharbeiten oder überflüssige Transporte und Wartezeiten als Verschwendung und grenzt sie damit gegen die nicht werterhöhenden, aber dennoch erforderlichen Aktivitäten wie z.b. Wartungs- und Umrüstvorgänge oder Qualitätskontrollen ab.[1037] Gezielte Verschwendungsanalysen können dann dazu beitragen, die Ursachen überflüssiger Vorgänge zu ergründen und geeignete Gegensteuerungsmaßnahmen einzuleiten.[1038] Insgesamt dient die Prozeßunterscheidung zur Optimierung der vorhandenen Leistungsstrukturen, da einerseits Prozeßbereinigungspotentiale aufgezeigt werden und andererseits diejenigen Prozesse identifiziert werden, denen aus Kundensicht besondere Aufmerksamkeit zu schenken ist.

Eine kundenorientierte Prozeßbewertung kann im Dienstleistungsbereich jedoch nicht nur über den grundsätzlichen Wertschöpfungsbeitrag eines Prozesses erfolgen, sondern auch direkt durch die Erfassung der **Prozeßzufriedenheit**.[1039] Sofern die Leistungsprozesse für den Kunden wahrnehmbar sind, tragen sie unmittelbar zu dessen Leistungsbeurteilung bei, so daß der Wert eines Prozesses für den Kunden auch aus der konkreten Ausführung resultiert, welche in Abhängigkeit des Interaktions- und Individualisierungsgrades erheblich variieren kann. Zur Ermittlung der Prozeßzufriedenheit bzw. -unzufriedenheit können prinzipiell sämtliche ereignisorientierten Qualitätsmeßansätze herangezogen werden, die im Rahmen der Prozeßstruktur- und Problemanalyse (Abschn. 5.3.1.1) bereits aufgezeigt wurden. Während die Critical Incident Technique und die Problem Detecting Method dabei primär der Untersuchung besonders negativ wahrgenommener Ereignisse dienen[1040] und somit gezielte Hinweise auf Schwachstellen in den Prozeßabläufen und v.a. in der Prozeßausführung liefern, werden bei der Sequentiellen Ereignismethode unter Vorlage der ablaufbezogen erstellten Blueprints (bzw. Service Maps) sämtliche integrativen Prozesse beurteilt werden.[1041] Wird dabei nicht (nur), wie es in der herkömmlichen Anwendung des Verfahrens vorgesehen ist, die *Ereignis*relevanz und -beurteilung erfaßt, sondern (auch) die *Prozeß*relevanz, lassen sich die für die Kundenzufriedenheit besonders bedeutsamen Prozesse identifizieren. In Ergän-

1035 Vgl. Niemand (1996), S. 90 f. und Corsten (1997), S. 281.
1036 Vgl. Beischel (1990), S. 55 und Reckenfelderbäumer (1995), S. 144 f.
1037 Vgl. Wildemann (1995), S. 84 f.
1038 Siehe hierzu Beischel (1990), S. 55 und Wildemann (1995), S. 85 f.
1039 Vgl. Stauss/Seidel (1998), S. 212 ff. Hier wird auch von prozessualer bzw. Episodenzufriedenheit gesprochen.
1040 Die Critical Incident Technique dient darüber hinaus auch der Identifiktion besonders positiv bewerteter Prozesse, welche jedoch keinen Handlungsbedarf im Rahmen des Prozeßmanagements bedingen.
1041 Siehe hierzu Stauss/Weinlich (1996), S. 50 f. und (1997), S. 38 ff. sowie Abschn. 5.3.1.1 dieser Arbeit.

zung zu dem grundsätzlichen Prozeßwert, der sich aus dem sachlich-inhaltlichen Beitrag zur Leistungserstellung ergibt, wird somit auch ein ausführungsspezifischer Prozeßwert ermittelt, der die Nutzenstiftung über das persönliche Prozeßerleben des Kunden bestimmt. Die Kenntnis der Prozeßzufriedenheit dient insbesondere der Steuerung des Mitarbeiterverhaltens im Rahmen der Kundeninteraktion sowie einer bedienungsfreundlichen Gestaltung automatisierter Leistungsprozesse. Sie trägt zu einer kundengerechten Prozeßausführung bei und ermöglicht adäquate Reaktionen bei auftretenden Problemen.

5.3.3 Prozeßkostenrechnung

Für eine wettbewerbsfähige Gestaltung der Leistungsprozesse bedarf es neben der Prozeßwertermittlung auch einer möglichst genauen Bestimmung der durch die Prozesse verursachten Kosten. Als Kostenrechnungsansatz eignet sich hierfür am besten die Prozeßkostenrechnung, die idealtypisch sämtliche im Unternehmen anfallenden Kosten den verschiedenen Leistungsaktivitäten zuordnet und sie gemäß der Prozeßinanspruchnahme auf die Kalkulationsobjekte (z.B. Dienstleistungsangebote) verteilt.[1042] Ihre Eignung für die zugrundeliegende Problemstellung beruht nicht nur auf ihrem expliziten Prozeßbezug, sondern auch auf den im Dienstleistungsbereich typischerweise vorliegenden Leistungs- und Kostenstrukturen, die die Anwendbarkeit bzw. Aussagekraft traditioneller Kostenrechnungssysteme erheblich einschränken.[1043]

Zum einen bewirken die Immaterialität (kaum Einsatzstoffe, die in das Absatzobjekt eingehen) und das Erfordernis zur Bereithaltung von Leistungspotentialen (permanente Verfügbarkeit von Mitarbeitern und sonstigen Potentialen in Erwartung potentieller Nachfrage) einen geringen Anteil variabler Kosten im Verhältnis zu den Fixkosten. Zum anderen besteht hier eine Dominanz der Gemeinkosten aufgrund des meist dienstleistungsübergreifenden Einsatzes von Potentialfaktoren und der erheblichen Bedeutung indirekter Leistungsbereiche.[1044] Dies führt dazu, daß bei Anwendung traditioneller Kostenrechnungsverfahren große Kostenblöcke entweder gar nicht bzw. nur zum Teil (bei Teilkostenrechnungen) oder aber über pauschale, nicht verursachungsgerechte Schlüsselungen in die Kalkulation einbezogen werden und somit die Gefahr von Fehlentscheidungen entsteht.[1045] Die Prozeßkostenrechnung, die aus genau diesen Gründen heraus entwickelt wurde,[1046] soll im Gegensatz dazu eine verursa-

---

1042 Vgl. Franz (1991), S. 178; Cooper (1992), S. 360 und Meyer (1995), S. 28.
1043 Vgl. Reckenfelderbäumer (1995), S. 50 ff.
1044 Siehe hierzu auch Reckenfelderbäumer (1995), S. 41 ff. und (1998), S. 398 sowie Paul/Reckenfelderbäumer (1998), S. 641.
1045 Vgl. Meyer (1995), S. 28; Pepels (1996), S. 113; Corsten (1997), S. 261 und Reckenfelderbäumer (1995), S. 50 ff. und (1998), S. 400.
1046 Entstanden ist die Prozeßkostenrechnung jedoch im industriellen Kontext, wo die zunehmende Wettbewerbsintensität zu Entwicklungen geführt hat (z.B. kürzere Produktlebenszyklen, größere Variantenvielfalt, stärkere Automatisierung und mehr Serviceleistungen für den Kunden), die ähnliche Kostenstrukturen wie im Dienstleistungsbereich bewirkt haben. Zu den Entstehungsursachen der Prozeßkostenrechnung siehe Pfohl/ Stölzle (1991), S. 1283; Fröhling (1992), S. 97; Reckenfelderbäumer (1995), S. 78 ff.; Pepels (1996), S. 113 und Corsten (1997), S. 261.

chungsgerechte Zuteilung nahezu sämtlicher Kosten (soweit möglich auch der Fix- und Gemeinkosten) gewährleisten. Im folgenden wird zunächst ihr allgemeiner Aufbau dargestellt, um daran anschließend dienstleistungsspezifische Gestaltungsaspekte und eventuelle Einschränkungen der Aussagekraft herauszuarbeiten.

5.3.3.1 Allgemeiner Aufbau der Prozeßkostenrechnung

Über den grundsätzlichen Aufbau einer Prozeßkostenrechnung besteht in der Literatur weitgehend Einigkeit. In Anlehnung an *Mayer* wird hier die in Abb. 33 aufgezeigte Vorgehensweise in 5 Schritten zugrundegelegt,[1047] welcher gegebenenfalls noch die Grundsatzentscheidung über die generelle Einführung der Prozeßkostenrechnung sowie über die dabei einzubeziehenden Leistungsbereiche des Unternehmens vorzuschalten ist.[1048]

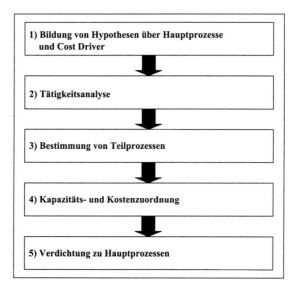

Abbildung 33: Vorgehen im Rahmen der Prozeßkostenrechnung
(Quelle: In Anlehung an Mayer (1991), S. 85)

Ausgangspunkt der im Rahmen der Prozeßkostenrechnung durchzuführenden Analysen ist die **Bildung von Hypothesen über die Hauptprozesse**, d.h. über stellenübergreifende Abfolgen

---

1047 Vgl. Mayer (1991), S. 85. *Mayer* faßt jedoch die Tätigkeitsanalyse und Teilprozeßermittlung in einem Schritt zusammen.
1048 Vgl. Reckenfelderbäumer (1995), S. 87 f. und (1998), S. 402 f. Hier wird empfohlen, nur solche Unternehmensbereiche einzubeziehen, deren Leistungsaktivitäten durch Repetitivität und geringe Entscheidungsspielräume gekennzeichnet sind. Zudem kann aus Wirtschaftlichkeitsgesichtspunkten eine Beschränkung auf Bereiche mit besonders hohem Kostenvolumen erwogen werden.

von Tätigkeiten, die in einem Sachzusammenhang stehen[1049] und bezüglich ihres Outputs durch bestimmte Maßgrößen (**Cost Driver**[1050]) quantifizierbar sind. Dieser grundlegende Schritt ist für die anschlie-ßend vorzunehmenden Tätigkeitsanalysen von Bedeutung, da die Grobstrukturierung der Unternehmensaktivitäten eine gezieltere Befragung der Kostenstellenverantwortlichen und Plausibilitätsprüfungen der im weiteren Verlauf gewonnenen Erkenntnisse ermöglicht.[1051] In der Regel bedarf die endgültige, optimale Festlegung der Hauptprozesse inklusive der zugehörigen Cost Driver mehrmaliger Iterationsschleifen und Anpassungen.[1052]

Die zentrale Informationsgrundlage für den Aufbau einer Prozeßkostenrechnung stellt die nun folgende **Tätigkeitsanalyse** dar, die der systematischen Erfassung sämtlicher Aktivitäten in den beteiligten Kostenstellen dient. Neben der Identifikation der Tätigkeiten dient die Analyse auch der Bestimmung der Ressourcenbeanspruchung, d.h. es wird ermittelt, welcher Anteil der Gesamtkapazität einer Kostenstelle auf eine bestimmte Tätigkeit entfällt. Um diesbezüglich genaue Aussagen treffen zu können, sollten alle Tätigkeiten der Kostenstelle erfaßt werden, auch jene, die nicht mit einem der ermittelten Hauptprozesse in Verbindung zu bringen sind. Nur so sind der gesamte Arbeitsaufwand und damit auch die konkret beanspruchten Anteile der Kostenstellenkapazitäten bestimmbar.[1053]

Die Einzeltätigkeiten werden dann gemäß ihrer sachlichen Zusammengehörigkeit zu **Teilprozessen** zusammengefaßt, wobei zum Zwecke der verursachungsgerechten Kostenzuteilung zwischen leistungsmengeninduzierten (lmi) und leistungsmengenneutralen (lmn) Prozessen unterschieden werden sollte.[1054] Lmi-Prozesse sind in ihrem Anfall vom Leistungsvolumen der Kostenstelle abhängig, d.h. die Anzahl ihrer Durchführungen variiert mit der Menge der prozeßspezifischen Kostentreiber bzw. Maßgrößen[1055] (z.B. variieren die Beschwerdenannahme, -überprüfung und -reaktion mit der Anzahl der Beschwerden). Lmn-Prozesse sind dagegen leistungsmengenfix und fallen unabhängig vom Arbeitsvolumen der Kostenstelle durch

1049 Vgl. Reckenfelderbäumer (1995), S. 92. Als Beispiel für einen Hauptprozeß kann die Beschwerdenbearbeitung eines Unternehmens angeführt werden, die sich aus den Tätigkeiten Beschwerdenannahme, -überprüfung und –reaktion zusammensetzt.

1050 Cost Driver dienen als Bestimmungsgrößen der Kostenentstehung bezüglich eines bestimmten Prozesses, indem sie als Prozeßoutput die Anzahl der Prozeßdurchführungen und damit die für den Prozeß anfallenden Kosten (durch wiederholte Ressourceninanspruchnahme) bestimmbar machen. Vgl. Horváth/Mayer (1993), S. 18 und Reckenfelderbäumer (1995), S. 93. So wäre z.B. für den Hauptprozeß „Beschwerdenbearbeitung" die Anzahl der Beschwerden ein geeigneter Cost Driver oder für den Prozeß „Nachkaufbetreuung von Kunden" die Anzahl der Kunden. Zu beispielhaften Auflistungen von Prozessen und zugehörigen Cost Drivern siehe Horváth/Mayer (1993), S. 21 und Reckenfelderbäumer (1998), S. 405.

1051 Vgl. Mayer (1991), S. 85 f. und Niemand (1996), S. 95.

1052 Vgl. Mayer (1990), S. 310 und (1991), S. 86.

1053 Vgl. Niemand (1996), S. 97.

1054 Diese Unterscheidung geht ursprünglich auf Horváth/Mayer (1989), S. 216 zurück.

1055 Idealtypisch sind die Maßgrößen der Teilprozesse mit den Kostentreibern der Hauptprozesse identisch, was sich in der praktischen Umsetzung jedoch nicht immer realisieren läßt. Vgl. Glaser (1992), S. 278 f. und Horváth/Mayer (1993), S. 18. Im oben geschilderten Beispiel stellt die Anzahl der Beschwerden sowohl für den Hauptprozeß (Beschwerdenbearbeitung) als auch für die Teilprozesse (Beschwerdenannahme, -überprüfung und -reaktion) einen geeigneten Cost Driver dar.

das generelle Vorhalten ihrer Leistungen an[1056] (z.B. Leitung der Beschwerdeabteilung, Aufbau einer Beschwerdendatenbank und regelmäßige Wartung der dafür eingesetzten DV-Anlage). Somit lassen sich für die lmn-Prozesse auch keine Maßgrößen identifizieren, die die im nächsten Schritt vorzunehmende Kapazitäts- und Kostenzuteilung unterstützen würden.

Da die Kapazitätsinanspruchnahme der Einzelaktivitäten bereits im Rahmen der Tätigkeitsanalyse bestimmt wurde, ergibt sich durch deren Zusammenfassung nun auch automatisch die **Kapazitätsverteilung** auf die verschiedenen Teilprozesse. Gemeinsam mit der Kenntnis über die Gesamtstellenkosten sowie deren Aufteilung auf die eingesetzten Kapazitäten (Personalkosten, EDV-Kosten, Materialkosten, Abschreibungen für Einrichtung etc.)[1057] läßt sich daraus wiederum der **prozeßbezogene Kostenanfall** ermitteln.[1058] Im Fall der lmi-Prozesse erfolgt die Kostenzuteilung auf Basis der Cost Driver, die durch ihre Anzahl den Gesamtkapazitätsbedarf eines bestimmten Prozesses bestimmen. Der Kostenanfall der lmn-Prozesse ist aufgrund fehlender Maßgrößen nicht weiter differenzierbar und wird somit entweder pauschal (in einer stellenübergreifenden Sammelposition) erfaßt oder aber proportional zu den Kostenanteilen der lmi-Prozesse auf diese verteilt.[1059]

Im letzten Schritt schließlich werden die Teilprozesse zu kostenstellenübergreifenden **Hauptprozessen** verdichtet, auf deren Basis eine Zuteilung der gesamten Prozeßkosten auf konkrete Kalkulationsobjekte (z.B. Produkte bzw. Dienstleistungen) erfolgen kann. Der Anteil der einem Produkt/einer Dienstleistung zuzuordnenden Kosten richtet sich dabei nach dessen/deren Prozeßinanspruchnahme,[1060] d.h. im Fall der lmi-Prozesse: Wieviele der Prozeßdurchführungen (gemessen an den jeweiligen Kostentreibern) sind auf dieses Produkt/ diese Dienstleistung zurückzuführen? Die Kosten der lmn-Prozesse können - sofern nicht ohnehin bereits auf die lmi-Prozesse verteilt - in gleichem Anteil den Kalkulationsobjekten zugeordnet werden, d.h. bezogen auf das Beispiel der Beschwerdenbearbeitung: Betreffen 30% der Kundenbeschwerden ein bestimmtes Produkt oder eine Dienstleistung und werden somit 30% der für den Hauptprozeß „Beschwerdenbearbeitung" insgesamt anfallenden Kosten dem Produkt/der Dienstleistung zugeordnet, so werden auch die Kosten der in den betroffenen Kostenstellen

---

1056 Vgl. Horváth/Mayer (1989), S. 216; Reckenfelderbäumer (1995), S. 90 f. und Niemannd (1996), S. 98 ff.

1057 Hieran zeigt sich, daß im Rahmen der Prozeßkostenrechnung auch auf die traditionelle Kostenrechnung zurückgegriffen werden kann, da sowohl die Kostenstellen- als auch die Kostenartenrechnung wichtige Basisinformationen für die prozeßbezogene Kostenzuteilung zur Verfügung stellt. Von einer grundsätzlichen Neuermittlung der gesamten Kosten wird aus Komplexitätsgründen z.T. sogar abgeraten. Vgl. Horváth/Meyer (1989), S. 217 und Niemand (1996), S. 99.

1058 Oft wird aus Vereinfachungsgründen und wegen der meist bestehenden Personaldominanz die Inanspruchnahme der Mitarbeiterkapazität (gemessen in Mannjahren) als Maßstab für die Kapazitäts- und Kostenzuteilung insgesamt herangezogen. Vgl. Horváth/Mayer (1993), S. 22 und Niemand (1996), S. 100.

1059 Während Horváth/Mayer (1993), S. 22 und Niemand (1996), S. 101 f. für eine Schlüsselung der lmn-Kosten gemäß der lmi-Kostenverteilung plädieren, halten Coenenberg/Fischer (1991), S. 30 und Glaser (1992), S. 280 dies für eine unzulässige Proportionalisierung. Aufgrund des meist niedrigen Anteils der lmn-Kosten in der Praxis (ca. 5-10%) sind aus dieser Entscheidung aber keine allzu gravierenden Fehlkalkulationen zu erwarten.

1060 Zur Produktkalkulation auf Basis der Prozeßkostenrechnung siehe ausführlich Horváth/Mayer (1989), S. 218 f. und (1993), S. 24 f.; Reckenfelderbäumer (1995), S. 95 ff. und Meyer (1995), S. 33 f.

anfallenden lmn-Prozesse (Abteilung leiten, DV-System warten etc.) zu 30% diesem Produkt/dieser Dienstleistung zugerechnet.

5.3.3.2 Aussagekraft und spezifische Gestaltungsaspekte der Prozeßkostenrechnung im Dienstleistungsbereich

5.3.3.2.1 Aussagekraft der Prozeßkostenrechnung

Die Aussagekraft der Prozeßkostenrechnung für den vorliegenden Untersuchungskontext bezieht sich zum einen auf die Ermittlung der durch eine Dienstleistung **insgesamt verursachten Kosten**. Die Kostendaten dienen dabei, wie im Rahmen der Darstellung des Target Costing bereits ausgeführt,[1061] insbesondere der Überprüfung, ob die Kostenverursachung dem Marktwert der Dienstleistung gemäß ihrer Nutzenstiftung für den Kunden bzw. dessen Zahlungsbereitschaft gerecht wird.

Zum anderen ermöglicht die Prozeßkostenrechnung aber auch differenzierte Erkenntnisse über die **Angemessenheit der Kosten einzelner Prozesse**. Insbesondere für solche Prozesse, die unmittelbar durch den Kunden wahrnehmbar sind bzw. einen direkten Bezug zum Absatzobjekt aufweisen,[1062] läßt sich auf diese Weise ein marktorientierter Kosten-Nutzen-Vergleich vornehmen. Eine deutliche Diskrepanz von Prozeßnutzen und -kosten, oder auch - gemäß der Terminologie des Target Costing - zwischen Ziel- und Standardkosten, gibt dabei Hinweise auf Kostensenkungserfordernisse, die erst durch den Einsatz der Prozeßkostenrechnung auf bestimmte Prozesse konkretisierbar sind. Besonders bedeutsam sind in dem Zusammenhang auch Informationen über die Kostenverursachung der nicht-wertschöpfenden Prozesse,[1063] da hier den Kosten kein kundenbezogener Nutzen gegenübersteht. Aus diesen Erkenntnissen lassen sich dann gezielte Handlungsempfehlungen für die Prozeßplanung und -steuerung ableiten.

Des weiteren ermöglicht die Prozeßkostenrechnung auch eine bessere Bestimmung der **Leerkosten** (Kosten für bereitgehaltene, aber nicht produktiv genutzte Leistungskapazitäten),[1064] die im Dienstleistungsbereich durch die direkte Abhängigkeit der Leistungserstellung von der Integration eines externen Faktors besondere Relevanz erlangen. Anhand der erfaßten Daten über die (Stellen-)Kapazitäten sowie deren tatsächliche Inanspruchnahme durch die Kalkulationsobjekte bzw. Prozesse lassen sich Rückschlüsse auf die Kapazitätsauslastung und damit

---

1061 Siehe hierzu Abschn. 5.2.4.
1062 Bei der Prozeßerfassung im Rahmen der Tätigkeitsanalyse empfiehlt sich eine Differenzierung nach der Nähe zum Absatzobjekt. Siehe hierzu auch Abschn. 5.2.4.2.2, wo die Dienstleistungsprozesse in Prozesse 1., 2. und 3. Grades unterschieden werden. Prozesse 3. Grades, die keinen Bezug zum Absatzobjekt aufweisen, sondern eher der Unternehmung insgesamt dienen, sollten eventuell aus der Prozeßkostenrechnung ausgeklammert werden, da hier keine verursachungsgerechte Kalkulation gewährleistet werden kann. Vgl. Reckenfelderbäumer (1995), S. 123 f. und (1998), S. 408.
1063 Diese Prozesse sind im Rahmen der Prozeßwertanalyse bereits ermittelt worden.
1064 Zur Unterscheidung von Nutz- und Leerkosten vgl. Gutenberg (1983), S. 348 ff.; Förderreuther (1976), S. 30 sowie auch Abschn. 4.3.4 dieser Arbeit.

auf das Verhältnis von Nutzkosten zu Leerkosten ziehen.[1065] Diese Informationen sind für die Kapazitätsplanung - z.B. einen potentiellen Ressourcenabbau - von Bedeutung. Sie ermöglichen einerseits durch einen stellenbezogenen Auslastungsvergleich die Identifikation von Engpässen und Kapazitätspuffern im Prozeßablauf und andererseits eine Bestimmung der Auswirkungen schwankender Nachfrage auf die Kapazitätsauslastung, insbesondere auch in den Gemeinkostenbereichen.

Für das dienstleistungsspezifische Phänomen der **Externalisierung** von Leistungsaktivitäten[1066] kann die Prozeßkostenrechnung ebenfalls einen entscheidungsunterstützenden Beitrag leisten. Die tätigkeitsbezogene Ermittlung des Kostenanfalls ermöglicht nämlich eine Quantifizierung des Kostensenkungspotentials bei Übertragung einer bestimmten Leistungsaktivität auf den Nachfrager. So lassen sich Aktivitäten oder auch ganze Prozesse identifizieren, die aus Kostensicht besonders für eine Externalisierung zu empfehlen sind, wobei jedoch zu berücksichtigen ist, daß je nach Fehleranfälligkeit und Verflechtung des Prozesses mit anderen Leistungsaktivitäten eventuell zusätzliche Kosten für Nachbesserungen[1067] oder einen erhöhten Koordinationsaufwand entstehen können.

Hinsichtlich der Informationsgewinnung für die Prozeßkostenrechnung, die schwerpunktmäßig im Rahmen der Tätigkeitsanalyse erfolgt, können die Ergebnisse der vorab beschriebenen Prozeßstrukturanalyse (vgl. Abschn. 5.3.1) bereits einen wesentlichen Beitrag leisten, da sowohl die Identifikation von Einzelaktivitäten als auch deren Zusammenfassung zu Teil- und Hauptprozessen (unter Berücksichtigung der Bereichszugehörigkeiten) dort enthalten sind. Durch die Erfassung der personellen Zuständigkeiten sowie der Prozeßzeiten, die als ergänzende Untersuchungssachverhalte empfohlen wurden, trägt sie zudem zur Ermittlung der Kapazitätsinanspruchnahme durch die Prozesse bei, da diese im Dienstleistungsbereich ohnehin meist nur an der Beanspruchung personeller Ressourcen festgemacht wird.[1068] Somit sind bei entsprechend umfassenden Grundlagenanalysen lediglich die zugehörigen Kostendaten separat zu erfassen, sofern diese nicht auch bereits aus den bestehenden Kostensystemen (Kostenarten- und Kostenstellenrechnung) hervorgehen. [1069]

5.3.3.2.2 Einfluß der Integrativität und Interaktivität auf die Prozeßkostenermittlung

Von erheblicher Relevanz bei der Anwendung der Prozeßkostenrechnung im Dienstleistungsbereich ist die Tatsache, daß der für die Leistungserstellung erforderliche externe Faktor die Prozeßabläufe des Unternehmens und damit auch die Prozeßkosten mehr oder minder stark

---

1065 Siehe hierzu Niemand (1996), S. 105 f.
1066 Zur Externalisierung von Teilleistungen siehe ausführlich Heskett (1986), S. 59 f.; Lehmann (1989), S. 134 f.; Corsten (1995), S. 194 ff. und (1997), S. 341 und Meffert/Bruhn (1997), S. 303 f. sowie Abschn. 4.3.2.2. *Corsten* zeigt den Zusammenhang zwischen Aktivitätsgrad des Anbieters (Ausmaß der In- bzw. Externalisierung) und Kostenanfall anhand einer Gesamtkostenfunktion auf. Vgl. Corsten (1995), S. 201 f. und (1997), S. 256.
1067 Vgl. Corsten (1997), S. 256.
1068 Vgl. Niemand (1996), S. 100 und Reckenfelderbäumer (1995), S. 90.
1069 Siehe hierzu auch Niemand (1996), S. 99.

beeinflußt.[1070] Das Ausmaß des Einflusses hängt im wesentlichen von zwei dienstleistungsbezogenen Gesichtspunkten ab:

dem **Integrationsgrad** der Leistungserstellung (je ausgeprägter der Integrationsgrad ist, desto tiefer dringt der externe Faktor in die Leistungssphäre des Anbieters ein und desto *mehr* Leistungsaktivitäten unterliegen daher seinem Einfluß)[1071] und

dem **Interaktionsgrad** der Leistungserstellung (je interaktiver eine Leistung erstellt wird, desto *stärker* ist die Einflußnahme des externen Faktors auf die jeweils betroffenen Leistungsaktivitäten).

Die Beteiligung des externen Faktors kann, insbesondere wenn es sich um eine Person handelt, sowohl positive als auch negative Einflüsse auf den prozeßbezogenen Kostenanfall haben:[1072] Sind Teilaktivitäten der Leistungserstellung auf den Nachfrager übertragbar oder bewirkt dieser durch seine hohe Integrationsqualität eine Beschleunigung der Prozeßabwicklung, wirkt sich seine Beteiligung kostensenkend aus. Ist sein Einfluß hingegen eher „störend" für einen reibungslosen Prozeßablauf oder bedarf er besonderer zeitlicher und räumlicher Anpassung der Leistungserstellung (z.B. Heimbesuche nach Feierabend), so führt dies zu einer Kostenerhöhung für den Anbieter. Unabhängig von der Art der Kostenwirkung bedingt die Integration aber in jedem Fall eine Planungsunsicherheit bezüglich des prozeßbezogenen Kostenanfalls, da das Ausmaß der Kapazitätsinanspruchnahme ex ante nicht eindeutig festzulegen ist.

Zur Begrenzung dieser Planungsunsicherheit sollte eine Konkretisierung der schwer kalkulierbaren Prozesse vorgenommen werden. Es empfiehlt sich daher, auch im Rahmen der Prozeßkostenrechnung die bereits mehrfach erwähnte Unterscheidung integrativer und autonomer Prozesse vorzunehmen,[1073] die im Prinzip unmittelbar aus den Ergebnissen der Prozeßstrukturanalyse ableitbar ist.[1074] Zudem kann es aus den oben geschilderten Gründen sinnvoll sein, für die integrativen Prozesse zusätzliche Informationen über deren Interaktionsintensität zu erfassen. Diese lassen sich zumindest mittelbar ebenfalls aus den Voruntersuchungen ableiten, sofern eine konkrete Erfassung der Prozeßinhalte sowie der erforderlichen Prozeßinputs (insbesondere der kundenseitigen) vorgenommen wurde, die Rückschlüsse auf den zu erwartenden Interaktionsgrad ermöglichen.

Für die somit gekennzeichneten, besonders planungsunsicheren Leistungsprozesse können dann gegebenenfalls Kostenbandbreiten oder Durchschnittskostenwerte angegeben wer-

---

1070 Vgl. Reckenfelderbäumer (1995), S. 45 und (1998), S. 398.

1071 Dieser Sachverhalt ist im Rahmen der Prozeßstrukturanalyse (innerhalb der Service Map) durch die „line of interaction" gekennzeichnet.

1072 Siehe hierzu auch Reckenfelderbäumer (1995), S. 45.

1073 Vgl. Reckenfelderbäumer (1998), S. 407 und Abschn. 4.3.2.

1074 *Reckenfelderbäumer* weist bezüglich dieser Prozeßunterscheidung auf das Problem hin, daß eine solche Trennung nicht immer eindeutig möglich ist, da manche Teilprozesse (z.B. „Abteilung leiten") beide Arten von Aktivitäten beinhalten. Vgl. Reckenfelderbäumer (1995), S. 120. *Corsten* relativiert diesen Kritikpunkt jedoch, indem er anmerkt, daß in solchen Fällen eine weitergehende Prozeßdifferenzierung vorzunehmen ist, so daß sich „reine" Prozesse ergeben. Vgl. Corsten (1997), S. 262.

den,[1075] wohingegen der Kostenanfall autonomer Prozesse genauer konkretisierbar ist. Einschränkend muß dazu allerdings gesagt werden, daß im Dienstleistungsbereich auch unter den autonomen Leistungsprozessen einige zumindest mittelbar von den Einflüssen des externen Faktors abhängen.[1076]

5.3.3.2.3 Kostenbestimmungsprobleme bei individualisierten Dienstleistungen

Als zweite für die Prozeßkostenrechnung wesentliche Besonderheit des Dienstleistungsbereichs ist die Individualität der Leistungserstellung zu nennen. Diese bewirkt zunächst, daß die aus Praktikabilitäts- und Wirtschaftlichkeitsgesichtspunkten häufig formulierten Prozeßanforderungen der **Repetitivität und Entscheidungsarmut**[1077] bei einem erheblichen Teil der Leistungsprozesse nicht erfüllt sind. Während sich dieses Problem im industriellen Bereich meist auf die kreativen, planenden und leitenden Tätigkeiten der indirekten Bereiche (z.B. Geschäftsführung oder F&E) beschränkt, ist bei individualisierten Dienstleistungen auch die eigentliche Leistungserstellung durch Entscheidungsintensität und Variabilität gekennzeichnet.

Dies erweckt zunächst den Eindruck, daß die Prozeßkostenrechnung für solche Leistungsangebote grundsätzlich nicht geeignet wäre. Dem läßt sich jedoch entgegenhalten, daß auch bei individuell erstellten Dienstleistungen ein nicht unerheblicher, vorrangig dem Back-Office-Bereich zuzuordnender Teil der Leistungsprozesse in standardisierter Form abläuft.[1078] So werden z.B. selbst bei Unternehmensberatungen, die als hochgradig individualisiert anzusehen sind, bestimmte Analysen und Datenauswertungen sowie Präsentationsvorbereitungen in relativ gleichbleibender Form wiederholt durchgeführt. Zudem besteht auch bei vielen individuellen Dienstleistungsangeboten die Möglichkeit zur Modularisierung, so daß zwar die Gesamtleistung individuell ist, die einzelnen Bestandteile aber dennoch standardisiert erstellt werden können (Baukastenprinzip).[1079]

Sollen jedoch auch die variablen Leistungsaktivitäten, deren Kapazitätsbeanspruchung und Kostenverursachung nicht einheitlich bestimmbar ist, in die Prozeßkostenrechnung integriert werden, so besteht zum einen die im vorangegangenen Abschnitt bereits aufgezeigte Mög-

---

1075 Vgl. Niemand (1996), S. 102. Denkbar wäre auch eine Erfassung der Einflüsse des externen Faktors im Rahmen von Sonderrechnungen, die alle Kostenerhöhungen und -minderungen separat ausweisen. Dadurch könnte zu Analysezwecken gezielt auf diese Informationen zugegriffen werden, ohne das Problem der vollständigen Integration in die betriebliche Kostenrechnung lösen zu müssen. Vgl. Reckenfelderbäumer (1995), S. 46 und Corsten (1997), S. 260.

1076 Zum Beispiel ist der Prozeßaufwand für das Reinigen einer Gaststätte oder eines Flugzeugs von der durch die Gäste hervorgerufenen Verschmutzung abhängig wie auch die Zubereitung von Speisen bei eventuellen Sonderwünschen der Gäste aufwendiger wird.

1077 Vgl. hierzu Coenenberg/Fischer (1991), S. 25; Pfohl/Stölzle (1991), S. 1288; Reckenfelderbäumer (1995), S. 109 und (1998), S. 403.

1078 Vgl. Reckenfelderbäumer (1995), S. 109. Durch Automatisierung, Externalisierung und Spezialisierung ergeben sich sogar noch weitergehende Standardisierungspotentiale. Vgl. Reckenfelderbäumer (1995), S. 111.

1079 Vgl. Corsten (1998), S. 615 und (1988a), S. 182; Jugel/Zerr (1989), S. 167 und Büttgen/Ludwig (1997), S. 54 f.

lichkeit, Durchschnittswerte für den Kostenanfall in die Kalkulation einzubeziehen. Zum anderen wäre es auch denkbar, unterschiedliche Ausführungen eines Prozesses einschließlich des jeweiligen Kostenanfalls zu kennzeichnen und diese - zumindest bei rückblickenden Rechnungen - alternativ in die Kalkulation einzubeziehen. Auch hierfür kann die Prozeßstrukturanalyse wesentliche Informationen liefern, da alternative Prozeßverläufe dort ebenfalls erfaßbar sind.[1080]

Zusammenfassend läßt sich festhalten, daß die im Dienstleistungsbereich vorliegenden Besonderheiten zwar einige Probleme bei der Anwendung der Prozeßkostenrechnung mit sich bringen, dieses Verfahren bei entsprechender Modifikation insgesamt aber den höchsten Erkenntniswert im Bereich der Kostenkalkulation verspricht.

5.3.4 Prozeßbenchmarking

Nach einer umfassenden Analyse und Beurteilung der Leistungsprozesse aus Unternehmens- und Kundensicht sollten diejenigen Prozesse, die sich als besonders erfolgskritisch erwiesen haben[1081] (z.B. aufgrund ihrer Bedeutung für den Kundennutzen bzw. die Kundenzufriedenheit, ihrer ausgeprägten Kostenverursachung oder Problemanfälligkeit), einem Benchmarking unterzogen werden, um konkrete Verbesserungspotentiale aufzudecken und diese als Zielvorgaben in die Prozeßplanung zu integrieren. Die bisher beschriebenen prozeßbezogenen Informationsgewinnungsansätze liefern dabei bereits die wesentlichen Informationen für den ersten Schritt im Rahmen des Prozeßbenchmarking:[1082] Sie ermöglichen eine **Bestimmung der relevanten Benchmarking-Objekte** (verbesserungsbedürftige Prozesse) und stellen zudem auch schon die vergleichsrelevanten Prozeßmerkmale als **interne Bezugsgrößen für die Benchmarkingdaten** zur Verfügung (Prozeßabläufe und -verknüpfungen, Prozeßkosten, -zeiten, -zufriedenheit der Kunden, Fehlerarten und -häufigkeiten, Koordinations- und Engpaßprobleme etc.).

Für die **Bestimmung geeigneter Benchmarking-Partner** (2. Schritt) wie auch für die externe **Informationsgewinnung** (3. Schritt) empfiehlt sich bei einem dienstleistungsspezifischen Prozeßbenchmarking wiederum die Unterscheidung zwischen integrativen und autonomen Leistungsprozessen. Während bei allgemein unterstützenden, durch den Kunden nicht wahrnehmbaren Prozessen prinzipiell fast jedes Unternehmen als Benchmarking-Partner in Frage kommt,[1083] sollten bei integrativen Prozessen aufgrund der dort vorliegenden Besonderheiten (Abhängigkeit von den Einflüssen des externen Faktors, Auswirkungen auf die Qualitäts-

---

1080 Vgl. Shostack (1987), S. 35 ff.

1081 Unter Wirtschaftlichkeitsgesichtspunkten ist eine vollständige Einbeziehung sämtlicher Leistungsprozesse in das Benchmarking meist nicht realisierbar, so daß eine Prozeßselektion in Abhängigkeit des Untersuchungsziels vorgenommen werden sollte. Vgl. Kreuz (1997), S. 25 f.

1082 Zu den einzelnen Vorgehensschritten im Rahmen des Benchmarking siehe Abschn. 5.2.3.1.

1083 Vgl. Horváth/Herter (1992), S. 8. Bei produktivitätsorientierten Benchmarking-Untersuchungen erweisen sich Nicht-Dienstleistungsunternehmen oft sogar als leistungsfähigere Vorbilder, da die industriellen, stärker kostenfokussierten Strukturen auch in den unterstützenden Leistungsbereichen meist effizientere Prozeßabläufe hervorgebracht haben.

wahrnehmung des Kunden, interner *und* externer Koordinationsbedarf etc.) nur solche Unternehmen in Betracht gezogen werden, deren Leistungserstellung ebenfalls in Kundeninteraktion erfolgt. Hierbei muß es sich jedoch nicht um brancheninterne Konkurrenten handeln, bei denen die Informationssammlung wegen der direkten Wettbewerbsbeziehung ohnehin problematisch ist,[1084] sondern es können ebenso branchenfremde Dienstleistungsunternehmen oder auch Investitionsgüterhersteller mit vergleichbarer Prozeßart, -komplexität und –individualität herangezogen werden. Für qualitätsbezogene Untersuchungen serviceorientierter Prozesse bieten sich v.a. internationale Vergleiche an, da z.B. amerikanische Dienstleistungsunternehmen im Vergleich zu deutschen Anbietern meist eine vorbildliche Kundenorientierung aufweisen.[1085]

Zur Identifikation solcher „Best Practice"-Unternehmen wie auch zur Erfassung der dort vorliegenden Prozeßstrukturen und -abläufe können prinzipiell sämtliche der in Abschnitt 5.2.3 vorgestellten Informationsquellen und -erhebungsformen genutzt werden (z.B. nationale Kundenbarometer oder Quality Awards[1086] für die Bestimmung der Benchmarking-Partner, die teilnehmende Beobachtung oder Befragung von Kunden der jeweiligen Unternehmung für die Analyse integrativer Prozesse sowie Mitarbeiter des Unternehmens für die Erforschung autonomer Prozesse).

Als alternative bzw. ergänzende Vergleichsmöglichkeit bietet sich auch im Prozeßbereich ein **internes Benchmarking** an, da bei dezentral vollzogener Dienstleistungserstellung (z.B. in Bankfilialen) bereits innerhalb eines Unternehmens erhebliche Diskrepanzen der Prozeßqualität und -effizienz auftreten können.[1087] Werden die in den vergangenen Abschnitten beschriebenen Prozeßanalysen in sämtlichen Leistungserstellungseinheiten durchgeführt, lassen sich auf diese Weise interne „Best Practices" ermitteln, die als Orientierungsmaßstab für die weniger leistungsstarken Geschäftseinheiten fungieren können.[1088]

Besondere Bedeutung ist bei internen wie auch bei externen Vergleichen der **Ursachenforschung** im Rahmen der Informationsanalyse (4. Schritt) beizumessen, da die eigentlich prozeßkennzeichnenden Aspekte (Zeiten, Kosten, Qualität, Fehler etc.), die zur Bestimmung der

---

1084 Vgl. Bendell/Boulter/Goodstadt (1998), S. 82.
1085 Siehe hierzu die Ergebnisse einer empirischen Untersuchung der Unternehmensberatung A.T. Kearney im Bankensektor bei Kreuz (1997), S. 29 f.
1086 Kundenbarometer beinhalten als Beurteilungskriterien oftmals auch prozeßbezogene Qualitätsaspekte (bezüglich der Leistungsaktivitäten in Kundenkontakt) wie z.B. die Freundlichkeit der Bedienung oder die Schnelligkeit der Leistungsabwicklung. Siehe hierzu Meyer/Dornach (1998b), S. 252 f. Für die Verleihung von Quality Awards werden sogar die internen Prozesse einbezogen. Vgl. z.B. die Kriterien des „Ludwig-Erhard-Preises", bei denen die Prozesse mit 14% in die Gesamtbewertung eingehen. Siehe dazu Stauss (1998c), S. 495
1087 So ergaben sich z.B. bei einer empirischen Untersuchung im Bankbereich erhebliche Qualitätsunterschiede bei kundengerichteten Leistungsaktivitäten in unterschiedlichen Geschäftsstellen einer Bank. Auf einer 100-Punkte-Skala betrug der Abstand zwischen der besten und schlechtesten Filiale selbst bei der insgesamt besten Bank fast 50 Indexpunkte. Vgl. Kreuz (1997), S. 30.
1088 Ein wesentlicher Vorteil des internen Benchmarking im Prozeßbereich besteht neben den in Abschn. 5.2.3.3 bereits erwähnten Vorzügen (hohe Ergebnisrelevanz und unmittelbare -übertragbarkeit) insbesondere darin, daß die erforderlichen Informationen bei entsprechend umfassenden vorgelagerten Analysen

Benchmarks erhoben werden, meist nur symptomatischer Natur sind. Um die identifizierten Spitzenleistungen auf das eigene Unternehmen übertragen zu können, müssen auch die dafür verantwortlichen Bestimmungsfaktoren, d.h. die Kosten- und Zeittreiber (wie z.b. Anzahl der am Prozeß beteiligten Personen und Stellen, externer Material- und Informationsinput, Ausmaß kundenspezifischer Prozeßanpassung, Anzahl korrigierender Eingriffe etc.) sowie die Einflußgrößen der Prozeßqualität und der auftretenden Fehler (z.b. Schulungen, Qualifikation und Motivation der Mitarbeiter, Anzahl von Qualitätskontrollen im Prozeßverlauf, IT-Unterstützung der Teilprozesse, Mängel des Prozeßinputs etc.) ermittelt werden.[1089] Hierbei sollten Richtung und Stärke des Einflusses sowie eventuelle Wechselwirkungen möglichst genau analysiert werden, da die Adaption von Prozeßabläufen ein umfassendes Verständnis des gesamten Wirkungsgefüges voraussetzt. Erst dadurch läßt sich die Vergleichbarkeit der identifizierten „Best Practices" mit den im eigenen Unternehmen vorliegenden Bedingungen überprüfen.

5.3.5 Kritische Beurteilung

Abschließend sollen nun die prozeßbezogenen IM-Ansätze insgesamt beurteilt werden. Wegen der ausgeprägten informationellen Vernetztheit der Ansätze erfolgt die Bewertung im wesentlichen konzeptübergreifend. Spezifika der einzelnen Ansätze werden jedoch - sofern beurteilungsrelevant - ergänzend berücksichtigt.

Aus den bisherigen Ausführungen wurde deutlich, daß die prozeßbezogenen Informationsbedarfe, die innerhalb des **Information-GAP-Modells** speziell in den GAPs 2b und 3b zum Ausdruck kommen, implizit jedoch auch die übrigen GAPs betreffen, nahezu vollständig durch die dargestellten IM-Ansätze abgedeckt werden können. So trägt die Erfassung der Kundenerwartungen, der ablaufbezogenen Wahrnehmung sowie der Kundenzufriedenheit mit den integrativen bzw. wahrnehmbaren Leistungsprozessen zur Schließung der Lücken 1, 4 und 5 (Erwartungs-, Kontroll- und Zufriedenheits-GAP) bei. Die Informationsgewinnung über die bestehende Prozeßstruktur, den Wertschöpfungsbeitrag der Prozesse sowie die Kostenverursachung dient v.a. der Schließung von Gap 2b und 3b, wobei hier nicht nur die intern orientierten Informationen von Nutzen sind, sondern insbesondere auch die erfaßten Einflüsse des externen Faktors (auf den Prozeßablauf, die konkrete Ausführung einzelner Aktivitäten und die anfallenden Kosten). Die diesbezüglichen Informationen dienen in erster Linie der Unsicherheitsreduktion im Rahmen der konkreten Prozeßsteuerung (GAP 3b), weisen jedoch auf stärker aggregierter Ebene auch grundsätzliche Planungsrelevanz auf.

Wenngleich die bestehenden Leistungsprozesse vorrangiges Untersuchungsobjekt der Informationskonzepte sind, dienen die Erkenntnisse doch ebenfalls der Prozeßplanung und -umsetzung neuer Dienstleistungen, da zum einen mittels der Nachfragerscripts auch die

großenteils bereits verfügbar sind und auch bei zusätzlichem Informationsbedarf (z.B. bezüglich der konkreten Ursachen eines überlegenen Prozeßablaufs) günstigere Datenerhebungsbedingungen vorliegen.
1089 Siehe hierzu auch Wildemann (1995), S. 29 und Kreuz (1997), S. 27 und S. 32.

Kundenerwartungen bezüglich noch nicht angebotener Dienstleistungen erfaßt werden können und zum anderen die derzeitigen Prozeßgegebenheiten bereits Erkenntnisse über die Implementierbarkeit von Dienstleistungsinnovationen liefern (z.b. hinsichtlich der multiplen Einsetzbarkeit von Leistungserstellungsverfahren oder der Kapazitätsauslastung durch das aktuelle Prozeßvolumen).

Die **Qualität** (Genauigkeit, Gültigkeit) der durch den Verfahrenseinsatz zu gewinnenden Informationen ist primär von der Sorgfalt und Differenziertheit der Datenerfassung bzw. der Geeignetheit bereits vorhandener Datenbestände abhängig (insbesondere bei der Prozeßkostenrechnung, die i.d.r. auch auf Kostendaten aus anderen Kostenrechnungssystemen zurückgreift). Im Fall der internen Untersuchungen spielt allerdings auch die Motivation der Mitarbeiter, die Auskunft über die von ihnen ausgeführten Aufgaben geben sollen, eine entscheidende Rolle, da opportunistische Motive unter Umständen den Wahrheitsgehalt der Angaben beeinträchtigen können.[1090] Ist dies zu befürchten, sollte nach Möglichkeit auf die zwar aufwendigere, aber i.d.R. auch präzisere Prozeßerfassung durch neutrale Beobachter zurückgegriffen werden.[1091] Bei der vergleichenden Analyse prozeßstarker Unternehmen hängt die Informationsqualität stets auch von der Auskunftsbereitschaft der Unternehmen ab, zumindest soweit die Prozesse nicht durch Inanspruchnahme der Dienstleistung erfaßbar sind. Der Aggregationsgrad als letztes Kriterium der Informationsqualität ist bei den beschriebenen Informationsansätzen überwiegend gering, d.h. die zu gewinnenden Daten sind sehr detailliert und bieten - sofern gewünscht - Erkenntnisse über kleinste Leistungseinheiten (im Extremfall jede einzelne Tätigkeit). Dadurch werden sehr differenzierte Auswertungen zum Zwecke einer umfassenden Prozeßoptimierung (in qualitativer und wirtschaftlichkeitsbezogener Hinsicht) ermöglicht.

Zeitaspekte (Aktualität, rechtzeitige Verfügbarkeit und regelmäßige Erfassung) sind für die Beurteilung der prozeßbezogenen IM-Ansätze tendenziell eher von untergeordneter Bedeutung, da die Abläufe der Leistungserstellung meist relativ stabil sind und keiner permanenten Neuerfassung bedürfen. Dies betrifft jedoch vorrangig die grundsätzliche Prozeßstruktur, den Wertschöpfungsbeitrag sowie die Kostenverursachung der verschiedenen Leistungsaktivitäten. Die konkrete Prozeßwahrnehmung und -zufriedenheit der Kunden sowie gegebenenfalls auch übertragbare „Best Practices" anderer Unternehmen bedürfen durchaus einer regelmäßigen Überprüfung, um Veränderungen der Marktanforderungen rechtzeitig berücksichtigen zu können. Auch der tatsächliche Kostenanfall in Abhängigkeit der Prozeßhäufigkeit bzw. der Kostentreibermengen ist regelmäßig für die interne Kalkulation zu ermitteln.

Als letzter Beurteilungsaspekt der Informationsbedarfsorientierung ist der **Subjektbezug** der gewonnenen Informationen zu überprüfen. Dieser ist prinzipiell für alle Mitarbeitersegmente gegeben, da sowohl die strategische Prozeßplanung des Führungspersonals, die Prozeß-Koor-

---

1090 Hier können z.b. Abteilungsrivalitäten oder allgemein die Sorge um Stellenkürzungen bzw. eine Erhöhung der Arbeitsbelastung zu Falschaussagen bezüglich der Inanspruchnahme personeller Ressourcen durch die Prozesse führen.

1091 Vgl. Niemand (1996), S. 84.

dination und (Wirtschaftlichkeits-) Überwachung der Back-Office-Mitarbeiter als auch die konkrete Prozeßausführung des Kundenkontaktpersonals durch die IM-Ansätze unterstützt werden. Für letztere ist v.a. das Kundenfeedback von Relevanz, welches gegebenenfalls konkrete Hinweise auf Mängel und Verbesserungsmöglichkeiten bei der Ausführung der interaktiven Leistungsprozesse gibt. Zur Verbesserung der Prozeß-Koordination und Erhöhung der Leistungseffizienz können zudem Informationen über die jeweils vor- und nachgelagerten Prozesse sowie interne Benchmarks über vergleichbare Prozesse hilfreich sein.

Ob die subjektiven Informationsbedarfe der Mitarbeiter tatsächlich gedeckt werden, hängt jedoch letztlich davon ab, ob sie in die Festlegung der als relevant erachteten Untersuchungstatbestände einbezogen werden und ob ihnen die gewonnenen Informationen zumindest partiell auch zugänglich gemacht werden. Da nahezu alle Mitarbeiter als Informationsquellen ohnehin von der Datenerhebung betroffen sind, erscheint es durchaus sinnvoll, aus jedem Tätigkeitsbereich zumindest einzelne Personen bezüglich ihrer internen und gegebenenfalls auch externen prozeßbezogenen Informationsbedarfe zu befragen, um diese in den Untersuchungen zu berücksichtigen.

Die **Kostenverursachung** der IM-Ansätze betrifft im wesentlichen die Datengewinnung, -aufbereitung und -analyse, die Systemimplementierung bzw. -umstellung sowie die aus den gewonnenen Erkenntnissen resultierenden Prozeßrestrukturierungen bzw. Modifikationen der Prozeßausführung.[1092] Sofern die Konzeptanwendungen als eigenständige Projekte definiert werden, sind die dabei anfallenden Kosten (v.a. für Personal, DV- und sonstige Ausstattung) relativ leicht quantifizierbar und dem konkreten IM-Konzept zurechenbar.[1093]

Da die durchzuführenden Prozeßanalysen jedoch sämtliche Unternehmensbereiche betreffen, ist auch der in den verschiedenen Bereichen durch die Erhebungen verursachte Arbeitsausfall in die Kostenermittlung einzubeziehen, der jedoch nur dann entsteht, wenn die prozeßausführenden Mitarbeiter unmittelbar und außerhalb ihrer eigentlichen Tätigkeitsausübung in die Datenerhebung integriert sind (z.B. durch Befragung oder Selbstaufschreibung).[1094] Während diese Kosten in ihrem Umfang insgesamt relativ gering sein werden, können die aus den Ergebnissen hervorgehenden Restrukturierungen der Abläufe, Änderungen in der Art der Prozeßausführung sowie unter Umständen sogar gänzlich neuartigen Leistungserstellungsverfahren (z.B. durch Automatisierung oder zumindest verstärkte IT-Unterstützung[1095]) erhebliche Kosten hervorrufen (z.B. für Personalschulungen, neue Maschinen oder auch den Leistungsausfall während der Umstellung). Diese Kosten sind jedoch im Gegensatz zu den vorab genannten lediglich mittelbar den IM-Ansätzen zuzurechnen. Ein unmittelbarer Bezug besteht

---

1092 Zur Umstellung bzw. Anpassung bestehender IV-Systeme im Rahmen von Prozeßrestrukturierungen (Business Process Reengineering) siehe Hoch (1996), S. 140 ff.
1093 Aufgrund der intensiven Informationsverflechtung der dargestellten Ansätze sollten diese jedoch möglichst als ein Gesamtprojekt definiert werden.
1094 Vgl. Niemand (1996), S. 84.
1095 Zum IT-Einfluß auf eine Neugestaltung der Prozesse siehe Davenport (1993), S. 49 ff.; Hoch (1996), S. 103 ff. und Teng/Grover/Fiedler (1994a), S. 10 ff. und (1994b), S. 101 f.

hingegen wiederum bei den speziell im IV-Bereich anfallenden Umstellungskosten (z.B. für den Ersatz klassischer Kostenrechnungssysteme durch die Prozeßkostenrechnung), da diese direkt mit der Implementierung einer prozeßorientierten Informationsverarbeitung einhergehen.

Insgesamt ist der Kostenanfall im Rahmen der prozeßbezogenen IM-Ansätze überwiegend einmaliger oder unregelmäßiger Art, da die wesentlichen Analysen nicht permanent wiederholt werden müssen, sondern höchstens bei Änderungen im Prozeßgefüge (z.B. durch neu eingeführte Dienstleistungen oder Leistungserstellungsverfahren) in Teilbereichen erneut durchzuführen sind. Regelmäßige Mehrkosten bei den Leistungsprozessen selbst oder deren Steuerung und Koordination sollten an sich nicht entstehen, da die Prozeßanalysen nicht zuletzt auf eine Aufdeckung und Realisierung von **Kostensenkungspotentialen** bei den Prozeß-abläufen ausgerichtet sind.[1096] Diese können prinzipiell alle Unternehmensbereiche betreffen, wobei jedoch Schwerpunkte in den Bereichen der interaktiven Leistungserstellung sowie in den unterstützenden Aktivitäten des Back-Office-Bereichs, d.h. vorrangig in den eher operativen Leistungsbereichen, zu erwarten sind.

Bei den integrativen Prozessen liefert v.a. eine genaue Erfassung der Qualitäts- und Kostenbeeinflussung durch den externen Faktor sowie der materiellen, zeitlichen und informationellen Abhängigkeiten bei der Prozeßausführung Hinweise auf Kostensenkungspotentiale. Je kalkulierbarer die Einflüsse des externen Faktors und damit auch die gesamten Leistungserstellungsabläufe sind, desto eher lassen sich Fehler und Abstimmungsprobleme sowie die daraus resultierenden Kosten für Nachbesserungen und Fehlkalkulationen im Kapazitätseinsatz (Leer- und Fehlmengenkosten) vermeiden. Ein effizienterer Kapazitätseinsatz stellt auch bei den Back-Office-Aktivitäten eine wesentliche Kostensenkungsmöglichkeit dar. Die erforderlichen Informationen hierfür liefert die Prozeßkostenrechnung durch ihre differenzierten Angaben zur Kapazitätsbeanspruchung der verschiedenen Prozesse.[1097]

Zudem leistet die Prozeßkostenrechnung auch einen ganz grundsätzlichen Beitrag zur Kostenreduktion, da sie besonders kostenintensive Prozesse identifizierbar macht, welche den primären Ansatzpunkt für Kostensenkungsmaßnahmen darstellen sollten. In Verbindung mit der Wertanalyse lassen sich unter Umständen sogar Möglichkeiten einer Prozeßelimination aufdecken.[1098] Die aus der Prozeßstrukturanalyse resultierende Kenntnis der Prozeßabläufe, der wechselseitigen Abhängigkeiten und Schnittstellen ermöglicht darüber hinaus auch gesamtablaufbezogene Kostensenkungen, indem Prozeß- und Informationsbrüche vermieden werden

---

1096 Ausnahmen stellen hierbei höchstens diejenigen Leistungsprozesse dar, die einen besonders hohen Beitrag zur Nutzenstiftung beim Kunden leisten und deren Prozeßqualität daher Priorität gegenüber den Prozeßkosten hat.

1097 Zum Einsatz der Prozeßkostenrechnung im Kapazitätsmanagement von Dienstleistungsunternehmen vgl. Meyer (1995), S. 34.

1098 Vgl. Niemand (1996), S. 89 ff.

und dadurch eine insgesamt reibungslosere, beschleunigte Leistungserstellung bewirkt wird.[1099]

Neben den positiven Wirkungen der Kostensenkung können die prozeßbezogenen IM-Ansätze auch direkte **Nutzeneffekte** für Dienstleistungsunternehmen erzeugen: Im **Unternehmensführungsbereich** erhöhen sie durch die umfassende und differenzierte Informationsbasis und deren vielfältige Auswertungsmöglichkeiten nicht nur die Entscheidungsqualität und -sicherheit, sondern tragen auch zur Beschleunigung der Entscheidungsprozesse bei, da wesentliche Daten bei auftretenden Entscheidungsproblemen bereits vorliegen und somit auf zeitaufwendige Zusatzuntersuchungen in stärkerem Maße verzichtet werden kann. Durch die Kenntnis der Prozeßstruktur sowie des diesbezüglichen Wirkungsgefüges, der Wertschöpfungsbeiträge und Kosten lassen sich auch die Auswirkungen einzelprozeßbezogener Entscheidungen auf das Gesamtsystem besser abschätzen, so daß gegebenenfalls sogar computergestützte Simulationen zur Entscheidungsunterstützung eingesetzt werden können. Die beschriebenen Nutzenwirkungen lassen sich jedoch mit Ausnahme der erzielbaren Zeitersparnisse relativ schwer quantifizieren und damit einer Effizienzbeurteilung kaum zugänglich machen.

Im **Back-Office-Bereich** des Unternehmens bewirken die Ansätze in erster Linie eine Verbesserung der Wirtschaftlichkeits- und Qualitätskontrollen unter besonderer Berücksichtigung der Marktanforderungen an die Leistungsprozesse. Durch die Vielfalt der Untersuchungstatbestände erhöhen sich zudem die Auswertungsflexibilität der erhobenen Daten und deren Aussagekraft für die operative Prozeßsteuerung. Werden aufgrund der verbesserten Informationsgrundlage auch in stärkerem Maße Entscheidungen von der Geschäftsführung an die unterstützenden Bereiche delegiert, so kann dies darüber hinaus eine Erhöhung der Mitarbeiterzufriedenheit aufgrund von Kompetenzerweiterungen sowie eine Entlastung der Führungskräfte bewirken.

Den ausgeprägtesten und gleichzeitig auch am ehesten zu quantifizierenden Nutzen haben die IM-Ansätze jedoch für die eigentlichen **Leistungserstellungsbereiche**. Bei adäquater Umsetzung der aus den Analysen gewonnenen Erkenntnisse können hier Verbesserungen der Prozeßqualität (durch Fehlervermeidung und Beachtung des Kundenfeedbacks),[1100] eine Beschleunigung der Prozeßabläufe (durch effiziente, gegebenenfalls automatisierte oder IT-unterstützte Prozeßausführung[1101] und optimale Prozeßabstimmung) sowie eine erhöhte Anpas-

---

1099 Zur Bedeutung der Informationsflüsse im Rahmen einer gesamtunternehmensbezogenen Prozeßoptimierung siehe Eversheim (1997), S. 115 ff.

1100 Siehe hierzu auch Eversheim (1997), S. 128 ff. Eine Quantifizierung der Qualitätsverbesserung ist z.B. über die Anzahl der Prozeßfehler sowie der in Kundenbefragungen zum Ausdruck kommenden Unzufriedenheitsanlässe möglich.

1101 Vgl. Teng/Grover/Fiedler (1994a), S. 10 ff.; Hoch (1996), S. 57 ff. und Davenport (1993), S. 44 ff. So gelang es z.B. dem Logistikdienstleister Federal Express durch die Einführung eines Informations- und Monitoringsystems (weltweite Online-Vernetzung der Zubringer- und Verteilstellen, permanente Laufüberwachung, automatisierte Vorverzollung am Bildschirm etc.) sowie einer computergestützten Logistik (elektronisch gesteuerte Be- und Entladung von Flugzeugen, Sortierung und Weiterleitung der Pa-

sungsfähigkeit an kundenbezogene oder sonstige situative Einflußfaktoren bewirkt werden. Die Leistungen der Mitarbeiter können sowohl aus Kundensicht als auch im Rahmen interner Messungen (z.b. anhand der Kostentreiber oder Prozeßzeiten) besser kontrolliert und untereinander verglichen werden, was idealtypisch - insbesondere bei leistungsbezogener Vergütung - zu einer verstärkten Motivation führt.[1102] Eng verbunden mit der unternehmensbezogenen Nutzenstiftung im Rahmen integrativer Leistungsprozesse ist der **kundenseitige Nutzen**, der durch die IM-Ansätze bewirkt werden kann. Dieser äußert sich primär in einer kundenfreundlichen Prozeßgestaltung, d.h. die verschiedenen Leistungssequenzen werden in ihrer Reihenfolge und ihrer jeweiligen Ausführung[1103] möglichst weitgehend an die Kundenbedürfnisse angepaßt, um ein zufriedenstellendes Prozeßerleben zu bewirken. Die wesentliche Informationsgrundlage hierfür sind der ermittelte Kundenpfad sowie die Nachfrageraktivitäten im Rahmen der Leistungserstellung, welche als sach- und zeitbezogene Gestaltungsvorgaben in die Prozeßplanung eingehen. Die Kenntnis des jeweiligen Prozeßnutzens aus Kundensicht ermöglicht zudem eine Fokussierung auf die besonders zufriedenheitsrelevanten Prozesse.

Eine Steigerung des Kundennutzens ist jedoch nicht nur über die Prozeßqualität zu erzielen, sondern auch über Zeitersparnisse für den Kunden. Dies gilt sowohl für die Gesamtdauer der Leistungserstellung als auch für die darin enthaltenen Unproduktivzeiten (insbesondere die Wartezeiten für den Kunden), die in besonderem Maße unzufriedenheitswirksam sind.[1104] Beide sind durch eine bessere Prozeßabstimmung, durch flexiblere Leistungserstellungsabläufe, durch eine weitgehende Ausschaltung von Störfaktoren und Fehlerursachen sowie eine möglichst realistische Terminierung gegenüber dem Kunden zu reduzieren. Auch die Optionen der Internalisierung[1105] und Externalisierung von Teilleistungen, deren kundengerechter Einsatz ebenfalls durch die Ergebnisse der Prozeßanalysen unterstützt wird, können für den Kunden Zeitvorteile bewirken, da sein Zeitaufwand dadurch reduziert (z.B. durch einen Lieferservice des Handels) oder flexibilisiert (z.B. durch 24-Stunden-Online-Banking) wird.

Eine Quantifizierung der kundenseitigen Nutzenzuwächse ist jedoch nur bedingt möglich. Selbst die erzielten Zeitvorteile, die objektiv eindeutig meßbar sind, können nicht ohne weiteres mit einem entsprechenden Nutzenzuwachs gleichgesetzt werden, da nicht die objektiven Zeitersparnisse, sondern deren subjektive Wahrnehmung durch den Kunden das Nutzenempfinden bestimmen. Ansatzpunkte für eine Nutzenquantifizierung werden jedoch durch die Prozeßzufriedenheits- und Prozeßwertanalysen geboten, indem dort z.B. Veränderungen in

---

kete etc.), die Auslieferungszeiten für fast jeden Ort der Welt auf 24-48 Stunden zu reduzieren. Vgl. Rittersberger (1998), S. 351 ff.

1102 Unter Umständen können die verstärkten Kontrollen aber auch demotivierend wirken und Reaktanz erzeugen.

1103 Im Falle automatisierter Leistungserstellung gilt dies insbesondere auch für die Bedienungsfreundlichkeit der Geräte.

1104 Vgl. Stauss (1991), S. 83 ff.

1105 Eine Internalisierung von Teilleistungen bedeutet die Übernahme von Aktivitäten durch den Anbieter, welche normalerweise von dem Nachfrager ausgeübt werden (z.B. das Bringen und Abholen des externen Faktors). Siehe hierzu Corsten (1995), S. 194.

der Anzahl negativ bewerteter Prozeßerlebnisse oder der prozessualen Teilnutzenwerte festzustellen sind. Mitunter ist auch eine Nutzenbestimmung durch die erzielten Mehrerlöse
möglich, wobei dies jedoch ansonsten unveränderte kundengerichtete Aktivitäten voraussetzt.

5.4 Informationsmanagementkonzepte eines marktorientierten Potentialmanagements

Zur Realisierung kundengerechter Leistungsergebnisse unter Einsatz der dafür geeigneten
Leistungsprozesse bedarf es auch einer an den Markterfordernissen ausgerichteten Planung
und Steuerung der Leistungspotentiale, da diese sowohl die Qualitätswahrnehmung des Kunden als auch die Wirtschaftlichkeit der Leistungserstellung in erheblichem Maße mitbestim-
men.[1106] Den Ausgangspunkt stellen dabei die qualitativen Vorgaben der Ergebnisplanung
(beabsichtigte Marktangebote)[1107] sowie die Grundsatzentscheidungen über die einzusetzenden Leistungserstellungsverfahren dar. Diese determinieren - zumindest in den direkten Leistungsbereichen - die erforderliche Potentialausstattung (Mitarbeiter und Leistungsaggregate)
bzgl. ihrer wesentlichen Leistungsmerkmale unmittelbar.

Besondere Bedeutung kommt im Rahmen eines dienstleistungsspezifischen Potentialmanagements den Mitarbeitern - insbesondere den im Kundenkontakt tätigen - zu, da diese einerseits als Repräsentanten des Unternehmens und Hauptleistungserbringer erheblich zur Qualitätswahrnehmung des Nachfragers beitragen[1108] und andererseits in ihrer Leistung weniger
konstant und exakt steuerbar sind als Objektfaktoren.[1109] Dadurch werden sie sowohl unter
Differenzierungs- als auch unter Effizienzgesichtspunkten für die meisten Dienstleistungsunternehmen zu einem kritischen Erfolgsfaktor;[1110] eine Tatsache, der allerdings erst in der jüngeren Vergangenheit verstärkt Beachtung geschenkt wurde.[1111] Die Personalbedeutsamkeit ist
tendenziell um so größer, je ausgeprägter der **Interaktions- und Individualisierungsgrad**
der Dienstleistung ist, da sich die Automatisierungsmöglichkeiten dann verringern, die Kon-
takt- und Entscheidungsintensität der Leistungserstellung hingegen steigt, so daß die Mitar-

---

1106 Hauptverantwortlich ist hierfür - wie bereits in früheren Kapiteln dargelegt - das Integrationserfordernis
eines externen Faktors, welches zum einen die Wahrnehmbarkeit der Leistungspotentiale durch den Nachfrager bewirkt und zum anderen die Entstehung von Nutz- und Leerkosten determiniert. Vgl. hierzu z.B.
Abschn. 4.4.

1107 Vgl. Corsten (1997), S. 168, der die Produktionsprogrammplanung als Grundlage der strategischen Kapazitätsplanung ansieht. Speziell zum Personalbereich siehe auch Meffert/Bruhn (1997), S. 457.

1108 Vgl. Zeithaml/Bitner (1996), S. 301 ff.; Tansik (1990), S. 153; Grönroos (1982), S. 108; Bruhn (1997), S.
165; Becker (1997), S. 82 f. und Eversheim (1997), S. 70.

1109 Vgl. Corsten/Stuhlmann (1996), S. 21 f. Hier wird auf die Problematik von Fehlzeiten und Leistungs-
schwankungen der Mitarbeiter sowie deren prinzipiell schwer zu erfassende Leistungsfähigkeit und
-bereitschaft hingewiesen.

1110 Zur Differenzierungsrelevanz der Dienstleistungsmitarbeiter vor dem Hintergrund zunehmenden Wettbe-
werbsdrucks siehe Schlesinger/Heskett (o.J.), S. 86; Eversheim (1997), S. 70 und Oelsnitz (1999), S. 387.
Ausnahmen stellen hier nach *Turley/Fugate* die sogenannten „facility-driven services" dar, bei denen v.a.
die materielle Ausstattung qualitätsbestimmend und kaufentscheidungsrelevant für den Nachfrager ist.
Beispiele für solche Dienstleistungen sind Autowaschanlagen, Vergnügungsparks, Camping- oder Golf-
plätze sowie Museen. Vgl. Turley/Fugate (1992), S. 38.

1111 Vgl. Schneider (1994), S. 68 und Arrowsmith/McGoldrick (1996), S. 48, die die lange verkannte Bedeutung des Kundenkontaktpersonals in deren unternehmenshierarchischer Ansiedlung und geringer Bezah-
lung begründet sehen.

beiter in wesentlichem Maße Verantwortung für die Ergebnisqualität und Kundenzufriedenheit tragen.[1112] Der dienstleistungsspezifischen Bedeutung entsprechend soll daher im Rahmen der potentialbezogenen IM-Ansätze zunächst auf den Personalbereich eingegangen werden, bevor die marktorientierte Gestaltung und Einsatzsteuerung der Sachkapazitäten näher analysiert werden.

5.4.1 Personalmanagement

5.4.1.1 Dienstleistungsspezifische Mitarbeiteranforderungen

Eine marktgerechte Dienstleistungserstellung bedeutet nicht zuletzt, daß die Mitarbeiter, mit denen der Nachfrager in Kontakt kommt, bezüglich ihrer Qualifikation, ihres Verhaltens sowie ihres Erscheinungsbildes den Kundenerwartungen gerecht werden, so daß bei der Erstellung qualitativer Anforderungsprofile stets auch die Kundensicht berücksichtigt werden sollte.[1113] Diese läßt sich im Prinzip durch sämtliche der in Abschnitt 5.2.2.2 dargestellten subjektiven Qualitätsmeßansätze erfassen, da bei deren Anwendung i.d.R. auch mitarbeiterbezogene Aspekte untersucht werden. Zwar werden im Rahmen der Verfahren die Kunden*erwartungen* nur selten explizit erhoben, doch lassen sich auch aus den merkmals- oder ereignisspezifischen Zufriedenheitsurteilen Erkenntnisse über die gewünschten Ausprägungen der untersuchten Mitarbeiteraspekte ableiten. Der Informationsbeitrag zur Erstellung kundenorientierter Anforderungsprofile unterscheidet sich bei den Ansätzen jedoch in Abhängigkeit der jeweils zugrundeliegenden Untersuchungstatbestände (Merkmale, Ereignisse und Probleme).[1114]

Den grundlegendsten Beitrag liefern die **merkmalsorientierten Meßverfahren** wie z.B. der SERVQUAL-Ansatz,[1115] dessen fünf Qualitätsdimensionen überwiegend auch in mitarbeiterbezogenen Items Konkretisierung finden.[1116] So wird z.B.

- bei der Tangibilitätsdimension u.a. danach gefragt, ob das Personal ansprechend gekleidet ist,
- bei der Reagibilitätsdimension danach, ob die Mitarbeiter den Kunden prompt bedienen,

---

1112 *Meffert/Bruhn* betonen ebenfalls den Zusammenhang zwischen Personalbedeutung und Kontaktintensität. Vgl. Meffert/Bruhn (1997), S. 447 f.
1113 Obgleich in der Literatur spezielle Anforderungsprofile für das Kundenkontaktpersonal im Dienstleistungsbereich aufgezeigt werden (vgl. z.B. Becker (1997), S. 95 und Meffert/Bruhn (1997), S. 457), lassen sich kaum Hinweise darauf finden, daß diese unter expliziter Einbeziehung der Kundenerwartungen erstellt werden sollten. *Schneider* und *Oelsnitz* weisen jedoch zumindest allgemein auf das Erfordernis zur Berücksichtigung der Kundenerwartungen bei personalpolitischen Maßnahmen im Dienstleistungsbereich hin. Vgl. Schneider (1994), S. 64 ff. und Oelsnitz (1999), S. 388 f.
1114 Zur Unterscheidung der subjektiven kundenorientierten Qualitätsmeßansätze in merkmals-, ereignis- und problemorientierte Verfahren siehe Bruhn (1997), S. 65 ff. und Abschn. 4.2.1.3.
1115 Siehe hierzu ausführlich Zeithaml/Parasuraman/Berry (1992), S. 38 ff. Vgl. auch Abschn. 5.2.2.2.1 dieser Arbeit.
1116 Vgl. Zeithaml/Parasuraman/Berry (1992), S. 202 ff.

- bei der Dimension des Leistungsvermögens wird die Vertrauenswürdigkeit, das Fachwissen und die Höflichkeit der Mitarbeiter überprüft, und

- bei der Dimension des Einfühlungsvermögens wird erfaßt, ob sich die Mitarbeiter den Kunden persönlich widmen und deren spezifische Service-Bedürfnisse verstehen.

Ein besonderer Vorteil des Verfahrens im Hinblick auf die Erstellung von Anforderungsprofilen besteht darin, daß mittels der verwendeten Doppelskala auch explizit die Kundenerwartungen erhoben werden,[1117] so daß sich aus den Untersuchungsergebnissen unmittelbar Sollvorgaben für die zufriedenheitsrelevanten Mitarbeiteraspekte ableiten lassen. Diese Sollvorgaben beziehen sich - wie an den beispielhaft aufgeführten Erhebungssachverhalten deutlich wird - nicht nur auf die dienstleistungsspezifischen Fähigkeiten der Mitarbeiter (fachliche Anforderungen), sondern ebenfalls auf deren Engagement, ihr Auftreten und Verhalten im Umgang mit den Kunden (persönliche und soziale Anforderungen). Da Dienstleistungen überwiegend durch Vertrauens- und Erfahrungseigenschaften geprägt sind[1118] und die Mitarbeiter ein wesentlicher Indikator für die nicht oder nur begrenzt überprüfbare Leistungsqualität sind,[1119] spielen gerade solche weichen Faktoren eine entscheidende Rolle für die Vertrauensbildung und Zufriedenheit der Kunden. Sie sollten daher neben Qualifikationsaspekten unbedingt im Anforderungsprofil verankert werden, auch wenn sie schwieriger trainier- und kontrollierbar sind.[1120]

Als Alternative bzw. Ergänzung zu den merkmalsorientierten Meßansätzen können die **ereignisorientierten Verfahren** für die mitarbeiterbezogene Informationsgewinnung genutzt werden, obgleich sie in der Literatur vorrangig im Kontext von Prozeßanalysen angesiedelt werden.[1121] Die dabei erfaßten Interaktionen zwischen Kunde und Dienstleister beziehen sich nämlich - zumindest bei persönlich erbrachten Dienstleistungen - überwiegend auf Mitarbeiterkontakte, so daß sich aus den Ereignisbeschreibungen und -bewertungen der Kunden auch wichtige Erkenntnisse über (besonders) positiv oder negativ bewertete Mitarbeiteraspekte gewinnen lassen; zumal die wahrgenommene Personalqualität in der Erinnerung des Kunden ohnehin meist in Form konkreter Erlebnisse verankert ist. Zwar ist die Informationsgewinnung dabei i.d.R. selektiver, weil der Kunde ohne gezielte Kriterienvorgaben die für ihn relevanten Ereignisse aus seiner Erinnerung heraus schildert;[1122] dafür erhält der Anbieter aber auch bereits Hinweise auf die Bedeutsamkeit bestimmter Mitarbeitereigenschaften und

---

1117 Vgl. Zeithaml/Parasuraman/Berry (1992), S. 200 sowie auch Bruhn (1997), S. 73 und Hentschel (1995), S. 367.
1118 Vgl. Zeithaml/Bitner (1996), S. 57 ff. und Woratschek (1996), S. 63.
1119 Vgl. Meffert/Bruhn (1997), S. 448 f.
1120 Vgl. hierzu auch die Anforderungsprofile bei Becker (1997), S. 95 und Meffert/Bruhn (1997), S. 457.
1121 Vgl. Stauss (1995), S. 386 ff.; Bruhn (1997), S. 82 ff.; Stauss/Weinlich (1996), S. 50 ff. und (1997), S. 37 ff. Siehe hierzu auch Abschn. 5.3.1.1 dieser Arbeit.
1122 Insbesondere die Critical Incident Technique beschränkt sich auf die Erfassung ausgewählter, besonders positiv oder negativ wahrgenommener Ereignisse. Vgl. Stauss (1995), S. 390 f.; Hentschel (1992), S. 163 ff. und Bitner/Nyquist/Booms (1985), S. 48 ff.

-verhaltensweisen für den Kunden und kann entsprechende Gewichtungen in den Anforderungsprofilen vornehmen.

Ein weiterer Informationsbeitrag der ereignisorientierten Meßansätze (insbesondere derjenigen, die auf die Erfassung kritischer Ereignisse abzielen) bezieht sich auf das erwartete Mitarbeiterverhalten in Problemsituationen, welches unter dem Begriff der Recovery-Fähigkeit[1123] subsumiert werden kann. Diesbezügliche Vorgaben (z.B. zur Belastbarkeit, Problemlösungs- und Entscheidungsfähigkeit) sollten ebenfalls in das Anforderungsprofil für Kundenkontakt-Mitarbeiter aufgenommen werden, da zum einen Probleme im Rahmen der Dienstleistungserstellung aufgrund der einschränkten Planungs- und Steuerungsautonomie des Anbieters niemals vollkommen vermeidbar sind und zum anderen eine aus Kundensicht adäquate Bewältigung von Problemsituationen in besonderem Maße die Kundenzufriedenheit beeinflußt.[1124] Die Critical Incident Technique kann in dem Zusammenhang wichtige Erkenntnisse über die Kundenwahrnehmung des Mitarbeiterverhaltens liefern, da im Rahmen des Verfahrens nicht nur die Probleme selbst, sondern auch die darauf erfolgten Mitarbeiterreaktionen beurteilt werden.[1125] Aus den Beurteilungsergebnissen lassen sich dann Verhaltensvorgaben bzw. -empfehlungen für typische Problemsituationen im Rahmen der Dienstleistungserstellung ableiten.

Gemeinsam mit den **problemorientierten Meßansätzen** kann die Critical Incident Technique auch dazu beitragen, mitarbeiterbezogene Ansätze zur Problemvermeidung zu identifizieren. Durch die Erfassung von Problemhäufigkeiten und -relevanzen[1126] sowie eventuell ergänzender Ursachenanalysen lassen sich u.a. Erkenntnisse über wiederholte Personaldefizite bei der Leistungserstellung gewinnen, die in der Mitarbeiterauswahl und/oder einem kundenorientierten Personaltraining Berücksichtigung finden sollten.[1127] Da diese Probleme aber auch in den unterstützenden Leistungsaktivitäten begründet liegen können, beschränkt sich der Informationsbeitrag hier nicht auf die Mitarbeiter im Kundenkontakt, sondern bezieht darüber hinaus die Back-Office-Mitarbeiter ein. Damit auch bei diesen Mitarbeitern eine stärkere Marktorientierung im Anforderungsprofil verankert wird, können zudem die Erwartungen der internen Kunden berücksichtigt werden,[1128] die zumindest bei direkt

---

1123 Siehe hierzu Auerbach/Bednarczuk/Büttgen (1997), S. 80 ff. Als Recovery-Fähigkeit wird die Fähigkeit eines Unternehmens verstanden, Ausnahmesituationen mit aus Kundensicht geeigneten Maßnahmen zu begegnen.

1124 Vgl. Hart/Heskett/Sasser (1990), S. 148 f.; Hart/Heskett/Sasser (o.J.), S. 104 Brown/ Cowles/Tuten (1996), S. 34 f. und Auerbach/Bednarczuk/Büttgen (1997), S. 78 ff.

1125 Vgl. Bitner/Booms/Tetreault (1990), S. 74 f.

1126 Dies sind die primären Untersuchungstatbestände der Problem Detecting Method sowie der Frequenz-Relevanz-Analyse für Probleme. Vgl. hierzu Stauss/Hentschel (1990), S. 240 ff.; Stauss (1995), S. 392 ff.; Eversheim (1997), S. 194 ff. und Bruhn (1997), S. 85 ff.

1127 In dem Zusammenhang erlangt auch die Ermittlung leistungsrelevanter Kundenmerkmale, die die Integrationsqualität des Nachfragers determinieren, Bedeutung, da sich daraus kundenspezifische Personalanforderungen ergeben, welche v.a. bei der konkreten Einsatzsteuerung der Mitarbeiter zu berücksichtigen sind.

1128 Vgl. Meffert/Bruhn (1997), S. 451.

unterstützenden Aktivitäten letztlich auch durch die Anforderungen der externen Kunden geprägt sind.

Eine ausschließlich kundenorientierte Bestimmung der Personalanforderungen ist jedoch trotz der Integrativität im Dienstleistungsbereich nicht ausreichend. Grundsätzlich sollten stets auch die objektiven, aus den Aufgaben selbst ableitbaren Anforderungen bei Personalentscheidungen berücksichtigt werden. Ihre Bestimmung kann über **Tätigkeitsanalysen** erfolgen, welche entweder an den durch den Stelleninhaber zu erfüllenden Funktionen ansetzen (z.B. Planungs-, Informations-, Koordinations- oder Repräsentationsfunktionen)[1129] oder - in Anlehnung an das Blueprinting - sämtliche Teilaufgaben eines Jobs systematisch erfassen.[1130] Die Ergebnisse dieser Analysen lassen i.d.R. Schlußfolgerungen auf die stellenspezifisch erforderlichen Fachkenntnisse, Fähigkeiten und gegebenfalls auch Persönlichkeitsmerkmale zu. Die Art und Gewichtung der Anforderungen an das Personal wird im Dienstleistungsbereich nicht zuletzt durch den **Interaktions- und Individualisierungsgrad** der Leistungserstellung beeinflußt. Je interaktiver und individueller die angebotenen Leistungen sind, desto bedeutsamer werden Merkmale wie Flexibilität,[1131] Entscheidungsfähigkeit, Eigeninitiative sowie auch die Fähigkeit, auf den Kunden einzugehen und seine Bedürfnisse zu erkennen. Letzteres ist auch vor dem Hintergrund eines marktorientierten IM von besonderer Relevanz, da die Mitarbeiter im Kundenkontakt eine Hauptinformationsquelle für kundenbezogene bzw. allgemein marktbezogene Informationen darstellen und nach Möglichkeit jede Interaktion mit den Kunden nutzen sollten, um leistungserstellungs- und beziehungsrelevante Informationen zu erlangen.[1132] Die Informationsgewinnungsfähigkeit stellt somit für den Aufbau eines IS im Dienstleistungsbereich eine sehr zentrale Anforderung an das Kundenkontaktpersonal dar.

5.4.1.2 Personalbestands- und -bedarfsbestimmung

Die an die Mitarbeiter gestellten Anforderungen sind eine wesentliche Grundlage für die qualitative Personalplanung, die auf die Überwindung von Differenzen zwischen mitarbeiterbezogenen Ist- und Soll-Zuständen hinsichtlich der personalpolitischen Ziele ausgerichtet ist.[1133] Um zu bestimmen, inwieweit die vorhandenen Personalbestände den (zukünftigen) Anforderungen gerecht werden und gegebenenfalls ergänzende Personalentwicklungs- und -beschaffungsmaßnahmen erforderlich sind, bedarf es zunächst einer **qualitativen Personalbestandsanalyse.** Diese überprüft anhand der gesamtunternehmens- und stellenbezogenen

---

1129 Zu den Funktionen vgl. Meffert/Bruhn (1997), S. 458.
1130 Vgl. Schneider (1994), S. 73. Allgemein zu Tätigkeitsanalysen siehe auch Becker (1994a), 173 f.
1131 Vgl. Kleinaltenkamp/Marra (1997), S. 73 f. Die Flexibilität der Mitarbeiter ist im Dienstleistungsbereich auch vor dem Hintergrund schwankender Nachfrage besonders bedeutsam, da sie einen variablen Einsatz in unterschiedlichen Tätigkeitsbereichen je nach konkretem Nachfrageanfall ermöglicht (z.B. im direkten Kundenkontakt wie auch im Back-Office-Bereich).
1132 Vgl. Shani/Chalasani (1992), S. 47 f.; Hentschel (1992), S. 79 und Pine/Peppers/Rogers (1995), S. 111 f.
1133 Vgl. Meffert/Bruhn (1997), S. 455. Zu den personalpolitischen Zielen eines Dienstleistungsunternehmens (wie z.B. die Mitarbeitermotivation und -qualifizierung, aber auch die Stärkung der Wettbewerbsposition und Kundenbindung) siehe Meffert/Bruhn (1997), S. 451 ff. und Becker (1997), S. 90.

Anforderungsprofile die Eignung der verfügbaren Mitarbeiter zur kundengerechten Erfüllung der durch die Ergebnis- und Prozeßplanung determinierten Aufgaben. Voraussetzung ist dabei eine differenzierte Erfassung der Mitarbeiterkompetenzen[1134] sowie nach Möglichkeit auch der mitarbeiterspezifischen Entwicklungspotentiale[1135] gemäß den als relevant erachteten Anforderungsmerkmalen. Als Informationsquellen kommen hierfür die Mitarbeiter selbst, deren Kollegen, Vorgesetzte und Nachgeordnete[1136] sowie im Hinblick auf die Leistungserstellungsabläufe auch deren interne Prozeßkunden in Frage.[1137] Für eine stärker objektivierte Einschätzung empfiehlt sich der Einsatz von Assessment-Centern, bei denen neutrale Fachleute (Psychologen und/oder Personalfachleute) eine Mitarbeiterbeurteilung unter Einsatz speziell ausgearbeiteter Analysemethoden (Rollenspiele, Gruppenarbeitssimulationen, Streßtests etc.) vornehmen. Da dieses Analyseinstrument allerdings sehr aufwendig ist, sollte es unter Wirtschaftlichkeitsgesichtspunkten nur bei Mitarbeitern mit einer gewissen strategischen Bedeutung eingesetzt werden. Im Fall des Kundenkontaktpersonals können zudem, wie im letzten Abschnitt dargelegt, auch Zufriedenheitsuntersuchungen bei den Kunden Aufschluß über die Mitarbeiterfähigkeiten geben. Voraussetzung hierfür ist jedoch, daß die Kundenurteile eindeutig bestimmten Mitarbeitern zuordenbar sind.

Um aus der Fülle der Bestands- und Potentialinformationen zu bestimmen, inwieweit der gesamtunternehmens- bzw. bereichsbezogene **qualitative Personalbedarf** durch die vorhandenen Mitarbeiter abgedeckt werden kann, bedarf es einer systematischen Analyse der Soll- und Ist-Daten. Diese dient der Erfassung von Übereinstimmungen zwischen Anforderungs- und Fähigkeitsprofilen sowie der Erkenntnisgewinnung über die Investitionswürdigkeit und -bedürftigkeit der Personalbestände (bezüglich qualitätserhöhender Trainingsmaßnahmen), über ergänzende Rekrutierungsbedarfe und gegebenenfalls empfehlenswerte Personalfreisetzungen. Bei adäquater Informationsgrundlage (z.B. im Rahmen einer umfassenden Personaldatenbank[1138]) wäre in dem Zusammenhang z.B. ein Data Mining-Einsatz denkbar, mit dessen Hilfe innerhalb des komplexen Datengefüges nicht nur Zusammenhänge zwischen Mitarbeiterfähigkeiten und Stellenanforderungen aufgedeckt werden können, sondern sich mitunter auch die Entwicklungspotentiale konkretisieren lassen. Dies ist dann der Fall, wenn vorhandene Daten über bereits durchgeführte Personalentwicklungsmaßnahmen, deren Ausgangsbe-

---

1134 *Becker* unterscheidet die Mitarbeiterkompetenzen in Fach- bzw. Sachkompetenz (relevantes Fachwissen für eine Stelle), Methoden- bzw. Konzeptkompetenz (Kenntnis alternativer Vorgehensweisen bei bestimmten Problemstellungen, Lernfähigkeit, Denken in Zusammenhängen etc.), Sozialkompetenz (Verantwortungsbereitschaft, Teamfähigkeit, Zuverlässigkeit etc.) und Wollenskompetenz (Motivation, Einstellung etc.). Vgl. Becker (1997), S. 86. Eine ähnliche Systematisierung ist bei Eversheim (1997), S. 73 zu finden.

1135 Vgl. Becker (1997), S. 83.

1136 Solche internen Personalbewertungen sind bei manchen Unternehmen (z.B. Procter & Gamble) unter Verwendung vorgegebener Kriterienkataloge institutionalisiert. Hierbei besteht jedoch die Gefahr, daß ein Mißtrauensverhältnis unter den Mitarbeitern entsteht, das sich negativ auf die Zusammenarbeit und die Leistungsergebnisse auswirken kann.

1137 Vgl. Becker/Günther (1998), S. 762 f.

1138 Vgl. hierzu den folgenden Abschnitt.

dingungen (mitarbeiterkennzeichnende Merkmale bezüglich des Werdegangs, vorhandener Qualifikationen und Defizite etc.) und Erfolge auf systematische Zusammenhänge hin untersucht werden und sich daraus Schlußfolgerungen über die Wirkung eines Trainingseinsatzes bei konkreten Mitarbeitern ziehen ließen.

Der **quantitative Personalbestand** als weitere wesentliche Planungsgrundlage läßt sich relativ problemlos aus den im Personal- oder Rechnungswesen gespeicherten Daten ermitteln. Allerdings sind hierbei die Informationen über die absoluten Mitarbeiterzahlen in den verschiedenen Einsatzbereichen i.d.R. nicht ausreichend, da insbesondere bei einem flexibilisierten, am konkreten Nachfrageanfall orientierten Personaleinsatz die Arbeitszeiten pro Person durchaus variieren können (z.B. durch Teilzeitbeschäftigung oder Überstunden).[1139] Als Kalkulationsgrundlage der quantitativen Personalbedarfs- und -einsatzplanung sollte daher die Bandbreite der insgesamt bzw. bereichsspezifisch verfügbaren Mitarbeiterstunden bestimmt werden, deren untere Grenze durch die vertraglich geregelten, kurzfristig nicht reduzierbaren Arbeitsstunden gebildet wird und deren Obergrenze der maximalen zeitlichen Einsatzbereitschaft bzw. -fähigkeit der beschäftigten Mitarbeiter entspricht. Während die Obergrenze eine echte Kapazitätsbegrenzung ist, stellt die Untergrenze eher eine wirtschaftlichkeitsbezogene Begrenzung dar, deren Unterschreitung zwar möglich ist, jedoch mit Leerkosten einhergeht, da die vertraglich geregelten Arbeitszeiten vergütet werden müssen, auch wenn sie nicht produktiv genutzt werden. Bei einer Prognose des zukünftigen Personalbestandes auf Basis der ermittelten Ist-Werte müssen zudem die altersbedingt ausscheidenden Mitarbeiter sowie die erfahrungsgemäßen Fluktuationen und Ausfallzeiten (z.B. durch Krankheit, Mutterschaftsurlaub etc.) berücksichtigt werden,[1140] welche ebenfalls aus den Datenbeständen des Personalwesens zu entnehmen sind.

Schwerer zu ermitteln ist hingegen der **quantitative Personalbedarf** eines Dienstleistungsunternehmens, da dieser zumindest in den direkten Leistungsbereichen unmittelbar von der konkret anfallenden Nachfrage abhängig ist. Somit sind für die Bedarfsplanung möglichst genaue Prognosen[1141] des Gesamtanfalls, der zeitlichen Schwankungen[1142] sowie der räumlichen und je nach Einsatzflexibilität der Mitarbeiter auch angebotsspezifischen Verteilung der Nachfrage zu erstellen. Grundlage solcher Nachfrageprognosen sind zum einen Erfahrungswerte, welche jedoch i.d.R. nur bei solchen Unternehmen systematisch erfaßt vorliegen, bei denen computergestützte Buchungen bzw. Reservierungen vorgenommen werden (z.B. Fluggesellschaften oder Konzertveranstalter) oder die Auftragseingänge bzw. die eigentliche Lei-

---

1139 Siehe hierzu die Ausführungen zu den zeitlichen Anpassungspotentialen in Abschn. 4.4.2.3 sowie Heskett (1988), S. 107 f.; Schneeweiß (1992), S. 18 und Pack (1993), S. 65.
1140 Vgl. Becker (1994), S. 164.
1141 Vgl. Heskett/Sasser/Hart (1991), S. 169 f.; Browne (1995), S. 16 und Lüking (1993), S. 11 ff. Zu alternativen Prognoseverfahren siehe Lewandowski (1974), S. 29 ff. und Daudel/Vialle (1992), S. 83 ff., sowie speziell zur Berücksichtigung von Nachfrageschwankungen bei Personalbedarfsrechnungen Förderreuther (1976), S. 68 f. *Shemwell/Cronin* weisen jedoch zu Recht darauf hin, daß eine vollständige Vorbereitung auf Nachfrageschwankungen niemals möglich ist. Vgl. Shemwell/Cronin (1994), S. 19.

stungsinanspruchnahme zeitlich und kundenspezifisch festgehalten wird (z.b. technische Kundendienste oder Anbieter von Telekommunikationsleistungen).[1143] Auf der anderen Seite sind bei den Nachfrageprognosen aber auch die diesbezüglich relevanten Bestimmungsfaktoren in ihren jeweiligen Ausprägungen zu berücksichtigen (z.b. Großveranstaltungen bei Hotels, Ferienzeiten bei Reiseveranstaltern oder die allgemeine Konjunkturlage bei Finanzdienstleistern), deren Bedeutung für den Anbieter gegebenenfalls auch durch den Einsatz von Datamining-Techniken untersucht werden kann.[1144]

Zur Konkretisierung des für die prognostizierte Nachfrage erforderlichen Mitarbeitereinsatzes kann auf die Erkenntnisse der Prozeßstrukturanalyse bzw. der Prozeßkostenrechnung zurückgegriffen werden, die spezifische Informationen über die Inanspruchnahme der Personalkapazitäten durch die Dienstleistungsangebote liefern.[1145]

5.4.1.3 Aufbau einer Personaldatenbank

Ein effektives und effizientes Personalmanagement, das den Markterfordernissen ebenso wie den wirtschaftlichen Interessen des Unternehmens gerecht wird, bedarf einer umfassenden, systematisch angelegten Informationsgrundlage, die vielfältige Analysen im Rahmen der Personalplanung, -steuerung und -kontrolle ermöglicht.[1146] Zu diesem Zweck empfiehlt sich der Aufbau einer Personaldatenbank, die ähnlich den in einer Kundendatenbank gespeicherten transaktions- und leistungserstellungsunterstützenden Nachfragerinformationen wesentliche Mitarbeiterdaten für die vorab beschriebenen qualitativen und quantitativen Bestandsanalysen und -prognosen, für einen bedarfsgerechten Personaleinsatz und die Bestimmung geeigneter Personalentwicklungsmaßnahmen, für den Aufbau marktorientierter Anreiz- und Entlohnungssysteme sowie zur Leistungskontrolle beinhaltet[1147] (vgl. Abb. 34).[1148]

Für die in die Datenbank aufzunehmenden Informationen sind verschiedene Informationsquellen wie z.b. die Kostenrechnung, die Lohn- und Gehaltsbuchhaltung, die Mitarbeiter des Unternehmens (insbesondere die jeweiligen Bereichs- bzw. Abteilungsleiter) das Personalwesen bzw. die dort bereits vorhandene Aufzeichnungen sowie spezielle Schulungs- und Personalbeurteilungseinrichtungen (interne wie externe) zu nutzen. Da die hieraus zu erhaltenden Informationen sehr unterschiedlicher Art und Aufbereitungsform sein können, bedürfen sie zunächst einer systematischen Bearbeitung, um eine weitgehend standardisierte Erfassung in

---

1142 Vgl. Rhyne (1988), S. 450; Browne (1995), S. 16 und Meffert/Bruhn (1997), S. 456.

1143 Wichtig für die Prognose ist dabei, daß nicht nur die durch das Unternehmen befriedigte Nachfrage, sondern auch die wegen unzureichender Kapazitäten abgelehnte bekannt ist.

1144 Hierfür müßte man jedoch auf eine umfangreiche Datenbasis über potentielle Einflußgrößen zurückgreifen können, welche dann auf Zusammenhänge zum tatsächlichen Nachfrageanfall überprüft werden könnten.

1145 Siehe hierzu die Abschnitte 5.3.1 und 5.3.3.

1146 Vgl. Becker (1994), S. 164.

1147 Die Informationen stellen die wesentliche Grundlage für ein umfassendes Personal-Controlling dar, welches im nachfolgenden Abschnitt behandelt wird.

der Datenbank zu ermöglichen und sie möglichst vielfältigen Analysen und Verwendungs-
zwecken zugänglich zu machen.

Datenbankmodule	enthaltene Einzelinformationen	Verwendungszwecke
Persönliche Daten	• Name • Anschrift, Telefon, Fax, E-mail • Geburtsdatum • Familienstand • Nationalität, Konfession • ggf. Kleider- und Schuhgröße etc.	• Kommunikation/Erreichbarkeit (insbesondere bei flexibel ein- setzbaren Mitarbeitern) • Gehaltsabrechnung • Ausstattung mit Dienstkleidung
Daten zum beruf- lichen Werde- gang und zur fachlichen Quali- fikation	• Schul-/Hochschulbildung • berufliche Ausbildung • Zusatzqualifikationen (Sprach- und EDV- Kenntnisse, Führerschein etc.) • ehemalige Tätigkeitsbereiche und Arbeit- geber (inkl. der jeweiligen Beschäftigungs- dauer) • Werdegang innerhalb des Unternehmens • aktuelle Position (Aufgabeninhalte, hierar- chische, funktionale u. regionale Einord- nung, ggf. feste Zuständigkeit für best. Kunden)	• Personaleinsatzplanung • Personalentwicklung • Bestandsanalysen • Bestimmung des Personal- beschaffungsbedarfs
Leistungs-/Fähig- keitsbewertung (aus interner und/oder Kunden- sicht)	• Leistungsergebnisse • Art und Häufigkeit von Fehlern und Pro- blemen • geleistete Arbeitsstunden • Fehlzeiten (inkl. Ursachen) • Leistungsmotivation/Einsatzbereitschaft • Einsatzflexibilität • soziale Kompetenz (Führungs-/ Teamfä- higkeit, Zuverlässigkeit etc.) • Entscheidungs-/Problemlösungsfähigkeit • Verantwortungsbereitschaft • Belastbarkeit etc.	• Personaleinsatzplanung/ -steuerung • Personalentwicklung • Bestandsanalysen • Bestimmung des Perso- nalbeschaffungsbedarfs • Leistungskontrollen • Gestaltung leistungsorientierter Anreiz- und Entlohnungssysteme
Entwicklungs- potentiale	• Ausbaufähigkeit der fachlichen, methodi- schen und sozialen Kompetenzen	• Personalentwicklung • Personalbedarfsplanung
Vertragsdaten	• Art des Vertrags (Angestellte/Arbeiter, Auszubildende etc.) • Arbeitsstunden • Vertragsbeginn, -laufzeit, Unterbrechungs- zeiten • Aufgabenbereiche • Entlohnung (Grundgehalt, Zulagen, lei- stungsabhängige Bestandteile) • Zusatzvergünstigungen etc.	• Personalbestandsanalysen und -prognosen • Personalbedarfsplanung • Personalentwicklung • Personalbeschaffung/ -einstellung • Personalfreisetzung
Kostendaten	• Unmittelbares Entgelt • Personalnebenkosten • Personalentwicklungskosten • Kosten für Ausfallzeiten etc.	• Wirtschaftlichkeitsrechnungen • Budgetierung

**Abbildung 34: Inhalte und Verwendungszwecke einer Personaldatenbank im Dienstlei-
stungsbereich**

1148 Zu den Inhalten vgl. in Teilbereichen Becker (1994), S. 165 ff.

Wird in Ergänzung zu einer solchen Personaldatenbank auch eine Stellendatenbank eingerichtet, können vergleichende Analysen innerhalb der beiden Datenbanken zu einer qualitativen, quantitativen und zeitablaufbezogenen Optimierung des Personaleinsatzes beitragen. Die
Stellendatenbank sollte dabei nach den gleichen Kriterien, wie sie den Qualifikations- bzw.
Fähigkeitsprofilen zugrundeliegen, Anforderungsprofile für die einzusetzenden Mitarbeiter
definieren und zudem eine Quantifizierung der vorhandenen Stellen, bestehender und zu erwartender Vakanzen sowie eventueller Über- oder Fehlbesetzungen enthalten. Bei unmittelbar nachfrageabhängigen Tätigkeitsbereichen kann idealtypisch auch eine zeitliche Konkretisierung des erforderlichen Personaleinsatzes (Tages-, Wochen- oder Saisoneinsatzzeiten) vorgenommen werden; vorausgesetzt, es liegen aussagekräftige Informationen über Nachfrageschwankungen vor.

5.4.1.4 Personal-Controlling

Die aufgezeigten Datenbankinhalte geben ein differenziertes Bild des aktuellen Personalbe-
stands und seiner Entwicklungspotentiale. Gemeinsam mit den Ergebnissen der marktorientierten qualitativen und quantitativen Bedarfsanalysen sowie einer kostenrechnerischen Bewertung des Personaleinsatzes stellen sie die zentrale Informationsgrundlage eines Personal-
Controlling dar, welches darauf ausgerichtet ist, „die Bereitstellung und den Einsatz der Mit-
arbeiterressourcen im Hinblick auf die Erfolgsfaktoren Kundenorientierung und Wirtschaftlichkeit zu überwachen und zu steuern."[1149] Die Hauptaufgabe eines dienstleistungsspezifischen Personal-Controlling besteht somit darin, den Mitarbeitereinsatz so zu lenken, daß einerseits die Kundenerwartungen an die Leistungserstellung möglichst vollständig erfüllt werden und andererseits die Kostenbelastung für das Unternehmen durch die Vermeidung von
Leerkosten möglichst gering gehalten wird. Durch regelmäßige Leistungs- und Kostenkontrollen sollte dabei die Zielerreichung überprüft werden.

Als **Steuerungsinstrumente** für den marktorientierten Mitarbeitereinsatz kommen v.a. die
unter Abschnitt 4.4.2 dargestellten Potentialanpassungsoptionen in Frage, die eine stärker fle-
xibilisierte, auf den konkreten Nachfrageanfall abgestimmte Nutzung der Personalressourcen
ermöglichen sollen. Voraussetzung hierfür ist jedoch ein gewisser Mindestbestand an Mitarbeitern, die bereichsübergreifend ausgebildet wurden[1150] und/oder zeitlich bzw. räumlich variabel einsetzbar sind. Für welche Mitarbeiter dies zutrifft, läßt sich im wesentlichen aus den
Datenbankinformationen entnehmen, die darüber hinaus auch Hinweise auf diesbezüglich
ausbaufähige Potentiale liefern. Durch die konkreten Informationen über bisherige Einsatzbereiche der Mitarbeiter und deren Leistungsbewertung, über die fachliche und persönliche
Qualifikation sowie über die vertraglichen Regelungen des Arbeitseinsatzes läßt sich der Per-

---

1149 Bühner/Breitkopf/Stahl (1996), S. 139.
1150 Vgl. Bitran/Mondschein (1997), S. 528; Bitran/Lojo (1993), S. 280; Johnson/Scheuing/Gaida (1986), S.
      127.

sonaleinsatz in qualitativer, quantitativer, zeitlicher und räumlicher Hinsicht relativ genau auf den prognostizierten Bedarf abstimmen. Da die Einsatzflexibilität der Mitarbeiter i.d.R. aber begrenzt ist[1151] und die Nachfrage selten vollkommen exakt prognostizierbar ist, bedarf es zudem meist einer situativen Anpassung der Leistungsintensität an den nachfragebedingten Arbeitsanfall.

Um grundsätzlich eine höhere Leistungsintensität zu erreichen, ohne die Kundenbedürfnisse zu vernachlässigen oder Unzufriedenheit bei den Mitarbeitern zu bewirken, sollten **leistungsorientierte Anreizsysteme** etabliert werden,[1152] die eine zusätzliche Vergütung (z.B. in Form von Provisionen) - zumindest bei den Kundenkontaktmitarbeitern - nicht nur an den mengenmäßigen Arbeitsoutput, sondern auch an die Kundenzufriedenheit koppeln. Bei eindeutig festgelegten Zuständigkeiten für bestimmte Kunden (z.B. im Versicherungs- und Consultingbereich) oder ex post anhand der Tätigkeitsart und Einsatzzeit nachvollziehbaren Verantwortlichkeiten (z.B. Check-in bei Fluggesellschaften, Zimmerservice in Hotels oder technischer Kundendienst bei Telekommunikationsleistungen) können Zufriedenheitsuntersuchungen (möglichst wiederholt durchgeführt) die diesbezüglich relevanten Marktinformationen (externe Leistungsbeurteilung) liefern.[1153] **Interne Leistungserfassungen** werden im Rahmen der Prozeßkostenrechnung ohnehin anhand der Kostentreiber durchgeführt.[1154] Sie müßten lediglich um personelle Zuständigkeiten für bestimmte Kostentreibermengen ergänzt werden, um die mitarbeiterspezifischen Leistungen zu quantifizieren. Zur differenzierten Bestimmung und Überwachung der Personaleffizienz schlagen *Bühner/Breitkopf/Stahl* den Einsatz von Kennzahlen vor, welche neben der Leistung an sich (bestimmt durch das Ausmaß, in dem qualitative und quantitative Zielvorgaben realisiert werden) auch die Verfügbarkeit der Mitarbeiter (effektive Arbeitszeit, Fehlzeiten[1155] und Mitarbeiterfluktuation[1156]) sowie die Fehlerfreiheit der verrichteten Tätigkeiten (Anteil fehlerfreier Prozesse an der Gesamtzahl durchgeführter Prozesse) berücksichtigen.[1157] Damit die diesbezüglich ermittelten Ergebnisse eine Steuerungsfunktion für das Arbeitsverhalten der Mitarbeiter übernehmen, sollten sie diesen als Feedback kommuniziert und in die (möglichst partizipative) Zielfestlegung einbezogen werden.[1158]

1151 Selbst wenn die Mitarbeiter vielseitig einsetzbar sind, ist ein ständiger Tätigkeitswechsel aufgrund fehlender Lerneffekte und Spezialisierungsvorteile nicht unbedingt zu empfehlen.

1152 Zu unterschiedlichen Arten von Anreizsystemen vgl. Köhler (1995b), Sp. 1479 f. und (1998a), S. 14 sowie speziell zur Gestaltung von Anreizsystemen im Sparkassenbereich siehe Schröder/Schweizer (1999), S. 612 ff., wobei die Kundenzufriedenheit als Bemessungsgrundlage für materielle oder immaterielle Anreize hier nicht einbezogen wird.

1153 Hierzu können die gleichen Meßverfahren wie zur Erstellung der Anforderungsprofile für das Kundenkontaktpersonal eingesetzt werden. Vgl. Abschn. 5.4.1.1.

1154 Siehe hierzu Abschn. 5.3.3.1.

1155 Zu den verschiedenen Gründen für Mitarbeiterfehlzeiten siehe Becker (1994), S. 168 f.

1156 Diese ist für langfristige Produktivitätsüberwachungen und -abschätzungen von Relevanz, da durch empirische Untersuchungen ein positiver Zusammenhang zwischen Dauer der Betriebszugehörigkeit und Produktivität nachgewiesen wurde. Vgl. Bühner/Breitkopf/Stahl (1996), S. 152.

1157 Vgl. Bühner/Breitkopf/Stahl (1996), S.149 ff.

1158 Vgl. Bühner/Breitkopf/Stahl (1996), S. 155.

Den Leistungen gegenüberzustellen sind die Personalkosten, die sich aus dem unmittelbaren, vertraglich vereinbarten Entgelt (Löhne und Gehälter sowie fest definierte Zulagen und Zuschläge), eventuellen leistungsabhängigen Zusatzvergütungen (z.b. Provisionen) sowie den Personalnebenkosten (Sozialversicherungsbeiträge, Urlaubsgeld, 13. Monatsgehalt, Pensionsrückstellungen, Reisekosten, Aus- und Weiterbildungskosten etc.) zusammensetzen.[1159] Rückblickend sind diese Kosten größtenteils relativ leicht zu ermitteln; bei den Aus- und Weiterbildungskosten können jedoch Quantifizierungsprobleme entstehen, wenn z.b. im Rahmen eines „Training on the job" Leistungsausfälle der mit der Job-Einweisung betrauten Personen entstehen, die als Opportunitätskosten in die Kalkulation einzubeziehen wären. Dieser Sachverhalt ist im Dienstleistungsbereich v.a. dann bedeutsam, wenn zum Zwecke einer flexiblen, nachfrageorientierten Personalsteuerung die vorhandenen Mitarbeiter stellenübergreifend ausgebildet werden sollen.[1160] Darüber hinaus ergeben sich bei der Kostenplanung generell Unsicherheitsprobleme, da die Bestimmungsgrößen der Kostenentwicklung (z.b. Tarifveränderungen, allgemeines Lohnniveau und Lebenserwartung der Mitarbeiter[1161]) a priori nicht genau abzuschätzen sind.

Ein weiterer wichtiger Untersuchungstatbestand im Rahmen der Personalkosten betrifft die Bestimmung **personeller Überkapazitäten**, die zu Leerkosten führen und daher nach Möglichkeit abzubauen sind. Hierfür kann wieder die Prozeßkostenrechnung als Informationsbasis genutzt werden, da sie die Inanspruchnahme der Leistungskapazitäten, also auch der Personalkapazitäten, durch die verschiedenen Prozesse ermittelt. Werden für jeden Mitarbeiter bzw. für jede Stelle im Unternehmen Soll-Prozeßmengen festgelegt (z.B. auf der Basis von Prozeßzeitenanalysen), so läßt sich aus deren Vergleich mit den realisierten Prozeßmengen in einem bestimmten Erfassungszeitraum das Ausmaß der Kapazitätsauslastung ermitteln.[1162] Aufgrund von Nachfrageschwankungen und deren direkten Einflusses auf einen produktiven Mitarbeitereinsatz können die Auslastungszahlen im Dienstleistungsbereich jedoch erheblich variieren, so daß ein Kapazitätsabbau oft nur zeitlich befristet sinnvoll ist.[1163] Aufgrund der ausgeprägten Bedeutung der **Mitarbeiterzufriedenheit** für die kundenorientierten Leistungsergebnisse im Dienstleistungsbereich[1164] sollte ein Personal-Controlling jedoch nicht nur auf eine input-/outputorientierte Steuerung und Überwachung des Personaleinsatzes ausgerichtet sein, sondern auch eine Erfassung der Leistungsmotivation und Zufriedenheit der Mitarbeiter beinhalten. Als Instrumente zu deren Steigerung können neben den be-

1159 Vgl. Becker (1994), S. 165 ff.
1160 Vgl. Bitran/Mondschein (1997), S. 528; Bitran/Lojo (1993), S. 280; Johnson/Scheuing/Gaida (1986), S. 127.
1161 Diese ist für die betriebliche Altersversorgung und Pensionsrückstellungen von Relevanz.
1162 Siehe hierzu Friedl (1997), S. 128, deren Ausführungen sich jedoch nicht speziell auf den Personalbereich beziehen.
1163 Hierbei können vertragliche Regelungen restriktiv wirken. Vgl. allgemein zu vertraglichen Beschränkungen eines Personalabbaus Friedl (1997), S. 127.
1164 Empirische Studien im Dienstleistungsbereich weisen einen ausgeprägten Zusammenhang zwischen Mitarbeiter- und Kundenzufriedenheit nach. Siehe hierzu Schneider (1994), S. 66 f.; Heskett/Jones/Loveman (1994), S. 51 ff. und Zeithaml/Bitner (1996), S. 304 f.

reits erwähnten leistungsorientierten Anreizsystemen auch bedarfsgerechte Personalentwicklungsmaßnahmen eingesetzt werden, die den Mitarbeiter in seiner Bedeutung für das Unternehmen aufwerten und seine Investitionswürdigkeit zum Ausdruck bringen.[1165]

5.4.1.5 Personalbenchmarking

Die wettbewerbsstrategische Bedeutung der Mitarbeiter im Dienstleistungsbereich legt es nahe, zur Optimierung des Personalmanagements neben den kundenbezogenen und intern gewonnenen Informationen auch Vergleichsdaten anderer Unternehmen zu nutzen. Die potentiellen **Objekte** eines Personal-Benchmarking lassen sich dabei im wesentlichen in zwei Kategorien unterteilen:

* die Prozesse bzw. Aktivitäten des Personalwesens (d.h. Rekrutierung, Auswahl und Einstellung von Mitarbeitern, Schulungs- und Betreuungsaktivitäten, Personaleinsatz und -bewertung, Personalfreisetzung sowie sämtliche Datenverwaltungsprozesse in diesem Zusammenhang) und

* die Mitarbeiter selbst (d.h. ihre Qualifikation, ihre Leistungsfähigkeit, -bereitschaft und -ergebnisse sowie ihre Kostenverursachung).

Die konkreten Bezugsdaten aus dem eigenen Unternehmen liegen bei einem mitarbeitergerichteten Benchmarking bereits vor, sofern eine entsprechende Datenbank etabliert wurde. Bei einem Unternehmensvergleich bezüglich der Personalmanagementaktivitäten, d.h. bezüglich deren Effektivität und Effizienz, bedarf es hingegen zunächst einer Konkretisierung der Meßgrößen (z.B. in Form von Kennzahlen wie der Betreuungsquote[1166] oder der Erfolgsquote bei Rekrutierungsmaßnahmen) und anschließend der diesbezüglichen Datenerhebung. Da das Personalwesen i.d.R. nicht als besonders sensibler Bereich für einen Datenaustausch mit anderen Unternehmen angesehen wird,[1167] erweist sich die **Gewinnung von Benchmarking-Partnern** hier als relativ unproblematisch. Institutionen wie die DGfP (Deutsche Gesellschaft für Personalführung) oder branchenspezifische Verbände, die spezielle Gesprächskreise für einen personalbezogenen Informationsaustausch eingerichtet haben, können dabei als Informationsquellen und Kontaktvermittler genutzt werden.[1168] Die Suche eines Dienstleistungsunternehmens nach potentiellen Benchmarking-Partnern muß nicht unbedingt auf branchenzugehörige Unternehmen fokussiert sein, denn andersartige Organisationsstrukturen können mitunter besonders interessante Hinweise auf Veränderungsmöglichkeiten geben. Sollen jedoch die Kundenurteile als Vergleichsmaßstab bei dem Benchmarking einbezogen

---

1165 Zur Erfassung der Investitionen in die Mitarbeiter durch Aus-, Fort- und Weiterbildung vgl. Bühner/Breitkopf/Stahl (1996), S. 144 ff.

1166 Die Betreuungsquote gibt an, wieviele Personalbereichsmitarbeiter für 1000 Mitarbeiter im Unternehmen zuständig sind. Vgl. Bühner/Breitkopf/Stahl (1996), S. 164.

1167 Vgl. Pichert (1997), S. 22. Dies gilt natürlich nicht für konkrete Mitarbeiterinformationen, die dem Datenschutz unterliegen. Für ein Personalbenchmarking sind aggregierte Daten aber ohnehin aussagekräftig genug.

werden, kommen nur Unternehmen mit ebenfalls integrativer Leistungserstellung in Frage, da ansonsten nur wenige Tätigkeitsbereiche (wie z.b. der Vertriebsbereich, der Kundendienst oder spezielle Informationsstellen für die Kunden) in die Untersuchung einbezogen werden können.

Bezüglich der Datenerhebung und -analyse kann weitgehend auf die Ausführungen der bisherigen Abschnitte zum dienstleistungsspezifischen Benchmarking verwiesen werden. Die Übertragung der gewonnenen Erkenntnisse auf das eigene Unternehmen bedarf im Personalwesen besonderer Vorsorge und Sensibilität, da hier stärker noch als bei einer Implementierung ergebnis- oder prozeßbezogener Fremd-Konzepte mögliche Reaktanzeffekte der betroffenen Mitarbeiter auftreten können. Eine systematische und offene interne Informationspolitik, die Mißtrauen und Stellenverlustängste reduziert, muß daher ein zentraler Bestandteil des Benchmarking sein.[1169]

5.4.1.6 Kritische Beurteilung

Bezogen auf das **Information-GAP-Modell** liefern die vorgestellten Informationskonzepte für sämtliche Lücken bzw. potentialbezogenen Teillücken einen wesentlichen Informationsbeitrag: Die Erfassung der mitarbeitergerichteten Kundenerwartungen (GAP 1) und deren Berücksichtigung bei der Erstellung von Anforderungsprofilen trägt dazu bei, die für die Kunden entscheidenden Merkmale bei der Bestandserfassung sowie bei der Personalauswahl und -entwicklung verstärkt zu berücksichtigen (GAP 2b). In Verbindung mit den Informationen über die räumlich-zeitliche sowie angebotsspezifische Verteilung des Nachfrageanfalls lassen sich die verfügbaren Mitarbeiter bedarfsgerecht zuteilen (GAP 3a), und die kundenorientierten Qualitätsmessungen ermöglichen zudem eine externe Kontrolle der Leistungsfähigkeit und -bereitschaft des Personals (GAP 4) sowie eine diesbezügliche Zufriedenheitsermittlung (GAP 5). Werden zur Erfassung der Kundenwahrnehmung auch problemorientierte Meßansätze herangezogen, die an kritischen Ereignissen im Rahmen der Leistungserstellung und deren Bewältigung durch das Personal ansetzen, erhält das Unternehmen zusätzlich Informationen über die Recovery-Fähigkeit der Mitarbeiter aus Kundensicht, den zweiten Aspekt innerhalb der Zufriedenheits- und Korrektur-GAP (GAP 5).

Die **Informationsqualität**, d.h. die Genauigkeit und Gültigkeit sowie der Aggregationsgrad der zu gewinnenden Mitarbeiterinformationen, kann bei den verschiedenen Ansätzen durchaus variieren. So sind die intern erhobenen Informationen durchweg auf die Mitarbeiter im einzelnen bezogen und - soweit es sich um objektiv erfaßbare Daten handelt (z.B. demographische Daten, Ausbildungs- und Kostendaten) - i.d.R. von hoher Validität und Genauigkeit. Problematisch können sich hierbei jedoch die qualitativen Fähigkeits- und Leistungsbeurteilungen erweisen, welche größtenteils aus der Einschätzung anderer Mitarbeiter (Kollegen, Vorgesetzte etc.) hervorgehen und somit durch subjektiv verzerrte Wahrnehmungen oder op-

---

portunistische Motive in ihrer Gültigkeit beeinträchtigt sein können. Bei den Mitarbeiterbewertungen aus Kundensicht besteht hingegen vorrangig das Problem der Zurechenbarkeit, da die ihnen zugrundeliegenden Qualitätsuntersuchungen i.d.R. anonymisiert werden und somit keine direkten Rückschlüsse von einem bestimmten Kunden auf einen bestimmten Mitarbeiter gezogen werden können. Zumindest aber lassen sich aus den Ergebnissen allgemeine Erkenntnisse über die Kundenanforderungen gewinnen, und zudem werden gerade von unzufriedenen Kunden die verantwortlichen Mitarbeiter auch oft konkret benannt. Einen vergleichsweise hohen Aggregationsgrad weisen schließlich die aus anderen Unternehmen stammenden Mitarbeiterinformationen auf, da personenspezifische Angaben aus Datenschutzgründen nicht übermittelt werden können. Für den Einsatzzweck dieser Informationen ist dies jedoch nicht problematisch, da Konkurrenzdaten in erster Linie einem personenübergreifenden Qualitäts- bzw. Kostenvergleich dienen.[1170]

Unter **zeitlichen Gesichtspunkten** sind die Personalinformationsansätze grundsätzlich positiv zu bewerten, da sie im Rahmen eines systematischen Datenbankmanagements eine regelmäßige Erfassung der relevanten Mitarbeiterdaten vorsehen,[1171] um diese mit den jeweils aktuellen, extern orientierten Personalbedarfsdaten abzustimmen. Für eine bedarfsgerechte Personalplanung und flexible Personaleinsatzsteuerung ist die rechtzeitige Verfügbarkeit qualitativer und quantitativer Mitarbeiterdaten unabdingbar, so daß die Aktualität der Informationen ein wesentliches Merkmal einer dienstleistungsspezifischen Personaldatenbank darstellen muß.

Die **Verfügbarkeit der Mitarbeiterinformationen für die Bedarfsträger** ist durch die Zugriffsmöglichkeiten auf die Datenbankinhalte beliebig steuerbar und somit ebenfalls positiv zu bewerten. Zur Vermeidung von Unsicherheit und Kontrollängsten sowie zur Steigerung der Leistungsmotivation sollten für jeden Mitarbeiter zumindest die über ihn gespeicherten Daten einsehbar sein. Die leistungsbezogenen Daten sollten im Sinne eines internen Benchmarking nach Möglichkeit auch mit denen anderer Mitarbeiter verglichen werden können, wobei hier jedoch gegebenenfalls eine Anonymisierung vorzunehmen ist, um direkte Rivalitäten zu vermeiden.

Da ein Personalinformationssystem in der beschriebenen Form zum großen Teil auf Daten zurückgreifen kann, die bereits zu anderen Zwecken erhoben werden (z.B. Ergebnisse von Kundenzufriedenheitsuntersuchungen, Prozeßkostenrechnungsdaten, im Personalwesen ohnehin vorhandene Ausbildungs- und Entlohnungsdaten etc.), ist die **Kostenverursachung** der eigentlichen Datenerhebung relativ begrenzt. Abgesehen von geringeren Modifikationserfordernissen bzw. Erweiterungen bei den Qualitätsmessungs- und Kostenerfassungsansätzen ist eine separate Informationsgewinnung nur im Rahmen der internen Fähigkeits- und Leistungsbeurteilung sowie bezüglich der Vergleichsdaten aus anderen Unternehmen erforderlich. So-

---

1169 Vgl. Pichert (1997), S. 26 f.
1170 Vgl. Pichert (1997), S. 23.
1171 Auch *Becker* weist auf das Erfordernis einer regelmäßigen Personalbeurteilung hin. Vgl. Becker (1997), S. 91.

fern diese als Projekte mit spezifischer Ressourcenzuweisung organisiert werden, erweist sich die Bestimmung der dabei anfallenden Kosten als relativ unproblematisch. Auch bei einer Integration der Erhebungen in die regulären Aufgabenbereiche des Personalwesens ist eine Kostenerfassung unter Rückgriff auf die Prozeßkostenrechnung vergleichsweise einfach vorzunehmen.[1172]

Einen Hauptkostenfaktor bei der Implementierung des Personalinformationssystems stellen der Aufbau und die Pflege der Personaldatenbank dar. Während die Kosten des Aufbaus einmalig anfallen und nicht unbedingt auf den Personalbereich beschränkt sind,[1173] ist die Kostenverursachung der Datenbankpflege regelmäßiger Natur und bezieht sich ausschließlich auf das Personalwesen. Für die Erfassung und Zurechnung der Kosten zu dem spezifischen Informationskonzept ist im letzten Fall ebenfalls die Prozeßkostenrechnung einsetzbar, wobei die Kostenhöhe hauptsächlich vom Umfang der Datenbankinhalte abhängt. Indirekt können durch die Informationsgewinnung auch zusätzliche Kosten für ein kundenorientiertes Mitarbeitertraining verursacht werden, da die externe Leistungsbewertung diesbezügliche Defizite aufdeckt und den Schulungsbedarf konkretisiert.

Kostensenkungspotentiale kann das beschriebene Personalinformationssystem nicht nur im Rahmen der eigentlichen Personalmanagementaktivitäten (z.B. durch bedarfsgerechtere und effizientere Schulungsaktivitäten sowie durch eine (teil)automatisierte Personaleinsatzsteuerung) bewirken, sondern insbesondere auch in den direkten Leistungsbereichen. Zum einen kann die qualitative Anpassung des Personalangebots an die Erwartungen der Nachfrager zu einer Reduktion von Beschwerden und damit zu einem geringeren Nachbesserungs- bzw. Kompensationsleistungserfordernis führen.[1174] Zum anderen vermag eine quantitative Anpassung des Personaleinsatzes an den tatsächlichen Nachfrageanfall auch Leerkosten (aufgrund ungenutzter Kapazitäten) sowie Fehlmengenkosten (Opportunitätskosten im Hinblick auf entgangene Erlöse durch unzureichende Kapazitäten) zu vermeiden. Die diesbezüglichen Kostensenkungen sind hauptsächlich von der Prognostizierbarkeit des Nachfrageanfalls sowie von der Einsatzflexibilität der Mitarbeiter abhängig.

Wie die Kostensenkungseffekte können auch die **Nutzenwirkungen** der Informationskonzepte über den Personalbereich hinausgehend zum Tragen kommen. So lassen sich durch eine weitgehende Anpassung von Stellenanforderungen und Mitarbeiterfähigkeiten die Leistungsqualität wie auch die Mitarbeiterzufriedenheit erhöhen. Erstere wirkt sich positiv auf die

---

1172 Dies ist jedoch nur dann sinnvoll, wenn die Erhebungen in gleichbleibender Form regelmäßig durchgeführt werden.

1173 Für die Gestaltung der Datenbankstruktur sowie insbesondere die Integration in das Informationsnetzwerk des Unternehmens werden i.d.R. Mitarbeiter aus dem DV-Bereich hinzugezogen. Bei einer Unterstützung durch externe Berater (z.B. Anbieter einer System-Software) sind die diesbezüglich anfallenden Kosten direkt dem Personalbereich zurechenbar.

1174 Diese Kostenersparnisse lassen sich als „Economies of Quality" im Personalbereich bezeichnen. Vgl. hierzu grundsätzlich Abschn. 3.2.2.3.

Kundenzufriedenheit aus und dient somit der Erzielung zusätzlicher Erlöse.[1175] Letztere kann zudem noch durch die Flexibilisierung des Personaleinsatzes gesteigert werden, da die Tätigkeitsfelder für die Mitarbeiter dadurch reichhaltiger werden. Auf der anderen Seite können auf diese Weise jedoch auch effizienzerhöhende Spezialisierungsvorteile verlorengehen. Um potentielle Kontrollängste bei den Mitarbeitern zu reduzieren und die motivierende Wirkung eines Leistungsfeedbacks voll zu entfalten, sollten die Mitarbeiter über Art und Inhalt der erfaßten Daten sowie über die der Leistungsbeurteilung zugrundeliegenden Anforderungen und Ziele in Kenntnis gesetzt werden.[1176]

Dem Personalbereich selbst bietet das Informationssystem eine umfassende Entscheidungsgrundlage, die durch die vielfältigen, großenteils automatisierten Auswertungsmöglichkeiten eine Verbesserung der Entscheidungsqualität bei gleichzeitiger Beschleunigung der Entscheidungsprozesse (z.B. im Rahmen der Personalauswahl oder bei der Bestimmung geeigneter Personalentwicklungsmaßnahmen für die Mitarbeiter) bewirken kann.

Für die **Kunden** ergibt sich ein Zusatznutzen vor allem dadurch, daß ihre Anforderungen an das Dienstleistungspersonal explizit bei der Auswahl und dem Training der Mitarbeiter Berücksichtigung finden. Sofern die Kunden im einzelnen bekannt sind und spezifische, im Rahmen des Database-Marketing erworbene Informationen über ihre Personalpräferenzen vorliegen, können diese bei der Personaleinsatzsteuerung ebenfalls berücksichtigt werden. Insbesondere bei individualisierter, personenbezogener Leistungserstellung kann dies einen Nutzenvorteil für den Kunden bewirken, da die Vertrautheit des Mitarbeiters mit den spezifischen Bedürfnissen des Kunden sowie mit dessen Integrationsverhalten eine bedarfsgerechtere Leistungserstellung gewährleistet. Zudem kann hierdurch eine beidseitig vorteilhafte Senkung von Transaktionskosten und Unsicherheit sowie gegebenenfalls auch eine Beschleunigung der Leistungserstellung bewirkt werden, was wiederum Zeitvorteile für den Kunden bedeutet.

5.4.2 Informationsaspekte des Sachpotentialeinsatzes

5.4.2.1 Informationsgewinnung für eine kunden- und mitarbeitergerechte Potentialgestaltung

Prinzipiell sind die marktbezogenen Informationserfordernisse und -gewinnungsmöglichkeiten bezüglich des Sachpotentialeinsatzes eines Dienstleistungsunternehmens ähnlich denen im

---

1175 Vgl. Becker (1997), S. 98.
1176 Vgl. Eversheim (1997), S. 77 f. Hier wird der Zusammenhang zwischen Leistungsmotivation und dem Wissen über die erforderlichen sowie tatsächlichen Fähigkeiten eines Mitarbeiters motivationstheoretisch erklärt. Zur Begrenzung der Kontrollängste schlägt *Becker* vor, leistungsbezogene Daten in ein getrenntes Informationssystem aufzunehmen, das lediglich gruppenbezogene, d.h. aggregierte Daten beinhaltet und keine direkte personelle Zuordnung vornimmt. Vgl. Becker (1994a), S. 176. Dies würde jedoch die Analysemöglichkeiten und eine effiziente Personaleinsatzsteuerung beschränken.

Personalbereich. Auch hier sollten die Kundenerwartungen ein wesentlicher Bestimmungsfaktor der Potentialgestaltung sein,[1177] welche sich auf

- die Gebäude und deren infrastrukturelles Umfeld (z.b. Parkplätze, Verkehrsanbindung),
- die Raumausstattung (bzw. im Fall logistischer Dienstleistungen die Ausstattung der Transportmittel),
- die technischen Einrichtungen, mit denen der Kunde in Kontakt kommt (insbesondere Selbstbedienungsautomaten, leistungserstellungsunterstützende Apparaturen, Anwendungssoftware bei Online-Dienstleistungen etc.) sowie
- die Beschaffenheit der Arbeitsplätze des Kundenkontaktpersonals bezieht.[1178]

Als relevante Gestaltungsdimensionen sind dabei von den in Abschnitt 4.4.2.1 aufgezeigten qualitätsbezogenen Potentialdimensionen v.a. folgende zu berücksichtigen: die räumliche Dimension (d.h. die Erreichbarkeit für den Nachfrager[1179] sowie die Anordnung der Potentialelemente), die atmosphärische Dimension (d.h. Merkmale, die das emotionale und physische Befinden des Nachfragers betreffen) sowie die Dimension der Nutzungsfreundlichkeit (d.h. die Ausrichtung des Sachpotentials an den Fähigkeiten und Nutzungsgewohnheiten der Kunden).[1180]

Zur Erfassung der diesbezüglichen Kundenanforderungen kommen v.a. **merkmalsorientierte Verfahren** der Qualitätsmessung in Frage, bei denen die beschriebenen Dimensionen zunächst durch Experten- und/oder Kundenbefragungen in konkrete Potentialmerkmale umgesetzt werden, die für die jeweilige Dienstleistung als bedeutsam angesehen werden.[1181] Diese Merkmale können dann in alternativer Ausprägung[1182] durch die Nachfrager beurteilt werden,

---

1177 Dies gilt um so stärker, je höher der Individualisierungsgrad der angebotenen Dienstleistungen ist. Siehe hierzu Kleinaltenkamp (1997), S. 72 ff. Auf der anderen Seite kann eine Individualisierung der Leistungspotentiale auch zur Individualisierung der Leistungen selbst beitragen (z.B. wenn Bademäntel und Handtücher in Hotels mit den Initialen des Gastes versehen werden). Zum Teil werden für hochrangige Hotelgäste (Popstars, Politiker etc.) sogar Renovierungen oder Umbauten der Zimmer entsprechend den spezifischen Präferenzen und Bedürfnisse vorgenommen (z.B. gestalten einige Hotels zu den Filmfestspielen in Cannes den Wandanstrich nach den Farbwünschen der dort wohnenden Stars).

1178 Vgl. Eversheim (1997), S. 81.

1179 Zur Bestimmung nachfragegerechter Leistungsstandorte kann z.B. auf die mikrogeographische Segmentierung zurückgegriffen werden, die eine genaue Lokalisierung relevanter (zielgruppenzugehöriger) Nachfrager ermöglicht. Siehe hierzu Meinert (1997), S. 453 ff.; Nitsche (1997), S. 361 ff.; Link/Hildebrand (1997b), S. 170 f. und Meyer, A. (1989), S. 342 ff. sowie Abschn. 5.2.1.2.3. Speziell zur Standortplanung im Handel unter Einsatz des Business Mapping (Nutzung raumbezogener Informationen für Marketing-Entscheidungen) siehe Jansing/Kumpf (1997), S. 322 ff.

1180 Vgl. Abschn. 4.4.2.1. sowie Turley/Fugate (1992), S. 39 ff.

1181 Die Identifikation kaufentscheidungsrelevanter Merkmale stellt eine wesentliche Voraussetzung für eine aussagekräftige Potentialbeurteilung dar und sollte daher möglichst unter Einbeziehung aktueller und/oder potentieller Kunden vorgenommen werden. Handelt es sich jedoch um sehr innovative Leistungspotentiale (z.B. auf neuartiger technologischer Basis), besitzen die Kunden möglicherweise noch gar keine Vorstellung darüber, welche Merkmale für sie besonders entscheidungsrelevant sind. Vgl. Hoeth/Schwarz (1997), S. 34 f.

1182 Um eine konkrete Entscheidungshilfe für die Potentialgestaltung zu erhalten, ist die Berücksichtigung alternativer Merkmalsausprägungen bei den kundengerechten Untersuchungen eine wesentliche Bedingung. Merkmalsorientierte Verfahren, die lediglich allgemein gehaltene Soll/Ist-Formulierungen für die betrachteten Merkmale aufweisen (wie z.B. der SERVQUAL-Ansatz, der innerhalb der Dimension „tan-

wobei z.B. auf das Conjoint-Measurement[1183] bzw. die Vignettentechnik[1184] zurückgegriffen werden kann. Der Vorteil dieser Verfahren liegt darin, daß die zu beurteilenden Leistungspotentiale noch nicht real vorliegen müssen, sondern als fiktive Merkmalskombinationen anhand von Stimuli präsentiert werden können. Um die räumlichen, atmosphärischen und nutzungsbezogenen Aspekte des Potentials möglichst realistisch wiederzugeben, sollte sich eine solche Erhebung nicht auf verbale Stimuli beschränken, sondern möglichst mehrere Sinne ansprechen, was z.B. durch eine multimediale Unterstützung möglich ist. Als besonders innovative, aber auch aufwendige Erhebungsform ermöglichen virtuelle Realitäten[1185] eine multisensorische und realitätsnahe Simulation[1186] von Dienstleistungsszenerien (servicescapes), wobei die gezielte Variation der relevanten Gestaltungsmerkmale sowie die Erfassung der darauf erfolgenden Reaktionen (Kauf- und Integrationsverhalten innerhalb der Virtual Reality)[1187] im Falle mehrerer, statistisch vergleichbarer Versuchs- und Kontrollgruppen solchen Untersuchungen einen experimentellen Charakter gibt.[1188]

Entscheidende Vorteile dieser Erhebungsform gegenüber merkmalsgestützten Befragungen auf Basis verbaler Stimuli bestehen darin, daß der ganzheitlichen Wahrnehmung des Dienstleistungsumfeldes Rechnung getragen wird und die Verhaltensrelevanz der Merkmalskombinationen unmittelbar erfaßt wird.[1189] Auf diese Weise können auch unterbewußte Wirkungen erforscht werden, die gerade bei atmosphärischen Gestaltungsparametern von erheblicher Be-

---

gibles Umfeld" Items enthält wie: „Die Einrichtung eines hervorragenden Dienstleistungsanbieters sollte angenehm ins Auge fallen." oder „Die Mitarbeiter eines hervorragenden Dienstleistungsanbieters sollten ansprechend gekleidet sein."), liefern daher kaum Anhaltspunkte für eine konkrete Gestaltung. Vgl. zu den potentialbezogenen Merkmalen des SERVQUAL-Ansatzes Zeithaml/Parasuraman/Berry (1992), S. 202 sowie Bruhn (1997), S. 72.

1183 Vgl. hierzu Abschn. 5.2.2.2.2.

1184 Vgl. hierzu Eversheim (1997), S. 81 ff.; Bruhn (1997), S. 74 ff. und Hoeth/Schwarz (1997), S. 31 ff. Wie das Conjoint Measurement, auf das im Rahmen der Vignetten-technik auch zurückgegriffen wird, verwendet dieses Verfahren ebenfalls Stimuli mit alternativen Ausprägungen der als relevant erachteten, i.d.R. auf maximal fünf begrenzten Leistungsmerkmale. Diese werden den Probanden jeweils zum paarweisen Vergleich vorgelegt und anschließend in eine Rangfolge gebracht. Durch den Einsatz multivariater Analyseverfahren lassen sich aus den Ergebnissen Teilnutzenwerte für die Merkmale in den jeweiligen Ausprägungen ermitteln. Speziell auf den Dienstleistungsbereich ausgelegt dient die Vignetten-Technik der Charakterisierung und Beurteilung von Szenerien bzw. Situationen, welche als besonders zufriedenheitsrelevant für die (potentiellen) Kunden angesehen werden.

1185 Bei Virtual Reality-Simulationen taucht der Proband in eine digital erzeugte Scheinwelt ein, in der er sich frei bewegen kann. Das für ihn wahrnehmbare Umfeld wird dabei durch seine Bewegungen, Sprache, Blicke und Eingaben beeinflußt. Siehe hierzu Biocca/Levy (1995), S. 16 ff.

1186 Neben der visuellen und akustischen Wahrnehmung kann über den Einsatz virtueller Realitäten auch das haptische Empfinden der Probanden angesprochen werden, so daß eine zunehmende Annäherung an reale Testsituationen erreicht wird. Vgl. Schmitz (1995), S. 36. Inzwischen existieren sogar erste Ansätze zur Integration von Wärme-/ Kälte- und olfaktorischen Reizen.

1187 Voraussetzung hierfür ist eine interaktive Gestaltung des Erhebungsinstruments, die bei virtuellen Realitäten jedoch ohnehin üblich ist.

1188 Vgl. Zeithaml/Bitner (1996), S. 540 f.

1189 Bei Befragungen hingegen beziehen sich die Items i.d.R. auf isolierte Merkmale, und die Antworten sind das Ergebnis bewußter Beurteilungsvorgänge, wobei die Verhaltenskonsequenz der Merkmale bzw. der Merkmalsbeurteilung meist nicht erfaßbar ist.

deutung sind. Im Vergleich zu realen Prototypen,[1190] die diese Vorteile im Prinzip auch aufweisen, sind computergestützte Simulationen flexibler in der Anwendung[1191] und aufgrund der Verzichtbarkeit einer Anfertigung aufwendiger Einzelstücke oft auch kostengünstiger.[1192] Zudem können sie bei Unternehmen, die ihre Dienstleistungen online anbieten (z.b. Banken, Versicherungen, Handelsunternehmen) wertvolle Erkenntnisse für die Gestaltung des Internetauftritts liefern.

Die genannten Gründe lassen die Potentialsimulation auch gegenüber der direkten Beobachtung als weiterer möglicher Erhebungsform vorteilhaft erscheinen. Die Beobachtung des Kundenverhaltens in realen Dienstleistungskontexten liefert zwar bei Einsatz gut geschulter Beobachter valide Ergebnisse,[1193] doch ist dieses Verfahren in seiner Anwendung ebenfalls sehr aufwendig und außerdem nur auf bereits existierende Potentialausstattungen anwendbar.[1194] Für einen gezielten Vergleich der Kundenreaktionen auf unterschiedliche Ausstattungsvarianten (z.b. gegenüber Konkurrenzanbietern oder zwischen verschiedenen Filialen eines Unternehmens)[1195] kann die Beobachtung jedoch sinnvoll sein, auch wenn eine genaue Zuordnung der erfaßten Reaktionen zu bestimmten Potentialmerkmalen nicht immer unproblematisch ist, da die gezielten Variationsmöglichkeiten sowie die Eliminierbarkeit von Störfaktoren, wie sie bei einer virtuellen Realität möglich sind,[1196] hier nicht gegeben sind.

Neben den bisher beschriebenen, durchweg merkmalsorientierten Erhebungsverfahren können für bestimmte potentialbezogene Gestaltungsaspekte auch **ereignis- bzw. problemorientierte Ansätze** zur Informationsgewinnung eingesetzt werden. Insbesondere für die Potentialdimension der Nutzungsfreundlichkeit bzw. Funktionalität[1197] lassen sich z.b. aus der Anwendung der Critical Incident Technique[1198] (z.b. im Hinblick auf die Bedienung technischer Geräte oder die Suche nach bestimmten Leistungsbereichen[1199]) wesentliche Gestaltungshinweise gewinnen.[1200]

1190 Diese werden z.b. von den Marriott Hotels zur kundengerechten Gestaltung ihrer Hotelzimmer eingesetzt. Vgl. Zeithaml/Bitner (1996), S. 541.

1191 So wird z.b. bei virtuellen gegenüber realen Testmärkten ein entscheidender Vorteil darin gesehen, daß sämtliche Testparameter schnell und umfassend variiert werden können. Vgl. Atzwanger (1997), S. 207.

1192 Vgl. Wilson/Cobb/D'Cruz et al. (1996), S. 87 f., die zumindest im industriellen Kontext (bei der Firma Mc Donnell Douglas) über Kostensenkungen durch den Einsatz Virtueller Realitäten im Rahmen von Produkttests berichten.

1193 Vgl. Zeithaml/Bitner (1996), S. 538. Vor allem eine hohe externe Validität ist durch das natürliche Erhebungsumfeld gewährleistet.

1194 Vgl. Zeithaml/Bitner (1996), S. 538 ff.

1195 Für ein potentialorientiertes Benchmarking stellt die Beobachtung z.b. ein geeignetes Erhebungsverfahren dar. Die dabei erworbenen Informationen über die Wirkung alternativer Ausstattungen können zur weitergehenden Erforschung der Kundenwahrnehmung und -reaktion dann gegebenenfalls auch in virtuelle Realitäten integriert werden.

1196 Vgl. Atzwanger (1997), S. 207.

1197 Zu den verschiedenen (instrumentellen und expressiven) Funktionen der Dienstleistungs-Szenerie siehe Blümelhuber (1998), S. 1205 ff.

1198 Siehe hierzu Abschn. 5.3.1.1.

1199 So stellen z.b. kurze Verbindungswege und eine klare Beschilderung zur Erreichung von Anschlußflügen in Flughäfen insbesondere für Geschäftsreisende mit knappen Zeitplänen eine zentrale Qualitätsanforde-

In Verbindung mit den Erkenntnissen der merkmalsorientierten Ansätze können somit die entscheidungs- und verhaltensrelevanten Kundenanforderungen an die Sachpotentialausstattung des Dienstleisters in qualitativer, quantitativer,[1201] räumlicher und funktionaler Hinsicht konkretisiert werden. Auch die Akzeptanz einer eventuellen Potentialsubstitution (z.b. ein Austausch persönlich erbrachter Leistungen durch automatisierte)[1202] läßt sich mit Hilfe der Verfahren überprüfen. Eine Bestimmung der zeitlichen Präferenzen innerhalb der gegebenen Potentialeinsatzzeiten ist durch die genaue Erfassung des jeweiligen Nachfrageanfalls möglich. Darüber hinaus sollten im Rahmen eventueller Kundenbefragungen jedoch auch die Idealvorstellungen der Nachfrager bezüglich der gewünschten Leistungszeiten erhoben werden.[1203]

Vor dem Hintergrund des bereits erwähnten starken Zusammenhangs zwischen Kunden- und Mitarbeiterzufriedenheit sowie aus Produktivitätsgründen[1204] sind bei der Gestaltung der Leistungspotentiale auch die Personalanforderungen zu berücksichtigen.[1205] Diese betreffen im Prinzip sämtliche der oben angeführten Potentialdimensionen, d.h.

- die qualitative und quantitative Ausstattung (insbesondere die Anzahl und Nutzungsfreundlichkeit der durch die Mitarbeiter genutzten Leistungsaggregate sowie atmosphärische Gesichtspunkte wie das Ausstattungsdesign, die Luftqualität, die Beleuchtung oder die Geräuchkulisse),
- die räumliche Anordnung der Arbeitsbereiche,[1206]
- die Potentialeinsatzzeiten (sofern sie eine Personalbeteiligung erfordern),
- eine eventuelle Potentialsubstitution (insbesondere wenn sie partieller Art ist, d.h. bestimmte unterstützende Aktivitäten automatisiert werden) sowie
- die Leistungsintensität bzw. -geschwindigkeit der eingesetzten Maschinen (zumindest wenn eine limitationale Faktoreinsatzbeziehung besteht wie z.b. bei quasiindustrieller Dienstleistungserstellung in Großküchen oder Fast-Food-Ketten sowie bei direkter Abhängigkeit der menschlichen Arbeitsleistung von einem maschinellen Output wie z.b. bei Datenbankrecherchen).

---

rung dar, deren Nichterfüllung zu kritischen Ereignissen führen kann. Siehe hierzu auch Zeithaml/Bitner (1996), S. 536.

1200 Je stärker eine Dienstleistung automatisiert ist bzw. durch den Kunden selbst ausgeführt wird, desto bedeutsamer wird die Nutzungsfreundlichkeit der Leistungsaggregate für den Nachfrager.

1201 Auch die aus Kundensicht angemessene Anzahl von Leistungsaggregaten (z.B. Bankschalter, Ticketautomaten oder Sitzmöglichkeiten in einer Hotellobby) können bei sachpotentialbezogenen Untersuchungen erhoben werden.

1202 Siehe hierzu auch Eversheim (1997), S. 83 f.

1203 Somit läßt sich durch die dargestellten Erhebungsansätze für fast alle der in Abschn. 4.4.2 aufgezeigten Potentialdimensionen eine Konkretisierung der Kundenanforderungen vornehmen.

1204 Eine mitarbeitergerechte Anordnung und qualitative Gestaltung der Leistungsaggregate kann mitunter erhebliche Effizienzsteigerungen bewirken.

1205 Vgl. Zeithaml/Bitner (1996), S. 521 ff. und Eversheim (1997), S. 85.

250

Eine Erfassung der Mitarbeiteranforderungen ist ähnlich den Kundenforderungen durch Befragung oder Beobachtung vorzunehmen sowie z.t. auch aus Tätigkeitsanalysen ableitbar. Welche der Anspruchsgruppen bei kollidierenden Anforderungen ein stärkeres Gewicht im Rahmen der Potentialplanung erhält, sollte sich v.a. nach dem Nutzungsausmaß der Sachpotentiale richten: Je stärker der Kunde an der Leistungserstellung teilnimmt bzw. je höher sein Anteil an der Leistungserstellung ist, desto ausgeprägter sollten seine Anforderungen Berücksichtigung finden.[1207]

5.4.2.2 Marktorientiertes Potentialkostenmanagement

Um marktgerechte, wettbewerbsfähige Dienstleistungen zu erstellen, ist neben den Kunden- und Mitarbeitererwartungen auch die Kostenverursachung des Sachpotentialeinsatzes im Rahmen der Kapazitätsplanung und -steuerung zu beachten. Diese betrifft zum einen die Anschaffungskosten der Leistungsaggregate (bzw. deren kalkulatorische Abschreibungen), welche in ihrer Gesamthöhe wiederum in erheblichem Maße durch die zu realisierenden Qualitäts- und Quantitätsanforderungen beeinflußt werden, und zum anderen die Betriebskosten, die im Rahmen der Potentialnutzung entstehen. Dem Grundgedanken des Target Costing folgend, sollte die Kostenverursachung der Sachpotentiale möglichst deren kundenbezogenem Nutzenbeitrag entsprechen.[1208] Sofern die eingesetzten Potentiale unmittelbarer Bestandteil des Leistungsangebots sind und gegebenenfalls auch bestimmte Ausstattungsvarianten bewußt durch den Kunden ausgewählt werden (wie z.B. bei unterschiedlichen Klassen von Hotelzimmern, Mietwagen oder Sitzbereichen in Flugzeugen), lassen sich prinzipiell direkte Preisbereitschaften für alternative Ausstattungen erheben.[1209] Da die Sachpotentiale jedoch zu einem großen Teil nur mittelbar in der erstellten Leistung zum Ausdruck kommen, sind unterschiedliche Potentialausstattungen in ihrem Nutzenbeitrag nicht immer durch die Kunden zu beurteilen. In diesen Fällen lassen sich die Zielkosten nur auf Basis des intern ermittelten Wertschöpfungsbeitrags eines Leistungsaggregats bestimmen.

Ob die tatsächlichen Potentialkosten - bezogen auf ein konkretes Absatzobjekt - den vom Markt geforderten Kosten entsprechen, läßt sich dann unter Rückgriff auf die Prozeßkostenrechnungsdaten ermitteln. Diese geben an, in welchem Maße die Leistungspotentiale durch

---

1206 Diesbezüglich können sich z.b. auch moderne Konzepte der Tele-Arbeit als vorteilhaft erweisen, da sie den Mitarbeitern räumliche und zeitliche Vorteile und dem Unternehmen mitunter Kostenersparnisse bieten. Siehe hierzu Picot/Neuburger (1998), S. 525 ff. und Picot/Reichwald/Wigand (1996), S. 370 ff.
1207 Vgl. Zeithaml/Bitner (1996), S. 521 f. Als Extremausprägung des kundenbezogenen Leistungsbeitrags werden hier „Self-Services" angeführt, bei denen der Kunde die Dienstleistung quasi in Eigenleistung erbringt (z.B. bei Sportanlagen oder Autovermietungen).
1208 Siehe hierzu Abschn. 5.2.4.1.
1209 Eine wesentliche Informationsgrundlage können hierbei die conjointanalytisch erfaßten Kundenpräferenzen darstellen.

konkrete Kalkulationsobjekte (z.b. bestimmte Dienstleistungsangebote) in Anspruch genommen werden, so daß die Potentialkosten anteilig zurechenbar sind.[1210] Von erheblicher Relevanz für die Kostenplanung ist dabei die zu erwartende Kapazitätsauslastung als Bestimmungsfaktor für die Entstehung von Leerkosten.[1211] Soweit die verfügbaren Sachkapazitäten nicht kurzfristig variabel sind (z.b. durch An- oder Vermietung), ist die Kapazitätsauslastung stark vom Ausmaß der Nachfrageschwankungen abhängig,[1212] welche - wie bereits angemerkt - durch möglichst differenzierte Nachfrageprognosen zu konkretisieren sind,[1213] um geeignete Maßnahmen zur Kapazitätsanpassung und/oder Nachfragesteuerung zu initiieren.

Als (kurzfristiges) Steuerungsinstrument zur Erhöhung der Kapazitätsauslastung wird dem Yield Management in diesem Zusammenhang zunehmend Beachtung geschenkt.

5.4.2.3 Yield Management als dienstleistungsspezifischer Ansatz zur ertragsoptimalen Kapazitätsauslastung

5.4.2.3.1 Konzeptionelle Grundlagen

Yield Management bezeichnet ein Konzept, bei dem mit Hilfe integrierter Informationstechnologien und unter Berücksichtigung der Nachfragestruktur eine dynamische Preis-Mengen-Steuerung vorgenommen wird, welche zur ertragsoptimalen Nutzung gegebener Kapazitäten führen soll.[1214] Als wesentliche Anwendungsbedingungen für einen erfolgreichen Einsatz des Konzepts werden in der Literatur unflexible Kapazitäten und hohe Fixkosten, „Verderblichkeit" ungenutzter Kapazitäten[1215] bei gleichzeitig stark schwankender Nachfrage, die Möglichkeit einer Vorausbuchung der Leistung über einen gewissen Zeitraum hinweg sowie die preispolitische Beeinflußbarkeit der Nachfrage angeführt.[1216] Dies verdeutlicht, daß das Yield Management im Gegensatz zu den vorab dargestellten IM-Konzepten nicht für alle Dienstleistungen anwendbar ist. Sofern die geschilderten Voraussetzungen jedoch erfüllt sind, was v.a. bei Unternehmen im Bereich des Personen- und Gütertransports, bei Reiseveranstaltern sowie

---

1210 Siehe hierzu Abschn. 5.3.3.1.
1211 Siehe hierzu Reckenfelderbäumer (1998), S. 399.
1212 Die Problematik der Nachfrageschwankungen ist v.a. auch bei Automatisierungsüberlegungen zu berücksichtigen, da Sachpotentiale als Substitut für Personalkapazitäten i.d.R. geringere quantitative Anpassungsmöglichkeiten aufweisen.
1213 Vgl. Abschn. 5.4.1.2 sowie Heskett/Sasser/Hart (1991), S. 169 f.; Browne (1995), S. 16 und Lüking (1993), S. 11 ff.
1214 Vgl. Krüger (1990), S. 241 und Büttgen (1996), S. 260. Zu alternativen Definitionsansätzen siehe Daudel/Vialle (1992), S. 35; Vollmar (1994), S. 5 f.; Zeithaml/Bitner (1996), S. 401 und Corsten/Stuhlmann (1999), S. 82 ff.
1215 Damit ist gemeint, daß zu einem bestimmten Zeitpunkt nicht ausgelastete Kapazitäten zum Verlust potentieller Erträge führen, da sie zu einem späteren Zeitpunkt nicht mehr gewinnbringend eingesetzt werden können. Vgl. Corsten/Stuhlmann (1999), S. 86.
1216 Vgl. Corsten/Stuhlmann (1999), S. 85 ff.; Meffert/Bruhn (1997), S. 413; Vollmar (1994), S. 21 ff. und Krüger (1990), S. 241.

im Übernachtungs-, Vermietungs- und Veranstaltungsgewerbe der Fall ist,[1217] können durch den Yield Management-Einsatz erhebliche Ertragssteigerungen erzielt werden.

Die Anwendung des Instruments basiert dabei auf bestimmten, empirisch bestätigten Annahmen über das Nachfrageverhalten von Dienstleistungskunden in Abhängigkeit des Buchungszeitpunktes. Im Luftverkehrsbereich, aus dem das Yield Management ursprünglich stammt und wo es auch heute noch schwerpunktmäßig angewendet wird, ist nämlich zu beobachten, daß preissensitive Nachfrager (v.a. Touristen) tendenziell frühzeitig ihre Buchungen vornehmen, während Kunden mit hoher Preisbereitschaft (Geschäftsreisende) erst kurz vor dem Zeitpunkt der Leistungserstellung buchen.[1218] Für den Anbieter resultiert bei gegebenen Sitzplatzkapazitäten daraus ein Entscheidungsproblem, das im wesentlichen durch zwei Risiken geprägt ist: das Umsatzverlustrisiko und das Umsatzverdrängungsrisiko.[1219] Während ersteres durch Kapazitäten entsteht, die in Erwartung vollzahlender Passagiere freigehalten, aber nicht in Anspruch genommen werden, ergibt sich zweiteres dadurch, daß hochpreisige Nachfrage zu einem späten Buchungszeitpunkt abgelehnt werden muß, weil die vorhandenen Kapazitäten bereits an Niedrigpreis-Kunden vergeben wurden. Unsicherheitserhöhend wirkt sich darüber hinaus das sogenannte "no-show-Phänomen" aus.[1220] Damit wird der Sachverhalt bezeichnet, daß ein Nachfrager von seinem Recht Gebrauch macht, eine verbindlich gebuchte Leistung nicht in Anspruch zu nehmen, ohne dabei finanzielle Einbußen in Kauf nehmen zu müssen. Werden nicht mehr Buchungen angenommen als Kapazitäten vorhanden sind, würde dieses Phänomen insbesondere in Verbindung mit sehr kurzfristigen Stornierungen zu erheblichen Leerkapazitäten und somit entgangenen Erträgen führen.

Die Ungewißheit des Nachfrageanfalls und der no-show-Rate sowie die Vielzahl der zu berücksichtigenden Einflußgrößen[1221] machen das Entscheidungsproblem zu einem hochkomplexen, stochastischen Optimierungsproblem,[1222] dessen Zielgröße bei operativer Anwendung der Gesamtertrag je Leistungseinheit (z.B. je Flug einer Fluggesellschaft oder je Aufführung eines Konzertveranstalters) ist. Dieses Ziel kann nur erreicht werden, wenn die Unterziele 'höchstmögliche Kapazitätsauslastung' und 'maximaler Ertrag je Kapazitätseinheit' (z.B. je Sitz in einem Flugzeug) gemeinsam verfolgt werden. Hierfür stehen dem Dienstleistungsanbieter unterschiedliche Steuerungsinstrumente zur Verfügung.

1217 Zu typischen Anwendungsbereichen des Yield Management siehe Zehle (1991), S. 487 und Vollmar (1994), S. 27 ff.

1218 Vgl. Vollmar (1994), S. 7. Als dritte Nachfragergruppe können noch Last-Minute-Bucher einbezogen werden, die mit einer sehr geringen Preisbereitschaft auf Restplätze zu besonders günstigen Preisen unmittelbar vor Antritt des Fluges spekulieren. Vgl. Meffert/Bruhn (1997), S. 413.

1219 Vgl. Daudel/Vialle (1992), S. 52 ff.

1220 Vgl. Sasser (1991), S. 470.

1221 Weitere wesentliche Einflußgrößen sind z.B. die „Recaptures" (d.h. abgelehnte Buchungsanfragen, die zu Buchungen in anderen Flügen führen), die „Upsells" (d.h. abgelehnte Niedrigpreisanfragen, die zu höherpreisigen Buchungen im gleichen Flug führen) sowie die „Go-Shows" (Kunden, die eine Dienstleistung ohne Vorausbuchung nachfragen). Vgl. Krüger (1990), S. 246 und Daudel/Vialle (1992), S. 88.

1222 Schätzungen für den Airline-Bereich ergaben, daß bei vollständiger Erfassung des Yield Management-Entscheidungsproblems, bezogen auf das gesamte Flugnetz eines Unternehmens, mehrere Millionen Entscheidungsvariablen einzubeziehen sind. Vgl. Smith/ Leimkuhler/Darrow (1992), S. 9.

5.4.2.3.2 Steuerungsinstrumente für eine ertragsoptimale Kapazitätsauslastung

Die wesentlichen Instrumente im Rahmen des Yield Management sind die Preisdifferenzierung, die Kontingentierung sowie die Überbuchung. Als grundlegendste Entscheidung sind zunächst die Preisklassen festzulegen, welche sich an der Nachfragestruktur (insbesondere den Preisbereitschaften der potentiellen Kunden), den Konkurrenzangeboten sowie an den zugrundeliegenden Kosten orientieren.[1223] Die **Preisdifferenzierung**, die gegebenenfalls (aber nicht zwangsläufig) mit einer Leistungsdifferenzierung einhergeht, wird i.d.R. nicht für jede Leistungserstellung neu festgelegt, sondern ist das Ergebnis taktischer Planungsprozesse. Sie stellt somit eine wesentliche Rahmenbedingung für die beiden anderen, im operativen Anwendungskontext zum Einsatz kommenden Steuerungsinstrumente dar.

Auf der zugrundeliegenden Preisstruktur basierend wird mit der **Kontingentierung** eine Zuteilung von Teilkapazitäten zu den verschiedenen Preisklassen vorgenommen,[1224] so daß die Gesamterträge für die konkrete Leistungseinheit entsprechend der erwarteten Nachfrage maximal sind.[1225] Im Verlauf des Buchungszeitraums kann diese Kapazitätsaufteilung revidiert werden,[1226] wenn die Buchungsverläufe eine Abweichung der tatsächlichen Nachfragestruktur von der erwarteten anzeigen. Eine Umschichtung der ursprünglich vorgesehenen PreisMengen-Struktur zur Erhöhung der Kapazitätsauslastung bedeutet bei differenzierter Ausstattung der Teilkapazitäten (z.B. First-Class- und Tourist-Class-Sitze oder Suiten und normale Hotelzimmer) entweder eine flexible Qualitätsanpassung der angebotenen Kapazitäten[1227] oder aber ein Upgrading der Nachfrager, d.h. eine Vergabe höherwertiger Kapazitätseinheiten an Nachfrager niedrigerer Preisklassen.[1228]

Um den negativen Ertragskonsequenzen des oben beschriebenen no-show-Phänomens sowie eventueller kurzfristiger Stornierungen zu begegnen, wird das dritte Steuerungsinstrument, die **Überbuchung**, im Rahmen des Yield Management eingesetzt, d.h. es werden Buchungen über die Kapazitätsgrenze hinaus angenommen.[1229] Hierbei gilt es die optimale Überbuchungsrate zu bestimmen, bei der die Summe aus Leerkosten (die bei nicht vollständiger Kapazitätsauslastung entstehen) und Fehlmengenkosten (die dann anfallen, wenn mehr Passagie-

---

1223 Vgl. Corsten/Stuhlmann (1999), S. 94 und Krüger (1990), S. 241 f.
1224 Vgl. Zehle (1991), S. 497.
1225 Dies ist dann der Fall, wenn die Grenzerträge der marginalen Kapazitätseinheiten in allen Preisklassen gleich sind. Die Erwartungswerte der Grenzerträge ergeben sich aus den Wahrscheinlichkeiten eines Verkaufs dieser marginalen Kapazitätseinheiten in den jeweiligen Preisklassen multipliziert mit den dabei erzielbaren Erlösen je Einheit. Siehe hierzu Vollmar (1994), S. 17.
1226 Vgl. Krüger (1990), S. 247.
1227 So werden im Luftverkehrsbereich zunehmend Konzepte einer flexiblen Anpassung unterschiedlicher Buchungsklassen (wie z.B. Movable Cabin Dividers oder das Prinzip der Convertable Seats) etabliert. Vgl. hierzu Deutsche Lufthansa AG (1997), S. 14.
1228 Vgl. Krüger (1990), S. 246.
1229 Siehe hierzu Smith/Leimkuhler/Darrow (1992), S. 11 ff.; Zehle (1991), S. 495 f. und Krüger (1990), S. 246.

re erscheinen, als Plätze vorhanden sind, was Ausgleichszahlungen und Goodwill-Verluste verursacht) für die verschiedenen Preisklassen minimal ist.[1230]

Für einen gewinnmaximierenden Einsatz der beschriebenen Steuerungsinstrumente bedarf es einer Vielzahl von externen und internen Informationen sowie eines integrierten Einsatzes unterschiedlicher IS-Module, auf die im folgenden näher eingegangen wird.

5.4.2.3.3 Relevante Informationen und IS-Module des Yield Management

Zu den wesentlichen **entscheidungsunterstützenden Informationen** im Yield Management zählen:

- aktuelle und vergangenheitsbezogene Nachfragestruktur- und -verhaltensdaten wie die absolute Höhe der Nachfrage (inklusive abgewiesener Kunden), deren zeitlicher Anfall, die Zusammensetzung der Nachfrager je Leistungserstellungseinheit, kundenspezifische Daten über die Kaufhistorie, die Bedeutung der Kunden, Buchungszeitpunkte, Preiselastizitäten, Stornierungs- und no-show-Verhalten etc.
- interne Kapazitäts- und Rechnungswesendaten (verfügbare Kapazitätseinheiten je Leistungserstellung, Preise und Kosten),
- Informationen über Konkurrenzangebote (insb. Preise und Kapazitäten),
- sonstige externe, nachfragerelevante Daten (z.B. Veranstaltungsdaten, Konjunktur-, Wetter-, Ferienzeitinformationen usw.) sowie
- bei Dienstleistungen, die in Kooperation mit anderen Anbietern erstellt werden, auch sämtliche die Zusammenarbeit kennzeichnenden Informationen.[1231]

Mit Ausnahme der Daten über Konkurrenzangebote und sonstige externe Einflußfaktoren sind diese Informationen überwiegend aus unternehmensinternen **Quellen** wie z.B. Kunden- und Buchungsdatenbanken, Kostenrechnungs- und Kapazitätsmanagementsystemen sowie bezüglich der aktuellen Buchungen aus den Computer-Reservierungssystemen zu erhalten. Letztere stellen bei dezentraler Distribution die (Online-)Verbindung zu den Vertriebsstellen (z.B. Reisebüros oder Ticket-Verkaufsstellen) dar, welche auf diese Weise auch mit den aktuellen Preis- und Kapazitätsdaten versorgt werden.[1232]

All diese Informationen fließen in das Yield Management-spezifische Planungs- und Steuerungssystem ein, welches sich im wesentlichen aus einem **Prognose-** und einem **Optimierungsmodul** zusammensetzt. Prognosemodelle dienen dabei der Abschätzung des Nachfrageanfalls, der Buchungsverläufe, Stornierungen und no-show-Quoten für die verschiedenen Lei-

---

1230 Vgl. Krüger (1990), S. 246.
1231 Vgl. Corsten/Stuhlmann (1999), S. 96; Meffert/Bruhn (1997), S. 414; Vollmar (1994), S. 15; Zehle (1991), S. 501 und Krüger (1990), S. 242 f.
1232 Vgl. Vollmar (1994), S. 15 f. und Daudel/Vialle (1992), S. 58 ff.

stungseinheiten.[1233] Als Grundlage für die ertragsoptimale Kontingentierung und Überbuchung werden die Ergebnisse der Nachfrageprognosen mit Preisen und Kosten bewertet.[1234] Je nach Leistungsfähigkeit der verwendeten Software können bei den Prognosen neben den Buchungsdaten aus der Vergangenheit, die für Trendextrapolationen nutzbar sind,[1235] auch die verschiedenen externen Einflußfaktoren der Nachfrage berücksichtigt werden. Hierfür bedarf es jedoch hochentwickelter Systeme, die eine große Fülle unterschiedlich strukturierter Daten verarbeiten können. Zur genaueren Analyse der vielschichtigen Einflußstrukturen können gegebenenfalls auch Data Mining-Techniken wertvolle Erkenntnisse liefern, da sie, ohne gezielter Hypothesen zu bedürfen, die Datenbestände systematisch auf verborgene Zusammenhänge durchsuchen. Bei den darauf basierenden Entscheidungen können ebenfalls Verfahren der künstlichen Intelligenz (z.B. neuronale Netze) unterstützend eingesetzt werden.[1236] Um dem sich zunehmend verbessernden Informationsstand im Verlauf des Buchungszeitraums Rechnung zu tragen, sollten die Prognose- und Optimierungsrechnungen unter Berücksichtigung der aktuellen Buchungszahlen und eventuell veränderter Rahmenbedingungen wiederholt angewendet werden. Aufgrund des erheblichen Rechenaufwands wird z.T. empfohlen, eine wiederholte Anwendung davon abhängig zu machen, ob die Abweichung des tatsächlichen Buchungsverlaufs von dem erwarteten einen bestimmten, „kritischen" Wert überschreitet.[1237] Der dynamische bzw. komparativ statische Einsatz der Analysen ermöglicht in erster Linie eine kurzfristige, ertragswirksame Anpassung des gegebenen Kapazitätsangebots an die konkrete Nachfragesituation. Langfristig können die aus dem Yield Management gewonnenen Erkenntnisse aber auch dazu dienen, die grundsätzliche Kapazitätsplanung und Preisgestaltung stärker an den Marktgegebenheiten auszurichten.[1238]

5.4.2.4 Kritische Beurteilung

Die im Rahmen der vorgestellten sachpotentialbezogenen IM-Konzepte zu gewinnenden Informationen beziehen sich, vergleichbar den personalbezogenen Informationen, im wesentlichen auf die externen und internen Potentialanforderungen, auf qualitative und monetäre Beurteilungen des Potentialeinsatzes sowie auf eine flexible, marktorientierte Kapazitätsanpassung. Damit kann hinsichtlich ihres **Information-GAP-Bezugs** weitgehend auf die diesbezüglichen Ausführungen im Personalmanagementkontext verwiesen werden.[1239] Ergänzend sei jedoch festgehalten, daß das Yield Management über die reine Informationsbereitstellung hinaus eine unmittelbare Decision Support-Funktion im Rahmen der Kapazitätssteuerung

1233 Vgl. Corsten/Stuhlmann (1999), S. 99 und Meffert/Bruhn (1997), S. 414 f. Zu verschiedenen Prognosemodellen siehe Daudel/Vialle (1992), S. 83 ff.
1234 Vgl. Krüger (1990), S. 241.
1235 Vgl. Corsten/Stuhlmann (1999), S. 99.
1236 Vgl. Zehle (1991), S. 492 und Corsten/Stuhlmann (1999), S. 99.
1237 Vgl. Vollmar (1994), S. 17 f.
1238 Zu den strategischen Einsatzmöglichkeiten des Yield Management siehe Daudel/Vialle (1992), S. 124 ff. und Vollmar (1994), S. 42 f.
1239 Siehe hierzu Abschn. 5.4.1.6.

übernimmt, da die Ergebnisse der Prognose- und Optimierungsrechnungen konkrete Handlungsvorgaben für die Kontingentierung beinhalten.[1240]

Die **Informationsqualität** als zweite Beurteilungsdimension der Informationsbedarfsorientierung ist zum einen von der Art der eingesetzten Erhebungsverfahren (bei der Erfassung der Kundenanforderungen und -reaktionen) bzw. der Vielfalt der genutzten Informationsquellen (bei der Erfassung nachfragerelevanter Bestimmungsfaktoren für das Yield Management) und zum anderen von der Leistungsfähigkeit der DV-Anlagen sowie der verwendeten Software abhängig. Insbesondere die komplexen Ansätze der Virtual Reality und der Analyse-, Prognose- und Optimierungsmodelle im Rahmen des Yield Management erfordern eine hochentwickelte informationstechnologische Ausstattung; liefern dafür aber, sofern dies gegeben ist, auch sehr genaue, valide und bezüglich des jeweiligen Untersuchungsgegenstands differenzierte Informationen.[1241]

Unter **zeitlichen Gesichtspunkten** sind diese Ansätze ebenfalls ausgesprochen positiv zu bewerten. Sind die IT-Voraussetzungen im Unternehmen einmal geschaffen, können die entscheidungsrelevanten Informationen jederzeit aktuell erhoben und verarbeitet werden. Im Fall des Yield Management ist dies sogar zwingend erforderlich, da nur so eine flexible, an die jeweiligen externen und internen situativen Gegebenheiten angepaßte Kapazitätssteuerung möglich ist. Auch die potentialbezogenen Kostendaten liegen stets in aktueller Form vor, da sie unmittelbar aus der regulären Kostenrechnung entnommen werden können, was für die kontinuierliche monetäre Bewertung des Potentialeinsatzes ebenfalls bedeutsam ist. Bezüglich der grundsätzlichen kunden- und mitarbeiterbezogenen Anforderungen an die Potentialausstattung ist eine systematische Erfassung dagegen nur bei neu einzuführenden Dienstleistungsangeboten, geplanten Ausstattungsveränderungen oder festgestellten Mängeln (z.B. durch Kunden- oder Mitarbeiterzufriedenheitsanalysen) vorzunehmen.

Eine informationsbedarfsorientierte Verteilung der gewonnenen Daten (**Subjektbezug der Informationen**) ist im Rahmen des Yield Management weitgehend institutionalisiert, indem auf Basis der integrierten Informationssysteme unterschiedlichen Bedarfsträgern innerhalb des Unternehmens (z.B. Mitarbeitern des Rechnungswesens und der Kapazitätssteuerungseinheiten) sowie auch externen Systembeteiligten (z.B. Reisebüros, Ticketverkaufsstellen und -automaten sowie Kunden, die verfügbare Leistungseinheiten per Internet abrufen) Zugriffsmöglichkeiten auf die für sie jeweils relevanten Daten gewährt werden können. Die für die grundsätzliche Kapazitätsplanung erworbenen Informationen betreffen hingegen vorrangig die Geschäftsführung bzw. bei geringfügigeren Anschaffungen die jeweiligen Fachabteilungen und können diesen gezielt zugänglich gemacht werden.

Der **Kostenanfall** für die dargestellten IM-Konzepte, insbesondere für die Anschaffung und Implementierung der erforderlichen IT-Ausstattung, ist z.T. sehr hoch. So sind für den Ein-

---

1240 Vgl. Vollmar (1994), S. 16; Daudel/Vialle (1992), S. 106. und Krüger (1990), S. 242.
1241 Vgl. Zeithaml/Bitner (1996), S. 540 f. und Corsten/Stuhlmann (1999), S. 96.

satz von Virtual Reality im Rahmen von Potentialausstattungstests aufwendige multimediale Simulationstechnologien erforderlich, die zur Zeit noch sehr teuer sind, so daß sich eine Anschaffung für nur wenige Unternehmen lohnen dürfte. Mit zunehmendem Entwicklungsfortschritt solcher Technologien und der Identifikation neuer Anwendungsfelder ist jedoch einerseits von einer deutlichen Preisreduktion auszugehen und andererseits möglicherweise auch von einer Etablierung diesbezüglich spezialisierter Dienstleister, so daß die Verfahrensanwendung nach Bedarf extern beschafft werden kann. In diesem Fall würde der Kostenanfall in begrenzterem Maße einzelfallbezogen erfolgen und dadurch auch problemloser zurechenbar sein, was eine Wirtschaftlichkeitsanalyse erleichtert. Bei einem Kostenvergleich der Virtual Reality-Anwendung mit alternativen, dem gleichen Zweck dienenden Erhebungsinstrumenten (z.B. der Kundenbeobachtung oder dem Einsatz realer Prototypen) ist jedoch auch zu berücksichtigen, daß ein solches computergestütztes Simulationsmodell für variable Untersuchungstatbestände wiederholt eingesetzt werden kann, so daß sich langfristig durchaus Kostenvorteile ergeben können.[1242] Die für das Yield Management anfallenden Kosten beziehen sich ebenfalls vorrangig auf die erforderliche DV-Ausstattung, wobei hier die Komplexität und damit auch die Kostenverursachung der Systemanwendung stark vom Umfang und der Vernetztheit des Potentialangebots sowie von der Anzahl relevanter Einflußfaktoren abhängen.[1243]

Die unmittelbar durch die IM-Konzepte verursachten Kosten fallen nahezu ausschließlich in den IV-Bereichen des Unternehmens an und sind ebenso wie die mittelbar hervorgerufenen Kosten (z.B. durch Ausstattungsveränderungen auf Basis der Analyseergebnisse) relativ leicht quantifizierbar. Für das Potentialkostenmanagement schließlich fallen bei entsprechend angelegter „regulärer" Kostenrechnung nahezu keine separaten Kosten an.

Kostensenkungspotentiale der beschriebenen Konzepte sind v.a. im Bereich der Yield Management-Anwendung zu erwarten, und zwar einerseits bezüglich der Leer- und Fehlmengenkosten, deren Minimierung eine explizite Zielsetzung des Ansatzes ist,[1244] und andererseits bezüglich des erforderlichen Personaleinsatzes im Rahmen der Kapazitätssteuerung, da diese bei Einsatz intelligenter Optimierungssysteme weitgehend automatisiert erfolgt.[1245] Aber auch die Ansätze zur Erfassung der Kunden- und Mitarbeiteranforderungen an die Potentialausstattung können u.U. zu Kostensenkungen führen, da eine Berücksichtigung der Anforderungen bei der Potentialgestaltung (z.B. bezüglich der Bedienungsfreundlichkeit technischer Geräte) dazu beiträgt, Fehlerkosten (für Nachbesserungen oder einen eventuellen Nutzungsausfall der Geräte) zu reduzieren. Zudem kann durch solche Untersuchungen die Akzeptanz einer Automatisierung von Leistungsprozessen (Potentialsubstitution) überprüft wer-

---

1242 Siehe hierzu auch Wilson/Cobb/D'Cruz (1996), S. 87 f.
1243 Für kleinere Unternehmen mit relativ begrenztem Kapazitätsangebot (z.B. Hotels, die keiner Kette angehören) reicht u.U. schon ein normaler PC, der mit einfachen Statistikprogrammen arbeitet, für Basisanwendungen des Yield Management aus. Vgl. Daudel/ Vialle (1992), S. 101 f.
1244 Vgl. Krüger (1990), S. 246.
1245 Vgl. Daudel/Vialle (1992), S. 106.

258

den, welche i.d.R. auch auf eine Kostenreduktion abzielt. Das Potentialkostenmanagement schließlich vermag unproduktive und ineffiziente Kapazitätseinsätze zu identifizieren und trägt damit ebenfalls zur Bestimmung von Kostensenkungspotentialen bei.

Die **Nutzenstiftung** der IM-Konzepte **für das Unternehmen** selbst, welche gemeinsam mit den Kostensenkungspotentialen der Kostenverursachung gegenüberzustellen ist, bezieht sich im Fall des Yield Management vorrangig auf die erzielbaren Ertragszuwächse. Diese resultieren aus einer höheren Kapazitätsauslastung sowie höheren erzielbaren Durchschnittspreisen[1246] und können je nach Branche und Systemeffizienz bis zu 10% betragen.[1247] Neben diesen monetären Nutzenwirkungen können die durch das Yield Management gewonnenen Informationen aber auch eine Erhöhung der Anpassungsflexibilität an die Nachfrage- und Konkurrenzgegebenheiten bewirken und somit zur Erlangung von Wettbewerbsvorteilen beitragen.[1248] Darüber hinaus lassen sich durch den Einsatz intelligenter Datenanalysesysteme die komplexen Einflußstrukturen des Nachfrageanfalls genauer ergründen, wodurch die Sicherheit, Qualität und Geschwindigkeit kapazitätsgerichteter Entscheidungen gesteigert werden kann und gleichzeitig die mit der Planung und Steuerung betrauten Mitarbeiter entlastet werden. Die beschriebenen Nutzenwirkungen betreffen ebenso wie die vorab aufgezeigten Kostenwirkungen des Systems vorrangig die Informationsverarbeitungs- und Geschäftsführungsbereiche eines Dienstleistungsunternehmens.

Der unternehmensseitige Nutzen der potentialgestaltungsorientierten Ansätze weist hingegen lediglich eine mittelbare Ertragsrelevanz auf. Er bezieht sich in erster Linie auf die durch eine anspruchsgerechte Potentialausstattung zu erzielenden Steigerungen der Leistungsqualität und Produktivität sowie der Mitarbeiterzufriedenheit. Eine Berücksichtigung der physischen und psychischen Mitarbeiteranforderungen bei der Gestaltung der Arbeitsbereiche hat i.d.R. jedoch nicht nur positive Auswirkungen auf die Leistungsfähigkeit und -motivation der Mitarbeiter und damit auch auf deren Arbeitsergebnisse, sondern kann aufgrund des geschilderten Zusammenhangs zur Kundenzufriedenheit indirekt auch diese beeinflussen.

Eine erhöhte Kundenzufriedenheit als Ausdruck der **nachfragerseitigen Nutzenstiftung** ist aber in erster Linie durch die Realisierung der Kundenanforderungen im Rahmen der Potentialgestaltung erzielbar, wozu die vorgestellten Erhebungsverfahren einen direkten Beitrag leisten. Durch die differenzierte Erfassung der Kundenansprüche sind prinzipiell bezüglich jeder der berücksichtigten Dimensionen Nutzenvorteile zu erzielen:

- in qualitativer Hinsicht z.B. durch eine ansprechende Gestaltung der Räumlichkeiten und eine hohe Bedienungsfreundlichkeit der durch die Kunden genutzten Aggregate,

---

1246 Vgl. Vollmar (1994), S. 40.
1247 Vgl. Krüger (1990), S. 241.
1248 Vgl. Vollmar (1994), S. 41.

259

- in quantitativer Hinsicht durch eine ausreichende, dem Nachfrageanfall angepaßte Verfügbarkeit von Leistungskapazitäten,[1249]

- in zeitlicher Hinsicht durch bedarfsgerechte Potentialeinsatzzeiten und eventuell durch eine Reduktion des kundenseitigen Zeitaufwands,

- in räumlicher Hinsicht durch gut erreichbare Leistungsstandorte und klare Orientierungshilfen innerhalb der Gebäude sowie gegebenenfalls durch eine Leistungserstellung bei dem Kunden vor Ort sowie

- in substitutiver Hinsicht durch eine kundengerechte Wahl zwischen automatisierter und persönlicher Leistungserstellung bzw. für einen komplementären Einsatz.

Die Yield Management-Anwendung kann zudem eine Senkung der kundenseitigen Transaktionskosten bewirken, da die direkte Abrufbarkeit und Reservierung verfügbarer Leistungskontingente die Buchungsprozesse vereinfacht und beschleunigt. Sofern der Anbieter durch das Yield Management eine Erhöhung seiner Kapazitätsauslastung und damit eine Kostensenkung je Outputeinheit erreichen kann, ist u.U. auch eine Preisreduktion, d.h. ein monetärer Nutzenvorteil für den Kunden möglich, der im Gegensatz zu den übrigen Nutzenwirkungen der IM-Konzepte unmittelbar quantifizierbar ist. Insgesamt ist eine Wirtschaftlichkeitsbeurteilung des Yield Management aufgrund der überwiegend quantifizier- und zurechenbaren Kosten- und Nutzenwirkungen im Vergleich zu den übrigen sachpotentialbezogenen IM-Konzepten gut durchführbar, zumal die Konsequenzen sich nicht wie bei den meisten IM-Ansätzen mit größerer zeitlicher Verzögerung einstellen.

Bei den vielfältigen in den vorangegangenen Abschnitten dargestellten IM-Ansätzen zur Unterstützung einer marktorientierten Ausrichtung des Leistungsangebots, der –erstellungsprozesse und -potentiale im Dienstleistungsbereich kamen an verschiedenen Stellen bereits Abhängigkeiten bzw. Zusammenhänge zwischen den Konzepten zum Ausdruck, so daß deren isolierter, voneinander unabhängiger Einsatz wenig empfehlenswert erscheint. Das folgende Kapitel dient nun der systematischen Aufdeckung dieser Zusammenhänge und der daraus resultierenden Entwicklung eines integrierten marktorientierten Informationssystems.

1249 Diesbezüglich leistet jedoch primär das Yield Management einen Informationsbeitrag.

6 Konzipierung eines integrativen marktorientierten Informations-managementsystems

6.1 Erfordernis und Ansatzpunkte zur Integration von Partialansätzen eines marktorientierten Informationsmanagements

Um die aus den Besonderheiten der Dienstleistungserstellung resultierenden vielschichtigen Informationsbedarfe umfassend zu befriedigen und gleichzeitig die Wirtschaftlichkeit der Informationsversorgung zu gewährleisten, bedarf es einer systematischen Abstimmung sämtlicher IS-Komponenten. Hierbei sind einerseits mögliche Synergien oder Abhängigkeiten bei der Informationsgewinnung (gemeinsame Informationsquellen, mehrstufige Input-Output-Beziehungen der IS-Module) sowie Verflechtungen bei der Informationsverwendung zu berücksichtigen. Andererseits sollte auch den sich zunehmend verändernden Unternehmensstrukturen (Tendenz zur Modularisierung und Vernetzung von Dienstleistungsunternehmen) sowie den Möglichkeiten und dem Erfordernis einer Einbindung Unternehmensexterner (insbesondere der Kunden) in das betriebliche Informationssystem Rechnung getragen werden. Diese Aspekte werden im folgenden näher analysiert.

6.1.1 Zusammenhänge zwischen den Partialansätzen

6.1.1.1 Überschneidungen und Abhängigkeiten bei den Informationsbasen

Die durch die verschiedenen vorgestellten IM-Konzepte genutzten Informationsquellen lassen sich grundsätzlich in unternehmensinterne (z.b. Mitarbeiter, Rechnungswesen, eigene Datenbanken, Berichtssysteme, Marktanalysen) und -externe Quellen (z.b. Kunden, Konkurrenten, Wirtschaftsdatenbanken, Fachverbände, Marktforschungsinstitute, Quality Awards) unterscheiden.[1250] Um die informatorische Vernetztheit der Konzepte zu erfassen, sollten die verschiedenen Quellen zum einen darauf überprüft werden, ob es sich aus Unternehmenssicht um originäre oder abgeleitete Quellen handelt, d.h. ob die durch sie bereitgestellten Informationen durch die Quellen selbst generiert werden oder unter Rückgriff auf wieder andere, dem IS des Unternehmens zugehörige Informationsquellen entstanden sind. Zum anderen gilt es zu untersuchen, welche der Informationsquellen durch mehrere IM-Konzepte gemeinsam genutzt werden.

Unter den externen Quellen, die gemäß dem obigen Verständnis im Prinzip durchweg originäre Quellen sind,[1251] stellen die aktuellen und potentiellen **Kunden** des Unternehmens den zentralen Ausgangspunkt eines marktorientierten IM dar. Für das Database Marketing sind sie

---

1250 Vgl. Abb. 7, Abschn. 2.3.1.
1251 Zwar beziehen die externen Informationsquellen z.T. auch Informationen von dem und über das betrachtete(n) Unternehmen (z.B. die Kunden im Rahmen ihrer Kaufentscheidungsprozesse oder Marktfor-

nicht nur das Bezugsobjekt, sondern auch der Hauptinformationslieferant. Ebenso basieren die Erkenntnisse des Qualitätsmanagements[1252] und der interaktionsorientierten Prozeßanalysen und -bewertungen[1253] sowie die Anforderungen an das Mitarbeiter- und Sachpotential[1254] in wesentlichem Maße auf kundengerichteten Informationsgewinnungsaktivitäten (Erfassung der Kundenerwartungen und -zufriedenheit). Darüber hinaus stellen die bei den Kunden erhobenen Preisbereitschaften (bzw. Teilnutzenwerte) für bestimmte Dienstleistungskomponenten sowie die kostenbeeinflussende Integrationsqualität der Kunden die Grundlage für ein marktorientiertes Kostenmanagement (Target Costing, Prozeßkostenrechnung) dar, und die von ihnen herausgestellten Schwächen des Unternehmens liefern Anhaltspunkte für die Durchführung von Benchmarking-Untersuchungen. Die Informationsquelle 'Kunde' weist somit ein erhebliches Synergiepotential für die IM-Konzepte auf, welches nur durch eine integrierte Planung und Durchführung der konzeptspezifischen Informationsgewinnungsaktivitäten nutzbar ist.

Eine weitere wichtige externe Informationsquelle sind **Konkurrenzunternehmen** bzw. allgemein Unternehmen, die dem eigenen Unternehmen bezüglich eines bestimmten Sachverhalts überlegen sind. Die dort zu erhaltenden Informationen dienen nicht nur dem Benchmarking als unmittelbar wettbewerbsorientiertem Analyseinstrument, sondern je nach Objektbereich des Konkurrenzvergleichs zumindest mittelbar auch weiteren IM-Ansätzen (z.B. dem Qualitätsmanagement, dem Prozeß- und Potentialmanagement sowie dem Target Costing für eine wettbewerbsorientierte Zielkostenbestimmung[1255]), so daß hier eine mehrstufige Informationsgewinnung und -nutzung durch verschiedene Konzeptionen vorliegt. Auf die Einsatzbereiche der weiteren externen Informationsquellen (z.B. Datenbanken oder Marktforschungsinstitute) soll hier nicht im einzelnen eingegangen werden (vgl. dazu den Überblick in Abb. 35).

Unter den internen Informationsquellen sind als originäre, vielfältig einsetzbare Quellen v.a. die **Mitarbeiter** hervorzuheben, welche für Prozeßanalysen (Erfassung der Arbeitsabläufe),[1256] für die Informationsgewinnung im Rahmen der Potentialgestaltung (Erfassung der Anforderungen an die Mitarbeiter),[1257] für die Identifikation von Qualitätsmängeln und deren Ursachen, für die Kostenzuordnung gemäß der Prozeßverantwortlichkeiten sowie nicht zu-

---

1252 Vgl. Abschn. 5.2.2.2.1 und 5.2.2.2.2.
1253 Vgl. Stauss (1995), S. 382 f.; Stauss/Weinlich (1996), S. 50 ff. und (1997), S. 37 ff. sowie Abschn. 5.3.1.1 und 5.3.2.
1254 Vgl. Abschn. 5.4.1.1 und 5.4.2.1.
1255 Vgl. Horváth/Herter (1992), S. 7 f.; Seidenschwarz (1993), S. 128 f.; Horváth/Niemand/Wolbold (1993), S. 10 und Reckenfelderbäumer (1995), S. 173.
1256 Vgl. Niemand (1996), S. 84 f.
1257 Vgl. Zeithaml/Bitner (1996), S. 521 ff. und Eversheim (1997), S. 85 sowie Abschn. 5.4.2.1.

letzt für die kunden-[1258] und personalbezogene[1259] Informationsbeschaffung herangezogen werden können.

Grundsätzlich wird den internen Informationsbasen (wie z.b. Datenbanken, Kostenrechnungs- und Prognosesystemen) eine ausschließliche Zuordnung zu den Informationsquellen in den seltensten Fällen gerecht, da es sich hierbei i.d.R. um komplexere Ansätze handelt, die nicht nur Informationen bereitstellen, sondern ihrerseits auch Informationen beschaffen und verarbeiten. So stellen die IM-Konzepte selbst Informationsquellen für andere IM-Konzepte dar und beziehen andererseits einen Großteil der für sie erforderlichen Informationen wiederum aus anderen IM-Konzepten. Zum Beispiel nutzt die Prozeßkostenrechnung Informationen aus der Prozeßstrukturanalyse (zur Bestimmung von Teil- und Hauptprozessen) und liefert ihrerseits relevante Daten für das Target Costing (Standardkostendaten[1260]), die Kapazitätsplanung (Auslastungsinformationen[1261]) sowie für produktivitätsbezogene Mitarbeiterbewertungen (Anzahl der ausgeführten Prozesse je Mitarbeiter[1262]). Das Database Marketing als kundenbezogenes IM-Konzept findet durch die in der Datenbank gespeicherten und nach vielfältigen Gesichtspunkten auswertbaren Kundendaten nicht nur bei den unmittelbar kundengerichteten Aktivitäten (z.b. kundengerechte Leistungs-, Prozeß- und Potentialgestaltung, gegebenenfalls in Abhängigkeit des Kundenwertes) Verwendung, sondern dient darüber hinaus z.b. auch der Kostenplanung (hinsichtlich des Kundeneinflusses auf die Kostenverursachung[1263]) sowie dem Yield Management (bezüglich der nachfragegerechten Kontingentierung vorhandener Kapazitäten[1264]).

Auch die übrigen IM-Konzepte weisen vielfältige informatorische Verbindungen untereinander auf, die hier jedoch nicht im einzelnen beschrieben werden sollen, da eine verbale Darstellung das Beziehungsgefüge in seiner Komplexität kaum nachvollziehbar zu veranschaulichen vermag. Die Gesamtheit der Informationsbeziehungen zwischen den verschiedenen IM-Ansätzen sowie zu den ihnen zugrundeliegenden originären Informationsquellen läßt sich besser durch einen tabellarischen Überblick verdeutlichen (vgl. dazu Abb. 35).

1258 Diese basiert auf Beobachtungen und/oder Befragungen der Mitarbeiter.
1259 Diese bezieht sich auf die Beurteilung von Mitarbeitern durch andere Mitarbeiter.
1260 Vgl. Seidenschwarz (1991), S. 201; (1993a), S. 191 ff. und (1993b), S. 45 ff. sowie Reckenfelderbäumer (1995), S. 180 ff. und (1998), S. 412 ff. und Abschn. 5.2.4.1.
1261 Vgl. Niemand (1996), S. 105 f. und Abschn. 5.3.3.2.
1262 Vgl. Abschn. 5.4.1.4.
1263 Siehe hierzu Reckenfelderbäumer (1995), S. 45 und Abschn. 5.3.3.2.2.
1264 Vgl. Abschn. 5.4.2.3.3.

Informationsquellen	potentielle Nutzer der Informationsquellen								
	DM	QM	BM	TC	PSA	PWA	PKR	PM	SM/YM
originäre Informationsquellen:									
Kunden	X	X	(X)	X	X	X	(X)	X	X
Konkurrenten	(X)	X	X	(X)			(X)	(X)	(X)
sonst. externe Quellen (Datenbanken, Verbände etc.)	X	X	X					(X)	X
Mitarbeiter	X	X	(X)	(X)	X	(X)	X	X	X
IM-Konzepte als Informationsquellen:									
Database Marketing (DM)	-	X		(X)		(X)	X	X	X
Qualitätsmanagement-IS (QM)	X	-	(X)	(X)		(X)		X	(X)
Benchmarking für alternative Objekte (BM)	X		-	X	(X)			X	X
Target Costing (TC)	X	(X)		-		X		X	X
Prozeßstrukturanalyse (PSA)	X	(X)			-	X	X		
Prozeßwertanalyse (PWA)	X	X	(X)	X		-		(X)	
Prozeßkostenrechnung (PKR)	(X)		(X)	X			-	X	X
Personalmanagement-IS (PM)		X	(X)				X	-	(X)
Sachpotentialmanagement IS/ Yield Management (SM/YM)	X	X	(X)	(X)	(X)		X	(X)	-

X = unmittelbar relevante Informationsquelle   (X) = mittelbar relevante Informationsquelle

Abbildung 35: Informationsbeziehungen zwischen verschiedenen Komponenten eines marktorientierten IM im Dienstleistungsbereich

Die in Abb. 35 aufgezeigten vielfältigen Informationsbeziehungen geben bereits erste Hinweise für die Gestaltung eines integrierten Informationssystems. Sie sollten zum einen bei der informationstechnischen Vernetzung der IM-Komponenten Berücksichtigung finden und zum anderen den für die verschiedenen Teilbereiche verantwortlichen Mitarbeitern als Orientierungshilfe im Rahmen der Informationsbeschaffung und -verwendung dienen.

6.1.1.2 Zusammenhänge des Informationseinsatzcs

Ebenso wie die Informationsgewinnung der verschiedenen IM-Ansätze diverse Überschnei-
dungen aufweist, besteht auch bei dem Einsatz der durch sie generierten Informationen im
Rahmen der Planungs-, Steuerungs- und Kontrollaktivitäten sowie bei der eigentlichen Leistungserstellung das Erfordernis bzw. die Möglichkeit zur gemeinsamen Nutzung der Konzepte. Unter Rückgriff auf die zur Informationsbedarfskonkretisierung vorgenommene Grob-
unterteilung der Mitarbeiter in Führungskräfte, Back-Office-Mitarbeiter und Kundenkontaktpersonal, welche auch den Beurteilungen der IM-Konzepte zugrundegelegt wurde, lassen sich
die Zusammenhänge verdeutlichen.

Die **Führungskräfte** sind durch ihre Verantwortlichkeit für die Managementaufgaben eines
Dienstleistungsunternehmens Hauptbedarfsträger der von den Konzepten bereitgestellten Informationen. Für die grundsätzliche Planung des Leistungsangebots und der dafür einzusetzenden Prozesse und Potentiale benötigen sie zielgruppenkennzeichnende und nachfragebe-
zogene Daten aus dem Database Marketing. Diese sind mit Informationen über die bestehenden Leistungserstellungsstrukturen (aus den Prozeßstrukturanalysen), über die verfügbaren
Mitarbeiter- bzw. Sachpotentiale sowie deren Entwicklungsmöglichkeiten (aus den Personal-
und Sachpotentialinformationssystemen) zu verknüpfen. Für die Wirtschaftlichkeitsbeurteilung der geplanten Aktivitäten sind darüber hinaus Kosten- und Erlösprognosen heranzuzie-
hen.

Die Ausübung von Ergebnis- und Ablaufkontrollen als weitere Managementaufgabe kann
ebenfalls unter Rückgriff auf die verschiedenen IM-Konzepte erfolgen. Nicht nur die monetären Daten der Kundendatabase, der Kostenrechnungs- und Yield Management-Systeme sind
hierbei von Relevanz, sondern insbesondere auch die qualitativen marktbezogenen Feedback-
Informationen aus dem Qualitätsmanagement, den prozeß- und mitarbeiterbezogenen Kun-
denzufriedenheitsanalysen sowie dem Benchmarking. Wie im Rahmen der kritischen Beurteilungen der IM-Konzepte bereits deutlich wurde, dienen im Prinzip sämtliche Konzepte zur
Unterstützung der Managementaktivitäten, so daß eine erhebliche Informationsbündelung bei
den Führungskräften erfolgt. Diese erfordert zum einen umfassende Zugriffsmöglichkeiten
des Managementpersonals auf die verschiedenen IS-Bestandteile und zum anderen eine be-
darfsadäquate Verknüpfung und Aggregation der Detailinformationen, um ein Information-
Overload zu vermeiden.[1265]

Bei den **Back-Office-Mitarbeitern** sind ebenfalls häufig breitgefächerte Informationszugrif-
fe erforderlich; nicht zuletzt deshalb, weil die Realisierung der IM-Konzepte und die damit
verbundene Informationsbeschaffung i.d.R. in ihren Verantwortungsbereich fallen. So benötigen z.B. die Mitarbeiter des Personalbereichs für die Personalplanung und -einsatzsteuerung
sowie für den Aufbau eines umfassenden Personalinformationssystems vielfältige Daten aus

verschiedenen IM-Ansätzen (z.B. Mitarbeiterbewertungen aus dem Qualitätsmanagement oder prozeßspezifische Leistungserfassungen aus der Prozeßkostenrechnung). Nur für diejenigen Mitarbeiter, die keine Funktion im Rahmen der IM-Konzepte wahrnehmen, sondern „lediglich" die Leistungserstellung am externen Faktor unterstützen, beschränkt sich der Informationsbedarf - zumindest bei individualisierter Leistungserstellung - weitgehend auf die durch das Database Marketing zur Verfügung gestellten Informationen.

In ähnlicher Form gilt dies auch für das **Kundenkontaktpersonal**, welches zur Gewährleistung einer kundengerechten Leistungserstellung die verfügbaren, z.b. im Rahmen bisheriger Transaktionen gewonnenen, Informationen über die Kunden bei den interaktiven Leistungsprozessen nutzen sollte.[1266] Je nach Ausmaß der Gestaltungsspielräume im Rahmen der Leistungsaktivitäten sowie der Entscheidungskompetenzen der Mitarbeiter, die durch den Einsatz unterstützender Informationssysteme gegebenenfalls auch erweitert werden können, empfiehlt sich mitunter die Einbeziehung ergänzender Informationen wie z.b. Prozeßstruktur- und Potentialverfügbarkeitsdaten (zur effizienten Koordination der Leistungsaktivitäten) sowie Kostendaten (zur Wirtschaftlichkeitsbeurteilung des Ressourceneinsatzes). Eine integrierte IS-Gestaltung ist für das Kundenkontaktpersonal insbesondere auch dann von Bedeutung, wenn die Leistungserstellung und/oder der Vertrieb dezentral (z.b. in Filialen oder bei den Kunden vor Ort) erfolgen, da in diesen Fällen eine externe Zugriffsmöglichkeit auf sämtliche relevanten Daten erforderlich ist, die nur durch entsprechend vernetzte IS-Strukturen gewährleistet werden kann.[1267]

Insgesamt verdeutlichen die beschriebenen Informationseinsatz- und stärker noch die Informationsbeschaffungszusammenhänge zwischen den IM-Konzepten, daß nur eine integrative Gestaltung des IS den vielschichtigen Informationsbedarfen im Dienstleistungsbereich gerecht werden kann, ohne Effizienzverluste durch Doppel-Erfassungen und -verarbeitungen relevanter Daten in Kauf nehmen zu müssen. Neben den internen Bedarfs- und Verwendungszusammenhängen spricht zudem die zunehmende externe Informationsvernetzung für eine integrative IS-Gestaltung. Hierauf wird im folgenden eingegangen.

6.1.2 Modularisierung von Dienstleistungsunternehmen

Die Modularisierung von Unternehmen bedeutet eine Restrukturierung der Unternehmensorganisation in relativ kleine, überschaubare Einheiten, welche sich i.d.R. durch dezentrale Ent-

---

1265 Hierauf wird in Abschn. 6.2.2.2.2 noch ausführlicher eingegangen.
1266 Vgl. Brändli (1998), S. 78, der darauf hinweist, daß sämtliche Mitarbeiter mit Kundenkontakten Zugriffsmöglichkeiten auf die Kundendatenbank haben sollten und daß die informationstechnische Ausstattung dabei so zu konzipieren ist, daß keine ausgeprägten EDV-Kenntnisse für die Nutzung erforderlich sein müssen. Dullinger stellt in dem Zusammenhang einen Ansatz für ein integriertes Patienten-IM in Krankenhäusern dar, dessen zentraler Bestandteil die Patientendatenbank ist, welche durch sämtliche Leistungsbereiche - insbesondere auch durch die Stationen, auf denen die Patienten untergebracht sind - genutzt wird. Vgl. Dullinger (1998), S. 813 ff.
1267 Zur Gestaltung solcher vernetzter IS-Strukturen siehe Abschn. 6.2.2.2.1.

scheidungskompetenz und Ergebnisverantwortung auszeichnen (Profit Center[1268]) und deren Koordination meist durch nicht-hierarchische Koordinationsformen erfolgt.[1269] Eine solche Aufteilung der Unternehmensaktivitäten, die v.a. der Komplexitätsreduktion und Erhöhung der Flexibilität, Qualität und Marktnähe dienen soll,[1270] kann auf der Ebene des Gesamtunternehmens (z.b. nach Produkten oder Regionen), auf der Ebene von Prozeßketten (z.b. durch Fertigungsinseln) sowie auf der Ebene der Arbeitsorganisation (z.b. durch standortunabhängige Aufgabenerfüllung) ansetzen.[1271]

Die im Dienstleistungsbereich vorliegenden Bedingungen der Leistungserstellung begünstigen eine Unternehmensmodularisierung in mehrfacher Hinsicht bzw. machen diese z.T. sogar unumgänglich. So ist aufgrund der Nicht-Transportfähigkeit von Dienstleistungen - zumindest sofern diese einen häufiger anfallenden Bedarf befriedigen und nicht medial erbracht werden - eine gewisse räumliche Nähe zum Nachfrager erforderlich, welche bei größeren, überregional oder gar international tätigen Unternehmen nur durch Filialisierung oder allgemein dezentrale Leistungserstellung realisiert werden kann (regionale Modularisierung). Auch wenn solche räumlich getrennten Leistungseinheiten weitgehend selbständig agieren, ergeben sich doch vielfältige Informationsverflechtungen zwischen ihnen sowie insbesondere mit der Unternehmenszentrale (z.b. bezüglich Kunden- und Marktpotentialdaten, der Kapazitätsauslastung und Leistungsergebnisse), welche nur durch ein integriertes Informationssystem effizient umgesetzt werden können.

Begünstigend für eine Dezentralisierung auf Prozeßebene wirkt sich v.a. die Immaterialität der Dienstleistungen aus, die dazu führt, daß hier nicht wie im Sachgüterbereich umfassende Logistikaktivitäten für die Zusammenführung räumlich verteilter Produktionsprozesse erforderlich werden. Die Logistik im Dienstleistungsbereich beschränkt sich weitgehend auf Informationen und bedarf somit lediglich adäquater informationstechnischer Voraussetzungen zur Koordination der Unternehmensaktivitäten. Für eine prozeßbezogene Modularisierung spricht auch die in vielen Dienstleistungsbranchen verbreitete Zusammensetzung von Dienstleistungsbündeln nach dem Baukastenprinzip,[1272] d.h. die (individualisierte) Gesamtleistung besteht aus mehreren standardisierten Teilleistungen, welche gegebenenfalls separat erstellt werden können.

Bezüglich der Arbeitsorganisation als unterste Ebene der Modularisierung[1273] schafft die Immaterialität der Dienstleistung ebenfalls günstige Bedingungen. So kann eine vollständige oder auch partielle Auslagerung von Arbeitsplätzen auf der Basis IS-gestützter Telearbeits-

---

1268 Zur Kennzeichnung von Profit Centern siehe Köhler (1993), S. 189 ff. und Frese (1995), Sp. 2160 ff.
1269 Vgl. Picot/Reichwald/Wigand (1996), S. 201.
1270 Vgl. Reichwald (1997), S. 239.
1271 Siehe hierzu ausführlich Picot/Reichwald/Wigand (1996), S. 214 ff.
1272 Siehe hierzu Corsten (1998), S. 615 und (1988a), S. 182; Jugel/Zerr (1989), S. 167 und Reckenfelderbäumer (1995), S. 110.
1273 Vgl. Picot/Reichwald/Wigand (1996), S. 226 ff.

konzepte (z.B. Home-Based Telework oder Customer Site-Based Telework)[1274] sowohl für das Unternehmen (in Form von Kostenersparnissen sowie Flexibilisierungen der Arbeitszeiten und Sachkapazitätsinanspruchnahme) als auch für die Mitarbeiter (durch räumliche und zeitliche Ungebundenheit sowie Zeitersparnisse wegen fehlender Fahrtzeiten) erhebliche Vorteile bieten. Je stärker solche ausgelagerten Tätigkeitsbereiche auch Kommunikationsaufgaben beinhalten (wie z.B. bei Teamarbeitsprojekten), desto bedeutsamer werden leistungsfähige, gegebenenfalls multimediale I+K-Techniken für den Informationsaustausch (z.B. Workgroup-Systeme wie Videokonferenzen, Screen-Sharing oder Mehrfachautoren-Software[1275] sowie 3D-Übertragungsmöglichkeiten).

6.1.3 Unternehmensexterne Informationsvernetzung

6.1.3.1 Kundeneinbindung in das Informationssystem

Der herausragenden Bedeutung der Kunden für ein marktorientiertes IM sollte nach Möglichkeit auch dadurch Rechnung getragen werden, daß diese unmittelbar in das betriebliche IS eingebunden werden. Dadurch kann die Informationsgewinnung in stärkerem Maße automatisiert werden, um einerseits den Erfassungsaufwand zu reduzieren und andererseits eine direkte Verarbeitung und Weiterleitung der Daten zu ermöglichen sowie Informationsfehler durch Medienbrüche zu vermeiden. Diese Option ist zwar nicht für alle Dienstleistungsunternehmen gleichermaßen sinnvoll und realisierbar, doch sie bietet zumindest bei solchen Dienstleistungen oder Teilleistungen, die IT-gestützt erstellt werden können oder einen intensiven, automatisiert vornehmbaren Informationsaustausch erfordern,[1276] erhebliche Vorteile für den Anbieter wie auch für den Nachfrager. Letzterer kann die Anbindung an das Unternehmen ebenfalls zur Informationsgewinnung nutzen und außerdem die erforderlichen Interaktionen mit dem Anbieter zeitlich und räumlich stärker nach seinen eigenen Präferenzen (bzw. bei institutionalen Nachfragern auf die betrieblichen Gegebenheiten) ausrichten. *Hermanns/Flory* stellen speziell für den Business-to-Business-Bereich fünf **Bestimmungskräfte der Kundenintegration** heraus,[1277] welche in leicht modifizierter Form auch auf konsumtive Dienstleistungen übertragbar sind:

*   Informationstransferspezifische Faktoren (z.B. Erklärungsbedürftigkeit der Dienstleistung, Interaktionsintensität, Eignung der Interaktionsinhalte für eine mediale Kommunikation),
*   Kauf- und bedarfsbezogene Faktoren (z.B. Umfang und Häufigkeit der Leistungsinanspruchnahme),

---

1274 Siehe hierzu Reichwald (1997), S. 242 f.
1275 Zu unterschiedlichen Workgroup-Systemen für alternative Anwendungskonstellationen siehe Picot/Reichwald/Wigand (1996), S. 151 f.
1276 Talvinen (1995), S. 12 weist in dem Zusammenhang auf die Einsatzmöglichkeiten von Transaction Processing Systems (TPS) hin, welche eine stärker marktorientierte Steuerung operativer Prozesse unter Einbindung des Kunden ermöglichen.
1277 Vgl. Hermanns/Flory (1997), S. 607 f.

- Integrationsbereitschaft des Kunden (z.b. Einstellung/Vertrauen gegenüber dem Anbieter und der verwendeten IT, Integrationsvorteile für den Kunden, Bereitschaft zur Informationsübermittlung),

- Wettbewerbssituation (z.b. Anzahl von Konkurrenzanbietern, Verhandlungsmacht der Anbieter und Nachfrager sowie deren Veränderung durch die informationstechnische Kundenintegration),

- IT-spezifische Faktoren (z.b. erforderliche DV-Ausstattung des Anbieters sowie des Kunden, Kompatibilitätsanforderungen).

Besonders geeignet für eine informationstechnische Kundenintegration sind **medial erstellte Dienstleistungen** wie z.b. Online-Banking,[1278] E-Commerce,[1279] Software-, Datenbank- und Telekommunikationsleistungen, da bei diesen die kundenbezogene Informationsgewinnung unmittelbar mit der eigentlichen Leistungserstellung einhergehen kann. Die zu gewinnenden Informationen[1280] können bei einer integrativen IS-Gestaltung dann direkt in die Kundendatenbank sowie in die übrigen, jeweils relevanten IS-Module weitergeleitet werden.

Ein weiteres geeignetes Anwendungsfeld kundenintegrierender Informationssysteme sind **investive Dienstleistungen**, die einen regelmäßigen Informationsaustausch zwischen Anbieter- und Nachfragerunternehmung erfordern[1281] (z.b. zeitkritische Logistikleistungen im Zulieferer- und Pharmabereich, Cash-Management-Systeme von Banken[1282] oder extern ausgeführte Rechnungslegungsarbeiten).[1283] Insbesondere wenn diese Leistungen im Rahmen längerfristiger Kundenbeziehungen erstellt werden, kann die Anbindung an das betriebliche Informationssystem, für die sich i.d.R. eine systemtechnische Anpassung zwischen Anbieter- und Nachfragerunternehmung empfiehlt, zur Senkung der Transaktionskosten auf beiden Seiten beitragen[1284] sowie auch eine Verstärkung der Kundenbindung bewirken.[1285]

Als Vorstufe einer informationstechnischen Kundenintegration, die im Prinzip für sämtliche Dienstleistungen geeignet ist und gerade auch bei an sich anonym erstellten Dienstleistungen (wie z.b. Handels- oder Personennahverkehrsleistungen, Kino-, Konzert- oder Sportveran-

---

1278 Vgl. Lange (1999), S. 391 ff. und Gerard/Fulda (1997), S. 225 f. Sie sehen in partieller Übereinstimmung mit den oben aufgeführten Faktoren die Verbreitung von PCs in Privathaushalten sowie die Akzeptanz von Home Banking-Produkten als zentrale Erfolgsfaktoren dieser Leistungsart an.
1279 Siehe hierzu ausführlich Silberer (1999), S. 1035 ff.; Hermanns/Sauter (1999), S. 14 ff. und Fink (1999), S. 353 ff.
1280 Neben persönlichen Kundendaten sind dies insbesondere auch Nachfragezeitpunkte, Art der nachgefragten Dienstleistungen, Interaktionsmuster, zuständige Mitarbeiter etc.
1281 Hier spielen v.a. EDI-Systeme eine bedeutende Rolle, die auf der Bais standardisierter Formate eine Übermittlung von geschäftlichen und technischen Daten sowie Texten, Abbildungen und Graphiken an andere Unternehmen ermöglichen. Siehe hierzu Picot/ Reichwald/Wigand (1996), S. 297 ff.
1282 Vgl. Diller/Müllner (1998), S. 1226 sowie Gerard/Fulda (1997), S. 224 f.
1283 Siehe hierzu Hermanns/Flory (1997), S. 605 ff. und Talvinen (1995), S. 12.
1284 Vgl. Abschn. 3.1.1 dieser Arbeit.
1285 Siehe hierzu Kleinaltenkamp (1998), S. 264 ff. Hier werden auch die vielfältigen Informationsverflechtungen zwischen Anbieter- und Nachfragerunternehmung aufgezeigt.

staltungen) die Möglichkeit zur kundenspezifischen Informationsgewinnung bietet, kann die Verwendung von **Kundenkarten** angesehen werden. Erfolgt die Leistungsabrechnung und/oder Auftragsabwicklung eines Dienstleisters über solche Kundenkarten, die wesentliche kundenkennzeichnende Daten enthalten, bietet diese Option ähnliche Informationsgewinnungs- und -auswertungsmöglichkeiten wie eine direkte DV-technische Anbindung des Kunden. Obwohl der „wahre Vorteil eines unternehmenseigenen Kundenkarten-Marketing-Systems [...]" in der Gewinnung von Informationen aus dem eigenen Kundenkreis"[1286] liegt, wird bei vielen Unternehmen noch die Auffassung vertreten, daß Kundenkarten nur zur Realisierung von Bonussystemen dienen.[1287] Im Dienstleistungsbereich (z.B. bei Versicherungs-, Finanzdienstleistungs- und Handelsunternehmen sowie bei Fluggesellschaften) wird der Nutzen von Kundenkarten als Transaktionsunterstützungs- und Informationsgewinnungs-Instrument jedoch zunehmend erkannt und deren Einsatz daher verstärkt vorgenommen.

6.1.3.2 Trend zu vernetzten Unternehmensstrukturen

Neben einer Anbindung des Kunden an das betriebliche Informationssystem ist auch der in der Praxis zunehmend festzustellende Trend zur Bildung von Unternehmensnetzwerken von besonderer Relevanz für die IS-Gestaltung. Solche Unternehmenskooperationen können die Auflösung traditioneller Unternehmensgrenzen zur Folge haben, gegebenenfalls bis hin zur Extremausprägung der virtuellen Unternehmung.[1288] Für die vorliegende Problemstellung wesentliche Kooperationsformen[1289] sind:[1290]

- Strategische Allianzen (horizontale Kooperationen zwischen aktuellen und potentiellen Konkurrenten in bestimmten ausgewählten Geschäftsfeldern, die unter Ausschöpfung von Synergiepotentialen der gemeinsamen Verbesserung der Wettbewerbssituation dienen sollen),[1291]

- Vertikale Kooperationen (Zusammenarbeit mit vor- oder nachgelagerten Unternehmen, die oft auf eine Synchronisation von Wertschöpfungsaktivitäten und/oder eine Verlagerung von Verantwortung bzw. Risiken ausgerichtet ist)[1292] und

- Information Partnerships (Zusammenarbeit von Unternehmen, die auf die gemeinsame Nutzung sowie eventuell auch den Aufbau von Informationsbeständen und/oder Informationssystemen ausgerichtet ist).[1293]

1286 Löwenstern (1997), S. 365.
1287 Vgl. Löwenstern (1997), S. 364.
1288 Auf virtuelle Unternehmen wird im weiteren Verlauf dieses Abschnitts noch näher eingegangen. Siehe hierzu auch Scholz (1996), S. 27 ff.
1289 Unter einer Kooperation wird grundsätzlich „die auf freiwilliger Basis beruhende vertraglich geregelte Zusammenarbeit zwischen rechtlich und wirtschaftlich selbständigen Unternehmen zum Zwecke der Steigerung ihrer Leistungsfähigkeit verstanden." Olesch (1995), Sp. 1273.
1290 Zu der folgenden Unterscheidung vgl. Szyperski/Klein (1993), S. 190 f.
1291 Siehe hierzu Schwamborn (1994), S. 6 ff.
1292 Typische vertikale Kooperationen auf der Absatzseite sind vertragliche Vertriebssysteme wie z.B. Franchise-, Vertragshändler- und Vertriebsbindungssysteme. Siehe hierzu Specht (1998), S. 177 ff.

Sie alle haben im Dienstleistungsbereich erhebliche praktische Relevanz und weisen zudem mehr oder minder ausgeprägte Implikationen für die IS-Gestaltung auf, da sie einen intensiven Informationsaustausch zwischen den Partnerunternehmen sowie z.T. auch eine direkte informationstechnologische Vernetzung bedingen.[1294]

Strategische Allianzen sind z.B. im Luftverkehr inzwischen eine verbreitete Form der Zusammenarbeit,[1295] die mit dem Ziel eines flächendeckenden Leistungsangebots zur gemeinsamen Stärkung der Wettbewerbsposition im internationalen Konkurrenzkampf („competition of alliances"[1296]) globale Netzwerke für Flugverbindungen auf der Basis effizienter „hub and spoke-Systeme"[1297] aufbauen und koordinieren. Die Komplexität des Netz-Managements in dieser Branche, die bereits bei einzelnen Unternehmen ein integriertes IM erforderlich macht, bedingt für eine Abstimmung zwischen mehreren Anbietern umfassende interorganisationale Informationsverbindungen, die einen systematischen Austausch von Kapazitäts-, Flugstrecken- und -zeiten- sowie Passagierdaten ermöglichen. Eine weitere für den Dienstleistungsbereich geeignete Form horizontaler Geschäftsbeziehungen stellen sach- und personalpotentialbezogene Kooperationen zur gemeinsamen Nutzung von Ressourcen dar. Hierdurch kann bei schwankender Nachfrage eine gleichmäßigere Kapazitätsauslastung bewirkt werden, sofern die beteiligten Unternehmen gegenläufige Nachfragezyklen aufweisen. Voraussetzung ist dabei ein nachfragebezogener Informationsaustausch in Verbindung mit einer gemeinsamen, flexiblen Kapazitätsbelegungssteuerung.

Innerhalb der **vertikalen Kooperationen** sind aufgrund des oft zeitlichen und räumlichen Auseinanderfallens von Kauf (bzw. Buchung oder Reservierung) und Inanspruchnahme der Leistung insbesondere Vertriebskooperationen von Bedeutung, bei denen i.d.R. integrierte Informationstechnologien zum Einsatz gelangen, die eine wechselseitige Übermittlung von Echtzeit-Daten und damit auch die Anwendung von Yield Management-Systemen ermöglichen (wie z.B. zwischen Reiseveranstaltern und Reisebüros, zwischen Konzertveranstaltern

---

1293 Als vierte Form einer kooperativen Geschäftsbeziehung führen Szyperski/Klein das Outsourcing (d.h. eine Auslagerung ganzer Funktionsbereiche an spezialisierte Anbieter) an. Vgl. Szyperski/Klein (1993), S. 191. Dieses stellt jedoch an sich keine direkte Kooperationsform dar, sondern eine Kooperation vorgelagerte Ausgliederungsentscheidung. Daher wird es hier, ebenso wie spezielle Kooperationsformen im internationalen Kontext (z.B. Joint Ventures), nicht näher betrachtet.

1294 Vgl. allgemein zu den informationstechnologischen Implikationen von Unternehmensnetzwerken Piercy/Cravens (1995), S. 19.

1295 Generell stellen netzbasierte Dienstleistungen ein Haupteinsatzfeld für strategische Allianzen dar. So werden z.B. auch im Telekommunikationsmarkt zunehmend Kooperationen zwischen mehreren Anbietern gebildet, welche sich jedoch meist auf eine Integration unterschiedlicher Wertschöpfungsstufen und Leistungsangebote beziehen. Vgl. hierzu Hungenberg (1998), S. 206 ff.

1296 Klein (1998b), S. 1491. Weltweit haben sich inzwischen vier bedeutende Allianzsysteme herausgebildet, von denen die Star Alliance zwischen der Deutschen Lufthansa AG, United Airlines, Thai Airways International, VARIG, SAS (Scandinavian Airlines System), AC (Air Canada) und SAA (South African Airways) das größte Streckennetz aufweist. Vgl. Sattelberger (1997), S. 65 ff. und Klein (1998b), S. 1499.

und Ticket-Verkaufsstellen oder zwischen Versicherungsunternehmen und selbständigen Vertretern bzw. Vermittlern).[1298] Da solche Kooperationen oft den Charakter einer Principal-Agent-Beziehung aufweisen, bei der der Anbieter die Rolle des Prinzipals und der Absatz-mittler die Rolle des Agenten einnimmt,[1299] stellen wechselseitiges Vertrauen, Kontrollmög-lichkeiten durch einen beiderseitigen Informationszugriff sowie beziehungsspezifische Inve-stitionen wesentliche Einflußgrößen für die erfolgreiche Realisierung einer IT-basierten Inte-gration der Geschäftspartner dar.[1300] Ist dies gegeben, können solche Kooperationen neben Vorteilen für die Kunden insbesondere auch eine Senkung der Transaktionskosten auf beiden Seiten bewirken. Eine Kombination von vertikaler und horizontaler Kooperation liegt dann vor, wenn die den Vertriebsaktivitäten zugrundeliegende IT durch mehrere Anbieter gemein-sam bereitgestellt bzw. genutzt wird, wie es z.B. bei Computerreservierungssystemen durch-aus üblich ist.

Als dritte wesentliche Kooperationsform sind die **Information Partnerships** zu nennen, wel-che sich auf Komplementäranbieter, Konkurrenten sowie anderweitig mit dem eigenen Un-ternehmen in Verbindung stehende Firmen beziehen können. Inhalt einer solchen Information Partnership kann z.B. der gemeinsame Aufbau einer Kunden-/Interessentendatenbank sein, welcher bei vergleichbaren Zielgruppen der beteiligten Unternehmen sowohl bezüglich der Breite als auch der Tiefe der Datenbasis Informationsgewinne bewirken kann. Eine breitere Datenbasis kann durch die Übernahme von neuen, im eigenen Unternehmen nicht vorhande-nen Kundendatensätzen erreicht werden; eine tiefere Datenbasis dadurch, daß zusätzliche In-formationen über die eigenen Kunden gewonnen werden.[1301] Ein besonders geeignetes An-wendungsfeld für Information-Partnerships stellen auch dauerhaft angelegte Benchmarking-Beziehungen dar, wobei die erfolgreiche Realisierung eines diesbezüglichen Informationsaus-tauschs stark davon abhängt, ob von beiden Seiten das jeweils andere Unternehmen als Vor-bild für bestimmte, im eigenen Unternehmen defizitäre Leistungsaspekte angesehen wird. Nur wenn dies der Fall ist, kann von einer wechselseitigen Bereitschaft zur Informationsübermitt-lung ausgegangen werden.

Während die bisher beschriebenen Formen zwischenbetrieblicher Zusammenarbeit eine auf bestimmte Aufgabenbereiche beschränkte Informationsvernetzung gegebener organisatori-scher Gebilde implizieren, sind **virtuelle Unternehmen** als Extremform vernetzter Unterneh-

1297 Hub and spoke-Systeme basieren auf dem Prinzip, nicht von Punkt zu Punkt zu fliegen, sondern Passagie-re regional zu sammeln, sie dann über Hauptachsen zu transportieren und schließlich lokal wieder zu ver-teilen. Siehe hierzu Rittersberger (1998), S. 351 ff. und Klein (1998b), S. 1491.
1298 Siehe hierzu auch Abschn. 5.4.2.3.3.
1299 Zur Principal-Agent-Problematik siehe grundsätzlich auch Abschn.3.1.2.
1300 Siehe hierzu Zaheer/Venkatraman (1994), S. 552 ff.
1301 Vgl. Bellmann/Mack (1997), S. 574 f. Bei einer solchen kooperativen Datenbankgestaltung sind jedoch in besonderem Maße datenschutzrechtliche Aspekte sowie die Tatsache, daß Kundendaten von erheblicher wettbewerbsstrategischer Relevanz sein können, zu berücksichtigen.

mensstrukturen „künstliche Gebilde, die im Hinblick auf einen maximalen Kundennutzen und basierend auf individuellen Kernkompetenzen eine Integration unabhängiger Unternehmen entlang der gesamten Wertschöpfungskette realisieren".[1302] Eine solche Kooperationsform, die die vollständige Auflösung räumlicher und zeitlicher Gebundenheit bedeutet[1303] und durch eine wechselnde, den jeweils erforderlichen Kernkompetenzen entsprechende Zusammensetzung von Unternehmensmodulen eine besonders kundengerechte und gleichzeitig kostenminimierende Leistungserstellung gewährleisten soll,[1304] kann nur auf Basis umfassend integrierter, flexibler Informationssysteme sämtlicher beteiligten Organisationen realisierbar sein.[1305]

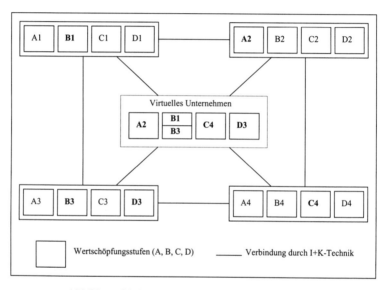

Abbildung 36: Modell einer virtuellen Unternehmung
(Quelle: In Anlehnung an Bellmann/Mack (1997), S. 572.)

Der Dienstleistungsbereich bietet hierfür insbesondere bei individualisierten Dienstleistungen aus den bereits genannten Gründen grundsätzlich gute Anwendungsbedingungen, wobei jedoch die potentiellen Problemfelder solcher virtueller Gebilde zu beachten sind (z.B. die Schwierigkeit eines einheitlichen Auftretens dem Kunden gegenüber, der mitunter erhöhte Koordinationsaufwand und die begrenzten Kontrollmöglichkeiten, fehlende stabile Vertrau-

1302 Scholz (1996), S. 28. Zur Verflechtung von betrieblichen Wertketten siehe auch Fantapié Altobelli/Bouncken (1998), S. 291 ff. und Szyperski/Klein (1993), S. 193 f.
1303 Vgl. Picot/Reichwald/Wigand (1996), S. 391.
1304 Vgl. Picot/Reichwald/Wigand (1996), S. 394 f. und Bellmann/Mack (1997), S. 571.
1305 Vgl. Gerard/Fulda (1997), S. 230 f.; Picot/Reichwald/Wigand (1996), S. 295 ff.; Klein (1994), S. 309 f. und Szyperski/Klein (1993), S. 192.

ens- und Loyalitätsverhältnisse sowie die erheblichen informationstechnologischen Anforderungen).[1306]

Insgesamt haben die Ausführungen der letzten Abschnitte deutlich gemacht, daß die Informationsfunktion eines Dienstleistungsunternehmens aufgrund der vielfältigen und weiter zunehmenden internen und externen Vernetzungen nur durch ein integriertes marktorientiertes IM adäquat wahrgenommen werden kann. Für die Gestaltung des dabei einzusetzenden IS bedarf es zunächst einer Modellierung des Unternehmens, um die grundlegende Struktur sowie die wesentlichen Abläufe und Steuerungsmechanismen zu veranschaulichen. Ansatzpunkte hierfür liefern v.a. systemtheoretische Erklärungsmodelle, auf die im folgenden näher eingegangen wird.

6.2 Systemtheoriebasierter Gestaltungsansatz für ein ganzheitliches Informationsmanagement

Die Systemtheorie ist zur ganzheitlich ausgerichteten Erforschung unterschiedlichster Arten von Systemen[1307] entwickelt worden. Von den vielfältigen Ausprägungen der Systemtheorie[1308] erweist sich der gestaltungsorientierte Ansatz unter Einbeziehung kybernetischer Überlegungen für die Analyse von Dienstleistungsunternehmen zum Zwecke einer integrierten IS-Gestaltung am besten geeignet:

Der **gestaltungsorientierte Ansatz** beinhaltet die systematische Zerlegung komplexer Systeme in einzelne Komponenten bzw. Subsysteme, um dadurch ihre Struktur und Funktionsweise zu ergründen, sowie die anschließende Synthese der Komponenten zum Gesamtsystem unter Berücksichtigung sämtlicher Verbindungen zwischen den Teileinheiten.[1309] Er stellt somit eine Vereinigung des *analytischen Ansatzes* mit dem *Integrationsansatz* dar[1310] und soll dem Systemverständnis und der zielorientierten Systemgestaltung dienen.[1311]

Die **Kybernetik** als „*Wissenschaft von Kommunikation und Regelung*"[1312] setzt sich schwerpunktmäßig mit den Steuerungs- und Regelungsprozessen innerhalb von Systemen auseinander und kann somit v.a. bei Überlegungen zur Beeinflussung des Systemverhaltens herangezogen werden.

1306 Zu möglichen Problemfeldern virtueller Unternehmen siehe auch Picot/Reichwald/Wigand (1996), S. 404 f. und Klein (1994), S. 311.
1307 Insbesondere die auf von Bertalanffy zurückgehende „Allgemeine Systemtheorie" beschäftigt sich mit Systemen innerhalb sehr unterschiedlicher Forschungsrichtungen wie der Biologie, Physik, Chemie, Soziologie und Ökonomie. Sie ist auf eine disziplinübergreifende Identifikation von Gesetzmäßigkeiten des Systemverhaltens ausgerichtet. Vgl. von Bertalanffy (1949), S. 114 ff.; (1950), S. 134 ff. und (1968), S. 32 und S. 36 ff. sowie Boulding (1956), S. 13.
1308 Zu einer Übersicht der systemtheoretischen Entwicklungsrichtungen vgl. Müller-Merbach (1992), S. 855 ff. sowie Köhler (1975), S. 55 ff.
1309 Vgl. Biethahn/Muksch/Ruf (1996), S. 86 f. und Grochla (1974), S. 15 ff.
1310 Siehe hierzu Müller-Merbach (1992), S. 868. Während sich der analytische Ansatz der komplexitätsreduzierenden Dekomposition von Systemen widmet, ist der Integrationsansatz auf die Identifikation und Synthese von Subsystemen ausgerichtet.
1311 Vgl. Köhler (1975), S. 61.
1312 Beer (1967), S. 21.

6.2.1 Analyse des Systems 'Dienstleistungsunternehmen'

6.2.1.1 Allgemeine Kennzeichnung des Systems

Grundsätzlich gilt es zunächst das System 'Dienstleistungsunternehmen' näher zu charakterisieren. Gemäß den bisherigen Ausführungen in dieser Arbeit lassen sich hierzu folgende Eigenschaften heranziehen:

- **offen** (Das Merkmal *Offenheit* kennzeichnet Systeme, die im Gegensatz zu *geschlossenen* Systemen durch (aktive) Beziehungen mit ihrer Umwelt verbunden sind.)[1313]
- **komplex** (Nach der Anzahl der Elemente und Beziehungen eines Systems sowie deren Varietät unterscheidet man *einfache* und *komplexe* Systeme.)[1314]
- **dynamisch/kybernetisch** (In Abgrenzung zu *statischen* Systemen, deren Struktur und Verhalten im Zeitablauf unverändert bleiben, unterliegen *dynamische* Systeme durch Umwelteinflüsse und/oder eigeninitiiert einem Wandel.[1315] Als *kybernetisch* werden dynamische Systeme dann bezeichnet, wenn sie Störungen mittels Steuerungs- und Regelungsvorgängen zu kompensieren vermögen.)[1316]
- **stochastisch/unscharf** (Gegenüber *deterministischen* Systemen, deren Verhalten bei entsprechender Informationslage vollständig prognostizierbar ist, können bei *stochastischen* bzw. probabilistischen Systemen lediglich Wahrscheinlichkeitsaussagen getroffen werden.[1317] Sind die verfügbaren Informationen darüber hinaus (teilweise) unscharf, wird ein System als „fuzzy" oder *unscharf* bezeichnet.[1318])
- **soziotechnisch** (Als *soziotechnische* Systeme werden alle Mensch-Maschine-Systeme verstanden, d.h. Systeme, in denen „Menschen und realtechnische Elemente in bestimmter Weise zur Zielerreichung zusammenwirken."[1319])

Gemäß der in Abschn. 2.3 zugrundegelegten allgemeinen Definition sind Systeme durch eine Menge von **Elementen** (Objekte, Subsysteme) und die zwischen ihnen bestehenden **Bezie-**

1313 Vgl. Fuchs (1973), S. 63 ff; Grochla (1974), S. 13 f; Kubicek/Thom (1976), Sp. 3978 ff. Bei offenen Systemen mit intensiven Umweltbeziehungen, wie dies bei Dienstleistungsunternehmen der Fall ist, erweist sich die Bestimmung der Systemgrenzen als recht problematisch. Die Orientierungshilfe der Konnektivität, nach der Systeme so einzugrenzen sind, daß innerhalb der Grenzen ein größeres Maß an Beziehungen besteht als nach außen, ist hier nur bedingt tauglich, wie in Abschn. 6.1.3 deutlich wurde. Vgl. allgemein zur Systembegrenzung Woratschek (1995), Sp. 2438; Schiemenz (1993), Sp. 4128 f.; Schreyögg (1993), Sp. 4232 f.; Kubicek/Thom (1976), Sp. 3983 ff. und Pacher (1993), S. 6 ff.
1314 Vgl. Beer (1967), S. 32 f.; Fuchs (1973), S. 56 ff.; Franken/Fuchs (1974), S. 35 und Köhler (1975), S. 56.
1315 Vgl. Malik (1979), S. 27 f.; Trott zu Solz (1992), S. 11 und Biethahn/Muksch/Ruf (1996), S. 90. Dienstleistungsunternehmen erfahren alleine schon durch das Anpassungserfordernis an wechselnde externe Faktoren eine ständige Veränderung.
1316 Vgl. Raffée (1989), S. 33.
1317 Vgl. Schiemenz (1993), Sp. 4130 und Beer (1967), S. 27 f. Bei Dienstleistungsunternehmen verhindert schon die Interaktionsabhängigkeit der Leistungserstellung eine vollständige Prognostizierbarkeit des Systemverhaltens.
1318 Siehe hierzu Biethahn/Muksch/Ruf (1996), S. 91.
1319 Lehmann (1974), S. 57. Neben den hier aufgeführten Merkmalen zur Kennzeichnung von Dienstleistungsunternehmen als Systeme existiert noch eine Vielzahl weiterer, auf die wegen ihrer geringeren Relevanz für die Themenstellung hier jedoch nicht näher eingegangen wird. Vgl. z.B. Franken/Fuchs (1974), S. 33 ff. oder Köhler (1975), S. 55 f.

hungen gekennzeichnet.[1320] Für die im Rahmen des gestaltungsorientierten Ansatzes vorgesehene Strukturanalyse des Systems 'Dienstleistungsunternehmen' lassen sich diese zentralen Systembestandteile unter Rückgriff auf die phasenorientierte Betrachtung konkretisieren. Neben den Systemelementen und -beziehungen werden dabei auch die für die zugrundeliegende Problemstellung wesentlichen Aspekte des Systemoutputs sowie des dienstleistungsspezifischen Systeminputs 'externer Faktor' in die Betrachtung einbezogen.

6.2.1.2 Erfassung der Systemstruktur auf Basis der phasenorientierten Dienstleistungsbetrachtung

Als **Elemente**[1321] des Systems 'Dienstleistungsunternehmen' können sämtliche materiellen und immateriellen Unternehmensbestandteile (wie z.B. Mitarbeiter, Gebäude, Maschinen, Lizenzen) verstanden werden, die eine Funktion innerhalb des Systems wahrnehmen und eine Wirkung auf dieses bzw. dessen Zweckerfüllung[1322] ausüben. Gemäß dem phasenorientierten Ansatz der Dienstleistungserstellung entsprechen diese Elemente im wesentlichen dem Objektbereich der **Potentialphase**, welche die für die Leistungserstellung relevanten Personal- und Sachkapazitäten sowie auch immaterielle Faktoren beinhaltet.[1323] Dementsprechend kann zur qualitativen und quantitativen Erfassung der Systemelemente sowie ihrer Funktionen innerhalb des Systems weitgehend auf die Ergebnisse der im Rahmen des Potentialmanagements angewendeten Analysen (insbesondere der Personalbestands- und Ausstattungsanalysen) zurückgegriffen werden. Bei entsprechend zielorientierter Planung der Untersuchungen beziehen sich diese auf die für die Erfüllung des Systemzwecks wesentlichen Potentialmerkmale (z.B. Leistungsfähigkeit und -bereitschaft der Mitarbeiter, Einsatzflexibilität und Fehleranfälligkeit der Sachpotentiale etc.) und liefern zudem Erkenntnisse über die Anordnung der Elemente innerhalb des Systems, da bei den Analysen i.d.R. auch eine Zuordnung der Leistungspotentiale zu den verschiedenen Unternehmensbereichen vorgenommen wird.

Die Systemelemente sind nunmehr durch **Beziehungen** miteinander verbunden, im Rahmen derer sich die Transformationsprozesse des Unternehmens vollziehen. Inhalt dieser system-

1320 Vgl. Franken/Fuchs (1974), S. 27; von Bertalanffy (1968), S. 38; Köhler (1971), S. 36 f.; Fuchs (1973), S. 35; Schiemenz (1993), Sp. 4128 und Biethahn/Muksch/Ruf (1996), S. 88.

1321 Welche Bestandteile eines Systems als Elemente zu bezeichnen sind, ist nicht fest vorgegeben, sondern hängt - ähnlich wie die Bestimmung des Systems selbst - vom jeweiligen Untersuchungszweck ab. Grundsätzlich sind Elemente jedoch dadurch gekennzeichnet, daß ihre interne Struktur nicht Betrachtungsgegenstand ist. Es kann sich dabei durchaus auch um komplexe Gebilde wie Maschinen oder Menschen handeln. Siehe hierzu Fuchs-Wegner (1974), S. 74; Gomez (1981), S. 42 sowie Biethahn/Muksch/Ruf (1996), S. 88. Vgl. allgemein zu den Elementen eines Unternehmens Fuchs (1973), S. 40 und Fuchs-Wegner (1974), S. 74.

1322 Das Vorhandensein eines Zwecks stellt nach Beer eine wesentliche Anforderung an Systeme dar. Vgl. Beer (1966), S. 241 f. Als originärer Systemzweck eines (Dienstleistungs-)Unternehmens kann die Befriedigung der Nachfragerbedürfnisse durch die Unternehmensaktivitäten aufgefaßt werden. Vgl. hierzu auch Abschn. 1.1. Ähnlich dazu wird er von verschiedenen Autoren in der Deckung von Fremdbedarf gesehen. Vgl. Köhler (1971), S. 27; Kubicek/Thom (1976), Sp. 3978; Trott zu Solz (1992), S. 20.

1323 Siehe hierzu Abschn. 2.2.1.1 und 2.2.3.1.

internen Input-Output-Relationen ist der Austausch von Objekten materieller (z.b. Ersatzteile für eine Reparatur) und/oder immaterieller Natur (z.b. Informationen).[1324] Wie in den bisherigen Ausführungen der Arbeit immer wieder betont wurde, existieren neben den systeminternen Beziehungen aber auch vielfältige Verbindungen zur Systemumwelt,[1325] so z.b. zu Kooperationspartnern, Wettbewerbern und v.a. zu den Nachfragern.[1326]

Bei den Systembeziehungen läßt sich ebenso wie bei den Systemelementen eine Verbindung zum phasenorientierten Ansatz herstellen. Dieser betrifft die **Prozeßdimension**, welche alle unmittelbar und mittelbar der Leistungserstellung dienenden Transformationsprozesse umfaßt.[1327] Durch die vorgenommene Unterscheidung autonomer und integrativer Prozesse werden mit der Prozeßdimension nicht nur die internen Systembeziehungen erfaßt, sondern auch bereits ein wesentlicher Teil der Verbindungen zum Umsystem, nämlich diejenigen zum Nachfrager. Die Analysen im Rahmen des Prozeßmanagements (insbesondere die interne und kundenbezogene Prozeßstrukturanalyse) liefern somit einen Großteil der relevanten Informationen für den zweiten zentralen Untersuchungsbereich der Systemstrukturanalyse. Je vielfältiger die bei den Prozeßanalysen berücksichtigten Erfassungskriterien sind, desto genauer lassen sich dabei die Systembeziehungen qualitativ und quantitativ kennzeichnen. Wichtig ist in dem Zusammenhang auch, daß die prozeßausführenden bzw. -beteiligten Potentialfaktoren erfaßt werden, um die Systembeziehungen mit den -elementen in Verbindung bringen zu können.

Bezüglich der sonstigen externen Systembeziehungen können die vorgestellten IM-Konzepte ebenfalls einen Informationsbeitrag leisten. Erfolgt die Leistungserstellung z.b. in Kooperation mit anderen Unternehmen, so sind die dabei erforderlichen Austauschbeziehungen ebenfalls durch die Prozeßanalysen bestimmbar. Voraussetzung hierfür ist jedoch, daß bei den innerhalb des Unternehmens vollzogenen Prozessen auch die von externer Seite gelieferten Prozeßinputs sowie die an andere Unternehmen weitergeleiteten Prozeßoutputs erfaßt werden. Darüber hinaus werden durch das Benchmarking weitere Beziehungen zur Unternehmensumwelt gekennzeichnet.

Als für diese Arbeit primär relevanter **Systemoutput** kann das Dienstleistungsergebnis angesehen werden, das der dritten Dimension des phasenorientierten Ansatzes entspricht. Dieses läßt sich bei Dienstleistungsunternehmen zwar selten in genereller Form erfassen, da es sich

---

1324 Vgl. Fuchs-Wegner (1974), S. 75 und Fuchs (1973), S. 45, der die Austauschobjekte in Energie, Materie und Information unterteilt.

1325 Malik weist zu Recht darauf hin, daß die Beziehungen zur Umwelt unter Umständen sogar wichtiger sind als das unternehmensinterne Beziehungsgeflecht. Vgl. Malik (1979), S. 28 f.

1326 Zur Unternehmensumwelt bzw. - in systemtheoretischer Terminologie - zum Umsystem einer Unternehmung werden diejenigen Systeme gerechnet, „von denen der Input bezogen und an die der Output abgegeben wird". Kubicek/Thom (1976), Sp. 3978. Der Zugehörigkeitsbereich des Nachfragers innerhalb des Umsystems wird in der Literatur auch als Interaktionsumwelt bezeichnet, was gerade im Dienstleistungsbereich der Verbindung zwischen Unternehmen und Kunde besser gerecht wird. Vgl. Wagner (1995), Sp. 1492 sowie Schreyögg (1993), Sp. 4239 f.

1327 Vgl. Abschn. 2.2.3.2.

stets an spezifischen externen Faktoren konkretisiert;[1328] die vielfältigen vorgestellten Qualitätsmeßansätze, die das Leistungsergebnis aus Sicht des Empfängers kennzeichnen, können
jedoch diesbezüglich ebenfalls wesentliche Informationen liefern.

Ergänzend sollte aufgrund seiner Bedeutung und seines Sonderstatus innerhalb der Systembetrachtung noch der **externe Faktor** herausgestellt werden, der in systemtheoretischer Terminologie als **Systeminput** spezieller Art aufgefaßt werden kann. Er findet zum Zwecke der
Leistungserstellung Eingang in das System, ist gleichzeitig aber auch Träger des Systemoutputs. Über ihn können - insbesondere wenn es sich um den Nachfrager selbst handelt - wesentliche Erkenntnisse durch das Database Marketing gewonnen werden.

Der Brückenschlag zwischen Systemtheorie und phasenorientierter Betrachtung wird in Abb.
37 nochmals verdeutlicht.

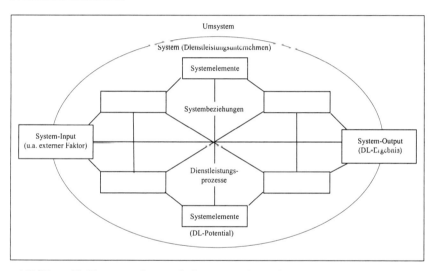

**Abbildung 37: Zusammenhang zwischen systemtheoretischer und phasenorientierter
Betrachtung der Dienstleistung**

Zur Modellierung des Systems 'Dienstleistungsunternehmen' gilt es dann die phasenspezifischen Analyseergebnisse zu integrieren, um daraus ein ganzheitliches Bild der Systemstruktur
zu erhalten, welches als Gestaltungsgrundlage für ein dienstleistungsadäquates IM dienen
kann. Eine solche Modellierung muß jedoch die unternehmensspezifischen Gegebenheiten
berücksichtigen und entzieht sich daher einer allgemeingültigen Darstellung. Nach der Erfassung der Systemstruktur sind in einem weiteren Analyseschritt die Verhaltensmechanismen
des Systems zu ergründen, welche die wesentlichen Bedingungen für eine zielgerichtete Beeinflussung des Systems kennzeichnen.

1328 Ausnahmen stellen hierbei Dienstleistungen mit einem hohen Standardisierungsgrad dar.

6.2.1.3 Möglichkeiten zur Regulierung des Systemverhaltens

Ein zielgerichtetes Systemverhalten, auf das der gestaltungsorientierte Ansatz ausgerichtet ist, wird nicht allein durch eine zweckgerechte Systemstruktur bewirkt, sondern bedarf darüber hinaus einer entsprechenden **Systemregulierung**, d.h. interne und externe Einflüsse bzw. Störungen, die auf das System einwirken, werden durch Korrekturmaßnahmen kompensiert, um die Stabilität und zielbezogene Funktionsfähigkeit des Systems zu gewährleisten.[1329] Dabei kann unterschieden werden zwischen einer strukturverändernden Regulierung,[1330] die z.b. bei massiven Umweltveränderungen erforderlich werden kann, und einer Regulierung innerhalb der bestehenden Systemstruktur,[1331] deren Erforschung sich die Kybernetik[1332] widmet. Letztere sieht für routinemäßig anfallende Aufgaben zwei Arten von Regulierungsmaßnahmen vor, um Störungen entgegenzuwirken: die Steuerung und die Regelung.

Bei der **Steuerung** werden Störeinflüsse auf Basis des *Feed-forward-Prinzips* abgewehrt, also noch bevor ihre Auswirkungen im System zum Ausdruck kommen. Ein sogenanntes Steuerglied leitet bei Auftreten einer Störgröße automatisch Gegenmaßnahmen ein, ohne jedoch deren Wirkung zu kontrollieren.[1333] Erfolgreich kann diese Form der Regulierung daher nur bei weitgehend deterministischen Systemen sein, wenn alle möglichen Störungen wie auch die gesamten Wirkungsbeziehungen des Systems bekannt sind, was bei komplexen sozio-technischen Systemen jedoch selten der Fall ist.[1334] Dennoch ist dieser Ansatz für die vorliegende Problemstellung von Relevanz. Zum einen sind bei Dienstleistungsunternehmen je nach Ausprägungen der zugrundegelegten Typologisierungsdimensionen (z.B. bei hohem Standardisierungs- und geringem Interaktionsgrad) durchaus Leistungsprozesse denkbar, die nach diesem Prinzip zu steuern sind. So setzt z.b. eine vollständig automatisierte Leistungserstellung deterministische Prozeßabläufe und die Berücksichtigung sämtlicher externer und interner Einflußfaktoren voraus. Ein marktorientiertes IM sollte in dem Zusammenhang wesentliche Erkenntnisse über die relevanten Bestimmungsfaktoren und deren Auswirkungen auf das Systemverhalten liefern sowie bei Auftreten von Störfaktoren diese erkennen und adäquate Gegensteuerungsmaßnahmen einleiten. Zum ande-

---

1329 Vgl. Fuchs (1973), S. 168 und (1974), S. 83 sowie Trott zu Solz (1992), S. 12.

1330 Übertragen auf den hier zugrundeliegenden Anwendungsbereich der Dienstleistungsunternehmen bezieht sich diese Form der Regulierung auf die grundsätzliche Gestaltung bzw. Anpassung des Leistungspotentials und der -prozesse, basierend auf der System- und Umsystemanalyse. Vgl. allgemein zu strukturverändernder Regulation Fuchs (1974), S. 83.

1331 Diese Form der Regulierung betrifft die stärker operativ ausgerichtete Potential- und Prozeßsteuerung innerhalb eines Dienstleistungsunternehmens.

1332 Ursprünglich zurückzuführen auf Wiener (1948), erlangte die Kybernetik für die hier behandelte Problemstellung v.a. durch Beer und das von ihm entwickelte „Viable System Model" große Beachtung. Siehe hierzu Beer (1985), S. 1 ff. und (1979), S. 139 ff.

1333 Vgl. Behme/Schimmelpfeng (1993a), S. 289; Schiemenz (1993), Sp. 4132; Biethahn/Huch (1994), S. 12 und Woratschek (1995), Sp. 2440 f.

1334 Vgl. Trott zu Solz (1992), S. 12; Behme/Schimmelpfeng (1993a), S. 289. Bei Dienstleistungsunternehmen bedingt schon der Einfluß des externen Faktors auf die Systemabläufe i.d.R. eine gewisse Indeterminiertheit.

ren, und dies ist für die Gestaltung eines ganzheitlichen IM vielleicht von noch entscheidenderer Bedeutung, fördert die Beschäftigung mit diesem Regulierungsprinzip grundsätzlich ein sehr genaues Durchdenken der Funktionsweise von Systemen und erhöht somit die Chance, potentielle Probleme frühzeitig zu erkennen und geeignete Gegenmaßnahmen zu ermitteln.

Bei der **Regelung** werden Störungen ex post ausgeglichen, also erst wenn sie bereits Wirkungen im System in Form von Soll-Ist-Abweichungen bei bestimmten Regelgrößen verursacht haben. Anhand von *Feedback-Informationen* über das Ausmaß einer solchen Abweichung werden von einer Entscheidungsinstanz (Regler) adäquate Korrekturen bei den dafür vorgesehenen Stellgrößen vorgenommen. Diese sollen bewirken, daß die Regelgröße den geplanten Sollwert noch erreicht, der i.d.R. von einer übergeordneten Entscheidungsinstanz als Zielvorgabe (Führungsgröße) gesetzt wurde.[1335] Im Gegensatz zur Steuerung setzt dieses Regulierungsprinzip keine deterministischen Strukturen und vollkommene Systemkenntnis voraus. Abb. 38 zeigt diesen Ansatz, übertragen auf das System Dienstleistungsunternehmen.

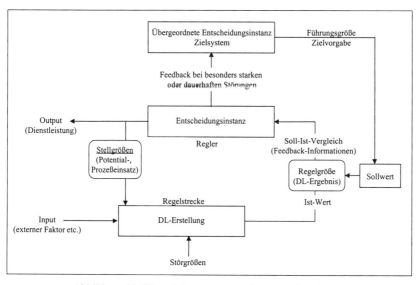

Abbildung 38: Dienstleistungsunternehmen als Regelkreis

Eine solche Regelung ist vom Grundprinzip her relativ gut auf die in einem Dienstleistungsunternehmen ablaufenden Prozesse, insbesondere die Leistungserstellung i.e.S., übertrag-

---

1335 Vgl. Köhler (1971), S. 30 f.; Fuchs (1974), S. 85 f.; Biethahn/Muksch/Ruf (1996), S. 93 ff.; Woratschek (1995), Sp. 2442 f. sowie Behme/Schimmelpfeng (1993a), S. 289 f.

bar.[1336] Die durch das Management (übergeordnete Entscheidungsinstanz) festgelegten Ziel-vorgaben bezüglich der Leistungsqualität und -mengen, der Abgestimmtheit auf die Kunden-anforderungen sowie der Wirtschaftlichkeit stellen die Sollwerte dar, denen das Dienstlei-stungsergebnis (Regelgröße) zu entsprechen hat.[1337] Der diesbezüglich vorgenommene Soll-Ist-Vergleich sollte nicht nur interner Art sein, sondern auch ein Kundenfeedback (Zufrieden-heitsmessung) beinhalten. Bei geringfügigen Soll-Ist-Abweichungen, die z.B. durch eine mangelhafte Integrationsqualität des externen Faktors hervorgerufen werden können (Stör-größe), besteht für das Kundenkontaktpersonal (Entscheidungsinstanz) die Möglichkeit, ad-äquate Korrekturmaßnahmen (Potential- und Prozeßeinsatz als Stellgrößen) einzuleiten, um das gewünschte Ergebnis (Sollwert) doch noch zu realisieren. Ausgeprägte oder dauerhafte Störungen (z.B. durch anhaltende mitarbeiter- oder kundenbezogene Defizite oder sonstige externe Einflüsse) sind als Feedback an das Management weiterzuleiten, weil in diesen Fällen gegebenenfalls eine grundlegende Revision der Zielvorgaben oder systemstrukturelle Anpas-sungen erforderlich werden, wobei letztere nicht dem Aktionsrahmen der Regelung zugehörig sind.

Von entscheidender Bedeutung für jede Art der Systemregulierung - die stärker operativ aus-gerichtete innerhalb bestehender Systemstrukturen ebenso wie die strukturverändernde - aber sind Informationen. Sie stellen die Planungsgrundlage für die Systemgestaltung dar, unter-stützen die Regulierung der Systemabläufe und sind auch die Basis für deren Kontrolle. An-hand des entworfenen Dienstleistungsregelkreises soll überblickartig gezeigt werden, an wel-chen Stellen und welche Art von Informationen bei der Lenkung des Systems einfließen müs-sen, damit das Unternehmen im kybernetischen Verständnis als „ein sich selbst steuerndes System"[1338] funktionsfähig ist (vgl. Abb. 39).

1336 Zwar ist die Anwendung von Regelkreisen im klassischen Sinne auf routinemäßig anfallende Aufgaben mit quantitativen Regelgrößen fokussiert, doch lassen sich bezüglich des Grundprinzips deutliche Paral-lelen zu einer Dienstleistungsproduktion feststellen.
1337 Bei der Festlegung der Sollgrößen sollten neben internen (Wirtschaftlichkeits-)Anforderungen insbeson-dere auch die Kundenerwartungen Berücksichtigung finden.
1338 Behme/Schimmelpfeng (1993b), S. 923. Vgl. auch Beer (1966), S. 241.

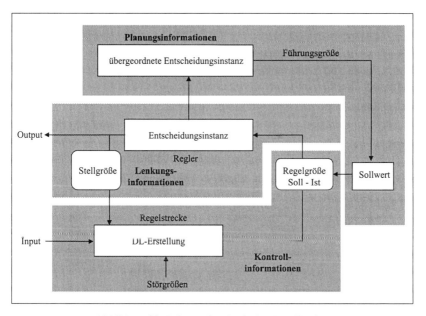

Abbildung 39: Informationsbasis des Regelkreises

Das Informationssystem kann dabei als Subsystem des Gesamtsystems Unternehmen aufgefaßt werden.[1339] Korrespondierend zu der im vorangegangenen Abschnitt beschriebenen Zerlegung des Unternehmenssystems in einzelne Elemente bilden die in Kapitel 5 beschriebenen IM-Konzepte Teileinheiten des dienstleistungsspezifischen IS, welche bezogen auf das Gesamtsystem Dienstleistungsunternehmen demnach Subsysteme 2. Grades sind. Die in Abb. 40 veranschaulichte Systemdekomposition spiegelt den Analyseteil des gestaltungsorientierten Ansatzes wider.

1339 Vgl. Trott zu Solz (1992), S. 47. Subsysteme bestehen aus einer Menge von Elementen und einer Menge von Beziehungen, die jeweils Teilmengen der Gesamtsystemelemente und -beziehungen sind. Siehe hierzu Franken/Fuchs (1974), S. 33 und Biethahn/Muksch/ Ruf (1996), S. 88.

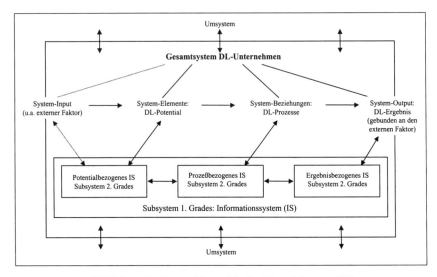

Abbildung 40: Systemhierarchie des Dienstleistungs-IM

6.2.2 Gestaltungsdimensionen eines integrierten marktorientierten Informationsmanagements

Zum Zwecke eines ganzheitlichen marktorientierten Dienstleistungsmanagements gilt es nun, eine Integration der Partialansätze vorzunehmen, wobei die in Abschn. 6.1.1 aufgezeigten Zusammenhänge zwischen den verschiedenen IM-Konzeptionen eine wesentliche Gestaltungsgrundlage darstellen. Die Konzipierung eines solchen integrierten IM betrifft sämtliche der in Abschn. 2.1.4.1 aufgezeigten, grundlegenden IM-Dimensionen: das Informationspotential, die Informationsfähigkeit und die Informationsbereitschaft, auf die im folgenden näher eingegangen wird.

6.2.2.1 Informationspotential - Das Data Warehouse als integrierter Datenpool

Das Informationspotential als erste Gestaltungsdimension umfaßt sämtliche erfolgsrelevanten, marktorientierten Informationen sowie die zu ihrer Gewinnung eingesetzten externen und internen Informationsquellen.[1340] Bei der IM-Gestaltung sollte den aufgezeigten Nutzungszusammenhängen zwischen den verschiedenen Informationsquellen und IM-Konzepten insofern Rechnung getragen werden, als daß die Vielzahl der potentiell verfügbaren Daten, welche sich in Art und Aufbereitungsform erheblich unterscheiden können, zu einer integrierten Datenbasis zusammengefügt werden, auf die sämtliche Bedarfsträger (selektiv) Zugriff nehmen

---

1340 Vgl. Zahn/Rüttler (1989), S. 36 sowie Abschn. 2.1.4.1 und 2.1.4.2.

können. Redundante Datenerfassungen und -haltungen für verschiedene Aufgabenfelder mit z.t. übereinstimmenden Informationsbedarfen können auf diese Weise weitgehend vermieden werden,[1341] wodurch auch die Wirtschaftlichkeit des IM verbessert wird. Eine geeignete konzeptionelle Grundlage für die Integration sämtlicher für ein Dienstleistungsunternehmen relevanten Datenbestände stellt das Data Warehouse-Konzept dar.

Unter einem **Data Warehouse** versteht man eine integrierte Sammlung ganz unterschiedlicher Datenbestände über mehrere Perioden hinweg.[1342] Eine solche Datenbank enthält wesentliche Informationen, sowohl für den operativen Einsatz (z.b. im Rahmen der eigentlichen Dienstleistungserstellung) als auch für die Erfüllung der Managementaufgaben. Während die früheren IM-Konzepte (z.b. Executive Information Systems (EIS) oder Decision Support Systems (DSS)) auf eine Unterstützung der Führungskräfte oder des internen Berichtswesens fokussiert waren, liegt dem Data Warehouse die Idee des „Everybody's Informationssystem"[1343] zugrunde, die es gerade für Dienstleistungsunternehmen aufgrund der dort vorliegenden Vielzahl potentieller Nutzer attraktiv macht.[1344] Die aus mehreren Quellen stammenden Daten werden im Data Warehouse aufbereitet (d.h. konsolidiert, miteinander verknüpft, bereinigt) und den verschiedenen Nutzungsbereichen gemäß ihrer jeweiligen Informationsbedarfe zugänglich gemacht. Wichtig ist dabei, daß die Datenbestände auf einem möglichst niedrigen Aggregationsniveau erfaßt werden, um je nach Einsatzbereich unterschiedlich detaillierte Informationen nutzen zu können. Die multidimensionale Struktur eines Data Warehouse bietet dabei die Flexibilität, die für verschiedene Analysen jeweils relevanten Daten innerhalb kurzer Zeit zu extrahieren, zu kombinieren und gegebenfalls zu aggregieren.[1345]

Ein für den vorliegenden Anwendungskontext wesentliches Kennzeichen des Data Warehouse ist die sogenannte **Data Mobilization**, die die Aufnahme von Daten in den unterschiedlichsten Formaten und aus verschiedenartigen internen und externen Quellen[1346] in die Da-

---

1341 Vgl. Biethahn/Muksch/Ruf (1996), S. 1.

1342 Vgl. Hamm (1997), S. 104. Zu den wesentlichen Kennzeichen der in einem Data Warehouse gespeicherten Daten (Themenorientierung, Vereinheitlichung, Zeitorientierung und Beständigkeit) in Abgrenzung zu den rein operativen Transaktionssystemen eines Unternehmens siehe auch Chamoni/Gluchowski (1998), S. 13 ff.; Hofmann (1995), S. 234 f. und Inmon (1992), S. 25.

1343 Bullinger/Fähnrich/Hoof et al. (1995), S. 22.

1344 Als Nutzer des Data Warehouse kommen in Dienstleistungsunternehmen nicht nur das Management und die Mitarbeiter der eigentlichen IV-Bereiche in Frage, sondern auch das Kundenkontaktpersonal, soweit es für die Leistungserstellung auf Kunden- oder sonstige Daten zurückgreifen muß. So wird z.B. in einer großen US-Bank das Data Warehouse von insgesamt 1500 Mitarbeiter genutzt. Die durchschnittliche Anzahl der Datenabfragen beträgt dabei ca. 5000 pro Tag. Vgl. Spieß (1998), S. 50.

1345 Vgl. Angstenberg/Weber/Poloni (1999), S. 5.

1346 Die Vielfalt der Informationsquellen und der zum Einsatz kommenden Übertragungsmedien stellt eine wesentliche Herausforderung an die integrierte Datenverwaltung dar. Siehe hierzu Martin (1998), S. 36. Im Dienstleistungsbereich können allein die kundenbezogenen Informationen schon aus den unterschiedlichsten Quellen und auf den verschiedensten Wegen (z.B. via Internet direkt von den Kunden, aus Computerreservierungssystemen der Absatzmittler, per Telefon in Call-Centern, über den direkten Kontakt der leistungserstellenden Mitarbeiter, aus unternehmensinternen Datenbeständen im Rechnungswesen oder von externen Kooperationspartnern) in das Data Warehouse des Unternehmens gelangen und bedürfen somit systematischer Erfassungen und Abstimmungen.

284

tenbank ermöglicht.[1347] Nur dadurch können die vielfältigen, im Rahmen dieser Arbeit aufgezeigten Informationsarten in ein gemeinsames Datenumfeld und eine konsistente Struktur gebracht werden.[1348] Zur Berücksichtigung der vernetzten Datenbeziehungen im Rahmen der Data Warehouse-Gestaltung bedarf es eines Datenmodells, das jedoch nicht wie bei den klassischen IV-Systemen eine unveränderbare strukturelle Vorgabe darstellt, sondern möglichst flexibel an sich wandelnde Informationsbeschaffungs- und -einsatzbedingungen anzupassen sein muß.[1349] Ein **Datenmodell** definiert sämtliche Beziehungen zwischen den Einzeldaten im Data Warehouse und kennzeichnet die Bedingungen der Datenaufbereitung, die sicherstellen sollen, daß die für die verschiedenen Nutzungszwecke relevanten Kriterien bei der Datenerfassung Berücksichtigung finden.[1350] Eine wesentliche Anforderung an die Datenmodellierung ist die Multidimensionalität der Datenstruktur, die flexible Verknüpfungen und Analysen in variablen Kombinationen ermöglicht und damit der in Abschnitt 6.1.1.2 aufgezeigten Verwendungsvielfalt der dienstleistungsspezifischen Informationen Rechnung trägt. Realisierbar geworden ist sie durch die Entwicklung der OLAP-Technologie (Online Analytical Processing),[1351] auf die in Abschn. 6.2.2.2.2 noch näher eingegangen wird. Sogenannte Metadaten (Daten über die Daten[1352]) dienen dabei der Beschreibung der Datenelemente, ihrer Herkunft und insbesondere auch ihrer Beziehungen untereinander.[1353] Das Datenmodell ist Bestandteil des grundlegenden **Fachkonzepts**, welches neben der bedarfsorientierten Strukturierung der Daten auch festlegt, für wen welche Daten zugänglich gemacht werden sollen, welchen grundsätzlichen Einsatzzwecken das Data Warehouse dienen soll und welche Anforderungen von Seiten der verschiedenen Nutzerkreise dabei zu beachten sind. Zudem werden innerhalb des Fachkonzepts Wirtschaftlichkeitsbeurteilungen vorgenommen und Projektpläne für die Implementierung des Systems aufgestellt.[1354] Die Effektivität und Effizienz der Nutzung einer solchen integrierten Informationsbasis hängt jedoch gerade bei Dienstleistungsunternehmen aufgrund der Informationsvielfalt und des

1347 Vgl. Hamm (1997), S. 106.
1348 Vgl. Hofmann (1995), S. 234 und Behme (1996), S. 16 f. Auf den Nutzen flexibler Datenkombinationen und -auswertungen, insbesondere im Dienstleistungsbereich, weist Spieß (1998), S. 47 ff. hin. Einer großangelegten, weltweiten empirischen Untersuchung der Meta Group zufolge sehen v.a. Banken und Versicherungen, aber auch Fluggesellschaften, Telekommunikations- und Handelsunternehmen besondere Chancen in einem marktorientierten Einsatz von Data Warehouses. Siehe hierzu Spieß (1998), S. 47; Hamm (1997), S. 111 und Bullinger/Fähnrich/Hoof et al. (1995), S. 28.
1349 Vgl. Hamm (1997), S. 107.
1350 Vgl. Hamm (1997), S. 107.
1351 Vgl. hierzu Berry/Linoff (1997), S. 368 f.; Schinzer/Bange (1998), S. 46 ff. und Bulos (1998), S. 252 ff.
1352 Vgl. Behme (1996), S. 17.
1353 Vgl. Hofmann (1995), S. 235 und Berry/Linoff (1997), S. 364 f. „The basis of the metadata is the logical data model that defines the data in terms of entities, attributes, and relationships meaningful on the business level." Berry/Linoff (1997), S. 365.
1354 Vgl. Hamm (1997), S. 108 f. Die Komplexität eines solchen Data Warehouse erfordert eine systematische, unternehmensspezifische Planung und Umsetzung des Konzepts im Rahmen eines bereichsübergreifenden Projekt-Managements. Die Unterstützung durch Macht- und Fachpromotoren stellt dabei ebenso wie die ganzheitliche Konzipierung und die sukzessive, flexible Realisierung einen wesentlichen Erfolgsfaktor dar. Siehe hierzu auch Bullinger/Fähnrich/Hoof et al. (1995), S. 25 ff.

breiten Einsatzspektrums der Daten nicht nur von der Qualität der Datenerfassung und -aufbereitung ab, sondern auch von der zugrundeliegenden IT, welche Inhalt des folgenden Abschnitts ist.

6.2.2.2 Informationsfähigkeit

Die Informationsfähigkeit eines ganzheitlichen IS umfaßt die informationstechnische Infrastruktur sowie die darin zum Einsatz kommenden Methoden und Instrumente der Informationsverarbeitung.[1355] Durch die neueren Entwicklungen im IT-Bereich - sowohl bezüglich der Netzwerke und Kommunikationstechniken, die eine Übermittlung umfangreicher Datensätze in den unterschiedlichsten Ausprägungen (z.B. Zahlen, Texte, Graphiken, Bilder, Videos bis hin zu multimedialen Dokumenten) ermöglichen, als auch bezüglich der Informationsspeicherungs-, -verarbeitungs und -analysetechniken - werden in zunehmendem Maße adäquate Voraussetzungen für ein integriertes Informationsmanagement geschaffen. Ohne auf die konkrete technische Umsetzung einzugehen, werden im folgenden die wesentlichen Komponenten eines solchen IM dargestellt, welche die zweck- und bedarfsgerechte Nutzung des im vorangegangenen Abschnitt aufgezeigten Datenpools gewährleisten sollen.

6.2.2.2.1 Intranet und Extranet als Kommunikationsbasis

Eine grundlegende Voraussetzung für einen effizienten, unternehmensweiten Austausch relevanter Daten stellt der Aufbau eines Informations- und Kommunikationsnetzes dar, das sämtliche Mitarbeiter, die einen Beitrag zur betrieblichen Informationsversorgung leisten oder als Informationsnutzer auf die im Unternehmen gespeicherten Daten Zugriff nehmen müssen, untereinander sowie mit dem zentralen Datenspeicher (Data Warehouse) verbindet. Als Kommunikationsplattform kann dabei ein **Intranet** dienen, welches als durchgängiges internes Unternehmens-Netzwerk auf der Basis von Local- und/oder Wide Area Networks (LAN/WAN)[1356] zu verstehen ist und in dem Anwendungen mit Internet-Technologie (z.B. E-Mail,[1357] Groupware[1358] oder Workflow-Systeme[1359]) realisiert werden.[1360] Durch seine

1355 Vgl. Zahn/Rüttler (1989), S. 37 sowie Abschn. 2.1.4.1 und 2.1.4.2.

1356 Siehe hierzu Alpar (1998), S. 133 und Mocker/Mocker (1998), S. 53 f. Während LANs für räumlich relativ eng begrenzte Unternehmensstrukturen geeignet sind, erfordern Intranets für überregional oder gar weltweit verteilte Unternehmensbereiche WANs. Zu letzteren siehe auch Picot/Reichwald/Wigand (1996), S. 140.

1357 E-Mail ist einer der am häufigsten genutzten Internet-Dienste. Es dient der zeitversetzten Übermittlung von Informationen und Nachrichten zwischen zwei oder mehreren Kommunikationspartnern. Siehe hierzu Alpar (1998), S. 57 ff.; Lamprecht (1996), S. 19 ff.; Guengerich/Graham/Miller et al. (1997), S. 100 und Mocker/Mocker (1998), S. 73 ff.

1358 Groupware-Konzepte bedeuten die Unterstützung multipersoneller, i.d.R. arbeitsteiliger Aufgabenerfüllung durch Nachrichtenaustausch, gemeinsame Dokumentenbearbeitung, elektronische Diskussionsrunden, Videokonferenzen etc. Vgl. Alpar (1998), S. 137.

1359 Workflow-Systeme stellen eine prozeßgebundene Manipulation von Daten zur Erhöhung der Leistungseffizienz dar, die aus den Erfahrungen der Fertigungsprozeßautomatisierung entstanden ist. Siehe hierzu Bullinger/Fähnrich/Hoof (1995), S. 22 f. und Guengerich/Graham/Miller et al. (1997), S. 300 f.

1360 Vgl. Hermanns/Sauter (1998), S. 32.

Unabhängigkeit von konkreten Anwendersystemen ermöglicht es die Anbindung sämtlicher vernetzter Arbeitsplätze, ohne systemtechnische Anpassungen bei den Endgeräten vornehmen zu müssen.[1361] Der Einsatz von Intranets basiert i.d.R. auf **Client-Server-Architekturen**, d.h. in einem unternehmensinternen Rechnerverbund findet eine Rollenverteilung statt zwischen einem oder mehreren Servern,[1362] die zentralisiert bestimmte Dienste anbieten, und einer Vielzahl von Clients,[1363] die diese Dienste auf der Basis von Anfragen nutzen.[1364] Der Vorteil einer solchen Client-Server-Architektur gegenüber früheren Großrechner-Systemen besteht darin, daß der Server nur Anfragen abarbeiten und die Resultate (Teile des Datenbestands) zu den jeweiligen Clients schicken muß, wo sie dann dezentral weiterbearbeitet werden können. Dadurch steht er unmittelbar nach Bearbeitung einer Anfrage wieder für andere Aufgaben zur Verfügung.[1365] So übernimmt z.b. im Fall eines E-Mail-Dienstes der Server die Funktionen des Empfangs der Nachrichten von anderen Servern, deren Speicherung und Übertragung, während der Client für die Erstellung, den Versand, den Empfang und die Ansicht der Nachrichten verantwortlich ist.[1366]

Durch die arbeitsteilige Informationsverarbeitung werden relativ geringe Anforderungen an die Leistungsfähigkeit der Endgeräte gestellt, da diese nicht mit den komplexen Server-Programmen zur Datenanalyse belastet werden, sondern nur über Standard-Software (z.B. Microsoft Office) verfügen müssen.[1367] Zudem wird dadurch das Ausmaß der Datenströme im Netzwerk reduziert, so daß ein schnellerer Datentransport möglich ist.[1368] Insbesondere für die im Dienstleistungsbereich typische Nutzervielfalt des Informationssystems ist es unter Wirtschaftlichkeitsgesichtspunkten von Vorteil, wenn eine Anbindung an das betriebliche IS mit einfach ausgestatteten, anwenderfreundlichen Endgeräten möglich ist und die Netzwerke nicht durch unnötig große Datenmengen überlastet werden.

Client-Server-Systeme ermöglichen auch dezentrale Data Warehouse-Architekturen, bei denen der gesamte Datenpool des Unternehmens nicht in einem einzigen Data Warehouse gespeichert ist, sondern nach Nutzungsschwerpunkten auf mehrere Data Warehouse-Server (Data Marts) verteilt ist, so daß eine schnellere Datenbereitstellung an unterschiedlichen

---

1361 Vgl. Hoppe/Kracke (1998), S. 399.
1362 Mit dem Begriff Server wird einerseits das Programm bezeichnet, mit dem die Anfragen der Clients bearbeitet werden, andererseits aber auch die gesamte Konstellation aus Computer, Programm und Datenbasis. Vgl. Bernard (1996), S. 45 und Lamprecht (1996), S. 18.
1363 Als Client wird entweder die auf den Endgeräten verwendete Software bezeichnet oder aber die Kombination aus Endgerät, Software und dem Benutzer selbst. Vgl. Bernard (1996), S. 45.
1364 Vgl. Alpar (1998), S. 23. Bernard beschreibt diesen Sachverhalt wie folgt: „The key concept with client-server is the idea of distributing the work and sharing the resources." Bernard (1996), S. 46 (Kursivdruck im Original).
1365 Vgl. Lamprecht (1996), S. 18. Bei Großrechner-Systemen hingegen startet der Benutzer zur Abfrage von Informationen ein Programm auf dem Server, um selbst damit zu arbeiten. Somit ist die Benutzung der Server-Programme auf eine relativ geringe Anwenderzahl beschränkt.
1366 Vgl. Alpar (1998), S. 23. Auf einer solchen Client-Server-Architektur basiert z.b. auch die SAP Business-Software R/3. Vgl. hierzu Mocker/Mocker (1998), S. 240 ff.
1367 Vgl. Mocker/Mocker (1998), S. 84.
1368 Vgl. Bernard (1996), S. 46.

Stellen des Unternehmens erreicht werden kann.[1369] Besonders geeignet sind solche Architekturen für räumlich verteilte Unternehmenseinheiten,[1370] wie sie im Dienstleistungsbereich (z.B. durch Filialisierung) häufig vorkommen. Ein wesentliches Problem solcher dezentraler Informationspools besteht jedoch in der Synchronisation der Datenbestände,[1371] die für die in Abschnitt 6.1.1 beschriebenen vernetzten Informationsbeziehungen zwingend erforderlich ist.

Neben der dezentralen Data Warehouse-Nutzung bietet das Intranet auch vielfältige weitere Informations- und Kommunikationsdienste wie z.B. die klassischen Anwendungen der Telefon- und Adreßverzeichnisse, der Mitarbeiterzeitschriften und Newsgroups, aber auch aufwendige Groupware-Anwendungen mit Video-Konferenzen und gemeinsamer Dokumentenbearbeitung.[1372] Die umfassenden Informationsstrukturen und die weitgehende Anbindung der Mitarbeiter ermöglichen im Dienstleistungsbereich auch eine transparentere und effizientere Gestaltung der Prozeßabläufe. Insbesondere wenn mehrere Mitarbeiter an der (kundenintegrierenden) Leistungserstellung beteiligt sind, ist eine prozeßbegleitende Dokumentation und Kommunikation (Workflow-Management) für die kundengerechte Leistungserstellung förderlich. So ist durch Workflow-Systeme auch bei extern erbrachten Teilleistungen (z.B. Kundenbetreuung zu Hause) eine direkte Übermittlung und Weiterverarbeitung der Kundendaten (z.B. Prüfung und Bearbeitung von Aufträgen, Buchungsprozesse im Finanzwesen etc.) ohne Zeitverluste möglich.[1373]

Um den Informationsaustausch auch über die Unternehmensgrenzen hinweg effizienter zu gestalten, empfiehlt sich die Erweiterung des Intranets zu einem **Extranet**. „Ein Extranet ist ein Kommunikationsnetz, das eine Firma mit einer geschlossenen Gruppe von Geschäftspartnern verbindet"[1374] und in dem eine Datenübertragung mit den gleichen Kommunikationstechnologien wie im Intranet ermöglicht wird. Ein solches unternehmensübergreifendes Netzwerk stellt somit eine geeignete Basis für die in Abschnitt 6.1.3.1 beschriebene informationstechnische Verknüpfung eines Dienstleistungsunternehmens mit seinen Kunden[1375] sowie mit möglichen Kooperationspartnern dar. Um bei externen Zugriffen auf die Datenbestände des Unternehmens Beschränkungen auf bestimmte, für die jeweilige Beziehung relevante Informationen vorzunehmen, können sogenannte „Firewalls" errichtet werden. Unter dem Begriff der Firewall werden alle Systeme zusammengefaßt, die durch Filter- und Kon-

---

1369 Vgl. Schinzer/Bange (1998), S. 45; Berry/Linoff (1997), S. 367 und Martin (1996), S. 39.
1370 Vgl. Schinzer/Bange (1998), S. 45.
1371 Vgl. Berry/Linoff (1997), S. 367.
1372 Vgl. Hermanns/Sauter (1998), S. 33 und Mocker/Mocker (1998), S. 53.
1373 Siehe hierzu die Beschreibung des „SAP Business Workflow" bei Mocker/Mocker (1998), S. 247.
1374 Alpar (1998), S. 143. Vgl. auch Bort/Felix (1997), S. 9 ff.
1375 Dies gilt in erster Linie für Business-Kunden. Bei einer großen Zahl privater Nachfrager empfiehlt sich
       aus Kostengründen eine informationstechnische Anbindung über das Internet, welches die gleichen
       Kommunikationsfunktionen ermöglicht, jedoch im Hinblick auf die Datensicherheit Nachteile aufweist.
       Siehe hierzu Lamprecht (1996), S. 57 ff.; Mocker/Mocker (1998), S. 197 ff. und Lange (1999), S. 389 ff.

trollfunktionen den Datenzu- und -abfluß eines lokalen Netzes steuern und überwachen.[1376] Sie stellen somit Schutzbarrieren gegen unerlaubte Netz- bzw. Datenzugriffe dar und können sowohl für unternehmensinterne Netze (bei differenzierten Zugriffsmöglichkeiten für unterschiedliche Mitarbeiter), für die Anbindung des Intranets an das öffentliche Internet sowie eben auch für die Gestaltung von Extranets eingesetzt werden.[1377] Die Kombination aus Intranet und Extranet ist für Dienstleistungsunternehmen, insbesondere für solche mit hoher Informationsintensität der Leistungsprozesse sowie der Austauschbeziehungen zu den verschiedenen Marktpartnern, eine vielfältig nutzbare und flexibel zu gestaltende Kommunikationsbasis, die den besonderen Anforderungen vernetzter Informationsbeziehungen Rechnung trägt.

6.2.2.2.2 Online Analytical Processing als technische Grundlage multidimensionaler Datenanalysen

Neben der Gestaltung geeigneter Kommunikationsstrukturen sind im Rahmen der Informationsfähigkeitsdimension eines integrativen IM auch die Methoden und Techniken der Informationsverarbeitung festzulegen, die eine adäquate Informationsversorgung der verschiedenen Bedarfsträger innerhalb eines Dienstleistungsunternehmens sicherstellen sollen.[1378] Von besonderer Relevanz sind diesbezüglich zwei neuere Entwicklungen, auf die in diesem sowie dem folgenden Abschnitt eingegangen wird: das Online Analytical Processing (OLAP) und das Data Mining.

OLAP repräsentiert eine Software-Technologie, die qualifizierten Fach- und Führungskräften schnelle, interaktive und vielfältige Zugriffe auf relevante und konsistente Informationen ermöglichen soll.[1379] Ein wesentliches Kennzeichen von OLAP-Systemen ist die Multidimensionalität der Analysen, die auf einer hierarchischen, würfelförmigen Informationsdarstellung basiert, wobei die drei Dimensionen eines Würfels lediglich als geometrische Grenze aufzufassen sind (vgl. hierzu die beispielhafte Darstellung in Abb. 41). Je nach Problemstellung lassen sich auch weitaus komplexere Kombinationen von Dimensionen zusammenstellen (Hyperwürfel).[1380]

Gespeist wird das OLAP-System aus dem (zentralen) Data Warehouse des Unternehmens, das entsprechend hohe Anforderungen bezüglich der Datenstruktur erfüllen muß.[1381] Über die

---

sowie speziell zum Aspekt der Daten- und Zahlungssicherheit Alpar (1998), S. 181 ff.; Mocker/Mocker (1998), S. 162 ff. und Strack (1999), S. 231 f.

[1376] Siehe hierzu Alpar (1998), S. 191 ff.; Bernard (1996), S. 304 ff. und Bort/Felix (1997), S. 76 ff.

[1377] Vgl. Lamprecht (1996), S. 179. Die Absicherung der Unternehmensdaten gegenüber den an das Extranet angeschlossenen Partnern ist z.B. dadurch zu erreichen, daß ein separater Server außerhalb der Firewall installiert wird, über den der externe Datenaustausch abgewickelt wird. Vgl. Bort/Felix (1997), S. 77

[1378] Vgl. Zahn/Rüttler (1989), S. 37.

[1379] Vgl. Gluchowski (1996), S. 231.

[1380] Vgl. Gegenmantel (1995), S. 182.

[1381] Besonders gut geeignet für die Datenzugriffe und die mehrdimensionalen Kalkulationen im Rahmen der OLAP-Systeme sind multidimensionale Datenbanken (MDDB), welche jedoch ein erhebliches Speichervolumen aufweisen müssen und daher bisher oft noch durch die technische Realisierbarkeit begrenzt sind.

mehrdimensionale, hierarchische und konsistente Datenhaltung hinaus stellen hohe Antwort-
geschwindigkeiten, ein breites Spektrum an statistischen Analysemöglichkeiten und Präsen-
tationsformen, eine intuitive Datenmanipulation sowie die Berücksichtigung von Sicher-
heitsmechanismen (wie z.b. die Sperrung von Daten, die gerade bearbeitet werden, gegenüber
Veränderungen von dritter Seite) wesentliche Anforderungen an OLAP-Systeme dar.[1382]

Durch die Flexibilität und Interaktivität der Abfrage- und Analysewerkzeuge werden verschiedene Sichten auf den Datenbestand (Slice- und Dice-Technik[1383]) und eine schnelle Navigation innerhalb der Hierarchieebenen (Drill-down-Funktion) ermöglicht.[1384] Dies hat den
entscheidenden Vorteil, daß in Abhängigkeit des Informationsbedarfs sowohl die Zusammenstellung der Daten als auch deren Detailliertheitsgrad im Rahmen der Analysen beliebig variiert werden kann und somit die für den Dienstleistungsbereich typische Vielzahl von Informationsbedarfsträgern und die Vielschichtigkeit der Informationsbedarfe Berücksichtigung
finden.

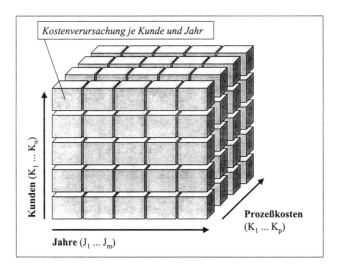

Kostenverursachung je Kunde und Jahr

Kunden ($K_1 ... K_n$)

Prozeßkosten
($K_1 ... K_p$)

Jahre ($J_1 ... J_m$)

Abbildung 41: Datenwürfel innerhalb des OLAP

Der Anwendungsschwerpunkt der OLAP-Systeme besteht aufgrund der primär analytischen
Funktionen jedoch in der Informationsunterstützung der Managementaufgaben sowie z.T.
auch der Back-Office-Bereiche (z.B. Finanz-, Rechnungs- und Personalwesen). Die Lei-

---

Siehe hierzu Schinzer/Bange (1998), S. 47; McDonald/Gentry (1997), S. 93 f. und Berry/Linoff (1997), S.
402 ff.
1382 Vgl. Schinzer/Bange (1998), S. 46 f.; Gilmozzi (1996), S. 160 und Berry/Linoff (1997), S. 407 ff.
1383 Durch die Slice- und Dice-Technik wird ein Drehen des Datenwürfels sowie das Einfügen von Schnitten
innerhalb der verschiedenen Dimensionen ermöglicht. Vgl. Bullinger/Fähnrich/Hoof (1995), S. 30

stungserstellung im engeren Sinne wird dagegen durch die stärker operativ ausgerichteten OLTP-Systeme (Online Transaction Processing) unterstützt, bei denen die einzelfallbezogene, repetitive Anwendung im Vordergrund steht.[1385] Da die OLAP-Anwendungen ausschließlich vorgegebene Datenverknüpfungen herstellen und diese analysieren, lassen sich mit Hilfe dieser Technik im Rahmen der Dienstleistungsplanung und -kontrolle allerdings keine unbekannten Zusammenhänge innerhalb der komplexen Datenstruktur des Data Warehouse identifizieren.[1386] Hierzu dient das im folgenden behandelte Data Mining.

6.2.2.2.3 Data Mining als Analysetechnik zur Erfassung verborgener Zusammenhänge

Auf konkrete Anwendungsbereiche des Data Mining innerhalb der dienstleistungsspezifischen Entscheidungsprobleme wurde bereits an verschiedenen Stellen der Arbeit eingegangen.[1387] Die Aufgabe dieses Abschnitts besteht nunmehr darin, den grundsätzlichen Ablauf und die Leistungsfähigkeit dieser Analysetechnik zur Untersuchung der integrierten Datenbestände eines Dienstleistungsunternehmens aufzuzeigen.

Allgemein versteht man unter Data Mining „the exploration and analysis, by automatic or semiautomatic means, of large quantities of data in order to discover meaningful patterns and rules."[1388] Während klassische Datenanalyseverfahren einer Überprüfung ex ante postulierter (theoriegestützer) Hypothesen dienen,[1389] ermöglichen Data Mining-Techniken durch den Einsatz von Verfahren der künstlichen Intelligenz in Verbindung mit statistischen Analysemethoden eine selbständige Aufdeckung von Strukturmustern, Zusammenhängen und Trends innerhalb umfangreicher Datenbestände.[1390] Sie lassen sich demnach dem Forschungsbereich des *Knowledge Discovery* zuordnen, welcher darauf ausgerichtet ist, in den Unternehmensdaten implizit vorhandenes Wissen zu entdecken und explizit zu machen.[1391]

Durch die Etablierung eines Data Warehouse im Unternehmen liegen hierfür besonders günstige Anwendungsbedingungen vor, da mit dem Data Warehouse nicht nur eine umfassende Datenbasis geschaffen wird, sondern auch bereits wesentliche Datenbereinigungs- und -aggregationsfunktionen übernommen werden.[1392] Hinsichtlich der Auswertung der Datenfülle zur Unterstützung von Management-Entscheidungen bietet das Data Mining den entscheidenden Vorteil einer (teil)automatisierten Selektion und Interpretation relevanter Daten,

---

1384 Siehe hierzu Hamm (1997), S. 106; McDonald/Gentry (1997), S. 86 f. und Schinzer/Bange (1998), S. 46.
1385 Vgl. Chamoni/Gluchowski (1998), S. 18; McDonald/Gentry (1997), S. 87 f. und Hansen (1995), S. 42.
1386 Vgl. Berry/Linoff (1997), S. 387.
1387 Siehe hierzu die Abschnitte 5.2.1.2.2, 5.4.1.2 und 5.4.2.3.3.
1388 Berry/Linoff (1997), S. 5. Der Begriff des Data Mining ist aus der Übertragung des „Schürfens in einer Goldmine" auf das Auffinden wertvoller Informationen aus der Fülle der im Unternehmen insgesamt gespeicherten Daten entstanden. Vgl. Below (1998), S. 55 und Gilmozzi (1996), S. 167.
1389 Vgl. Chamoni/Gluchowski (1998), S. 19.
1390 Vgl. Wietzorek/Henkel (1997), S. 237 f.
1391 Vgl. Düsing (1998), S. 292 f.
1392 Vgl. Gilmozzi (1996), S. 168.

so daß die Gefahr eines **Information Overload** bei den Entscheidungsträgern weitgehend vermieden wird, obgleich große Datenmengen in die Analysen einbezogen werden.[1393] Dies ist insbesondere vor dem Hintergrund des erheblichen Ausmaßes der durch die vorgestellten IM-Konzepte generierten Informationen sowie deren vielfältiger Einsatzbereiche ein wichtiger Gesichtspunkt.

Das **Vorgehen** im Rahmen der Data Mining-Anwendung stellt sich als mehrstufiger Prozeß dar,[1394] der mit der Zielformulierung für die Datenanalyse beginnt. Mögliche Untersuchungsziele im Rahmen der vorliegenden Problemstellung sind z.b. die Identifikation von Kundenmerkmalen, welche die Ergebnisqualität und/oder die Kostenverursachung in wesentlichem Maße beeinflussen, sowie die Erstellung zeitlich und räumlich exakter Nachfrageprognosen für bestimmte Kunden(gruppen) oder Leistungsarten.

Da für eine bestimmte Problemstellung i.d.R. nicht sämtliche gespeicherten Daten relevant sind, erfolgt in einem zweiten Schritt die Auswahl der tatsächlich benötigten Daten, welche gegebenenfalls - je nach Qualität und Anordnung - noch zusätzlich aufbereitet werden.[1395] Aus Kosten- und Zeitgründen kann es zudem empfehlenswert sein, zunächst nur einen Testbestand der relevanten Daten in die Analyse einzubeziehen.

Die eigentliche Analyse der Daten stellt den nächsten Schritt im Data Mining-Prozeß dar. Hierbei können in Abhängigkeit der zugrundeliegenden Problemstellung verschiedene Analysetechniken zum Einsatz kommen wie z.B.[1396]

- Künstliche neuronale Netze (Nichtlineare Prognoseverfahren, die der biologischen Informationsverarbeitung nachempfunden sind),
- Genetische Algorithmen (Optimierungstechniken, die auf den Grundlagen der natürlichen Evolution basieren),
- Lineare Regressionen (Klassische lineare Prognoseverfahren zur Vorhersage von Verhaltensweisen auf Basis unabhängiger Variablen) oder
- Regelinduktionen (Methoden zur Ableitung und Verifikation von Wenn-Dann-Regeln).

Die daraus resultierenden Ergebnisse (z.B. Beziehungsmuster, Klassifikationsmodelle, Entwicklungstrends) werden in einem letzten Schritt interpretiert und zur Validitätsprüfung nochmals auf Daten angewendet, bei denen die gesuchten Zusammenhänge bereits bekannt

---

1393 Vgl. Below (1998), S. 53 f. Laut einer Untersuchung der Marktforschungsgesellschaft Forrester Research nutzen große Unternehmen im Durchschnitt nur 20% ihrer internen Datenbestände für die Entscheidungsfindung. Siehe hierzu Below (1998), S. 56 f.

1394 Zu dem im folgenden dargestellten Vorgehen siehe Wietzorek/Henkel (1997), S. 238 ff. und Düsing (1998), S. 294 ff.

1395 Dies dient zum einen der Identifikation und Elimination statistischer Ausreißer, welche die Analyseergebnisse in ihrer Aussagekraft beeinträchtigen können. Zum anderen können in Abhängigkeit der einzusetzenden Data Mining-Techniken auch Datentransformationen sinnvoll bzw. erforderlich sein (z.B. Umwandlung von Nominaldaten in numerische Daten, Definition neuer Attribute oder Reduktion der verwendeten Attribute).

1396 Zur Erläuterung der verschiedenen Data Mining-Techniken siehe Berry/Linoff (1997), S. 119 ff.; Dastani (1997), S. 256; Wietzorek/Henkel (1997), S. 241 ff. und Below (1998), S. 55 f.

sind (wenn z.b. Bestimmungsfaktoren für einen Anbieterwechsel der eigenen Kunden ermittelt werden sollen, werden die Ergebnisse auf die Daten bereits verlorener Kunden angewendet). Führt eine solche Überprüfung nicht zu zufriedenstellenden Ergebnissen, sollten vorangegangene Data Mining-Schritte in revidierter Form wiederholt werden.

Unter den vielfältigen Einsatzmöglichkeiten des Data Mining für Dienstleistungsunternehmen ist ein Anwendungsschwerpunkt - wie generell in der Unternehmenspraxis[1397] - im Bereich der Kundenanalysen zu sehen. Hier bewirkt die dienstleistungsspezifische Vielfalt relevanter Kundendaten ein besonderes Erfordernis zur Anwendung intelligenter Analysetechniken, um die Wirkungszusammenhänge zwischen Kundenmerkmalen einerseits und Leistungsergebnissen, Kundenzufriedenheit und -verhalten, Kostenverursachung, Prozeß- und Potentialeignung etc. andererseits zu ergründen. Die Aufdeckung solcher Zusammenhänge leistet einen wesentlichen Beitrag zur Reduktion der dienstleistungsimmanenten Planungsunsicherheit[1398] und unterstützt die marktgerechte Ausgestaltung sämtlicher Dienstleistungsphasen. Durch vergleichende Analysen der Benchmarkingergebnisse mit den unternehmensinternen Daten lassen sich zudem Schwächen des eigenen Unternehmens spezifizieren und in ihren Ursachen ergründen. Auch im Bereich des Personalwesens kann die Untersuchung der verfügbaren Mitarbeiterdaten (Qualifikationsprofile, Tätigkeitsfelder, Leistungsbewertungen etc.) systematische Zusammenhänge erfassen und damit einen wesentlichen Beitrag zur effektiven Personalplanung, -entwicklung und -einsatzsteuerung liefern. Der Einsatz moderner Datenanalysetechniken (wie Data Mining und OLAP) in Verbindung mit einer umfassenden Datenbasis (Data Warehouse) und geeigneten Kommunikationsstrukturen (Intra-/Extranet) kann jedoch nur dann zu einer bedarfsgerechten Informationsversorgung führen, wenn auch das Informationsverhalten der Mitarbeiter entsprechend ausgelegt ist. Die diesbezüglichen Einflußmöglichkeiten von Unternehmensseite sind Inhalt des folgenden Abschnitts.

6.2.2.3 Informationsbereitschaft

Die Informationsbereitschaft als dritte Gestaltungsdimension des IM betrifft die Fähigkeiten und Motivation der Mitarbeiter zur aktiven Informationsaufnahme, -verarbeitung und -weitergabe.[1399] Diese lassen sich durch Mitarbeitertraining, durch koordinierende und motivierende Maßnahmen sowie durch den Abbau von Kommunikationsbarrieren bzw. die Förderung einer kommunikationsfreundlichen Unternehmenskultur und Organisationsstruktur verbessern.

1397 Vgl. Gilmozzi (1996), S. 168 f.; Wietzorek/Henkel (1997), S. 245 ff.
1398 Wie in Abschn. 5.2.1.2.2 bereits dargelegt, kann die Analyse der Kundendaten auch eine Verminderung der Principal-Agent-Problematik aus Sicht des Unternehmens bewirken, da „hidden characteristics", „hidden intention" und „hidden action" des Kunden durch aufgedeckte Merkmals-/Verhaltensmuster leichter identifizierbar sind.
1399 Vgl. Zahn/Rüttler (1989), S. 36.

Eine grundlegende Voraussetzung stellt hierbei die „Demokratisierung der Informationen und Entscheidungen"[1400] dar, d.h. es sollte eine stärkere Öffnung der Datenbestände für die Mitarbeiter in Verbindung mit Kompetenzerweiterungen vorgenommen werden. Durch die Verbesserung des Informationsstandes wird eine wesentliche Grundlage für die Ausdehnung der Entscheidungskompetenzen geschaffen, welche die Leistungsmotivation der Mitarbeiter sowie die Effizienz der Unternehmensprozesse aufgrund höherer Verantwortung und kürzerer Entscheidungswege steigern kann. Für die zweckgerechte Nutzung der Datenbestände sind darüber hinaus ein ausgeprägtes Bewußtsein über die individuellen, aufgabenbezogenen Informationsbedarfe sowie deren vollständige Artikulation seitens der Mitarbeiter erforderlich.[1401] Nur dadurch können die Leistungspotentiale eines integrierten IS gänzlich ausgeschöpft und eine offene, eigenverantwortliche Informations- und Kommunikationskultur aufgebaut werden.

Damit die Mitarbeiter die verfügbaren Informationen, Analysetechniken und Kommunikationsmedien für ihre Aufgabenerfüllungen auch tatsächlich in Anspruch nehmen, müssen diesbezügliche Fähigkeiten aufgebaut und Akzeptanz geschaffen werden.[1402] Dies ist zum einen durch gezielte Informationsmaßnahmen und Mitarbeiterschulungen zu erreichen,[1403] zum anderen aber auch durch eine Einbeziehung von Mitarbeitern aus unterschiedlichen Hierarchieebenen und Tätigkeitsbereichen in die Planung und Realisierung des IS.[1404] Letzteres trägt zudem dazu bei, daß das sachbezogene Know how der Mitarbeiter, ihre subjektiven Informationsbedarfe sowie ihre Kenntnis über die Informationsbeziehungen im Unternehmen bei der IS-Gestaltung Berücksichtigung finden.

Speziell im Dienstleistungsbereich sollten mitarbeiterorientierte Maßnahmen zur Verbesserung der Informationsversorgung jedoch nicht nur auf die Nutzung des IS ausgerichtet sein, sondern ebenso auf die Informationsgewinnung und -weitergabe. Insbesondere die kundenbezogenen Informationen werden hier schwerpunktmäßig durch das Kundenkontaktpersonal gewonnen, so daß dieses verstärkt zu einer Erfassung und Weiterleitung relevanter Informationen motiviert werden sollte.[1405] Neigungen zur Haltung „privater" Informationsbestände sind hierbei ebenso abzubauen wie Hemmungen, negatives Kundenfeedback weiterzugeben. Statt dessen sollten Anreize für eine intensive marktorientierte Informationsgewinnung und vollständige Dateneingabe in den betrieblichen Datenpool geschaffen werden, welche den

---

1400 Bullinger/Fähnrich/Hoof et al. (1995), S. 23.
1401 Dies ist auch deshalb der Fall, weil die Nutzung der vorgestellten IT im wesentlichen auf „Pull-Strategien" (Selbstbedienung) basieren. Vgl. hierzu Hermanns/Sauter (1998), S. 32; Behme (1996), S. 17; Schwaninger (1995), S. 159 und Hansen (1995), S. 48.
1402 Mangelnde Akzeptanz der Benutzer wird als einer der Hauptgründe für das häufige Scheitern von IM-Projekten in der Unternehmenspraxis angesehen. Vgl. Mountfield/Sauer (1998), S. 141.
1403 Mocker/Mocker betonen, daß der Umgang mit neuen Informationstechnologien sowie die daraus resultierende Restrukturierung von Arbeitsabläufen ein sorgfältiges Mitarbeitertraining erforderlich machen, um einen „Kulturschock" zu vermeiden. Vgl. Mocker/Mocker (1998), S. 158 ff.
1404 Vgl. Bullinger/Fähnrich/Hoof et al. (1995), S. 27.
1405 Vgl. Berkley/Gupta (1995), S. 22 und Gutsche/Kreutzer (1991), S. 750.

Mitarbeitern die Bedeutung einer umfassenden Datenbasis deutlich machen und eine positive Beeinflussung des Informationsverhaltens bewirken.

In den Köpfen der Mitarbeiter muß ein Verständnis der Information als „öffentliches Gut" innerhalb des Unternehmens verankert werden, welches idealtypisch durch die Führungskräfte vorgelebt wird.[1406] Dies ist v.a. vor dem Hintergrund verbreiteter innerbetrieblicher Widerstände bedeutsam, die aus Angst vor den negativen Konsequenzen einer Weitergabe bestimmter Informationen, dem Verlust von Wissens- und damit Machtmonopolen oder aus Kompetenz- und Besitzstreitigkeiten heraus entstehen.[1407]

6.2.3 Zusammenfassende kritische Beurteilung des ganzheitlichen Informationsmanagementansatzes

Bei der abschließenden Beurteilung des vorgestellten ganzheitlichen IM-Ansatzes werden lediglich diejenigen informationsbedarfs-, kosten- und nutzenbezogenen Aspekte aufgezeigt, die nicht bereits in den Partialansätzen begründet liegen, sondern erst aus deren Integration heraus entstehen.

Bezüglich der **Informationsrelevanz**, d.h. des IM-Beitrags zur Deckung der im Rahmen des Information-GAP-Modells aufgezeigten Informationsbedarfe, ist dementsprechend weitgehend auf die Ausführungen zu den Partialansätzen zu verweisen, da durch die Integration keine zusätzlichen Informationen in das IS einfließen. Vorteilhaft erweist sich jedoch die Tatsache, daß durch die Zusammenführung der konzeptspezifischen Datenbestände in das zentrale Data Warehouse vielfältigere Datenzugriffe und Analysemöglichkeiten entstehen. Dies kann mitunter auch dazu beitragen, daß die aufgabenspezifisch empfundenen Informationsbedarfe in Anbetracht der verfügbaren Daten nochmals kritisch überprüft und gegebenenfalls erweitert oder modifiziert werden. Zudem können die günstigen Beschaffungsmöglichkeiten bei unternehmensweiten Kommunikationsnetzen eine vollständigere Artikulation und eigenständigere Deckung der Informationsbedarfe unterstützen.

Die **Qualität** der durch das Data Warehouse bereitgestellten Informationen hängt in entscheidendem Maße von der Sorgfalt der Datenbankgestaltung und -pflege ab. Gelingt es, die aus unterschiedlichen Quellen und in verschiedenen Formaten gewonnenen Daten in eine konsistente Struktur zu bringen, weist die integrierte Form der Datenhaltung deutliche Vorteile auf, da sichergestellt ist, daß bei sämtlichen Unternehmensentscheidungen identische Informationen herangezogen werden. Bei dezentraler Datenhaltung tritt hingegen oft das Problem auf, daß Informationen in unterschiedlicher Weise erhoben und aufbereitet werden, daß gleiche Datensätze unterschiedlich benannt oder unterschiedliche Datensätze gleich benannt sind,[1408]

1406 In empirischen Untersuchungen wurde jedoch herausgefunden, daß es bei den Führungskräften in der betrieblichen Praxis durchaus üblich ist, Informationen zurückzuhalten, zu verfälschen oder an bestimmte Mitarbeiter selektiv weiterzugeben. Siehe hierzu Winterstein (1996), S. 82 f.
1407 Vgl. Chamoni/Gluchowski (1998), S. 22.
1408 Vgl. Hamm (1997), S. 106.

wodurch Widersprüche und Mißverständnisse bei der innerbetrieblichen Kommunikation entstehen können. Werden also wegen der schnelleren Zugriffsmöglichkeiten mehrere Data Marts statt eines zentralen Data Warehouse im Unternehmen etabliert,[1409] ist der Sicherstellung der Datenkonsistenz besondere Beachtung zu schenken. Der Aggregationsgrad als weiteres Kriterium der Informationsqualität ist bei der vorgestellten IM-Konzeption grundsätzlich positiv zu bewerten. Die hierarchische Datenstruktur multidimensionaler Datenbanken ermöglicht bei entsprechend detaillierter Datenerfassung in Verbindung mit der Drill-Down-Funktion der OLAP-Technologie Zugriffe auf beliebig niedrigem oder hohem Aggregationsniveau.[1410]

Auch in **zeitlicher Hinsicht** - insbesondere bezüglich der Aktualität[1411] und regelmäßigen Erfassung der Daten - erweist sich ein integriertes IM als vorteilhaft, da die für bestimmte Datenbereiche jeweils zuständigen Fachabteilungen oder Kundenkontaktmitarbeiter ständig Aktualisierungen vornehmen, so daß permanent ein unternehmensweiter Zugriff auf die aktuellsten im Unternehmen verfügbaren Daten gewährleistet ist.[1412] Dies setzt jedoch voraus, daß nicht nur wenige, dem IV-Bereich zugehörige Mitarbeiter mit der Dateneingabe betraut sind, sondern der überwiegende Teil des Personals diesbezügliche Kompetenzen hat. Hierfür sind wiederum einfache, anwendungsfreundliche Eingabe- und Abruftechniken sowie regelmäßige, systematische Überprüfungen der Datenbestände erforderlich, da ansonsten die Informationsqualität beeinträchtigt werden kann.

Die Datenverfügbarkeit für die Entscheidungsträger (**Subjektbezug**) als letztes informationsbedarfsorientiertes Kriterium wird in besonderem Maße durch den Aufbau leistungsfähiger Kommunikationsnetze (Intranet/Extranet) sowie eine bedarfsgerechte Gestaltung der Zugriffsmöglichkeiten auf die zentralen Datenbestände verbessert. Während konzeptspezifische, dezentrale Informationsbestände bei Vorliegen der in Abschn. 6.1.1 dargestellten Informationsvernetzungen einen erheblichen Beschaffungsaufwand sowie oft auch Zugriffsschwierigkeiten aufgrund der geschilderten innerbetrieblichen Kompetenz- und Machtstreitigkeiten bewirken, ist eine bedarfsgerechte Informationsversorgung bei integrierten Datenbeständen leichter realisierbar.

Eine Wirtschaftlichkeits-, d.h. Kosten-/Nutzenbewertung integrierter IS wird in der Literatur wie auch in der betrieblichen Praxis als sehr problematisch angesehen, wofür neben den in dieser Arbeit bereits thematisierten Quantifizierungs- und Zurechnungsproblemen der Kosten-/Nutzenwirkungen auch Prognose-[1413] und verfahrenstechnische Probleme[1414] verant-

1409 Siehe hierzu Abschn. 6.2.2.2.1.
1410 Vgl. Abschn. 6.2.2.2.2.
1411 In einer empirischen Untersuchung von 56 Unternehmen, die analytische IS einsetzen, stellte sich die Aktualität der Informationen als das wichtigste und das am häufigsten verwendete Bewertungskriterium für solche Systeme heraus. Vgl. Walterscheid (1998), S. 435.
1412 Vgl. Hermanns/Sauter (1998), S. 33.
1413 Da die vorgestellten IT-Lösungen für ein integriertes IM noch relativ neu in der betrieblichen Anwendung sind, kann bei einer Abschätzung der zu erwartenden Kosten- und Nutzeneffekte kaum auf Erfahrungs-

wortlich gemacht werden. Dennoch sollen die wesentlichen Wirkungen eines integrierten IS hier zumindest in systematischer Form aufgezeigt und in ihrer Relevanz für das Unternehmen allgemein beurteilt werden.

Bezüglich der **Kostenentstehung** wird dabei wiederum zwischen einmalig und regelmäßig anfallenden Kosten unterschieden: Einmalig anfallende Kosten betreffen insbesondere die Systemplanung und -implementierung,[1415] die i.d.R. mit externer Unterstützung vollzogen wird.[1416] Die diesbezügliche Kostenentstehung ist vorrangig dem IV-Bereich des Unternehmens zuzuordnen. Sie beschränkt sich jedoch nicht auf diesen, da aufgrund der Bedeutung eines solchen Projekts die Unternehmensführung meist in die Planung und Entscheidungsfindung integriert ist und aufgrund der Reichweite der Systemanwendung ein Großteil der Back-Office- und Leistungserstellungsbereiche von der Implementierung betroffen ist (sowohl bezüglich der DV-Ausstattung als auch bezüglich Schulungsmaßnahmen). Bei Verwendung einer Client-Server-Architektur für das integrierte IS sind die benutzerbezogenen Implementierungskosten jedoch vergleichsweise gering, da durch die Plattformunabhängigkeit des Systems auf seiten der Clients die vorhandene Hardware und Software i.d.R. weiterverwendet werden kann und damit auch kaum Schulungsaufwand erforderlich ist.[1417]

Die laufend anfallenden Kosten betreffen neben den kalkulatorischen Abschreibungen für die zusätzlich anzuschaffende DV-technische Ausstattung (Hard- und Software, Neu- oder Umgestaltung der Kommunikationsnetze etc.) v.a. die Datenbank- und Systempflege, die Anpassung der Systemarchitektur an sich verändernde Nutzerstrukturen und technische Weiterentwicklungen, den Benutzer-Support sowie die Betriebskosten des Systems. Überwiegend handelt es sich hierbei um Personalkosten, die im IV-Bereich des Unternehmens anfallen. Aufgrund des erheblichen Bedarfs an qualifiziertem Personal für die systematische Datenpflege, die korrekte Anwendung und permanente Anpassung komplexer Methoden und Modelle sind diese Kosten relativ hoch.[1418]

Die **Kostensenkungspotentiale** eines integrierten IM, welche erst bei einer gewissen Systemvertrautheit der Mitarbeiter vollständig realisierbar sind, bestehen wiederum in sämtlichen Unternehmensbereichen, in denen das System zur Informations- und Entscheidungsunterstützung eingesetzt wird. Sie können zum einen durch eine Steigerung der Prozeß- und

---

werte anderer Anwender zurückgegriffen werden. Zudem treten die (auf Lernkurveneffekten basierenden) Nutzenwirkungen oft erst mit erheblicher zeitlicher Verzögerung auf. Vgl. Walterscheid (1998), S. 425.
1414 Als verfahrenstechnische Probleme einer IS-Bewertung stellten sich bei empirischen Untersuchungen in der Unternehmenspraxis v.a. der Mangel an Zeit während der Systemplanung und -implementierung, der Mangel an qualifiziertem Bewertungspersonal sowie das Fehlen geeigneter Beurteilungkriterien und -verfahren heraus. Vgl. Walterscheid (1998), S. 425 ff.
1415 Siehe hierzu Walterscheid (1998), S. 432. Bezüglich der Implementierung eines Data Warehouse entfällt erfahrungsgemäß der höchste Teil des Budgets (durchschnittlich ca. 80%) auf die Bereitstellung einer konsistenten Datenbasis. Dieser wird in der Praxis oftmals stark unterschätzt. Vgl. Hamm (1997), S. 106.
1416 Einer amerikanischen Studie zufolge betragen alleine die Installationskosten für ein Data Warehouse durchschnittlich 2,2 Millionen Dollar, welche sich jedoch der Studie nach bereits nach 2,3 Jahren amortisiert haben. Vgl. Chamoni/Gluchowski (1998), S. 16.
1417 Vgl. Hoppe/Kracke (1998), S. 402 und Lamprecht (1996), S. 108.
1418 Vgl. Walterscheid (1998), S. 425.

Entscheidungseffizienz zum Tragen kommen, sofern diese zu Personaleinsparungen führt, zum anderen aber auch durch eine Vermeidung von Fehlerkosten (Opportunitätskosten falscher Entscheidungen wie z.B. Fehlinvestitionen in nicht lukrative Kunden oder Leerkosten aufgrund unzutreffender Nachfrageprognosen). Insbesondere im Bereich der Unternehmensführung, wo strategische Entscheidungen mit erheblichen Kostenkonsequenzen getroffen werden, können intelligente Analysemethoden, angewendet auf eine ganzheitliche, konsistente Datenbasis, potentielle Fehlerkosten in gravierendem Maße reduzieren. Bezüglich des IM selbst sind darüber hinaus ebenfalls Kostensenkungen erzielbar, da redundante Datenerfassungen und -haltungen vermieden werden sowie Abstimmungs- und Korrekturerfordernisse hinsichtlich inkonsistenter Daten nach der grundlegenden Erstellung der Datenbasis reduziert werden.

Die **Nutzenwirkungen** für das Unternehmen können ebenso wie die Kostensenkungspotentiale in sämtlichen Verwendungsbereichen des IS zur Geltung kommen. Der bedeutsamste Zusatznutzen eines integrierten IS gegenüber partiellen Lösungen betrifft die Entscheidungsfindung im Unternehmen, und zwar sowohl die Qualität der Entscheidungen als auch die Effizienz der ihnen zugrundeliegenden Entscheidungsprozesse.[1419] Beide können zum einen durch die umfassende, systematisch strukturierte Datenbasis und zum anderen durch die darauf anwendbaren Analysemethoden positiv beeinflußt werden. Am ausgeprägtesten ist der diesbezügliche Nutzen bei komplexen Entscheidungen, wie sie von der Unternehmensführung getroffen werden, da hier i.d.R. eine Vielzahl von externen und internen Daten miteinander kombiniert und ausgewertet werden müssen. Aber auch die einzelfallbezogenen Entscheidungen des Kundenkontaktpersonals können verbessert werden, weil die Mitarbeiter zum Zwecke einer bedarfsgerechten und wirtschaftlichen Leistungserstellung nicht nur auf die Kundendaten zurückgreifen können, sondern diese im Rahmen der OLAP-Anwendung jederzeit mit Kosten-, Potential- und Prozeßdaten verknüpfen können. Die damit verbundene Ausdehnung der Entscheidungskompetenzen kann zudem die Anpassungsflexibilität der Unternehmensaktivitäten sowie die Leistungsmotivation und Mitarbeiterzufriedenheit erhöhen.

Personalbezogene Nutzenaspekte sind auch in der meist hohen Bedienungsfreundlichkeit der Analyse- und Kommunikationsinstrumente,[1420] in der räumlich-zeitlichen Verlagerbarkeit der Aufgabenerfüllung (Tele Working) sowie in der Intensivierung der internen Kommunikation zu sehen. Der Einsatz von Intranets als Kommunikationsplattform ermöglicht nicht nur eine problemlose und schnelle Übertragung unterschiedlichster Arten und Aufbereitungsformen von Informationen, sondern schafft auch eine größere zeitliche Flexibilität der Kommunikationspartner sowie eine insgesamt höhere Transparenz innerhalb des Unternehmens. Zudem

---

1419 Vgl. Walterscheid (1998), S. 431 und Lamprecht (1996), S. 108.
1420 Vgl. Mocker/Mocker (1998), S. 158.

bewirkt die Substitution papiergebundener durch elektronische Kommunikation Produktivitätszuwächse bei den Prozeßabläufen.[1421]

Dies gilt in ähnlicher Form auch für die externe Kommunikation und damit für die Nutzenstiftung auf **Kundenseite**. Eine Anbindung des Kunden an das betriebliche IS erleichtert die im Kontext der Leistungserstellung erforderlichen Informationsaustausche und bewirkt auch hier räumlich-zeitliche Entkopplungsmöglichkeiten. Darüber hinaus kann bei individualisierten Dienstleistungen der Data Mining-Einsatz auch die Diagnose des spezifischen Kundenproblems unterstützen, indem die vorhandenen Informationen über bisherige Kundenprobleme und dafür angemessene Problemlösungen analysiert werden.

Trotz der erheblichen Kosten und der oft massiven innerbetrieblichen Innovationshemmnisse ist man sich in den Unternehmen über die prinzipielle Notwendigkeit zur Einführung integrierter Informationssysteme einig, „zumal bei eigenem Zögern die Konkurrenz möglicherweise Wettbewerbsvorteile erringen kann, die im nachhinein nur mit großen Anstrengungen aufzuholen sind."[1422]

1421 Vgl. Hermanns/Sauter (1998), S. 34.
1422 Chamoni/Gluchowski (1998), S. 16.

7 Ausblick

Wie sich gezeigt hat, sind die marktorientierten Informationsbedarfe eines Dienstleistungs-unternehmens ebenso vielfältig wie die verfügbaren Konzepte zu ihrer Befriedigung. Ein In-formationsmanagement, das den diesbezüglich bestehenden Effektivitäts- und Effizienzanfor-derungen gleichermaßen gerecht wird, bedarf einer systematischen, ganzheitlichen Konzipie-rung. Während bis zum Beginn der 90er Jahre ein unternehmensweit integriertes Informati-onssystem, welches sowohl auf die komplexen Informationsbedarfe der Unternehmensfüh-rung als auch auf die Informationserfordernisse des operativen Geschäfts ausgerichtet ist, als nicht realisierbar galt, ist dies durch die neueren Entwicklungen im Bereich der Datenspeiche-rungs- und Netzwerktechnologie, durch die zunehmende Leistungsfähigkeit der Hardware und die immer intelligenter werdenden Software-Lösungen in den Bereich des Möglichen ge-rückt.

Betrachtet man rückblickend frühere Prognosen über die IT-Entwicklungen vor dem Hinter-grund der heutigen Realität, scheint die Erkenntnis naheliegend, daß selbst „utopische" Pro-gnosen den tatsächlichen Entwicklungen in diesem Bereich nicht annähernd gerecht wer-den.[1423] Es können somit lediglich vage Vermutungen darüber aufgestellt werden, in welcher Art und in welchem Maße die Entscheidungen und Leistungsprozesse eines Dienstleistungs-unternehmens in Zukunft durch das IM verändert und geprägt werden. Grundsätzlich ist je-doch davon auszugehen, daß auch zukünftig marktorientierte Informationen eine zentrale Be-deutung für ein kundengerechtes und wettbewerbsfähiges Dienstleistungsmanagement haben werden, wenn auch die Möglichkeiten ihrer Beschaffung, ihrer Verarbeitung und ihres Ein-satzes einem dynamischen Wandel unterliegen.

1423 Vgl. Benjamin/Blunt (1993), S. 74 ff.

Literaturverzeichnis

Aanestad, J. M. (1985): Census Information for Service Marketers, in: Services Marketing in a Changing Environment (Hrsg.: Bloch, T. M./Upah, G. D./Zeithaml, V. A.), Chicago/Illinois 1985, S. 63 - 66.

Adam, K. (1995): Productivity and the Imagery Customer Organization - a Case of Pedal, a Courier Company, in: Quality, Productivity & Profitability in Service Operations (Edt.: Gummesson, E.), Conference Papers from the QP&P Research Program 1992 - 1994, Stockholm 1995, S. 95 - 111.

Aden, D. (1997): Logistik als Produkt: Information und Geschwindigkeit, in: Information als Wettbewerbsfaktor (Hrsg.: Picot, A.), Stuttgart 1997, S. 85 - 103.

Albrecht, K. (1988): At America's Service: How Corporations can Revolutionize the Way they treat their Customers, Homewood/Illinois 1988.

Albrecht, K./Zemke, R. (1987): Service-Strategien, Hamburg - New York - St. Louis 1987.

Allen, F./Faulhaber, G. R. (1991): Quality Control in the Service Firm and Consumer Learning, in: Service Quality. Multidisciplinary and Multinational Perspectives (Edts.: Brown, S. W./Gummesson, E./Edvardsson, B. et al.), New York - Toronto - Oxford u.a. 1991, S. 289 - 301.

Alpar, P. (1998): Kommerzielle Nutzung des Internet. Unterstützung von Marketing, Produktion, Logistik und Querschnittsfunktionen durch Internet, Intranet und kommerzielle Online-Dienste, 2. Aufl., Berlin - Heidelberg - New York u.a. 1998.

Altenburger, O. A. (1980): Ansätze zu einer Produktions- und Kostentheorie der Dienstleistungen, Berlin 1980.

Angstenberg, J./Weber, R./Poloni, M. (1999): Data Mining als Prozeß, in: Database Marketing, o.Jg., 1999, H. 2, S. 5 - 9.

Antweiler, J. (1995): Wirtschaftlichkeitsanalyse von Informations- und Kommunikationssystemen (IKS): Wirtschaftlichkeitsprofile als Entscheidungsgrundlage, Köln 1995.

Armistead, C. G./Clark, G. (1994): The "Coping" Capacity Management Strategy in Services and the Influence on Quality Performance, in: International Journal of Service Industry Management, Vol. 5, 1994, No. 2, S. 5 - 22.

Arrow, K. J. (1985): The Economics of Agency, in: Principals and Agents: The Structure of Business (Edts.: Pratt, J. W./Zeckhauser, R. J.), Cambridge 1985, S. 37 - 51.

Arrowsmith, J./McGoldrick, A. E. (1996): HRM Service Practices: Flexibility, Quality and Employee Strategy, in: International Journal of Service Industry Management, Vol. 7, 1995, No. 3, S. 46 - 62.

Atzwanger, C. (1997): Virtuelle Testmärkte - alle Daten im Griff, in: Marketing-Management mit Multimedia. Neue Medien, neue Märkte, neue Chancen (Hrsg.: Wamser, C./Fink, D. H.), Wiesbaden 1997, S. 203 - 209.

302

Auerbach, S./Bednarzcuk, P./Büttgen, M. (1997): Recovery-Management. Ausnahmesituationen beherrschen, in: Absatzwirtschaft, 40. Jg., 1997, H. 12, S. 78 - 85.

Augustin, S. (1990): Information als Wettbewerbsfaktor: Informationslogistik - Herausforderung an das Management, Zürich 1990.

Ayers, R. (1985): Using Consumer Research to Develop Service Enhancements, in: Services Marketing in a Changing Environment (Hrsg.: Bloch, T. M./Upah, G. D./Zeithaml, V. A.), Chicago/Illinois 1985, S. 36 - 37.

Balderjahn, I. (1995): Bedürfnis, Bedarf, Nutzen, in: HWM, 2. Aufl. (Hrsg.: Tietz, B./Köhler, R./Zentes, J.), Stuttgart 1995, Sp. 179 - 190.

Barney, J. B. (1991): Firm Resources and Sustained Competitive Advantage, in: Journal of Management, Vol. 17, 1991, No. 1, S. 99 - 120.

Barth, H. (1991): Das europäische Reisevertriebssystem AMADEUS, in: Tourismusmanagement und -marketing (Hrsg.: Seitz, E./Wolf, J.), Landsberg/Lech 1991, S. 423 - 438.

Bateson, J. E. G. (1985): Perceived Control and the Service Encounter, in: The Service Encounter (Hrsg.: Czepiel, J. A./Solomon, M. R./Surprenant, C. F.), Lexington/Massachusetts - Toronto 1985, S. 67 - 82.

Baumol, W. J. (1986): Information Technology and the Service Sector: A Feedback Process? in: Services in Transition: The Impact of Information Technology on the Service Sector (Edts.: Faulhaber, G./ Noam, E./Tasley, R.), Cambridge/Massachusetts 1986, S. 183 - 93.

Becker, F. G. (1997): Personalentwicklung als Ansatzpunkt für ein qualitatives Kapazitätsmanagement, in: Kapazitätsmanagement in Dienstleistungsunternehmen. Grundlagen und Gestaltungsmöglichkeiten (Hrsg.: Corsten, H./Stuhlmann, S.), Wiesbaden 1997, S. 81 - 110.

Becker, F. G./Günther, S. (1998): Personalentwicklung als Führungsaufgabe im Dienstleistungssektor, in: Handbuch Dienstleistungsmanagement. Von der strategischen Konzeption zur praktischen Umsetzung (Hrsg.: Bruhn, M./Meffert, H.), Wiesbaden 1998, S. 751 - 778.

Becker, J. (1994a): Strategische Ausrichtung der Informations- und Organisationsstruktur des Unternehmens, Wiesbaden 1994.

Becker, J. (1994b): Informationsmanagement und -controlling, Würzburg 1994.

Beckett, N. P. (1999): Qualitätsbewußtsein und Kundenorientierung der Mitarbeiter als Schlüssel zum Erfolg: Qualitätsmanagement bei der Ritz-Carlton Hotel Company, in: Kundenzufriedenheit messen und steigern (Hrsg.: Töpfer, A.), 2. Aufl., Neuwied 1999, S. 163 - 180.

Beer, S. (1966): Decision and Control: The Meaning of Operational Research and Management Cybernetics, London - New York - Sydney 1966.

Beer, S. (1967): Kybernetik und Management, 3. Aufl., Frankfurt a.M. 1967.

Beer, S. (1979): The Heart of Enterprise, Chichester - New York - Brisbane u.a. 1979.

Beer, S. (1985): Diagnosing the System for Organizations, Chichester - New York - Brisbane u.a. 1985.

Behme, W. (1996): Das Data Warehouse als zentrale Datenbank für Managementinformationssysteme, in: Data Warehouse und Managementinformationssysteme (Hrsg.: Hannig, U.), Stuttgart 1996, S. 13 - 22.

Behme, W./Kruppa, S. (1998): Web Warehousing: Nutzung von Synergieeffekten zweier bewährter Konzepte, in: Analytische Informationssysteme: Data Warehouse, On-Line Analytical Processing, Data Mining (Hrsg.: Chamoni, P./Gluchowski, P.), Berlin - Heidelberg - New York u.a. 1998, S. 141 - 160.

Behme, W./Schimmelpfeng, K. (1993a): Unternehmensführung als kybernetischer Prozeß, in: WISU, 22. Jg., 1993, H. 4, S. 289 - 294.

Behme, W./Schimmelpfeng, K. (1993b): Modellierung der Unternehmensstruktur mit Hilfe vermaschter Regelkreise, in: WISU, 22. Jg., 1993, H. 11, S. 923 - 925.

Beiersdorf, H. (1995): Informationsbedarf und Informationsbedarfsermittlung im Problemlösungsprozeß „Strategische Unternehmensplanung", München - Mering 1995.

Beischel, M. E. (1990): Improving Production with Process Value Analysis, in: Journal of Accountancy, Vol. 17, September 1990, S. 53 - 57.

Bellmann, K./Mack, O. (1997): Virtuelle Unternehmen und Database Marketing, in: Handbuch Database Marketing (Hrsg.: Link, J./Brändli, D./ Schleuning, C. et al.), 2. Aufl., Ettlingen 1997, S. 569 - 581.

Below, C. von (1998): Data Mining: Auf der Suche nach den verborgenen Schätzen, in: Managementinformationssysteme in Marketing und Vertrieb (Hrsg.: Hannig, U.), Stuttgart 1998, S. 53 - 61.

Bendell, T./Boulter, L./Goodstadt, P. (1998): Benchmarking for Competitive Advantage, 2nd ed., London 1998.

Benjamin, R. I./Blunt, J. (1993): Critical IT Issues: The Next Ten Years, in: Information Management, Vol. 8, 1993, No. 1, S. 74 - 84.

Benkenstein, M. (1997): Kapazität als Dimension der Dienstleistungsqualität, in: Kapazitätsmanagement in Dienstleistungsunternehmen. Grundlagen und Gestaltungsmöglichkeiten (Hrsg.: Corsten, H./Stuhlmann, S.), Wiesbaden 1997, S. 153 - 168.

Benkenstein, M. (1998): Ansätze zur Steuerung der Dienstleistungsqualität, in: Handbuch Dienstleistungs-Marketing (Hrsg.: Meyer, A.), Bd. 1, Stuttgart 1998, S. 444 - 454.

Benölken, H./Greipel, P. (1990): Dienstleistungsmanagement, Wiesbaden 1990.

Berkley, B. J./Gupta, A. (1995): Identifying the Information Requirements to Deliver Quality Service, in: International Journal of Service Industry Management, Vol. 6, 1995, No. 5, S. 16 - 35.

Bernard, R. (1996): The Corporate Intranet. Create and Manage an Internal Web for Your Organization, New York - Chichester - Brisbane u.a. 1996.

Berry, L. L. (1996): Top-Service: Im Dienst am Kunden, Stuttgart 1996.

Berry, L.L./Parasuraman, A. (1992): Service-Marketing, Frankfurt a.M. - New York 1992.

Berry, M. J. A./Linoff, G. (1997): Data Mining Techniques: For Marketing, Sales, and Customer Support, New York - Chichester - Weinheim u.a. 1997.

Bertalanffy, L. von (1949): Zu einer allgemeinen Systemlehre, in: Biologia Generalis (Hrsg.: Bertalanffy, L. von), Bd. XIX, H. 1, Wien 1949, S. 114 - 129.

Bertalanffy, L. von (1950): An Outline of General System Theory, in: The British Journal for the Philosophy of Science, Bd. I, 1950, S. 134 - 65.

Bertalanffy, L. von (1968): General System Theory, New York 1968.

Berthel, J. (1992): Informationsbedarf, in: HWO, 3. Aufl. (Hrsg.: Frese, E.), Stuttgart 1992, Sp. 872 - 886.

Bharadwaj, S. G./Menon, A. (1993): Determinants of Success in Service Industries - A PIMS-Based Empirical Investigation, in: Journal of Services Marketing, Vol. 7, 1993, No. 4, S. 19 - 40.

Bharadwaj, S. G./Varadarajan, P. R./Fahy, J. (1993): Sustainable Competitive Advantage in Service Industries: A Conceptual Model and Research Propositions, in: Journal of Marketing, Vol. 57, 1993, No. 4, S. 83 - 99.

Bieberstein, I. (1995): Dienstleistungs-Marketing, Ludwigshafen 1995.

Biermann, T. (1994): Service Management Praxis Nr. 1 - 6, Firmenzeitschrift der SMI GmbH, Berlin 1994.

Biervert, B./Dierkes, M. (1989): Informations- und Kommunikationstechniken im Dienstleistungssektor: Rationalisierung oder neue Qualität?, Wiesbaden 1989.

Biervert, B./Monse, K./Gatzke, M. et al. (1994): Digitaler Dienst am Kunden: Informationstechniken an der „Kundenschnittstelle", Berlin 1994.

Biethahn, J./Huch, B. (1994): Informationssysteme für das Controlling, Berlin - Heidelberg 1994.

Biethahn, J./Muksch, H./Ruf, W. (1996): Ganzheitliches Informationsmanagement, Bd. I: Grundlagen, 4. Aufl., München - Wien 1996.

Biocca, H./Levy, M. R. (1995): Virtual Reality as a Communication System, in: Communication in the Age of Virtual Reality (Edts.: Biocca, F./Levy, M. R.), Hillsdaale 1995, S. 15 - 31.

Bitner, M. J. (1993): Managing the Evidence of Service, in: The Service Quality Handbook (Edts.: Scheuing, E. E./Christopher, W. F.), New York 1993, S. 358 - 370.

Bitner, M. J./Booms, B. H./Tetreault, M. S. (1990): The Service Encounter - Diagnosing Favorable and Unfavorable Incidents, in: Journal of Marketing, Vol. 54, 1990, No. 1, S. 71 - 84.

Bitner, M. J./Nyquist, J. D./Booms, B. H. (1985): The Critical Incident as a Technique for Analyzing the Service Encounter, in: Services Marketing in a Changing Environment (Hrsg.: Bloch, T. M./Upah, G. D./Zeithaml, V. A.), Chicago/Illinois 1985, S. 48 - 51.

Bitran, G. R./Lojo, M. (1993): A Framework for Analyzing Service Operations, in: European Management Journal, Vol. 11, 1993, No. 3, S. 271 - 282.

Bitran, G./Mondschein, S. (1997): Managing the Tug-of-War Between Supply and Demand in the Service Industries, in: European Management Journal, Vol. 15, 1997, No. 5, S. 523 - 536.

Bleuel, B. (1990): Customer Dissatisfaction and the Zone of Uncertainty, in: Journal of Services Marketing, Vol. 4, 1990, No. 1, S. 49 - 52.

305

Blümelhuber, C. (1998): Über die Szenerie der Dienstleistung: Aufgaben, Wahrnehmungs- und Gestaltungsaspekte von „Geschäftsräumen", in: Handbuch Dienstleistungs-Marketing (Hrsg.: Meyer, A.), Bd. 2, Stuttgart 1998, S. 1194 - 1215.

Blumberg, D. F. (1994): Strategies for Improving Field Service Operations Productivity and Quality, in: The Service Industries Journal, Vol. 14, 1994, No. 2, S. 262 - 277.

Bode, J. (1993a): Information, in: DBW, 53. Jg., 1993, H. 2, S. 275 - 277.

Bode, J. (1993b): Betriebliche Produktion von Information, Wiesbaden 1993.

Böhler, H./Riedl, J. (1997): Informationsgewinnung für die Database im Investitionsgüter-Marketing, in: Handbuch Database Marketing (Hrsg.: Link, J./Brändli, D./Schleuning, C. et al.), 2. Aufl., Ettlingen 1997, S. 59 - 74.

Bolfing, C. P. (1989): How Do Customers Express Dissatisfaction and what Can Service Marketers Do about it?, in: Journal of Services Marketing, Vol. 3, 1989, No. 2, S. 5 - 23.

Booms, B. H./Bitner, M. J. (1981): Marketing Strategies and Organization Structures For Service Firms, in: Marketing of Services (Edts.: Donnelly, J. H./George, W. R.), Chicago 1981, S. 47 - 51.

Bort, J./Felix, B. (1997): Building an Extranet. Connect Your Intranet with Vendors and Customers, New York - Chichester - Weinheim u.a. 1997.

Botschatzke, U. W. (1993): Informationsverarbeitungs-Controlling in Dienstleistungsunternehmen, München 1993.

Botschen, G./Mühlbacher, H. (1998): Zielgruppenprogramm - Zielgruppenorientierung durch Nutzensegmentierung, in: Handbuch Dienstleistungs-Marketing (Hrsg.: Meyer, A.), Bd. 1, Stuttgart 1998, S. 681 - 692.

Boulding, K. (1956): General Systems Theory - The Skeleton of Science, in: General Systems, Vol. 1, 1956, S. 11 - 17.

Boulding, W./Kalra, A./Staelin, R. et al. (1993): A Dynamic Process Model of Service Quality. From Expectations to Behavioural Intensions, in: Journal of Marketing Research, Vol. 30, 1993, No. 1, S. 7 - 27.

Brändli, D. (1998): Informationssysteme als Teil der Kundenorientierung, in: Management-Informationssysteme in Marketing und Vertrieb (Hrsg.: Hannig, U.), Stuttgart 1998, S. 75 - 82.

Brandt, D. R. (1987): A Procedure for Identifying Value-Enhancing Service Components Using Customer Satisfaction Survey Data, in: Add Value to Your Service (Edt.: Suprenant, C.), Chicago 1987, S. 61 - 65.

Brandt, D. R./Reffett, K. L. (1989): Focusing on Customer Problems to Improve Service Quality, in: Journal of Services Marketing, Vol. 3, 1989, No. 4, S. 5 - 14.

Brenner, W. (1994): Grundzüge des Informationsmanagements, Berlin - Heidelberg - New York u.a. 1994.

Brenner, W./Österle, H. (1994): Wie Sie Informationssysteme optimal gestalten, in: Harvard Business Manager, 16. Jg., 1994, H. 1, S. 46 - 52.

Bretzke, W.-R. (1995): Zertifizierung von Qualitätsmanagementsystemen in Dienstleistungsunternehmen, in: Dienstleistungsqualität. Konzepte, Methoden, Erfahrungen (Hrsg.: Bruhn, M./Stauss, B.), 2. Aufl., Wiesbaden 1995, S. 401 - 427.

Brezski, E. (1993): Konkurrentenforschung - Analyse und Prognose des Konkurrentenverhaltens, Wiesbaden 1993.

Bromann, P. (1987): Erfolgreiches strategisches Informationsmanagement, Landsberg/Lech 1987.

Broß, P. (1997): Kommunikation als Produkt, in: Information als Wettbewerbsfaktor (Hrsg.: Picot, A.), Stuttgart 1997, S. 53 - 75.

Brown, S. W./Cowles, D. L./Tuten, T. L. (1996): Service Recovery: Its Value and Limitations as a Retail Strategy, in: International Journal of Service Industry Management, Vol. 7, 1996, No. 5, S. 32 - 46.

Brown, S. W./Fisk, R. P./Bitner, M. J. (1994): The Development and Emergence of Services Marketing Thought, in: International Journal of Service Management, Vol. 5, 1994, No. 1, S. 21 - 48.

Browne, J. (1995): Forecasting Demand for Services, in: Industrial Engineering, Vol. 27, 1995, No. 2, S. 16 - 17.

Bruhn, M. (1997): Qualitätsmanagement für Dienstleistungen. Grundlagen, Konzepte, Methoden, 2. Aufl., Berlin - Heidelberg - New York u.a. 1997.

Bruhn, M. (1999): Messung von Kundenzufriedenheit im Rahmen Nationaler Kundenbarometer: Konzeption und Nutzungspotentiale unterschiedlicher Customer Satisfaction Indizes, in: Kundenzufriedenheit messen und steigern (Hrsg.: Töpfer, A.), 2. Aufl., Neuwied 1999, S. 385 - 407.

Bruhn, M./Hennig, K. (1993a): Selektion und Strukturierung von Qualitätsmerkmalen - auf dem Weg zu einem umfassenden Qualitätsmanagement für Kreditinstitute (Teil 1), in: Jahrbuch der Absatz- und Verbrauchsforschung, 39. Jg., 1993, H. 3, S. 214 - 238.

Bruhn, M./Hennig, K. (1993b): Selektion und Strukturierung von Qualitätsmerkmalen - auf dem Weg zu einem umfassenden Qualitätsmanagement für Kreditinstitute (Teil 2), in: Jahrbuch der Absatz- und Verbrauchsforschung, 39. Jg., 1993, H. 4, S. 314 - 337.

Brynjolfsson, E. (1993): The Productivity Paradox of Information Technology, in: Communications of the ACM, Vol. 36, 1993, No. 12, S. 67 - 77.

Brynjolfsson, E. (1994): Information Assets, Technology, and Organization, in: Management Science, Vol. 40, 1994, No. 12, S. 1645 - 1662.

Bühner, R./Breitkopf, D./Stahl, P. (1996): Qualitätsorientiertes Personalcontrolling mit Kennzahlen, in: Controlling im TQM. Methoden und Instrumente zur Verbesserung der Unternehmensqualität (Hrsg.: Wildemann, H.), Berlin - Heidelberg - New York u.a. 1996, S. 139 - 170.

Büschken, J. (1994): Conjoint-Analyse, in: Thexis, 11. Jg., 1994, H. 5, S. 72 - 89.

Büttgen, M. (1996): Yield Management, in: DBW, 56. Jg., 1996, H. 2, S. 260 - 263.

Büttgen, M./Ludwig, M. (1997): Mass-Customization von Dienstleistungen, Arbeitspapier des Instituts für Markt- und Distributionsforschung der Universität zu Köln, Köln 1997.

Buggert, W./Wielpütz, A. (1995): Target Costing: Grundlagen und Umsetzung des Zielkostenmanagements, München 1995.

Bullen, C. V./Rockart, J. F. (1981): A Primer on Critical Success Factors, Working Paper No. 69, Massachusetts Institute of Technology, Massachusetts 1981.

Bullinger, H.-J./Fähnrich, K.-P./Hoof, T. van et al. (1995): Produktivitätsfaktor Information: Data Warehouse, Data Mining und Führungsinformationssysteme im betrieblichen Einsatz, in: Data Warehouse und seine Anwendungen. Data Mining, OLAP und Führungsinformationen im betrieblichen Einsatz (Hrsg.: Bullinger, H.-J.), IAO-Forum 7./8. November 1995, Stuttgart 1995, S. 13 - 30.

Bullinger, H.-J./Rathgeb, M. (1994): Prozeßorientierte Organisationsstrukturen und Workflow-Management für Dienstleister, in: Workflow-Management bei Dienstleistern - Integrierte Bearbeitung von Geschäftsprozessen (Hrsg.: Bullinger, H.-J.), Baden-Baden 1994, S. 11 - 30.

Bulos, D. (1998): OLAP Database Design - A New Dimension, in: Analytische Informationssysteme. Data Warehouse, On-Line Analytical Processing, Data Mining (Hrsg.: Chamoni, P./Gluchowski, P.), Berlin - Heidelberg - New York 1998, S. 251 - 261.

Burrows, B. (1994): The Power of Information: Developing the Knowledge Based Organization, in: Long Range Planning, Vol. 27, 1994, No. 1, S. 142 - 153.

Buzzell, R. D./Gale, B. T. (1989): Das PIMS-Programm. Strategien und Unternehmenserfolg, Wiesbaden 1989.

Cahill, D. J. (1995): The Managerial Implications of the Learning Organization: a New Tool for Internal Marketing, in: Journal of Service Marketing, Vol. 9, 1995, No. 4, S. 43 - 51.

Camp, R. C. (1989): Benchmarking. The Search for Industry Best Practices that Lead to Superior Performance, Milwaukee 1989.

Camp, R. C. (1994): Benchmarking, München - Wien 1994.

Camp, R. C. (1995): Business Process Benchmarking. Finding and Implementing Best Practices, Wisconsin 1995.

Carl, V. (1989): Problemfelder des internationalen Managements, München 1989.

Carr, L. P. (1992): Applying Costs of Quality to a Service Business, in: Sloan Management Review, Vol. 33, 1992, No. 4, S. 72 - 77.

Chamoni, P./Budde, C. (1997): Methoden und Verfahren des Data Mining, Diskussionsbeiträge des Fachbereichs Wirtschaftswissenschaft der Gerhard-Mercator-Universität Gesamthochschule Duisburg, Nr. 232, Duisburg 1997.

Chamoni, P./Gluchowski, P. (1998): Analytische Informationssysteme - Einordnung und Überblick, in: Analytische Informationssysteme. Data Warehouse, On-Line Analytical Processing, Data Mining (Hrsg.: Chamoni, P./Gluchowski, P.), Berlin - Heidelberg - New York 1998, S. 3 - 25.

Chase, R. B./Stewart, D. M. (1994): Make Your Service Fail-Safe, in: Sloan Management Review, Vol. 35, 1994, No. 3, S. 35 - 44.

Chudy, B./Sant, R. (1993): Customer Driven Competitive Positioning - an Approach Towards Developing an Effective Customer Service Strategy, in: Marketing and Research Today, Vol. 21, 1993, No. 3, S. 155 - 169.

Cibis, C./Niemand, S. (1993): Planung und Steuerung funktioneller Dienstleistungen mit Target Costing - dargestellt am Beispiel der IBM Deutschland GmbH, in: Target Costing. Marktorientierte Zielkosten in der deutschen Praxis (Hrsg.: Horváth, P.), Stuttgart 1993, S. 191 - 228.

Ciborra, C. (1994): The Grassroots of IT and Strategy, in: Strategic Information Systems: A European Perspective (Edts.: Ciborra, C./Jelassi, T.), Chichester - New York - Brisbane u.a. 1994, S. 3 - 24.

Cina, C. (1989): Creating an Effective Customer Satisfaction Program, in: Journal of Services Marketing, Vol. 3, 1989, No. 1, S. 5 - 14.

Clemons, E./Row, M. (1991): Sustaining IT Advantage: The Role of Structural Differences, in: MIS Quarterly, September 1991, S. 275 - 292.

Clow, K. E./Vorhies, D. W. (1993): Building a Competitive Advantage for Service Firms - Measurement of Consumer Expectations of Service Quality, in: Journal of Services Marketing, Vol. 7, 1993, No. 1, S. 22 - 32.

Coase, R. H. (1937): The Nature of the Firm, in: Economica, Vol. 4, 1937, S. 386 - 405.

Coenenberg, A. G./Fischer, T. M. (1991): Prozeßkostenrechnung - Strategische Neuorientierung in der Kostenrechnung, in: DBW, 51. Jg., 1991, H. 1, S. 21 - 38.

Coenenberg, A. G./Fischer, T. M. (1996): Qualitätsbezogene Kosten und Kennzahlen, in: Controlling im TQM. Methoden und Instrumente zur Verbesserung der Unternehmensqualität (Hrsg.: Wildemann, H.), Berlin - Heidelberg - New York u.a. 1996, S. 171 - 197.

Collier, D. A. (1985): Service Management. The Automation of Services, Reston, Virginia 1985.

Collier, D. A. (1995): Modelling the Relationships Between Process Quality Errors and Overall Service Process Performance, in: International Journal of Service Industry Management, Vol. 6, 1995, No. 4, S. 4 - 19.

Cooper, R. (1992): Activity-Based-Costing, in: Handbuch Kostenrechnung (Hrsg.: Männel, W.), Wiesbaden 1992, S. 360 - 383.

Corsten, H. (1984a): Zum Problem der Mehrstufigkeit in der Dienstleistungsproduktion, in: Jahrbuch der Absatz- und Verbrauchsforschung, 30. Jg., 1984, H. 3, S. 253 - 272.

Corsten, H. (1984b): Die Leistungsbereitschaft in der Dienstleistungsproduktion, in: Jahrbuch der Absatz- und Verbrauchsforschung, 30. Jg., 1984, H. 4, S. 361 - 380.

Corsten, H. (1985a): Rationalisierungsmöglichkeiten in Dienstleistungsunternehmungen, in: Jahrbuch der Absatz- und Verbrauchsforschung, 31. Jg., 1985, H. 1, S. 23 - 40.

Corsten, H. (1985b): Die Produktion von Dienstleistungen, Berlin 1985.

Corsten, H. (1986a): Zur Diskussion der Dienstleistungsbesonderheiten und ihre ökonomischen Auswirkungen, in: Jahrbuch der Absatz- und Verbrauchsforschung, 32. Jg., 1986, H. 1, S. 16 - 41.

Corsten, H. (1986b): Produktionssysteme in der Betriebswirtschaftslehre, in: Jahrbuch der Absatz- und Verbrauchsforschung, 32. Jg., 1986, H. 3, S. 263 - 280.

Corsten, H. (1988a): Betriebswirtschaftslehre der Dienstleistungsunternehmungen, München - Wien 1988.

Corsten, H. (1988b): Dienstleistungen in produktionstheoretischer Interpretation, in: WISU, 17. Jg., 1988, H. 2, S. 81 - 87.

Corsten, H. (1989): Dienstleistungsmarketing - Elemente und Strategien, in: Jahrbuch der Absatz- und Verbrauchsforschung, 35. Jg., 1989, H. 1, S. 23 - 40.

Corsten, H. (1992): Kapazitätsplanung in Dienstleistungsunternehmen, in: Kapazitätsmessung, Kapazitätsgestaltung, Kapazitätsoptimierung - eine betriebswirtschaftliche Kernfrage (Hrsg.: Corsten, H./Köhler, R./Müller-Merbach, H. et al.), Stuttgart 1992, S. 229 - 254.

Corsten, H. (1993): Produktionsfaktoren, in: Lexikon der Betriebswirtschaftslehre (Hrsg.: Corsten, H.), 2. Aufl., München - Wien 1993.

Corsten, H. (1995): Externalisierung und Internalisierung als strategische Optionen von Dienstleistungsunternehmungen, in: Dienstleistungsqualität. Konzepte, Methoden, Erfahrungen (Hrsg.: Bruhn, M./ Stauss, B.), 2. Aufl., Wiesbaden 1995, S. 189 - 206.

Corsten, H. (1997): Dienstleistungsmanagement, 3. Aufl., München - Wien 1997.

Corsten, H. (1998): Ansatzpunkte für ein Rationalisierungsmanagement von Dienstleistungs-Anbietern, in: Handbuch Dienstleistungs-Marketing (Hrsg.: Meyer, A.), Bd. 1, Stuttgart 1998, S. 607 - 624.

Corsten, H./Stuhlmann, S. (1996): Konzeptioneller Rahmen und Ansatzpunkte für ein Kapazitätsmanagement in Dienstleistungsunternehmungen, Schriften zum Produktionsmanagement der Universität Kaiserslautern, Kaiserslautern 1996.

Corsten, H./Stuhlmann, S. (1997): Das GAP-Modell als Orientierungsrahmen für ein Kapazitätsmanagement in Dienstleistungsunternehmungen, in: Kapazitätsmanagement in Dienstleistungsunternehmungen. Grundlagen und Gestaltungsmöglichkeiten (Hrsg.: Corsten, H./ Stuhlmann, S.), Wiesbaden 1997, S. 3 - 54.

Corsten, H./Stuhlmann, S. (1999): Yield Management als Ansatzpunkt für die Kapazitätsgestaltung von Dienstleistungsunternehmungen, in: Wettbewerbsfaktor Dienstleistung. Produktion von Dienstleistungen - Produktion als Dienstleistung (Hrsg.: Corsten, H./Schneider, H.), München 1999, S. 79 - 107.

Cravens, D. W./Piercy, N. F. (1994): Relationship Marketing and Collaborative Networks in Service Organizations, in: International Journal of Service Industry Management, Vol. 5, 1994, No. 5, S. 39 - 53.

Crosby, P. B. (1986): Qualität bringt Gewinn, Hamburg 1986.

Danaher, P. J./Mattson, J. (1994): Customer Satisfaction During the Service Delivery Process, in: European Journal of Marketing, Vol. 28, 1994, No. 5, S. 5 - 16.

Daniel, G. B. (1961): Management Information Crisis, in: Harvard Business Review, Vol. 39, 1961, No. 5, S. 111 - 121.

Darby, M. R./Karni, E. (1973): Free Competition and the Optimal Amount of Fraud, in: Journal of Law and Economics, Vol. 16, 1973, S. 67 - 88.

Dastani, P. (1997): Data Mining im Database Marketing, in: Handbuch Database Marketing (Hrsg.: Link, J./Brändli, D./Schleuning, C. et al.), 2. Aufl., Ettlingen 1997, S. 253 - 267.

Daudel, S./Vialle, G. (1992): Yield-Management - Erträge optimieren durch nachfrageorientierte Angebotssteuerung, Frankfurt - New York 1992.

Davenport, T. H. (1993): Process Innovation: Reengineering Work through Information Technology, Boston/Massachusetts 1993.

Davis, M. M./Vollmann, T. E. (1990): A Framework for Relating Waiting Time and Customer Satisfaction in a Service Operation, in: Journal of Services Marketing, Vol. 4, 1990, No. 1, S. 61 - 69.

Davis, S./Botkin, J. (1994): The Coming of Knowledge-Based Business, in: Harvard Business Review, Vol. 72, 1994, No. 5, S. 165 - 170.

Deisenhofer, T. (1993): Marktorientierte Kostenplanung auf Basis von Erkenntnissen der Marktforschung bei der AUDI AG, in: Target Costing. Marktorientierte Zielkosten in der deutschen Praxis (Hrsg.: Horváth, P.), Stuttgart 1993, S. 93 - 117.

Deming, W.E. (1982): Quality, Productivity and Competitive Position, Cambridge/Massachusetts 1982.

Deutsche Lufthansa AG (Hrsg.) (1997): Netzsteuerung, Interne Dokumentation der Deutsche Lufthansa AG, Netzsteuerung FRA LS, Frankfurt a.M. 1997.

Diller, H./Cornelsen, J./Ambrosius, T. (1997): Kundenerfolgsrechnungen in der Konsumgüterindustrie - Theorie und Ergebnisse einer empirischen Studie -, Arbeitspapier Nr. 62 des Betriebswirtschaftlichen Instituts, Universität Erlangen-Nürnberg, Nürnberg 1997.

Diller, H./Müllner, M. (1998): Kundenbindungsmanagement, in: Handbuch Dienstleistungs-Marketing (Hrsg.: Meyer, A.), Bd. 2, Stuttgart 1998, S. 1219 - 1240.

Dolinsky, A. L. (1994): A Consumer Complaint Framework with Resulting Strategies: An Application to Higher Education, in: Journal of Services Marketing, Vol. 8, 1994, No. 3, S. 27 - 39.

Domegan, C. T. (1996): The Adoption of Information Technology in Customer Service, in: European Journal of Marketing, Vol. 30, 1996, No. 6, S. 52 - 69.

Donabedian, A. (1980): The Definition of Quality and Approaches to its Assessment and Monitoring, Vol. I, Ann Arbor/Michigan 1980.

Drewes, G. (1996): Marketing-Informationssysteme in Banken: Der Einsatz der Informationstechnologie im operativen Marketing für die breite Privatkundschaft, Bergisch Gladbach 1996.

Drucker, P. F. (1995): The Information Executives Truly Need, in: Harvard Business Review, Vol. 73, 1995, No. 1, S. 54 - 62.

Drucker, P. F. (o.J.): Dienstleister müssen produktiver werden, in: Harvard Manager - Strategie und Planung, Bd. 4, o.J., S. 70 - 77.

Dullinger, F. (1998): Krankenhaus-Management im Spannungsfeld zwischen Patientenorientierung und Wirtschaftlichkeit, in: Handbuch Dienstleistungs-Marketing (Hrsg.: Meyer, A.), Bd. 2, Stuttgart 1998, S. 1801 - 1830.

Düsing, R. (1998): Knowledge Discovery in Databases und Data Mining, in: Analytische Informationssysteme: Data Warehouse, On-Line Analytical Processing, Data Mining (Hrsg.: Chamoni, P./Gluchowski, P.), Berlin - Heidelberg - New York u.a., S. 291 - 299.

Dworatschek, S./Donike, H. (1972): Wirtschaftlichkeitsanalyse von Informationssystemen, Berlin - New York 1992.

Eisenhofer, A. (1988): Synchronisation von Unternehmens- und Informatik-Strategie, in: Kompetenz - Das Diebold Management Journal, 1988, Nr. 3, S. 18 - 25.

Engelhardt, W. H. (1990): Dienstleistungsorientiertes Marketing, in: Integration und Flexibilität (Hrsg.: Adam, D./Backhaus, K./Meffert, H. et al.), 1990, S. 269 - 288.

Engelhardt, W. E./Freiling, J. (1995): Integrativität als Brücke zwischen Einzeltransaktion und Geschäftsbeziehung, in: Marketing ZFP, 17. Jg., 1995, H. 1, S. 37 - 43.

Engelhardt, W. H./Kleinaltenkamp, M./Reckenfelderbäumer, M. (1992): Dienstleistungen als Absatzobjekt, Arbeitsbericht Nr. 52 des Instituts für Unternehmensführung und Unternehmensforschung an der Ruhr-Universität Bochum, Bochum 1992.

Engelhardt, W. H./Kleinaltenkamp, M./Reckenfelderbäumer, M. (1993): Leistungsbündel als Absatzobjekte - Ein Ansatz zur Überwindung der Dichotomie von Sach- und Dienstleistungen, in: ZfbF, 45. Jg., 1993, Nr. 5, S. 395 - 426.

Engelhardt, W. H./Kleinaltenkamp, M./Reckenfelderbäumer, M (1995): Leistungstypologien als Basis des Marketing - ein erneutes Plädoyer für die Aufhebung der Dichotomie von Sachleistungen und Dienstleistungen, in: DBW, 55. Jg., 1995, Nr. 5, S. 673 - 678.

Ernenputsch, M. A. (1986): Theoretische und Empirische Untersuchungen zum Beschaffungsprozess von konsumtiven Dienstleistungen, Bochum 1986.

Ernst & Young and the American Quality Foundation (Edts.) (1992): Banking Industry Report, International Quality Study, Cleveland/Ohio 1992.

Eversheim, W. (Hrsg.) (1997): Qualitätsmanagement für Dienstleister: Grundlagen, Selbstanalyse, Umsetzungshilfen, Berlin - Heidelberg - New York u.a. 1997.

Falk, B. (Hrsg.) (1980): Dienstleistungsmarketing, Landsberg a.L. 1980.

Fantapié Altobelli, C./Bouncken, R. B. (1998): Wertkettenanalyse von Dienstleistungs-Anbietern, in: Handbuch Dienstleistungs-Marketing (Hrsg.: Meyer, A.), Bd. 1, Stuttgart 1998, S. 282 - 296.

Farny, D. (1965): Produktions- und Kostentheorie der Versicherung, Karlsruhe 1965.

Fassott, G. (1999): Benchmarking für Dienstleistungsunternehmungen, in: Wettbewerbsfaktor Dienstleistung. Produktion von Dienstleistungen - Produktion als Dienstleistung (Hrsg.: Corsten, H./Schneider, H.), München 1999, S. 109 - 128.

Fickenscher, H./Hanke, P./Kollmann, K.-H. (1991): Zielorientiertes Informationsmanagement: Ein Leitfaden zum Einsatz und Nutzen des Produktionsfaktors Information, 2. Aufl., Braunschweig 1991.

File, K. M./Prince, R. A. (1993): Evaluating the Effectiveness of Interactive Marketing, in: Journal of Services Marketing, Vol. 7, 1993, No. 3, S. 49 - 58.

Fink, D. H. (1999): Der Handel im Zeitalter des Electronic Commerce - Anforderungen, Entwicklung und Fallbeispiele, in: Management-Handbuch Electronic Commerce. Grundlagen, Strategien, Praxisbeispiele (Hrsg.: Hermanns, A./Sauter, M.), München 1999, S. 351 - 359.

Fischer, T.M. (1993): Kostenmanagement strategischer Erfolgsfaktoren, München 1993.

Fleck, A. (1995): Hybride Wettbewerbsstrategien. Zur Synthese von Kosten- und Differenzierungsvorteilen, Wiesbaden 1995.

Fletcher, K./Peters, L. (1996): Issues in Customer Information Management, in: Journal of Market Research Society, Vol. 38, 1996, No. 2, S. 145 - 60.

Flipo, J.-P. (1988): On the Intangibility of Services, in: Service Industries Journal, Vol. 8, 1988, No. 3, S. 286 - 298.

Fodness, D./Pitegoff, B. E./Sautter, E. T. (1993): From Customer to Competitor: Consumer Cooption in the Service Sector, in: Journal of Services Marketing, Vol. 7, 1993, No. 3, S. 18 - 25.

Förderreuther, R. (1976): Die Möglichkeiten der Bewältigung von periodischen Beschäftigungsschwankungen im personellen Bereich der Universalbanken, Diss. Nürnberg 1976.

Fornell, C./Bryant, B. E. (1998): Der Amerikanische Kundenzufriedenheitsindex ACSI (American Customer Satisfaction Index), in: Kundenzufriedenheit. Konzepte - Methoden - Erfahrungen (Hrsg.: Simon, H./ Homburg, C.), 3. Aufl., Wiesbaden 1998, S. 165 - 178.

Franken, R./Fuchs, H. (1974): Grundbegriffe zur Allgemeinen Systemtheorie, in: ZfbF Sonderheft 3: Systemtheorie und Betrieb (Hrsg.: Grochla, E./Fuchs, H./Lehmann, H.), Opladen 1974, S. 23 - 49.

Franz, K.-P. (1991): Prozeßkostenrechnung - ein neuer Ansatz für Produktkalkulation und Wirtschaftlichkeitskontrolle, in: Rechnungswesen und EDV (Hrsg.: Scheer, A.-W.), Heidelberg 1991, S. 173 - 189.

Franz, S. (1994): Informations-Management als Basis für Prozeß-Management, in: Prozeßmanagement: Konzepte, Umsetzungen und Erfahrungen des Reengineering (Hrsg.: Gaitanides, M./Scholz, R./Vrohlings, A. et al.), München - Wien 1994, S. 225 - 244.

Freidank, C.-Ch. (1993): Die Prozeßkostenrechnung als Instrument des strategischen Kostenmanagements, in: Die Unternehmung, 47. Jg., 1993, H. 5, S. 387 - 405.

Frese, E. (1995): Profit Center, in: HWM, 2. Aufl. (Hrsg.: Tietz, B./Köhler, R./ Zentes, J.), Stuttgart 1995, Sp. 2160 - 2171.

Freter, H. (1983): Marktsegmentierung, Stuttgart - Berlin - Köln u.a. 1983.

Fridrich, A. (1988): Richtig informierte Unternehmen entscheiden besser und schneller, in: RKW-Mitteilungen, Juni 1988, Nr. 6, RKW-Landesgruppe Baden-Württemberg, Stuttgart 1988.

Friedl, B. (1997): Kapazitätsplanung und -steuerung als Bezugsobjekt des Kostenmanagement in Dienstleistungsunternehmungen, in: Kapazitätsmanagement in Dienstleistungsunternehmungen. Grundlagen und Gestaltungsmöglichkeiten (Hrsg.: Corsten, H./Stuhlmann, S.), Wiesbaden 1997, S. 111 - 135.

Friedman, M. L./Smith, L. J. (1993): Consumer Evaluation Processes in a Service Setting, in: Journal of Services Marketing, Vol. 7, 1993, No. 2, S. 47 - 61.

Friedrich, H./Görgen, W. (1993): Marktsegmentierung auf Dienstleistungsmärkten - dargestellt am Beispiel des Marktes für Flugdienstleistungen. Arbeitspapier des Instituts für Markt- und Distributionsforschung der Universität zu Köln, Köln 1993.

Fritz, W. (1995): Erfolgsfaktoren im Marketing, in: HWM, 2. Aufl. (Hrsg.: Tietz, B./Köhler, R./Zentes, J.), Stuttgart 1995, Sp. 594-607.

Fröhling, O. (1992): Prozeßkostenrechnung - Management von Aktivitäten und Kosten -, in: Betriebswirtschaft heute (Hrsg.: Witt, F.-J.), Wiesbaden 1992, S. 95 - 122.

Fröhling, O./Weis, E. (1992): Thesen zum Kostenmanagement in den 90er Jahren - Schritte auf dem Weg zu einer dynamischen Marktkostenrechnung, in: Controlling, 4. Jg., 1992, H. 3, S. 134 - 141.

Fuchs, H. (1973): Systemtheorie und Organisation: Die Theorie offener Systeme als Grundlage zur Erforschung und Gestaltung betrieblicher Systeme, Wiesbaden 1973.

Fuchs, H. (1974): Steuerung und Regelung in betrieblichen Systemen, in: ZfbF Sonderheft 3: Systemtheorie und Betrieb (Hrsg.: Grochla, E./Fuchs, H./Lehmann, H.), Opladen 1974, S. 83 - 98.

Fuchs-Wegner, G. (1974): „Systemanalyse" - Eine Forschungs- und Gestaltungsstrategie, in: ZfbF Sonderheft 3: Systemtheorie und Betrieb (Hrsg.: Grochla, E./Fuchs, H./Lehmann, H.), Opladen 1974, S. 69 - 82.

Fuhrmann, S./Pietsch, T. (Hrsg.) (1990): Marktorientiertes Informations- und Kommunikationsmanagement im Unternehmen, Berlin 1990.

Fulmer, W. E./Goodwin, J. S. (1994): So You Want to Be a Superior Service Provider? Start by Answering Your Mail, in: Business Horizons, Vol. 37, 1994, No. 6, S. 23 - 26.

Garmissen, J.-H. von (1997): Marktsegmentierung auf der Basis von Kundendaten bei der Avis Autovermietung GmbH & Co. KG, in: Handbuch Database Marketing (Hrsg.: Link, J./Brändli, D./Schleuning, C. et al.), 2. Aufl., Ettlingen 1997, S. 833 - 845.

Gazdar, K. (1989): Informationsmanagement für Führungskräfte - Konkrete Perspektiven für Wirtschaft, Verwaltung und Politik, Frankfurt a.M. 1989.

Gegenmantel, R. (1998): Konzeption einer Absatzsegmentrechnung mit Hilfe von OLAP-Datenbanken, in: Managementinformationssysteme in Marketing und Vertrieb (Hrsg.: Hannig, U.), Stuttgart 1998, S. 173 - 180.

Gemünden, H. G. (1993): Information: Bedarf, Analyse und Verhalten, in: HWB, 5. Aufl. (Hrsg.: Wittmann, W./Kern, W./Köhler, R. et al.), Bd. 2, Stuttgart 1993, Sp. 1725 - 1735.

Gerard, P./Fulda, H. (1997): Das virtuelle Unternehmen - Die organisatorische Antwort der Deutschen Bank auf den technologischen Fortschritt, in: Information als Wettbewerbsfaktor (Hrsg.: Picot, A.), Stuttgart 1997, S. 217 - 232.

Gerhardt, J. (1987): Dienstleistungsproduktion. Eine produktionstheoretische Analyse der Dienstleistungsprozesse, Bergisch Gladbach - Köln 1987.

Gierl, H./Kurbel, T. M. (1997): Möglichkeiten zur Ermittlung des Kundenwertes, in: Handbuch Database Marketing (Hrsg.: Link, J./Brändli, D./Schleuning, C. et al.), 2. Aufl., Ettlingen 1997, S. 175 - 189.

Gilbert, X./Strebel, P. (1987): Strategies to Outpace the Competition, in: Journal of Business Strategy, Vol. 8, 1987, No. 1, S. 28 - 36.

Gilbert, X./Strebel, P. (1989): From Innovation to Outpacing, in: Business Quarterly, Summer 1989, S. 19 - 22.

Gilbert, X./Strebel, P. (1991): Developing Competitive Advantage, in: The Strategy Process. Concepts, Contexts, and Cases (Edts.: Quinn, J.B./Mintzberg, H.), 2nd ed., Englewood Cliffs 1991, S. 82 - 93.

Glaser, H. (1992): Prozeßkostenrechnung - Darstellung und Kritik, in: ZfbF, 44 Jg., 1992, H. 3, S. 275 - 288.

Gluchowski, P. (1996): Architekturkonzepte multidimensionaler Data-Warehouse-Lösungen, in: Das Data-Warehouse-Konzept (Hrsg.: Muksch, H. / Behme, W.), Wiesbaden 1996, S. 229 - 261.

Gomez, P. (1981): Modelle und Methoden des systemorientierten Managements, Bern - Stuttgart 1981.

Goodwin, C./Ross, I. (1990): Consumer Evaluations of Responses to Complaints: What's Fair and Why, in: Journal of Services Marketing, Vol. 4, 1990, No. 3, S. 53 - 61.

Graham, R. J. (1981): The Role of Perception of Time in Consumer Research, in: Journal of Consumer Research, Vol. 7, March 1981, S. 335 - 342.

Green, P. E./Srinivasan, V. (1978): Conjoint Analysis in Consumer Research: Issues and Outlook, in: Journal of Consumer Research, Vol. 5, 1978, September, S. 103 - 122.

Greif, M. (1996): Revolutionizing Internal Communication in Decentralized Organizations, in: CEMS Business Review, Vol. 1, 1996, No. 1/2, S. 27 - 35.

Griese, J (1993a): Informationsmanagement, in: Lexikon der Betriebswirtschaftslehre (Hrsg.: Corsten, H.), 2. Aufl., München - Wien 1993, S. 331 - 335.

Griese, J. (1993b): Informationssysteme, computergestützte, in: HWB, 5. Aufl. (Hrsg.: Wittmann, W./Kern, W./Köhler, R. et al.), Bd. 2, Stuttgart 1993, Sp. 1767 - 1778.

Grochla, E. (1974): Systemtheoretisch-kybernetische Modellbildung betrieblicher Systeme, in: ZfbF Sonderheft 3: Systemtheorie und Betrieb (Hrsg.: Grochla, E./Fuchs, H./Lehmann, H.), Opladen 1974, S. 11 - 22.

Gröbel, U. (1998): Benchmarking für Versicherungsunternehmen, in: BFuP, 50. Jg., 1998, H. 4, S. 421 - 437.

Grönroos, C. (1982): Strategic Management and Marketing in the Service Sector, Research Report No. 8 of the Swedish School of Economics and Business Administration, Helsingfors 1982.

315

Grönroos, C. (1990): Service Management and Marketing. Managing the Moments of Truth in Service Competition, Massachusetts - Toronto 1990.

Grünig, R./Heckner, F./Zeus, A. (1996): Methoden zur Identifikation strategischer Erfolgsfaktoren, in: Die Unternehmung, 50. Jg. 1996, H. 1, S. 3 - 12.

Grunert, K. G. (1995): Konkurrentenanalyse, in: HWM, 2. Aufl. (Hrsg.: Tietz, B./Köhler, R./Zentes, J.), Stuttgart 1995, Sp. 1226-1234.

Guengerich, S. L./Graham, D./Miller, M. et al. (1997): Building the Corporate Intranet, New York - Chichester - Brisbane u.a. 1997.

Günter, B. (1998): Beschwerdemanagement, in: Kundenzufriedenheit. Konzepte - Methoden - Erfahrungen (Hrsg.: Simon, H./Homburg, C.), 3. Aufl., Wiesbaden 1998, S. 283 - 299.

Günter, B./Fließ, S. (1990): Effizientes Informationsmanagement im Vertrieb, in: M&M, 34. Jg., 1990, H. 1, S. 29 - 34.

Günter, B./Platzek, T. (1992): Management von Kundenzufriedenheit - Zur Gestaltung des After-Sales Netzwerkes, in M&M, 36. Jg., 1992, H. 3, S. 109 - 114

Güthoff, J. (1995): Qualität komplexer Dienstleistungen: Konzeption und empirische Analyse der Wahrnehmungsdimensionen, Wiesbaden 1995.

Gummesson, E. (1994a): Service Management: An Evaluation and the Future, in: International Journal of Service Industry Management, Vol. 5, 1994, No. 1, S. 77 - 96.

Gummesson, E. (1994b): Making Relationship Marketing Operational, in: International Journal of Service Industry Management, Vol. 5, 1994, No. 5, S. 5 - 20.

Gummesson, E. (1995a): Service Productivity, Service Quality and Profitability, in: Quality, Productivity & Profitability in Service Operations (Edt.: Gummesson, E.), Conference Papers from the QP&P Research Program 1992 - 1994, Stockholm 1995, S. 23 - 35.

Gummesson, E. (1995b): Service Quality and Productivity in the Imaginery Organization, in: Quality, Productivity & Profitability in Service Operations (Edt.: Gummesson, E.), Conference Papers from the QP&P Research Program 1992 - 1994, Stockholm 1995, S. 37 - 49.

Gummesson, E./Kingman-Brundage, J. (1992): Service Design and Quality: Applying Service Blueprinting and Service Mapping to Railroad Services, in: Quality Management in Services (Edts.: Kunst, P./ Lemmink, J.), Assen 1992, S. 101 - 114.

Gutenberg, E. (1975): Einführung in die Betriebswirtschaftslehre, Wiesbaden 1975.

Gutenberg, E. (1983): Grundlagen der Betriebswirtschaftslehre, Bd. I: Die Produktion, 24. Aufl., Berlin - Heidelberg - New York 1983.

Guthunz, U. (1994): Informationssysteme für das strategische Management: Eine Untersuchung zur theoretischen Fundierung und Gestaltung strategischer Informationssysteme am Beispiel der Kostenrechnung, Wiesbaden 1994.

Gutsche, A. H./Kreutzer, R. T. (1991): Databasegestütztes Direct Marketing als Erfolgsstrategie von Tourismus-Unternehmen, in: Handbuch Direct Marketing (Hrsg.: Dallmer, H.), 6. Aufl., Wiesbaden 1991, S. 747 - 757.

Haas, H. (1997): Struktur und Einsatz einer Kundendatenbank im Bereich Versicherungen, in: Handbuch Database Marketing (Hrsg.: Link, J./ Brändli, D./Schleuning, C. et al.), 2. Aufl., Ettlingen 1997, S. 759 - 775.

Hässig, K./Arnold, M. (1996): Informationslogistik und Workflow Management, in: Die Unternehmung, 50. Jg. 1996, H. 2, S. 99 - 116.

Hagge, K. (1994): Informations-Design, Heidelberg 1994.

Haller, S. (1995): Beurteilung von Dienstleistungsqualität, Wiesbaden 1995.

Halstead, D. (1993): Five Common Myths about Consumer Satisfaction Programs, in: Journal of Services Marketing, Vol. 7, 1993, No. 3, S. 4 - 12.

Halstead, D./Dröge, C./Cooper, M. B. (1993): Product Warranties and Post-purchase Service - A Model of Consumer Satisfaction with Complaint Resolution, in: Journal of Services Marketing, Vol. 7, 1993, No. 1, S. 33 - 40.

Hamm, J. (1997): Data Warehouse: Fundierte Datenbasis für effizientes Marketing, in: Handbuch Database Marketing (Hrsg.: Link, J./ Brändli, D./Schleuning, C. et al.), 2. Aufl., Ettlingen 1997, S. 103 - 114.

Hansen, H. R./Riedl, R. (1990): Strategische langfristige Informationssystemplanung (SISP), in: Handbuch Wirtschaftsinformatik (Hrsg.: Kurbel, K./Strunz, H.), Stuttgart 1990, S. 659 - 682.

Hansen, U./Jeschke, K. (1995): Beschwerdemanagement für Dienstleistungsunternehmen - Beispiel des Kfz-Handels, in: Dienstleistungsqualität. Konzepte, Methoden, Erfahrungen (Hrsg.: Bruhn, M./Stauss, B.), 2. Aufl., Wiesbaden 1995, S. 525 - 550.

Hansen, U./Korpiun, M./Hennig-Thurau, T. (1998): Nationale Kundenzufriedenheitsindizes als Informationsgrundlage, in: Kundenzufriedenheit. Konzepte - Methoden - Erfahrungen (Hrsg.: Simon, H./Homburg, C.), 3. Aufl., Wiesbaden 1998, S. 307 - 342.

Hansen, W. R. (1995): Das Data Warehouse: Lösung zur Selbstbedienung der Anwender, in: Data Warehouse und seine Anwendungen. Data Mining, OLAP und Führungsinformationen im betrieblichen Einsatz (Hrsg.: Bullinger, H.-J.), IAO-Forum 7./8. November 1995, Stuttgart 1995, S. 33 - 48.

Hars, A./Scheer, A.-W. (1994): Paradigmenwechsel im Informationsmanagement: Vom DV-Management zum Management des Produktionsfaktors Information, in: Information Management, 9. Jg., 1994, H. 2, S. 6 - 11.

Hart, C. W. L. (1995): Mass customization: Conceptual Underpinnings, Opportunities and Limits, in: International Journal of Service Industry Management, Vol. 6, 1995, No. 2, S. 36 - 45.

Hart, C. W. L./Heskett, J. L./Sasser, W. E. (o.J.): Wie Sie aus Pannen Profit ziehen, in: Harvard Business Manager - Marketing, Bd. 5, o.J., S. 104 - 111.

Hart, C. W. L./Heskett, J. L./Sasser, W. E. (1990): The Profitable Art of Service Recovery, in: Harvard Business Review, Vol. 68, 1990, No. 4, S. 148 - 164.

Hartmann, J. (1997): Kundenqualifizierung und Zielgruppenbestimmung, in: Handbuch Database Marketing (Hrsg.: Link, J./Brändli, D./Schleuning, C. et al.), 2. Aufl., Ettlingen 1997, S. 191 - 202.

Hauke, P. (1984): Informationsverarbeitungsprozesse und Informationsbewertung, München 1984.

Haynes, P. J. (1990): Hating to Wait: Managing the Final Service Encounter, in: Journal of Services Marketing, Vol. 4, 1990, No. 4, S. 20 - 26.

Heinrich, L. J. (1992): Informationsmanagement. Planung, Überwachung und Steuerung der Informations-Infrastruktur, 4. Aufl., München - Wien 1992.

Heinrich, L. J. (1993): Informationsmanagement, in: HWB, 5. Aufl. (Hrsg.: Wittmann, W./Kern, W./Köhler, R. et al.), Bd. 2, Stuttgart 1993, Sp. 1750 - 1759.

Heinrich, L. J./Burgholzer, P. (1990): Informationsmanagement. Planung, Überwachung und Steuerung der Informations-Infrastruktur, 3. Aufl., München - Wien 1990.

Heinzelbecker, K. (1986): Marketing-Informationssysteme - Überprüfung und Weiterentwicklung, in: Handbuch der modernen Datenverarbeitung, 23. Jg., 1986, H. 128, S. 15 - 30.

Heinzelbecker, K. (1991): Informationsversorgung im Marketing-Controlling, in: Controlling, 3. Jg., 1991, H. 3, S. 244 - 251.

Henkens, U. (1992): Marketing für Dienstleistungen. Ein ökonomischer Ansatz, Diss. Frankfurt a.M. 1992.

Hentschel, B. (1992): Dienstleistungsqualität aus Kundensicht. Vom merkmals- zum ereignisorientierten Ansatz, Wiesbaden 1992.

Hentschel, B. (1995): Multiattributive Messung von Dienstleistungsqualität, in: Dienstleistungsqualität. Konzepte, Methoden, Erfahrungen (Hrsg.: Bruhn, M./Stauss, B.), 2. Aufl., Wiesbaden 1995, S. 347 - 378.

Herbig, P./Milewicz, J. (1994): Marketing Signals in Service Industries, in: Journal of Services Marketing, Vol. 8, 1994, No. 2, S. 19 - 35.

Hermanns, A./Flegel, V. (1993): Wettbewerbsvorteile durch Datenbanksysteme - Database Marketing in Investitionsgüterunternehmen -, in: M&M, 37. Jg., 1993, H. 3, S. 99 - 108.

Hermanns, A./Flory, M. (1997): Elektronische Kundenintegration im Business-to-Business-Bereich, in: Handbuch Database Marketing (Hrsg.: Link, J./Brändli, D./Schleuning, C. et al.), 2. Aufl., Ettlingen 1997, S. 601 - 614.

Hermanns, A./Sauter, M. (1998): Wissen und Informationen für alle, in: Gablers Magazin, 12. Jg., 1998, Nr. 1, S. 32 - 35.

Hermanns, A./Sauter, M. (1999): Electronic Commerce - Grundlagen, Potentiale, Marktteilnehmer und Transaktionen, in: Management-Handbuch Electronic Commerce. Grundlagen, Strategien, Praxisbeispiele (Hrsg.: Hermanns, A./Sauter, M.), München 1999, S. 13 - 29.

Herzwurm, G./Mellis, W. (1998): Benchmarking der Kundenorientierung in Softwareunternehmen, in: BFuP, Vol. 50, 1998, H. 4, S. 438 - 450.

Heskett, J. L. (1987): Vorbildliches Management in Dienstleistungsbetrieben, in: Harvard Business Manager - Strategie und Planung, Bd. 4, 1987, S. 78 - 84.

Heskett, J. L. (1986): Managing in the Service Economy, Boston 1986.

Heskett, J. L. (1988): Mangement von Dienstleistungsunternehmen. Erfolgreiche Strategien in einem Wachstumsmarkt, Wiesbaden 1988.

Heskett, J. L./Jones, T. O./Loveman, G. W. et al. (1994): Dienstleister müssen die ganze Service-Gewinn-Kette nutzen, in: Harvard Business Manager, 16. Jg., 1994, H. 4, S. 50 - 61.

Heskett, J. L./Sasser, W. E./Hart, C. W. L. (1991): Bahnbrechender Service. Standards für den Wettbewerb von morgen, Frankfurt - New York 1991.

Hildebrand, K. (1995): Gestaltung und Einführung des Informationsmanagements. Organisation, Architektur und Planung, Berlin 1995.

Hildebrand, L. (1992): Wettbewerbssituation und Unternehmenserfolg, in: ZfB, 62. Jg., 1992, Nr. 10, S. 1069 - 1084.

Hildmann, G. (1996): Vernetztes Denken als Grundlage erfolgreicher Marketingentscheidungen, in: Planung & Analyse, o.Jg., 1996, Nr. 2, S. 9 - 15.

Hilke, W. (1989): Grundprobleme und Entwicklungstendenzen des Dienstleistungs-Marketing, in: Dienstleistungs-Marketing (Hrsg.: Hilke, W.), Wiesbaden 1989, S. 5 - 44.

Hill, C. J./Garner, S. J./Hanna, M. E. (1989): Selection Criteria for Professional Service Providers, in: Journal of Services Marketing, Vol. 3, 1989, No. 4, S. 61 - 69.

Hinds, P./Kiesler, S. (1995): Communication across Boundaries: Work, Structure, and Use of Communication Technologies in a Large Organization, in: Organization Science, Vol. 6, 1995, No. 4, S. 373 - 393.

Hinterhuber, H. H./Levin, B. M. (1994): Strategic Networks - The Organization of the Future, in: Long Range Planning, Vol. 27, 1994, No. 3, S. 43 - 53.

Hoch, D. J. (1990): Durch Informationssysteme zu Wettbewerbsvorteilen, in: Das Unternehmen im Wettbewerb (Hrsg.: Bliemel, F.), Berlin 1990, S. 37 - 71.

Hoch, D. J. (1997): Wettbewerbsvorteile durch Information (?), in: Information als Wettbewerbs-faktor (Hrsg.: Picot, A.), Stuttgart 1997, S. 7 - 35.

Hoch, T. (1996): Einsatz der Informationsverarbeitung bei business process reengineering. Elemente eines Vorgehensmodells für Dienstleistungsunternehmen, Wiesbaden 1996.

Högl, S. (1996): Ein neuer Ansatz zum Verstehen und Managen von Marktsystemen - das Sensiti-vitätsmodell, in: Planung & Analyse, o.Jg., 1996, H. 2, S. 16 - 21.

Hoeth, U./Schwarz, W. (1997): Qualitätstechniken für die Dienstleistung: die D 7, München - Wien 1997.

Hoffmann, F. (1986): Kritische Erfolgsfaktoren - Erfahrungen in großen und mittelständischen Unternehmungen 1986, in: ZfbF, 38. Jg. 1986, Nr. 10, S. 831 - 843.

Hoffman, K. D./Kelley, S. W./Rotalsky, H. M. (1995): Tracking Service Failures and Employee Recovery Efforts, in: Journal of Services Marketing, Vol. 9, 1995, No. 2, S. 49 - 61.

Hofmann, M. (1995): Entscheidungsunterstützung durch das SAP Open Warehouse, in: Data Warehouse und seine Anwendungen. Data Mining, OLAP und Führungsinformationen im betrieblichen Einsatz (Hrsg.: Bullinger, H.-J.), IAO-Forum 7./8. November 1995, Stuttgart 1995, S. 233 - 240.

Hofstetter, P. A. (1993): Das Informationssystem als Element des Controlling - Konkretisiert am Beispiel der privatwirtschaftlichen Dienstleistungsunternehmung, Zürich 1993.

Hogue, J. T./Greco, A. J. (1990): Developing Marketing Decision Support Systems Development for Service Companies, in: Journal of Services Marketing, Vol. 4, 1990, No. 1, S. 21 - 30.

Holst, J. (1992): Der Wandel im Dienstleistungsbereich - Mit Prozeßmanagement zur schlanken Organisation, in: Controlling, 4. Jg., 1992, H. 5, S. 260 - 267.

Homburg, C. (1998): Optimierung der Kundenzufriedenheit durch Total Quality Management, in: Kundenzufriedenheit. Konzepte - Methoden - Erfahrungen (Hrsg.: Simon, H./Homburg, C.), 3. Aufl., Wiesbaden 1998, S. 249 - 260.

Homburg, C./Daum, D. (1997): Marktorientiertes Kostenmanagement. Kosteneffizienz und Kundennähe verbinden, Frankfurt a.M. 1997.

Homburg, C./Faßnacht, M. (1998): Wettbewerbsstrategien von Dienstleistungs-Anbietern, in: Handbuch Dienstleistungs-Marketing (Hrsg.: Meyer, A.), Bd. 1, Stuttgart 1998, S. 527 - 541.

Hoppe, U./Kracke, U. (1998): Internet und Intranet: Anwendungsperspektiven für Unternehmen, in: ZfbF, 50. Jg., 1998, Nr. 4, S. 390 - 404.

Horváth, P./Herter, R. N. (1992): Benchmarking - Vergleich mit den Besten der Besten, in: Controlling, 4. Jg., 1992, H. 1, S. 4 - 11.

Horváth, P./Mayer, R. (1989): Prozeßkostenrechnung - Der neue Weg zu mehr Kostentransparenz und wirkungsvolleren Unternehmensstrategien, in: Controlling, 1. Jg, 1989, H. 4, S. 214 - 219.

Horváth, P./Mayer, R. (1993): Prozeßkostenrechnung - Konzeption und Entwicklung, in: Kostenrechnungspraxis, 37. Jg., 1993, Sonderheft 2, S. 15 - 28.

Horváth, P./Niemand, S./Wolbold, M. (1993): Target Costing - State of the Art, in: Target Costing. Marktorientierte Zielkosten in der deutschen Praxis (Hrsg.: Horváth, P.), Stuttgart 1993, S. 1 - 27.

Horváth & Partner (Hrsg.) (1997): Qualitätscontrolling. Ein Leitfaden zur betrieblichen Navigation auf dem Weg zum Total Quality Management, Stuttgart 1997.

Horváth, P./Seidenschwarz, W. (1992a): Zielkostenmanagement, in: Controlling, 4. Jg., 1992, H. 3, S. 142 - 150.

Horváth, P./Seidenschwarz, W. (1992b): Die Methodik des Zielkostenmanagements, Forschungsbericht Nr. 33 des Lehrstuhls Controlling der Universität Stuttgart, Stuttgart 1992.

Horváth, P./Urban, G. (Hrsg.) (1990): Qualitätscontolling, Stuttgart 1990.

Hubbert, A. R./Sehorn, A. G./Brown, S. W. (1995): Service Expectations: The Consumer versus the Provider, in: International Journal of Service Industry Management, Vol. 6, 1995, No. 1, S. 6 - 21.

Hüppin, F.-C. (1995): Database Marketing im Retail-Banking, Bern - Stuttgart - Wien 1995.

Huldi, C. (1992): Database-Marketing. Inhalt und Funktionen eines Database-Marketing-Systems, Aspekte des erfolgreichen Einsatzes sowie organisatorische Gestaltungsgesichtspunkte, St. Gallen 1992.

Huldi, C. (1997): Mittels Datenanalyse und Kundenbewertung zu Effektivität im (Direct-) Marketing, in: Handbuch Direct Marketing (Hrsg.: Dallmer, H.), 7. Aufl., Wiesbaden 1997, S. 603 - 617.

Hungenberg, H. (1998): Strategische Allianzen in der Telekommunikation, in: M&M, 42. Jg., 1998, H. 6, S. 204 - 210.

Inmon, W. H. (1992): Building the Data Warehouse, Wellesly 1992.

Jacobs, L. W./Bechtold, S. E. (1993): Microcomputer-based Workforce Scheduling, in: International Journal of Service Industry Management, Vol. 4, 1993, No. 1, S. 36 - 48.

Jakob, F. (1993): Target Costing im Anlagenbau - das Beispiel der LTG Lufttechnische GmbH, in: Target Costing. Marktorientierte Zielkosten in der deutschen Praxis (Hrsg.: Horváth, P.), Stuttgart 1993, S. 155 - 190.

Jansing, F./Kumpf, M. (1997): Standortplanung im großflächigen Einzelhandel, in: Business Mapping im Marketing (Hrsg.: Leiberich, P.), Heidelberg 1997, S. 321 - 337.

Jaspersen, T. (1994): Computergestütztes Marketing: controllingorientierte DV-Verfahren für Absatz und Vertrieb, München - Wien 1994.

Joas, A./Prommer, H. U. (1998): Benchmarking: one step ahead, in: Handbuch Dienstleistungs-Marketing (Hrsg.: Meyer, A.), Bd. 1, Stuttgart 1998, S. 263 - 281.

Johnson, E. M./Scheuing, E. E./Gaida, Q. A. (1986): Profitable Service Marketing, Homewood/Illinois 1986.

Johnson, E. M./Seymour, D. T. (1985): The Impact of Cross Selling on the Service Encounter in Retail Banking, in: The Service Encounter (Hrsg.: Czepiel, J. A./Solomon, M. R./Surprenant, C. F.), Lexington/Massachusetts - Toronto 1985, S. 225 - 239.

Johnston, R. (1994): Operations: From Factory to Service Management, in: International Journal of Service Industry Management, Vol. 5, 1994, No. 1, S. 49 - 63.

Jüttner, U./Wehrli, H. P. (1994): Relationship Marketing from a Value System Perspective, in: International Journal of Service Industry Management, Vol. 5, 1994, No. 5, S. 54 - 73.

Jugel, S./Zerr, K. (1989): Dienstleistungen als strategisches Element eines Technologie-Marketing, in: Marketing ZFP, 12. Jg, 1989, H. 3, S. 162 - 172.

Kaas, K. P. (1990): Marketing als Bewältigung von Informations- und Unsicherheitsproblemen im Markt, in: DBW, 50. Jg., 1990, H. 4, S. 539 - 548.

Kaas, K. P. (1991): Marktinformationen: Screening und Signaling unter Partnern und Rivalen, in: ZfB, 61. Jg., 1991, H. 3, S. 357 - 370.

Kaas, K. P. (1992): Kontraktgütermarketing als Kooperation zwischen Prinzipalen und Agenten, in: ZfbF, 44. Jg., 1992, H. 10, S. 884 - 901.

Kaas, K. P. (1995): Informationsökonomik, in: HWM, 2. Aufl. (Hrsg.: Tietz, B./Köhler, R./Zentes, J.), Stuttgart 1995, Sp. 971 - 981.

Kairies, P. (1997): So analysieren Sie Ihre Konkurrenz. Konkurrenzanalyse und Benchmarking in der Praxis, Renningen-Malmsheim 1997.

Kaiser, T. (1997): Auswirkungen moderner Informationstechnologie auf die Konzeption kundenorientierter Informationssysteme, in: Handbuch Direct Marketing (Hrsg.: Dallmer, H.), 7. Aufl., Wiesbaden 1997, S. 255 - 269.

Kaluza, B. (1996): Dynamische Produktdifferenzierungsstrategie und moderne Produktionskonzepte, Diskussionsbeiträge des Fachbereichs Wirtschaftswissenschaft der Gerhardt-Mercator-Universität, Gesamthochschule Duisburg, Duisburg 1996.

Kamiske, G. E./Brauer, J.-P. (1996): ABC des Qualitätsmanagements, München - Wien 1996.

Kaplan, R. S./Norton, D. P. (1997): Balanced Scorecard. Strategien erfolgreich umsetzen, Stuttgart 1997.

Kargl, H. (1990): Fachentwurf für DV-Anwendungssysteme, 2. Aufl., München - Wien 1990.

Karlöf, B./Östblom, S. (1994): Das Benchmarking-Konzept. Wegweiser zur Spitzenleistung in Qualität und Produktivität, München 1994.

Kavan, C. B./Frohlich, C. J./Samli, A. C. (1994): Developing a Balanced Information System, in: Journal of Service Marketing, Vol. 8, 1994, No. 1, S. 4 - 13.

Keiningham, T. L./Clemens, S. E. (1995): nCompass User's Manual, Nashville 1995.

Kelley, M. R. (1994): Productivity and Information Technology: The Elusive Connection, in: Management Science, Vol. 40, 1994, No. 11, S. 1406 - 1425.

Kern, W. (1962): Die Messung industrieller Fertigungskapazitäten und ihrer Ausnutzung: Grundlagen und Verfahren, Köln/Opladen 1962.

Kern, W. (1992): Produktionswirtschaft, 5. Aufl., Stuttgart 1992.

Kern, W./Fallaschinski, K.-H. (1979): Betriebswirtschaftliche Produktionsfaktoren II, in: WISU, 8. Jg., 1979, H. 1, S. 15 - 18.

Kettinger, W./Grover, V./Guha, S. et al. (1994): Strategic Information Systems Revisited: A study in Sustainability and Performance, in: MIS Quarterly, March 1994, S. 31 - 58.

Kiefer, G./Winkler, P. (1997): Kunde und Mitarbeiter - Herausforderungen und Chancen durch Database Marketing, in: Handbuch Database Marketing (Hrsg.: Link, J./Brändli, D./Schleuning, C. et al.), 2. Aufl., Ettlingen 1997, S. 131 - 140.

Kienbaum, J./Schröder, A. (1997): Benchmarking in der Praxis, in: Benchmarking Personal. Von den Besten lernen (Hrsg.: Kienbaum, J.), Stuttgart 1997, S. 3 - 16.

Kiener, S. (1990): Die Principal-Agent-Theorie aus informationsökonomischer Sicht, Heidelberg 1990.

Kingman-Brundage, J. (1993): Service Mapping: Gaining a Concrete Perspective on Service System Design, in: The Service Quality Handbook (Edts.: Scheuing, E. E./Christopher, W. F.), New York 1993, S. 148 - 163.

Kirsch, W. (1971): Entscheidungsprozesse, Bd. 2: Informationsverarbeitungstheorie des Entscheidungsverhaltens, Wiesbaden 1971.

Kirstges, T. (1997): Database Marketing im Tourismus, in: Handbuch Database Marketing (Hrsg.: Link, J./Brändli, D./Schleuning, C. et al.), 2. Aufl., Ettlingen 1997, S. 639 - 663.

Klein, D. M./Lewis, R. C. (1985): Personal Construct Theory: A Foundation for Deriving Tangible Surrogates in Services Marketing, in: Services Marketing in a Changing Environment (Hrsg.: Bloch, T. M./Upah, G. D./Zeithaml, V. A.), Chicago/Illinois 1985, S. 107 - 111.

Klein, H. (1998a): Management von Kundenzufriedenheit bei der Deutschen Lufthansa AG, in: Kundenzufriedenheit. Konzepte - Methoden - Erfahrungen (Hrsg.: Simon, H./Homburg, C.), 3. Aufl., Wiesbaden 1998, S. 421 - 439.

Klein, H. (1998b): Handlungsoptionen der Deutschen Lufthansa AG im globalen Wettbewerb, in: Handbuch Dienstleistungs-Marketing (Hrsg.: Meyer, A.), Bd. 2, Stuttgart 1998, S. 1487 - 1497.

Klein, S. (1994): Virtuelle Organisation, in: WiSt, 23. Jg., 1994, H. 6, S. 309 - 311.

Kleinaltenkamp, M. (1998): Kundenbindung durch Kundenintegration, in: Handbuch Kundenbindungsmanagement. Grundlagen - Konzepte - Erfahrungen (Hrsg.: Bruhn, M./Homburg, C.), Wiesbaden 1998, S. 255 - 272.

Kleinaltenkamp, M./Ginter, T. (1998): Dienstleistungsprogrammpolitische Entscheidungen, in: Handbuch Dienstleistungs-Marketing (Hrsg.: Meyer, A.), Bd. 1, Stuttgart 1998, S. 751 - 765.

Kleinaltenkamp, M./Marra, A. (1997): Kapazitätsplanung bei Integration externer Faktoren, in: Kapazitätsmanagement in Dienstleistungsunternehmen. Grundlagen und Gestaltungsmöglichkeiten (Hrsg.: Corsten, H./Stuhlmann, S.), Wiesbaden 1997, S. 55 - 80.

Klotz, M./Strauch, P. (1990): Strategieorientierte Planung betrieblicher Informations- und Kommunikationssysteme, Berlin - Heidelberg - New York u.a. 1990.

Klutmann, L. (1992): Integration eines strategischen Informations- und Kommunikationsmanagements in alternative Organisationsformen, Frankfurt a.M. - Berlin - Bern u.a.1992.

Kmuche, W. (1996): Neue Werte - Paradigmenwechsel in der betrieblichen Informationswirtschaft, in: cogito, 12. Jg., 1996, H. 5, S. 12 - 16.

Knoblich, H./Oppermann, R. (1996): Dienstleistung - ein Produkttyp: Eine Erfassung und Abgrenzung des Dienstleistungsbegriffs auf produkttypologischer Basis, in: der markt, 35. Jg., 1996, H. 1, S. 13 - 22.

Köhler, R. (1971): Informationssysteme für die Unternehmensführung - Der allgemeine Bezugsrahmen und eine empirische Bestandsaufnahme, mit besonderer Berücksichtigung des Absatzsektors, in: ZfB, 41. Jg., 1971, Nr. 1, S. 27 - 58.

Köhler, R. (1975): Systemforschung und Marketing - Zum heuristischen und empirisch-kognitiven Beitrag des Systemansatzes für die Lösung von Marketing-Problemen, in: Systemforschung in der Betriebswirtschaftslehre (Hrsg.: Jehle, E.), Stuttgart 1975, S. 53 - 86.

Köhler, R. (1993): Beiträge zum Marketing-Management. Planung, Organisation, Controlling, 3. Aufl., Stuttgart 1993

Köhler, R. (1994): Durch Marketingcontrolling zur konsequenten Kunden- und Prozeßorientierung im Target Marketing, in: Kunden und Prozesse im Fokus (Hrsg.: Horváth, P.), Stuttgart 1994, S. 61 - 79.

323

Köhler, R. (1995a): Marketing-Management, in: HWM, 2. Aufl. (Hrsg.: Tietz, B./Köhler, R./Zentes, J.), Stuttgart 1995, Sp. 1598 - 1614.

Köhler, R. (1995b): Marketingbereich, Führung im, in: HWFü, 2. Aufl. (Hrsg.: Kieser, A./Reber, G./Wunderer, R.), Stuttgart 1995, Sp. 1468 - 1483.

Köhler, R. (1996): Marketing-Controlling, in: Lexikon des Controlling (Hrsg.: Schulte, C.), München - Wien 1996, S. 520 - 524.

Köhler, R. (1998a): Marketing-Controlling: Konzepte und Methoden, in: Marketingcontrolling (Hrsg.: Reinecke, S./Tomczak, T./Dittrich, S.), St. Gallen 1998, S. 10 - 21.

Köhler, R. (1998b): Kundenorientiertes Rechnungswesen als Voraussetzung des Kundenbindungsmanagements, in: Handbuch Kundenbindungsmanagement. Grundlagen - Konzepte - Erfahrungen (Hrsg.: Bruhn, M./ Homburg, C.), Wiesbaden 1998, S. 329 - 357.

Köhler, R. (1998c): Methoden und Marktforschungsdaten für die Konkurrentenanalyse, in: Probleme und Trends in der Marketing-Forschung (Hrsg.: Erichson, B./Hildebrandt, L.), Festschrift für Prof. Dr. Peter Hammann zum 60. Geburtstag, Stuttgart 1998, S. 25 - 48.

Kogut, B. (1989): A Note on Global Strategies, in: Strategic Management Journal, Vol. 10, 1989, No. 10, S. 383 - 389.

Koreimann, D. S. (1976): Methoden der Informationsbedarfsanalyse, Berlin - New York 1976.

Kotler, P./Bliemel, F. (1999): Marketing-Management. Analyse, Planung, Umsetzung und Steuerung, 9. Aufl., Stuttgart 1999.

Kreutzer, R. T. (1991): Database-Marketing - Erfolgsstrategie für die 90er Jahre, in: Handbuch Direct Marketing (Hrsg.: Dallmer, H.), 6. Aufl., Wiesbaden 1991, S. 623 - 642.

Kreutzer, R. T. (1992): Zielgruppen-Management mit Kunden-Datenbanken, in: DBW, 52. Jg., 1992, H. 3, S. 325 - 340.

Kreuz, W. (1997): Prozeß-Benchmarking - Voraussetzung zur Optimierung von Abläufen im Unternehmen, in: Benchmarking - Weg zu unternehmerischen Spitzenleistungen (Hrsg.: Sabisch, H./Tintelnot, C.), Stuttgart 1997, S. 23 - 33.

Krüger, L. (1990): Yield-Management - Dynamische Gewinnsteuerung im Rahmen integrierter Informationstechnologie, in: Controlling, 2. Jg., 1990, H. 5, S. 240 - 251.

Krüger, W./Pfeiffer, P. (1988): Strategische Ausrichtung, organisatorische Gestaltung und Auswirkungen des Informations-Managements, in: Information Management, 3. Jg., 1988, Nr. 2, S. 6 - 15.

Krüger, W./Pfeiffer, P. (1991): Eine konzeptionelle und empirische Analyse der Informationsstrategien und der Aufgaben des Informationsmanagements, in: ZfbF, 43. Jg., 1991, H. 1, S. 21 - 43.

Kubicek, H./Thom, N. (1976): Umsystem, betriebliches, in: HWB, 4. Aufl. (Hrsg.: Grochla, E./Wittmann, W.), Stuttgart 1976, Sp. 3977 - 4017.

Kucher, E./Simon, H. (1987): Conjoint Measurement: Durchbruch bei der Preisentscheidung, in: Harvard Manager, 9. Jg, 1987, Nr. 3, S. 28 - 36.

Kucher, E./Simon, H. (1997): Market Pricing als Basis des Target Costing, in: Kostenmanagement. Wettbewerbsvorteile durch systematische Kostensteuerung (Hrsg.: Franz, K.-P./Kajüter, P.), Stuttgart 1997, S. 141 - 161.

Küting, K./Lorson, P. (1996): Benchmarking von Geschäftsprozessen als Instrument der Geschäftsprozeßanalyse, in: Kostenorientiertes Geschäftsprozeßmanagement (Hrsg.: Berkau, C./Hirschmann, P.), München 1996, S. 121 - 140.

Kuhlen, R. (1995): Informationsmarkt: Chancen und Risiken der Kommerzialisierung von Wissen, Konstanz 1995.

Kuhnert, B./Ramme, I. (1998): So managen Sie Ihre Servicequalität. Messung und Umsetzung für erfolgreiche Dienstleister, Frankfurt a.M. 1998.

Lamprecht, S. (1996): Marketing im Internet. Chancen, Konzepte und Perspektiven im World Wide Web, Freiburg i. Br. 1996.

Lange, T. A. (1999): Internet Banking als Herausforderung für die Kreditwirtschaft, in: Management-Handbuch Electronic Commerce. Grundlagen, Strategien, Praxisbeispiele (Hrsg.: Hermanns, A./Sauter, M.), München 1999, S. 387 - 404.

Langeard, E. (1981): Grundfragen des Dienstleistungsmarketing, in: Marketing ZFP, 3. Jg., 1981, Nr. 4, S. 233 - 240.

Langner, H. (1997): Kundenorientierte Auswahl von Benchmarking-Prozessen, in: Benchmarking - Weg zu unternehmerischen Spitzenleistungen (Hrsg.: Sabisch, H./Tintelnot, C.), Stuttgart 1997, S. 107 - 114.

Lapidus, R. S./Schibrowsky, J. A. (1994): Aggregate Complaint Analysis: A Procedure for Developing Customer Service Satisfaction, in: Journal of Services Marketing, Vol. 8, 1994, No. 4, S. 50 - 60.

Lea, M./O'Shea, T./Fung, P. (1995): Constructing the Networked Organization: Content and Context in the Development of Electronic Communications, in: Organization Science, Vol. 6, 1995, No. 4, S. 462 - 478.

Lehmann, A. P. (1989): Dienstleistungsmanagement zwischen industrieller Produktion und zwischenmenschlicher Interaktion - Reflexe in der Versicherung, Diss. St. Gallen 1989.

Lehmann, A. P. (1993): Dienstleistungsmanagement: Strategien und Ansatzpunkte zur Schaffung von Servicequalität, Stuttgart 1993.

Lehmann, A. P. (1998): Dienstleistungsbeziehung zwischen Kunden und Unternehmen, in: Handbuch Dienstleistungsmanagement: Von der strategischen Konzeption zur praktischen Umsetzung (Hrsg.: Bruhn, M./Meffert, H.), Wiesbaden 1998, S. 827 - 842.

Lehmann, H. (1974): Zum Objekt und wissenschaftlichen Standort einer „Organisationskybernetik", in: ZfbF Sonderheft 3: Systemtheorie und Betrieb (Hrsg.: Grochla, E./Fuchs, H./Lehmann, H.), Opladen 1974, S. 51 - 67.

Leibfried, K./McNair, C. J. (1993): Benchmarking. Von der Konkurrenz lernen, die Konkurrenz überholen, Freiburg i. Br. 1993.

Lettl-Schröder, M. (1991): Touristische Marktbeobachtung und Marktanalyse in Deutschland, in: Tourismusmanagement und -marketing (Hrsg.: Seitz, E./Wolf, J.), Landsberg a.L. 1991, S. 199 - 210.

325

Levitan, K. B. (1982): Information Resources as "Goods" in the Life Cycle of Information Production, in: Journal of the American Society for Information Science, Vol. 33, January 1982, S. 44 - 54.

Levitt, T. (1972): Production-line Approach to service, in: Harvard Business Review, Vol. 50, 1972, No. 5, S. 41 - 52.

Levitt, T. (1976): The Industrialization of Service, in: Harvard Business Review, Vol. 54, 1976, No. 5, S. 63 - 74.

Lewandowski, R. (1974): Prognose- und Informationssysteme und ihre Anwendungen, Bd. 1, Berlin - New York 1974.

Liebstückel, K. (1989): Kosten-Nutzen-Analyse von Standardsoftware zur Instandhaltung, in: Zeitschrift für wirtschaftliche Fertigung, 84. Jg., 1989, S. 655 - 659.

Liedtke, U. (1991): Controlling und Informationstechnologie: Auswirkungen auf die organisatorische Gestaltung, München 1991.

Liljander, V./Strandvic, T. (1995): The Nature of Customer Relationships in Services, in: Advances in Services Marketing and Management. Research and Practice, Vol. 4, Greenwich/London 1995, S. 141 - 167.

Lindquist, L. J. (1987): Quality and Service Value in the Service Consumption, in: Add Value to Your Service (Edt.: Surprenant, C.), Chicago 1987, S. 17 - 20.

Link, J. (1995): Welche Kunden rechnen sich?, in: asw, 38. Jg., 1995, H. 10, S. 108 - 110.

Link, J./Hildebrand, V. G. (1993): Database Marketing und Computer Aided Selling. Strategische Wettbewerbsvorteile durch neue informationstechnologische Systemkonzeptionen, München 1993.

Link, J./Hildebrand, V. G. (1994): Verbreitung und Einsatz des Database Marketing und CAS. Kundenorientierte Informationssysteme in deutschen Unternehmen, München 1994.

Link, J./Hildebrand, V. G. (1995): Wettbewerbsvorteile durch kundenorientierte Informationssysteme - Konzeptionelle Grundlagen und empirische Ergebnisse, in: Journal für Betriebswirtschaft, 45. Jg., 1995, H. 1, S. 46 - 62.

Link, J./Hildebrand, V. G. (1997a): Grundlagen des Database Marketing, in: Handbuch Database Marketing (Hrsg.: Link, J./Brändli, D./Schleuning, C. et al.), 2. Aufl., Ettlingen 1997, S. 15 - 36.

Link, J./Hildebrand, V. G. (1997b): Ausgewählte Konzepte der Kundenbewertung im Rahmen des Database Marketing, in: Handbuch Database Marketing (Hrsg.: Link, J./Brändli, D./Schleuning, C. et al.), 2. Aufl., Ettlingen 1997, S. 159 - 173.

Link, J./Hildebrand, V. G. (1997c): Strategische Aspekte des Database Marketing, in: Handbuch Database Marketing (Hrsg.: Link, J./ Brändli, D./Schleuning, C. et al.), 2. Aufl., Ettlingen 1997, S. 377 - 394.

Link, J./Hildebrand, V. G. (1997d): Database Marketing in der Praxis - Ergebnisse einer empirischen Studie, in: Handbuch Database Marketing (Hrsg.: Link, J./Brändli, D./Schleuning, C. et al.), 2. Aufl., Ettlingen 1997, S. 695 - 711.

Löbbe, J. (1995): Die Bedeutung externer Wirtschaftsinformationen für das Management - Strategien für die wirkungsvolle Nutzung und die Integration in ein Management-Informationssystem, in: Management-Informationssysteme. Praktische Anwendungen (Hrsg.: Hichert, R./Moritz, M.), 2. Aufl., Berlin - Heidelberg - New York u.a. 1995, S. 84 - 94.

Löwenstern, L. v. (1997): Customer Care Programs & Database Marketing, in: Handbuch Database Marketing (Hrsg.: Link, J./Brändli, D./Schleuning, C. et al.), 2. Aufl., Ettlingen 1997, S. 361 - 374.

Lovelock, C. H. (o.J.): Dienstleister können Effizienz und Kundenzufriedenheit verbinden, in: Harvard Manager - Strategie und Planung, Bd. 4, o.J., S. 93 - 100.

Lovelock, C. H. (1983): Classifying Services to Gain Strategic Marketing Insights, in: Journal of Marketing, Vol. 7, Summer 1983, S. 9 - 20.

Lovelock, C. H. (1985): Developing and Managing the Customer-Service Function in the Service Sector, in: The Service Encounter (Hrsg.: Czepiel, J. A./Solomon, M. R./Surprenant, C. F.), Lexington/Massachusetts - Toronto 1985, S. 265 - 280.

Lovelock, C. H. (1990): Managing Interactions Between Operations and Marketing and Their Impact on Customers, in: Service Management Effectiveness: Balancing Strategy, Organization and Human Resources, Operations, and Marketing (Edts.: Bowen, D.E./Chase, R.B./Cummings, T.G. et al.), San Francisco - Oxford 1990, S. 343 - 368.

Lüking, J. (1993): Angebotsplanung und Flugverhalten im überlasteten Luftverkehrssystem, Diss. Bonn 1993.

Lützel, H. (1987): Statistische Erfassung von Dienstleistungen, in: Allgemeines Statistisches Archiv, 71. Jg., 1987, S. 17 - 37.

Macharzina, K. (1990): Informationspolitik. Unternehmenskommunikation als Instrument erfolgreicher Führung, Wiesbaden 1990.

Mag, W. (1971): Planungsstufen und Informationsteilprozesse, in: ZfbF, 23. Jg., 1971, S. 803 - 830.

Mag, W. (1977): Entscheidung und Information, München 1977.

Mahoney, J. T./Pandian, J. R. (1992): The Resource-Based View Within the Conversation of Strategic Management, in: Strategic Management Journal, Vol. 13, 1992, June, S. 363 - 380.

Maleri, R. (1973): Grundzüge der Dienstleistungsproduktion, Berlin - Heidelberg - New York u.a. 1973.

Maleri, R. (1994): Grundlagen der Dienstleistungsproduktion, 3. Aufl., Berlin - Heidelberg - New York u.a. 1994.

Malik, F. (1979): Systemorientierte Managemententwicklung, in: Praxis des systemorientierten Managements: Festschrift zum 60. Geburtstag von Prof. Dr. Dr. h. c. Hans Ulrich (Hrsg.: Malik, F.), Bern - Stuttgart 1979.

Malik, F. (1996): Strategie des Managements komplexer Systeme. Ein Beitrag zur Management-Kybernetik evolutionärer Systeme, 5. Aufl., Bern - Stuttgart - Wien 1996.

327

Manecke, H.-J./Rückl, S./Tänzer, K.-H. (1985): Informationsbedarf und Informationsbedarfsnutzer, Berlin 1985.

Mangold, R. (1996): Informations- und Kommunikationsmanagement in einer vernetzten Medienwelt, in: Planung & Analyse, o.Jg., 1996, Nr. 2, S. 41 - 45.

Mann, R. (1990): Das ganzheitliche Unternehmen. Die Umsetzung des Neuen Denkens in der Praxis zur Sicherung von Gewinn und Lebensfähigkeit, Sonderausgabe, Bern - München - Wien 1990.

Markus, M. L./Keil, M. (1994): If We Build It, They Will Come: Designing Information Systems That People Want to Use, in: Sloan Management Review, Vol. 35, 1994, No. 4, S. 11 - 25.

Marschak, J. (1954): Towards an Economic Theory of Organization and Information, in: Decision Processes (Edts.: Thrall, R. M./Coombs, C. H./Davis, R. L.), New York - London 1954, S. 187 - 220.

Martin, C. L./Pranter, C. A. (1989): Compatibility Management: Customer-to-Customer Relationships in Service Environments, in: Journal of Services Marketing, Vol. 3, 1989, No. 3, S. 5 - 15.

Martin, W. (1998): Effektives Marketing durch Data Warehousing und Data Mining, in: Managementinformationssysteme in Marketing und Vertrieb (Hrsg.: Hannig, U.), Stuttgart 1998, S. 33 - 46.

Martiny, L./Klotz, M. (1989): Strategisches Informationsmanagement. Bedeutung und organisatorische Umsetzung, München 1989.

Mayer, R. (1990): Prozeßkostenrechnung, in: Kostenrechnungspraxis, 34. Jg., 1990, H. 5, S. 307 - 312.

Mayer, R. (1991): Prozeßkostenrechnung und Prozeßkostenmanagement: Methodik, Vorgehensweise und Einsatzmöglichkeiten, in: Prozeßkostenmanagement. Methodik, Implementierung, Erfahrungen (Hrsg.: IFUA Horváth & Partner GmbH), München 1991, S. 73 - 99.

McDonald, C./Gentry, J. (1997): OLAP: A New Dimension for Database Marketing, in: Handbuch Database Marketing (Hrsg.: Link, J./ Brändli, D./Schleuning, C. et al.), 2. Aufl., Ettlingen 1997, S. 77 - 101.

McDougall, G. H. G./Snetsinger, D. W. (1990): The Intangibility of Services: Measurement and Competitive Perspectives, in: Journal of Services Marketing, Vol. 4, 1990, No. 4, S. 27 - 40.

McFarlan, F. W. (1984): Information Technology Changes the Way You Compete, in: Harvard Business Review, Vol. 16, 1984, H. 3, S. 98 - 103.

McFarlan, F. W./McKenney, J. L. (1983): Corporate Information Systems - The Issues Facing Senior Executives, Homewood/Illinois 1983.

McQuaid, J. D. (1992): Segment-of-one Marketing: Turning Customer Data into Actionable Information, in: Journal of Services Marketing, Vol. 6, 1992, No. 3, S. 75 - 78.

Meffert, H. (1994): Marktorientierte Führung von Dienstleistungsunternehmen - neuere Entwicklungen in Theorie und Praxis, in: DBW, 54. Jg., 1994, H. 4, S. 519 - 541.

Meffert, H. (1995a): Dienstleistungsmarketing, in: HWM, 2. Aufl. (Hrsg.: Tietz, B./Köhler, R./Zentes, J.), Stuttgart 1995, Sp. 454 - 469.

Meffert, H. (1995b): Entgegnung zum Beitrag von W. H. Engelhardt/M. Kleinaltenkamp und M. Reckenfelderbäumer „Leistungstypologien als Basis des Marketing - ein erneutes Plädoyer für die Aufhebung der Dichotomie von Sachleistungen und Dienstleistungen", in: DBW, 55. Jg., 1995, Nr. 5, S. 678 - 682.

Meffert, H./Bruhn, M. (1997): Dienstleistungsmarketing. Grundlagen - Konzepte - Methoden; mit Fallbeispielen, 2. Aufl., Wiesbaden 1997.

Meffert, H./Wagner, H./Backhaus, K. (Hrsg.) (1993): Marktorientierte Führung von Dienstleistungsunternehmen - neuere Entwicklungen in Theorie und Praxis, Arbeitspapier Nr. 78, Wissenschaftliche Gesellschaft für Marketing und Unternehmensführung e.V., Münster 1993.

Meinert, M. (1997): Mikrogeographische Marktsegmentierung - Theorie und Praxis, in: Handbuch Direct Marketing (Hrsg.: Dallmer, H.), 7. Aufl., Wiesbaden 1997, S. 451 - 466.

Meister, U./Meister, H. (1996): Kundenzufriedenheit im Dienstleistungsbereich, München - Wien 1996.

Mengen, A. (1993): Konzeptgestaltung von Dienstleistungsprodukten. Eine Conjoint-Analyse im Luftfrachtmarkt unter Berücksichtigung der Qualitätsunsicherheit beim Dienstleistungskauf, Stuttgart 1993.

Mertens, P. (1992): Informationsverarbeitung als Mittel zur Verbesserung der Wettbewerbssituation, in: Handbuch des Electronic Marketing. Funktionen und Anwendungen der Informations- und Kommunikationstechnik im Marketing (Hrsg.: Hermanns, A./Flegel, V.), München 1992, S. 51 - 69.

Meyer, A. (1984): Dienstleistungs-Marketing - Theorie-Defizite abbauen und neue Erkenntnisse für die Praxis gewinnen, in: Jahrbuch der Absatz- und Verbrauchsforschung, 30. Jg., 1984, H. 2, S. 115 - 141.

Meyer, A. (1987): Die Automatisierung und Veredelung von Dienstleistungen - Auswege aus der dienstleistungsinhärenten Produktivitätsschwäche, in: Jahrbuch der Absatz- und Verbrauchsforschung, 33. Jg., 1987, H. 1, S. 25 - 46.

Meyer, A. (1989): Mikrogeographische Marktsegmentierung - Grundlagen, Anwendungen und kritische Beurteilung der Verfahren zur Lokalisierung und gezielten Ansprache von Zielgruppen, in: Jahrbuch der Absatz- und Verbraucherforschung, 35. Jg., 1989, H. 4, S. 342 - 365.

Meyer, A. (1990): Dienstleistungs-Marketing, in: Marketing-Systeme. Grundlagen des institutionalen Marketing (Hrsg.: Meyer, P. W./ Meyer, A.), Stuttgart 1990, S. 173 - 220.

Meyer, A. (1991): Dienstleistungs-Marketing, in: DBW, 51. Jg., 1991, H. 2, S. 195 - 209.

Meyer, A. (1992a): Dienstleistungs-Marketing - Erkenntnisse und praktische Beispiele, 5. Aufl., Augsburg 1992.

Meyer, A. (1992b): Automatisierte Dienstleistungen durch Informationstechnik, in: Handbuch des Electronic Marketing (Hrsg.: Hermanns, A./Flegel, V.), München 1992, S. 825 - 835.

Meyer, A. (1998): Dienstleistungs-Marketing: Grundlagen und Gliederung des Handbuches, in: Handbuch Dienstleistungs-Marketing (Hrsg.: Meyer, A.), Bd. 1, Stuttgart 1998, S. 3 - 22.

Meyer, A./Blümelhuber, C. (1998a): „No Frills" - oder wenn auch für Dienstleister gilt: „Less is more", in: Handbuch Dienstleistungs-Marketing (Hrsg.: Meyer, A.), Bd. 1, Stuttgart 1998, S. 736 - 750.

Meyer, A./Blümelhuber, C. (1998b): Dienstleistungs-Design: Zu Fragen des Designs von Leistungen, Leistungserstellungs-Konzepten und Dienstleistungs-Systemen, in: Handbuch Dienstleistungs-Marketing (Hrsg.: Meyer, A.), Bd. 1, Stuttgart 1998, S. 911 - 940.

Meyer, A./Dornach, F. (1995): Nationale Kundenbarometer zur Messung von Qualität und Kundenzufriedenheit bei Dienstleistungen, in: Dienstleistungsqualität. Konzepte, Methoden, Erfahrungen (Hrsg.: Bruhn, M./Stauss, B.), 2. Aufl., Wiesbaden 1995, S. 429 - 453.

Meyer, A./Dornach, F. (1998a): Das Deutsche Kundenbarometer - Qualität und Zufriedenheit, in: Kundenzufriedenheit. Konzepte - Methoden - Erfahrungen (Hrsg.: Simon, H./Homburg, C.), 3. Aufl., Wiesbaden 1998, S. 179 - 200.

Meyer, A./Dornach, F. (1998b): Branchenübergreitendes Benchmarking für Dienstleistungs-Anbieter aus Kundensicht - Das Beispiel „Das Deutsche Kundenbarometer - Qualität und Zufriedenheit", in: Handbuch Dienstleistungs-Marketing (Hrsg.: Meyer, A.), Bd. 1, Stuttgart 1998, S. 247 - 262.

Meyer, A./Dullinger, F. (1998a): Leistungsprogramm von Dienstleistungs-Anbietern, in: Handbuch Dienstleistungs-Marketing (Hrsg.: Meyer, A.), Bd. 1, Stuttgart 1998, S. 711 - 735.

Meyer, A./Dullinger, F. (1998b): Methoden zur Planung und Kontrolle von Leistungsprogrammen, in: Handbuch Dienstleistungs-Marketing (Hrsg.: Meyer, A.), Bd. 1, Stuttgart 1998, S. 766 - 783.

Meyer, A./Ertl, R. (1998): Marktforschung von Dienstleistungs-Anbietern, in: Handbuch Dienstleistungs-Marketing (Hrsg.: Meyer, A.), Bd. 1, Stuttgart 1998, S. 203 - 246.

Meyer, A./Mattmüller, R. (1987): Qualität von Dienstleistungen, in: Marketing ZFP, 9. Jg., 1987, H. 3, S. 187 - 195.

Meyer, A./Westerbarkey, P. (1995): Zufriedenheit von Hotelgästen - Entwurf eines selbstregulierenden Systems, in: Kundenzufriedenheit. Konzepte - Methoden - Erfahrungen (Hrsg.: Simon, H./Homburg, C.), Wiesbaden 1995, S. 387 - 402.

Meyer, C. (1995): Moderne Controlling-Ansätze für Dienstleistungsunternehmen, in: Management-Accounting im Dienstleistungsbereich (Hrsg.: Fickert, R./Meyer, C.), Bern - Stuttgart - Wien 1995, S. 11 - 44.

Meyer, J.-A. (1994a): Computer Integrated Marketing, in: ZfbF, 46. Jg., 1994, H. 5, S. 441 - 462.

Meyer, J.-A. (1994b): A Scenario of Computer Integrated Marketing, in: Marketing And Research Today, Vol. 22, 1994, No. 3, S. 202 - 213.

Meyer, M. (1993): Systemanalyse, in: HWB (Hrsg.: Wittmann, W./Kern, W./Köhler, R. et al.), 5. Aufl., Bd. 3, Stuttgart 1993, Sp. 4121 - 4127.

Meyer zu Selhausen, H. (1992): Elektronisches Bankmarketing, in: Handbuch des Electronic Marketing (Hrsg.: Hermanns, A./Flegel, V.), München 1992, S. 855 - 876.

Mikeska, S. (1994): Ganzheitliche Kreditbearbeitung bei der Volksbank Ludwigsburg, in: Workflow-Management bei Dienstleistern - Integrierte Bearbeitung von Geschäftsprozessen (Hrsg.: Bullinger, H.-J.), Baden-Baden 1994, S. 61 - 72.

Miller, D. (1992): Generic Strategies. Classification, Combination and Context, in: Advances in Strategic Management (Hrsg.: Shrivastava, P.), Greenwich/Conneticut 1992, S. 391 - 408.

Miller, D./Friesen, P. H. (1986a): Porter's (1980) Generic Startegies and Performance: An Empirical Examination with American Data. Part I: Testing Porter, in: Organization Studies, Vol. 7, 1986, No. 1, S. 37 - 55.

Miller, D./Friesen, P. H. (1986b): Porter's (1980) Generic Startegies and Performance: An Empirical Examination with American Data. Part II: Performance Implications, in: Organization Studies, Vol. 7, 1986, No. 3, S. 255 - 261.

Mills, P. K./Moberg, D. J. (1990): Strategic Implications of Service Technologies, in: Service Management Effectiveness: Balancing Strategy, Organization and Human Resources, Operations, and Marketing (Edts.: Bowen, D. E./Chase, R. B./Cummings, T. G.), San Francisco - Oxford 1990, S. 97 - 125.

Mishra, D. P. (1995): Signaling and Monitoring Strategies of Service Firms: Interdisciplinary Perspectives, in: Advances in Services Marketing and Management - Research and Practice (Edts.: Swartz, T. A./Bowen, D. E./Brown, S. W.), Vol. 4, Greenwich - London 1995, S. 249 - 288.

Mocker, H./Mocker, U. (1998): Intranet - Internet im betrieblichen Einsatz. Grundlagen, Umsetzungen, Praxisbeispiele, 2. Aufl., Frechen 1998.

Monasco, B. (1999): Cutting Edge Companies Cultivate Learning Relationships. One-to-One Learning Strategies Enable Firms to Effectively Collaborate With Customers, http://www.webcom.com/quantera/ One2One.html, 22.01.1999, o.S.

Morris, J. G./Showalter, M. J. (1983): Simple Approaches to Shift, Days-Off and Tour Scheduling Problems, in: Management Science, Vol. 29, 1983, No. 8, S. 942 - 950.

Mountfield, A. J./Sauer, D. B. (1998): Effizienz und Effektivität von Marketinginformationssystemen in der Praxis, in: Managementinformationssysteme in Marketing und Vertrieb (Hrsg.: Hannig, U.), Stuttgart 1998, S. 141 - 155.

Moyer, K. (1996): Scenario Planning at British Airways - A Case Study, in: Long Range Planning, Vol. 29, 1996, No. 2, S. 172 - 181.

Mühlbacher, H./Botschen, G. (1988): The Use of Trade-Off Analysis for the Design of Holiday Travel Packages, in: Journal of Business Research, Vol. 17, 1988, No. 2, S. 117 - 131.

Mühlbacher, H./Botschen, G. (1990): Benefit-Segmentierung von Dienstleistungsmärkten, in: Marketing ZFP, 12. Jg., 1990, H. 3, S. 159 - 168.

Müller, A. (1992): Informationsbeschaffung in Entscheidungssituationen, Ludwigsburg - Berlin 1992.

Müller, H./Wolbold, M. (1993): Target Costing im Entwicklungsbereich der „ElektroWerk AG", in: Target Costing. Marktorientierte Zielkosten in der deutschen Praxis (Hrsg.: Horváth, P.), Stuttgart 1993, S. 119 - 153.

Müller, W. (1993): Konzeptionelle Grundlagen des integrativen Dienstleistungsmarketing, WHU-Forschungspapier Nr. 23, Vallendar 1993.

Müller-Merbach, H. (1992): Vier Arten von Systemansätzen, dargestellt in Lehrgesprächen, in: ZfB, 62. Jg., 1992, H. 8, S. 853 - 876.

Münchrath, R. (1995): Qualitätsmanagement in Verkauf und Service. Kundenorientierte Dienstleistungen nach DIN EN ISO 9000 ff., Frankfurt a.m. - New York 1995.

Murray, A. I. (1988): A Contingency View of Porter's „Generic Strategies", in: Academy of Management Review, Vol. 13, 1988, No. 3, S. 390 - 400.

Nagel, K. (1990): Nutzen der Informationsverarbeitung. Methoden zur Bewertung von strategischen Wettbewerbsvorteilen, Produktivitätsverbesserungen und Kosteneinsparungen, 2. Aufl., München - Wien 1990.

Nelson, P. (1970): Information and Consumer Behavior, in: Journal of Political Economy, Vol. 78, 1970, No. 4, S. 311 - 329.

Nelson, P. (1974): Advertising as Information, in: Journal of Political Economy, Vol. 81, 1974, S. 729 - 754.

Neumann, T. (1992): Strategische Informationsplanung: Wettbewerbsvorteile für Versicherungsunternehmen, Wiesbaden 1992.

Niemand, S. (1992): Target Costing, in: Fortschrittliche Betriebsführung und Industrial Engineering, 41. Jg., 1992, H. 3, S. 118 - 123 .

Niemand, S. (1996): Target Costing für industrielle Dienstleistungen, München 1996.

Niemeyer, H.-W. (1977): Der Informationsbedarf im Marketing-Informationssystem, Zürich - Frankfurt a.M. 1977.

Niggemann, W. (1973): Optimale Informationsprozesse in betriebswirtschaftlichen Entscheidungssituationen, Wiesbaden 1973.

Nitsche, M. (1997): Mikrogeographische Marktsegmentierung, in: Business Mapping im Marketing (Hrsg.: Leiberich, P.), Heidelberg 1997, S. 357 - 379.

Notowidigdo, M. H. (1984): Information Systems: Weapons to Gain the Competitive Edge, in: Financial Executive, Vol. 52, 1984, No. 2, S. 20 - 25.

Nüttgens, M. (1995): Koordiniert-dezentrales Informationsmanagement. Rahmenkonzept - Koordinationsmodelle - Werkzeug-Shell, Wiesbaden 1995.

Nüttgens, M./Keller, G./Scheer, A.-W. (1993): Hypermedia: Navigation in betriebswirtschaftlichen Informationssystemen, in: DBW, 53. Jg., 1993, H. 5, S. 629 - 646.

Oelsnitz, D. von der (1999): Transformationale Führung im Dienstleistungsbereich - Wie man die Werte der Mitarbeiter am Kunden orientiert -, in: Wettbewerbsfaktor Dienstleistung. Produktion von Dienstleistungen - Produktion als Dienstleistung (Hrsg.: Corsten, H./Schneider, H.), München 1999, S. 385 - 405.

Oess, A. (1993): Total Quality Management. Die ganzheitliche Qualitätsstrategie, 3. Aufl., Wiesbaden 1993.

Österle, H./Brenner, W./Hilbers, K. (1991): Unternehmensführung und Informationssystem. Der Ansatz des St. Galler Informationssystem-Managements, Stuttgart 1991.

Österle, H./Saxer, R./Hüttenhain, T. (1994): Organisatorisches Monitoring in der Gestaltung von Geschäftsprozessen, in: Wirtschaftsinformatik, 36. Jg., 1994, H. 5, S. 465 - 477.

Österle, H./Steinbock, H.-J. (1994): Das informationstechnische Potential - Stand und Perspektiven (Teil 1), in: Information Management, 9 Jg., 1994, H. 2, S. 26 - 31.

Österle, H./Steinbock, H.-J. (1994): Das informationstechnische Potential - Stand und Perspektiven (Teil 2), in: Information Management, 9. Jg., 1994, H. 3, S. 52 - 59.

Olesch, G. (1995): Kooperation, in: HWM, 2. Aufl. (Hrsg.: Tietz, B./Köhler, R./Zentes, J.), Stuttgart 1995, Sp. 1273 - 1284.

Oppermann, R./Schubert, B. (1994): Konzeption der Dienstleistung 'Studienreise' mittels Conjoint-Analyse, in: Der Markt, 33. Jg., 1994, Nr. 128, S. 23 - 30.

o.V. (1994a): Am Ticket-Automaten kann man Flüge auch nachts buchen, in: FAZ, Nr. 55, 7.3.1994, S. 20.

o.V. (1994b): Direkter Zugriff - Flugtickets und Pauschalreisen aus dem Heimcomputer: Stehen die Reisebüros vor dem Aus?, in: Der Spiegel, 1994, Nr. 9, S. 139 - 142.

o.V. (1998): Die Lufthansa baut ihren Direktvertrieb beträchtlich aus, in: FAZ, Nr. 57, 9.3.1998, S. 25.

Pacher, G. (1993): Systems Engineering, in: System-Entwicklung in der Wirtschafts-Informatik, 2. Aufl., Zürich 1993, S. 1 - 30.

Pack, M. (1993): Kapazitätsmessung und Kapazitätsplanung in Dienstleistungsbetrieben mit Handwerkscharakter am Beispiel der Kraftfahrzeug-Werkstätten, Frankfurt a.M. - Berlin - Bern u.a. 1993.

Palloks, M (1997): Marketing Accounting mit Database Marketing, in: Handbuch Database Marketing (Hrsg.: Link, J./Brändli, D./Schleuning, C. et al.), 2. Aufl., Ettlingen 1997, S. 397 - 418.

Parasuraman, A./Zeithaml, V. A./Berry, L. L. (1985): A Conceptual Model of Service Quality and its Implications for Future Research, in: Journal of Marketing, Vol. 49, 1985, Fall, S. 41 - 50.

Paul, M./Reckenfelderbäumer, M. (1995): Preispolitik und Kostenmanagement - neue Perspektiven unter Berücksichtigung von Immaterialität und Integrativität, in: Dienstleistungsmarketing. Konzeptionen und Anwendungen (Hrsg.: Kleinaltenkamp, M.), Wiesbaden 1995, S. 225 - 260.

Paul, M./Reckenfelderbäumer, M. (1998): Preisbildung und Kostenrechnung bei Dienstleistungen auf der Basis neuerer Kostenrechnungsverfahren, in: Handbuch Dienstleistungsmanagement. Von der strategischen Konzeption zur praktischen Umsetzung (Hrsg.: Bruhn, M./Meffert, H.), Wiesbaden 1998, S. 633 - 664.

Pauly, M. V. (1974): Overinsurance and Public Provision of Insurance: The Roles of Moral Hazard and Adverse Selection, in: Quarterly Journal of Economics, Vol. 88, 1974, No. 1, S. 44 - 62.

Peemöller, V. H. (1993): Zielkostenrechnung für die frühzeitige Kostenbeeinflussung, in: Kosten-rechnungspraxis, 37. Jg., 1993, H. 6, S. 375 - 380.

Pepels, W. (1995): Einführung in das Dienstleistungsmarketing, München 1995.

Pepels, W. (1996): Qualitätscontrolling bei Dienstleistungen, München 1996.

Peppers, D./Rogers, M. (1997): Enterprise one-to-one, London 1997.

Peters, M. (1995): Besonderheiten des Dienstleistungsmarketing - Planung und Durchsetzung der Qualitätspolitik im Markt, in: Dienstleistungsqualität. Konzepte, Methoden, Erfahrungen (Hrsg.: Bruhn, M./Stauss, B.), 2. Aufl., Wiesbaden 1995, S. 47 - 63.

Pfohl, H.-C./Stölzle, W. (1991): Anwendungsbedingungen, Verfahren und Beurteilung der Prozeßkostenrechnung in industriellen Unternehmen, in: ZfB, 61. Jg., 1991, H. 11, S. 1281 - 1305.

Pichert, P.-H. (1997): Voraussetzungen für wirksames Benchmarking, in: Benchmarking Personal. Von den Besten lernen (Hrsg.: Kienbaum, J.), Stuttgart 1997, S. 17 - 40.

Picot, A. (1982): Transaktionskostenansatz in der Organisationstheorie: Stand der Diskussion und Aussagewert, in: DBW, 42. Jg., 1982, Nr. 2, S. 267 - 284.

Picot, A. (1989): Der Produktionsfaktor Information in der Unternehmensführung, in: Thexis, 6. Jg., 1989, Nr. 4, S. 3 - 9.

Picot, A. (1990): Der Produktionsfaktor Information in der Unternehmensführung, in: Information Management, 5. Jg., 1990, Nr. 1, S. 6 - 14.

Picot, A. (1993): Transaktionskostenansatz, in: HWB, 5. Aufl. (Hrsg.: Wittmann, W./Kern, W./Köhler, R. et al.), Bd. 3, Stuttgart 1993, Sp. 4194 - 4204.

Picot, A. (1997): Information als Wettbewerbsfaktor - Veränderungen in Organisation und Controlling, in: Information als Wettbewerbsfaktor (Hrsg.: Picot, A.), Stuttgart 1997, S. 175 - 199.

Picot, A./Dietl, H. (1990): Transaktionskostentheorie, in: WiSt, 19. Jg., 1990, Nr. 4, S. 178 - 184.

Picot, A./Franck, E. (1988a): Die Planung der Unternehmensressource Information (I), in: WISU, 17. Jg., 1988, H. 10, S. 544 - 549.

Picot, A./Franck, E. (1988b): Die Planung der Unternehmensressource Information (II), in: WISU, 17. Jg., 1988, H. 11, S. 608 - 614.

Picot, A./Franck, E. (1992): Informationsmanagement, in: HWO, 3. Aufl. (Hrsg.: Frese, E.), Stuttgart 1992, Sp. 886 - 900.

Picot, A./Gründler, A. (1995): Deutsche Dienstleister scheinen von IT nur wenig zu profitieren, in: Computerwoche, 10. Jg., 10.3.1995, S. 10 - 11.

Picot, A./Maier, M. (1994): Ansätze der Informationsmodellierung und ihre betriebswirtschaftli-che Bedeutung, in: ZfbF, 46. Jg., 1994, H. 2, S. 107 - 126.

Picot, A./Neuburger, R. (1998): Virtuelle Organisationsformen im Dienstleistungssektor, in: Handbuch Dienstleistungsmanagement. Von der strategischen Konzeption zur prakti-schen Umsetzung (Hrsg.: Bruhn, M./Meffert, H.), Wiesbaden 1998, S. 513 - 533.

Picot, A./Reichwald, R./Wigand, R. T. (1996): Die grenzenlose Unternehmung. Information, Organisation und Management, 2. Aufl., Wiesbaden 1996.

Piercy, N. F./Cravens, D. W. (1995): The Network Paradigm and the Marketing Organization - Developing a New Management Agenda, in: European Journal of Marketing, Vol. 29, 1995, No. 3, S. 7 - 34.

Pieske, R. (1995): Benchmarking in der Praxis. Erfolgreiches Lernen von führenden Unternehmen, Landsberg a.L. 1995.

Piller, F. T. (1998): Kundenindividuelle Massenproduktion. Die Wettbewerbsstrategie der Zukunft, München 1998.

Pine, B. J. (1993): Mass Customization. The New Frontier in Business Competition, Boston 1993.

Pine, B. J./Bart, V./Boynton, A. (1993): Making Mass Customization Work, in: Harvard Business Review, Vol. 71, 1993, Sept.-Oct., S. 108 - 119.

Pine, B. J./Peppers, D./Rogers, M. (1995): Do You Want to Keep Your Customers Forever?, in: Harvard Business Review, Vol. 73, 1995, No. 2, S. 103 - 114.

Pitt, L. F./Jeantrout, B. (1994): Management of Customer Expectations in Service Firms: A Study and a Checklist, in: The Service Industries Journal, Vol. 14, 1994, No. 2, S. 170 - 189.

Plymire, J. (1990): How to Stop Firing Your Customers, in: Journal of Services Marketing, Vol. 4, 1990, No. 2, S. 49 - 53.

Plymire, J. (1991): Complaints as Opportunities, in: Journal of Services Marketing, Vol. 5, 1991, No. 1, S. 61 - 65.

Porter, M. E. (1997): Wettbewerbsstrategie. Methoden zur Analyse von Branchen und Konkurrenten, 9. Aufl., Frankfurt a.M. 1997.

Porter, M. E. (1999): Wettbewerbsvorteile. Spitzenleistungen erreichen und behaupten, 5. Aufl., Frankfurt a.M. 1999.

Porter, M. E./Millar, V. E. (1985): How Information Gives You Competitive Advantage, in: Harvard Business Review, Vol. 63, 1985, July-August, S. 149 - 160.

Porter, M. E./Millar, V. E. (o.J.): Wettbewerbsvorteile durch Information, in: Harvard Business Manager - Strategie und Planung, Bd. 2, o.J., S. 92 - 101.

Powell, T. C./Dent-Micallef, A. (1997): Information Technology as Competitive Advantage: The Role of Human, Business, and Technology Resources, in: Strategic Management Journal, Vol. 18, 1997, No. 5, S. 375 - 405.

Pradervand, M.-A. (1995): Die Rolle des Informationsmanagements beim Aufbau strategischer Erfolgspositionen - Eine Untersuchung in Dienstleistungsunternehmen, Diss. Zürich 1995.

Quinn, J. B./Baily, M. (1994): Information Technology: Increasing Productivity in Services, in: The Academy of Management Executive, Vol. 8, 1994, No. 3, S. 28 - 48.

Quinn, J. B./Gagnon, C. E. (1987): Die Dienstleistungen werden automatisiert, in: Harvard Business Manager - Strategie und Planung, Bd. 4, 1987, S. 46 - 53.

Radtke, J. (1996): Die Bedeutung von IuK-Technologien für das Angebot an unternehmensbezogenen Dienstleistungen. Dargestellt an den Beispielen Frankfurt/Main und Leipzig, Diss. Mannheim 1996.

Raffée, H. (1989): Gegenstand, Methoden und Konzepte der Betriebswirtschaftslehre, in: Vahlens Kompendium der Betriebswirtschaftslehre, 2. Aufl. (Hrsg.: Bitz, M./Dellmann, K./Domsch, M.), Bd. 1, München 1989, S. 1 - 46.

Rasche, C. (1994): Wettbewerbsvorteile durch Kernkompetenzen. Ein ressourcenorientierter Ansatz, Wiesbaden 1994.

Rau, H. (1996): Benchmarking: Die Fehler der Praxis, in: Harvard Business Manager, 18. Jg., 1996, H. 4, S. 21 - 25.

Rau, K.-H./Rüd, M. (1991): Erfahrungen mit der Prozeßkostenrechnung, in: Kostenrechnungspraxis, 35. Jg., 1991, H. 1, S. 13 - 17.

Reckenfelderbäumer, M. (1995): Marketing-Accounting im Dienstleistungsbereich. Konzeption eines prozeßkostengestützten Instrumentariums, Wiesbaden 1995.

Reckenfelderbäumer, M. (1998): Marktorientiertes Kosten-Management von Dienstleistungs-Unternehmen, in: Handbuch Dienstleistungs-Marketing (Hrsg.: Meyer, A.), Bd. 1, Stuttgart 1998, S. 394 - 418.

Reese, J. (1996): Kapazitätsbelegungsplanung, in: HWProd, 2. Aufl. (Hrsg.: Kern, W./Schröder, H.-H./Weber, J.), Stuttgart 1996, Sp. 862 - 873.

Rehberg, J. (1973): Wert und Kosten von Informationen, Frankfurt a.M. 1973.

Reichheld, F. F. (1996): Learning from Customer Defections, in: Harvard Business Review, Vol. 74, 1996, March-April, S. 56 - 69.

Reichheld, F. F. (1997): Der Loyalitäts-Effekt. Die verborgene Kraft hinter Wachstum, Gewinnen und Unternehmenswert, Frankfurt a.M. - New York 1997.

Reichwald, R. (1997): Neue Arbeitsformen in der vernetzten Unternehmung: Flexibilität und Controlling, in: Information als Wettbewerbsfaktor (Hrsg.: Picot, A.), Stuttgart 1997, S. 233 - 263.

Reiss, M. (1996): Grenzen der grenzenlosen Unternehmung, in: Die Unternehmung, 50. Jg., 1996, H. 3, S. 195 - 206.

Reiß, M./Beck, T. C. (1994): Fertigung jenseits des Kosten-Flexibilitäts-Dilemmas - Mass Customization als Strategiekonzept für Massenfertiger und für Einzelfertiger, in: VDI-Z, Nr. 136, 1994, H. 11/12, S. 28 - 30.

Reiß, M./Beck, T. C. (1995a): Mass Customization: Kostenverträglichen Service anbieten, in: Gablers Magazin, 9. Jg., 1995, Nr. 1, S. 24 - 30.

Reiß, M./Beck, T. C. (1995b): Performance Marketing durch Mass Customization, in: M&M, 39. Jg., 1995, H. 2, S. 62 - 67.

Rensmann, F.-J. (1993): Database-Marketing und Kundenmanagement - Basis für bessere und schnellere Verkaufserfolge, in: M&M, 37. Jg., 1993, H. 3, S. 117 - 120.

Rhyne, D. M. (1988): The Impact of Demand Management on Service System Performance, in: The Service Industries Journal, Vol. 8, 1988, No. 4, S. 446 - 458.

Richard, M. D./Allaway, A. W. (1993): Service Quality Attributes and Choice Behavior, in: Journal of Services Marketing, Vol. 7, 1993, No. 1, S. 59 - 68.

Richter, R. (1991): Institutionenökonomische Aspekte der Theorie der Unternehmung, in: Betriebswirtschaftslehre und ökonomische Theorie (Hrsg.: Ordelheide, D./Rudolph, B.), Frankfurt a.m. 1991, S. 399 - 429.

Rienzo, T. F. (1993): Planning Deming Management for Service Organizations, in: Business Horizons, Vol. 36, 1993, No. 3, S. 19 - 29.

Rittersberger, P. (1998): Prozeßbegleitende Informations- und Monitoringsysteme am Beispiel von Federal Express, in: Handbuch Dienstleistungs-Marketing (Hrsg.: Meyer, A.), Bd. 1, Stuttgart 1998, S. 348 - 358.

Roach, S. S. (1991): Services under Siege - The Restructuring Imperative, in: Harvard Business Review, Vol. 69, 1991, Sept.-Oct., S. 82 - 91.

Rock, R./Ulrich, P./Witt, F. H. (1990): Dienstleistungsrationalisierung im Umbruch - Wege in die Kommunikationswirtschaft, Opladen 1990.

Rockart, J. F. (1979): Chief Executives Define their Own Data Needs, in: Harvard Business Review, Vol. 57, 1979, March-April, S. 81 - 93.

Rockart, J. F. (1980): Topmanager sollten ihren Datenbedarf selbst definieren, in: Harvard Manager, 2. Jg., 1980, H. 2, S. 45 - 58.

Rosada, M. (1990): Kundendienststrategien im Automobilsektor, Berlin 1990.

Rosander, A. C. (1989): The Quest for Quality in Services, New York 1989.

Rothschild, M./Stiglitz, J. (1976): Equilibrium in Competitive Insurance Markets: An Essay on the Economics of Imperfect Information, in: Quarterly Journal of Economics, Vol. 90, 1976, S. 629 - 649.

Rubenstein, A. H./Geisler, E. (1990): The Impact of Information Technologies on Operations of Service Sector Firms, in: Service Management Effectiveness. Balancing Strategy, Organization and Human Resources, Operations, and Marketing (Edts.: Bowen, D. E./Chase, R. B./Cummings, T. G. et al.), San Francisco - Oxford 1990, S. 266 - 283.

Rück, H. R. G. (1995): Dienstleistungen - ein Definitionsansatz auf Grundlage des „Make or buy"-Prinzips, in: Dienstleistungsmarketing. Konzeptionen und Anwendungen (Hrsg.: Kleinaltenkamp, M.), Wiesbaden 1995, S. 1 - 31.

Rüttler, M. (1991): Information als strategischer Erfolgsfaktor. Konzepte und Leitlinien für eine informationsorientierte Unternehmensführung, Berlin 1991.

Ruhland, J. (1997): Database Marketing im Finanzmarkt, in: Handbuch Database Marketing (Hrsg.: Link, J./Brändli, D./Schleuning, C. et al.), 2. Aufl., Ettlingen 1997, S. 617 - 637.

Rummel, K. D. (1992): Zielkosten-Management - der Weg, Produktkosten zu halbieren und Wettbewerber zu überholen, in: Effektives und schlankes Controlling (Hrsg.: Horváth, P.), Stuttgart 1992, S. 221 - 243.

Rumpf, H. (1991): Computergestützte Personalentwicklung im Tourismus, in: Tourismusmanagement und -marketing (Hrsg.: Seitz, E./Wolf, J.), Landsberg a.L. 1991, S. 309 - 317.

Rust, R. T./Zahorik, A. J./Keiningham, T. L. (1995): Return on Quality: Making Service Quality Financially Accountable, in: Journal of Marketing, Vol. 59, 1995, No. 2, S. 58 - 70.

Rust, R. T./Zahorik, A. J./Keiningham, T. L. (1998): Determining the Return on Quality (ROQ), in: Handbuch Dienstleistungsmanagement. Von der strategischen Konzeption zur praktischen Umsetzung (Hrsg.: Bruhn, M./Meffert, H.), Wiesbaden 1998, S. 865 - 890.

Sänger, E. (1997): Produktbenchmarking - Weit mehr als eine Wettbewerbsanalyse, in: Benchmarking - Weg zu unternehmerischen Spitzenleistungen (Hrsg.: Sabisch, H./Tintelnot, C.), Stuttgart 1997, S. 15 - 21.

Sakurai, M (1989): Target Costing and How to Use it, in: Journal of Cost Management, Vol. 3, 1989, No. 2, S. 39 - 50.

Sasser, W. E. (1991): Match Supply and Demand in Service Industries, in: The Service Management Course. Cases and Readings (Edts.: Sasser, W. E./Hart, C. W. L./Heskett, J. L.), New York 1991, S. 463 - 474.

Sattelberger, T. (1997): Tiefgreifende Veränderungsprozesse in Unternehmen - Beiträge des Human Resources Management im Benchmark, in: Benchmarking Personal. Von den Besten lernen (Hrsg.: Kienbaum, J.), Stuttgart 1997, S. 43 - 75.

Sauer, T. (1990): Strategische Informationssystemplanung in Banken, Wien 1990.

Say, J.-P. (1852): Cours Complet d'economie politique prâtique, 3ème ed., tome I, Paris 1852.

Schäfer, S./Seibt, D. (1998): Benchmarking - eine Methode zur Verbesserung von Unternehmensprozessen, in: BFuP, 50. Jg., 1998, H. 4, S. 365 - 380.

Schaller, G. (1988): Markterfolge aus der Datenbank. Aufbau, Entwicklung und Pflege leistungsfähiger Marketing-Datenbanken, Landsberg a.L. 1988.

Schank, R. C./Abelson, R. P. (1977): Scripts, Plans, Goals and Understanding, Hillsdale 1977.

Scharitzer, D. (1994): Dienstleistungsqualität - Kundenzufriedenheit, Wien 1994.

Scharitzer, D. (1995): „SERVMORPH" - Die Produktgestaltung bei Dienstleistungen - Konzeptionelle Vorschläge und Strategien zur Entwicklung von Dienstleistungsangeboten unter besonderer Berücksichtigung von Innovations- und Variationsentscheidungen, in: Dienstleistungsmarketing: Konzeptionen und Anwendungen (Hrsg.: Kleinaltenkamp, M.), Wiesbaden 1995, S. 171 - 192.

Scheer, A.-W. (1991): Architektur integrierter Informationssysteme, Berlin - Heidelberg - New York u.a. 1991.

Scheer, A.-W./Trumpold, H. (Hrsg.) (1996): Qualitätsinformationssysteme: Modell und technische Implementierung, Berlin - Heidelberg - New York 1996.

Scheuch, F. (1982): Dienstleistungsmarketing, München 1982.

Scheuing, E. E. (1989): Conducting Customer Service Audits, in: Journal of Services Marketing, Vol. 3, 1989, No. 3, S. 35 - 41.

Scheuing, E. E./Johnson, E. M. (1989): A Proposed Model for New Service Development, in: Journal of Services Marketing, Vol. 3, 1989, No. 2, S. 25 - 34.

338

Schiemenz, B. (1993): Systemtheorie, betriebswirtschaftliche, in: HWB, 5. Aufl. (Hrsg.: Wittmann, W./Kern, W./Köhler, R. et al.), Bd. 3, Stuttgart 1993, Sp. 4127 - 4140.

Schinzer, H. D./Bange, C. (1998): Werkzeuge zum Aufbau analytischer Informationssysteme - Marktübersicht, in: Analytische Informationssysteme. Data Warehouse, On-Line Analytical Processing, Data Mining (Hrsg.: Chamoni, P./Gluchowski, P.), Berlin - Heidelberg - New York 1998, S. 41 - 58.

Schlesinger, L. A./Heskett, J. L. (o.J.): Dem Kunden dienen - das müssen viele Dienstleister erst noch lernen, in: Harvard Business Manager - Marketing, Bd. 5, o.J., S. 85 - 95.

Schleuning, C. (1997): Die Analyse und Bewertung der einzelnen Interessenten und Kunden, in: Handbuch Database Marketing (Hrsg.: Link, J./ Brändli, D./Schleuning, C. et al.), 2. Aufl., Ettlingen 1997, S. 143 - 157.

Schmidt, G. (1996): Informationsmanagement. Modelle, Methoden, Techniken, Berlin - Heidelberg - New York 1996.

Schmidt, R. W. (1997): Strategisches Marketing-Accounting: Nutzung des Rechnungswesens bei strategischen Marketingaufgaben, Wiesbaden 1997.

Schmitz, H./Greißinger, P. (1998): Benchmarking im Krankenhaus, in: BFuP, 50. Jg., 1998, H. 4, S. 402 - 420.

Schmitz, U. (1995): Neue Medien und Gegenwartssprache: Lagebericht und Problemskizze, in: Neue Medien (Hrsg.: Schmitz, U.), Oldenburg 1995, S. 8 - 44.

Schneeweiß, C. (1992): Planung flexibler Personalkapazität, in: Kapazitätsmessung, Kapazitätsgestaltung, Kapazitätsoptimierung - eine betriebswirtschaftliche Kernfrage (Hrsg.: Corsten, H./Köhler, R./Müller-Merbach, H. et al.), Stuttgart 1992, S. 15 - 25.

Schneider, B. (1994): HRM - A Service Perspective: Towards a Customer-Focused HRM, in: International Journal of Service Industry Management, Vol. 5, 1994, No. 1, S. 64 - 76.

Schneider, B./Bowen, D. E. (1993): The Service Organization: Human Resources Management is Crucial, in: Organizational Dynamics, Vol. 22, Spring 1993, S. 39 - 52.

Schneider, D. (1981): Geschichte betriebswirtschaftlicher Theorie, München - Wien 1981.

Schneider, D. (1985): Die Unhaltbarkeit des Transaktionskostenansatzes für die „Markt oder Unternehmung"-Diskussion, in: ZfB, 55. Jg., 1985, H. 12, S. 1237 - 1254.

Schnittka, M. (1996): Dienstleistungskapazität als Gegenstand des Marketing. Überlegungen auf der Basis eines subjektiven Kapazitätsbegriffs, Arbeitsbericht Nr. 62 des Instituts für Unternehmensführung der Ruhr-Universität Bochum, Bochum 1996.

Schober, K. (1997): Die neue Dimension im Direktmarketing: Market-Universe-Database, Düsseldorf - München 1997.

Schoenfeld, H. M. (1992): Kapazitätskosten und ihre Behandlung in der Kostenrechnung - ein ungelöstes betriebswirtschaftliches Problem, in: Kapazitätsmessung, Kapazitätsgestaltung, Kapazitätsoptimierung - eine betriebswirtschaftliche Kernfrage (Hrsg.: Corsten, H./Köhler, R./Müller-Merbach, H. et al.), Stuttgart 1992, S. 195 - 207.

Scholl, W. (1992): Informationspathologien, in: HWO, 3. Aufl. (Hrsg.: Frese, E.), Stuttgart 1992, Sp. 900 - 912.

Scholz, C. (1996): Virtuelle Unternehmen - Organisatorische Revolution mit strategischer Implikation, in: management & computer, 4. Jg., 1996, Nr. 4, S. 27 - 34.

Scholz, R./Vrohlings, A. (1994): Prozeß-Leistungs-Transparenz, in: Prozeßmanagement. Konzepte, Umsetzungen und Erfahrungen des Reengineering (Hrsg.: Gaitanides, M./Scholz, R./Vrohlings, A. et al.), München - Wien 1994, S. 57 - 98.

Schreyögg, G. (1993): Umfeld der Unternehmung, in: HWB, 5. Aufl. (Hrsg.: Wittmann, W./Kern, W./Köhler, R. et al.), Bd. 3, Stuttgart 1993, Sp. 4231 - 4247.

Schröder, G. A./Schweizer, T. (1999): Anreizsysteme als Steuerungsinstrument in Sparkassen, in: ZfbF, 51. Jg., 1999, H. 6, S. 608 - 622.

Schroeder, R. G. (1993): Operations Management, 4th ed., New York 1993.

Schubert, B. (1995): Conjoint-Analyse, in: HWM, 2. Aufl. (Hrsg.: Tietz, B./ Köhler, R./Zentes, J.), Stuttgart 1995, Sp. 376 - 389.

Schüler, W. (1987): Der Produktionsfaktor Information im Blick der Unternehmensführung, in: Jahrbuch für Betriebswirte 1987 (o. Hrsg.), Stuttgart - Wien - Zürich 1987, S. 60 - 66.

Schüring, H. (1992): Database Marketing. Einsatz von Datenbanken für Direktmarketing, Verkauf und Werbung, 2. Aufl., Landsberg a.L. 1992.

Schuhmann, W. (1991): Informationsmanagement - Unternehmensführung und Informationssysteme aus systemtheoretischer Sicht, Frankfurt a.M. - New York 1991.

Schulze, G./Vieler, G. (1997): Struktur und Einsatz der Kundendatenbank bei Best Western Hotels Deutschland, in: Handbuch Database Marketing (Hrsg.: Link, J./Brändli, D./Schleuning, C. et al.), 2. Aufl., Ettlingen 1997, S. 797 - 805.

Schumann, M. (1992a): Betriebliche Nutzeffekte und Strategiebeiträge der großintegrierten Informationsverarbeitung, Berlin - Heidelberg - New York u.a. 1992.

Schumann, M. (1992b): Wirtschaftlichkeitsrechnung für DV-Systeme, in: EDV-gestützte Controlling-Praxis: Anwendungen in der Wirtschaft (Hrsg.: Huch, B./Behme, W./Schimmelpfeng, K.), Frankfurt a.M. 1992, S. 161 - 178.

Schwamborn, S. (1994): Strategische Allianzen im internationalen Marketing. Planung und portfolioanalytische Beurteilung, Wiesbaden 1994.

Schwaninger, M. (1995): Komplexitätsbewältigung durch Führungsinformationssysteme, in: Data Warehouse und seine Anwendungen. Data Mining, OLAP und Führungsinformationen im betrieblichen Einsatz (Hrsg.: Bullinger, H.-J.), IAO-Forum 7./8. November 1995, Stuttgart 1995, S. 149 - 178.

Schweiger, A./Wilde, K. D. (1993). Database Marketing - Aufbau und Management, in: Direktmarketing (Hrsg.: Hilke, W.), Wiesbaden 1993, S. 89 - 125.

Segars, A. H./Grover, V. (1996): Designing Company-wide Information Systems: Risk Factors and Coping Strategies, in: Long Range Planning, Vol. 29, 1996, No. 3, S. 381 - 392.

Seidenschwarz, W. (1991): Target Costing - Ein japanischer Ansatz für das Kostenmanagement, in: Controlling, 2. Jg., 1991, H. 4, S. 198 - 203.

Seidenschwarz, W. (1993a): Target Costing. Marktorientiertes Zielkostenmanagement, München 1993.

Seidenschwarz, W. (1993b): Target Costing - durch marktgerechte Produkte zu operativer Effizienz oder: Wenn der Markt das Unternehmen steuert, in: Target Costing. Marktorientierte Zielkosten in der deutschen Praxis (Hrsg.: Horváth, P.), Stuttgart 1993, S. 29 - 52.

Seiffert, H. (1971): Information über die Information, 3. Aufl., München 1971.

Sethi, V./King, W. R. (1994): Development of Measures to Assess the Extent to Which an Information Technology Application Provides Competitive Advantage, in: Management Science, Vol. 40, 1994, No. 12, S. 1601 - 1627.

Shani, D./Chalasani, S. (1992): Exploiting Niches Using Relationship Marketing, in: Journal of Services Marketing, Vol. 6, 1992, No. 4, S. 43 - 52.

Shemwell, D. J. Jr./Cronin, J. J. Jr. (1994): Services Marketing Strategies for Coping with Demand/Supply Imbalances, in: Journal of Services Marketing, Vol. 8, 1994, No. 4, S. 14 - 24.

Shepard, D. Associates Inc. (Edt.) (1990): The New Direct Marketing. How to Implement a Profit-Driven Database Marketing Strategy, Homewood/Illinois 1990.

Shostack, G. L. (1984): Planung effizienter Dienstleistungen, in: Harvard Manager, 6. Jg., 1984, H. 3, S. 93 - 99.

Shostack, G. L. (1985): Planning the Service Encounter, in: The Service Encounter (Hrsg.: Czepiel, J. A./Solomon, M. R./Surprenant, C. F.), Lexington/Massachusetts - Toronto 1985, S. 243 - 253.

Shostack, G. L. (1987): Service Positioning Through Structural Change, in: Journal of Marketing, Vol. 51, 1987, January, S. 34 - 43.

Silberer, G. (1999): Handelsmarketing mit neuen Medien: Herausforderung für den klassischen und den elektronischen Handel, in: Distribution im Aufbruch. Bestandsaufnahme und Perspektiven (Hrsg.: Beisheim, O.), München 1999, S. 1035 - 1048.

Simon, H. (1988): Management strategischer Wettbewerbsvorteile, in: ZfB, 58. Jg., 1988, Nr. 4, S. 461 - 480.

Simon, H. (1993): Industrielle Dienstleistungen, Stuttgart 1993.

Simon, H. (1994a): Conjoint Measurement: Was ist dem Kunden Leistung wert?, in: asw, 37. Jg., 1994, H. 2, S. 74 - 79.

Simon, H. (1994b): Preispolitik für industrielle Dienstleistungen, in: DBW, 54. Jg., 1994, H. 6, S. 719 - 737.

Simon, H. A. (1976): Administrative Behavior. A Study of Decision-Making Processes in Administrative Organization, 3. Aufl., New York - London 1976.

Singh, J. (1988): Consumer Complaint Intentions and Behaviours: Definitional and Taxonomical Issues, in: Journal of Marketing, Vol. 52, 1988, No. 1, S. 93 - 107.

Sisodia, R. S. (1992): Marketing Information and Support Systems for Services, in: Journal of Services Marketing, Vol. 6, 1992, No. 1, S. 51 - 64.

Sivaramakrishnan, K. (1994): Information Asymmetry, Participation, and Long-Term Contracts, in: Management Science, Vol. 40, 1994, No. 10, S. 1228 - 1244.

Smith, B. C./Leimkuhler, J. F./Darrow, R. M. (1992): Yield Management at American Airlines, in: Interfaces, Vol. 22, 1992, No. 1, S. 8 - 31.

Smith, D. C./Andrews, J./Blevins, T. R. (1992): The Role of Competitive Analysis in Implementing a Market Orientation, in: Journal of Services Marketing, Vol. 6, 1992, No. 1, S. 23 - 36.

Smith, R. A./Houston, M. J. (1983): Script-based Evaluations of Satisfaction with Services, in: Emerging Perspectives on Services Marketing (Edts.: Berry, L. L./Shostack, G. L./Upah, G. D.), Chicago 1983, S. 59 - 62.

Sokolovsky, Z. (1993): Informationsmanagement im Bankwesen, in: Handbuch Informationsmanagement (Hrsg.: Scheer, A.-W.), Wiesbaden 1993, S. 409 - 430.

Solomon, M. R./Surprenant, C./Czepiel, J. A. et al. (1985): A Role Theory Perspective on Dyadic Interactions: The Service Encounter, in: Journal of Marketing, Vol. 49, 1985, No. 1, S. 99 - 111.

Specht, G. (1998): Distributionsmanagement, 3. Aufl., Stuttgart - Berlin - Köln 1998.

Spence, M. A. (1976): Informational Aspects of Market Structure: An Introduction, in: Quarterly Journal of Economics, Vol. 90, 1976, S. 591 - 597.

Spiegel, J. von (1991): Methoden der Informationsbedarfsanalyse - Beschreibung einer Vorgehensweise zur Bestimmung des Bedarfs an externen Informationen im Management, Bericht A-91/1 des Instituts für landwirtschaftliche Betriebslehre, Bonn 1991.

Spieß, B. (1998): Die Marketing-Schlacht beginnt im Data Warehouse, in: Managementinformationssysteme in Marketing und Vertrieb (Hrsg.: Hannig, U.), Stuttgart 1998, S. 47 - 52.

Spremann, K. (1988): Reputation, Garantie und Information, in: ZfB, 58. Jg., 1988, H. 5/6, S. 613 - 629.

Spremann, K. (1990): Asymmetrische Information, in: ZfB, 60. Jg., 1990, H. 5/6, S. 561 - 586.

Staffelbach, B. (1988): Strategisches Marketing von Dienstleistungen, in: Marketing ZFP, 10. Jg., 1989, H. 4, S. 277 - 284.

Stalk, G./Hout, T. M. (1990): Zeitwettbewerb: Schnelligkeit entscheidet auf den Märkten der Zukunft, Frankfurt a.M. - New York 1990.

Standop, D. (1995): Informationsbedarf im Marketing, in: HWM, 2. Aufl. (Hrsg.: Tietz, B./Köhler, R./Zentes, J.), Stuttgart 1995, Sp. 962 - 971.

Stauss, B. (1989): Beschwerdepolitik als Instrument des Dienstleistungsmarketing, in: Jahrbuch der Absatz- und Verbrauchsforschung, 35. Jg., 1989, H. 1, S. 41 - 62.

Stauss, B. (1991): Dienstleister und die vierte Dimension, in: Harvard Manager, 13. Jg., 1991, H. 2, S. 81 - 89.

Stauss, B. (1993): Service Problem Deployment: Transformation of Problem Information into Problem Prevention Activities, in: International Journal of Service Industry Management, Vol. 4, 1993, No. 2, S. 41 - 62.

Stauss, B. (1994): Markteintrittsstrategien im internationalen Dienstleistungsmarketing, in: Thexis, 11. Jg., 1994, H. 3, S. 10 - 16.

Stauss, B. (1995): „Augenblicke der Wahrheit" in der Dienstleistungserstellung - Ihre Relevanz und ihre Messung mit Hilfe der Kontaktpunkt-Analyse, in: Dienstleistungsqualität. Konzepte, Methoden, Erfahrungen (Hrsg.: Bruhn, M./Stauss, B.), 2. Aufl., Wiesbaden 1995, S. 379 - 400.

Stauss, B. (1998a): Beschwerdemanagement, in: Handbuch Dienstleistungs-Marketing (Hrsg.: Meyer, A.), Bd. 1, Stuttgart 1998, S. 1255 - 1271.

Stauss, B. (1998b): Kundenbindung durch Beschwerdemanagement, in: Handbuch Kundenbindungsmanagement. Grundlagen - Konzepte - Erfahrungen (Hrsg.: Bruhn, M./Homburg, C.), Wiesbaden 1998, S. 213 - 235.

Stauss, B. (1998c): Die Bedeutung von Qualitätspreisen für Dienstleistungsunternehmen, in: Handbuch Dienstleistungsmanagement. Von der strategischen Konzeption zur praktischen Umsetzung (Hrsg.: Bruhn, M./Meffert, H.), Wiesbaden 1998, S. 483 - 511.

Stauss, B./Hentschel, B. (1990): Verfahren der Problementdeckung und -analyse im Qualitätsmanagement von Dienstleistungsunternehmen, in: Jahrbuch der Absatz- und Verbrauchsforschung, 36. Jg., 1990, H. 3, S. 232 - 259.

Stauss, B./Hentschel, B. (1993): Messung von Kundenzufriedenheit - Merkmals- oder ereignisorientierte Beurteilung von Dienstleistungsqualität, in: M&M, 37. Jg., 1993, H. 3, S. 115 - 122.

Stauss, B./Seidel, W. (1996): Beschwerdemanagement. Fehler vermeiden - Leistung verbessern - Kunden binden, München - Wien 1996.

Stauss, B./Seidel, W. (1998): Prozessuale Zufriedenheitsermittlung und Zufriedenheitsdynamik bei Dienstleistungen, in: Kundenzufriedenheit. Konzepte - Methoden - Erfahrungen (Hrsg.: Simon, H./Homburg, C.), 3. Aufl., Wiesbaden 1998, S. 201 - 224.

Stauss, B./Weinlich, B. (1996): Die Sequentielle Ereignismethode - ein Instrument der prozeßorientierten Messung von Dienstleistungsqualität, in: der markt, 35. Jg., 1996, H. 1, Nr. 136, S. 49 - 58.

Stauss, B./Weinlich, B. (1997): Process-Oriented Measurement of Service Quality - Applying the Sequential Incident Technique, in: European Journal of Marketing, Vol. 31, 1997, No. 1, S. 35 - 55.

Steinke, A. (1997): Die marktabdeckende, globale Kundendatenbank, in: Handbuch Database Marketing (Hrsg.: Link, J./Brändli, D./Schleuning, C. et al.), 2. Aufl., Ettlingen 1997, S. 117 - 128.

Stigler, G. J. (1961): The Economics of Information, in: Journal of Political Economy, Vol. 69, 1961, S. 213 - 225.

Stiglitz, J. E. (1975): The Theory of „Screening", Education and the Distribution of Income, in: American Economic Review, Vol. 65, 1975, No. 3, S. 283 - 300.

Storbacka, K./Strandvik, T./Grönroos, C. (1994): Managing Customer Relationships for Profit: The Dynamics of Relationship Quality, in: International Journal of Service Industry Management, Vol. 5, 1994, No. 5, S. 21 - 38.

Strack, R. (1999): Sicherer kartenbasierter Zahlungsverkehr im Internet - Erfahrungen und Perspektiven, in: Management-Handbuch Electronic Commerce. Grundlagen, Strategien, Praxisbeispiele (Hrsg.: Hermanns, A./Sauter, M.), München 1999, S. 225 - 239.

Striening, H.-D. (1988): Prozeß-Management - Ein Weg zur Hebung der Produktivitätsreserven im indirekten Bereich, in: Technologie & Management, 37. Jg., 1988, H. 3, S. 16 - 26.

Sutrich, O. (1994): Prozeßmarketing anstelle des Mix, in: Harvard Business Manager, 16. Jg., 1994, H. 1, S. 118 - 125.

Szyperski, N. (1980): Informationsbedarf, in: HWO, 2. Aufl. (Hrsg.: Grochla, E.), Stuttgart 1980, Sp. 904 - 913.

Szyperski N./Eschenröder G. (1983): Information-Resource-Management - Eine Notwendigkeit für die Unternehmensführung, in: Management betrieblicher Informationsverarbeitung (Hrsg.: Kay, R.), München - Wien 1983, S. 11 - 37.

Szyperski, N./Klein, S. (1993): Informationslogistik und virtuelle Organisation, in: DBW, 53. Jg., 1993, H. 2, S. 187 - 208.

Tacke, G./Pohl, A. (1998): Optimale Leistungs- und Preisgestaltung mit Conjoint Measurement, in: Handbuch Dienstleistungs-Marketing (Hrsg.: Meyer, A.), Bd. 1, Stuttgart 1998, S. 880 - 895.

Tallman, S. B. (1991): Strategic Management Models and Resource-Based Strategies Among MNEs in a Host Market, in: Strategic Management Journal, Vol. 12, 1991, Special Issue Summer, S. 69 - 82.

Talvinen, J. M. (1995): Information Systems in Marketing - Identifying Opportunities for New Applications, in: European Journal of Marketing, Vol. 29, 1995, No. 1, S. 8 - 26.

Tansik, D. A. (1985): Nonverbal Communication and High-Contact Employees, in: The Service Encounter: Managing Employee/Customer Interaction in Service Businesses (Hrsg.: Czepiel, J. A./Solomon, M. R./Surprenant, C. F.), Lexington/Massachusetts - Toronto 1985, S. 149 - 161.

Tansik, D. A. (1990): Managing Human Resource Issues for High-Contact Service Personnel, in: Service Management Effectiveness: Balancing Strategy, Organization and Human Resources, Operations, and Marketing (Edts.: Bowen, D. E./Chase, R. B./Cummings, T. G. et al.), San Francisco - Oxford 1990, S. 152 - 176.

Taylor, S. (1995): The Effects of Waiting Time and Service Provider Control over the Delay on Evaluations of Service, in: Journal of the Academy of Marketing Science, Vol. 23, 1995, No. 1, S. 38 - 48.

Teng, J. T. C./Grover, V./Fiedler, K. D. (1994a): Business Process Reengineering: Charting a Strategic Path for the Information Age, in: California Management Review, Vol. 36, 1994, No. 3, S. 9 - 31.

Teng, J. T. C./Grover, V./Fiedler, K. D. (1994b): Re-designing Business Processes Using Information Technology, in: Long Range Planning, Vol. 27, 1994, No. 4, S. 95 - 106.

Theuerkauf, I. (1989): Kundennutzenmessung mit Conjoint, in: ZFB, 59. Jg., 1989, H. 11, S. 1179 - 1192.

Thiele, S. (1998): Das Vermögen privater Haushalte und dessen Einfluß auf die soziale Lage, Diss. Frankfurt a.M. 1998.

Tietz, B. (1993): Marketing, 3. Aufl., Düsseldorf 1993.

Töpfer, A. (1999a): Die Analyseverfahren zur Messung von Kundenzufriedenheit und Kunden-bindung, in: Kundenzufriedenheit messen und steigern (Hrsg.: Töpfer, A.), 2. Aufl., Neuwied 1999, S. 299 - 370.

Töpfer, A. (1999b): Konzepte und Instrumente des Beschwerdemanagement, in: Kundenzufrie-denheit messen und steigern (Hrsg.: Töpfer, A.), 2. Aufl., Neuwied 1999, S. 459 - 490.

Treis, B./Oppermann, R. (1998): Bereiche und Mittel der Dienstleistungsgestaltung, in: Handbuch Dienstleistungs-Marketing (Hrsg.: Meyer, A.), Bd. 1, Stuttgart 1998, S. 784 - 806.

Trott zu Solz, C. von (1992): Informationsmanagement im Rahmen eines ganzheitlichen Konzep-tes der Unternehmensführung, Göttingen 1992.

Turley, L. W./Fugate, D. L. (1992): The Multidimensional Nature of Service Facilities: Viewpoints and Recommendations, in: Journal of Services Marketing, Vol. 6, 1992, No. 3, S. 37 - 45.

Ulrich, H. (1968): Die Unternehmung als produktives soziales System, Bern - Stuttgart 1968.

VDI (1990): Wettbewerbsfaktor Informationsmanagement. Informationstechnik in der Vertrieb-sorganisation, Düsseldorf 1990.

Venkatesan, M./Anderson, B. B. (1985): Time Budgets and Consumer Services, in: Services Marketing in a Changing Environment (Hrsg.: Bloch, T. M./Upah, G. D./Zeithaml, V. A.), Chicago/Illinois 1985, S. 52 - 55.

Vetschera, R. (1995): Informationssysteme der Unternehmensführung, Berlin - Heidelberg - New York u.a. 1995.

Vikas, K. (1993): Neue Konzepte für das Kostenmanagement. Controllingorientierte Modelle für Industrie- und Dienstleistungsunternehmen, 2. Aufl., Wiesbaden 1993.

Vollmar, T. (1994): Yield-Management - Begriff, Inhalt und Einsatzmöglichkeiten im Dienstlei-stungsbereich - , Arbeitspapiere zum Marketing (Hrsg.: Engelhardt, W. H./Hammann, P.), Nr. 28, Seminar für Angewandte Wirtschaftslehre, Ruhr-Universität Bochum, Bo-chum 1994.

Wagner, G. R. (1995): Marketing und Umwelt, in: HWM, 2. Aufl. (Hrsg.: Tietz, B./Köhler, R./Zentes, J.), Stuttgart 1995, Sp. 1490 - 1508.

Wallis, J. J./North, D. C. (1986): Measuring the Transaction Sector in the American Economy, 1870-1979, in: Long-Term Factors in American Economic Growth (Edts.: Engerman, S. L./Gallman, R. E.), Chicago - London 1986, S. 95 - 148.

Walter, G. (1996): Beurteilung der Kundenattraktivität durch Kreditinstitute. Anforderungen an die Database und Umsetzungsmöglichkeiten für ein Gesamtkonzept, München 1996.

Walterscheid, H. (1998): Systembewertungen und Projektmanagement bei analytischen Informa-tionssystemen, in: Analytische Informationssysteme. Data Warehouse, On-Line Analyti-cal Processing, Data Mining (Hrsg.: Chamoni, P./Gluchowski, P.), Berlin - Heidelberg - New York 1998, S. 421 - 445.

Wathen, S./Anderson, J. C. (1995): Designing Services: an Information-Processing Approach, in: International Journal of Service Industry Management, Vol. 6, 1995, No. 1, S. 64 - 76.

Watson, G. H. (1993): Benchmarking. Vom Besten lernen, Landsberg a.L. 1993.

Weber-Schäfer, U. (1995): Die Nachfrage und das Angebot von externen Informationen zu Unternehmensstrategien in einem Online-Informationssystem. Entscheidungsorientierte Analyse am Beispiel des europäischen Binnenmarktes, Anforderungen und Konzepte, Frankfurt a.M. - Berlin - Bern u.a. 1995.

Webster, C. (1991): Influences upon Consumer Expectations of Services, in: Journal of Services Marketing, Vol. 5, 1991, No. 1, S. 5 - 17.

Werne, U. von (1994): Gestaltungsempfehlungen für ein dienstleistungsspezifisches Total Quality Management-Konzept. Dargestellt am Beispiel des Bankensektors, Hallstadt 1994.

Westerbarkey, P. (1996): Methoden zur Messung und Beeinflussung der Dienstleistungsqualität. Feedback- und Anreizsysteme in Beherbergungsunternehmen, Wiesbaden 1996.

Wetzel, M. (1997): Informationsbedarfsanalyse für das Database Marketing, in: Handbuch Database Marketing (Hrsg.: Link, J./Brändli, D./Schleuning, C. et al.), 2. Aufl., Ettlingen 1997, S. 39 - 57.

Wiener, N. (1948): Cybernetics, New York 1948.

Wietzorek, H./Henkel, G. (1997): Data Mining und Database Marketing: Grundlagen und Einsatzfelder, in: Handbuch Database Marketing (Hrsg.: Link, J./Brändli, D./Schleuning, C. et al.), 2. Aufl., Ettlingen 1997, S. 235 - 250.

Wild, J. (1970): Input-, Output- und Prozeßanalyse von Informationssystemen, in: ZfbF, 22. Jg., 1970, H. 1, S. 50 - 72.

Wild, J. (1971): Zur Problematik der Nutzenbewertung von Informationen, in: ZfB, 41. Jg., 1971, Nr. 5, S. 315 - 334.

Wilde, K. D. (1989): Database-Marketing, in: Werbeforschung und Praxis, o.Jg., 1989, Nr. 1, S. 1 - 10.

Wilde, K. D./Hippner, H. (1998): Database Marketing in Dienstleistungs-Unternehmen, in: Handbuch Dienstleistungs-Marketing (Hrsg.: Meyer, A.), Bd. 1, Stuttgart 1998, S. 319 - 347.

Wilde, K. D./Schweiger, A. (1995): Marketing-Informationssysteme, in: HWM, 2. Aufl. (Hrsg.: Tietz, B./Köhler, R./Zentes, J.), Stuttgart 1995, Sp. 1554 - 1566.

Wildemann, H. (1992a): Lean Management - Strategien zur Realisierung schlanker Strukturen in der Produktion, in: Lean Production (Hrsg.: IAT/IGM/IAO/HBS), Düsseldorf 1992, S. 53 - 70.

Wildemann, H. (1992b): Kosten- und Leistungsbeurteilung von Qualitätssicherungssystemen, in: ZfB, 62. Jg., 1992, H. 7, S. 761 - 782.

Wildemann, H. (1995): Prozeß-Benchmarking. Einführungsleitfaden, München 1995.

Wilensky, H. L. (1967): Organizational Intelligence. Knowledge and Policy in Government and Industry, New York 1967.

Williamson, O. E. (1975): Markets and Hierarchies. Analysis and Antitrust Implications, New York 1975.

Williamson, O. E. (1985): The Economic Institutions of Capitalism. Firms, Markets, Relational Contracting, 11. Aufl., New York 1985.

Williamson, O. E. (1991): Comparative Economic Organization: The Analysis of Discrete Structural Alternatives, in: Administrative Science Quarterly, Vol. 36, 1991, S. 269 - 296.

Wilson, J. R./Cobb, S./D'Cruz, M. et al. (1996): Virtual Reality for Industrial Application: Opportunities and Limitations, Thrumpton 1996.

Wimmer, F./Roleff, R. (1998): Beschwerdepolitik als Instrument des Dienstleistungsmanagements, in: Handbuch Dienstleistungsmanagement. Von der strategischen Konzeption zur praktischen Umsetzung (Hrsg.: Bruhn, M./Meffert, H.), Wiesbaden 1998, S. 265 - 285.

Windsperger, J. (1987): Zur Methode des Transaktionskostenansatzes: Replik auf Dieter Schneider's Untersuchung über „Die Unhaltbarkeit des Transaktionskostenansatzes für die 'Markt oder Unternehmung'-Diskussion", in: ZfB, 57. Jg., 1987, H. 1, S. 59 - 76.

Winterstein, H. (1996): Mitarbeiterinformation. Informationsmaßnahmen und erlebte Transparenz in Organisationen, München - Mering 1996.

Witte, E. (1972): Das Informations-Verhalten in Entscheidungsprozessen, in: Das Informationsverhalten in Entscheidungsprozessen (Hrsg.: Witte, E.), Tübingen 1972, S. 1 - 88.

Witte, E. (1976): Informationsverhalten, in: HWB, 4. Aufl. (Hrsg.: Grochla, E./ Wittmann, W.), Stuttgart 1976, Sp. 1915 - 1924.

Wittmann, W. (1959): Unternehmung und unvollkommene Information, Köln - Opladen 1959.

Wittmann, W. (1979): Wissen in der Produktion, in: HWProd (Hrsg.: Kern, W.), Stuttgart 1979, Sp. 2261 - 2272.

Wittmann, W. (1980): Information, in: HWO, 2. Aufl. (Hrsg.: Grochla, E.), Stuttgart 1980, Sp. 894 - 904.

Wittmann, W. (1986): Betriebswirtschaftliches Informationswesen, in: Zukunftsaspekte der anwendungsorientierten Betriebswirtschaftslehre: Erwin Grochla zum 65. Geburtstag gewidmet (Hrsg.: Gaugler, E./Meissner, H. G./Thom, N.), Stuttgart 1986, S. 513 - 526.

Wöhe, G. (1996): Einführung in die Allgemeine Betriebswirtschaftslehre, 19. Aufl., München 1996.

Wohlgemuth, A. C. (1989): Führung im Dienstleistungsbereich - Interaktionsintensität und Produktionsstandardisierung als Basis einer neuen Typologie, in: ZfO, 58. Jg., 1989, H. 5, S. 339 - 345.

Wolf, J. (1991): Struktur der Marktforschung im Tourismus, in: Tourismusmanagement und - marketing (Hrsg.: Seitz, E./Wolf, J.), Landsberg a.L. 1991, S. 223 - 239.

Wood, M. (1994): Statistical Methods for Monitoring Service Processes, in: International Journal of Service Industries Management, Vol. 5, 1994, No. 4, S. 53 - 68.

Woratschek, H. (1995): Systemtheorie, in: HWM, 2. Aufl. (Hrsg.: Tietz, B./ Köhler, R./Zentes, J.), Stuttgart 1995, Sp. 2436 - 2448.

Woratschek, H. (1996): Die Typologie von Dienstleistungen aus informationsökonomischer Sicht, in: der markt, 35. Jg., 1996, H. 1, Nr. 136, S. 59 - 71.

Wright, P. (1987): A Refinement of Porter's Startegies, in: Strategic Management Journal, Vol. 8, 1987, No. 1, S. 93 - 101.

Wright, P./Nazemzadeh, A./Parnell, J. et al. (1991): Comparing Three Different Theories of Competetive Advantage, in: Industry Management, o.Jg., 1991, No. 6, S. 12 - 16.

Zaheer, A./Venkatraman, N. (1994): Determinants of Electronic Integration in the Insurance Industry: An Empirical Test, in: Management Science, Vol. 40, 1994, No. 5, S. 549 - 566.

Zahn, E./Rüttler, M. (1989): Informationsmanagement - Eine strategische Antwort auf Herausforderungen der Unternehmensumwelt, in: Controlling, 1. Jg., 1989, H. 1, S. 34 - 43.

Zahn, E./Rüttler, M. (1990): Ganzheitliches Informationsmanagement - Informationsbereitschaft, Informationspotential, Informationsfähigkeit -, in: Informationsmanagement: Aufgabe der Unternehmensleitung (Hrsg.: Heilmann, H./Gassert, H./Horváth, P.), Stuttgart 1990, S. 1 - 27.

Zehle, K.-O. (1991): Yield-Management - Eine Methode zur Umsatzsteigerung für Unternehmen der Tourismusindustrie, in: Tourismusmanagement und -marketing (Hrsg.: Seitz, E./Wolf, J.), Landsberg a.L. 1991, S. 483 - 504.

Zeithaml, V. A./Berry, L. L./Parasuraman, A. (1995): Kommunikations- und Kontrollprozesse bei der Erstellung von Dienstleistungsqualität, in: Dienstleistungsqualität. Konzepte, Methoden, Erfahrungen (Hrsg.: Bruhn, M./Stauss, B.), 2. Aufl., Wiesbaden 1995, S. 131 - 160.

Zeithaml, V. A./Bitner, M. J. (1996): Services Marketing, New York - St. Louis - San Francisco u.a. 1996.

Zeithaml, V. A./Parasuraman, A./Berry, L. L. (1992): Qualitätsservice. Was die Kunden erwarten - was Sie leisten müssen, Frankfurt a.M. - New York 1992.

Zentes, J. (1987): EDV-gestütztes Marketing. Ein informations- und kommunikationsorientierter Ansatz, Berlin Heidelberg - New York 1987.

Zimmermann, W. J. (1997): Direct Marketing für Banken - Chancen und Risiken, in: Handbuch Direct Marketing (Hrsg.: Dallmer, H.), 7. Aufl., Wiesbaden 1997, S. 703 - 717.

Zollner, G. (1995): Kundennähe in Dienstleistungsunternehmen. Empirische Analyse von Banken, Wiesbaden 1995.